瓦・木器・寺院

―ここまでの研究　これからの考古学―

上原真人

すいれん舎

瓦・木器・寺院

——ここまでの研究　これからの考古学——

はじめに

私は一九六九年に京都大学に入学し、史学科で考古学を専攻。一九七九年三月に京都大学大学院博士課程単位取得退学後、奈良国立文化財研究所に一七年間奉職し、一九九六年四月に京都大学に戻り、二〇一五年三月まで大学院文学研究科歴史文化学系（考古学）の教授を務めた。この間に、大学の講義（教育活動）以外におこなった論文・随筆などの執筆活動や、講演会・研究会での口頭発表など、研究活動の成果を、編年体方式で一覧できる形に示した（巻末の「調査研究略歴・成果発表・講演・著作物一覧」）。

執筆・口頭発表などの研究活動以外に、日本各地における遺跡の発掘調査指導や遺跡の保存整備の委員、文化財保護委員、研究所・資料館の理事・評議員などの社会活動も、私の研究活動に深くかかわる。上記一覧の末尾に「発掘調査等文化財にかかわる委員・理事・評議員など」として付記した。これは編年体で示すと混乱するので、おもに地域別・機関別に列記し、在任期間を明記した。ただし、本務との関係で、委嘱状を更新するため、公式の在任期間に空白が生じた場合もあるが、把握しきれなかった。このほか、発掘調査の現場視察・指導、出土遺物にかかわる助言などで、臨時に調査機関から招聘されたり、自ら訪問した例は数多い。しかし、招聘状や派遣申請をすべて保管しているわけではなく、近傍なら本務の合間に訪問する場合　講演会や委員会の際に立ち寄る場合も少なくないので、一覧化できなかった。海外調査でも遺跡や博物館を訪れただけの場合には、調査研究略歴に掲載しなかった。

「調査研究略歴・成果発表・講演・著作物一覧」の論文や講演原稿のなかには、内容が重複するものも少なくない。しかし、それらは発表の場や発表主旨が異なるもの、既発表の論文を一般向けに書き直したもの、すでに論文となったものを再度口頭発表したもの、口頭発表した内容がそのまま活字になったもの、その後の検討成果をふまえて書き直したもの、口頭発表の内容が論文に発展したものなどで、それぞれに意味がある。巻末一覧では、活字になったものも、活字になっていないものも、網羅的に一覧化した。編年形式にすると、その時々に、私が何にこだわっていたのか、よくわかる。

それら論文・随筆や口頭発表原稿のなかから、比較的短いもの二三編を選び、「瓦論」「木器論」「寺院論」の三章に分け、各章ごとに解説を付けて一書にしたのが本書である。今までの研究活動の全体像をトレースし、当面やり残した仕事や、深めるべき方向性についてコメントを加えるのがおもな目的である。データ提示と分析にこだわった長編論文は、数編を合わせれば、一つの主題にアプローチできても、研究活動を通覧するには適していないので省いた。四〇〇字詰め原稿用紙五〇枚以内で、内容が比較的まとまったものを選んだ。長編論文を改稿してまとめるつもりはあるが、実現するか保証の限りではない。本書の解説や加筆に際しては、巻末の「調査研究略歴・成果発表・講演・著作物一覧」に示した論文や口頭発表の題目を、［〇〇年□月③］のような形で引用した。

口頭発表原稿には、主催者が録音原稿を起こしたものがある（第一章第二節など）。一九九〇年代までは、原稿なしで、走り書きのメモをもとに講演・発表することもよくあった。メモが残っていれば別だが、今となっては、論題を見ても、何を話したのかわからないものもある。二一世紀になると私の記憶力は減退し、メモだけに頼ることは不可能になった。とくに遺跡名や研究者名のような固有名詞が、とっさに出なくなったことは致命的だ。そのため、講演や研究会の発表においても、配布資料につけた要旨以外に、台本のような原稿を準備するようになった。ワープロ操作に手慣れて、原稿を作ることが容易になったことも大きい。本書で初めて活字にするもの（第一章第一節、第一章第七節、第二章第一節、第三章第五節および解説）が、比較的最近（一九九七年以降）の所産であるのはそのためだ。もちろん、成稿時に手を加えたが、講演原稿は会話調に統一した。

上に述べたように、本書の副題「これからの考古学」は、京都大学退職後の自分に対するエールのつもりだ。しかし、残り時間が不確定なので、「これからの考古学」の実現は後進に託すことになるかもしれない。

目次

装　画
カバー　表　東大寺盧舎那仏坐像連弁線刻画　如来像
　　　　裏　奈良国立文化財研究所『木器集成図録近畿原始篇』一九九三年（装図）
表　紙　表　東大寺盧舎那仏坐像連弁線刻画　菩薩像
　　　　裏　東大寺盧舎那仏坐像連弁線刻画　如来像

第一章　瓦論

解説　瓦がもつ歴史情報を求めて

1　瓦研究法

瓦にかかわる三つの歴史情報

考古学は、物的資料にもとづいて過去の人間の行動、すなわち歴史を研究する学問である。とすれば、分析対象に選んだ物的資料が、どのような歴史情報を含んでいるか。また、その歴史情報は、どのような方法で引き出すことができるのかを、真っ先に問わねばならない。瓦を主題にしたこの問題を、具体例を挙げて体系的に述べたのが『瓦を読む』である〔一九九七年五月①〕。そこでは、瓦がもつ歴史情報を「年代を読む」「建物を読む」「生産と流通を読む」の三章に分けて解説した。すなわち、出土した瓦から、遺跡・遺構の年代にかかわる情報、建物の屋根景観にかかわる情報、生産と流通にかかわる情報が得られるという立場で、その情報を引き出す方法について述べたのである。

この三つの歴史情報以外に、六～七世紀の軒瓦ならば百済系・高句麗系・新羅系・飛鳥寺系・法隆寺系、七世紀末～八世紀の軒瓦ならば藤原宮系・平城宮系・興福寺系・東大寺系・播磨国府系など、文化系統や宮殿・寺院・国府という製作工房や工人の系譜にかかわる系統論の材料としても、瓦当文様は利用されてきた。私が、八～一三世紀の宮殿・都城にかかわる瓦工房を、中央官衙系瓦屋という概念でとらえたのも、その一例である。これらの系統論は、年代情報や生産流通情報と不可分なので、一つの歴史情報として独立させなかった。現段階では、これらの系統論は、あくまでも瓦当文様や瓦工房の系統論で、これを製作集団の出自や寺院建立氏族に結びつける議論が、納得できる方法論を提示した上で展開しているとはいいがたい。しかし、他の同時代の考古遺物と連鎖させれば、集団の出自や氏族を理解するための、歴史的文化系統論に発展する可能性もある。

『瓦を読む』以後も、瓦から得られる三つの歴史情報について何回か講演している［一九九九年七月、二〇〇〇年五月②、二〇〇〇年八月、二〇〇二年九月、二〇〇二年一一月①、二〇〇二年一二月、二〇〇五年一〇月①、二〇〇八年一一月、二〇一一年五月②、二〇一一年七月］。講演時間が限られるので、その場に合わせて、年代論・屋根景観論・生産流通論のいずれかに比重をかけることになるが、身近な瓦屋根から話が導入できる屋根景観復原に重点を置くことが多かったと記憶している。本章第一節には、三本の柱について比較的均等に話ができた講演原稿［二〇〇八年一一月］を収録した。ただし、本講演を締めくくった「瓦のもつ歴史情報の限界」という議論は、ほかではほとんどしていない。

瓦の分布論において、宮殿系瓦・寺院系瓦・国府系瓦など、八世紀の政治体制のなかで、製作主体がわかる瓦について論ずることには説得力がある。しかし、山田寺式や川原寺式軒丸瓦など、七世紀瓦の分布の背景に関する議論は今後の課題である。少なくとも、「壬申の乱」との関係、王権との関係など、観念的、場当たり的な思いつきではなく、型式学と分布論の原則に立ち返った資料整理が必要である。瓦の分布論に関しては、再論の必要性を感じている。

考古資料から歴史情報を引き出すには、資料自体を徹底的に観察・分析する必要がある。ただし、「この点に着目し、このような分析すれば、斯く斯くの歴史情報が引き出せる」という『瓦を読む』的な解説は、考古学の作業手順の説明としては必ずしも正しくない。その前提には、なにがわかるか見当がつかない状態で、膨大な資料を長時間にわたって観察し、記録し、比較し、データを積み上げる考古学に通有の地道な作業がある。その作業を通じて、資料がもつ具体的な歴史情報に気づき、関連データを整理して他人にもわかるように示す。実際の作業は、そのように進む。そのデータ整理の過程で着眼点が絞り込まれ、さほど時間をかけずに多数の資料を処理できるようになる。だから、研究の初期段階には、いろいろな角度で対象物を観察する方がよい。

瓦研究における年代論の問題点

そうした観察事項を網羅的に解説したのが、本章第二節「瓦の見方について」［一九八三年一一月、一九八四年三月②］である。講演・執筆時に、飛鳥藤原宮跡発掘調査部に在籍し、飛鳥寺東北隅や山田寺東回廊、檜隈《ひのくま》寺西門などの発掘で出土した瓦を整理した経験が反映されている。未熟な内容ではあるが、すでに出土瓦がもつ三つの歴史情報を意識して全体を構成している。とくに、消費遺跡で出土した瓦の年代論に関して、製作年代・供給年代（使用開始年代）・廃棄年代（使用終了年代）の違いを配慮せねばならないという指摘は先駆的だった。その後、製作年代以前に作笵年代を設定する議論もあるが、製作年代・供給年代・廃棄年代が遺構・遺物に即して認識できるのに対し、「作笵年代」は木型（笵）が残っていない現状では想念の世界となる。私の分類概念では、作笵年代は製作開始年代となる。もし、製作開始年代以前に作笵年代を設定するなら、むしろ、デザイナーが文様意匠を考案した年代を設定したほうが即物的だ。とくに瓦当文様と他の彫刻・工芸品にみる文様意匠との共通性を比較して、その起源を検討する場合は有効な概念となりうる。しかし、瓦としての系譜を論じるとき、一般的に文様意匠の「考案年代」を設定しても、さほど生産的な議論はできない。

　そもそも製作年代・供給年代・廃棄年代という概念の導入を考えたのは、瓦の年代を決める時に、年代がわかる土器や木簡などとの共伴関係を根拠にした立論が多かったからだ。本論文では、消費遺跡で耐用年数の短い土器や木簡と共伴しても、それは瓦の廃棄年代を示すので、耐用年数が長い瓦の年代を決めるには配慮が必要だと述べている。ところが近年は、木簡を論じるときにも、Ａ木簡に書かれた年代、Ｂ木簡が書かれた年代、Ｃ木簡が棄てられた年代を区別する必要性が説かれている［市二〇一二］。Ａは木簡が独自にもつ文書性・記録性に由来する年代だが、Ｂは製作年代、Ｃは廃棄年代という考古資料としての木簡に由来する年代で、ＣとＢの差が使用期間という点も、瓦と共通する。当然、土器研究においても、細やかな議論をするには、製作年代・供給年代・廃棄年代の概念を導入する必要がある。しかし、現存古建築に多くの古代・中世瓦が葺かれている事実を勘案すると、土器や木簡と同一次元で、瓦の製作年代・供給年代・廃棄年代概念を駆使するわけにはいかないという立場は堅持したいと思う。

瓦研究における着眼点

　本章第二節の主眼は、考古資料としての瓦観察の着眼点を披露することにあった。棟を覆う甍瓦、平瓦凹面の風化状態からわかる葺足《ふきあし》、屋根に葺く際の打ち欠き痕跡、軒の出を示す軒平瓦凹面の朱線、山田寺跡出土軒平瓦にみる番付など、それまでバラバラに指摘されていた事実を、瓦の「消費方法に関する情報」として一括提示したのは、本稿が嚆矢となるだろう。それが後の「建物を読む」へと発展するわけだ。

なお、山田寺軒平瓦にみる番付は、正報告で実態が詳細に分析され、基本的に東回廊所用瓦で、やはり瓦座《かわらざ》と対応する番付であると結論している［奈文研二〇〇二］。しかし、地上で瓦位置を決め、屋根上で組み合わせるという入念な葺き方は、比較的最近の作業段取りだと思う。少なくとも古代瓦に見る打ち欠き痕跡は、瓦葺き作業が、おもに屋根の上で葺工によってなされたことを示している。しかし、打ち欠き痕跡や葺足痕跡は、細片化した出土瓦では認識・分析が難しい。近年は、古建築の解体修理や屋根の葺替え時に、降ろした瓦の分析を考古学研究者がおこなう例が増えている［萱原二〇一四］。完形品のもつ情報量は大きく、今後の調査例の増加に期待が大きい。

瓦の型式を瓦当文様や製作技法等、諸要素の連鎖型ととらえ、軒丸瓦・軒平瓦・丸瓦・平瓦など異なる種類の瓦の組み合わせによって、型式認定の妥当性を確認するという基本的な方法論は、幾多の考古資料にかかわる型式分類が実践した方法を、瓦分析に適用したにすぎない。軒丸瓦と軒平瓦の組み合わせは、藤澤一夫さんが弥生土器の様式論の刺激を受けて主張・実践した方法だ。

本稿で提示した型式を構成する具体的な諸要素には、それまで指摘されていた事実だけでなく、当時の私が気にかけていた新視点を含む。なかでも、成型台（内型）の形態を根拠に提示した玉縁式《たまぶち》（有段式）丸瓦の変遷図（図2-6）は、その後、古代寺院概説の冒頭に転載されたり［藤井寺市教委一九八七］、手を多少加えて丸瓦を主題に分析を深めた研究にも引用されたので［大脇一九九一］、多少は利用価値があったことになる。有段式（玉縁式）・無段式（行基葺式《ぎょうきぶき》）という丸瓦における二者が、それぞれ南朝・百済起源、高句麗起源であることは指摘されているが［谷一九九二］、有段式丸瓦の変遷図のなかで、朝鮮半島と共通するのはⅠ段階のみか、Ⅰ・Ⅱ段階なのかは、今後の検討課題である。なお、豊前の地方色と解した竹状模骨丸瓦は、その後、畿内起源であることが判明［花谷一九九五］。また、軒丸瓦一本作りに関しては、成型台の形態から縦置型と横置型に大別できるようになり［一九八六年二月］、以後、研究が深まった。

平瓦の説明で、成型台や叩板《たたきいた》から粘土離れをよくするための剝離剤として布・離れ砂・キラコ（金雲母の粉）の三つを挙げたが、それ以外に、粘土粉末（フリコ）を指摘するべきであった［一九九〇年三月②］。粘土粉末を剝離剤に使うと、製品の表面には独特の凹凸が残る。その初源は、離れ砂より新しいと考えられがちだが、奈良時代軒平瓦の笵型剝離剤にも使われているのではないかと最近考えている。平瓦における布目の消滅経緯も含めて、今後の検討課題である。

軒平瓦成形法の四類型（図2－9）は、すでに次項「2　平安後期～鎌倉初期の瓦生産と流通」にかかわる一連の論考で役立っていた。ただし、本章第二節は、七～八世紀の瓦を主題にした北陸古瓦研究会の講演がもとになっているので、詳しく説明していない。中世軒平瓦の成形法に関しては、その後、（図2－9S）＝顎貼付《あごはりつけ》技法に対し、瓦当部全体と平瓦部を斜めに接合する瓦当貼付《がとうはりつけ》技法が年代差を示す技法として対置できるようになった［法隆寺昭和資財帳編集委員会一九九二］。軒丸瓦では、丸瓦部と瓦当部を共土（丸瓦部を乾燥させずに一連の工程で瓦当部まで成形する方法）で作るのが一本作りだが、瓦当貼付技法の軒平瓦も、広端部が十分に乾燥しない状態で瓦当部を貼り付ける。

瓦研究における着眼点は、瓦を実見・整理・研究する過程で促進・獲得したものだ。私の場合、それを促進した最初の研究課題が、平安京とその周辺で出土する「2　平安後期～鎌倉初期の瓦生産と流通」研究であり、第二番目が恭仁宮跡から出土した奈良時代の瓦をおもな材料にした「3　律令制下の造瓦体制」研究だった。しかし、それ以上に、上述の北陸古瓦研究会、堺市の近藤康司さんが推進した摂河泉古代寺院研究会、鎌倉市の小林康男さんが推進した関東中世瓦研究会などからお誘いを受け、各地の重要資料や最新出土資料を実見する機会を与えられたことが大きい。

2　平安後期～鎌倉初期の瓦生産と流通

この研究は、学生時代から現在に至るまで、私が追究しつづけているテーマである。基礎となるいくつかの報告［一九七二年三月、一九七五年三月、一九七七年三月①、一九七八年一一月］および最初に公表した長論文［一九七八年五月］と付随論文［一九八二年五月②］がもとになる。その後、若干の空白期があり、新資料を加味して、改訂作業がゆっくりと進行中だ［一九九五年九月①、一九九七年一一月②、二〇〇〇年九月、二〇〇一年三月③、同年一二月①、二〇〇六年六月、二〇〇九年一二月①、二〇一〇年一月①、同年一一月、二〇一四年一一月②］。研究者数も一般の関心も少ない分野で、改訂作業開始前は、本テーマにかかわる講演依頼は少なかった［一九八四年六月、一九八七年一一月、一九九一年一二月、一九九三年三月①、一九九四年一〇月②］。しかし、平泉や清盛などのブームに便乗し、多少は関心が深まった感がある［一九九六年三月③、同年一〇月、一九九七年六月①、二〇〇〇年一二月③、二〇〇三年五月、二〇〇九年一一月、二〇一二年一〇月、二〇一四年一一月③］。

以下、研究の動機や契機も含めて、本研究の進展やその意義を解説する。

研究の契機

中学生の頃から、父・上原之節《ゆきよ》に連れられて、関東地方の国分寺や古代寺院跡を訪れていたので、私が古代瓦に興味を抱いたのは古い。拓本の採り方は父に教わった。しかし、本格的な瓦研究の契機は、学部二回生の時、京都市美術館構内（円勝寺推定地）の発掘調査に参加したことにある。学部二回生は、まだ専攻が決まっていない。私は考古学を専攻する目的で京都大学に入学したが、その頃は文化人類学に魅力を感じ、研究会「近衛ロンド」に通っていた。また、足利健亮先生の明快な講義を聴き、歴史地理学も面白そうだと思っていた。だから、発掘に参加できたのは、当時の教養部（現在の総合人間学部）にあった考古学研究会に所属していたおかげである。当時、京都市にようやく埋蔵文化財を担当する部署（文化観光局文化財保護課）が発足し、それまで文学部考古学研究室に在籍して、長岡宮跡等の発掘を推進していた浪貝毅さんが着任した。その初仕事が市美術館構内の発掘であり、建築史の福山敏男先生や西川幸治先生を中心に据えて「円勝寺発掘調査団」を組織。京都大学考古学研究会を創始した橋本久さん（法学部卒、のちに大阪経済法科大学教授）に発掘を依頼し、その総指揮のもとで、現場作業にたずさわったのが、京都大学や京都女子大学の考古学研究会に所属する学生達だった。

市美術館・動物園・京都会館・勧業館（みやこめっせの前身）・府立図書館・国立近代美術館などの文化施設が建ち並ぶ京都市左京区岡崎の地（かつての白河地域）においては、白河・鳥羽院政の時代（一一世紀後葉〜一二世紀中葉）に院御所とそれにかかわる寺院とが次々と建てられた。なかでも著名なのが、現在も町名に残る法勝寺を嚆矢とする「勝」がつく寺六つで、六勝寺と総称された。円勝寺は白河法皇の養女で鳥羽天皇の皇后となった待賢門院《たいけんもんいん》（璋子）が発願した寺で、福山敏男先生は京都市美術館の地にあったと想定していた［福山一九四三］。

かなりの面積を発掘したにもかかわらず、円勝寺伽藍にかかわる顕著な建物跡は検出できなかった。しかし、調査区内から、穴を掘って不用になった瓦を埋め込んだ大きな瓦溜が出てきた。軒先などに使う文様のある瓦（軒丸瓦・軒平瓦）もたくさん出土した。飛鳥・白鳳・奈良時代に属する古代日本の瓦は、博物館展示や考古学入門書などで、多少は見慣れていたが、出てくる瓦は今までに見たことのない文様の瓦ばかりだ。しかも、大きさも作り方も文様も多種多様だ。文様で分類すると、軒丸瓦は六七型式七四種二〇二点、軒平瓦は六〇型式七〇種一四〇点を数える。採拓技術があったせいか、何となく瓦の整理を私が進める雰囲気があった。浪貝さんは先輩の吉本堯俊さんを紹介し、瓦の実測法を取得するようにとアドバイスしてくれた。

研究の方向性

報告書を作る体制が整っていなかったので、円勝寺跡の発掘調査報告は毎日新聞社の『佛教藝術』に載った。私も出土瓦の概要を示す手伝いをした［一九七二年三月］。しかし、課題が山積していた。何よりも、この多種多様な瓦は何に由来するのか。平安後期の瓦に初めて接した私には見当もつかなかったが、それを研究する方向性は、すでにいくつか提示されていた。一つは、昭和三四（一九五九）年、尊勝寺推定地にあたる京都会館建設に先立ち、当時、奈良国立文化財研究所の建造物研究室にいた杉山信三先生が中心になって、六勝寺研究会を発足させ、実施した発掘成果だ［杉山・岡田一九六二］。出土した軒丸瓦一六四種五四二点、軒平瓦一五一種五三六点は、奈良国立文化財研究所歴史研究室の岡田茂弘さんが整理した。そのなかで岡田さんは、図2-9に示した軒平瓦における瓦当部の製作手法の違いで、一一・一二世紀の瓦生産地が認定できると述べている。製作技法で瓦の生産地が認定できるという提言は、その後の私の研究の方向性を決定づけた。ただし、岡田さんが尊勝寺瓦の生産地を、具体的に「洛北幡枝瓦窯と丹波瓦窯の二箇所」と結論づけたのは誤りだった。当時、岡田提言の是非を私に判断できるはずもなく、実物に即して、それを教えてくれたのが、長年、京都で瓦を研究し、一一世紀以降における地方産瓦の隆盛をすでに指摘していた木村捷三郎先生だった［木村一九六九］。

京都市美術館構内の発掘で瓦が出土しはじめると、早速、その調査に何人かの研究者が来訪し、人によっては何日も居続けた。私には、こんな分野に、何人もの研究者がいること自体が驚きだった。一人は若い女性で、大塚ひろみさん。熱心に瓦の拓本をとっていた。すでに福山先生と共著で、浄土教寺院の嚆矢となる法成寺出土瓦について論文があること［福山・大塚一九六八］、樋口隆康先生のもとで京都大学考古学研究室が所蔵・保管していた瓦、建築史学研究室が所蔵していた天沼俊一コレクションなどの瓦を悉皆的に採拓し、膨大なカードを考古学研究室に残していたことを知ったのは、私が考古学研究室に出入りするようになってからだ。

もう一人は、平安博物館に在籍していた中谷雅治さん。同時代の鳥羽離宮南殿や法金剛院の瓦の調査成果もふまえて、論文を執筆中だった［中谷一九七一］。単なる報告や資料紹介ではなく、歴史資料として、真正面から平安後期の瓦を取り上げた唯一無二の先行研究なので、私はかなり読み込んだ。しかし、あまり参考にはならなかった。中谷さんは、その後、京都府教育委員会に移籍し、恭仁宮跡の発掘調査を担当する。大学院博士課程に在籍中だった私は、中谷さんの下で、出土した瓦の整理を手伝うことになった。その成果が、次項「３　律令制下の造瓦体制」の核になる。交通不便な地にあるため、発掘中は、崩壊寸前の神社社務所、古びた公民館、後に新築のプレハブに泊まり込んで、夜は恭仁宮の発掘成果や瓦の整理成果を話し合った。しかし、中谷さんとの間で、平安後期の瓦が話題になることはなかった。

三人目は京都国立博物館にいた難波田徹さんだった。平安後期の瓦を研究していたわけではなかったが、京都国立博物館所蔵瓦や長野県上田市にある常楽寺美術館所蔵瓦の図録を作成中だった［京都国立博物館一九七四・一九七五、常楽寺美術館一九七二・一九七五］。とくに後者は、これまでの瓦図録に掲載されることが少なかった平安後期以降の瓦も多数収録している。当時の私には、こうした基礎資料の整理・公開が、後世に残る仕事として重要だという認識はほとんどなかった。でも、瓦当文様だけでなく瓦当裏面や側面の写真、実測図をほぼ実大で掲載した京博図録には、度肝を抜かれた。瓦当裏面や側面の写真も掲載したのは、おそらく木村捷三郎先生の影響だ。

木村先生は、現場事務所となった美術館地下室に最も長期間出入りして、瓦の拓本を採り続けた。実測はしなかった（できなかった？）が、瓦当文様だけでなく、細部技法や断面に関する情報も拓本で記録しているのに驚いた（後に私もまねをした）。それも機械的に情報化するのではなく、各資料を理解する上で不可欠と思った情報を選択して採拓する。その選択には、膨大な情報の蓄積と理解が前提にあることは、断片的に話を聴くうちに理解できた。たとえば、平瓦の端を折り曲げて瓦当部に仕上げる「折曲造軒平瓦」（図２－９Ｒ）には、平瓦部凹面の布目が瓦当面へと連続し、裏面にも指先で布を介して押さえ込んだ痕跡をもつものがある。これは広端側に延ばした布ごと平瓦広端部を折り曲げたのだという解説は（一九七一年八月二五日、平安博物館「第五回　瓦の会」の口頭発表）、細部痕跡を軒平瓦製作の全工程のなかで位置づけた結論だ。

岡田さんのように瓦当部製作手法という単純な形で類型化するのではなく、完成に至る全工程のなかで、ナデ・ケズリ・圧痕などの細部の製作痕跡を位置づける。痕跡には製作中に消えてしまうものも少なくない。それも含めて工程を復原する。

これが瓦観察の初歩となることを、木村先生から教わったと思う。そのなかには、瓦当裏面に縄叩きがある丹波系軒平瓦、瓦当裏面顎部を縦にナデる栗栖野瓦屋の製品など、生産地認定の鍵となる技法についての基礎知識もあった。

消費遺跡の調査

小林行雄先生にあこがれて京都大学を志望したので、卒業論文は家形埴輪を主題にしたが、できばえはよくなかった。大学院浪人（聴講生）となったので、平安後期の瓦を主題に、大学院入学時の審査対象となる論文（卒業論文相当）を書き直した。その口頭試問の場に日本中世史の大山喬平先生が立ち会い、『三木市史』（一九七〇年）が尊勝寺と同じ瓦を窯出土資料として紹介していることや、建久三（一一九二）年「後白河院庁下文」『九条家文書』に播磨国の荘園が尊勝寺と蓮華王院に瓦を貢納している事実を示す記事があることなどを教えてくれた。大山先生が、その頃、『兵庫県史』第一巻（一九七四年）を作成中で、それらの事実に通暁していたことは後になって気づいた。小林行雄先生は、考古学の口頭試問では、日本古代史の岸俊男先生に立ち会ってもらうのが慣例だが、私の場合は特別だったと述懐していた。

大学院修士課程に入学すると、折しも、先代の考古学研究室助手で平安博物館に勤務する近藤喬一さん（山口大学名誉教授）が、これまで平安博物館が関与した平安京発掘で出土した瓦の図録を作る計画を立て、それを手伝うよう声をかけて下さった。修士課程在学中は、平安博物館に入り浸った。その時の人脈は、現在に至るまで私の宝物だが、なかでも植山茂さんという、瓦研究仲間ができたのは大きな収穫だった。

『平安京古瓦図録』作成補助［一九七七年七月］をしながら、鳥羽離宮、尊勝寺、法金剛院、醍醐、栢杜《かやのもり》遺跡など、平安京とその周辺で出土した平安後期の瓦をこまめに調べまわった。京都府の高橋美久二さん、京都市の浪貝さんや梶川敏夫さん、六勝寺研究会の畑美樹徳さんが、関連遺跡の調査情報や出土瓦情報を教えてくれたことが大きな力になった。昭和三四（一九五九）年の京都会館建設に先立つ発掘調査で出土した尊勝寺瓦は、一部が京都会館の地下に残されていたが、基準となる一等資料は奈良国立文化財研究所が保管していた（現在は京都市埋蔵文化財研究所が一括で保管）。小野山節先生に紹介してもらい、当時、奈良国立文化財研究所にいた横山浩一先生の世話で、植山さんなどと一緒にプレハブ研修棟に泊まり込み、その調査をした。夏の収蔵庫（とくに二階）は異常高温となる。それをものともせず、ひたすら採拓し、記録をとる毎日だった。その後、私は奈良国立文化財研究所に勤務する。しかし、瓦調査室（平城宮跡発掘調査部考古第三調査室）に所属する機会がなかったためか、尊勝寺瓦を再検討することはなかった。考古資料は身近にあれば研究できるわけではなく、やる気が重要なのだ。

生産遺跡の調査

平安後期における瓦の多様性が、生産地の違いに由来するなら、生産地の資料調査は必須だった。京都市に隣接する亀岡市篠古窯群（三軒屋窯）で出土した瓦は［安井一九六〇］、同志社大学にあると思っていたら、当時は、調査を担当した安井良三さんと一緒に大阪市立博物館に移動していた。発掘成果の整理・研究・報告が、調査機関ではなく、調査担当者個人の双肩にかかった時代だったが、場合によっては出土資料の保管義務まで個人負担となったのだ。その発掘資料を、こまめに篠古窯群を踏査していた服部政義さんや向川一夫さんの採集資料と照合することで、丹波系瓦屋の概要が理解できた。

窯自体の報告書や関連瓦の集成もされていた尾張や讃岐の動向は、比較的容易に把握できた。尾張の瓦調査では、考古学研究室の先輩である中村友博さん（山口大学名誉教授）の実家にお世話になり、愛知県の柴垣勇夫さんや東海市の立松彰さんと連絡まで取っていただいた。考古学における地元人脈の強みを痛感する場面だった。人脈がなかった讃岐の場合は、まず、讃岐国内の瓦について精通している安藤文良さんを訪問した。どこに行けば実物が見られるか、ここは連絡しても無駄だろうなどの情報は正確無比だった。私が考古学に足を踏み入れた時代は、埋蔵文化財行政の萌芽期ではあったが、在野研究者が地域の考古学を支えた最後の段階だったと、今になって思う。

丹波・尾張・讃岐などの生産地資料や京都・奈良における同時代の瓦調査を通じて、岡田茂弘さんが指摘した軒平瓦製作技法の違いが、生産地認定において有効なことが理解できた。しかし、特徴的な瓦当部成形法（のちに木村先生が「包込み式」と命名）による軒平瓦の生産地が特定できなかった。しかも、包込み式技法による軒平瓦は、平安京とその周辺の消費地では、木工寮など中央造営官司付属の瓦工房の製品にまさるとも劣らない量が出土する。尾張や讃岐で類品の有無をたずねても、つれない返事ばかりが戻ってきた。残る候補地は播磨だ。御自身で採取した高砂市魚橋窯の製品が、京都に運ばれている事実を古くから指摘していた今里幾次さん［今里一九五五］を訪問する時に、おもにこの一群の瓦拓影を持参し、そのいくつかが魚橋窯の製品とわかったときは、まさに鬼の首を取ったような気分であった。

私が今里さん宅を訪問した年に、真野修さんが神戸市垂水区（その後、西区となる）にある神出窯を世に知らしめた［真野一九七四］。ガリ版刷り、ホッチキス留めの小冊子で、高橋美久二さんが教えてくれなければ、見逃してしまうところだった。真野さんに直接連絡したところ、神出窯の現地見学、資料見学だけでなく、三木市の窯資料に精通している西阪義雄さんを紹介して下さり、出土瓦見学などにも同行して下さった。魚橋窯・三木窯・神出窯という三地域の窯で同じ包込み式技法が確認でき、「播磨系瓦屋」の概念設定に自信がついた。

成果の公表と各地における調査研究の進展

古墳時代研究にも未練があったので、修士課程在学中は年に一回は横穴式石室をもつ古墳の調査に参加した。しかし、それを主題に論文を書くほどの蓄積はできなかった。修士論文はもちろん平安後期の瓦で書いた。書くことはいくらでもあった。修士論文は四〇〇字詰め原稿用紙で一〇〇枚以内の規定だったので、副論文を添えた。審査する樋口隆康先生・大山先生・小野山先生には、さぞ迷惑だったろうと思う。

修士論文を活字にする時は、主題ごとに分割・投稿するのが慣例だった。最初に、年代や産地同定に関する基礎事実を概観した小論を書いたが［一九八二年五月②、執筆は一九七七年］、隔靴掻痒だった。一〇世紀以前は、木工寮や修理職などの中央造営官司に付属する造瓦工房（＝中央官衙系瓦屋）が、都城とその周辺で消費する瓦生産を一手に担っていたのに対し、一一・一二世紀には各国衙が管轄した丹波・讃岐・播磨・尾張系瓦屋や、南都諸寺が保有した寺院系瓦屋など、地方窯産の瓦を平安京内外で多数使用した事実。各生産地系列の製品が同笵関係だけでなく、同笵事実から導いた製作技術の独自性と瓦当文様系譜から、体系的に抽出できること。各生産地系列の消長が、当時の政治・経済と密接にかかわることなどを、私は分割せずに論述したかった。しかし、平安後期の瓦という考古学ではマイナーな分野で、百数十枚を超える論文を一括掲載してくれる雑誌は見あたらなかった。

友人で東洋史を専攻していた森田憲司さん（現奈良大学教授）にこの話をすると、元興寺仏教民俗資料研究所・考古学研究室発行の『古代研究』を編集していた速水（西山）洋子さんと知り合いとの由で、掲載の可否を打診してくれた。思いがけず、雑誌二冊分のボリュームで、合併号を占領した一括掲載がかなった［一九七八年五月］。日本赤軍によるハイジャックが話題となった直後だったので、陰で「雑誌ジャック」と言われたそうだ。仏教民俗資料研究所も財団法人になり、掲載号から（財）元興寺文化財研究所からの発行となった。

マイナーな研究分野でも「雑誌ジャック」のインパクトはあった。播磨では今里さん［今里一九八〇］、讃岐では千葉幸伸さん［千葉一九八二］、尾張では柴垣さん［柴垣一九八二］が、地元資料を新たな目で見直した。とくに、今里論文を契機とするかのように、神戸市神出《かんで》窯、明石市魚住窯、三木市三木窯、明石市林崎三本松など、播磨系瓦を生産した窯の発掘調査が相次ぎ、生産地側の資料が一新する。出土瓦の評価に向けた調査関係者の対応も迅速だった［一九七九年九月］。しかし、一般向け啓蒙活動となる講演・展示がワンテンポ遅れたのは［一九八四年六月、一九九一年一二月、一九九三年三月①、一九九四年一〇月②と一一月②、一九九六年一〇月、二〇〇〇年一二月③］、マイナーな分野のせいだろう。ちなみに、一九八四年の高松市での講演は、香川大学に赴任していた丹羽佑一さんの紹介、一九九一年の加古川市での講演は、播磨駅家研究で注目されていた高橋美久二さんの紹介でおこなったものだ。地元行政ではなく、大学の先輩が私の研究成果に注目してくれたおかげというわけだ。加古川市の担当職員は、以前におこなわれた高橋さんの講演を誉めたたえ、私の講演には不満たらたらだった。

成果の見直し

考古学情報の増加は、発掘調査体制の充実と不可分だ。京都市内の発掘でも、平安時代後期の瓦は増加の一途をたどる。当初はこまめに出土瓦を見学していたが、物理的に不可能となった。しかし、製作技術や瓦当文様系譜から生産地を認定するという基本方針は常識になり、概報や報告書で出土瓦の生産地系列を明記してくれるので、実査の必要性は減少した。また、過去の採集資料なども整理・再検討され、図録になって利用可能になる。資料の増加・充実をふまえれば、当然、過去の研究成果は化石となり、見直しが必要になる。

年代観で見直しが必要になったのは、とくに中央官衙系・丹波系・南都系軒瓦だ。旧稿［一九七八年五月］では、法勝寺（一〇七七年供養）金堂出土瓦のなかで、最も古い特徴をもつ中央官衙系軒平瓦を創建時の基準資料とした。しかし、金堂に取り付く翼廊の調査で、この瓦が下層遺構、すなわち法勝寺以前の藤原氏別業（＝白河院）にともなう一一世紀中頃の瓦と判明する［『法勝寺跡発掘調査概報　昭和六一年度』］。また、私の研究の出発点となった円勝寺（一一二八年供養）推定地瓦溜の出土資料も、おもに法勝寺阿弥陀堂所用の瓦群と推定できるようになった。その改訂は、少量ではあるが、備前（備中）・備後・周防などの諸国から、瀬戸内海舟運で平安京とその周辺に瓦がもたらされた事実とともに報告した［一九八七年一一月］。なお、資料が少ないと年代推定が難しい。周防から東寺にもたらされた軒丸瓦については、その後も再論したが［二〇〇四年三月③］、結局よくわからないままだ。

法勝寺・尊勝寺（一一〇二年供養）で初現年代を考えていた播磨系瓦屋の動向も、興福寺中金堂の治暦三（一〇六七）年再建瓦を抽出することで［一九九七年一一月②、二〇〇〇年三月②］、一一世紀の状況が鮮明になった（本章第七節）。また、中央官衙系瓦屋の動向も、新たな資料から一三世紀の状況が明らかになった［一九九五年九月①、一九九七年3月②］。こうした成果をふまえ、旧稿［一九七八年五月］の改訂をもくろみ、大学の講義を利用して執筆に努めたが、量が半端でなく、旧稿と主旨が異なるという新たな問題も派生する。しかし、讃岐系瓦と丹波系瓦についてはすでに公表し［二〇〇九年一二月①、二〇一〇年一月①］、播磨系瓦も本書に先立って公表できた［二〇一四年一一月②］。中央官衙系瓦の草稿は準備できているが、尾張系・南都系瓦屋論改稿の見通しは立っていない。

新たな方向性と本書の扱い

旧稿と主旨が異なる新たな問題とは、在地消費の問題だ。旧稿でも讃岐系瓦において、平安京とその周辺だけでなく、在地にある奈良時代に創建された寺院や平安後期の新興寺院で、一定量の平安後期瓦を使っていることに気づき、四国八十八ヶ所霊場成立の萌芽と結びつけた［一九七八年五月］。しかし、旧稿で取り上げなかった和泉国では、製品の一部は平安京とその周辺にもたらされたが、むしろ在地新興寺院での消費が目立つ。これは熊野詣との関係で説明できそうだ［二〇〇一年一二月①］。なお、まったく知られていなかったことだが、鎌倉時代の東大寺再建事業において、備前万富窯や三河渥美窯とともに、和泉国が少なくとも丸瓦・平瓦を東大寺に供給していたことが明らかとなった［三木二〇一一］。史料にない東大寺再建の実体に、考古学がどこまでアプローチできるか期待は大きい。

一方、播磨国で判明した在地消費は、平氏政権に接近した在地勢力という視点で説明できる部分がある［二〇一〇年一一月、本章第八節］。中央でも平安宮のように各時代の政治史と深くかかわる施設では、瓦消費の背景に後三条天皇・藤原信西・平清盛など複数の「時の人」に登場してもらわねば説明しきれない［二〇〇三年五月、二〇〇六年六月］。平安後期は各地域の個性が顕著になる時代で、在地消費を議論しはじめると、受領の成功や寺領荘園など、歴史的背景を類型的に説明できる中央消費の場合と異なり、一筋縄ではいかなくなる。

在地消費に関連して、製品の移動ではなく、工人の移動による瓦の普及・伝播も問題となる。旧稿でも若干例を指摘したが、中世には南都寺院番匠の出張製作が主流となる［一九九七年三月①、二〇〇二年三月②、二〇〇三年三月③］。その嚆矢となるのは、中央官衙系瓦工人の平泉出張だ［二〇〇〇年九月、二〇〇一年三月③］。出張製作を問題にすると、製作技法と瓦当文様系譜から認定した生産地系列の概念は通用しても、「〇〇産」とは呼べない。近年は滋賀県各地で、一二世紀末～一三世紀の中央官衙系軒瓦が発見されている。遠くは琵琶湖の北端、塩津港遺跡でも神社遺構にともなって出土しており、なかには現存社殿に葺かれている例すらある。これらが中央官衙系瓦工の出張製作によるのか、製品の交易によるのか、まだ決まっていない。

なお、副産物として、一一・一二世紀の瓦当文様が、朝鮮半島（高麗）の影響を強く受けていることに気づいた。文様系譜をたどる方法について検討したうえで、「平安時代後期は国風文化の時代」という既成概念に疑問を呈した［一九八〇年五・六月］。三国時代や統一新羅時代の瓦は古くから注目されていたが、高麗時代の瓦はまったく無視されていた。しかし、これ以降、土器研究や金属器（鏡や梵鐘）研究者の間にも、平安後期の文物に朝鮮半島から新たな影響が認められる事実が指摘されつつある。高麗瓦の瓦当文様に関しても、立命館大学の高正龍さんが検討している。

以上、比較的詳しく「平安後期～鎌倉初期の瓦生産と流通」の背景や研究史を説明した。本主題にかかわる私論は、一九九五年頃を境に再検討の段階に入り、現在に至るまでの原稿量は半端ではない。しかも、未完成である。将来、一書にまとめる機会を待ちたい。本章六節に、地方産瓦が平安京にもたらされた歴史的背景と、一一世紀～一二世紀前葉における丹波系瓦屋の動向を示す瓦を扱った小品［一九九四年一〇月②］、七節に一一世紀後葉における播磨系瓦屋の動向を、興福寺・円宗寺・法勝寺出土瓦から検討した小品［一九九七年一一月②］を掲載することで、研究の概要を示す。とくに後者は、年代が限定できる消費遺跡出土瓦と、出土瓦で観察できる追刻・改笵による年代差がうまく連鎖し、確実性の高い年代論が提起できた例だ。確実性の度合は材料によって上下するが、こんな論理で消費遺跡出土瓦から年代を組み立てて、当該期の瓦生産と流通を論じたのだと、御理解願いたい。

そのほか、本項で解説した在地消費の問題を主題にした論考［二〇一〇年一一月］と戦国時代まで下るが、中世瓦工の出張製作例を紹介した論考［二〇〇三年三月③、本章第九節］を併載した。新たな方向性と解説したが、各地域の考古資料にもとづいて検討を深めるべき主題であり、私自身、これ以上の議論を発展させる余力はない。

3　律令制下の造瓦体制

平安後期の平安京とその周辺の造営工事で、地方から大量の瓦を搬入した事実は、奈良〜平安前期の都城所用瓦の工房が、おもに都城周辺に分布する事実や、古代寺院の瓦工房が近接地で操業することが多い事実と鮮やかな対照をなす。瓦の重さを配慮すれば、工房は消費地に近接するのが有利だが、生産瓦工房が遠隔地にある例は、現代も含め少なくない。そうした工房の立地差は、個別の特殊事情が多少あったとしても、基本的には各時代の政治・経済・社会体制と直接かかわる［一九九七年二月③、本章第三節］。平安後期の場合は、「律令制の崩壊」「相次ぐ火災・地震とその復興工事」「浄土教の隆盛による造寺隆盛」「受領層の台頭」などが、それを説明するキーワードになる。これに対し、前史となる工房近接型の律令制下造瓦体制を説明するキーワードが「官窯体制」だ。

奈良時代の瓦工房を「官窯」という言葉で性格づけることは、古くからあった。昔の報告書や論文では、平安京北郊の栗栖野瓦屋も官窯で、武蔵国分寺の瓦を焼いた瓦窯も官窯だった。しかし、同じ官窯でも、両者の違いは大きい。律令制は二官八省からなる中央官司と、国—郡（評）—郷・里（五十戸）からなる地方行政区をおもな政治組織とする。宮殿・都城の造営は、造宮省・造宮職・造京司・修理司・左右修理宮城（坊城）使・修理職などの令外官や木工寮などの官司が担当し、瓦工房もその配下に組織することが多い。このような中央造営官司が管轄した瓦工房とその製品を、私は「中央官衙系瓦屋」「中央官衙系軒瓦」と呼んだ［一九七八年五月］。この用語の背景として、当然「地方官衙系瓦屋」「地方官衙系軒瓦」の存在を意識していた。

奈良〜平安前期における国単位の工房組織やその製品を「陸奥国府系」「播磨国府系」と呼んだのは、工藤雅樹さんや今里幾次さんである［工藤一九六七、今里一九七四］。今里さんは、当初、播磨国分寺出土瓦を基準に「播磨国分寺式瓦」「播磨国分寺系列瓦」と命名したが［今里一九六〇］、のちに播磨国府系の語を採用する。しかし、私は平安後期の瓦研究から着手した。現在でこそ「中世国府」の語も市民権を得ているが（私は「府中」と呼ぶべきだと思う）、平安後期の国府後裔組織は「国衙」と呼ぶのが一般的だった。それは荘園に対する「国衙領」という確たる用語で保証されていた。もし、平安後期の地方官衙系瓦屋やその製品を「播磨国衙系」と性格づけた場合、当然「播磨国府系」との境界が問題になる。どの時点から「播磨国府系」瓦は「播磨国衙系」瓦に変身するのか。遺物に即して画期づける考古学の立場からすれば、そんな切れ目は見えなかった。たとえ切れ目があったとしても、国府と国衙の用語差に対応すると証明するのは至難の業で、おそらく時間の無駄だ。だから、国府系でも国衙系でもない「播磨系」の語を採用したのは正解だった。

ただし、平等院や法成寺・法勝寺等から出土する南都興福寺や薬師寺・大安寺と同笵の軒瓦は、南都諸寺が保有する瓦工房の製品であることは、永承年間の興福寺再建工事の経緯を記した『造興福寺記』から明らかだった。『造興福寺記』は、小林行雄先生が詳細に分析していた［小林一九六四］。考古学的に十分証明できないが、南都諸寺が一一・一二世紀に保有した瓦工房は、造東大寺司など、奈良〜平安前期の寺院造営組織（＝造寺司）配下にあった造瓦工房（造瓦所）の系譜を引く。つまり、律令制下の造瓦工房は、平城宮や平安宮などにかかわる中央造営組織に属する工房、東大寺など中央官寺にかかわる工房、国府や国分寺・駅館など国に造営・管理運営の責任があった工房に分かれることになる。

だから、平安後期の瓦生産を、中央官衙系、丹波系・讃岐系、尾張系・播磨系、南都系に区別して、瓦屋系譜やその製品を区別した［一九七八年五月］。しかし、説明不足もあって、関心は生産地の認定成果に片寄った。中央官衙系を山城系（京都系）、南都系を大和系に呼び代え、用語統一をはかる報告が目立ち閉口した。もう一つ閉口したのは、「いわゆる中央官衙系」という引用だ。上述のように、中央官衙系の用語は官窯を厳密に論じるために、私が考案した学術用語だ。「上原が言う中央官衙系」と記せば正しいが、「いわゆる（＝世間が言う、俗に言う）」で引用されると、学術用語として認めないし、私のプライオリティも認めないという二重否定で引用されたことになる。官窯の定義を含め、こうした議論の方向性を整理したのが「官窯の条件」［一九八七年二月、本章第四節］だった。この議論は「2　平安後期～鎌倉初期の瓦生産と流通」研究に一つの区切りをつけ、以後、追究した「律令制下の造瓦体制」との連続性・関連性を明らかにするうえでも必要だった。以下、「律令制下の造瓦体制」の研究経緯と経過を述べる。

平安時代初期官営造瓦工房の発掘

考古学専攻を決めて早々に、円勝寺推定地出土瓦を整理・報告したわけだが、その整理と平行し、右京区西賀茂鎮守庵瓦窯の発掘調査に参加した。西賀茂地域の区画整理にともなう発掘で、浪貝さんが吉本堯俊さんに現場担当を依頼。その指導のもとで、当時、立命館大学に在学し、後に浪貝さんの右腕、さらには後任となって京都市文化財保護課で辣腕をふるった梶川敏夫さんなどと一緒に、調査に従事した。

発掘現場は西方寺北側の竹林内で、チェーンブロックによる竹の除去から始まった。除去した竹は、おもに暖を採るのに使ったが、長年、長岡宮発掘に従事した作業員さんたちは、汁物を煮たり、竹の杖を作ったり、無駄なく利用していた。消防法や廃棄物法などでがんじがらめになった現在では、考えられないことだ。西方寺が、幕末歌人で陶芸家の太田垣蓮月尼や、料理人で陶芸家の北大路魯山人の墓がある、名の知れた寺院であることは後になってから知った。泥だらけの長靴で境内を通行し、発掘資財や出土遺物の一時保管、出土遺物の洗浄に水道を使わせてもらうなど、我儘し放題の発掘調査に、よくぞつきあってくれたと思う。おおらかな時代だった。

発掘では、南北に整然と並んだ二基の有畦式平窯（有牀式平窯・ロストル式平窯）と、その西にある無畦（牀）式平窯一基を検出した［吉本ほか一九七二］。北に延びる道路予定地に沿ったトレンチや掘削断面に、複数の灰原の端が顔をのぞかせた。いくつもの窯が竹林内に眠っていることは確実だ。三基の窯を検出した東方では、平安博物館の近藤さんたちが、西賀茂角社瓦窯跡を発掘し、やはり整然と並んだ有畦式平窯四基を検出していた［近藤ほか一九七八］。今から考えれば、期せずして、平安前期の官営造瓦工房の姿の一端を目の当たりにしていたことになる。

出土遺物は可能な限り現場で洗浄して持ち帰る、という吉本さんの方針で、真冬の野外、水道水で出土瓦をせっせと洗った。土が付いていても軒瓦はわかるから抽出済み。洗う対象は、ほとんど丸瓦・平瓦だ。何の因果でと思うほど水は冷たかったが、米袋いっぱいの丸瓦・平瓦を洗っていると、まれに「官」字や記号を刻印した瓦に遭遇する。最初に「官」字を見つけたとき狂喜乱舞した吉本さんの姿が、いまだ忘れられない。しかし、「米袋約一〇〇、段ボール箱約五〇」の丸瓦・平瓦を洗浄して、検出した「官」字刻印瓦は一二点、記号刻印瓦は三点にすぎなかった。この経験は、後に恭仁宮式文字瓦を検討するとき、常に念頭に去来した。

恭仁宮跡の発掘

平安後期に地方窯産瓦が、平安京とその周辺で多数使われた事実は、それ以前の瓦が、西賀茂瓦窯をはじめとする平安京周辺の窯で生産され、平安京とその周辺における瓦需要に応えた事実と対照することで、はじめてその意義づけが可能となる。論文タイトルは「古代末期における瓦生産体制の変革」だったが、逆にいえば「官窯体制の崩壊」なのである。当然、官窯体制の内実を解明する作業が必要である。大学院修士課程在学中は、『平安京古瓦図録』作成を手伝い、大学院博士課程在学中は恭仁宮跡で出土した瓦整理に従事した。今、考えれば、すべて「律令制下の造瓦体制」研究、すなわち官窯体制研究に向けてのレール上を走っていた。

平安博物館所蔵瓦の分類整理、実測・採拓、写真撮影、原稿執筆と作業が進み、編集を残して私は『平安京古瓦図録』［一九七七年七月］作成から離れ、京都府教育委員会が昭和四八年度から着手していた恭仁宮跡調査の出土瓦整理を手伝うことになった。恭仁宮は平城還都後、山背国分寺に施入される。山城国分寺跡は現存地割から寺院地の範囲が推定でき［石田一九五九］、昭和三二年に国史跡となった。しかし、先行する恭仁宮跡は謎のままだった。ところが、私が京都大学に入学した年、当時、京都大学教養部（現在の総合人間学部）の助手だった足利健亮先生が、歴史地理学的手法を駆使して、恭仁宮跡について画期的な研究を発表する［足利一九六九］。

一九六九年、教養部はバリケード封鎖中で、一〇月まで正式の授業がなかった。しかし、教官も学生も出入自由で、自主授業と称して勝手に講義し、学生は勝手に聴講していた。正式の授業が始まるとヘルメットのお兄さんお姉さんが「粉砕」に来たが、自主授業は「粉砕」対象外だった。そのなかで、足利先生の恭仁宮復原の話を聞いた。大極殿＝山城国分寺金堂を基準に、平城宮と同じ約一㎞四方を当てはめると、現地形と見事に整合する。史料と対照して復元した恭仁京域も含めた整然とした論理の組み立てに、私は驚嘆した。話にも力が入っていた。今、考えれば、まさにできたての研究成果だった。裏話としては聞いていないが、京都府教育委員会が国庫補助事業として恭仁宮跡調査に乗り出したのには、足利先生の研究成果が大きく後押ししていたに違いない。

昭和五〇（一九七五）年、中谷雅治さんが調査担当者となり、秋から本格的かつ計画的な恭仁宮跡発掘調査が始まった。といっても、足利説恭仁宮域を検証するには、史跡範囲外の発掘が必要だ。しかし、地権者の理解はたやすく得られなかった。また、寺院や官衙遺跡の計画的発掘調査においては、まず中枢施設を発掘し、遺跡全体を理解する基準となるデータを獲得するべきだというセオリーがある。発掘調査は木造校舎の恭仁小学校背後に広がる山城国分寺金堂跡から始まった。金堂が恭仁宮大極殿を転用したものであることは、その規模からまちがいなく、すでに福山敏男先生が太鼓判を押していた［福山一九五五］。基壇上面には礎石を据えるために入念に地業した痕跡が残り、基壇周辺部は一部にトレンチを入れたにすぎなかったが、基壇裾からコンテナにして数百箱の瓦が出土した。そのなかには大量の人名刻印瓦、すなわち恭仁宮式文字瓦が含まれていた。

恭仁宮跡出土瓦の検討

この地で「刑部」「出雲」「神人」「日奉」「足得」「太万呂」「真依」「乙万呂」などの姓や名を刻印した丸瓦や平瓦が出土することは、古くから知られていた［岩井一九一三］。しかし、これを瓦寄進者名と解し、「山城国分寺の文字瓦」と説明することが一般的だった［角田一九三八］。ところが、二ヶ年にわたる大極殿（山城国分寺金堂）跡およびその周辺で出土したコンテナ数百箱分の瓦から、八〇〇点を超える人名刻印瓦が出土したのに対し、昭和五二・五三年度に東隣で実施した山城国分寺塔跡の発掘調査では、一〇〇〇箱を超える瓦に含まれていた人名刻印瓦は二〇点にも達しなかった。しかも、ともなう軒瓦や他の丸瓦・平瓦にも、明確な違いがある。すなわち、大極殿跡の軒瓦は平城宮と同笵品が八〜九割を占め、塔跡の軒瓦の九割以上が平城宮と無関係で、大半は史跡「紫香楽宮跡」に指定された甲賀寺跡出土瓦と同笵だった。

恭仁宮大極殿は、藤原宮大極殿を移建した平城宮第一次大極殿を、再度移築したものだ。平城宮大極殿と周囲の回廊を、恭仁宮へ移築した記事は『続日本紀』にある。移築を裏づけるのは、恭仁宮大極殿跡の隅の礎石が奈良盆地南部（飛鳥地域）でよく使う片麻状花崗セン緑岩、残りが流紋岩質凝灰岩（竜山石）である事実だ。一方、山城国分寺塔跡の礎石はすべて黒雲母花崗岩質ペグマタイトで、南山城の地元の石だ。礎石の産地が、建物の由来を語っているのだ。石材の同定は、奈良国立文化財研究所に着任した時、石材産地に興味をもっていた秋山（肥塚）隆保さんにお願いした。のちに上司となる町田章さんは、当時、平城宮第一次大極殿院の報告書作成に専念していたので、肥塚さんの検討成果を御注進に及んだ。めでたく成果は報告書に掲載されたが、塔跡の礎石が地元の花崗岩だという事実は無視された［奈文研一九八二］。塔跡の石が地元産だから、大極殿とともに礎石が運ばれたと明言できるのだと思っていた私は不満だった。

建物を移築する時は、瓦も再利用する。しかし、恭仁宮大極殿においては、平城宮から運んだ瓦は、大極殿の背面や大極殿を囲む回廊に使用したことが出土状況から推測できた。これは平城遷都時に、藤原宮瓦を平城宮を囲繞する大垣などに再利用したのと同じ論理だ。人名刻印瓦と一緒に出土する軒瓦は、恭仁宮大極殿造営時に新調した軒瓦で、平城宮で出土した同笵の軒丸瓦は、恭仁宮の瓦笵を改刻した型を使っている。こうした恭仁宮造営時に新調した瓦群の存在は、昭和五三年度に内裏西地区で検出した中枢建物ＳＢ五三〇三の柱抜き取り穴から、打ち欠きで再利用不能となり、一括で廃棄された瓦群が出土したことで確定した。ただし、この瓦群の整理には、私は直接関与しなかった。恭仁宮段階の瓦と山城国分寺施入後の瓦の違いは、現在もなお、恭仁宮跡の発掘調査を進めるうえで、検出した遺構の年代や性格を判定する基準となっている。

恭仁宮段階の瓦と山城国分寺施入後の瓦の違いは明々白々で、大極殿跡と塔跡の発掘調査を推進した中谷さんや技術補佐員の大槻眞純さん（のちに福知山市勤務）は、当然、真っ先に気づいた。瓦整理を担当した私の第一の仕事は、そうした現場が認識した事実を、如何にして誰にでも納得できる報文に仕上げるかにあった。宿舎の炬燵を囲んで呑む酒が、情報交換の場になった。出土瓦の全貌を把握するため、夏期休暇を返上して一人でプレハブ小屋に泊まり込み、洗浄・分類・カウントに集中した。整理成果を示すのに、概報段階でもいろいろ工夫した［一九七七年三月②、一九七八年三月、一九七九年三月］。その後、調査担当交替を契機に、中谷さんは恭仁宮跡発掘調査の正式報告書を刊行したいと考え、手始めに「瓦編」刊行を勧めてくれた。奈良国立文化財研究所に赴任して間もなかったので、朝早く起きて原稿を書き、それから出勤した。図表作成にも工夫を凝らし、それなりの自信作に仕上がった［一九八四年三月③］。

なお、その後の出土遺物の報告を含めた「遺構編」、すなわち『恭仁宮跡発掘調査報告Ⅱ』は二〇〇〇年にようやく刊行された。遺構編が遅れたおもな理由は、恭仁宮域がなかなかわからなかったためだ。史跡指定外の発掘調査について地元の理解が得られるようになり、私が奈良国立文化財研究所に着任した直後から、山城国分寺跡指定域の北に広がる内裏地区、南に広がる朝堂院地区においても、宮内を区画する掘立柱塀や建物が片鱗をのぞかせた。しかし、宮域区画施設がわかるのは、平成になってからだ。平成七年度、西南隅の発掘により、恭仁宮域は東西約五六〇m、南北約七五〇mと確定する。足利先生が推定した宮域面積の二分の一以下、平城宮域の三分の一強だ。宮域規模に関して、私が驚嘆した足利説は、まったく的外れだったことになる。シンポジウムで御一緒する機会があり、終了後の宴席で、不躾とは思ったが「なぜ恭仁宮域はハズレだったのでしょう」と伺った。即答「ワシにも判らん」。歴史地理学的方法の限界だったのだろう。

恭仁宮式文字瓦の分析

恭仁宮跡出土瓦にのめり込んだのは、一〇〇〇点近くある人名刻印瓦のせいだった。これだけ数があるのに、それを生んだ歴史的背景や歴史的意義が解明できないなら、考古資料から歴史情報を引き出すことは不可能ということになる。人名刻印瓦が国分寺ではなく、恭仁宮の瓦であることが確定した以上　寄進者名説が根拠を失ったことは明らかだった。確定以前から、藤澤一夫さんと森郁夫さんは、ほぼ同じ時に、瓦工名説を提起していた［藤澤一九六七、森一九六七］。森さんに伺ったところによれば、事前の意見交換があったわけではなく、まったく偶然に、同じ説に到達したとのことだ。箆書でなく刻印であること、記載の人名が略号的であること、正倉院文書に記載された造東大寺司造瓦所で似た姓名の瓦工が活躍していることなどがおもな論拠だった。しかし、大量の一括資料が得られた以上、別の論理で寄進者名説vs瓦工名説に結着をつける必要があった。

文字瓦の分析方法については、宮城県多賀城跡出土瓦の研究で、すぐれた提案があった。すなわち、文字づら（記載内容）だけでなく、文字の記銘場所や、瓦製作工程のどの段階で記銘したかなど、考古学的文脈に従って、同時代の良好な一括資料を分析する必要性の提起である［高野・進藤・熊谷・渡辺一九七六］。文字のある考古資料を、文字面だけでなく考古学的な文脈に従って分析する視点は、木簡では向日市の山中章さん（三重大学名誉教授）が進め、墨書土器分析においても一般化するが、文字瓦分析のほうが先駆的であったと記憶する。

恭仁宮式文字瓦は、凹型成型台での調整作業終了後、細長い印を、丸瓦・平瓦の凹面に押捺する。押捺位置はばらつくが、押印したのは生瓦作工自身だ。昭和五〇年度の大極殿の発掘で出土した二〇型式二九種一二一点の押捺位置を検討すると、印種ごとに集中傾向があった。明らかに瓦工名説に有利な材料だ［一九七七年三月②］。翌年、多賀城第Ⅱ期の一三〇〇点近くの刻印瓦に関しても、印種ごとに押捺位置が集中することから、刻印が瓦工名の省略文字であり、生瓦作工の仕事をチェックするために押印したという説が提起された［高野・熊谷一九七八］。

一〇〇〇点を超える資料の分析成果には、有無を言わせぬ説得力がある。昭和五一年度調査で七〇〇点強が加わるが、その後は大極殿周辺の調査は実施されず、二〇〇〇年の『恭仁宮跡発掘調査報告Ⅱ』段階でも、恭仁宮跡における人名刻印瓦の出土量は一〇〇〇点に達していない。しかし、恭仁宮式文字瓦には、多賀城第Ⅱ期の刻印瓦にない強い味方がいた。すなわち、昭和四六〜四七年度の東大寺法華堂修理工事で三〇〇枚近くの恭仁宮式文字瓦が発見され、菅谷文則さん（現奈良県立橿原考古学研究所長）が中心となって調査した成果だ。当時は古建築屋根の葺替時に、古い瓦を考古学的立場で分析し報告した例はなく、刻印文字瓦の発見で急遽対応したという。古建築屋根の所用瓦は、再利用が可能な個体は屋根に戻る。報告書は、調査したすべての刻印瓦の長さ・幅などの寸法や重量を一覧表化していた［奈良県教委一九七三］。発掘調査で出土した恭仁宮式文字瓦には完形品も少数あるが、大半は破片だ。それに対し、法華堂屋根の恭仁宮式文字瓦は、葺いた時の打ち欠きは多少あっても、すべて完形品。情報量は圧倒的だ。

奈良国立文化財研究所着任三年目に、法隆寺防災工事にともなう発掘調査に参加した。橿原考古学研究所との合同調査で、菅谷さんと御一緒できた。法華堂の所用瓦について伺うと、すべての刻印瓦を写真撮影したという。恭仁宮跡出土瓦を報告する時は、図版掲載用の写真を撮影したにすぎないので、まさか法華堂所用全刻印瓦の写真があるとは夢にも思わなかった。記録写真の重要性を教えられた。出土した恭仁宮式文字瓦には、押捺位置が特定できない破片もある。平城宮跡で出土した恭仁宮式文字瓦七〇点弱も加えれば、ほぼ多賀城第Ⅱ期刻印瓦に匹敵する量で、押捺位置の検討が可能になる。その場で、菅谷さんに、法華堂の恭仁宮式文字瓦写真の閲覧を依頼した。

印種ごとに押捺位置が集中するのは、押印者すなわち生瓦作工のクセ・個性だ。恭仁宮式文字瓦は丸瓦・平瓦の凹面に刻印がある。それは生産工程の制約によるが、凹面のどこに押捺するのかは、瓦工の恣意だった。法華堂の完形品なら、それ以外のクセ・個性がわかる。菅谷さんらが作った一覧表をもとに、各部寸法や重量の度数分布を調べると、見事な正規分布をなす。恭仁宮式文字瓦は刻印のない小破片でも、他の瓦と容易に区別できる。同一工房における同時期の製品群であることに異論の余地はない。法量分布を示せば、規格品であることは明確だ。正規分布をなす各部寸法や重量のうち、誤差許容率が高い厚さ・重量と印種との相関性から、法量に関しても個人のクセや個性が指摘でき、瓦工名説の正しさが傍証できた［一九八四年一〇月］。

法華堂の造営年代論

法華堂に葺いた人名刻印瓦全個体の写真を閲覧することは、年代論を構築するうえでも重要だった。恭仁宮式文字瓦には、新たな文字や字画の追刻、印面の傷の拡大など（＝印面変化）を観察できるものがある。恭仁宮跡・法華堂・平城宮跡の恭仁宮式文字瓦の印面変化を比較すると、すべて恭仁宮の造営工事が進んだ天平一二年末～一五年末の製品と論定できる。しかし、平城宮跡の恭仁宮式文字瓦は、恭仁宮跡や法華堂より印面変化が進行した段階の製品を含む。天平一七年、恭仁宮付属の西山瓦屋では、仕丁が瓦の番人をしていた（『正倉院文書』）。極端に印面変化が進んだ恭仁宮式文字瓦が平城宮跡のみで出土するのは、平城還都後、西山瓦屋がストックした製品を供給した結果に違いない。平城宮跡における恭仁宮式文字瓦の出土状況も、この推測を裏づける。一方、法華堂の恭仁宮式文字瓦には、平城宮跡ほど印面変化が進行した製品はなく、法華堂は恭仁宮造営期間中に造営されたと結論できる［一九八三年三月①］。

恭仁宮式文字瓦の製作年代を決めるのが目的なので、法華堂創建年代論は中途半端だった。そのせいか、私見はさまざまな議論を誘発する。心ならず私も巻き込まれた［二〇〇一年六月②、二〇〇一年一〇月、二〇〇二年七月②］。法華堂の造営年代は、建築史、彫刻史（仏教美術史）、東大寺史を語るうえで欠かせない。その際、自説を主張するうえで、恭仁宮式文字瓦から導いた年代観が不都合な時は、印面変化にもとづく議論は決定的ではないと述べて（場合によっては、述べずに）無視するようだ。しかし、考古学も建築史も美術史も古代史も、決定的な資料を欠いている点では平等だ。決定的な資料がないから論争になるのだ。ただ、考古学以外の研究分野は、当時実在した大量の建造物・彫刻・史料のなかで、偶然残った僅少な資料で勝負せねばならない。しかし、残存率一〇〇％ではないが、瓦は土に埋もれても大部分が残る。

恭仁宮式文字瓦が比較的まとまっている平城宮東院地区では、その後、調査面積が数倍に増えた。しかし、その出土は散漫で、相変わらず全恭仁宮式文字瓦の一割に満たない量だ。しかも、古い遺構からは出土しない。そのなかに恭仁宮跡や法華堂には皆無の、印面変化が進行した製品を含むのだから、西山瓦屋に残されたストック瓦を補足的に消費したという解釈は動かない。また、法華堂に葺いた恭仁宮式文字瓦の量は膨大なので、恭仁宮式文字瓦を使って法華堂を創建した、もしくは（本来は檜皮葺などで）恭仁宮式文字瓦を使って瓦葺に改装した、あるいは恭仁宮式文字瓦で創建した建物を移築したと解釈するほかない。平城宮の恭仁宮式文字瓦が西山瓦屋のストック瓦なら、法華堂の年代は恭仁宮造営期間中と考えるのが素直な理解だ。納得できる説明をせずに、造東大寺司造瓦所の活動が佳境に入った時期まで、法華堂の年代を下げるのは無理だ。ましてや、法華堂の恭仁宮式文字瓦も平城宮と同様に、ストック瓦で解釈できるという議論は、出土状況を無視した暴論だ。一方、恭仁宮跡の恭仁宮式文字瓦は、大極殿基壇まわりのごく一部を発掘して出土したものだから、今後、何倍にも増える可能性はある。しかし、すでに一〇〇〇点近く検討しているので、サンプルとしては十分で、今後、大きな所見変更はないだろう。

西山瓦屋の構造と労務管理

それでも自説に固執する研究者は納得しない。千数百点の資料があれば確率論的に成否の度合を判断できるが［二〇〇一年一〇月］、偶然残った資料に依拠する建築史・美術史・古代史は、確率論にもとづく議論にはなじまないようだ。最近は年輪年代法の成果が加わり、法華堂の創建年代が天平五（七三三）年までさかのぼるという『東大寺要録』の記載が再認識されている［光谷・児島二〇一二］。恭仁宮式文字瓦の年代観は動かないので、用材の伐採年代と創建年代とのブランクとして説明するか、一〇年たらずで瓦葺に改装したと考えるのか、解釈は流動的だ。法華堂修理工事成果がまとまるまで、静観したい。そもそも私の関心は、法華堂の創建年代ではなく、恭仁宮式文字瓦を製作した瓦工房、すなわち西山瓦屋の構造復原とその歴史的意義づけにあった。そのために、恭仁宮式文字瓦を生産した瓦工房の操業年代が、天平一二年末～一五年末の三年間に限定できることが重要だったのだ。

恭仁宮跡・法華堂・平城宮跡の恭仁宮式文字瓦は二六型式四三種を数える。型式数と種数が異なるのは、同じ文字でも印が異なれば別種と認識した結果だ。印が異なる同じ文字を比べると、余分な字画加えたり、裏字にして外見的に印を区別したものがある。これらは刻印の押捺位置を根拠に、別の生瓦作工の製品と判断できる。原則として、印種は瓦工に対応するのだ。別型式とした「刑部」「刑部大」や「六人」「六人大」も、年齢や体格で瓦工を区別したものと解釈できる。これを根拠に、天平一二〜一五年に西山瓦屋で生瓦製作に従事し、製品に自らの姓もしくは名を刻印した瓦工数やその就労状況が推定できる。

また、平瓦のみにある刻印、丸瓦のみにある刻印、両方にある刻印の別がある。これは平瓦と丸瓦の必要量および製作の手間を配慮して、生瓦作工を分業的に配置した結果である。刻印に生瓦作工を区別する機能がある以上、恭仁宮式文字瓦とまったく同じ特徴をもつのに、刻印のない丸瓦・平瓦があることも問題だ。奈良時代の官営工房には、常勤工（司工）と非常勤工（雇工）がおり、雇工は出来高支払で給与を受け取ることが多い。刻印のある瓦を雇工の製品と仮定すれば、刻印のない瓦は司工の製品となる。一括資料をカウントすれば、恭仁宮式文字瓦の印押捺率が推算でき、西山瓦屋における司工と雇工の割合が算出できる。ただし、印種ごとの出土量には大きな格差がある。これが各瓦工が生瓦製作に要した日数を反映しているならば、生瓦製作期間中にどれだけの司工と雇工が協業したかも推算できる［一九八四年一〇月］。

恭仁宮式文字瓦で復原した西山瓦屋の構造と労務管理の話をすると、考古資料からそんなことがわかるのかと驚く人が多い。これを要約した話を公表する機会は、何度かあった［一九八六年八月、一九八八年一二月、一九九一年一一月①、一九九八年一〇月②、同一一月①、一九九九年二月、二〇〇六年四月・五月、二〇一一年一月①など］。本章第五節に、活字にした最新版［二〇〇六年四月］を掲載したが。これは一九九〇年代末に、大学の講義を通じて旧稿［一九八四年一〇月］を増補・改訂した成果を反映している。増補・改訂版は機会を改めて公表するつもりだったが、さらなる改訂が必要となっている。増補・改訂版では、いくつかあった批判にも応えた。応えられなかったのは、司工・雇工の区別や出来高支払制などの概念を導入することに対する拒絶反応だ。しかし、正倉院文書などをみれば、八世紀の諸々の生産活動が、こうした概念のもとで実現していたことは明らかだ。批判的議論は必要だが、恭仁宮式文字瓦が反映する歴史事象について、八世紀という時代にふさわしい別の説明を提示しなければ、批判にも議論にもならない。

西山瓦屋と百万塔工房

恭仁宮式文字瓦のような物的資料で、奈良時代官営工房の構造や労務管理の実体を示す資料として、法隆寺百万塔がある［金子一九九一］。恵美押勝の乱の後、称徳女帝が三重小塔百万基の製作を発願、神護景雲四（七七〇）年四月二六日に完成、諸寺に分置する（『続日本紀』）。それが法隆寺で奇跡的に残ったのだ。百万塔は横軸轆轤《ろくろ》で挽いた塔身と相輪を組み合わせて作る。塔身部はおもにヒノキ材から基壇・三層屋蓋を、相輪部はおもにサクラ材から露盤《ろばん》・覆鉢《ふくばち》・九輪・宝珠を削り出す。塔身頂には陀羅尼《だらに》経を納める筒状の穴をあけ、相輪を嵌めて蓋にする。塔身底や屋蓋、相輪請花や底には、左右工房の別、製作年月日、工人名を墨書する。ただし、仕上げに白土を塗るので、墨書釈読には赤外線写真や赤外線テレビが必要になる。塔身底には轆轤の爪痕が残る。爪痕の違いは轆轤台の違いなので、工房における工人と道具との関係がわかる。以前、百万塔の塔身未成品が一点だけ平城宮内で発見されていたが、宮内各所で出土し『木器集成図録　近畿古代篇』［一九八五年三月②］で「栓」と呼んだ轆轤挽材が、百万塔の相輪作成時に生じた残材と判明し、分散する既存官衙施設を利用して、小塔百万基の製作を進めたと推測できるようになった［井上二〇〇一］。

法隆寺には、百万塔の塔身約四五七〇〇基、相輪約二六〇〇〇基が残る。法隆寺昭和資財帳作成を契機に、奈良国立文化財研究所の平城宮跡発掘調査部考古第一調査室は、百万塔の各部寸法・墨書内容・轆轤の爪痕などのデータベースを作成した［金子一九八七］。百万塔工房の分析に熱心だったのが、金子裕之さんだった。すでに恭仁宮式文字瓦の分析成果は公表済みだったので、当時、埋蔵文化財センターに所属して『木器集成図録　近畿原始篇』［一九九三年三月②］の作成に専念していた私のところにしばしば顔を出し、百万塔の分析成果を披露・吹聴した。恭仁宮式文字瓦の分析成果が、かなり参考となっていることがよくわかった。しかし、恭仁宮式文字瓦では天平一二年末〜一五年末という三年間で作業に従事した生瓦作工名がわかるだけなのに、百万塔では製作日や轆轤台と工人との対応までわかる。データ数はもちろんのこと、文字情報内容も百万塔が圧倒的に優位だ。百万塔工房の正月休みが一二月二九日から一月三日の短期であったこと、月ごとの製作量の最大のピークが月末にあり、告朔の（月初めに先月の仕事量を報告する）ため、ノルマ達成をめざして頑張ったことなどは［金子一九九二］、西山瓦屋でも同様だったと思うが証明できない。

百万塔研究を契機に、金子さんは「官営工房研究会」を発足させた。はじめは内輪の会だったが、数年経つと日本各地から第一線の研究者を招き、その発表内容や討議録を公表した［官営工房研究会一九九四〜二〇〇二］。忌憚のない討論を交わす充実した研究会であったが、私はあまり協力的ではなかった。今、思い返すと、二〇〇一年一二月二五日「初期瓦生産と屯倉制」と題した私の発表が［二〇〇一年一二月②、二〇〇三年一月④で活字化］、最後の官営工房研究会となったように思う。金子さんが平城宮跡発掘調査部長で多忙になったこともあるが、活字化に逡巡することが多い私には、発表・討議録作成までを短期決戦型で進める金子さんのペースになかなかついていけなかった。

資料数や工房の操業形態や労務管理を考える文字情報においては、百万塔のほうがはるかに優位であるが、この工房は木製小塔という特殊な規格品を、短期間で多数製作するために臨時に編成したもので、古代を通じて各地で操業した生産組織に、同じ性格のものは見あたらない。一方、恭仁宮式文字瓦に関しては、同時代の瓦工房、時代を異にする同じ性格の瓦工房、日本各地・各時代の文字瓦や中国唐代の刻印瓦など、比較対照することで古代瓦工房の性格や変遷、起源や工房管理方法の系譜を議論するための豊富な材料がある。

多賀城第Ⅱ期の刻印瓦から、恭仁宮式文字瓦にやや遅れて陸奥国の官営瓦工房でも西山瓦屋と同じ労務管理を採用したことがわかる。また、『延喜式』木工寮瓦屋では、作業内容ごとに工（技術労働者）や夫（肉体労働者）の仕事量を規定し把握している。そこでは出来高支払制よりもノルマ制が濃厚だ。ノルマを課したうえで、出勤日数で賃金を支払ったのだ。ノルマが達成できているかは、随時、検査すればよい。西賀茂鎮守庵瓦窯跡の発掘で、大量の丸・平瓦から抽出した少量の「官」字刻印瓦が、数量検印だとする吉本さんや近藤さんの主張が、歴史的な文脈のなかで議論できるようになった。また、中国では、すでに漢代の漆器に製作工人名を記しており、北魏や隋唐洛陽城に工匠名を篦書したり刻印した瓦がある。おそらく西山瓦屋の労務管理方式は中国にならったものだ［一九八四年一〇月］。こうした議論は、百万塔工房ではできない。

瓦工房の存在形態との関係

刻印瓦から想定できる労務管理方式は、工房の存在形態と密接にかかわる。百万塔工房は平城宮内にあった［井上二〇〇一］。西山瓦屋の場所はわかっていないが、恭仁宮からさほど遠くないはずだ。永正三（一五〇六）年に春日大社に寄進された石灯籠の銘に、木津庄にある西瓦屋の字名を見つけたのは高橋美久二さんだ［一九八八年一二月］。『延喜式』木工寮瓦屋も平安京周辺に分布する。官窯体制下における瓦工房の存在形態である。遠隔地にある窯は、西山瓦屋や『延喜式』木工寮瓦屋の場合とは異なり、中央造営担当官衙が直接に把握・管理できない。「2　平安後期〜鎌倉初期の瓦生産と流通」において解説した「古代末期の瓦生産体制」が、「官窯体制の崩壊」と同義である理由だ。本章第三節［一九九七年二月③］や第四節［一九八七年二月］で生産窯と消費地間の距離を気にかけた理由でもある。

しかし、官窯体制成立前夜にも、遠隔地から瓦が運ばれた。つまり、官窯体制をはさみ、前後の時期に遠距離輸送で瓦を供給したのだ［一九九七年二月③］。七世紀末、讃岐宗吉瓦窯跡や近江石山国分遺跡から藤原宮へ瓦が運ばれたが［花谷一九九三など］、その歴史的背景は未解明だ。しかし、七世紀前半の豊浦寺・奥山廃寺・四天王寺に、備中末ノ奥窯・播磨高丘窯・山城隼上り窯・河内楠葉窯や和泉地方から瓦を運んだ歴史的背景に屯倉制があったことは、二一世紀になって確信できるようになった［二〇〇一年一二月②、二〇〇三年三月④］。ただし、それに気づくきっかけとなった論考の刊行は遅れた［二〇〇六年二月②］。初期瓦生産と屯倉制との関係は、何度か公表・講演する機会があった［二〇〇二年一一月②、二〇〇三年一一月、二〇一三年九月］。

以上、「律令制下の造瓦体制」は、恭仁宮式文字瓦の分析と瓦窯の存在形態を中心に議論が進んだ。前者は恭仁宮跡出土瓦という資料に恵まれた結果だが、後者は「2　平安後期〜鎌倉初期の瓦生産と流通」研究の延長にあった。奈良国立文化財研究所在職中、瓦調査室に配属される機会がほとんどなかったため、藤原宮や平城宮の瓦を分析して官窯体制論を発展・充実させることはかなわなかった。しかし、大脇潔さん、山崎信二さん、毛利光俊彦さん、花谷浩さん、佐川正敏さん、小澤毅さんなど瓦整理・研究を担当した同僚の分析成果には、啓発されることが多かった。また、律令制下造瓦体制と題しても、私の主題は中央官衙系瓦屋に限られた。地方官衙系瓦屋についても、官窯の条件を論じる時に見通しを立てたが［一九八七年二月］、具体的な分析はできなかった。近年、梶原義実さんが、その欠を補なっただけでなく、新たな議論の可能性を発展させた［梶原二〇一〇］。

『平安京古瓦図録』作成に関与した経験や［一九七七年七月］、庭園史の本中眞さんが調査担当した京都大覚寺（嵯峨院）出土瓦を整理する機会があったため［一九九七年三月②］、平安前期の軒瓦に関しては、若干議論が展開できた［一九九四年六月①、同年一一月①②、一九九五年一二月②、二〇〇五年九月、二〇〇七年三月③、二〇一〇年一二月①］。

平安前〜中期の軒平瓦には、平瓦部を叩いて成形するものと、押さえ込んで成形するものがあることは一九八〇年代に気づいていた。しかし、平安宮造営時、前者の技法を駆使した平城・長岡宮瓦工房の系譜を引く宮系と、後者の技法を駆使した造東大寺司造瓦所の系譜を引く寺系の工房が協業し、後者が前者を圧倒していくという議論［一九九四年六月①］は、一九九〇年代になって、平城宮・西大寺・西隆寺瓦の分析成果に学んだものだ。ただし、かつては平安京北郊の西賀茂瓦窯と栗栖野瓦窯、吹田市の吉志部瓦窯が平安前期の平安宮関連瓦屋として認知されていたので、おもにそれらを区別しながら議論を組み立てた。しかし、二一世紀に大山崎瓦窯が新たに発見され、かつての生産窯認定にもとづく議論は烏有に帰した。大山崎町教育委員会の古閑正浩さんなどが、出土瓦の詳細な比較検討を進めている。

4　瓦研究の諸問題

以上に述べたように、私の瓦研究は「2　平安後期〜鎌倉初期の瓦生産と流通」を始点とし、「3　律令制下の造瓦体制」へと発展した。私の瓦研究においては、二つの主題は車体を支え推進する両輪の役割を果たした。通常、飛鳥・白鳳瓦や奈良時代の瓦を出発点とする研究者が多いなかで、やや特異な経歴だ。始点となった主題は、半世紀を経た今でもマイナーな研究分野だ。

これを両輪としながらも、いろいろな研究課題が派生し、出土瓦をもとに描く世界が広がった。「1　瓦研究法」もその一つだ。そこでも若干ふれたが、以下、派生した瓦研究の諸問題について、両輪との関係を配慮しながら、簡単に説明する。

寺院・宮殿史を画期づける瓦

恭仁宮式文字瓦を分析する際に、まず、恭仁宮跡（山城国分寺跡）で出土する瓦を四群に分けた。恭仁宮造営時に平城宮から搬入した瓦、恭仁宮造営時に新調した瓦、山背国分寺施入後に新調した瓦、山城国分寺修理時の瓦の四つだ。要するに、出土瓦を編年し、寺院・宮殿史のなかで位置づけたのだ［一九八四年二月③］。遺跡の消長を考えるうえで、出土瓦を分類・編年するのは基礎作業で、各地・各遺跡でおこなっている。奈良国立文化財研究所の埋蔵文化財センターや京都大学大学院文学研究科に在任中、発掘調査指導など、寺院調査に関与する機会は多かった。しかし、時間をかけて遺物を整理する余裕も立場にもなく、出土瓦を材料に遺跡・遺構を画期づける作業は、基本的に調査担当者や調査担当機関にお任せした。

岩波講座『日本考古学』において「仏教」という主題を頂戴したので、博士課程在学中に発掘に参加し出土瓦を整理した四天王寺（報告書未刊）と、昭和資財帳作成のために奈良国立文化財研究所の平城宮跡考古第三調査室（瓦整理室）が実施した法隆寺瓦の整理成果を比較対照し、古代寺院の歴史的変遷や性格を検討した［一九八六年二月］。四天王寺も法隆寺も、七世紀前半に創建され、国家仏教のもとでほぼ同格の扱いを受け、現代に至るまで寺観を保ち続けた稀有な古代寺院である。出土瓦で両寺創建の由来や画期を比較し、古代寺院の性格を考えるという分析視角は、現在なお有意義だと思う。とくに、難波宮成立時の四天王寺や平城宮期の法隆寺のように古代都城と深くかかわった七、八世紀、および両寺が独自の宗教活動に転じた平安後期において、独自の瓦需給関係が成立する。後者の画期は「2　平安後期〜鎌倉初期の瓦生産と流通」研究の延長にある。

また、国立歴史民俗博物館による「古代荘園絵図と在地社会についての史的研究」研究会では、額田寺《ぬかたでら》出土瓦の検討が課題となった。額田寺旧境内地の発掘例は少なく、これまで付近で採集された（と称される）瓦が、おもな分析対象だった。成果報告［二〇〇一年三月②］では、骨董商や蒐集家などを通じて、身元不審の瓦が紛れ込むことを配慮した資料操作法を提言した。

屋根景観の復原

総瓦葺屋根で使用する瓦の量は半端ではない。円勝寺推定地・西賀茂瓦窯・恭仁宮のいずれの発掘でも、もてあます量の瓦を扱ったため、平安京や平城京などの宅地の発掘で、広大な面積を調査した割に、瓦の出土量が少ないことが気になっていた。それが「屋根景観の復原」研究の契機である［一九八八年一月、同年一一月、一九九〇年三月①、一九九一年一月、二〇〇〇年五月②、同年八月、二〇〇一年三月③、二〇〇二年一一月①、同年一二月］。以前にも、鳥羽離宮南殿跡の瓦溜から一括出土した瓦において、主体をなす小型軒瓦の量が、丸瓦・平瓦の量に比べて多いため、杉山信三先生は、これを檜皮葺・甍棟所用瓦と考えたという［細谷一九六八］。しかし、報告時に、丸瓦・平瓦を合わせた出土瓦の全貌を提示しないことには、その後の研究に影響を与えない。整理と報告所作成に多くのエネルギーと費用をかけることが難しい時代だった。

奈良国立文化財研究所に赴任した年、平安京で大発見があった。右京一条三坊九町全体を占拠した平安時代初期の邸宅跡が明らかになったのである。京都は千年の都だから居住痕跡が累積し、平安京ができた当初の貴族邸宅が、そのまま姿をあらわすとは、皆、夢にも思っていなかった。しかし、以後、右京域では、ほかにも平安時代の姿をよく残す邸宅跡が発見される。西京が人家が稀で、幽墟に近いという慶滋保胤《よししげのやすたね》「池亭記」（『本朝文粋』）の記載に対応するものだ。

注目された発掘でも、成果公表が不十分な場合が多いなか、この大発見では、京都府教育委員会の平良泰久さんを中心に、迅速かつ充実した対応がなされた。年度ごとの恭仁宮跡発掘調査概要は、本文・図版を合わせても一〇〇頁を超えることはなかったが、二ヶ年にわたる右京一条三坊九町の調査概要は本文・図版を合わせて三百数十頁に及んだ。内容・ボリュームとも概報の範疇に入らず、その後の都城宅地の調査報告・研究の基準となる大成果だった。九〇箱に及ぶ出土瓦に関しても、軒瓦の分類だけでなく、丸瓦・平瓦を接合し、実測図・図版・重量で全貌を示した。都城内の宅地で出土した瓦を、ここまで詳細に分析した例は空前絶後だ。この結果、正殿・後殿・東西脇殿各二棟からなる右京一条三坊九町の中枢建物は、すべて総瓦葺屋根に復原された［京都府教委一九八二］。

しかし、山城国分寺塔跡だけで一〇〇〇箱を超える瓦に翻弄された経験からすれば、九〇箱前後の瓦で六棟の中枢建物を総瓦葺に復原することは許容できなかった。依頼原稿の註でも簡単に指摘したが［一九八六年二月］、反応が薄かったので、本格的な論文に仕上げた［一九八八年一月］。すなわち、出土状況から中枢施設で瓦を使ったことは間違いないとしても、出土絶対量が少ない。柱抜取り痕跡を根拠に、多くの瓦が再利用されてしまったのだと主張しても、残った瓦における軒瓦と丸瓦・平瓦の割合から、総瓦葺屋根を復原するのは無理だ。しかも、報告された平瓦は、平瓦ではなく主に割り熨斗瓦と考えるべきものだ。したがって、右京一条三坊九町出土瓦は檜皮葺・甍棟屋根を構成したもので、総瓦葺屋根は復原できない、という内容だった。

自らの分析データではなく、「他人の褌」で相撲を取った結果であるが、検出した建物跡の復原にかかわる問題なので、反響は大きかった。以後、時間的・金銭的な制約がクリアできれば、発掘調査やその検討に関与した研究者が、出土状況・出土量・瓦の形状を検討して、屋根景観について考察するのが一般化する。奈良文化財研究所でも、出土した軒瓦の型式番号に加えて、丸瓦・平瓦の出土重量を概報に載せるようになった。しかし、私が提示した総瓦葺屋根と檜皮葺・甍棟屋根とを区別する基準は、いささか曖昧だった。

平安京右京一条三坊九町出土瓦で試算した軒丸瓦と丸瓦の割合は一：一～二程度、軒平瓦と平瓦の割合は一：三～五程度で、軒から棟までの距離が短い塀を除外すれば、通常の総瓦葺屋根にならないと述べた。ところが、平泉の柳之御所遺跡では、「軒瓦一枚当たり平瓦一六・六枚」と試算し、これでは総瓦葺屋根にならないので、檜皮葺・甍棟屋根所用瓦であるという復元案が提起された。しかし、この割合は小型方形堂を葺くのに十分な量であり、出土状況や瓦の形状から、柳之御所遺跡出土瓦は、藤原秀衡の持仏堂所用瓦と判明した［二〇〇一年三月③］。単なる数字の資料操作ではなく、実際の建物屋根の規模に即して、瓦の必要量を試算した結果である。

史跡の整備公開が主要な課題となっている昨今、景観復原に直結した当該分野の研究例は増加するだろう。岩戸晶子さんは鬼瓦の形態に注目して、瓦の葺き方＝屋根景観を復原している［岩戸二〇〇一］。岩戸さんの方法は数量処理を必要としないが、遺構に即して屋根景観を復元する場合、鍵になる瓦の出土状況は遺跡によって異なる。場合に応じて分析法を使い分ける必要がある。出土状況が良好ならカウントして、具体的な屋根復原に供し、散漫なら重量などで概況を示して目安を示す。出土瓦すべてに右京一条三坊九町クラスの分析をかけるのは、時間の無駄だろう。本章第一〇節には、右京一条三坊九町出土瓦の再検討成果を一般向けにアレンジした小論を掲載した［一九九一年一月］。出土軒瓦と丸瓦・平瓦の割合だけでなく、不十分ながら、建物規模にもとづく瓦の必要量を配慮した記述がある。

文字瓦の研究

恭仁宮式文字瓦分析成果の余勢を駆って、他の文字瓦に関しても発言した［一九八九年一二月、一九九八年一〇月①、同年一一月①、二〇〇二年六月、二〇一〇年九月、二〇一一年一一月②］。かつては、文字瓦は瓦寄進者や寄進集団を表すと、素朴に理解されていた。現在でも、寺院建立に向けて寄付を募り、寄進者名を瓦に記すことがあるが、古代仏教でも造塔・造仏・写経・建碑などで合力し、仏に結縁する知識はよくある。文字瓦も知識物の一つととらえたわけだ。しかし、おもに東国国分寺で出土する箆書・刻印・型押の文字瓦は、郡―郷―戸という地方行政単位を基準に記載するので、律令税制による負担体系とする解釈が提起される。提起当初は、知識物という理解だけでは不十分だという認識だったらしいが、律令的負担体系・貢納の語が一人歩きをはじめ、瓦を貢納する律令税制が東国で成立していたかのような理解に傾く。

しかし、地方官衙と地方寺院では、文字瓦のあり方に違いがある。恭仁宮式文字瓦と似た歴史的意義をもつ多賀城第Ⅱ期の文字瓦は、陸奥国分寺跡では出土しない。これに対して、陸奥国分寺跡で多数出土する郡名文字瓦は多賀城ではほとんど出土しない。同様に、下野国分寺跡で多数出土する郡名瓦は、下野国府ではほとんど出土しない。寺院で顕著な郡名文字瓦の背景には、やはり知識の論理があって、知識に名を借りた収奪、石母田正さんのいう「擬制的知識」「貢租的知識物」に該当する「強要された寄進」と理解するのが妥当だろう。少なくとも、律令税制であると主張するなら、法的根拠を提示する必要があると指摘した［一九八九年一二月］。

その後、堺市の大野寺土塔文字瓦など、知識瓦の実体が明らかになる一方で［近藤二〇一四］、私が東国の「強要された寄進」の先駆と考えた常陸台渡遺跡や下野上神主《かみこうぬし》遺跡の文字瓦が、地方官衙所用瓦であることが判明し、武蔵国府にも郡名刻印塼があるなど、当初の思惑に反する事実が明らかになる。また、山路直充さんは、私の挑戦的な言辞に真正面から反論し、法的根拠として「雑徭代納」説を強調する［山路二〇〇五］。山路論文は、日本古代文字瓦の全体像と研究史を体系的に論じた意欲作だ。しかし、官衙と寺院の文字瓦のあり方の違いを、時期差に由来するというのは、論証抜きの「説明のための説明」だ。

事態が膠着した時は、基本に戻ればよい。各地出土の文字瓦を、良好な一括資料ごとに考古学的文脈に従って分析し、採用したシステム、時期差、地域差を考慮して全貌を示し、それが律令税制の「雑徭代納」系譜と、行基の大野寺土塔で代表される「知識瓦」系譜の、いずれにおいて整合的に理解できるか再検討するのだ。その作業には、当事者となる私は遠慮したほうがよい。

瓦の研究史

出土文字瓦を研究すると昔のことがわかると言ったのは、江戸時代後期の考証学者藤原貞幹だ（『好古小録』一七九四年）。近世文人の間では、中国にならい古瓦を硯に加工して愛玩する風があった。貞幹は自ら採拓した古瓦の拓本を冊子にして、同好の士に配布した。『古瓦譜』である。私は、木村捷三郎先生から、京都大学文学部図書館にある『古瓦譜』の複写を依頼され、その存在を初めて知った。最初見た時は、近代以降の出土品や採集品にない平安京出土文字瓦を多数収録していることに驚いた。貞幹の評価にはピンからキリまであるが、『古瓦譜』が捏造品を含むことは、古く高橋健自さんが看破した（『考古学雑誌』五―一二、一九一五年）。各地の図書館が所蔵する『古瓦譜』を比較すると、採集瓦片と文字刻印を重ねて拓本に仕上げた彼の捏造テクニック（二重採拓法）がみえてくる［一九九四年四月］。

しかし、確実な近代以降の出土・採集例がないので、捏造品と思っていた文字瓦「鴻臚館《こうろかん》」「白虎楼」「雅楽」が、明治二五～二八年に第三者が採った瓦拓本にもあることを、最近教えられ驚いた［上條編二〇一二］。「鴻臚館」は、平瓦凸面の叩きが、貞幹『古瓦譜』収録品と明らかに異なる別物だ。「白虎楼」「雅楽」は『古瓦譜』と破片の形が酷似している。貞幹の捏造癖は考古資料以外の分野でも実証済みだが、私が捏造と思った文字瓦に、明治期まで残った物もあるなら、今度は「冤罪」疑惑が私に降りかかってくる。もちろん、古瓦片に文字を偽刻した可能性（貞幹は篆刻《てんこく》の名手だ）、明治期の新たな捏造疑惑の可能性も否定できない。文字瓦を捏造した貞幹の背景や心情を推測したこともあるが［二〇〇〇年五月①］、彼にはあまり深くかかわらないほうがよさそうだ。それより、事実認識のため、近世文人も古い瓦に着目したことを、追究したほうが建設的だ［二〇一三年三月］。

古い瓦を、古建築の年代判定のため、積極的に活用したのは関野貞さんだ［一九九四年四月、一九九七年五月①］。瓦の年代論は、考古学より建築史が主導した時期もあった。京都大学にいた天沼俊一さんもその一人で、建築史教育のために資料を収集し、研究室に展示した。大学院生だったとき、見学を希望したが、電気もつかない部屋でホコリまみれになっていた。大塚ひろみさんが、どのような状態で、ほぼ全点を採拓したのか、いまだに謎だ。京大に戻り、二一世紀ＣＯＥプログラムで基礎資料の整理・公開を意図し、考古学研究室にあった山野道三コレクション、建築史研究室にあった天沼俊一コレクションの瓦図録を公刊した［二〇〇三年三月①、二〇〇七年三月⑤、二〇〇九年三月②］。前者は梶原義実さん（現名古屋大学准教授）、後者は向井佑介さん（現京都府立大学講師）が、実質とりまとめてくれて、私はちゃっかり序文だけ書いた。こうした仕事のほうが後世まで残るかもしれない。天沼コレクションの瓦は、二〇一四年、京都大学総合博物館に寄託され、研究者のアプローチが容易になった。

世界の瓦

大森貝塚を発見・調査したE・S・モースが、世界の瓦を研究したことは、佐原眞さんに教わった。奈良国立文化財研究所の図書室には、モース論文"On the Older Forms of Terra-Cotta Roofing-Tiles"（「屋瓦の古形態」）のコピーが製本されて納まっていたが、まったく関係ない表紙がついていた。佐原さんが在外研修でコピーを取りまくり、図書に製本・架本を依頼する過程で、取り違えがあったようだ。実査・写真・聞き書きにもとづき、世界の瓦を比較したモース論文の内容については、何度か紹介した［一九九四年四月、一九九七年五月①、一九九九年九月］。

京大在学中から続いていた小野山節先生を中心とした英書講読会（「編年研究会」）や、大学講義の英書講読を通じて「屋瓦の古形態」翻訳にも挑戦したが、なかなか満足のいく訳文に仕上がらなかった。最近、大脇潔さん、佐々木憲一さん、山本ジェームスさんの共訳「古式の焼物製屋根瓦について」（『古代』第一二九・一三〇合併号、二〇一二年九月）が公表され、誰でも読めるようになった。私にはなかなかわからなかった聞き書きの相手や典拠まで、詳しく調べた力作だ。ただし、モース論文自体の典拠を「一八九一年一二月一一日刊行の*Bulletin of the Essex Institute*, Vol.24,1～3合併号、pp1-72. に発表された」と解説しているのは調査不足だ。

モース自身も不明朗な解説をしているが、一八九一年一二月一一日はエセックス研究所に論文を投稿した（あるいは研究所が受領した）日付と考えた方がよい。その後、論文は、*The American Architect and Building News*（『週刊アメリカ建築』）の第三五巻八四八号（一八九二年三月二六日刊）、第三六巻八四九号（同年四月二日刊）、同巻八五〇号（同年四月九日刊）、同巻八五二号（同年四月二三日刊）の四回に分けて掲載された。エセックス研究所が*Bulletin*（『紀要』）の第二四巻として一冊本で公刊したのは、表紙の日付によれば一八九二年一月・二月・三月で『週刊アメリカ建築』に先行する。しかし、モース自身が『紀要』論題の脚注で『週刊アメリカ建築』に連載したことや、図の版権に関する謝辞を述べているのは日付と矛盾する。さらに、『週刊アメリカ建築』と『紀要』の内容を比較すると、前者の冒頭項"Sources of Inforation"（「情報源について」）を、『紀要』では最後に置くなどの構成の違いだけでなく、前者にない数ヶ所の加筆が認められる。発行年月はともかく、原稿内容は『週刊アメリカ建築』掲載分のほうが先行することは確実である。

なお、エセックス研究所はマサチューセッツ州セーラムを拠点に一八四八年に設立、一九九二年にセーラム・ピーボディ博物館に合併する。『週刊アメリカ建築』は一八七六―一九〇八年にボストンで刊行され、のちに *American architect* に引き継がれる。エセックス研究所『紀要』の表紙は、奈良文化財研究所蔵本（佐原コピー本）においては行方不明だが、東京の品川歴史館で原本が展示されているのを、ガラスケース越しに見た。

古代中国と古代ギリシャ・トルコの瓦の比較は、モースと異なる視点で坪井清足さんもおこなっている［坪井一九八九］。一方、南アジアや東南アジアまで視野を広げたモース的視点による世界の瓦の比較研究は、大脇潔さんが二一世紀になって積極的に推進した［大脇二〇一二］。ただし、東南アジアの瓦について注意を促したのは、本章第一一節に収録した短報［一九九六年二月］が先駆的だ。中国系瓦を再発見したミャンマーのピューの博物館では、それを瓦とすら認識していなかった。後に一般書にも紹介したら［一九九七年五月①］、東南アジアで考古学調査に従事していた研究者からも、ミャンマーの中国系瓦には気づいていなかったと聞かされた。

ミャンマー派遣以前にインドを訪れ、モースにならって瓦屋根の「見て歩き」を報じた［一九九一年二月］。南アジア考古学が専門の先輩に「インドの瓦」の話をしたら、「インドに瓦なんてない」と一蹴された。関西大学が北インドでクシャン朝瓦の出土を報じたのは、一九九六年のことだ。私がインドやミャンマーに派遣された前後から、奈良国立文化財研究所でも、アジア各地の考古学調査に関与するようになる。東南アジア観光の隆盛もそれ以降だ。以前は、保存科学などの交流はあったが、在外研修を除くと研究所員が海外に出かける機会は多くなかった。海外に行くことになると、壮行会があり、帰国するとおみやげを囲んだ歓迎会があった。海外における共同調査や文化財保存にかかわる技術援助が日常茶飯事となった昨今では、そんな風習は廃れたはずだ。私も埋蔵文化財センターに所属していた時、在外研修の話があり、モースの瓦調査の足跡をたどる計画を提出したが、海外の受け入れ機関が特定できず実現しなかった。今や、アジア全域や南米に至るまで、現行瓦や出土瓦の検討・報告例が増大し、「世界の瓦」を特集する雑誌も現れた。今後、考古学の国際交流はますます盛んとなるはずだ。地域に根ざす発掘調査や研究には共通する話題が少ない。モース的視点による瓦の比較研究は、その際の共通研究課題となるだろう。

参考文献

足利健亮　一九六九年「恭仁京の歴史地理学的研究、第一報─現景観の観察・測定にもとづく朝堂院・内裏・宮域および右京〈作り道〉考─」『史林』第五二巻第三号（のちに『日本古代地理研究』大明堂、一九八五年所収）

石田茂作　一九五九年『東大寺と国分寺』日本歴史新書四五、至文堂

市　大樹　二〇一二年『飛鳥の木簡─古代史の新たな解明─』中公新書二一六八、中央公論社

井上和人　二〇〇一年「木製小塔の製作残材─百万塔製作工房の在処について─」『奈良文化財研究所紀要二〇〇一』

今里幾次　一九五五年「播磨魚橋瓦窯址の研究」『兵庫史学』第六号

今里幾次　一九六〇年『播磨国分寺式瓦の研究─加古川市野口町古大内出土の古瓦─』播磨郷土文化協会研究報告第四冊

今里幾次　一九五五年「播磨魚橋瓦窯址の研究」『兵庫史学』第六号

今里幾次　一九七四年「山陽道播磨国の瓦葺駅家」『兵庫県の歴史』一一

今里幾次　一九八〇年「播磨魚橋瓦窯跡」『播磨考古学研究』今里幾次論文集刊行会

岩井武俊　一九一三年「京都の金石文（五）」『考古学雑誌』第三巻第六号、考古学会

岩戸晶子　二〇〇一年「奈良時代の鬼面文鬼瓦─瓦葺技術からみた平城宮式鬼瓦・南都七大寺式鬼瓦の変遷─」『史林』第八四巻第三号、史学研究会

大脇　潔　一九九一年「研究ノート　丸瓦の製作技術」『研究論集』Ⅸ、学報第四九冊、奈良国立文化財研究所

大脇　潔　二〇一二年「世界の瓦─研究の一里塚─」『古代』第一二九・一三〇合併号、早稲田大学考古学会

梶原義実　二〇一〇年『国分寺瓦の研究─考古学からみた律令期生産組織の地方的展開─』名古屋大学出版会

金子裕之　一九八七年「百萬塔データーベース」『東洋学研究支援データーベースの研究（研究集会報告）』（研究代表者）京都大学大型計算機センター星野聡

金子裕之　一九九一年「百萬塔」『法隆寺の至宝─昭和資財帳─』第五巻（百萬塔・陀羅尼経）、小学館

上條信彦編　二〇一一年『佐藤蔀　考古画譜Ⅲ』弘前大学人文学部付属亀ヶ岡文化研究センター

官営工房研究会　一九九四～九七・九九・二〇〇一・二〇〇二『官営工房研究会会報』一～八、奈良（国立）文化財研究所

木村捷三郎　一九六九年「平安中期の瓦についての私見」『延喜天暦時代の研究』（財）古代学協会編、吉川弘文館
京都国立博物館　一九七四年『京都国立博物館蔵　瓦と塼図録』
京都国立博物館　一九七五年『京都国立博物館蔵　古瓦図録』
京都府教育委員会　一九八一年「平安京跡（右京一条三坊九・十町）昭和五五年度発掘調査概要」『埋蔵文化財発掘調査概報一九八一（第一分冊）』
工藤雅樹　一九六七年「平安初期における陸奥国国府系古瓦の様相」『（東北大学）日本文化研究所研究報告』別巻六（のちに『古代蝦夷の考古学』吉川弘文館一九九八年所収）
小林行雄　一九六四年「興福寺造瓦」『続古代の技術』塙書房
近藤喬一ほか　一九七八年『西賀茂瓦窯跡』平安京跡研究調査報告第四輯、（財）古代学協会
近藤康司　二〇一四年『行基と知識集団の考古学』清文堂
柴垣勇夫　一九八二年「尾張における平安末期の瓦生産—その分布と史的背景—」『愛知県陶磁資料館研究紀要』一
常楽寺美術館　一九七二年『半田孝海蒐集　古瓦図版目録』
常楽寺美術館　一九七五年『常楽寺美術館所蔵　古瓦百選』光琳社出版株式会社
菅原正明　二〇一四年『深専寺—深専寺庫裏屋根修復工事に伴う調査—』深専寺
杉山信三・岡田茂弘　一九六一年「尊勝寺跡発掘調査報告—京都会館建設地の調査—」『平城宮跡第一次・伝飛鳥板蓋宮跡発掘調査報告』学報第一〇冊、奈良国立文化財研究所
高野芳宏・進藤秋輝・熊谷公男・渡辺伸行一九七六年「多賀城の文字瓦（その一）」『研究紀要Ⅲ』宮城県多賀城跡調査研究所
高野芳宏・熊谷公男　一九七八年「多賀城第Ⅱ期の文字瓦」『研究紀要Ⅴ』宮城県多賀城跡調査研究所
谷　豊信　一九九二年「仏教伝来と蓮華文瓦当」『アジアから見た古代日本』新版古代の日本第二巻、角川書店
千葉幸信　一九八一年「平安後期讃岐瓦の地方的様相」『瀬戸内海歴史民俗資料館年報　第六号（一九八一）』
角田文衛　一九三八年「山背国分寺」『国分寺の研究』上巻、京都考古学研究会
中谷雅治　一九七一年「平安時代後期の瓦当文様」『平安文化の研究1』平安博物館研究紀要第二輯

坪井清足　一九八九年「瓦の起源の東西比較」『大阪文化財論集』（財）大阪文化財センター（のちに『東と西の考古学』草風館、二〇〇〇年所収）
奈良県教育委員会　一九七三年『国宝東大寺法華堂修理工事報告書』
奈良国立文化財研究所　一九八二年『平城宮発掘調査報告XI　第一次大極殿院地域の調査』創立三〇周年記念学報第四〇冊
奈良国立文化財研究所　二〇〇二年『山田寺発掘調査報告』創立五〇周年記念学報第六三冊
花谷　浩　一九九三年「寺の瓦作りと宮の瓦作り」『考古学研究』一五八号、考古学研究会
花谷　浩　一九九五年「丸瓦作りの一工夫―畿内における竹状模骨丸瓦の様相―」『文化財論叢Ⅱ』奈良国立文化財研究所創立四〇周年記念論文集刊行会
福山敏男　一九四三年「六勝寺の位置について」『美術史学』八一・八二号（のちに「六勝寺の位置」と改題して『日本建築史研究』墨水書房一九六八年所収）
福山敏男　一九五五年『大極殿の研究』平安神宮（のちに「大極殿の研究　朝堂院概説」と改題して『住宅建築の研究』福山敏男著作集五、中央公論美術出版一九八四年所収）
福山敏男・大塚ひろみ　一九六八年「法成寺の古瓦」『佛教藝術』六八号、毎日新聞社
藤井寺市教育委員会　一九八七年『藤井寺市及びその周辺の古代寺院（上）』藤井寺市の遺跡ガイドブック№2
藤澤一夫　一九六七年「造瓦技術の進展」『日本の考古学』Ⅵ（歴史時代〈上〉）河出書房新社
法隆寺昭和資財帳編集委員会　一九九二年『昭和資財帳一五　法隆寺の至宝（瓦）』小学館
細谷義治　一九六八年「鳥羽離宮南殿跡出土瓦」『史想』第一四号、京都教育大学考古学研究会
真野　修　一九七四年「雌岡山周辺の古窯跡―神出古窯址群（1）―」『神戸古代史』Ⅰ―3、神戸古代史研究会
三木弘ほか　二〇一一年『安松田遺跡Ⅲ―府営泉佐野東羽倉崎住宅建て替え工事に伴う発掘調査―』大阪府埋蔵文化財調査報告二〇一〇―七、大阪府教育委員会
光谷拓実・児島大輔　二〇一二年「東大寺法華堂（正堂）ならびに八角二重壇の年輪年代調査」『佛教藝術』三二一号、毎日新聞社

森　郁夫　一九六七年「山城国分寺址出土文字瓦」『若木考古』第八三号、國學院大學考古学会
安井良三　一九六〇年「篠町A号瓦窯」『亀岡市史』上巻
山路直充　二〇〇五年「文字瓦の生産―七・八世紀の坂東諸国と陸奥国を中心に―」『文字と古代日本』三（流通と文字）、吉川弘文館
吉本堯俊ほか　一九七二年「西賀茂鎮守庵賀窯跡発掘調査報告」『京都市埋蔵文化財年次報告一九七一』京都市文化観光局文化財保護課

第一節　歴史情報源としての瓦

はじめに

今日は、年一回の史学研究会の大会という晴れ舞台で、お話しさせていただいております。史学研究会の入会案内（ＨＰ）では、史学研究会の機関誌である『史林』は、史学　地理学、考古学という三分野の総合学術誌とのことです。つまり、京都大学文学部で設定されている日本史学、東洋史学、西南アジア史学、西洋史学、現代史学の五分野は「史学」でも、地理学と考古学は「史学」と違う学問分野であるという前提で、この案内は書かれています。確かに、地理学も考古学も「地理史学」「考古史学」と呼ぶことはないし、「歴史地理学」「歴史考古学」というと、それぞれ、地理学、考古学の一分野で、まったく別の概念となります。

一方、京都大学文学部の考古学専修案内は、私ども考古学の教員が書いたものですが、考古学は「過去の人間が作り、使用した〈物〉を材料に、過去の人間の行動を研究する学問」と定義しています。『広辞苑』（岩波書店）では、歴史の第一の意味として「人類社会の過去における変遷・興亡のありさま。またその記録」を挙げているので、「過去の人間の行動を研究する」考古学は歴史学の一分野ということになります。

ただし、アメリカでは考古学（先史学）は、言語学や民族学とともに、文化人類学の一分野と位置づけられています。アメリカ大陸は、ヨーロッパからの植民以前は、先住民（アメリカ・インディアン）の歴史です。そして、アメリカ先住民は文化人類学の研究対象です。当然、考古学は文化人類学の一分野となるわけです。

松井章さんに伺うと、最近ではジョージ・A・カスター将軍率いる第七騎兵隊が壊滅したリトル・ビッグホーンを調査し（遺体は戦死地点に葬られたとのこと）、戦いの様子を再現する研究もあるので、植民以後つまり歴史時代のアメリカも考古学の研究対象となっています。考古学の調査研究においては、集落遺跡や生産遺跡など日常生活にかかわる情報を得るのが一般的で、戦場跡のような歴史的事件にかかわる遺跡を発掘することは稀です。その後、日本でも、田原坂《たばるざか》を発掘調査し「西南戦争遺跡」が国史跡になりました。敵味方の銃弾を区別して、その分布状態から戦闘を復原する作業は、警察の犯罪調査にも似ています。

それでも、アメリカ考古学は文化人類学の一分野です。日本では、最初に考古学講座を開いた濱田耕作（青陵）先生以来、考古学は歴史学の一分野ととらえています。濱田先生は美術史にも造詣が深く、関連著作もあります。美術史学は「美術作品を歴史的に位置づける学問です」（早稲田大学ＨＰ）と定義されており、人間より「物」そのものを研究目標に置くようです。しかし、作品が散逸しても、作者の行動や作品の歴史的背景まで論究する美術史の論文は少なくありません。「美術作品を通じて歴史を知ること」という目標を違えた定義も通用する所以で、この定義ならば、考古学に近いことになります。

十数年前に、朝日新聞社が、アエラムックで「〇〇学がわかる」というシリーズを刊行しました。厚さ一㎝ほどの冊子で、『考古学がわかる』（一九九七年）ならば、なかなか「お得」です。そのなかに「考古学が学べるおもな大学・大学院リスト」という頁があり、一〇〇余りの大学名が挙がっていました。それよると、人類学科に考古学を含めているのは南山大学だけで、圧倒的多数は史学科や人文学科のなかで考古学が学べることになっていました。

十数年前は学部再編がかなり進んでいたので、なかには「総合情報学部・生物地球システム学科」とか「社会システム学科」など、考古学とどうかかわるかわからない分野も、考古学を学べる学科として挙がっていました。現在は「世界文化遺産学専攻」（筑波大学）、「文化遺産学科」（花園大学）、「大阪文化遺産学研究センター」（関西大学）などの新分野が新設されているので、十数年前とはさらに状況は違っているかもしれません。しかし、考古学は歴史学であるという基本スタンスはさほど変わっていないであろうという前提のもとで、今日の話を続けたいと思います。

1　歴史資料としての「物的資料」

考古学が歴史学ならば、その研究材料である「過去の人間が作り、使用した〈物〉」は歴史資料ということになります。「過去の人間が作り、使用した〈物〉」はあらゆる分野に及びます。近年は「遺跡（遺構）、遺物」と呼んでいた一般的な考古資料以外に、排泄物や動植物遺体、花粉やＤＮＡなどのミクロなものも分析対象となっています。当然のことですが、資料によって、含んでいる歴史情報の内容は異なります。

排泄物が食生活や病気にかかわる情報、花粉などの植物遺体が生活環境にかかわる情報をもたらしてくれることは、誰でも容易に理解できると思います。むしろ問題は、いかにして、その情報を引き出すかという点にあり、その方法の開発や具体的な分析は自然科学分野の研究者に頼ることが一般的です。

しかし、土器・石器など、一般的な意味での考古資料が、それぞれどのような歴史情報をもたらすかと問われると、明快に回答するのは、部外者には困難だと思います。実は、考古学を専攻している私達でも、論文を読んで、この資料からこんな歴史情報が得られるのかと驚くことがあります。

たとえば、考古資料として一般的な土器は、年代情報を得るために広く活用されてきました。濱田先生はイギリスで、エジプト考古学者のペトリー Flinders Petrie に学びました。ペトリーは考古学方法論についての著作で、年代基準としての土器の重要性を強調しました。

Pottery constitutes the essential alphabet of Archaeology in every land.（土器はすべての土地で、考古学研究のイロハとなる）（*Methods and Aims in Archaeology*, 1904）

土器は壊れやすいが腐って無くなることがなく、大量に作られ大量に消費されます。しかも、製作技術や文様などが、時代差を顕著に反映する。年代の基準を得るのに最適な資料だというわけです。「過去の人間が作り、使用した〈物〉」の時期的変遷を解明する作業を編年といいます。ペトリーは文字史料のないエジプト先王朝期（Pre-dynasty）を、土器で編年することに成功します。それが先ほどの年代基準としての土器の重要性に関する発言を支えているわけです。

日本考古学は土器のもつ年代情報を、極限まで追究しています。私が学生の頃、土器研究といえば編年研究が主流でした。すでに縄文土器や弥生土器、須恵器や灰釉陶器、飛鳥・藤原宮や平城宮の土師器編年の枠組みはできあがっていましたが、細部では研究の余地がありました。一方、平安時代以降の土器については、暗中模索状態でした。私と同学年で京大構内遺跡の調査に携わった宇野隆夫さん（現帝塚山大学教授）や（財）京都市埋蔵文化財研究所の方々が、京都の土器編年を樹立する一方、中近世土器研究会などの活動による、全国規模の古代・中世土器編年は一九八〇年代半ばから一九九〇年代はじめに形ができたように思います。

編年が完成したら土器研究は収束に向かうのかと思ったら、編年研究に加えて、それ以外の歴史情報源としても土器研究は健在です。弥生文化がどの経路で東に伝わったたか。搬入土器や模倣土器にもとづく地域間交流論。産地同定にもとづく交易論や流通論、食生活の復原論など、いろいろな切口で、各種の歴史情報が得られることに感心します。現在、弥生時代のはじまりが数百年古くなるという炭素14年代の成果が注目されていますが、これは土器に付着したおこげ、吹きこぼれが分析対象です。

少し前には、おこげの痕跡で、調理法＝煮沸方式の変遷が分析対象となりましたが、いずれも、土器の使用痕跡から新たな歴史情報を得る試みです。当然のことですが、土器、石器、瓦、金属器、木器など、遺物の違いによって、得られる歴史情報の内容、質、量は、かなり異なります。私は、土器編年の成果を、年代基準として利用するレベルにとどまっているので、土器のもつ歴史情報の特質を必ずしも理解しておらず、新たな分析視角からどのような歴史情報が得られるか、必ずしも予測できません。以下、私が学生時代から一つの研究テーマとしてきた瓦のもつ歴史情報について、土器など他の遺物と対比しながら考えていきます。

2　歴史資料としての瓦の特質

石や金属、木でできた瓦も稀にありますが、瓦は基本的に焼物です。生産史や産業史の立場でいえば、瓦づくりは土器と同じ窯業生産の一分野ととらえられます。しかし、消費のあり方に注目すると、土器と瓦は大きく異なります。瓦はいうまでもなく、屋根葺材の一つです（図1－1）。藁・萱・檜皮・板などの植物質の葺材と比べて、瓦は耐火性・耐久性においてすぐれています。つまり、火事に強く、長持ちするのです。古代にも瓦葺倉庫があるので、耐火性という長所は古くから注目されていたと考えられます。しかし、古代の日本列島の瓦屋根は、もっと別の意味をもっていました。すなわち、建物を荘厳し、立派に見せかける道具立てとしての意味です。

現在は瓦屋根の住宅は一般的ですが、都市部で瓦屋根が採用されるのは江戸時代中期以降、寒冷地にも瓦屋根が普及するのは明治大正以降のことです。それ以前の瓦屋根は　寺院、宮殿・官衙、城郭など、政治支配の拠点建物や宗教施設に限って採用されました。といっても、寺院や宮殿のすべての施設が瓦葺だったわけではありません。

藤原宮は「官舎始めて瓦をもってこれを葺く」（『扶桑略記』）と評価され、以後、平城宮・平安宮をはじめとする宮殿や、国衙や山陽道駅館などの地方官衙でも、瓦屋根を採用します。発掘すると、藤原宮では大極殿・朝堂院、および藤原宮を囲む大垣と門が瓦葺でしたが、その他の官衙などは植物質の葺材だったようです。つまり、宮の外観と天皇を中心とした儀式の場が瓦屋根で荘厳されたわけです。

平城遷都後の神亀元（七二四）年一一月、帝王の徳を表すには都は壮麗でなければならない。板屋草舎はもはや古い。五位以上の貴族、可能なら庶民でも「瓦舎」を構えるよう指示します（『続日本紀』）。長屋王政権下の政策です。長屋王は、都全体（平城京）を瓦で荘厳しようとしたわけです。

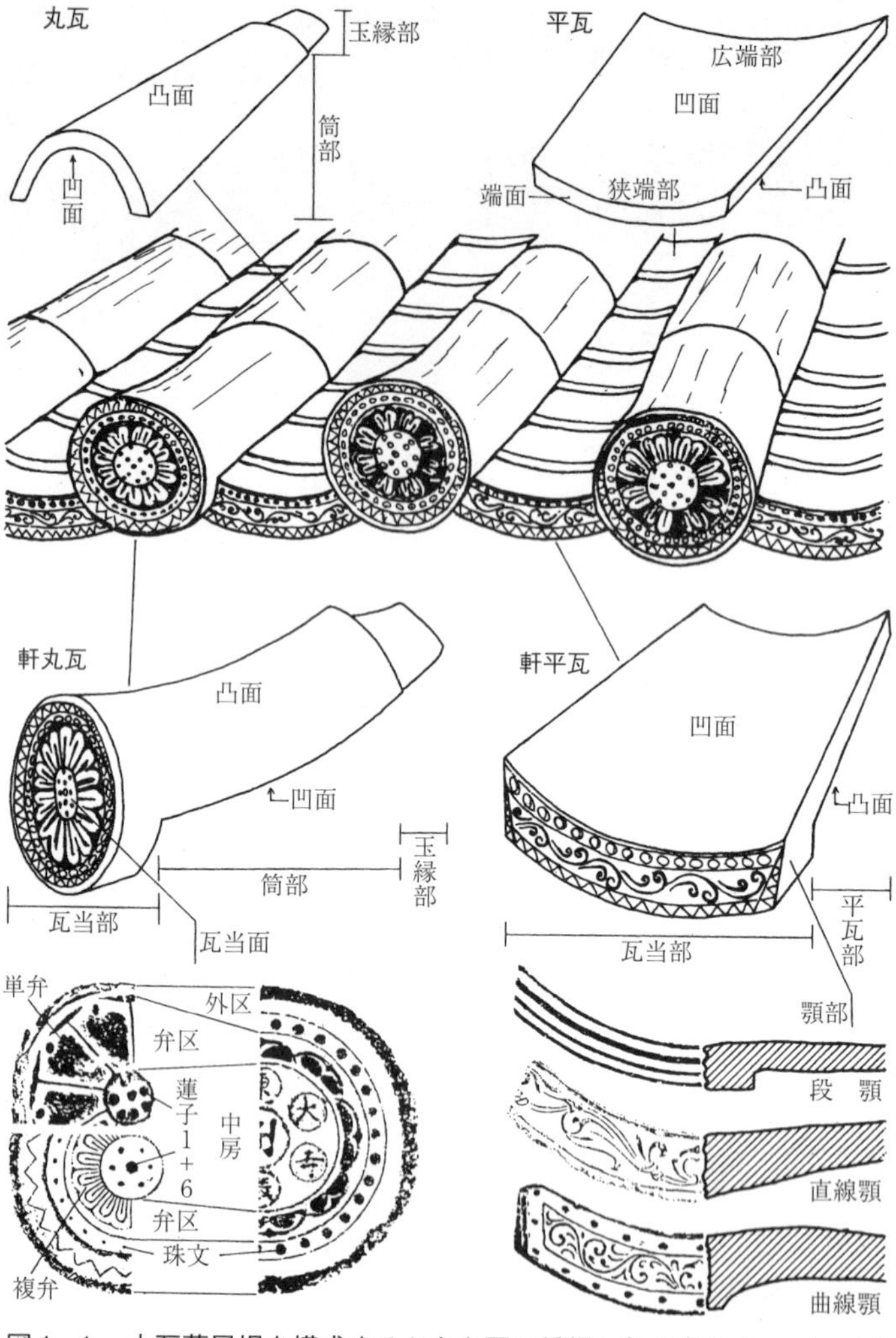

図1－1　本瓦葺屋根を構成するおもな瓦の種類と部分名称［1986年2月］

博物館などで展示している古い瓦は，おもに軒先などに使う文様のある瓦である。しかし，総瓦葺屋根に葺く瓦の圧倒的多数は，緩やかに彎曲した平瓦と，半円筒形の丸瓦とからなる。軒瓦を展示するのは，文様が観賞対象となるからだが，研究対象としても平瓦や丸瓦はマイナーである。軒瓦のほうが平・丸瓦よりも作り方が複雑で，製作技術や文様から，時期差・系統差・地域差・工房差などの歴史情報が得やすいからである。しかし，瓦を様式としてとらえ，工房内分業や屋根景観を解明するには，平・丸瓦を含めて分析する必要がある。私がよく使う瓦呼称や部分名称を図示したが，研究者によって用語法にこだわりがあり，日本国内でも統一されていない。軒丸瓦を鐙瓦・端丸瓦・巴瓦，軒平瓦を宇瓦・端平瓦・唐草瓦，平瓦を女瓦，丸瓦を男瓦と呼ぶ場合もある。

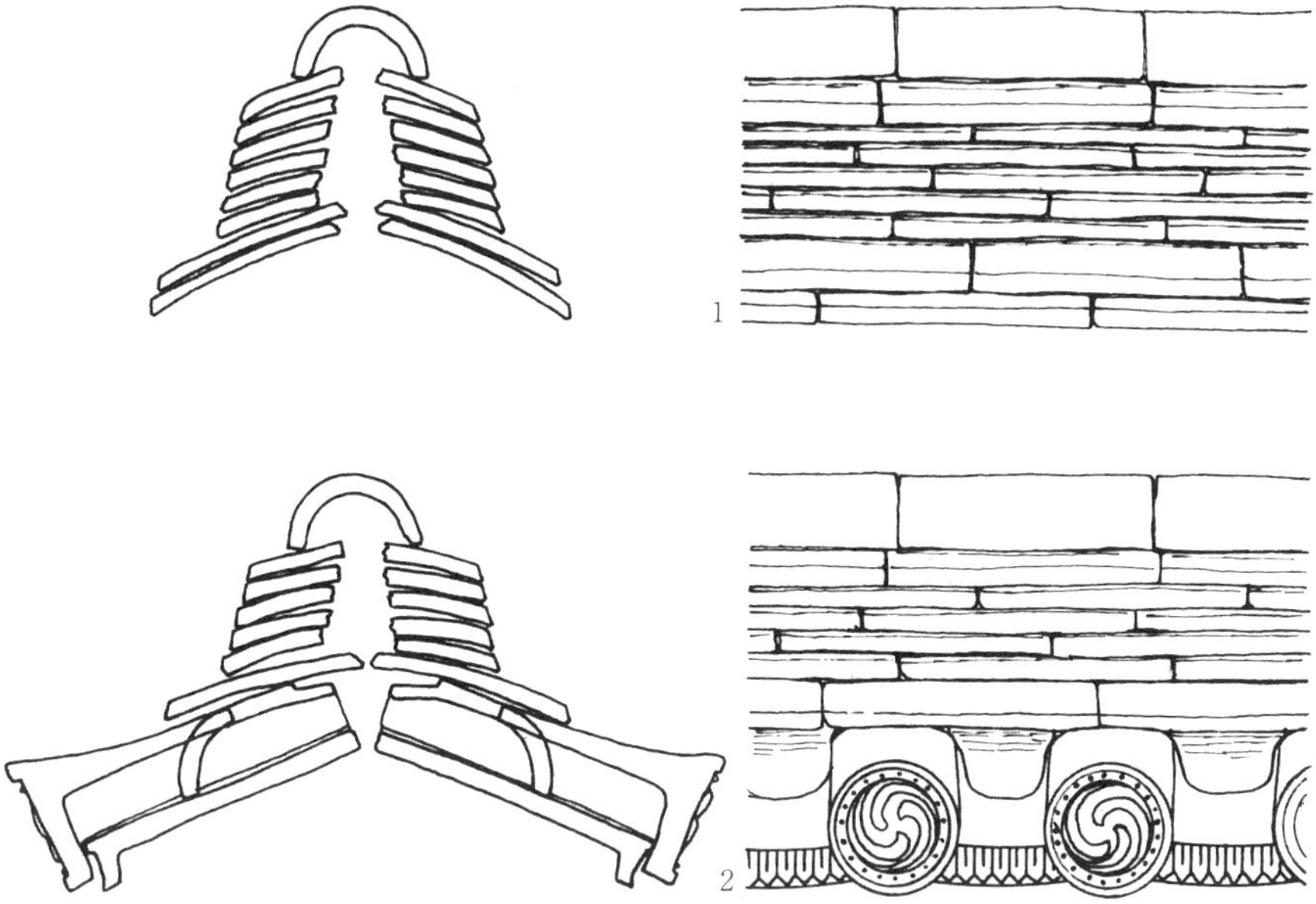

図1－2　甍棟・熨斗棟［2001年3月③］
屋根斜面部を瓦で覆い尽くす総瓦葺屋根に対し，斜面部を檜皮で葺き，棟だけ熨斗瓦で覆う屋根を檜皮葺熨斗棟，熨斗瓦積みの下段に軒瓦を込めた屋根を檜皮葺甍棟と呼ぶ。格が落ちる檜皮葺や板葺・草葺の建物は，瓦ではなく木などで棟を覆った。総瓦葺は金堂や塔など古代寺院の中心建物や，大極殿・朝堂院など宮の中枢建物に多いが，内裏をはじめとする住宅建築では，檜皮葺のほうが一般的だった。瓦葺は建物の外観を荘厳する機能があり，居住性は植物質葺材のほうがまさっていた。

ただし、古代都城では、高級貴族邸宅でも総瓦葺建物は稀で、檜皮など植物葺材で葺いた中心建物屋根のてっぺん（棟）だけを瓦で覆う程度にとどまりました。棟部分だけ瓦で覆った屋根を熨斗棟《のしむね》とか甍棟《いらかむね》といいます（図1－2）。平安時代の工事仕様書（『延喜式』巻三四木工寮条）は、大規模な建物ほど棟を覆う瓦の枚数を増やすことを明記します。棟の高い屋根は立派に見えます。棟を覆う瓦にも、建物を荘厳する機能があったことがわかります。

平安時代でも、平安京西郊にある広隆寺は、金堂・講堂・廻廊・三重塔などの伽藍中枢施設は檜皮葺で棟を瓦で覆い、棟を板（上押・棟押）で覆っただけの他の建物と外観で区別していました。つまり、古代を通じ日本列島の瓦屋根は政治施設や宗教施設を荘厳する機能をもち続けました。

要するに、瓦は日常生活に必要な土器とはかなり違った歴史的意義をもっていたわけです。瓦から歴史情報を引き出す場合には、こうした点に充分配慮する必要があります。以下、私自身の仕事を交じえつつ、瓦からどのような歴史情報が得られるか考えてみます。

3　瓦から得られる歴史情報

私が京都大学に着任した年に書きあげた『瓦を読む』［一九九七年五月①］において、瓦から得られる基本的な歴史情報として、（1）年代情報、（2）建物（＝使用施設）情報、（3）生産・流通情報の三つを挙げて叙述しました。これ以外にも、瓦がもたらす歴史情報はありますが、この三つが基本であるという考えは今も変わっていません。実例を挙げて、簡単に御説明いたします。

年代情報

物的資料を扱う際には、まず対象資料の年代が問題となります。とくに土器が年代情報にすぐれていることは、先述したとおりです。ところが、日本においては、考古学者が縄文土器編年や弥生土器編年を構築したのは一九三〇～四〇年代のことなのに、瓦編年は明治末年（一九〇〇年代）に骨子ができ、一九二〇年代には完成していました。それを完成したのは、奈良県の技師から東京大学の建築史学の教授になった関野貞さんです。

一八九六（明治二九）年には、内務省に古社寺保存会が設立されます。関野さんが大学を卒業して奈良県に赴任したのは、まさに廃仏毀釈で荒廃した古社寺を保存・修理する途が開けた時でした。しかし、個々の建築物に関する基礎データは皆無で、赴任した関野さんにとって、その年代づけ価値づけが急務でした。関野さんが瓦を編年したのも、古建築評価のうえで不可欠という必要性に迫られた結果と考えられます。

現在は瓦を研究する建築史家は皆無ですが、京大建築史の先達である天沼俊一先生や福山敏男先生には、瓦についての御著書や論文もあります。瓦も建築様式を構成する一要素ととらえていたのです。関野さんの瓦編年は、軒先などに使用する文様のある瓦を対象とし、中国大陸・朝鮮半島を含めた東アジア全体を見渡し、時代も近世に至るまで含めた広大なものでした。その成果は、部分的な修正は必要ですが、大きな流れとしては現在なお有効です。

関野さんが研究したのは、現存の古建築に葺いた瓦や、遺跡で表面採集した瓦でした。とくに、古建築には創建・再建にかかわる記録が残っていることが多いので、それを根拠に瓦の年代が推定できたのです。その年代を根拠に、採集した瓦から遺跡の年代を推定するには、膨大な資料の蓄積と比較検討という考古資料操作が不可欠でした。

戦後、昭和三〇年代以降、古代寺院跡や宮殿・官衙遺跡の大規模発掘により、大量の瓦が出土するようになりました。関野さんをはじめとする諸先輩方が、十五年戦争以前、採集資料や短期の発掘調査で得た資料、あるいは現存古建築所用瓦で、おもに文様から編年しましたが、それとは異なる次元での立論が可能となったのです。

たとえば、昭和三一年五月～翌年八月の飛鳥寺跡の発掘調査では、五五〇点余りの古代の軒丸瓦が出土しました(図1－3)。この発掘の最大成果は、不明確だった日本最古の本格的仏教寺院の中心伽藍が解明されたことにありますが、今日は瓦のもたらす歴史情報が主題なので、その点は省略します。出土した古代の軒丸瓦の過半数は、関野さんをはじめとする諸先輩が、百済系、飛鳥寺式と呼んだ素弁蓮華文軒丸瓦でした。図1－3のなかで、ローマ数字でⅠ・Ⅲ～Ⅵ・Ⅷ・Ⅻとしたものが該当します。

傷んだ瓦屋根を葺き替える時は、それまで載っていた瓦のなかで、まだ使える瓦は再利用します。つまり、出土瓦のなかで最も数の多い瓦が、創建期の姿を反映している可能性が高いわけです。飛鳥寺は百済から招聘した工人達が建てたと『日本書紀』に書かれています。諸先輩は、飛鳥時代（六世紀後葉～七世紀前半）に創建された寺跡から出土し、以後（七世紀後半以降）に創建された寺院跡からは出土しない瓦を抽出し、それが六世紀中頃以降、百済の首都であった扶余の寺院跡で出土する瓦とそっくりであることを根拠に、飛鳥寺創建時の瓦を推定しました。その推定

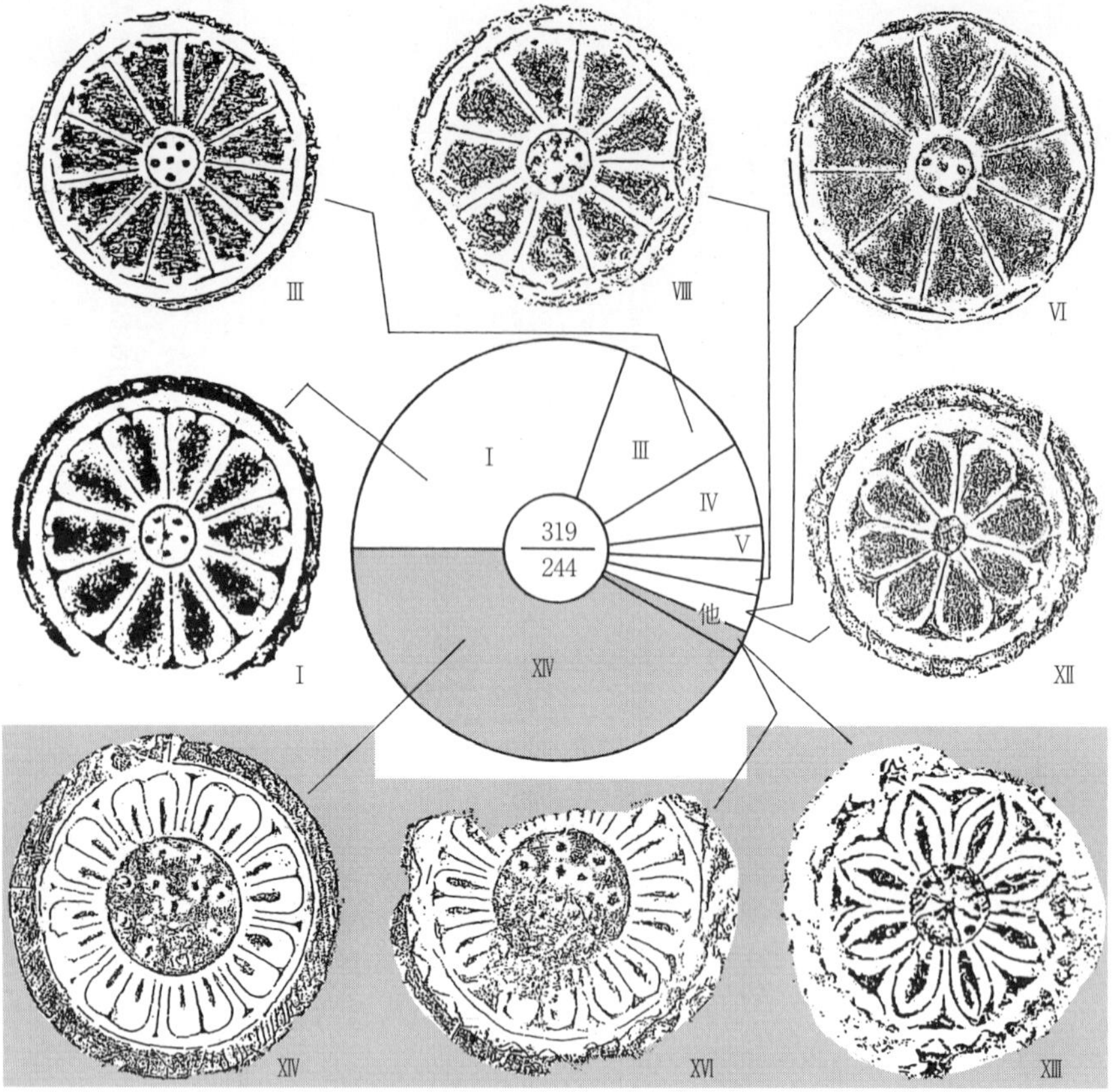

図１－３　飛鳥寺出土軒丸瓦の型式別割合［1997年５月①］

ローマ数字は，報告書が設定した軒丸瓦の型式名。円グラフ中央円内の数字は，６世紀末～７世紀中葉の軒丸瓦数／７世紀後葉～８世紀初頭の軒丸瓦数を示す。後者にアミをかけて区別した。数が最も多いのはⅩⅣ型式軒丸瓦だが，白ヌキで示した７世紀中葉以前の飛鳥様式瓦の総和が同寺の創建に対応する。そのなかでも数の多いⅠ・Ⅲ型式軒丸瓦は，飛鳥寺創建瓦として不動の位置を占めている。数は少ないが，Ⅷ型式軒丸瓦が豊浦寺金堂創建瓦で，蓮子を彫り加えた笵の製品が班鳩寺創建瓦となる。最も多数出土したⅩⅣ型式軒丸瓦の笵は，長期間使用したことが摩耗状態からわかる。以前，一部の製品を見て，摩耗の進展とともに瓦当と丸瓦の接合法が簡略化すると考えた。しかし，その後，笵の摩耗度と接合法の簡略化とは相関しないと報告された。瓦拓本の縮尺は約５分の１。作図の根拠は（奈良国立文化財研究所『飛鳥寺発掘調査報告』学報第５冊，1958年）。

が、大規模発掘で出土した瓦によって、数量的に裏づけられたことになります。

それだけではありません。大規模発掘で出土した瓦は、諸先輩方が予測できなかった点も明らかにしました。瓦の文様は、基本的に木型（笵）で型起しします。同じ笵で作った瓦は、木型の耐用年数の範囲内で同時代です。土器ほど鋭敏で広範に適用できる年代基準は瓦に期待できませんが、同笵関係は、きわめて明快な年代基準です。図1－3をみると、同じ笵で作った瓦で最も数が多いのは、百済系・飛鳥寺式軒丸瓦ではなく、左下のローマ数字ⅩⅣの型式名を与えた複弁八葉蓮華文軒丸瓦です。これは後で述べる七世紀後半に建った川原寺創建瓦の系譜を引く瓦です。

天武天皇九（六八〇）年四月、政府は寺院を、①国家直営の国大寺、②三〇年を限って食封を与える有封寺（期限付で経済援助する寺）、③その他の寺々の三つに格付けします（『日本書紀』）。国大寺として優遇されたのは、川原寺・大官大寺・薬師寺などの天皇勅願の寺ですが、例外として、飛鳥寺は従来どおり国家直営とすることを命じています。

ⅩⅣ型式軒丸瓦は、この時期の瓦に該当し、かなり大規模な修理もしくは施設拡充が天武朝におこなわれたことを示しています。これは大規模発掘で大量の瓦が出土し、初めてわかったことです。瓦や土器等の焼物は腐って無くなることがありません、一〇〇%といかないまでも、土に埋れても、ほとんどすべてが残ります。

飛鳥時代（六世紀後葉～七世紀前半）の寺や施設は一つも残っていませんが、瓦を葺いた建物ならば、量的に裏づければ建物の年代を推定できる点が、瓦の大きな資料価値といえます。同じ木型で型起しした同笵瓦は同年代と申し上げましたが、木型は使っているうちに摩耗したり、彫り加え・彫り直しをすることがあります。つまり同笵瓦のなかにも製作年代差があるのです。図1－4－1の飛鳥寺Ⅷ型式軒丸瓦は飛鳥寺で出土した百済系軒丸瓦のなかでは客体的です（図1－3）が、飛鳥川を隔てた西にある豊浦寺金堂の創建瓦であることが判明しました。

軒丸瓦に表現された蓮華文は、蓮の花を真上から見た形で、中央には蓮の実＝蓮子を表現します。飛鳥寺Ⅷ型式軒丸瓦は花弁数九枚、中房の蓮子一＋四です。百済扶余で出土するそっくりさんは皆、花弁が八枚なのに、なぜか飛鳥

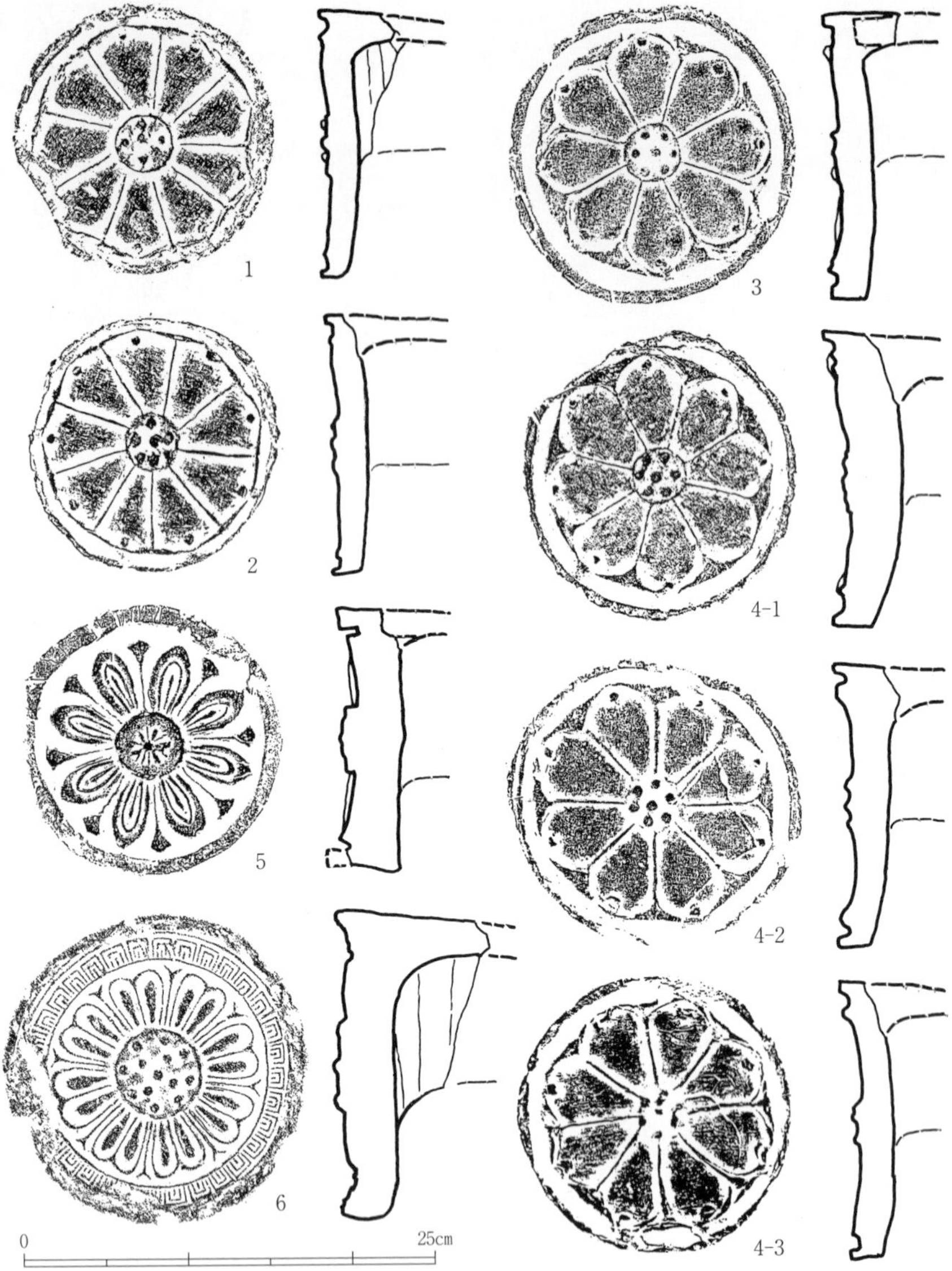

図1－4　７世紀の軒丸瓦各種（縮尺５分の１）

１　飛鳥寺Ⅷ型式軒丸瓦　２　斑鳩寺創建軒丸瓦　３　四天王寺創建瓦と同笵の斑鳩寺軒丸瓦　４　四天王寺創建軒丸瓦　５　樫原廃寺出土の高句麗系軒丸瓦　６　醍醐廃寺出土の紀寺式軒丸瓦

寺創建のⅠ型式は一〇枚、Ⅲ型式は一一枚と変則的です。Ⅷ型式も九枚。意図的に本家本元と花弁数を変えたとしか思えません。

この飛鳥寺Ⅷ型式に蓮子二個を彫り加えた図1－4－2が斑鳩寺（法隆寺若草伽藍）金堂創建瓦です。また、法隆寺若草伽藍で客体的な百済系瓦（図1－4－3）と同笵で、著しく笵が摩耗した製品が摂津四天王寺創建瓦（図1－4－4－1～3）であることは、二〇〇三年に亡くなった藤澤一夫先生が古く指摘しています。つまり、笵の彫り直しや摩耗具合、および出土量から見て、六世紀後葉から七世紀初頭の初期寺院は、飛鳥寺→豊浦寺金堂→法隆寺若草伽藍金堂→四天王寺の順で瓦を準備したことは確実です。

飛鳥寺造営の過程は『日本書紀』に明記されていますが、豊浦寺や斑鳩寺・四天王寺に関しては、『日本書紀』などに蘇我氏や聖徳太子にまつわる来歴が記されていても、具体的な造営過程はわかりません。瓦の製作順が、すぐに創建供養の年代順となるわけではありませんが、蘇我氏や聖徳太子が推進した列島初期寺院の成立を考えるうえで無視できない年代情報・歴史情報といえます。

建物（＝使用施設）情報

複数の建物から成る寺院の七堂伽藍は、同時にすべて完成するわけではありません。発掘調査によって堂塔にともなう主要な瓦がわかれば、寺院造営過程も復原できます。図1－5は木津川市高麗寺《こまでら》跡の発掘調査で出土した瓦から、造営過程を復原した例です。川原寺式軒丸瓦は川原寺と同笵の複弁八葉蓮華文軒丸瓦M1からはじまり、二枚単位の花弁の意味がわからなくなったM6へと退化します。高麗寺を構成する各施設の出土の割合を比較すれば、高麗寺伽藍の成立過程がわかります。

図1－5の解説には一九九七年段階の所見［一九九七年五月①］から引用しました。門が伽藍中軸線上にあるならば、門が塔や講堂より先に建つとは考えにくいので、あえて門が建った順序は記載していません。しかし、近年の発掘調

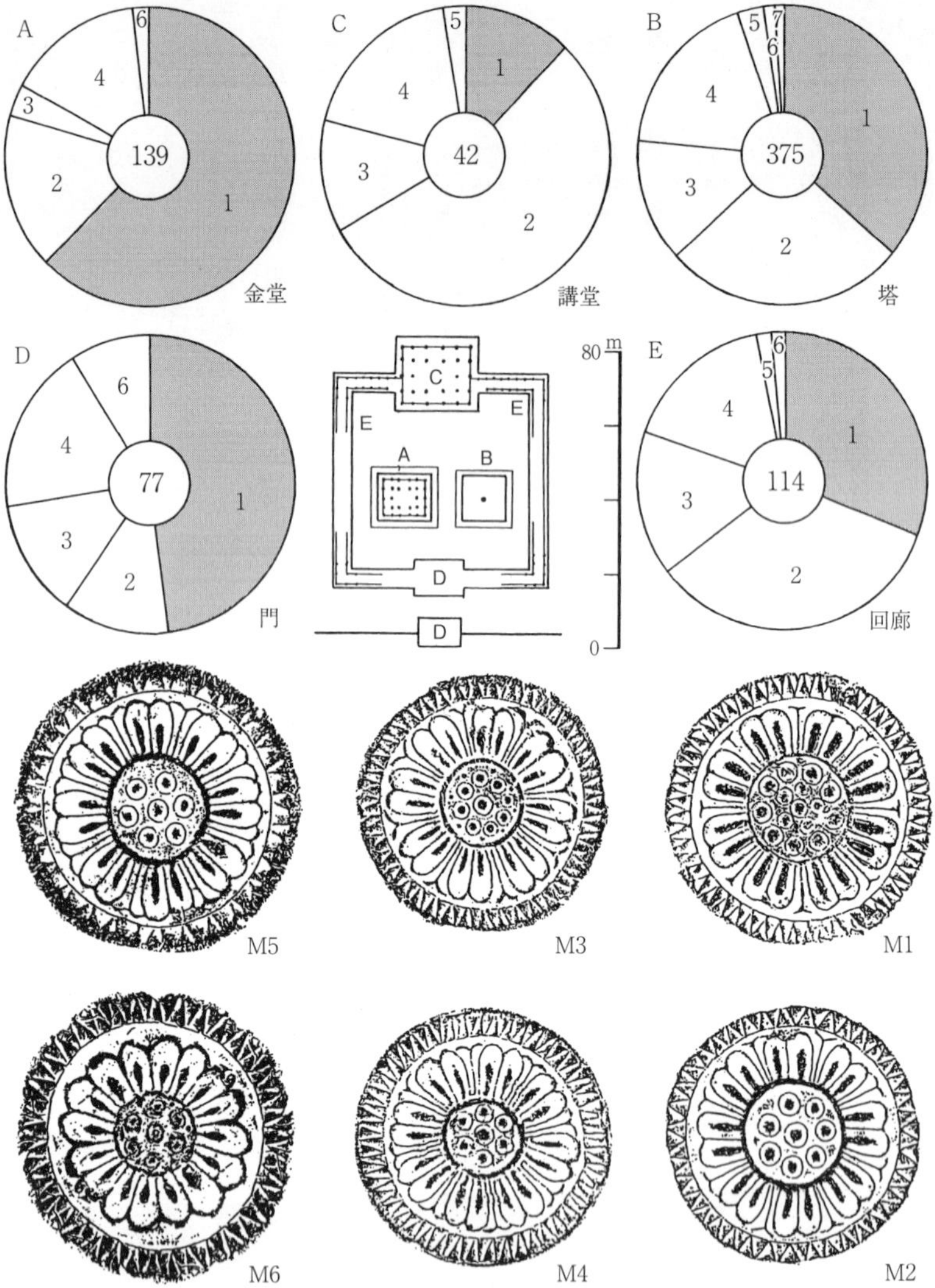

図1－5　高麗寺出土の高麗寺系列川原寺式軒丸瓦［1997年5月①］

M1～6は報告書の型式名から高麗寺の遺跡略号KMを削除したもの。川原寺と同笵のMIから変遷した高麗寺系列軒丸瓦は，中房が小さくなり，3重に配していた蓮子を2重に配する。高麗寺の伽藍中枢では，金堂→塔→講堂の順で工事が進んだことが，M1の割合からわかる。最も新しいM6は花弁が単弁になっており，近くにある蟹満寺金堂の創建で主体的に使われた。円グラフ中央円内の数字は，各遺構にともなう高麗寺系列軒丸瓦の総数を示し，M1の割合を網目で強調した。瓦拓本の縮尺は6分の1。作図の根拠は（中島正ほか『史跡高麗寺跡』京都府山城町埋蔵文化財調査報告書第7集，1989年）。

査で、高麗寺跡では南大門は伽藍中軸線上ではなく、金堂正面に建っていたことがわかり、発掘できない中門も同様であろうと推定できるようになりました。当然、中門は金堂に続いて造営されたはずです。門付近においてM1型式が占める割合が、金堂と塔の中間値となっているのは偶然ではなかったのです。つまり、図1－5の解説は「金堂→門→塔→講堂の順で工事が進んだ」と書き改めることができます。

さらに分析の仕方によっては、建物の屋根景観の復原が可能です。本章第一〇節は、三〇年前、平安京右京一条三坊九町（＝京都府立山城高校の敷地）で発見された「平安時代初期の高級貴族邸宅」屋根景観の復原手順を示しています（本講演では『瓦を読む』で要約した該当頁をレジュメに添付して示した）。同調査地では瓦がたくさん出土したので、報告書は中心となる建物群を総瓦葺屋根に復原しました。しかし、出土した瓦の量を調べると総瓦葺屋根を復原するにはまったく足りません。しかも、普通の瓦（平瓦と丸瓦）に比べて軒瓦の出土量が異常に多く、出土した平瓦が基本的に半分に割った熨斗瓦と考えられます。その結果、屋根本体は檜皮葺で、棟だけ瓦で覆う檜皮葺・甍棟の屋根が復原できることがわかります。

それまで、出土瓦は年代情報にひいでた軒瓦のみを報告することが多かったのですが、以後、出土した普通の瓦も、重さなどを測って報告することが一般化します。発掘成果や史跡の活用が叫ばれ、平城宮大極殿の復原など、遺構にもとづく建物の再現も各地で進んでいます。しかし、建物再現に際して、発掘成果がどれほど生かされているか、かなり疑問です。

福井市にある一乗谷朝倉遺跡（国特別史跡）では、戦国大名が形成した小宇宙が体感できます。織田信長によって滅亡した朝倉氏の居館・居城と周辺の侍屋敷・町屋・寺院などから構成される遺跡群で、朝倉氏滅亡後、廃墟となったため、戦国城下町がそのまま地下に埋まっています。整備においては、朝倉館地区が建物の礎石位置や庭園などの遺構を表示するのに対し、侍屋敷や町屋の地区では建物を再現し評判になりました。町屋建物は基本的に石置板葺《いしおきいたぶき》屋根、すなわちこけら板（薄く裂き割った板）を屋根に葺き並べ、格子に組んだ割竹で固定し、格子の交点に川原石で

図1－6　石置板葺屋根［1988年1月］

一般住宅（町屋）における総瓦葺屋根は，倉庫に始まる。防火目的だ。近世初頭の京都を描く『洛中洛外図』においては，16世紀中葉までに成立した町田本・上杉本などの町屋は，石置板葺・平屋の切妻屋根である。これに対し，江戸時代には，2階建でうだつや越屋根（煙出や採光用の小屋根）をもつ町屋が急増し，本瓦葺の土蔵が付属するようになる。本図は模本だが，石置板葺の工程がわかる。梯子を上って，束ねた柿《こけら》板を運ぶ人，屋根の上で柿板を並べる2人は日除け笠をかぶる。家の裏では柿板を束ねている。梯子の下では，竹を鎌で割っている。割った竹を格子状に組んで，柿板を固定し，交点に石を載せて押さえるわけだ。後世の柿板は竹釘で固定するが，本図はその工程を描かない。

押さえた構造に復原しています。石置板葺屋根は、近世初頭の京都を描いた「洛中洛外図」における町屋の姿とまったく同じです（図1－6）。

有名な上杉本「洛中洛外図」は、上洛を果たした織田信長が、京都の華やかさを示すため、上杉謙信に敬意を表して送った贈物とのことです。それが京都の華やかさを示す絵なら、果たして、越前国にあった朝倉氏城下町の町屋が当時の京都の町屋と同じ屋根構造であったのか、検討する必要があります。

天正一七（一五八九）年、北条氏直の名代で上洛した氏規は石置板葺屋根が並ぶ京都に驚き、小田原に戻ると城下町の目抜き通りの商家を草葺から板葺に変えるよう進言。その工事が強行されると、領国内外から見物人が殺到したといいます。また、上杉謙信も府内（直江津市）の民家の屋根を板葺にするよう命じたとのことです。越前朝倉氏は、早くから京都文化を導入していましたが、滅亡した天正元（一五七三）年よりも前に、城下町の侍屋敷や町屋を石置板葺屋根に統一できていたか、時期的にみて、かなり微妙だと思います。

石置板葺屋根は、薄く割り削《さ》いだ板も竹も考古遺物として残りませんが、石は残ります。京都の町屋では、建替時に石は除去されたり転用されると思いますが、信長の攻撃で滅亡した一乗谷なら、屋根から転がり落ちた状態で石は埋もれるはずです。残念ながら、一乗谷の報告書では、屋根に置いたと推定できる石の出土地点や出土状態は報告されていないようです。

私どもが遺跡を発掘する場合、旧地表に密着した石は、元の場所にあった石として残しますが、旧地表から浮き上がった石は、動いた石として除去しつつ調査を続けます。しかし、石置板葺屋根の置石は浮いた状態で地下に埋もれているはずです。浮いた石でも残しつつ発掘調査を進め、その石と建物跡との相関的位置関係から。屋根に置いた石を具体的に指摘できないか。そんなことを考えています。もしすれば、瓦屋根景観を再現する場合でも、同様の発掘調査法が要求されるかもしれません。倒潰時の状態に近いと判断できれば、瓦の形態や数量だけでなく、出土状態自体をもっと検討する余地はあると思います。

生産・流通情報

瓦がもたらす生産・流通情報の実例としては、図１－７を御参照ください。八～九世紀の平城京や平安京においては、中央の造営担当官衙（造宮省や造宮職、木工寮など）が直営の造瓦組織を抱えて瓦需要に応えていましたが、一〇世紀後半～一一世紀以降は、丹波・南都・讃岐・播磨・尾張などの地方産の瓦が京都内外で流通します。

その歴史的背景の一つに、中央の寺院や宮殿などの造営工事を、地方国司（受領《ずりょう》）が担当する体制が一般化した事実があります。この平安時代後期における瓦の生産・流通論は、修士論文以来の私の研究テーマです。地方と京都

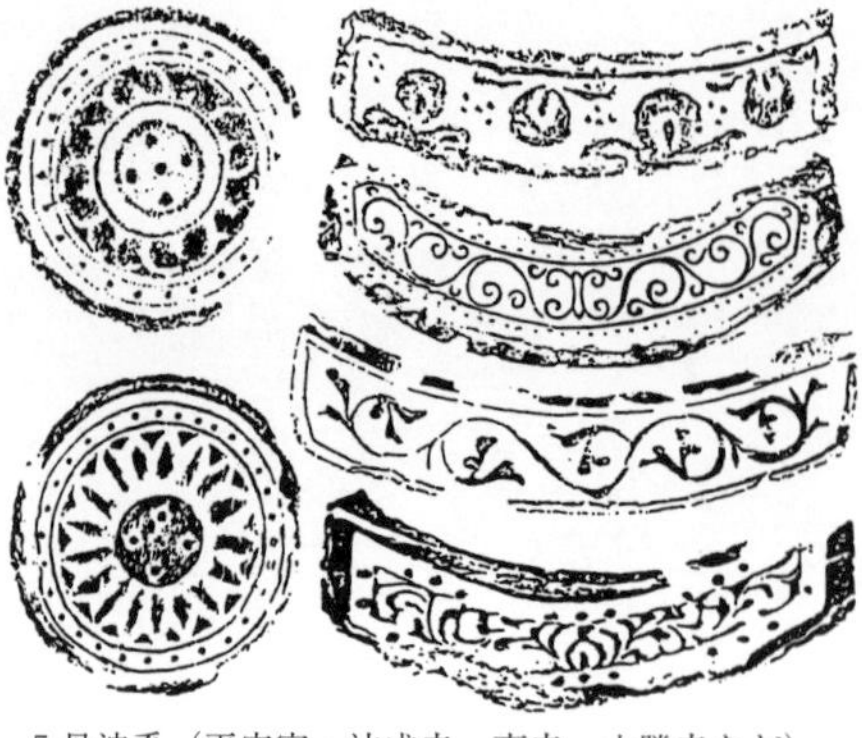

5丹波系（平安宮・法成寺・東寺・六勝寺など）

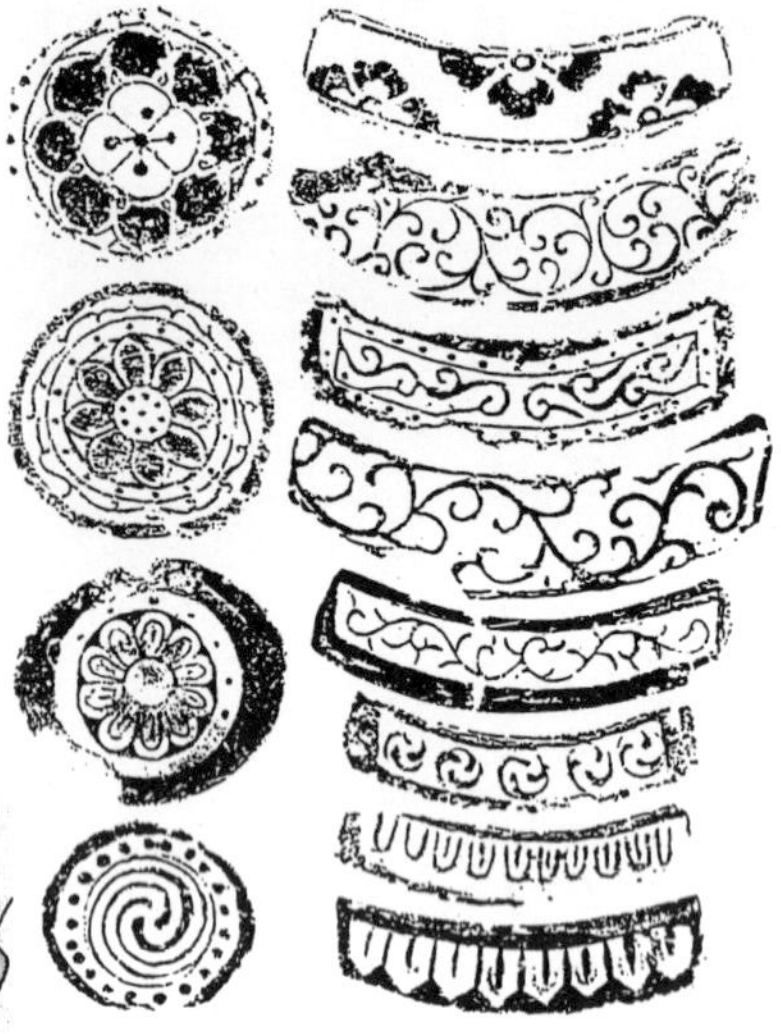

3中央官衙系（平安京および周辺全域）

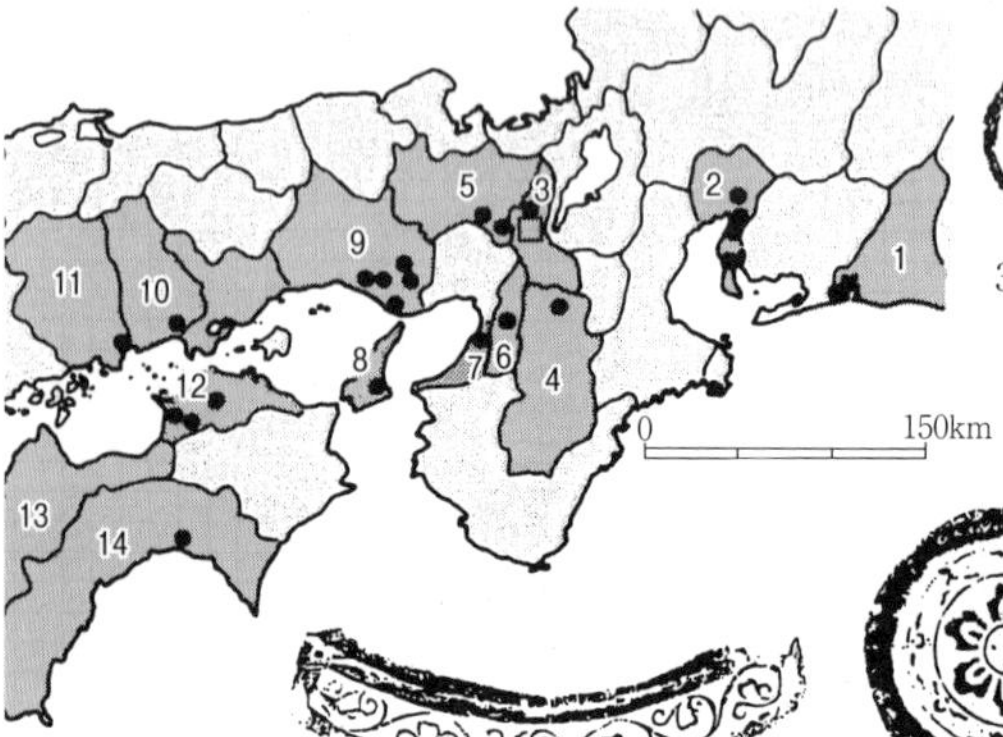

1遠江系（仁和寺？）

宮・法成寺・平等院・仁和寺・六勝寺など）

2尾張系（鳥羽離宮・仁和寺）

れた瓦［1989年10月］

およびその周辺で使った瓦の生産地は，東は遠江，西は筑前まで及ぶ。平安京周辺に分布する中央官衙系生産地が平安京向けの瓦生産に携わった。播磨では，11世紀後半に神戸市神出窯や三木市久留美窯など，専業による平安京向けの瓦を量産する。後者は，重源が備前国を知行国とし，東大寺所用瓦を万富窯で集

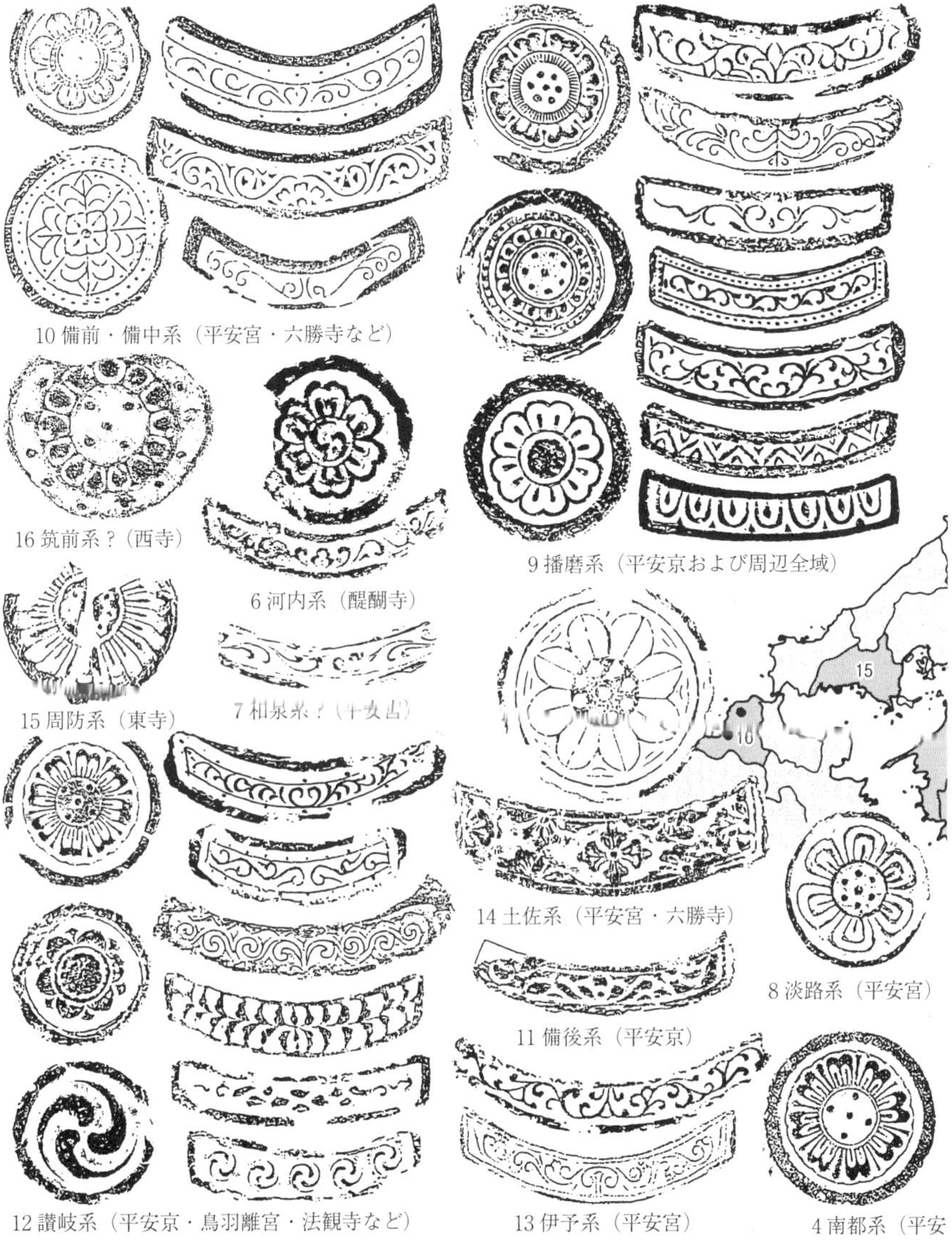

図1－7　平安京に運ば

軒瓦拓影下のカッコ内はおもな消費遺跡，地図中の黒丸はおもな窯跡群を示す。11～12世紀前後の平安京
瓦屋や南都諸寺が保有した南都系瓦屋以外では，とくに播磨・讃岐・丹波・尾張など，国衙配下の窯業内
内陸部の瓦陶兼業窯が開窯するが，12世紀前半には明石市林崎三本松窯や高砂市魚橋窯など，海浜部で瓦
中生産する体制の先駆形態で，林崎三本松窯では播磨国を知行国にした文覚による東寺再興瓦を生産した。

の瓦の同笵関係や、製作技術の比較同定が、需給関係を認定する根拠になります。

地方で生産した瓦が平安京に搬入されたという一方通行の世界なら話は簡単です。しかし、実際には、中央の造営工事のために、地方から瓦工人が京都に来て瓦を生産し、仕事が終わると笵を持って地元に帰り、同じ笵で京都向けの瓦生産を継続した例、地方間で工人が移動し、一方で地元の需要にも応える例などもあり、事態は複雑な様相を呈するようになりました。しかし、同笵関係や笵の摩耗などから導く製品の先後関係から、複雑な事実関係もある程度は解きほぐすことが可能です。

以上、話をだいぶ端折りましたが、冒頭に述べた瓦がもつ基本的な三つの歴史情報、すなわち年代情報、建物情報、生産・流通情報の概略は理解いただけたと思います。また、それらの歴史情報が、蘇我氏や聖徳太子が建てた初期仏教寺院、平安初期の高級貴族、平安時代後期の受領の動向など、各時代の政治体制と深くかかわる点も、瓦が政治施設や宗教施設を荘厳する装置として機能し、同じ窯業部門でも土器とは異なるという冒頭の説明から納得いただけると思います。

おわりに―瓦のもつ歴史情報の限界―

瓦葺建物がもつ政治性・宗教性をさらに突っ込んで、瓦からより深い歴史情報を得ようとする試みもあります。私が学部学生だった一九七〇年代のはじめ、七世紀後半における川原寺式軒丸瓦の分布が、「壬申の乱」当時の政治勢力図や乱後の論功行賞を反映しているという論考が相次いで公表され、注目を集めました。

その一つは、京大で地理学を専攻された先輩で、二〇〇六年一一月に亡くなった高橋美久二さんの「山城国葛野・乙訓両郡の古瓦の様相」（『史想』第一五号、一九七〇年、京都教育大学考古学研究会）です（図１－８）。山城国における七世紀後半の軒丸瓦の分布を見ると、葛野・乙訓郡には高句麗系軒丸瓦（図１－４－５）、愛宕・紀伊・宇治郡には紀寺式軒丸瓦（雷文縁複弁蓮華文軒丸瓦、図1－4－6）、久世・相楽郡には川原寺式軒丸瓦（図1－5）が比較的集中します。この事実にもとづき、とくに同時代と考えられる紀寺式軒丸瓦は近江朝系、川原寺式軒丸瓦は天武系と規定して、山城国における分布差を「壬申の乱」における政治勢力の分布差と考えるのが高橋説の骨子です。なお、図1－5のように、川原寺式軒丸瓦は南山城で独自の変遷をたどるので、私はこれを高麗寺系列川原寺式軒丸瓦と呼んでいます。中房が小さくなった高麗寺系列M3の同文異范例は、近江国蒲生郡雪野寺跡でも出土するので、川原寺式軒丸瓦を天武系とする説には、著しく不利な材料になります。

一方、奈良国立文化財研究所の先輩（現三重大学名誉教授）である八賀晋さんは、「地方寺院の成立と歴史的背景―美濃の川原寺式軒瓦の分布―」（『考古学研究』第二〇巻第一号、一九七三年、考古学研究会）のなかで、美濃国に濃密に分布する川原寺式軒丸瓦は「壬申の乱」において天武天皇を軍事的に支援した美濃の諸豪族に対する論功行賞の結果で、律令体制の整備、中央集権化を貫く対地方政策の一環と評価しました（図1－9）。

お二人は、それぞれ京都府、岐阜県をフィールドに活躍し、まったく無関係に川原寺式軒丸瓦と「壬申の乱」との

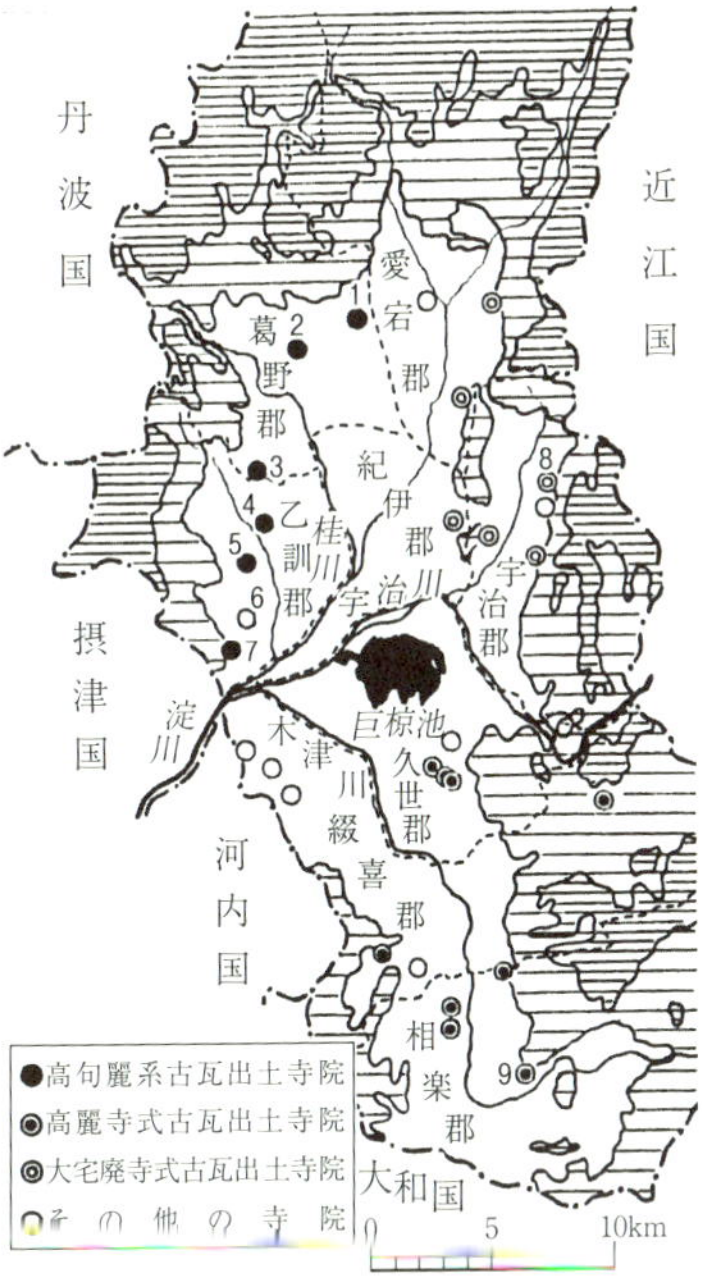

図1－8　南山城における7世紀瓦の分布［高橋1970］
1 北野廃寺　2 広隆寺　3 樫原廃寺　4 宝菩提院廃寺　5 乙訓寺　6 鞆岡廃寺　7 山崎廃寺　8 大宅廃寺　9 高麗寺跡

図1－9　美濃・飛騨の川原寺式軒丸瓦分布［八賀1973］

関係を指摘したわけです。ちょうどその頃、考古学専攻に進んだ私は、八賀さんの議論を、論文に先立つ奈良国立文化財研究所の公開講演会で直接伺い、瓦の分布からこんなことまでわかるのかと大きな衝撃を受け、感動した記憶があります。

その後、川原寺式軒丸瓦の認定や年代観をめぐって、八賀説を批判する意見が提起されますが、全般的には、それほど目立った批判も賛成意見もなく、現在に至っています。その後、高橋さんは山城郷土資料館に勤務し、第一回特別展「山城の古瓦」展を企画します。しかし、その図録では、山城国における瓦分布の偏りを指摘しても「壬申の乱」との関係については、まったくふれていません（京都府立山城郷土資料館『山城の古瓦』展示図録二、一九八三年）。

後輩達が高橋さんの業績を顕彰した文集（京都考古刊行会『明日をつなぐ道―高橋美久二先生追悼文集―』二〇〇七年）のなかでも、誰も川原寺式軒丸瓦の分布論についてふれていません。追悼文集では、私も一文を献呈しましたが［上原二〇〇七年一一月①］、高橋さんの最も大きな研究成果である山陽道駅館論を分担・紹介したので、機会を逸しました。そもそも川原寺が斉明天皇の冥福を祈って天智天皇が創建したとする通説に従えば、その出土瓦を基準とする川原寺式軒丸瓦が天武系＝反近江朝であると考えること自体、矛盾をはらんでいるのです。

考古遺物の分布を、内乱のような特定の事件に結びつける議論は、十分、論証できないし、反論もしにくいのが、正直な話だと思います。美濃国のように、「壬申の乱」で大海人皇子の軍事拠点だったことが『日本書紀』からわかる地方では、あるいは論功行賞で寺院造営を認めた例があるかもしれません。しかし、川原寺式軒丸瓦という特定型式の瓦を、その証拠とするのは、適切な議論ではありません。川原寺出土瓦を基準に設定した「川原寺式」軒丸瓦の分布図を描くと、畿内に濃密に、近江・美濃・播磨などの周辺部にやや密に、関東・北部九州には点状に分布します（図1－10）。特定の考古遺物が、情報発信地とその周辺で密に、遠隔地では散在的に分布するのは、伝播のメカニズムのうえで、最も素直な姿であることは、誰にでも容易に理解できるはずです。

豊富な実例で考古学をわかりやすく概説した好著、コリン・レンフルとポール・バーンの共著『考古学―理論・方

図1-10　川原寺式軒丸瓦の分布（坪井清足『飛鳥の寺と国分寺』岩波書店，1985年）
畿内に濃密に分布する川原寺式軒丸瓦は，近江・美濃・播磨など周辺部でやや密に，関東・北部九州では点状に分布する。情報発信地とその周辺の分布が密で，遠隔地で点状となるのは，考古資料の分布における常態で，この図を根拠にしても，川原寺式軒丸瓦に特別な政治的意義を与えることはできない。本図は外区斜縁の面違鋸歯文（一部素文），間弁を備えた複弁8葉蓮華文，3重に蓮子を配した中房などを「川原寺式」の認定基準として作成したと記憶している。既知だった倉吉博物館『山陰の古瓦展』（1975年）所載の出雲国忌部神社神宮寺例は，故・前島巳基さんの教示をふまえ除外した。現在の知見では，滋賀県などでドットがかなり増えるが，大勢に変化はないと考えている。

法・実践―』テームズ&ハドソン社（初版一九九一年、改訂第二版一九九六年、改訂第三版二〇〇三年）の分布論（九章）でも、この事実を指摘しているので、考古学の世界では「常識」といってよいでしょう。たとえば、中東では、アルメニアとアナトリアの黒曜石産地から離れるにしたがい、消費遺跡における黒曜石の出土割合が減少する事実。イギリスのオックスフォード窯で焼いたローマ式土器が、窯から遠い消費遺跡では出土量が減少するが、舟運が発達した河川沿岸の遺跡では遠隔地でも出土量の減少が顕著ではないことなど、納得できる実例が紹介されています。

この常識に照らせば、「川原寺式」軒丸瓦の分布図をみても、「壬申の乱」との関係は稀薄であると断言できます。とくに滋賀県は、「壬申の乱」では天武と敵対した近江朝の拠点です。美濃以上に近江に濃密に川原寺式軒丸瓦が分布する事実は、分布図が「壬申の乱」の論功行賞の結果ではありえないことを明確に示していると私は思います。なお、美濃国における「川原寺式」軒丸瓦に関しては、小川貴史さんが具体的に分析しています（『古代地方都市の成立―天智・天武朝の

美濃国各務評を中心に―』美濃百踏記、第三巻、言叢社、二〇〇四年）。

各地に伝播した川原寺式軒丸瓦を検討する場合、南山城における高麗寺系列のような独自の瓦当文様系譜や技術系譜の抽出が必要になります。まだ十分検討していませんが、東海道や南海道に伝った川原寺式軒丸瓦においても、独自の変遷がうかがえます。また、関東地方では東海道上総国の大寺廃寺、東山道上野国の寺井廃寺、下野薬師寺に拠点的に川原寺式軒丸瓦が伝播します。前者は在地でほとんど展開しませんが、下野薬師寺を端に発した川原寺式軒丸瓦は独自に変遷し、下野・常陸を中心に顕著に展開します。私はこれを新治廃寺系列川原寺式軒丸瓦と呼んでいます。その文様系譜は、国分寺以後まで継続します（図１－11）。

拠点的に伝播したものが特定地域に根付いて、独自に展開するのも、考古資料において認められる一般現象です。川原寺式軒丸瓦に特別な政治的意義を付与した場合、各地への定着と展開にも何か意味が付与できるのか説明が必要です。少なくとも、「壬申の乱」の論功行賞という具体的な説明を付した場合は、八世紀まで続く文様系譜のなかで、どの段階までが「論功行賞」としての意義をもったのかは、実物に即して論証・解説する必要があるでしょう。

ところが、二一世紀になって、高橋説も八賀説も「定説化しつつある」。しかし「川原寺式軒瓦の分布を壬申の乱のみで解釈しよう

図１－11　新治廃寺系列川原寺式軒丸瓦の動向［1997年５月①を改訂］

●は寺院，■は官衙，▲は瓦窯を示す。Ａ下野市下野薬師寺　Ｂ結城市結城廃寺　Ｃ筑西市新治廃寺　Ｄ日高市女影廃寺　Ｅ市川市下総国分寺付近　Ｆつくば市東岡遺跡　Ｇ石岡市茨城廃寺　Ｈ桜川市下谷貝遺跡　Ｉ下野市下野国分尼寺　Ｊ真岡市大内廃寺　Ｋ真岡市井頭・堂法田遺跡　Ｌ泉崎村関和久瓦窯　Ｍ桜川市源法寺廃寺　Ｎつくば市筑波廃寺　Ｐ宇都宮市水道山瓦窯　Ｑ宇都宮市・上三川町上神主・茂原官衙遺跡　Ｒ那珂川町那須郡衙遺跡

下野薬師寺の前身寺院の創建時に導入された川原寺式軒丸瓦は，外区に斜縁がめぐる面違鋸歯文（Ａ１）が線鋸歯文に変わり（Ａ３・Ｐ１），組み合う三重弧文軒平瓦（Ａ２）が平城宮系の均整唐草文軒平瓦（Ｐ２）となる。一方，常陸・下総に伝わった同系統の軒丸瓦は間弁を失い（Ｂ１・Ｃ１・Ｄ１），複弁が離れて単弁化し（Ｂ３・Ｅ１・Ｆ１），つぎに単弁同士がくっつき，外区鋸歯文が凹線もしくは内外交互を向く凸鋸歯文になる（Ｃ３・Ｈ１・Ｉ１・Ｊ１・Ｋ１・Ｌ１）。外区鋸歯文や花弁子葉をなくすもの（Ｆ３・Ｍ１・Ｎ１やＨ３・Ｍ２）も，この系譜下に置いてよい。これが新治廃寺系列川原寺式軒丸瓦で，７世紀末～８世紀中頃まで，下野・常陸を中心に下総・武蔵・陸奥まで分布を広げた。展開過程で組み合う軒平瓦が，平城宮系軒平瓦（Ｐ２・Ｑ２・Ｂ４・Ｆ２・Ｒ２）や常陸国分寺系の均整唐草文軒平瓦（Ｃ４・Ｉ２・Ｈ２・Ｋ２）になる。外区の線鋸歯・凸鋸歯文に珠文を加えたＱ１・Ｒ１や唐草がめぐるＣ５は，別系統の影響を受けた軒丸瓦だが，組み合う軒平瓦や花弁形態が共通する。なお，上総大寺廃寺や上野寺井廃寺の川原寺式軒丸瓦は，新治廃寺系列のような在地展開を遂げない。

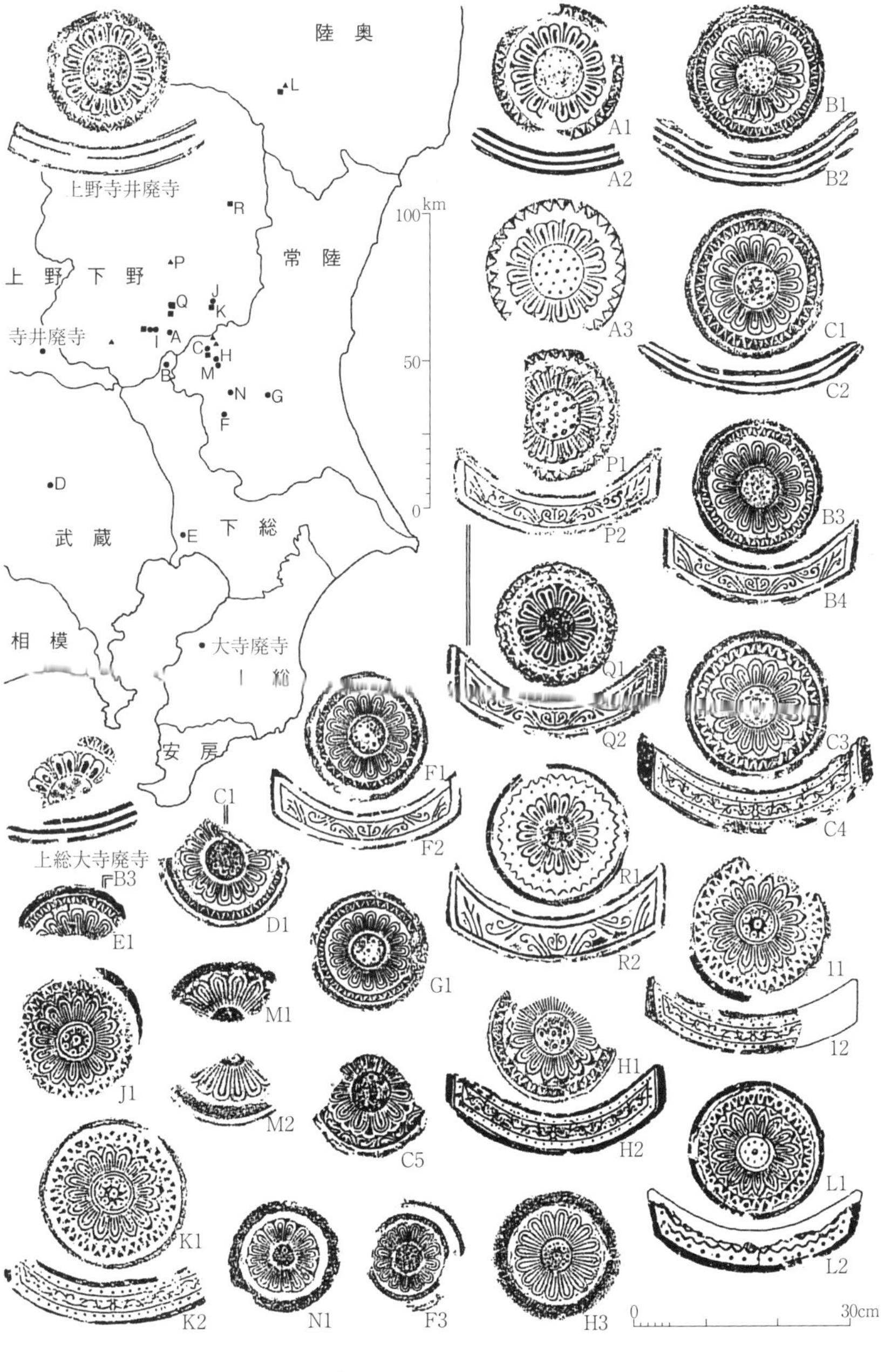
陸奥
上野寺井廃寺
常陸
上野
下野
寺井廃寺
武蔵
下総
相模
大寺廃寺
安房
上総大寺廃寺
km
100
50
0
A1
A2
B1
B2
A3
C1
C2
P1
P2
B3
B4
Q1
Q2
C3
C4
F1
F2
R1
R2
E1
D1
G1
I1
I2
J1
M1
M2
C5
H1
H2
K1
K2
N1
F3
H3
L1
L2
0
30cm

とすると限界」があり、川原寺式軒丸瓦の分布の背景には「地方寺院造営の意識に」反映された「王権との関係」が読み取れるという議論が現れ驚きました（三舟隆之『日本古代地方寺院の成立』吉川弘文館、二〇〇三年）。「壬申の乱」のような、時期が限定された具体的な事件との関係は、瓦自体の型式学的分析と、それにもとづく年代論と分布論から、ある程度まで論証もしくは反論できます。古い段階の高麗寺系列川原寺式軒丸瓦は天智朝のものなので、高橋説は成立しないという議論もあります。しかし、「王権との関係」などという観念的な議論に対して、物に即して論証もしくは反論することは困難だと思います。それだけ巧みな議論だといえるのかもしれませんが、王権との関係を主張するなら、高麗寺系列や新治廃寺系列川原寺式軒丸瓦において、どの段階まで「王権との関係」を認識するのか。具体的かつ実証的に示していただかないことには、考古学の議論として噛み合いません。

また、これも昔からある議論ですが、瓦当文様に古代氏族や王権のアイデンティティを付与する議論も後を絶ちません。瓦当文様にアイデンティティはないかといえば、そうではありません。たとえば、先ほど申し上げた飛鳥寺創建瓦の瓦当文様は（図1－3）百済とそっくりなのに、花弁数が一〇枚（Ⅰ型式）、一一枚（Ⅲ型式）、九枚（Ⅵ型式・Ⅷ型式）と、百済の八枚と明確に区別しています。これは、瓦当文様で自己主張しているとしか思えません。少なくとも、円を八分する最も当たり前の百済瓦とは異なるものを志向したのでしょう。また、特定の寺院が、創建瓦の瓦当文様を模倣した復古瓦で再建修理する現象は、瓦の文様に自らの独自性を求めた結果としかいいようがありません。しかし、復古瓦はきわめて特殊な現象で、古代には稀です。むしろ現代の修理工事で一般的です。

さらに、豊臣秀吉以降の城郭で一般化する家紋を入れた軒瓦はアイデンティティそのものです。しかし、家紋瓦は、文様変遷を根拠に年代を推測することが難しい場合が多い。今日の話で、瓦の歴史情報のなかで最も基本となるのが、年代情報であることは御理解いただけたと思います。瓦に年代情報を期待するのは、瓦当文様をはじめとする瓦の構成要素に流行があり、年代差を鋭敏に反映するという前提があります。家紋も表現法などが変化すると思いますが、家の永続を願う以上、流行の波に乗せないのが原則です。

考古学者は瓦に年代差を鋭敏に反映することを期待している。その瓦に氏族や王権にかかわるアイデンティティのような「変遷しにくいもの」を探究するのは自己矛盾です。瓦からアイデンティティを論じようとする場合は、よほどの証拠が必要だと私は考えています。

今日は、瓦のもつ歴史情報の限界について、もっと議論したいと思っていたのですが、限界を論じるには、まず何がどこまでいえるのかを話さなければなりません。本日はそれに終始してしまいました。

〔注記〕二〇〇八年一一月二日、京都大学文学部新館第三講義室で開催した史学研究会大会での公開講演会の口述用原稿に、時間的制約から当日省略した話題や、その後の知見を加味して成稿した。なお、挿図には、本書と重複しない過去の論文や著作から転用したものが多いが、掲載にあたっては作図の意図や背景などもキャプションに盛り込んだ。

第二節　瓦の見方について

畿内からみた北陸の瓦について話してほしいと依頼されたのですが、私は、北陸の瓦について詳しい知識を持ちあわせていません。むしろ、この場を借りて勉強させていただきます。北陸の瓦ではなく、私は、主に近畿地方の瓦を研究していますので、その際に気がついた瓦研究のうえでのチェック・ポイントについて述べたいと思います。それが、この会が北陸の瓦を検討し、今後、皆様が北陸の瓦を研究していくうえで何か参考になれば幸いです。ただし、これからの話には、現在、漠然と考えていることを多く含みます。したがって、必ずしも結論のある話にならないことを、あらかじめお断りしておきます。

瓦を出土する遺跡は、生産遺跡と消費遺跡とに大きく分かれます。生産遺跡とは瓦窯・工房跡、消費遺跡とは寺院・宮殿・官衙跡などを指します。一般の民家にも瓦を葺くようになるのは近世以降のことですから、古代のことを考える場合、瓦が出土する消費遺跡は、寺院・宮殿・官衙跡と考えてよいと思います。

生産遺跡の瓦

生産遺跡と消費遺跡という遺跡の性格によって、出土瓦を整理する視点に基本的な違いがあります。生産遺跡の場合には、分層的な発掘調査、すなわち灰原を分層的に掘ったり、操業面をきちんと把握することによって、同時に製作した一群の瓦が抽出できます。同時焼成の一群の瓦には、単一の技術系統で構成されるものと、複数の技術系統の協業によって構成されるものとがあります。ふつう、一つの瓦窯で出土する一群の瓦は、単一の技術系統と考えてよいと思います。しかし、たとえば京都市左京区幡枝の瓦陶兼業窯では、百済系と高句麗系との二系統の瓦当文様の軒丸瓦が出土し、製作技術のうえでも両者が区別できることを佐原眞さんが検証しています。一つの窯で複数の技術系統が協業することもあるわけです。

いずれにしても、瓦の編年とか、瓦の組み合わせ（平瓦・丸瓦・軒平瓦・軒丸瓦・道具瓦のセット関係）を分析するうえで、最も基本的な資料を提供してくれるのが生産遺跡です。そのように基本的な資料を提供してくれるのは、その一括遺物が含む情報自体が単純だということなのです。色々な研究を進めていくうえで、こうした単純な一括遺物が最も有効な資料であることはいうまでもありませんが、瓦を歴史的に位置づけていくためには、どこでどのように使われたのかを知ること、つまり消費遺跡での瓦のあり方を知る必要があります。生産遺跡に比べて、消費遺跡の瓦がもつ情報はきわめて複雑です。

消費遺跡の瓦

消費遺跡の瓦がもつ情報として、まず、「瓦の年代」を考えてみます。瓦を葺いた建物は、それが機能している限り、修理・再建される可能性があります。したがって、消費遺跡の瓦に、創建時の瓦・修理時の瓦・再建時の瓦が混在することがしばしばあるのは、いうまでもありません。しかし、消費遺跡における「瓦の年代」の複雑性は、単に、建物のたどった迂余曲折の結果だけでなく、私どもの「瓦の年代」の認識法の差異から生ずる点もあるように思います。ただ一片の瓦でも、消費遺跡では、三種類の「年代」が重層的に存在します。すなわち、ⓐ製作年代、ⓑ供給年代（使用開始年代）、ⓒ廃棄年代（使用終了年代）の三つです。ⓒとⓑとの差が使用期間になります。

瓦の使用期間は、かなり長いのが普通です。たとえば、現代の民家に葺かれている瓦にも、何十年も前のものがあります。また、奈良市内にある元興寺極楽坊では、いまも一部に飛鳥時代の瓦が使われています。奈良県の法隆寺では、境内を発掘していて、出土した軒瓦と同じものが屋根に載っている状況を目の当たりにすることもしばしばです。中世に作られた軒瓦が現在もたくさん使われているのです。奈良県桜井市の山田寺跡東回廊では、瓦の供給年代は白鳳時代（七世紀中葉～後半）ですが、出土状況としては一〇世紀後半～一一世紀前半の土師器と共伴しています。これらは、瓦の使用期間には、非常に長い場合があることを物語っています。

つまり、耐用年数が短い他の遺物、土器とか木簡のような遺物と一緒に出土した時に、その遺物の年代から瓦の年代を推定した場合、消費遺跡における「瓦の年代」はⓒの廃棄年代となります。したがって、この「瓦の年代」を直接利用する場合には、瓦の使用期間（ⓒ～ⓑ）を考慮したうえで、慎重な態度で臨む必要があります。これに対して、生産遺跡において共伴する土器の年代は、原則としてⓐの瓦の製作年代でもあります。

先ほど、山田寺の瓦の供給年代は七世紀中葉～後半と申しましたが、これは文献（『上宮聖徳法王帝説』裏書）に記された山田寺建立年次にもとづく年代です。畿内には文献から造営年次のわかる寺院等がいくつかあります。そこから最も主体的に出土する瓦が創建時に供給されたと考えることで、畿内における軒瓦編年の基準点（絶対年代という定点）が決められています。つまり、私どもがふつう「瓦の年代」を口にする場合は、ⓑの供給年代が基準になっています。ただし、この基準点は、同時に、ⓐの製作年代の基準にもなっています。つまり、瓦が作られてから供給されるまでに、ほとんど年代差はないという前提で議論を進めているのです。しかし、この前提にも例外があります。

たとえば、平城宮では藤原宮の瓦も多数使われています。とくに、門や塀では、藤原宮の瓦を主体的に用いていることさえあります。これは、藤原宮から平城宮へ移った時に、他の建築資材と一緒に瓦を持って来たからです。このように、遷都に際して瓦が移動し、瓦の製作年代と供給年代（＝建物の造営年次）との間にギャップが生ずる現象は、古代においてかなり普遍的に認められます。

瓦の製作年代と供給年代との間にギャップが生ずるのは、遷都に限ったことではありません。たとえば、中世末期、奈良市の多聞城《たもんじょう》（松永弾正が永禄三〈一五六〇〉年に造った城）城内の殿舎を天正五（一五七七）年に京都の二条城に移築しています。この時、その瓦運びに多くの奈良の郷民が駆りだされています。まだ、どれが多聞城から二条城に運ばれた瓦なのかわかりませんが、「移築」という現象は、古代・中世・近世を問わず、かなり広く認められます。瓦の製作年代を建物の造営年次から直接推定する場合も、慎重な配慮が必要になるわけです。

また、古代寺院の建立方法に捨宅寺院があります。皇族・貴族などが自分の邸宅を寺院に喜捨する方式で、建物そのものを喜捨して移築する場合と、建物を含めた宅地そのものを喜捨する場合とがあります。たとえば、奈良市の唐招提寺の寺地は、新田部親王の旧宅地で、講堂は平城宮第二次朝堂院の東朝集殿を解体移築したものです。地方寺院でも、伽藍に先行する掘立柱建物群の存在が、明らかになった例がいくつかあります。律令制下では、寺院はさまざまな特権を持っているので、そうした面からの検討も必要でしょう。いずれにしても、寺院建立の経緯によっては、瓦の製作年代と寺院創立年次との間にギャップが生ずる要因は、各所に存在するわけで、消費遺跡における「瓦の年代」に関する情報が非常に複雑であることがよくわかります。

次に、消費遺跡の瓦がもつ情報として、工房、つまり生産地に関する情報があります。一つの消費遺跡に複数の瓦工房から瓦が供給されることは普遍的です。また、年代を隔てて供給されることも多く見られます。古代寺院では、寺院付属の瓦工房が恒常的に操業を続けることは稀で、創建時・修理時・再建時などに臨時に瓦工房が設置することが多いようです。ですから、一つの消費遺跡から出土する異なる時代の瓦の間にも、瓦当文様や造瓦技術のうえで系譜性がなく、まったく別系統のものが重層的に存在することがしばしば見られます。逆に、一つの消費遺跡あるいは地域を等しくする消費遺跡群の間に、瓦当文様や造瓦技術のうえで系譜性が認められた場合は、それを支える在地工房組織（たとえば「国衙工房」）が確立しているとして積極的な評価を下す必要があります。また、そこに系譜性がない場合には、視野を広げて、他地域にその源流を求める作業が必要になります。七世紀～八世紀前半の地方寺院の瓦では、後者の作業を必要とする場合が多いようです。先ほど、消費遺跡における「瓦の年代」が重層的だと申しましたが、瓦工房系譜に関する情報もまた重層的なのです。

このように重層的な情報は、後に述べる型式分類と数量処理とによって一枚一枚を分層し、各層が含む内容を具体的に分析していかねばなりません。しかし、その分層作業の結果が正しいか否かの決定権は、消費遺跡ではなく生産遺跡が握っています。つまり、消費遺跡の瓦が含む年代とか瓦工房に関する情報を整理するには、最終的には生産遺跡との対比が必要で、それを経た後に生産地系列にもとづいた編年体系が確立するわけです。

しかし、消費遺跡に特有で、生産遺跡では絶対に含まない情報として、瓦の消費方法に関する情報があります。具体的には、まず屋根形態に関する情報があります。たとえば、京都市の臨川寺旧境内で出土した中世の瓦に関し、石井望さんは次のような分析をしています。臨川寺で出土した「軒丸瓦」に瓦当径の小さな一群があり、一緒に出土した丸瓦には、そのように小さな径のものはない。とすると、この「軒丸瓦」は軒に並べて、後ろに丸瓦を葺き上げたのではなく、大棟に葺き込んだ「甍丸瓦」と考えるべきである。とくに、ある土壙からは径の小さな「軒丸瓦」「軒平瓦」ばかりが、堤瓦や鬼瓦・磚と共伴した。この土壙に対応する建物は総瓦葺ではなく、棟部分のみに瓦を用いた檜皮葺あるいは柿《こけら》葺の建物であったろうと結論しました（『京都市埋蔵文化財研究所調査報告』Ⅳ、一九七九年）。このような分析は、まさに、消費遺跡における一括資料を対象として、はじめて可能です。ただし、石井さんは、小型の「軒丸瓦」「軒平瓦」をすべて「甍《いらか》瓦」として一括していますが、おそらくこれは間違いだと思います。現在、本瓦葺で使う「甍丸瓦」（「甍巴」と呼んでいます）は、後ろに丸瓦を重ねる必要がないので、玉縁がついていません。しかし、石井さんが「甍丸瓦」としたものには、玉縁がついています。つまり、形態的には、後ろに丸瓦を重ねていく予定で作られたものなのです。臨川寺でこれが「甍丸瓦」として使用されたことは否定できないとしても、これを「甍丸瓦」として一般化できないと思います。古代には雁振《がんぶり》瓦や鳥衾《とりぶすま》瓦はありませんが、丸瓦や軒丸瓦が、形態的に特殊化することなく、その役割を果たしたはずです。また、普通の大きさの軒丸瓦にも「甍丸瓦」として使用したものがあったと思います。現在でも、軒丸・軒平瓦と大きさの等しい甍丸・甍平瓦の例は普遍的です。中世〜近世にかけて、これらが形態的に特殊化して、現在の本瓦葺にいたったことは否定できませんが、少なくとも大きさのみで瓦の機能分化を説明するのは無理だと思います。しかし、消費遺跡における一括資料の分析にもとづいて、瓦の機能分化を提示し、屋根の形態を復原していくことは重要です。

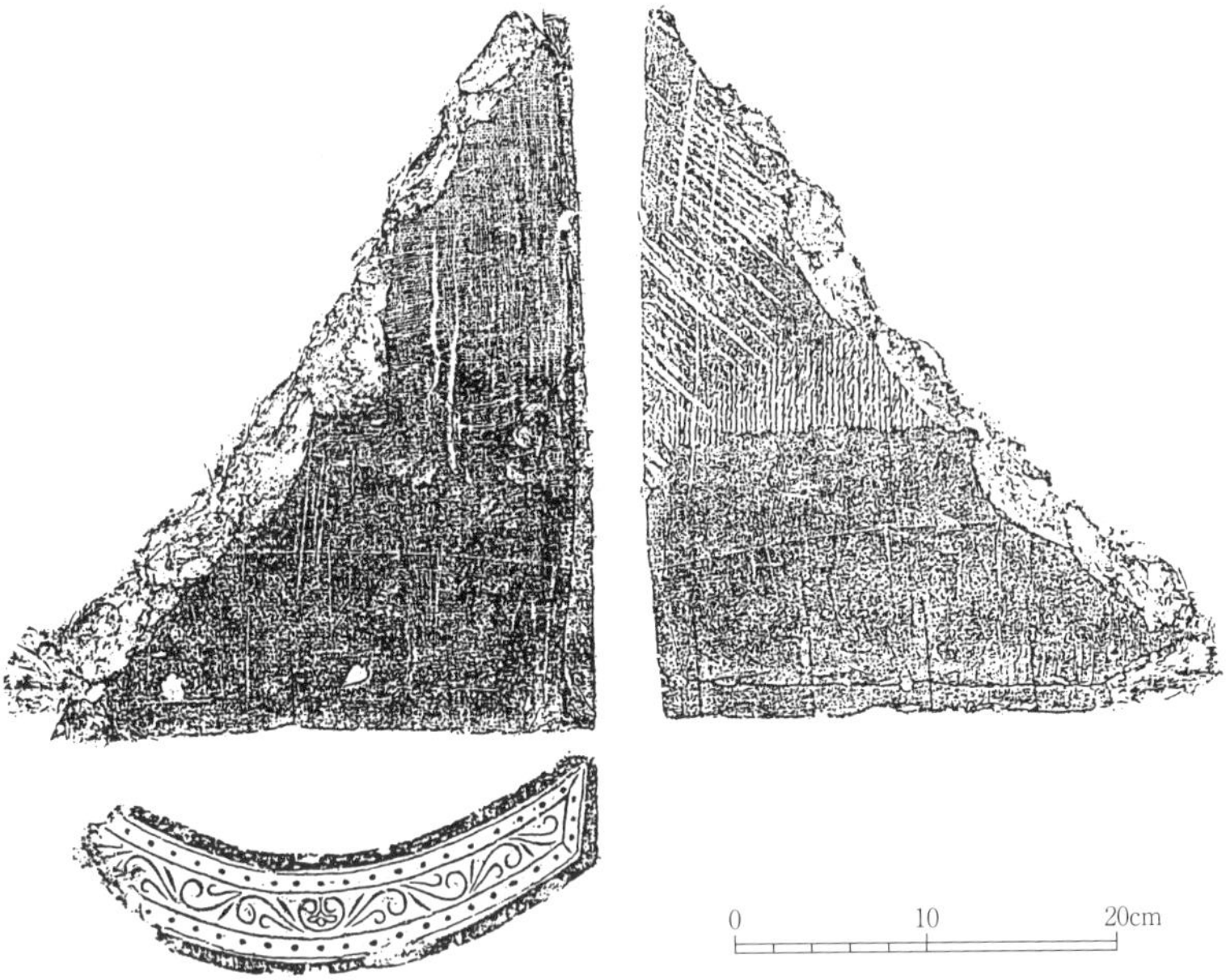

図２－１　隅軒平瓦（恭仁宮跡出土）

たとえば、隅平瓦があります。普通の平瓦の平面形は台形ですが、隅平瓦は広端がわの隅（隅軒平瓦の場合は、狭端がわの隅）を三角形に切り欠きます（図２－１）。隅平瓦には、焼成前から成形したものと、焼成後に打ち欠いて作るものとがあり、入母屋造や寄棟造の屋根において軒先から平瓦を葺き上げた時、降り棟にぶつかった部分でこれを用います。ですから、隅平瓦が出土したなら、それを葺いた屋根形態は、入母屋造か寄棟造となり切妻造ではありえません。これも、消費遺跡において、遺構との関連で検討せねばならない点です。

以上の諸点は、屋根形態に関する問題ですが、屋根に瓦を葺き並べるのは葺工の仕事です。したがって、消費遺跡の瓦には、葺工の施工技術に関する情報も含まれています。その一つに平瓦の葺足《ふきあし》情報があります。葺足は、平瓦を軒から棟へ葺き上げた時、上に重ねた平瓦で隠れなかった部分の長さを指します。この葺足に関して、現代の葺工である井上新太郎さんが『本瓦葺の技術』（彰国社、一九七四年）のなかで、

必要最低限の葺足＝（平瓦全長－二寸）÷二　理想的な葺足＝（平瓦全長－一寸）÷二

と述べています。後者は、一般に「三枚重ね」といいます。つまり、平瓦筋の縦断面のどこでも、平瓦が三枚重なった状態にあるという意味です。しかし、これは現代の本瓦葺の技術であり、古代の瓦葺はどうであったのかという検討は、ほとんどされていません。

山田寺跡東回廊では、建築部材ばかりでなく、大量の完形平・丸瓦も出土しています。平瓦には、葺足部分のみ、表面が著しく風化して、その長さがわかるものが多数含まれています。それをいくつか観察した限りでは、とても「三枚重ね」をした状態ではありません。平瓦全長の二分の一近くまで風化が及んだものが大部分なので、せいぜい「二枚重ね」程度の葺足だったようです。ただし、私が観察した数は限られているので、厳密には、各個体について全長に対する風化部分の長さを計測し、できるだけ多くの個体をもとに数量処理することで、葺足の長さを算出する必要があります。ですから、これは私の感覚的な議論ですが、少なくとも、山田寺東回廊では、井上さんがいうような短い葺足で平瓦を葺いたとは思えない。『正倉院文書』に残る瓦の注文書や、平安末に法勝寺の御堂を作る時の瓦の見積書を見ても、必要な平瓦と丸瓦との枚数の割合は二：一程度です。平瓦と丸瓦の長さを同じとすると、「三枚重ね」にするには丸瓦の三倍の量の平瓦が必要なはずですから、実際には、古代の瓦葺建築で「三枚重ね」が採用されたことはないと思っています。「三枚重ね」を理想とし、（平瓦全長－二寸）÷二を必要最低限の葺足とする考えは、近世に瓦が非常に薄手で均一なものになることと関係する可能性がありますが、まだ実証段階には入っておりません。

葺足情報以外に、葺工の仕事の痕跡として顕著なものに「打ち欠き」があります。先ほど、隅平瓦の話をしましたが、これには、焼成前から成形したものもありますが、古代では必ずしも多くはない。おそらく、焼成前に成形して設計ミスをすると、使いものにならないという事態があったのではないかと思います。実際には、現場で葺工が打ち欠いて作ることが多かったようです。図２－１のように、石器の刃部をつくりだす要領で、打ち欠いて形を整えたことがわかります。面戸瓦や熨斗瓦は、どんな瓦葺建築にも使用したはずですが、意外と報告例が少ないのは、普通の平・丸瓦を打ち欠いて作っているために見逃されているのだと思います。

葺工による「打ち欠き」は道具瓦に限らず、普通の平・丸瓦にもあります。屋根を葺く場合、まず平瓦を並べ、次に丸瓦を重ねるわけですが、その時、平瓦広端部の隅が出っぱって、丸瓦がうまく据わらないことがあるようです。その時に、やはり先の尖ったハンマーのような道具で、平瓦の隅を打ち欠いて出っぱりをなくし、丸瓦を載せます。

以上のような、葺足の風化痕跡や打ち欠きは、消費遺跡で一般的に観察できます。しかし、それ以外にも、消費遺跡には、瓦の消費方法に関する特殊な情報が存在します。たとえば、山田寺跡東回廊の東にある土塁状の高まり（築地塀かもしれません）から出土した軒平瓦にある「番付」大変興味深いものです。

軒平瓦の凸面には、しばしば横方向に朱（ベンガラ）線が入ります。この朱線は、軒にある茅負に瓦座を刳って軒平瓦を載せた時、茅負よりもさらに軒先にでた境界部分に当たります。つまり、建物を彩色した時に、その境界部分にも筆が及んだ痕跡です。なお、現在の本瓦葺では、茅負《かやおい》に直接軒平瓦を載せず、普通の平瓦よりも若干全長が短い平瓦（「敷平瓦」と呼びます）を、まず瓦座に置き、その上に軒平瓦を重ねることが多いので、軒平瓦の凸面に朱線がつくことは稀です。この軒平瓦と茅負との関係は、軒平瓦の顎の形態とも関連すると思います。つまり、中世以降、軒平瓦の顎の形態は、いわゆる「浅顎」に統一されますが、「敷平瓦」の使用が一般化するのは、おそらく、この変化に対応します。

本題に戻りますが、山田寺東回廊の東にある土塁状の高まりの周辺から出土した重弧文軒平瓦には、この朱線と瓦当部との間に、朱書で「十八」「十九」「廿四」「廿六」「卅一」などの数字を記入したものがありました。建築学の方に伺うと、茅負を刳って作る瓦座は、載せる軒平瓦自体の凹面（その曲面は、焼けひずみによる個体差が大きい）に対応させねばならないので、そのための「番付」であろうとのことでした。

この「番付」が、創建時のものとすれば、地上で、いったん軒平瓦と対応させて瓦座を刳り、軒平瓦に番号を付して、屋根の上で再び組み合わせたことになります。しかし、そのように考えると、いくつか不審な点がでてきます。

まず、「番付」箇所が、軒平瓦凸面の朱線と瓦当との間、すなわち「軒平瓦の出」の部分に限られることです。もし、地上で瓦座を刳って、屋根上で再び両者を対応させるなら、「番付」箇所が、凸面の「軒平瓦の出」部分に限定する必然性はないように思います。第二に、同種の「番付」例が他にないことです。瓦座は屋根の上で、軒平瓦を実際に葺く時に調整できるので、地上で両者を完全に対応させるのは異例です。第三に、「番付」軒平瓦が出土した場合は、山田寺東回廊東方の土塁状の高まり部分で、ここでは山田寺創建時から平安時代にかけての遺構がかなり複雑に錯綜しています。ところが、創建時の遺構である山田寺東回廊では、出土した軒平瓦は同型式であるにもかかわらず「番付」は認められません。

とすると、この「番付」は移築にともなうものと考えたほうがよさそうです。つまり、移築の際に、軒平瓦と瓦座との対応を再現するために「番付」したと考えるわけです。これは、古代建築においては、移築・修理に際して建築部材に番付する例（＝解体番付）は、唐招提寺講堂をはじめとして、いくつか知られていても、創建当初の組上番付はほとんど普及していない事実（清水真一「番付考—古代・中世初期の番付—」『文化財論叢』一九八三年）にも対応します。つまり、山田寺の瓦には、解体・移築のような瓦の消費方法に関する情報も含まれているのです。

以上のように、消費遺跡で出土した瓦は、

①年代に関する重層した複雑な情報。

②生産地に関する情報。これも重層しています。

③消費遺跡に特有の、消費方法に関する情報。

という、三種類の情報を含んでいると考えられます。①の情報を考古学的に整理していくと編年論へ、②の情報は工房論や流通論へ、③の情報は建築学的立場からの遺構論へと結びついていきます。含まれた情報を、どのようにして引き出して、編年論や工房論・流通論・遺構論へ発展させていくか——その基本となるのが、型式分類と数量処理です。生産遺跡でも、この二つの方法が、情報を整理していく基本となることに変わりはありません。しかし、消費遺跡のように情報内容が錯綜している場合には、とくに厳密な資料操作が要求されます。

瓦の型式分類と組み合わせ

そこで型式分類の話に入ります。「瓦の型式」といえば、軒瓦の瓦当文様が頭に浮かびます。同范のものを同一型式として、型式番号を与えていく作業は、どこでもおこなっています。同范であることは、型式を決定する最も有力な要素であることは否定できません。しかし、それのみに眼を奪われて、具体的な個々の軒瓦がそなえている他の要素、たとえば、製作技術や葺工の仕事の痕に注意を払わないのは困ります。

一方、従来の瓦研究が軒瓦（つまり、瓦当文様）に偏りすぎているという批判があります。瓦の主体をなすのが平・丸瓦である以上、製作技術に主眼を置いた研究を積極的に推し進めるべきだと主張します。全面的に賛意を表します。ただし、瓦当文様偏重への反発が「瓦当文様軽視」へと発展するのは、また困りものです。もし、製作技術こそが重要で、瓦当文様は副次的なものにすぎないという方がいたら、それは、文様も単位文様を所与の空間に配列していく技術の産物だということが、よく理解できていないのだと思います。

型式とは、一つのものを構成する要素の連鎖型と私は理解しています。軒瓦の型式は、瓦当文様・焼成・胎土・製作技術などの連鎖型によって設定されます。その鎖のかなめになる輪が「同范」であることは先述したとおりですが、他の焼成・胎土・製作技術（この製作技術も、また、小工程の連鎖型です）などの要素が、複数の連鎖型を構成するならば、たとえ「同范」の軒瓦でも、さらに細分を試みる必要があります。また、逆に異范でも、他の要素が等しい連鎖型を構成するならば、同じ群としてくくってみる必要があります。ただし、同范品に同じ型式番号を与える原則は固持し、他の言葉や記号で、その細分・大別をおこなってください。そのようにしておこなった細分・大別が、年代差・工房差あるいは工人差のどれを反映しているのかは、別の面から検討せねばなりませんが、少なくとも、それらの差異を反映している可能性を含むものとして「型式」を追究していく必要があります。

こうして、軒丸瓦・軒平瓦・丸瓦・平瓦などの瓦の種類ごとに「型式」分類し、次に異なった種類同士の組み合わせを同定する作業に入ります。この「組み合わせ」も、型式分類時の「連鎖型」の延長にあると思いますが、まぎらわしいので、「組み合わせ」という言葉で表現します。

従来から、軒瓦の組み合わせについては、各地で具体事例にもとづいた研究・報告がなされています。しかし、屋根の上で組み合っているのは、軒丸瓦と軒平瓦だけでなく、平瓦や丸瓦なども一緒です。本当は、これらを含めて「瓦の組み合わせ」を考えねばなりません。ここでは、「瓦の組み合わせ」の認定方法について、簡単にふれておきたいと思います。

軒瓦の組み合わせを体系づけたのは、藤沢一夫先生です。藤沢先生がおこなった組み合わせの認定方法の全貌は、必ずしもはっきりしませんが、表採資料に関しても多く論及していますので、共伴事例の集積にもとづいた認定を基本としていたに違いありません。たとえば、軒丸瓦の瓦当文様系譜をＡⅠ→ＡⅡ→ＡⅢ、軒平瓦の瓦当文様系譜をＢⅠ→ＢⅡ→ＢⅢ→ＢⅣとした時、いくつかの遺跡において、ＡⅠ・ＢⅠ、ＡⅠ・ＢⅡ、ＡⅡ・ＢⅡ、ＡⅡ・ＢⅢ、ＡⅢ・ＢⅢ、ＡⅢ・ＢⅣなどの共伴事例を確認したならば、軒丸瓦Ａと軒平瓦Ｂとは組み合うに違いないと結論づけられます。この際、焼成・胎土の類似性なども勘案したかもしれません。

これに対し、最近の発掘調査報告書でなされるのは、出土量の百分比にもとづく軒瓦の組み合わせの認定です。すなわち、一括出土の軒丸瓦と軒平瓦とにおいて、最も多数を占める型式同士が、創建時に組み合ったに違いないという論理です。この論理は、単純明解であり、しかも、軒瓦の組み合わせばかりでなく、普通の平瓦や丸瓦との組み合わせを検討する場合にも適用できます。しかし、この方法は、ともすると機械的な数量処理に終わってしまい、瓦の組み合わせがもつ歴史的背景に注意を払わないおそれがある点は、肝に命じておく必要があると思います。その点で、個々の軒瓦の系譜的位置づけを十二分に意識した藤沢先生の方法に学ぶ点は大きいと思います。

組み合った軒瓦のなかには、瓦当文様を図案化した時点で、軒丸瓦と軒平瓦との組み合わせを、はっきり意図したものがあります。たとえば、蓮華文軒丸瓦の外区に、組み合う軒平瓦と同じ唐草文がめぐる例はいくつか指摘できます（たとえば、大阪府池田寺例）し、下総国分寺の宝相華文軒瓦では、軒丸瓦と軒平瓦に同じ単位文様を採用しています。また、平安時代後期のものですが、大分県富貴寺では、仏像文軒丸瓦と、その仏像の蓮座のみを図案化した文様の軒平瓦とが組み合っています（図2－2）。これらは、多分、ひとりのデザイナーによって図案化され、同じ瓦工房で製作され、消費遺跡にもたらされたものだと思います。

しかし、図案化時点で、軒丸瓦と軒平瓦との組み合わせを意識したとわかる例は稀です。瓦当文様をみると、軒瓦の組み合わせは、それほど固定的ではなく、時によっては、本来別々の組み合わせで存在していた軒丸瓦と軒平瓦とが、新たに組み合うことさえ稀ではありません。また、ひとつの消費遺跡において、創建時に、軒丸瓦一型式に対し、二型式の軒平瓦が組み合う例もあります（京都市大宅廃寺）。瓦の組み合わせの認定に際し、一括出土資料にもとづく数量分析を優先すべき理由はここにあります。

図2－2　大分県富貴寺の軒瓦（縮尺4分の1）

先ほど、「組み合わせ」は型式分類における「連鎖型」の延長線上にあると申しましたが、これは、諸要素の連鎖型によって設定した「型式」（それは系統上の位置づけ、すなわち、編年作業を意味します）の妥当性を、同様の方法ではあるが、別の材料で設定した「型式」との併行性によって確認し、「編年」をより強固なものにしていくという意味です。弥生土器研究における「様式」概念に似たもの、というよりも、藤沢先生が軒瓦の組み合わせに注目した契機が、弥生土器の様式論そのものであったようです。

ただし、瓦の組み合わせの認定には、単に「編年」を強固にする以外にも、具体的な意味があります。土器様式の認定が、食生活の復原へと結びつくように、瓦の組み合わせの認定は、屋根景観の復原・葺工の仕事の復原、あるいは寺院などの造営に際して、どのような形で瓦工房を組織していたかなどを復原する際に、重要な意味をもちます。

要するに、瓦を研究する手順として、「型式」を構成する諸要素の抽出→諸要素の連鎖型による「型式」の設定→瓦の組み合わせの認定→編年論・工房論・流通論・遺構論へという段階が考えられます。ここでは「型式」設定まで具体的な話を進めることはできません。「型式」を構成する諸要素について気づいた点を、いくつか紹介します。「型式」を構成する要素は、瓦の種類によって異なります（もちろん、共通する要素もあり、組み合わせを認定する時には、この「共通要素」が重要なポイントになるわけです）。そこで、平瓦の場合、丸瓦の場合、軒丸瓦の場合、軒平瓦の場合に分けて、話を進めます。ほかに道具瓦もありますが、ここでは省略します。

平瓦

平瓦の基本的な成形法には、桶巻作りと一枚作りとがあります。桶巻作り平瓦については、佐原眞さんが「平瓦桶巻作り」（『考古学雑誌』第五八巻第二号、一九七二年）という論文のなかで、チェックすべき要素をほぼ網羅しています。その後、滝本正志さんは、佐原さんが指摘したチェック・ポイントのひとつである分割突帯について詳細に分析し、その原体復原をおこない、また、分割突帯以外に「分割突起」と呼ぶべき粘土円筒分割の指標があることを指摘しています（「平瓦桶巻作りにおける一考察―粘土円筒分割のための指標の種類について―」『考古学雑誌』第六九巻第二号、一九八三年）。また、具体的に、佐原さんが指摘した諸要素を連鎖させて型式分類し、同様に型式分類した軒瓦や丸瓦との組み合わせを認定して、藤原宮の瓦の産地同定をおこなった大脇潔さんの仕事（奈良国立文化財研究所『飛鳥・藤原宮発掘調査報告』Ⅱ、一九七八年）、同じ工房の製品と思われる一群の平瓦を抽出し、桶型に巻いた布目と叩き具との連鎖型から、瓦工と造瓦具との対応性までつきつめた五十川伸矢さんの仕事（「古代瓦生産の復原」『考古学メモワール一九八〇』一九八一年）など、いくつか注目すべき研究成果があります。そうした成果については、個々の文献に当たっていただくこととして、ここでは、ややマクロな目で、叩き具の問題と、成形台からの剝離の問題についてふれておきます。

平瓦分類の基幹となるのは桶巻作りと一枚作りの違いですが、細分していくうえで重要なのは凸面の叩き目だと思います。飛鳥・白鳳の平瓦には、凸面を調整して叩き目を残さないものもありますが、丸瓦のように凸面調整が当り前ではないので、叩き目が残らない平瓦も、一グループに扱うことができます。

叩き目の検討に際しては、できるならば、原体を復原するのが理想です。西井龍儀さんが、流団№21遺跡と御亭角《おっちんかど》廃寺との需給関係を立証したように、叩き目の原体復原は、軒瓦の同笵認定と同じ効果があり、しかも、軒瓦よりも材料が豊富なので、確実な数量処理ができます。さらに、軒瓦と同様に、系譜性を追究する材料にもなる（かなり希望的観測です）と思っています。

たとえば、特殊な刻文の叩き目をもつ平瓦が、京都市の北白川廃寺や広隆寺、大阪府の高井田廃寺などで報告されています（図２－３）。今回の展示品を拝見していたら、福井県の野々宮廃寺にも類品があるようです。いずれも桶巻作り平瓦です。詳しいことは知りませんが、類品は朝鮮半島にもあるようです。報告例は少ないのですが、国内にももっとあると思います。こうした特殊な刻文の叩きを分類して、系譜関係を追究していくと、瓦当文様にもとづく系譜関係とは一味違う議論ができるかもしれないと、夢のようなことを考えています。この種の叩き目は重複したものが多いので、原体を復原するのは、かなりの手間だと思いますが、必要な作業です。

これに対し、原体の復原に関して、ほとんど絶望的なのが、縄叩き目です。しかし、縄叩き目においても、いくつか検討すべき点があります。とくに、叩き目で観察できる縄の条が非常に長く、平瓦の広端から狭端まで通っているものと、比較的短くて、ところどころで途切れ目が観察できるものとの区別は重要です。前者は長大な叩き板、後者は比較的短い叩き板だと思います。実見した範囲が限られているので、断言できませんが、広端から狭端まで条が通る縄叩き目は、一枚作り平瓦で主流を占め、短めのものは桶巻作り平瓦に多いようです。長い叩き板の長辺方向に縄をどのように巻いたのかに関しては、平安宮大極殿推定地で出土した根元の緊縛状況を示す圧痕を含む平瓦の破片か

図2－3　北白川廃寺の平瓦叩き目
（京都市文化財保護課『北白川廃寺塔跡発掘調査報告』1976年）

ら、復原した例があります（図2－4）。すべてが、こういうものだったとは限りませんが、条ごとの間隔を均一に保ち、多少のたるみを生じても、板から抜け落ちない工夫が見てとれます。

ただし、長大な叩き板と一枚作り平瓦とが相関するわけではありません。図2－5に示した平瓦は桶巻作りですが、叩き板は平瓦全長に匹敵します。平安時代の北九州では、斜格子の間に文字や唐草文・花文を置いた特異な叩き目が流行しますが、その多くは、このように長大な叩き板だったようです。もし、その叩き板が、図2－4のような羽子板状のものならば、桶巻作りの場合、桶型の上から、かがみ込むようにして叩くほかはありません。この場合、工人に対して、桶型はかなり低い位置にあります。また、平瓦の上下方向に対して、叩き目の上下方向は常に一定です。

これに対して、もし、把手が長辺につくT字形の叩き板ならば、桶型は低い位置にある必要はありません。ただし、この場合、利き腕の違いによって、平瓦の上下方向に対する叩き目の上下方向が逆転します。また、叩き板の上下両端が、叩き目に現れるはずです。

畿内では、現在のところ、縄叩きの初現は川原寺の創建時（七世紀後半）までさかのぼるようです。藤原宮では過半数が縄叩き目で、平城宮・平安宮では一〇〇％近くが縄叩き目だといってよいと思います。ところが、北部九州で

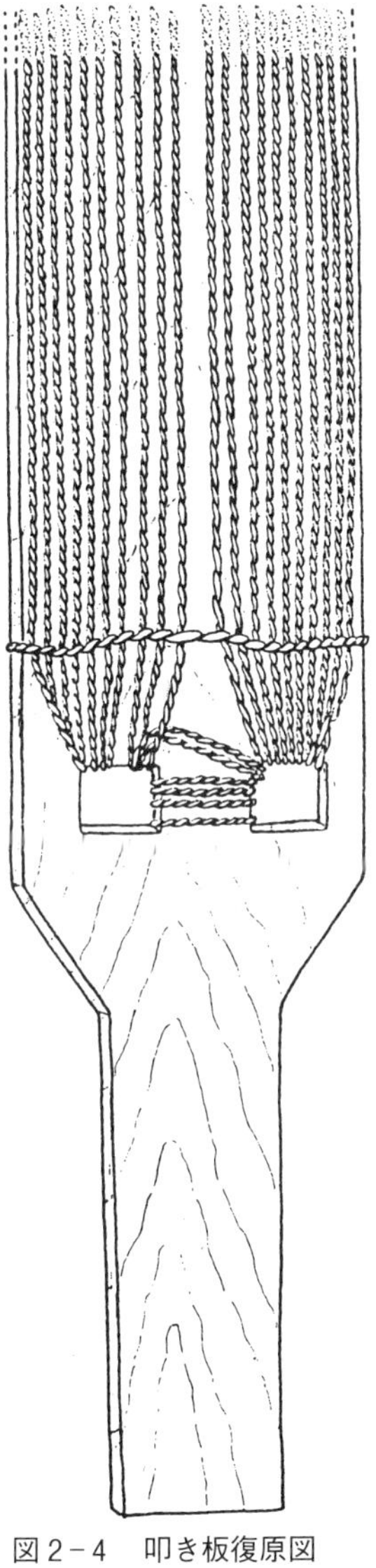

図2－4　叩き板復原図
（平安博物館『平安宮大極殿跡の発掘調査』1976年）

図2-5　福岡県浦の原池窯出土平瓦（前原平三郎『古瓦雑記』1982年）

は、七世紀末から八世紀にかけて、老司式とか鴻臚館式の比較的早い段階に縄叩きが流行し、九世紀以降ほとんど消えます。北部九州の国分寺でも、瓦積基壇中や基壇土中から縄叩き目の平瓦が出土しても、瓦落ちではほとんど出土しない例が報告されています。つまり、縄叩き目については、七世紀末～八世紀にかけて、畿内と北部九州で接点がありながら、以後、違った道を歩むわけです。これは軒瓦のあり方とも、併行しています。

それでは、他の地方ではどうだったのか——縄叩き目の平瓦といえども、おろそかにできない理由はここにあります。近年は、国分寺造営に際して、縄叩き目で一枚作りの平瓦が導入された事実が、いくつか報告されています。しかし、軒瓦の文様は畿内的で、平瓦も一枚作りなのに、縄叩き目が主流を占めない国分寺もあるようです。その場合、どのような方法で、造瓦工人を組織したのか（国によって、国分寺以前から造瓦集団がいたのか、いたならば、それをどのように再編したのか、あるいは、しなかったのか）という問題にかかわります。

もうひとつの話題である成型台からの剝離という問題は、上に、中近世の瓦にかかわってきます。古代の瓦を「布目瓦」と呼ぶことがありますが、この「布」は、いうまでもなく、成形台から容易に製品を取りあげるための装置です。昭和六（一九三一）年、京都市の製瓦工場では、丸瓦製作には剝離装置に布を使用しますが、平瓦製作には使用していません。また、軒丸瓦では、剝離を容易にするために金雲母の粉（キラコ）を笵にふりかけていました（島田貞彦『造瓦』一九三五年）。布・キラコ以外に、造瓦において粘土の剝離を容易にするために、表面に細砂を付着させる方式（離れ砂）があります。平瓦の凸面に離れ砂を施し、縄叩きを加えた例は、八世紀代にありますが、正確な初現年代はわかりません。以後、平瓦凸面に離れ砂を用いる方式は、古代・中世を通じて、広く採用されています。また、平安後期以後、軒丸瓦・軒平瓦の瓦当面にも、離れ砂を施す例が多くなります。一方、キラコ方式は、伏見人形の型起こしなどに認められ、初現は近世にあると思われますが、瓦自体を検討して、その初現年代を考証した試みはまだありません。

とくに平瓦にかかわる重要な点は、布目の消滅年代です。先ほど申したように、昭和六年段階では、平瓦の成形台に布を敷いておりません。鎌倉での発掘調査成果によれば、一三世紀後半には、平瓦の凹面に布目がなく、離れ砂によって成形台から起こす方式が主流を占めているとのことです。畿内の例は、あまり報告されておりませんが、少なくとも室町時代の終わり頃でも、平瓦凹面に布目圧痕を認めることができます。このギャップを、どのように整合的に理解すればよいのか、今のところ見当がつきません。地域差なのか、あるいは、技術系統差で、畿内でも離れ砂方式が、布方式と併存しているのか――こんな点も、もっと事例を集めたうえで、解決していきたいと思います。

『信長公記』に、安土城造営の時、唐人一観が造瓦にたずさわったという話が載っています。昔は、これを造瓦史

における さまざまな変革と結びつけることが横行し、平瓦の布目の消滅をこれで説明することもありました。しかし、事実はそれほど単純ではなく、一観なる唐人が実在したかどうかさえ検討の余地があると思います。ただし、近世初頭に、中国明代の瓦の影響が認められることも事実で、まったく荒唐無稽ともいいきれません。現状では、布目の消滅やキラコ方式の出現と無関係とも断言できませんが、私どもに要求されているのは、考古学的資料にもとづいて、そうした点を一つひとつ解決していくことだと思います。

丸　瓦

丸瓦の形態には、行基葺式と玉縁式とがあります。平瓦に比べて、丸瓦には型式認定の要素が少なく、研究を進めるのが困難です。特に、平瓦の場合には、桶巻作りと一枚作りという大別の基準と、凸面の叩き目という細分するうえでの決定的要素とが兼ねそなわっているのに対し、丸瓦の成形法は、基本的に、丸い柱状の木型に粘土板あるいは粘土紐を巻きつけて得た粘土円筒を、半截する（三等分した例もあるそうです）方法が、古代から現代まで踏襲されています。また、凸面は調整して、叩き目を明瞭に残さないのが普通です。したがって、丸瓦の大別基準は、基本的に、成形台（木型）の形態に求めるほかはありません。また、細分要素としては、布目・調整法・胎土・焼成等が考えられますが、ここでは、成形台の問題について二、三、気のついたことを、お話ししたいと思います。

玉縁式丸瓦の成形台の形態は、基本的に、図２－６のような変遷をたどったと考えています。飛鳥寺や四天王寺・法隆寺若草伽藍など七世紀前半の寺院の創建時に、百済系素弁蓮華文軒丸瓦とともに用いた玉縁式丸瓦がⅠです。同様の例は、京都市の広隆寺でも報告されています。これらは、玉縁部分まで木型は達しておらず、基本的に、玉縁部は回転成形によって作り出しています。布目は玉縁部まで連続せず、段部で絞り目となって終焉します。Ⅱの木型は、大小の円柱を重ねたような形になっています。七世紀中葉～後半を中心に用いられたと思っていますが、確実な年代は、まだ同定していません。展示品を拝見すると、福井県篠尾廃寺の丸瓦には、これに該当するものがありそうです。

Ⅲの木型は瓶形をしたもので、七世紀後半以後、古代・中世を通じて盛行した形態です。Ⅳは近世の丸瓦を念頭において作図したものですが、ⅢとⅣとの中間形態は多く、大雑把にいうと、玉縁部が短くなり、内傾化します。また、玉縁部がわの隅を斜めに切り落とす（これは、粘土円筒段階で、分割箇所にＶ字形の切り込みを入れたものかもしれません）のも、Ⅳに限らず、Ⅲの段階で現れています。

丸瓦の成形台には単なる円柱状の木型ではなく、枠板を綴り合わせた桶型があります。桶型といっても、平瓦の場合のように開閉自在の桶ではなく、細い枠板を打ちつけた固定的な桶型かもしれませんが、いずれにしても布目を介して桶型の枠板痕（模骨痕）が見えます。当然、これは行基葺式丸瓦に限られ、玉縁式にはないと思います。展示品を拝見すると、新潟県の栗原遺跡や石川県の黒瀬瓦窯の丸瓦が、この桶型の成形台を用いて製作しているようです。そのほか、静岡県島田市の竹林寺遺跡や茨城県石岡市の茨木寺跡で、枠板痕のある行基葺式丸瓦が報告されています。畿内では、行基葺式丸瓦が必ずしも多くないということもありますが、私は類例を知りません（追記—山崎信二氏によれば、奈良県坂田寺で、飛鳥寺式軒丸瓦にともなう行基葺式丸瓦のなかに、桶型の枠板痕をもつものがあるという）。

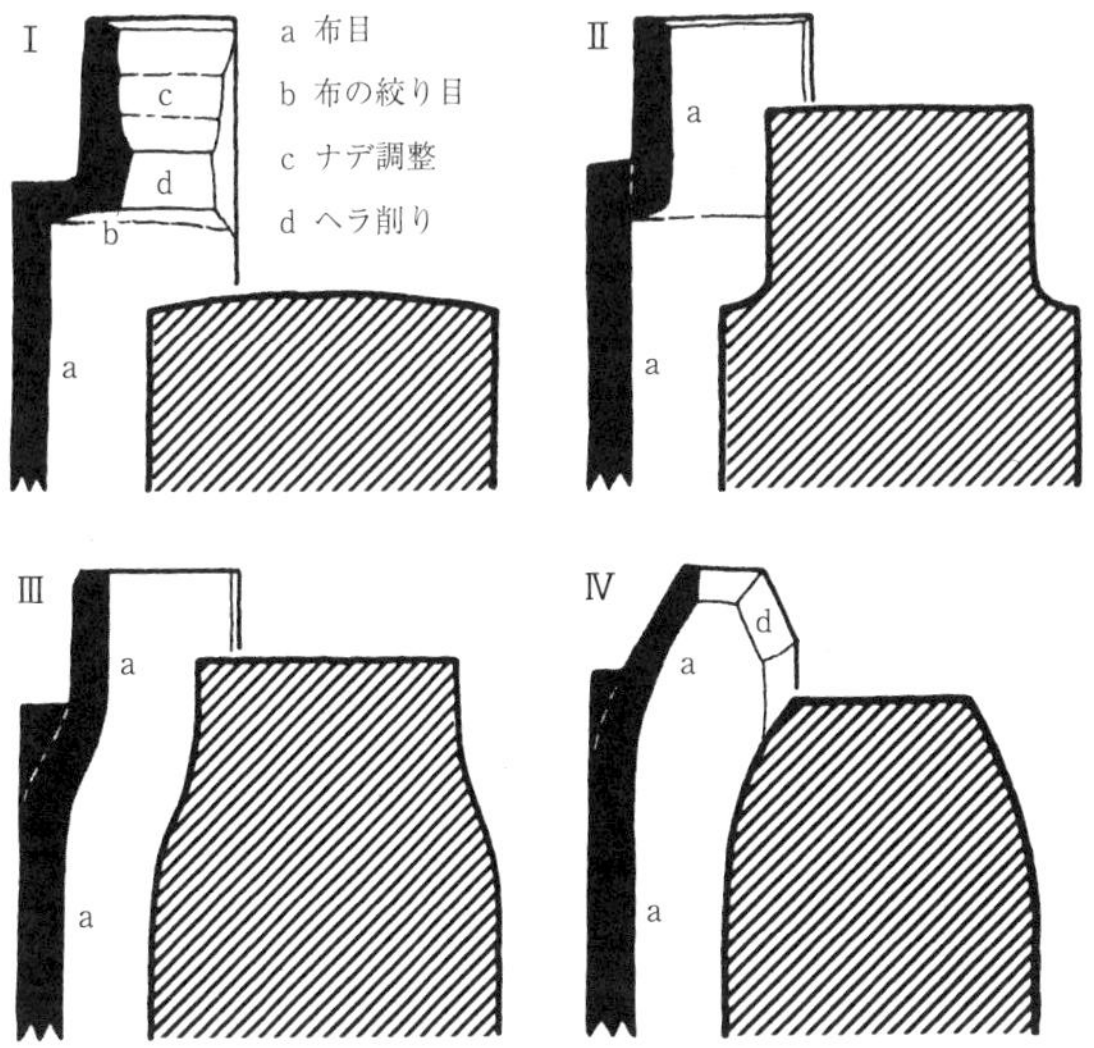

図2－6　玉縁式丸瓦の成形台変遷概念図

特殊な例として、竹のような細い棒を綴り合せた簾状の丸瓦桶型が、豊前を中心に分布していますが、これは分布域が限定されるようです。これに対して、現在問題にしている平瓦と大差のない枠板痕をもつ丸瓦桶型は、現状では東日本を中心に、かなり広い分布を示す可能性があります。しかし、北陸においても、普通の木型（截頭円錐台形に加工した成形台）を用いた行基葺式丸瓦のほうが、やはり普遍的のように思われます。つまり、行基葺式丸瓦における「普通の木型」と「桶型」との区別が、年代的・地域的にどのように位置づけられるか――この点に関し、軒瓦や平瓦との組み合わせをもとに、検討していく必要があると思います。

軒丸瓦

軒丸瓦に関しては、近藤喬一さんの「瓦の笵と瓦当」（『考古学論考―小林行雄先生古稀記念論文集―』一九八二年）という論文が、重要な問題を提起しています。この論文では、瓦笵の種類を、次のように分類します。

AⅠ　瓦笵が、瓦当の周縁外側までかぶるもの。
AⅡ　AⅠと同様であるが、外枠が二段のもの。
B　瓦笵が、瓦当の周縁部分までで、周縁に対応する立ちあがりのないもの。
C　瓦笵が、文様部分のみで、周縁まで及ばないもの。

この瓦笵の形態と、瓦笵の押捺法とは、多分、密接な関連があります。AⅠやAⅡの瓦笵には、文様の凹凸が顕著で、文様面が深いものが多いようです。この場合、瓦当部を先に成形して、笵に押しつけても、文様が明瞭にでません。ですから、粘土の小さな塊を、文様の主要部分に詰め込んでいく方法が、しばしば採られます。たとえば、中房部分だけに、まず粘土塊を詰め込む（中房部分だけに詰め込むものを、かつて私は「中房別作り」などと呼びましたが、小粘土塊をあらかじめ詰め込むのは、中房部分に限らないため、この呼称は不適当です）あるいは、花弁の先や珠文部分にも詰め込んでいく、という具合です。このように小さな粘土塊を、文様の主要部分に詰め込んでいく方法は磚仏などにもあります。深い文様のものには、普遍的だったようです。これを「順次詰め込み方式」と仮称します。

これに対し、文様の浅い笵（近藤分類B・Cの瓦笵は、文様の浅いものが多いようです）では、瓦当部を先に整形して、一息に瓦笵を押しつけることが可能ですし、また、事実、その方法をとる場合が多いようです。これを「スタンプ方式」と仮称します。

「スタンプ方式」では、瓦笵を押捺する前に、あらかじめ瓦当面を整形して、平坦にする必要があります。その整形法には、糸切り法・手の平を押しつけて均す方法・ヘラ削り法・叩きを施して整える方法などがあります。糸切りで瓦当面を平らにして瓦笵を押しつける方法は、私は、てっきり平安時代後期の技法だと思っていました。しかし、流団No.21遺跡の軒丸瓦にもあるので、七世紀代にも存在することがわかりました（付記―木立雅朗氏によれば、石川県弓波廃寺の「末松亜式」軒丸瓦も糸切り法であるという）。手の平を押しつけて均す方法も、飛鳥寺式軒丸瓦にも平安時代後期の軒丸瓦にもあります。

これに対して、ヘラ削りで瓦当面を平らにして、瓦笵を押しつける方法は、私の知る限りでは、平安時代中期の京都に存在する程度です。また、叩きで瓦当面を整形して、瓦笵を押しつける方法は、白鳳期の軒丸瓦にいくつかあります。ただし、これが時代的特徴を示すものかどうかは、もっと類例に当たってみないとわかりません。

「順次詰め込み方式」は瓦笵を下に置く必要がありますが、「スタンプ方式」ではその必要はありません。一二世紀中葉～後半の京都では、図２－７のような方法で、瓦笵を押捺しています。つまり、軒丸瓦を完全に成形した後、瓦笵を上から瓦当面に当てて親指で押さえ、瓦当裏面に人指指・中指・薬指の三本をさし込んで、ぎゅっと握るわけです。このため、瓦当裏面の斜め下に、人差指以下三本の指の圧痕が明瞭に残ります（木村捷三郎先生の教示による）。

一二世紀後半の京都の瓦工は、この方法で軒丸瓦の瓦笵を押捺し、軒平瓦は、平瓦の広端部を折り曲げて瓦当面を作り出していました。また、瓦当文様は、軒丸瓦の大部分が巴文、軒平瓦の大部分が陰刻剣頭文です。この瓦当文様の組み合わせは、岩手県平泉の中尊寺や神奈川県鎌倉においても認められ、軒平瓦の作り方も折り曲げ作りなので、これは京都の瓦工が、平安時代末期に、地方へ出向したことを示すものと考えていました。そして、平泉・鎌倉へ行き、軒丸瓦の瓦当裏面を見ると、平泉のものにも鎌倉のものにも、きちんと三本指の圧痕が残っておりました。同じ

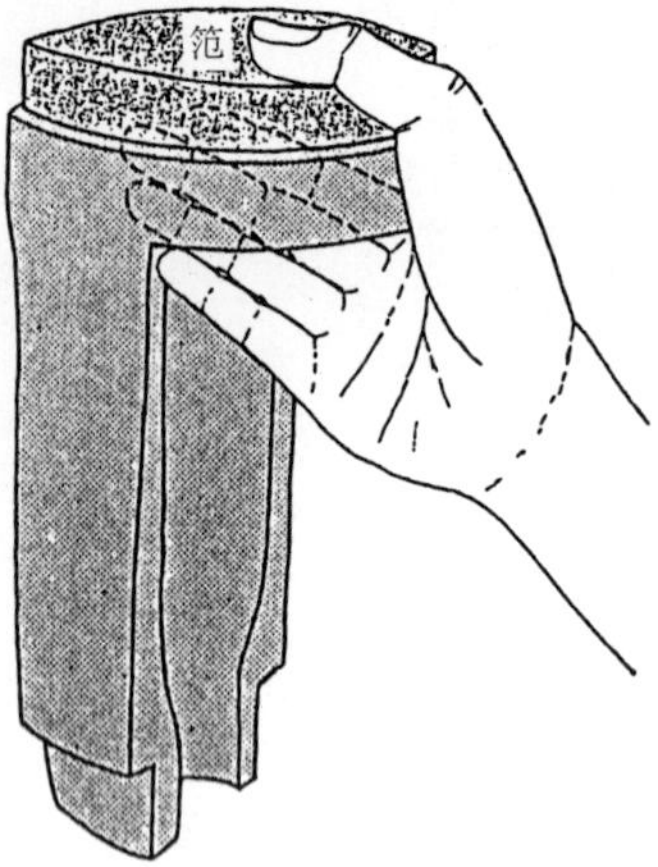

図2－7　12世紀中葉～後半の京都における瓦笵押捺法想定図

瓦工かどうかは、鑑識課に指紋を鑑てもらう必要があります。これは、瓦当文様と製作技術との連鎖型による「型式」の設定、および、軒平瓦と軒丸瓦との組み合わせが、大変うまくいった例だと思います。

次に、瓦笵の押捺法の問題を、いわゆる「一本作り」の問題とからませて考えてみたいと思います。軒丸瓦の瓦当部と丸瓦部との関係によって、接合式といわゆる「一本作り」とに大別できることは、御承知の通りです。「いわゆる」を付したのは、木村捷三郎先生が「一本作り」を瓦当部と丸瓦部が「とも土」の軒丸瓦と定義したためです。先ほどの丸瓦における瓶形の木型を、上下逆に置いて、木型の全長よりも長い粘土板を巻きつけ、木型の上にはみだした部分を押しつぶして瓦当部を成形し、そこに瓦笵を押捺すると考えたのだと思います。しかし、私の見た限りでは、瓦当部と丸瓦部とが完全な「とも土」という例はありません。押しつぶした粘土塊の上に、かならず、もうひとつ瓦当部用の粘土を重ね置きしています。林博道さんが、「いわゆる一本作りあぶみ瓦について」（『史想』第一七号、一九七五年）のなかで「B技法」と呼んだもの（図2－8）が、京都の平安時代中期の「一本作り」と共通します。石川県高尾廃寺の「一本作り」軒丸瓦も、実測図を拝見すると、これと同じです。つまり、実体が当初の定義とは若干ズレているので「いわゆる一本作り」と申したのですが、林さんが論文中で「いわゆる」をつけているのも、そのためであろうかと思います。

ところで、京都の平安時代中期の「一本作り」軒丸瓦の瓦笵は、近藤分類のBかCかで、瓦当面をヘラ削りで整形し、上から「スタンプ方式」で押捺します。ただし、丸瓦部は、すべて玉縁式ですし、瓦笵の大きさに従って瓦当部のまわりを削って整形しますので、瓦笵を押し当てた後も、いくつかの工程を経て完成に至るのだと思います。これに対し、林さんが「いわゆる一本作りあぶみ瓦について」で取りあげた楷木原瓦窯の「一本作り」軒丸瓦は、実物を見ていないのでよくわかりませんが、「順次詰め込み方式」で瓦笵を押捺したようです。「順次詰め込み方式」ですと、瓦笵を下に置いて、粘土の小塊を詰め込んで瓦当部を成形し、別に、上下逆に置いた円錐台形の木型（楷木原瓦窯の丸瓦は行基葺式です）に袋状の布をかぶせ、木型よりもやや上にはみだすように粘土板を巻いて、はみだした部分を押しつぶし、その粘土円筒と瓦当部とを接合するわけです。つまり、同じ「一本作り」でも、瓦笵の押捺法や丸瓦部の形態（＝木型の形態）に注目して、その連鎖型を配慮して工程を復原すると、製作技術のうえでかなりの違いがあることがわかります。林さんは、近江の「一本作り」が、平安時代中期の京都の「一本作り」に受け継がれたと考えていますが、私には、「一本作り」という同質性よりも、他の要素と連鎖させた時の異質な部分が気にかかります。

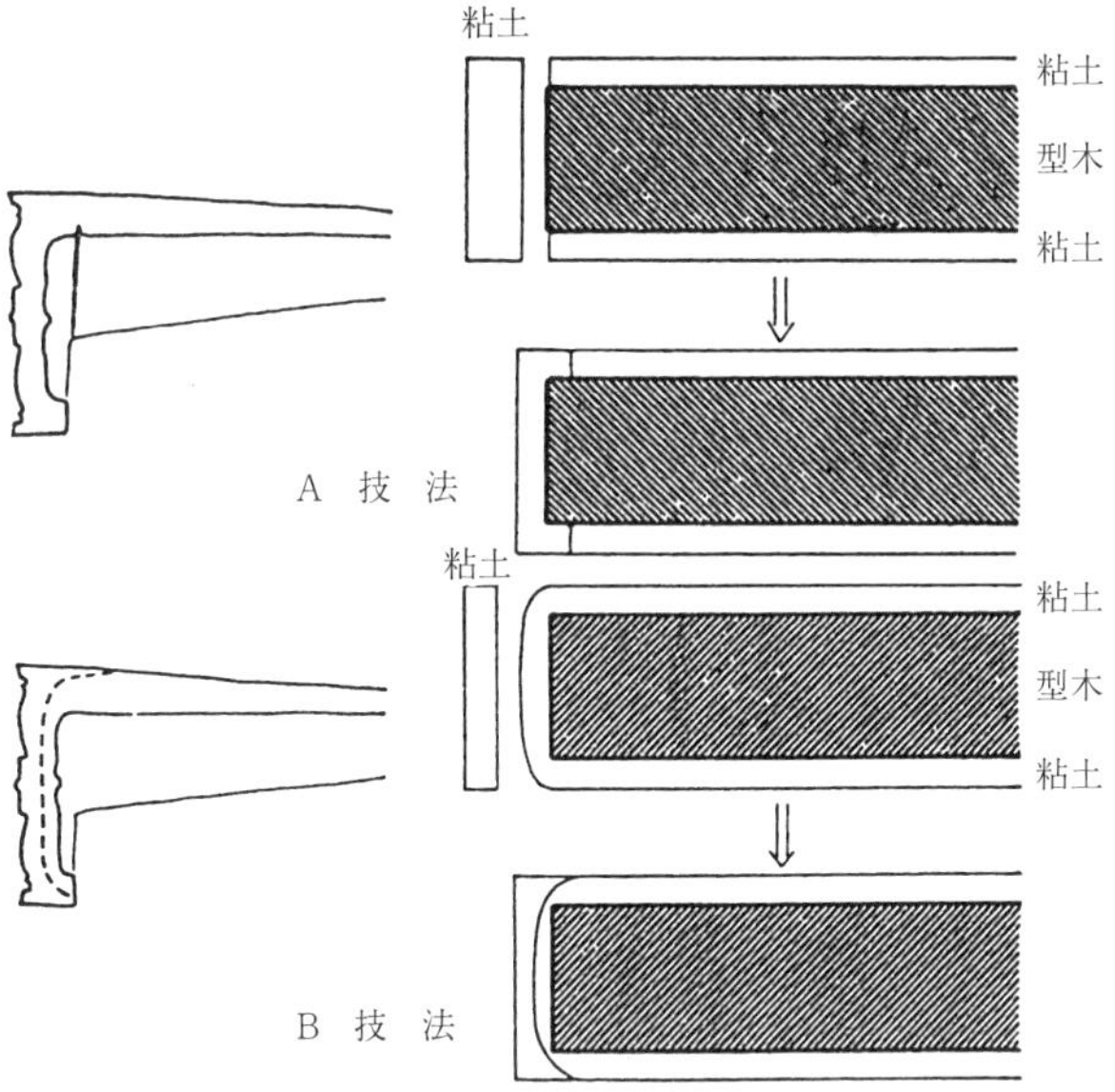

図２－８　楷木原瓦窯における軒丸瓦「一本作り」模式図
（『史想』第17号，1975年）

軒平瓦

軒平瓦における瓦当部と平瓦部との関係について、『奈良国立文化財研究所基準資料』Ⅰ、瓦編１（一九七四年）の解説で、図２－９のような分類をしています。この分類は、岡田茂弘さんが、京都市の尊勝寺跡から出土した軒平瓦をもとにおこなったもので、一一世紀後半から一三世紀初頭の軒平瓦を研究

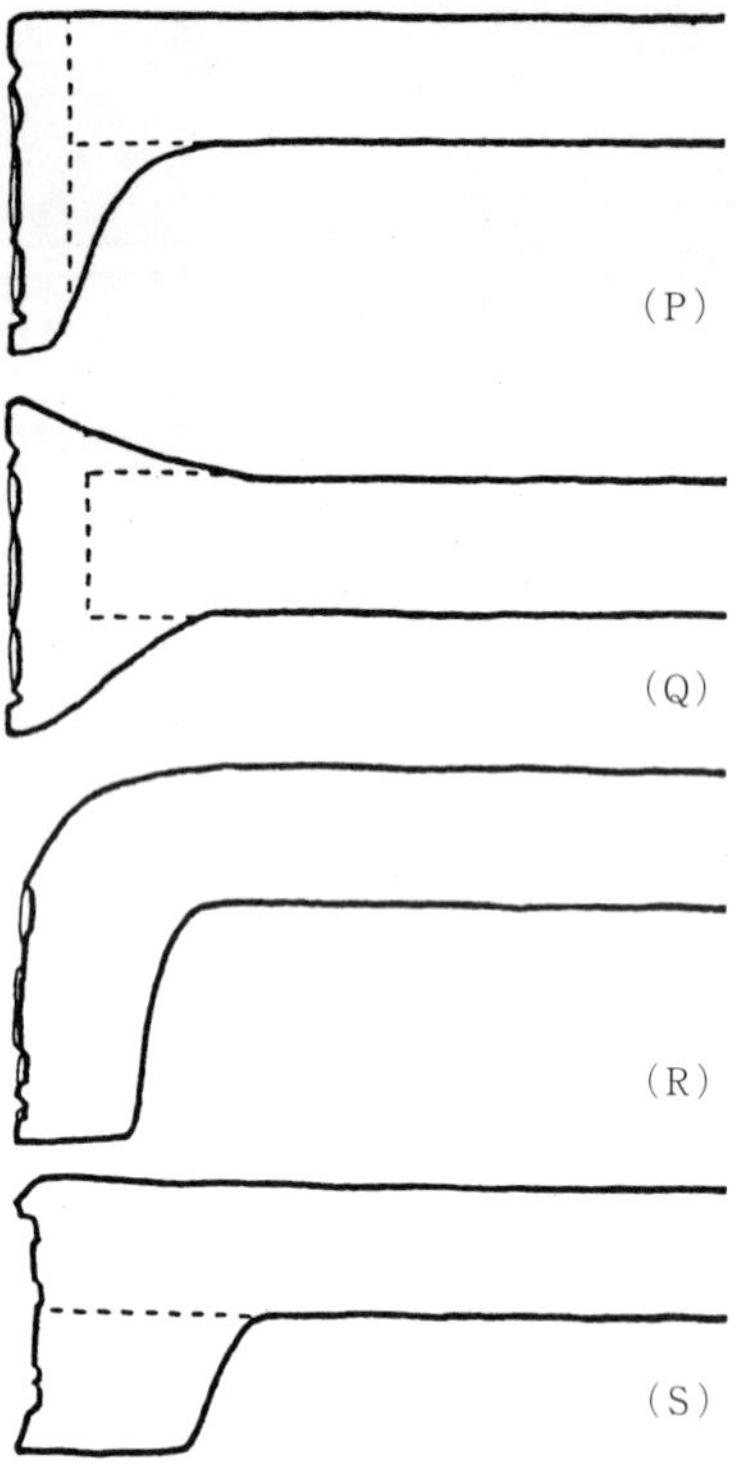

P　瓦当裏面に平瓦広端部をあて，接合用粘土を用いて接合する方法
Q　瓦当裏面に平瓦広端部をさしこんで接合する方法
R　瓦当部をとくに作らず，平瓦の広端ちかくを凸面側に折り曲げて瓦当とし，瓦当文様を飾る方法
S　平瓦広端凸面に粘土を貼って厚くして瓦当を作り，瓦当文様を飾る方法

図2-9　軒平瓦における瓦当と平瓦との接合

するうえで、最も基本となる分類です。しかし、八世紀から一〇世紀代の平城宮や長岡宮・平安宮の軒平瓦では、このような「瓦当と平瓦との接合」法が観察できるものはありません。というよりも、この時期には、別々に作った瓦当部と平瓦とを接合して軒平瓦を成形すること自体が稀であったようです。

瓦の報告書や実測図には、軒平瓦の断面図に、無理矢理、瓦当部と平瓦部との接合線を記入したものが、しばしばあります。なかには、事実、そのように接合した軒平瓦もあると思いますが、軒丸瓦が、基本的に、別々に作った瓦当部と丸瓦部とを接合している以上、軒平瓦もそうに違いないという先入観にもとづく「誤解の線」が少なくないと思われます。

それでは、八～一〇世紀代の軒平瓦の多くを、どのようにして成形しているかと申しますと、実は、よくわかりません。逆に、よくわからないことが、その成形法を暗示しています。軒平瓦でも、粘土塊のつなぎ目が剝離面となって現れることが、しばしばありますが、それは、軒丸瓦のように、「丸瓦部」と「瓦当部」という具合に截然と区別できるものではなく、剝離面自体がぐにゃぐにゃとゆがんでおり、稀にそこに糸切痕を残すことがあります。つまり、これは、一定の乾燥期間を経て定形化した粘土同士をつないだのではなく、まだ充分にやわらかい粘土の塊を、次々とつぎ合せていったと理解するのが妥当だと思います。その際、ベースとして、平瓦と同様の粘土板を、まず凸型台上に置き（この場合は、凹面に糸切痕が残ります）、さらに、粘土塊をつぎ足していく方法や、軒平瓦としての充分な厚味を持った粘土板を整形していく方法（この場合は、あまり粘土塊をつぎ足す必要はありません）もあったと思います。いずれにしても、八〜一〇世紀の平城宮や平安宮の軒平瓦では、いったん成形した平瓦部に、瓦当部を接合する方式をとっていません。

ただし、これは、平瓦が一枚作りになった段階の軒平瓦で、桶巻作りの段階のものは違います。桶巻作りの重弧文軒平瓦では、顎の部分がきれいに剝離して、平瓦部の剝離面にも叩き目を認める場合がしばしばあります。これは、基本的に、平瓦製作と等しい方法で粘土円筒を成形し、広端がわに瓦当の顎部となる粘土帯を巻きつけ、回転によって施文した後に、粘土円筒を分割したものと思っています。ただし、東国の重弧文軒平瓦では、明らかに、粘土円筒分割後に、施文した例も実見したので、重弧文を回転施文として一般化することはできません。また、粘土円筒を分割した後の平瓦に、瓦当部用の粘土を追補した例も報告されています。いずれにしても、平瓦が桶巻作りの時は、ある程度まで成形した平瓦をベースに、軒平瓦を製作することが多かったようです。

ただし、地方によっては、平瓦に一枚作りを採用した後も、いったん平瓦を成形したうえで、これに粘土を追補して軒平瓦を成形する方法が残ります。こんな点も、実は、各地方で、瓦工房がどのような形で組織化されていったかを知る手がかりになると思います。

〔追記〕　本稿は、木立雅朗氏に起こしていただいた研究会での講演テープを基礎に、話の構成と分量とが変わらない範囲で、加筆・訂正・削除をおこなったものである。席上では、型式設定のための「連鎖型」と瓦の「組み合わせ」とを混用していたが、発表後、和田晴吾氏から、両者の区別を明確にすべきであるとの御指摘を受けたので、本稿では大幅に改訂・増補した（一九八四年一月一九日記）。

一九八〇年代前半には研究の最先端にあった本稿も、現時点では研究史的意味が大きくなっている。しかし、本書収録に際して、内容が変わらない範囲で、さらに文章を整えた（二〇一四年一二月三一日）。

第三節　屋瓦の供給体制

はじめに―近現代から古代へ―

近現代における瓦供給体制の変貌

現代の日本で使う瓦の約七〇％は、愛知・島根・兵庫の三県で生産されている。いわゆる三州瓦、石見瓦、明石瓦・淡路瓦である。つまり、現代の瓦は、おもに少数の産地から遠距離輸送で多数の消費者へ供給されている。しかし、大正末年の統計では、これら三県の瓦生産高は全国の約二〇％を占めるにすぎない。そのかわり、寒冷地のため瓦の需要がほとんど見込まれない山形・岩手以北と、窯業自体が稀薄な神奈川県を除外した各府県には、まんべんなく瓦製造業者が分布していた。つまり、大正末年段階では、地元で消費する瓦は地元で生産する（これを地瓦と呼ぶ）という一円的な自給体制のもとで、三州瓦や石見瓦などが、ブランド物として少数流通していたのだ。

近代における一円的な自給体制が崩壊したのは、昭和二〇～四〇年代の真空土練機・トンネル窯などの導入による窯業の機械化に、家内工業的な地瓦生産が対応できなかったことや、輸送網の整備が大きな理由である。つまり、資本主義下の販売競争に敗れ、地瓦生産は遠距離輸送を基調とするブランド物に道を明け渡したのである。

しかし、遠距離輸送は、決して現代に生まれた瓦供給方式ではない。日本の瓦供給体制史を見渡すと、近距離供給と遠距離輸送による供給とは、前者を基調としつつも共存し、時には交互に隆盛した。

瓦屋根が一般住宅に普及するのは、都市部では近世中期以降、農村部では近代以降である。近代から現代に至る瓦供給体制の変遷は、こうした需要に応えた結果である。近世中期よりも前には、防火対策としての瓦葺倉庫を例外とすれば、瓦屋根は寺院・官衙・城郭などの宗教・政治施設に限定された。したがって、近現代の瓦供給体制史が経済問題と深くかかわるのに対し、近世以前の瓦供給体制の変遷は、当然、政治・宗教問題と深くかかわることになる。

官窯体制とその前後

その典型が古代の官窯体制である。官窯体制とは、律令的な行政・宗教秩序、すなわち中央官庁（二官八省）と地方官庁（大宰府・陸奥鎮守府・国衙・郡衙）、中央官寺（大寺）と地方官寺（国分寺）と私寺（郡寺・氏寺）という秩序に対応して、造瓦工房を組織した自給体制である［上原一九八七、本章第四節所収］。したがって、官窯体制の最盛期には、遠距離輸送による瓦供給は原則として存在しない。

官窯体制が確立したのは八～九世紀であり、その前後である七世紀と一〇～一二世紀には、遠距離輸送による瓦供給が顕著に認められる。七世紀末の藤原宮造営に際して、讃岐・淡路・近江などの遠隔地から瓦を供給した事実［花谷一九九三］、一一・一二世紀の平安京とその周辺における宮殿や寺院の造営に際して、丹波・讃岐・播磨・尾張などの遠隔地から瓦を供給した事実［上原一九七八］がそれである。前者には、七世紀前半の飛鳥豊浦寺の瓦を山背隼上り窯（その間約五〇km）や備中末ノ奥窯（その間約一八〇km）、奥山廃寺（奥山久米寺）の瓦を播磨高丘窯（その間約八〇km）で生産し［大脇一九九五］、摂津四天王寺の瓦を河内・山背の楠葉平野山窯（その間約三〇km）で生産したという前史があり、後者には平安宮の地方産瓦の一部が一〇世紀後半にさかのぼるという前史［前田一九九三］がある。いずれにしても、官窯体制という自給的な瓦供給体制の確立以前と崩壊後とに、遠距離輸送による瓦供給が顕著となる事実に変わりはない。

各期の瓦供給体制の史的意義は、各時代相のなかで評価すべきである。しかし、誤解を恐れずに要約すると、近世初期よりも前の瓦供給体制は、政権安定期には自給自足を原則とした近距離供給が主流で、政権交替期や政治変革期

には遠距離輸送方式が隆盛する傾向がある。その背景には、

①政権交替期や政治変革期には、社会不安が増大する。

②不安解消や新体制作りのために、宗教・政治施設の大規模な造営や再建をおこなう。その結果、瓦の需要が異常に増大する。

③安定政権下の自給的供給体制や政権確立以前の造営組織では、増大した瓦の需要に充分対処できず、遠距離輸送で瓦を入手する。

というメカニズムが働く場合があったようだ。

「風が吹けば桶屋がもうかる」的な論理だから、必ずしも理屈どおりに動かない。たとえば、③は職人を強制集住させるなど、急速に工房を再編する場合もありうる。現代中の評価は将来にゆだねざるをえないが、現在の瓦供給体制をひとつの極相と考えた場合、過去の遠距離輸送がどのように評価できるのか、改めて問い直す必要がある。以下、紙数の関係で、基調となる近距離供給に焦点を当てつつ、各時代の瓦供給体制を比較検討する。

1　寺の近くにある窯場―古代から中世へ―

飛鳥寺造営

日本の瓦作りは、崇峻天皇元（五八八）年、飛鳥寺を造営するために百済から渡来した四人の瓦博士が始めた（『日本書紀』）。飛鳥寺寺域（中心伽藍と付属諸院を包括した範囲）の東南隅に隣接した丘陵西斜面に、二基以上の登（窖）窯（飛鳥寺瓦窯）を築いた時には、これら四人の瓦博士が関与したはずである。

飛鳥寺創建瓦を生産した瓦工集団は、弁端切込式の素弁十葉蓮華文軒丸瓦を基準とする花組と、弁端点珠式の素弁十一葉蓮華文軒丸瓦を基準とする星組とに分かれる［花谷一九九三］。ただし、渡来した四人の瓦博士が二グループに

分かれるのか、史料にはない別の瓦工が渡来していたのかはっきりしない。大脇潔は、胎土・焼成・製作技法などから、花組の早い段階の製品を飛鳥寺瓦窯産と認定し、星組は別の窯（御所市上増付近？）をもっており、花組の新しい製品も別の瓦陶兼業窯で作ったと推定している［大脇一九九五］。

七世紀には、固有の道具と技術をもった瓦工が、それぞれの技術を駆使して粘土の準備から焼成に至るまでの作業を一貫しておこない、焼成に際しては同じ窯を共用した事実も指摘できる［木立一九八七］ので、花組と星組がまったく違った場所で瓦を生産したという大脇説の是非は、飛鳥寺瓦窯の製品の全貌が明らかになるまで保留しておきたい。いずれにしても、日本最初の瓦生産は、一つの供給先（飛鳥寺）に隣接して工房を設けるという近距離供給の体制で始まったのである。それが可能だったのは、生産を主導した百済の渡来人の本貫が日本国内になかったためだが、七世紀には瓦工や須恵器工の本貫と考えられる拠点的窯業地帯（後述）からの瓦供給と並んで、寺院に近接する瓦工房も数多く存在する。

寺院に近接する瓦工房

寺域内や寺域に隣接した工房から瓦を供給する体制は、中世末期に至るまで広く確認できる。奈良県下を例にとれば、飛鳥寺瓦窯以外にも、奈良市横井廃寺（七世紀前半～八世紀初頭）、東大寺（八世紀～？）、大安寺（杉山瓦窯、八～九世紀）、唐招提寺（八～九世紀）、興福寺（登大路瓦窯、一二世紀）、菟田野町駒帰廃寺（七世紀末）、橿原市久米寺（七世紀末）、明日香村紀寺（七世紀後半？・八～九世紀）、橘寺（中世）、豊浦寺（中世）、桜井市安倍寺（一二～一三世紀）、斑鳩町法隆寺（一三世紀）、法起寺（一三世紀）、大和郡山市額田寺（一三～一四世紀）などで、寺域内や寺域隣接の瓦窯が確認されている（カッコ内は瓦窯の操業時期を示す）。

久米寺瓦窯の製品の一部を藤原宮に供給した例外もあるが、これらの瓦窯は原則として、その寺院の特定需要に応じたものだ。また、横井廃寺第一号窯は、須恵器窯に転化し［奈良市教委一九八五］、興福寺登大路瓦窯では土師器皿や瓦器を一緒に焼いたともいわれているが、これらの瓦窯は原則として瓦専業窯である。

　こうした古代・中世の寺院近接型の瓦窯は、その寺の創建や大規模な修理時にフル操業するが、継続的に操業したわけではない。一寺院における瓦の需要が恒常的でない以上、当然だ。しかし、瓦窯の立地に注目すると、瓦生産空間として確保した特定の場所で、時期を違えて複数の窯を構築・操業する場合（長期専有型の窯場）と、臨機応変に窯場を選択する場合（臨時型の窯場）とがある。

長期専有型の窯場

　京都市北野廃寺の推定寺域内で検出された瓦窯跡群は、登（窖）窯五基、平窯二基からなり、七世紀初頭、八世紀前半、八世紀末の各時期に操業した。窯跡は約六〇〇㎡の範囲に集中し、寺域内で窯場を占有していたことがわかる［鈴木一九八七］。また、寺域外で窯場を占有した例として、京都府山城町高麗寺の寺域東南隅に隣接した瓦窯群がある。高麗寺一・二号窯は七世紀後半の高麗寺伽藍整備期に協業した登窯で、三号窯は平安時代に操業した有畦（有牀）式平窯である［山城町教委一九八九］。このように寺域に隣接して、ほぼ同じ場所で登（窖）窯から有畦（有牀）式平窯に至るまでの瓦窯が並んで築かれた例として、大阪府高槻市の梶原寺瓦窯、羽曳野市の下田池瓦窯（野中寺瓦窯）［羽曳野市教委一九九六］、泉南市の海会寺瓦窯などが確認されている。

　ただし、長期間にわたり窯場が固定していても、北野廃寺・高麗寺・梶原寺・野中寺の瓦窯群は、瓦窯の形態だけでなく、瓦当文様や瓦の製作技術においても、登窯の時期と有畦式平窯の時期とは断絶する。したがって、同じ系統の瓦工集団が断続的にその窯場を占有したわけではなく、まったく別個の瓦工集団が各時期に動員されて瓦生産に従事したと考えるべきだろう。また、長期専有型といっても、下限は平安時代までで、一二・一三世紀以降の瓦窯と立地を共有する例がないことも注目してよい。つまり、古代寺院付属の瓦窯が、修理院のような専用空間を占拠する場合でも、専属瓦工が常駐したわけではなく、その修理院空間は中世まで継続することはなかった。

臨時型の窯場

海会寺跡では、寺域の南に隣接して二基の登窯、一基の有畦式平窯を確認しているが、寺域内の講堂基壇下層にも登窯があった［泉南市教委一九八七］。全貌は解明できなかったが、講堂に先立つ金堂・塔の造営に必要な瓦を、臨時的に現場近くで生産したのだろう。少なくとも、講堂予定地を長期にわたり瓦窯が占有する計画はなかったはずだ。ただし、中心伽藍近くに瓦窯を設けるのは古代には稀で、むしろ中世瓦窯で広く認められる。

安倍寺跡では、講堂の西雨落溝を切って、五基の有畦式平窯が南北に並ぶ［桜井市一九七〇］。一部に切り合い関係があるが、基本的には一二世紀末～一三世紀初頭の比較的短期間に操業したらしい。瓦窯操業期には講堂は廃絶していたと推定されているが、金堂にせよ塔にせよ、供給すべき建物に近接して築窯したと評価できるだろう。法起寺でも講堂基壇を利用した中世瓦窯が検出されており、摂津伊丹廃寺では、金堂基壇西面に三基の有畦式平窯が並列し、その供給先は金堂基壇上で一二～一三世紀に再建した建物自体と推定されている［橋本・田辺・五十川一九七四］。

このように建物基壇自体を利用するのは特殊であるとしても、鎌倉～室町時代の瓦窯は、寺域内に現場に応じて臨機応変に築く場合が多い。中世には大寺院に所属する瓦工が、末寺や他寺の要請で出張製作することがあり、安倍寺瓦窯も、焼成した軒平瓦の同笵関係から、東大寺瓦工の出張製作と推定できる［上原一九七八］。また、藤井寺市春日山瓦窯［上田一九九四］は、一五世紀後半に法隆寺系瓦工が葛井寺に出張して築いた有畦式平窯と思われる。さらに、天文三～八（一五三四～九）年に南都四恩院（興福寺の子院）の番匠与次郎が、鎌倉鶴丘八幡宮本宮の楼門などの棟を覆う瓦を焼いた「透窯」は、同八幡宮下宮（若宮）の酒間部屋に築窯されていた（『快元僧都記』、本章第九節参照）。しかし、臨機応変の築窯方式が、出張製作という臨時的な操業形態に対応するわけではない。というのは、同じ築窯方式が、瓦工が所属した大寺院でも確認できるからである。

たとえば法隆寺では、西院伽藍西室北側や東院伽藍伝法堂の東南方などで鎌倉時代の有畦式平窯が発見されている［法隆寺一九八五］。少なくとも、室町時代に活躍した法隆寺瓦大工橘氏は、西院・東院の区別なく瓦生産に従事した。

鎌倉時代にも両院の軒瓦が共通する事実は、同様の供給体制だったことを示す［法隆寺昭和資財帳編集委員会一九九二］。したがって、上述した窯の存在形態は、西院・東院が各々独自の窯場を占有した結果ではなく、工事に応じて臨機応変に築窯したためと理解できる。いずれの窯跡も中心伽藍に近接し、窯場として長期間占有できない場所にあることも、これを裏づける。

東大寺瓦窯

古代の法隆寺瓦窯の実体が不明なので、中世的特徴を際立たせにくい。しかし、東大寺瓦窯では古代と中世の存在形態の違いが推測できる。

正倉院にある「東大寺山堺四至図」は、天平勝宝八（七五六）年に東大寺の寺地（寺域周囲にある別院・付属工房や寺薗・人家・山林原野を含んだ範囲）を定めた図で、南人門の南西、山階寺（興福寺）が占有した松林を隔てて「瓦屋」を描く。この瓦屋は『正倉院文書』などにある造東大寺司造瓦所で、春日大社一鳥居東南の南斜面にある荒池瓦窯に比定される［堀池一九六四］。永承二（一〇四七）年の興福寺再建には、古老の伝聞に従い、東大寺講堂を作った時の瓦窯を春日大社一鳥居近くで五基掘り出し、これを修復して鳥居瓦屋として再興した（『造興福寺記』）。講堂を造った時とは、延喜一七（九一七）年に焼失し、承平五（九三五）年に復興した時のことを指すという推定［小林一九六四］に従えば、「東大寺山堺四至図」に図示された瓦屋は、造東大寺司が廃された延暦八（七八九）年後も、その機能を果たしたことになる。しかし、永承の興福寺再建時には、東大寺以下南都諸寺の瓦屋も動員され、鳥居瓦屋はそれとは別個に操業しているので、もはやかつての東大寺造瓦所としての意味を失っていたと理解できる。

重源による鎌倉時代初期の東大寺復興は、おもに備前万富や三河伊良湖などの遠隔地から瓦を供給した。これは、東大寺復興のために、重源が周防・備前国などを知行したことにもかかわるが、一一・一二世紀の平安京で隆盛した遠隔地からの瓦供給の伝統に則った体制である。しかし、工事規模が縮小すると瓦の遠距離輸送は終息し、寺家による自給体制に戻る。この時期の東大寺瓦窯の全貌はわからないが、西塔院北回廊の落差を利用して築いた中世（室町期？）の有畦式平窯が発見されている［奈良県教委一九六五］。おそらく、かつての造東大寺司造瓦所のように寺域外に長期専有型の窯場を設けず、現場に応じて臨機応変に築窯したのだろう。

以上に述べたように、寺域内で臨時に窯場を設けた例は、中世に瓦工集団を保有したことが確実な南都の大寺院でも認められる。つまり、中世の臨時型の窯場は、決して瓦の出張製作と対応関係にあるわけではなく、瓦工が所属した寺のなかにさえも、長期専有の窯場を確保していなかった可能性が高い。彼らの居住地が寺の近くにあったとしても、窯場は現場近くに臨時に設定するのが、中世にごく一般的な瓦供給形態だったのだろう。

2　一円的な近距離供給―近世から古代へ―

隅田川辺の風景

『江戸名所図絵』巻六　開陽之部には、隅田川西岸に接した瓦屋の裏庭に、ダルマ窯二基、並んだ瓦や山のように積み上げた燻し焼き用の松葉を描く（図3－1）。防火と舟運の一石二鳥をねらった立地だ。江戸時代から昭和の初めまで隅田川沿岸は窯業地帯だった［関口一九八八］。鳥越瓦町・浅草金龍山下瓦町・南本所瓦町・中之郷瓦町などの瓦町は、江戸城や浅草寺との関係で発達した例もあるが、基本的には町屋などの一般需要に応え、地元に一円的に瓦を供給する形で定着した。これが近代の地瓦につながる供給体制であることはいうまでもない。

当然、各地の城下町に残る瓦町なども、こうした近代の地瓦生産へとつながるものだった。ここでようやく、一定地域の不特定多数の消費者を予想して工房が一定の敷地内に長期間存続し、しかも、同業者が同じ地域に集住する瓦供給体制が確立したのだ。

図３-１　隅田川西岸の風景（『江戸名所図会』巻６，天保７〔1836〕年）

地瓦の遠距離輸送

地瓦生産は一円的な自給自足を目的としており、遠距離輸送の対象ではない。しかし、江戸の紀州和歌山藩上屋敷では、紀州多田村で生産した瓦を使用し〔海南市歴史民俗資料館一九九二〕、慶応二（一八六六）年、京都郊外の白川村に設けた土佐藩新屋敷では、土佐城下の各所で生産した桟瓦を使用した〔千葉ほか一九九五〕。これらは、藩という自給的な経済枠のなかでの遠距離輸送であり、地瓦との販売競争に打ち勝った現代の三州瓦や石見瓦の遠距離輸送とは本質的に異なる。遠距離輸送という現象は同じでも、経済体制の違いによって歴史的評価が異なる好例だ。少なくとも、近世後期の遠距離輸送は、地瓦が本来目指した一円的な近距離供給と本質的に異なるものではなく、その延長上にあったことは確実である。

古代末期の一円的な供給と遠距離輸送

古代に遠隔地から輸送した瓦も、一円的な供給体制の延長上にあった。一〇～一二世紀に平安京やその周辺に運ばれた瓦の多くは、本来、各国衙が管轄した官衙や寺院用の国衙系瓦、あるいは南都諸寺が自前用に生産した寺院系瓦である〔上原一九七八〕。一一・一二世紀には平安京向けの生産が異常に増大したとはいえ、本来は国衙や寺院を単位とした一円的な自給体制を基礎としていたのである。

ただし、律令制下では、中央で必要な須恵器の多くは地方からの貢納でまかなった。同じ窯業部門でも、須恵器生産は瓦生産とは違った形で把握されていたのだ。京都に瓦を搬出した国々の多くは、『延喜式』の須恵器調貢国だった。本来、一円的な供給を目的にした瓦が、遠距離輸送で京都に運ばれた背景として、同じ窯業製品である須恵器が、おもに遠距離輸送で供給されていた事実は無視できない。そして、一一・一二世紀に京都に瓦を搬出した讃岐・播磨・尾張などの諸国は、当初は瓦陶兼業を基調とし、瓦生産を終えた後も、中世陶器の生産地として生きながらえる。中世瓦の多くを出張製作も含む臨時型の窯場からの自給的な近距離供給でまかなった事実と対比すれば、遠隔地から供給された古代末期の瓦は、瓦陶兼業という生産形態にも密接にかかわっていたと評価できるだろう。

古代前期の一円的な供給と遠距離輸送

歴史的な位相は異なるが、七世紀代の遠距離輸送も、瓦陶兼業という生産形態と密接にかかわっていた。寺院近接型の瓦工房は、たとえ長期専有型の窯場であっても、継続的に操業したわけではない。中世の瓦工は他寺へ出張製作することで、専業者として成り立っていた。これと同様に、官窯体制下の瓦工は、繁忙な営繕担当官衙への異動と集中とを繰り返すことで、その専業性を維持した。

たとえば、軒瓦の製作技術からみて、八世紀後半に活躍した造西大寺司の瓦工は、造東大寺司の一派であり、のちに西隆寺の造瓦にも携わった。西隆寺の造瓦は、もともと平城宮系の瓦工が担当したが、西大寺系瓦工を導入するに及んで、彼らは修理司の管轄へ移されたらしい〔奈文研一九九三〕。このように、官窯体制下の営繕担当官衙間で頻繁な異動があったからこそ、造瓦部門を専業化しても人的資源（技術と労働力）の確保と維持が可能だったとすれば、官窯体制が確立する以前では、その人的資源は瓦陶兼業という形で確保・維持するほかはなかったと理解できる。

七世紀に京都市内の北野廃寺・広隆寺・北白川廃寺・出雲寺などに瓦を供給した岩倉・西賀茂古窯群は、須恵器窯が混在する拠点的窯業地帯を構成する。また、奥山廃寺（奥山久米寺）や川原寺など飛鳥地域に瓦を供給した五条古窯群など、奈良盆地の周縁にもいくつかの瓦陶兼業の拠点的窯業地帯があった。個々の窯は瓦専業・須恵器専業のいずれかの場合が多く、窯業地帯としては複数の寺院に一円的に瓦を供給した。しかし、近世～近代の地瓦生産とは異なり、個々の瓦窯は長期間維持されなかった。それは工房設置の政治的契機にもよるが、消費自体が限定的・短期的であったことが大きい。こうした拠点的窯業地帯こそが、七世紀代の寺院近接型の瓦窯を支えた瓦工たちの本拠地だった［上原一九八九］。七世紀に遠隔地から供給された瓦も、こうした当時の瓦供給体制を基礎としていた。

宇治隼上り窯から飛鳥の豊浦寺へ供給された瓦などに関しては、政治的要因を重視し、拠点的窯業地帯からの一円的な供給体制とは切り離すべきだという意見もある。しかし、瓦が運ばれた距離の大小が、そこで作用した政治力の大小を反映したとしても、瓦供給体制の質的違いを示すものではない。距離の違いを質的違いとみなそうとしても、その間に一線を引くことはできない。まず重要なのは、政治・生産体制を支えた生産の発展段階や社会構造一般を明らかにすることなのだ。

五条古窯群にある牧代瓦窯が、藤原京薬師寺・平城京薬師寺の瓦を生産したように、七世紀に機能した拠点的窯業地帯の瓦工たちは、七世紀末から八世紀に官窯体制の中に組み込まれていく。平城遷都後は、平城京北方の丘陵地帯に官窯体制下の瓦工房が集中する。中央の営繕担当官衙のなかで異動を繰り返すうちに、瓦工たちの本拠地はかつての拠点的窯業地帯としての機能をも失っていたのである。

参考文献

上田　睦　一九九四年「葛井寺の調査」『石川流域遺跡群発掘調査報告XI』藤井寺市教育委員会

上原真人　一九七八年「古代末期における瓦生産体制の変革」『古代研究』一三・一四号、(財)元興寺文化財研究所
上原真人　一九八七年「官窯の条件―律令制下造瓦体制を検討するための作業仮説―」『北陸の古代寺院―その源流と古瓦―』北陸古瓦研究会
大脇　潔　一九九五年「飛鳥時代初期の同笵軒丸瓦―蘇我氏の寺を中心として―」『古代』第九七号、特集古代における同笵・同系軒先瓦の展開、早稲田大学考古学会
海南市歴史民俗資料館　一九九二年『かわら―紀州多田村瓦屋孫三郎と海南の瓦つくり―』展示解説集第七集
木立雅朗　一九八七年「造瓦組織の歴史的発展についての覚書」『北陸の古代寺院―その源流と古瓦―』北陸古瓦研究会
小林行雄　一九六四年「興福寺造瓦」『続古代の技術』塙書房
桜井市　一九七〇年『安部寺跡環境整備事業報告―発掘調査報告書―』
鈴木久男　一九八七年「北野廃寺瓦窯について」『歴史考古学を考える―古代瓦の生産と流通―』帝塚山考古学研究所
関口広次　一九八八年「隅田川沿岸の窯業」『古文化談叢』第二〇集（上）、九州古文化研究会
泉南市教育委員会　一九八七年『海会寺』
千葉豊ほか　一九九五年「京都大学北部構内ＢＡ28区の発掘調査」『京都大学構内遺跡調査研究年報　一九九二年度』京都大学埋蔵文化財研究センター
奈良県教育委員会　一九六五年「東大寺西塔院の緊急調査」『奈良県文化財調査報告書（埋蔵文化財編）』第八集
奈良国立文化財研究所　一九九三年『西隆寺発掘調査報告書』学報五二
奈良市教育委員会　一九八五年「横井窯跡群の調査」『奈良市埋蔵文化財調査報告書　昭和五九年度』
橋本久・田辺征夫・五十川伸矢　一九七四年「摂津伊丹廃寺跡―その後の調査―」『地域研究いたみ』第一四号
花谷　浩　一九九三年「寺の瓦作りと宮の瓦作り」『考古学研究』一五八号、考古学研究会
羽曳野市教育委員会　一九九六年『古市遺跡群ＸⅦ』羽曳野市埋蔵文化財調査報告書三三
法隆寺　一九八五年『法隆寺防災施設工事・発掘調査報告書』
法隆寺昭和資財帳編集委員会　一九九二年『法隆寺の至宝　第一五巻　瓦』小学館

堀池春峰　一九六四年「造東大寺瓦屋と興福寺瓦窯址」『日本歴史』一九七号、吉川弘文館
前田義明　一九九三年「平安宮内裏の焼亡と搬入瓦」『平安京歴史研究』杉山信三先生米寿記念論集刊行会
山城町教育委員会　一九八九年『史跡高麗寺跡』山城町埋蔵文化財調査報告書第七集

第四節　官窯の条件
―律令制下造瓦体制を検討するための作業仮説―

私に与えられた仮題は「全国の瓦研究の動向―工人組織論、上原論文の位置づけについて―」ですが、全国的な瓦研究の動向をふまえて自分の論文を位置づけるのは荷が重すぎます。「上原論文」とは、「天平一二、一三年の瓦工房」（『研究論集』Ⅶ、奈良国立文化財研究所学報第四一冊、一九八四年）のことだと思いますが、この論文での私の関心は、中央造営官司（たとえば、造宮省・造宮職・木工寮・修理職など）に付属する瓦工房における管理・運営はどのようにおこなわれていたのかということ――それを文字瓦を材料に検討したわけです。しかし、文字瓦という限定された材料では、律令制下での造瓦体制の全体像にアプローチすることはなかなか難しい。そこで、今日は、文字瓦以外で考古学的に律令制下の造瓦体制を検討するには、どのような資料をどのように操作すればよいのかということを、全国的とはいえませんが、各地の瓦研究の動向を若干ふまえたうえで、話させていただきます。ただし、これはあくまでも「作業仮説」であり、「検証」という点では、やや中途半端な点が多いことは御容赦願います。

1　官窯の概念

「官窯」の用語例をめぐって

律令制下の造瓦体制の背骨をなすのが「官窯」体制であると私は考えています。しかし、「官窯」という言葉は、窯業遺跡の性格を規定する際に、考古学では比較的安易に用いられているように思います。たとえば、宮城県の多賀城や陸奥国分寺などに瓦を供給した木戸窯跡群・日の出山窯跡群や台の原・小田原窯跡群は、発掘調査報告の総括では、いつも「陸奥国の官窯」と評価され（宮城県教育委員会『日の出山窯跡群』宮城県文化財調査報告書第一二冊、一九七〇年。仙台市教育委員会『五本松窯跡発掘調査報告書』仙台市文化財調査報告書第六集、一九七三年）、のちには、「陸奥国の官窯」であることは自明の理として、発掘報告書の題名にも用いるようになります（古窯跡研究会『陸奥国官窯跡群』Ⅰ・Ⅱ・Ⅲ、一九七三・一九七六・一九八〇年）。しかし、そこでは「官窯」の具体的内容は問われていません。また、「官窯」以外の窯との相違点という問題も追究されていません。

また、武蔵国分寺所用瓦を生産した瓦窯に対しても「官窯」という評価が与えられたことがあります。ただし、この場合は、研究者によって「官窯」の意味合いに若干の差異があったことには留意すべきだと思います。宇野信四郎氏は、埼玉県比企郡鳩山町の泉井瓦窯が「武蔵国の全部に近い郡名瓦を製造し、かつ、この瓦窯製造に係る瓦は武蔵国分寺でも金堂、講堂など比較的早く造立されたと思われる堂址から発見されているので、瓦窯のうちでも初期に構築された」と考え、「武蔵国分寺創建に当っては（中略）恐らく造寺司が設置され、その支配下に造瓦所・瓦窯・瓦屋が設けられたことと思われるので、泉井瓦窯こそ武蔵国分寺の官瓦窯として創設され、造瓦に当たったものと思考される」（傍点筆者）と述べています（宇野「武蔵国分寺の文字瓦」『日本歴史考古学論叢』二、日本歴史考古学会編、一九六八年）。ここで宇野氏の考えている「官瓦窯」とは、明らかに郡界を超えた武蔵国一国を単位とするものです。

これに対し、坂詰秀一氏は埼玉県入間市新久にある新久窯跡の発掘調査報告書において、これを「入間郡の管掌する官窯」と考え、「壬生吉志福正の発願による国分寺塔再建に際しては、彼の居住する隣接郡の官窯である末野窯、あるいは隣接の比企郡官窯の南比企窯に発注せず、入間郡の官窯であった東金子窯にそれを求めている」（傍点筆者）と述べています（坂詰秀一編『考古学調査報告　武蔵新久窯跡』一九七一年）。つまり、坂詰氏は武蔵国には郡を単位とする「官窯」があったという認識を前提に、議論を進めているわけです。

さらに、平安宮などに瓦を供給した京都周辺の瓦窯も「官窯」と評価されています。木村捷三郎先生は、京都市左京区幡枝瓦窯跡に関し「発見古瓦中、大内裏跡出土品と一致するものの多いこと等から官窯なるべきを推定し、更に文献の調査に依ってこれが「式」記載の栗栖野瓦屋なることを確証し」（傍点筆者）たと述べています（木村捷三郎「山城幡枝発見の瓦窯址」『史林』第一五巻第四号、一九三〇年）。この「官窯」という用語は、その後の発掘調査報告書などでも踏襲され（西田直二郎・梅原末治『栗栖野瓦窯址調査報告』京都府史蹟名勝天然記念物調査報告第一五冊、一九三四年）、現在でも「洛北官窯」などの言葉が普遍的に使われています。この場合の「官窯」とは、前に述べた陸奥国や武蔵国の場合とは異なり、木工寮などの中央造営官司に付属する瓦窯の意味であることはいうまでもありません。

要するに、現在までに、考古学で古代窯業遺跡を「官窯」「官瓦窯」と評価した場合、そのなかには、

(a)　木工寮をはじめとする中央造営官司に付属する瓦窯という意味

(b)　陸奥・武蔵などの律令制下の「国」を単位とする造営官司に付属する瓦窯という意味

(c)　律令制下の「郡」によって管掌された瓦窯という意味

の少なくとも三種の概念が、ほとんど吟味されることなく使用されていたわけです。

「国府系瓦」をめぐって

しかし、(b)の「国」を単位とする造営官司に付属する瓦窯に関しては、「官窯」よりもさらに鮮明な用語が、製品である瓦の評価に関連して、一部で用いられております。工藤雅樹氏による「陸奥国国府系瓦」、今里幾次氏による「播磨国府系瓦」、高橋美久二氏による「備後国府系瓦」に代表される「国府系瓦」の概念がそれです。「国府系瓦」を生産した瓦窯は、当然、「国府系瓦窯」あるいは「国府系瓦屋」ということになります。

ただし、「国府系瓦」の概念は、必ずしも明確な定義をもって提示されたわけではありません。また、陸奥・播磨・備後などの国で効力を発揮した「国府系瓦」の概念が、他地域において、どの程度まで通用するかは検討を要する問題です。

「陸奥国国府系瓦」の場合は、基本的に多賀城、すなわち陸奥国府から出土した瓦と、その系譜上にある陸奥国分

寺出土瓦とを基準にしているようです（工藤雅樹「奈良時代に於ける陸奥国国府系瓦の展開」『日本歴史考古学論叢』二、日本歴史考古学会、一九六八年。同「平安初期における陸奥国国府系瓦の様相」『東北文化研究室紀要』一〇、一九六八年）。しかし、全国的にみて、国府跡の調査例は決して多くありません。また、多賀城のように、その初期（八世紀前葉）から末期（九世紀後半～一〇世紀前葉）に至るまで瓦葺建築を常用した国府は稀で、国府跡出土瓦を基準に「国府系瓦」の概念を全国的に普遍化させるのはかなり困難だと思います

一方、「播磨国府系瓦」の場合には、当初、播磨国分寺から出土する瓦を基準にして「播磨国分寺式瓦」あるいは「播磨国分寺系列瓦」という呼称で提示され（今里幾次『播磨国分寺式瓦の研究―加古川市野口町古大内出土の古瓦―』播磨郷土文化協会研究報告第四冊、一九六〇年）、播磨国内におけるその分布や出土遺跡の性格の検討を通じて、背後に播磨国府の存在が浮き彫りとなった後に、「播磨国府系瓦」と改称されました（今里幾次『姫路市辻井遺跡―その調査記録―』一九七一年）。「播磨国分寺式瓦」を提唱した時点で、すでに播磨国府という背景を指摘しているにもかかわらず、「播磨国府系瓦」への改称までに十ヶ年を費しているのは、やはり、「国分寺式瓦」「国分寺系列瓦」が必ずしも「国府系瓦」と同義とは限らないということが、今里氏の念頭にあったのだろうと私は想像しております。

『続日本紀』の記事などから、井上薫氏は、諸国国分寺の造営経過を次の三時期に分けています〔井上「国分寺の造営」『奈良朝仏教史の研究』一九六六年〕。

第Ⅰ期（天平九～一〇年）　封戸・正税・寺田・寺地などを施入し、国司・国師を督励するほか、催検使を派遣し、郡司に造営を主当させるように命じた。

第Ⅱ期（天平感宝元～天平宝字七年）　知識物（銭・米・墾田など）の施入など、郡司等の地方豪族の協力が目立ち、使工の派遣、造営の期限つき督促、国分二寺図の領下など、中央政府による造営の直接指導が積極化する。

第Ⅲ期（天平宝字八年～延暦三年）　各国の国分寺に人的・物的機構がそなわっており、道鏡政権下で、国分寺の造営・維持管理を国司から国師・寺家に回収する策がとられた。

このような経過をみてもわかるように、国分寺造営の技術的背景を検討する場合には、

(1)　中央政府による直接の技術指導が一部でおこなわれた。

(2)　工事の直接責任は国司（国府）が負っていた。

(3)　工事の進展には、郡司に代表される地方豪族の参画があった。

(4)　造営・維持管理の主体が寺家に移ったこともある。

という、少なくとも四種の技術系統が存在したことが想定でき、国分寺出土瓦の性格づけも、これらの点を考慮しつつおこなう必要があると思います。

具体的には、信濃国分寺造営時の軒瓦の組み合わせ（図4－1－1）では、瓦当文様は東大寺・平城宮の軒瓦六二三五系と六七三四系とに酷似し、以後、信濃国分寺・尼寺で用いられた軒瓦と製作技術・瓦当文様において断絶し、しかも、信濃国内の他の寺院などで用いられた形跡がありません。つまり、図4－1－1は信濃国分寺造営に際して直接中央から導入されたが、以後、在地に根づくことのなかった軒瓦であるといえます。このような軒瓦のあり方は、中央からの一時的・臨時的な直接の技術指導の結果であると理解するのが妥当と思われます。これと同じ現象は、上総国分寺・尼寺造営時の軒瓦（図4－1－2）でも認められます。すなわち、図4－1－2は平城宮六二二五系と六六九一系に近似しますが、上総国内でほとんど在地化をたどることなく、出土する消費遺跡もきわめて限定されています。

ところが、同じく平城宮六二二五系と六六六三系を受容した美作国分寺・尼寺（図4－1－3）では、同じ系統の組み合わせが長期にわたって製作されて在地化を遂げ（図4－1－4・5）、同笵品は美作国分寺・尼寺や美作国府ばかりではなく、平遺跡（美作国勝田郡衙関連遺跡）や久米廃寺（美作国久米郡衙付属寺院）など美作国内で広く使用されています（津山市教育委員会『美作国分尼寺跡発掘調査報告書』津山市埋蔵文化財発掘調査報告第一二集、一九八二年）。また、上総国分寺・尼寺で、図4－1－2よりもやや遅れて使用されたと考えられている重圏文軒瓦の組み合わせは、

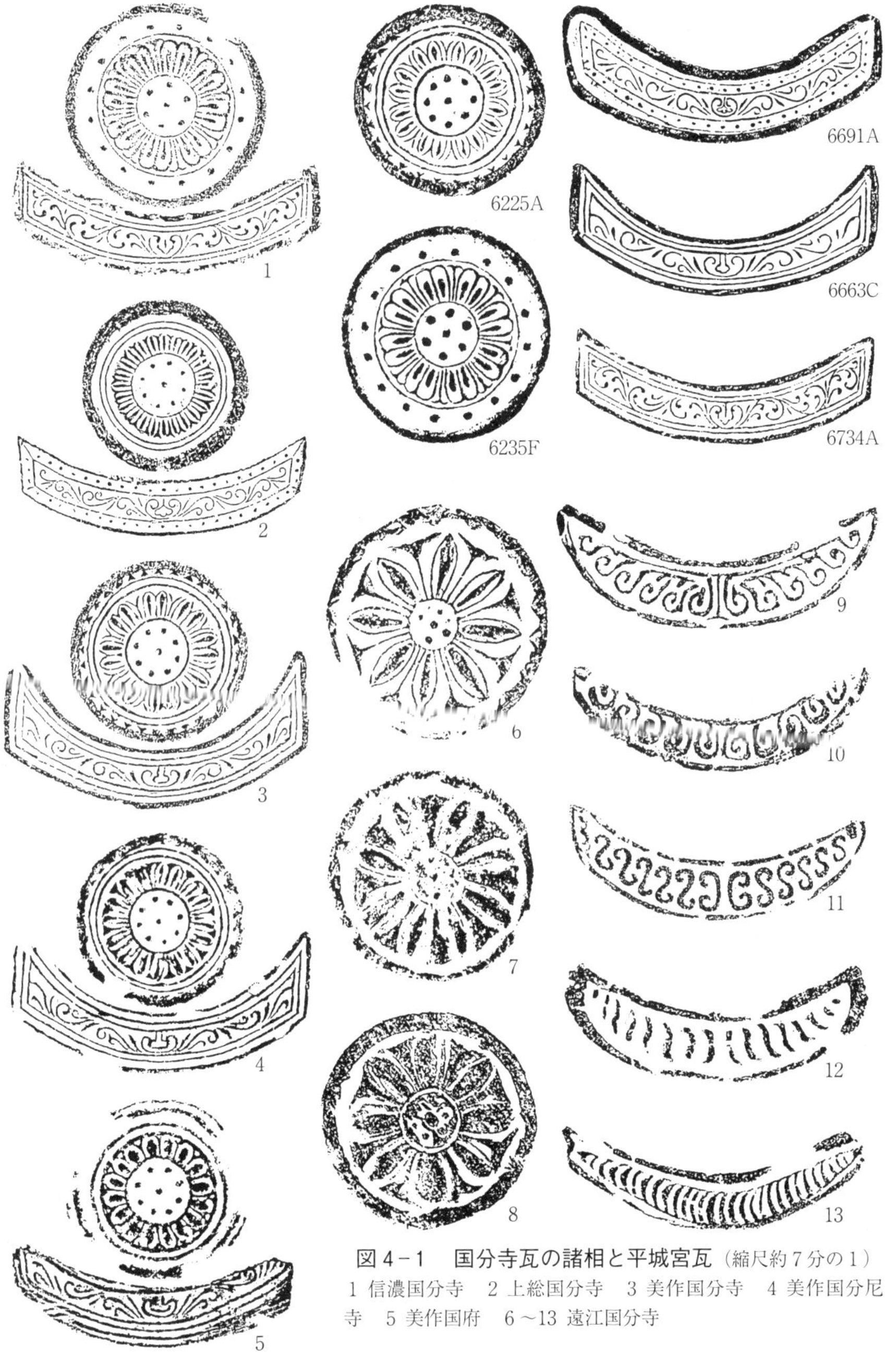

図４－１　国分寺瓦の諸相と平城宮瓦（縮尺約７分の１）
１ 信濃国分寺　２ 上総国分寺　３ 美作国分寺　４ 美作国分尼寺　５ 美作国府　６～13 遠江国分寺

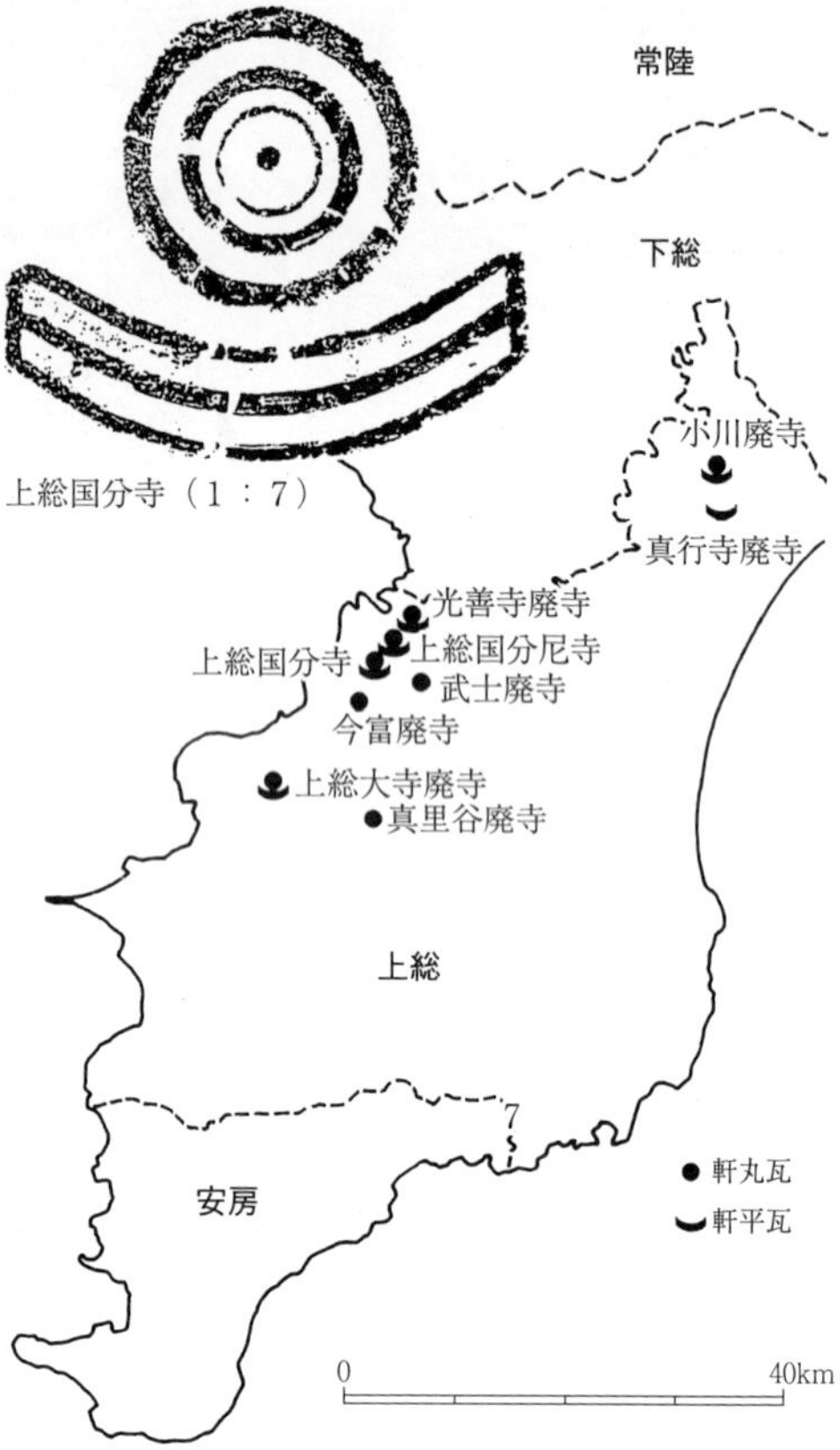

図4－2　房総における重圏文軒瓦の分布
（五代1978年に一部加筆）

瓦当文様の祖型は難波宮など中央に求められるのですが、同じ文様系譜下のものが上総国内に広く分布し、しかも、隣接する下総や安房にまでは及んでいないことが指摘されています（五代吉彦「重圏文鐙瓦考―房総を中心として―」『千葉県立房総風土記の丘年報』二、一九七八年）。こうした美作国分寺の六二二一五系―六六六三系軒瓦や上総国分寺の重圏文軒瓦が在地化を遂げ、国内に広く分布する背景としては、そのような技術伝統を支えた美作国府や上総国府の存在を考えざるをえないと思います（図4－2）。

さらに、武蔵国分寺などから出土する郡名・郷名・人名などを記した文字瓦が、郡司等の積極的参画のもとで国分寺の造営が達成されたことの証しであることは、すでに多くの論者によって指摘されています。しかし、同様に郡名瓦を多数出土するにもかかわらず、軒瓦の瓦当文様にある程度の系譜性・統一性が認められる上野国分寺や下野国分寺の場合と、それを認めにくい武蔵国分寺の場合とでは、郡司層を統括する立場にあった国司（国府）の指導力に大きな差があったと考えざるをえません。つまり、郡司等の積極的参画で国分寺の造営がなされた場合でも、工事の直接責任はあくまでも国司にあったとするならば、国司がどの程度の指導力を発揮したかを、各地の国分寺出土瓦のあり方を比較することによって推定できるわけです。

　国分寺の造営や維持管理を国司から国師・寺家に回収する政策がとられたことを根拠に、国分寺独自の造瓦組織（＝寺院瓦工房）も存在しただろうと推定することが妥当か否かは私にはよくわかりません。信濃国分寺では、寺域に隣接して瓦窯を設け、修理・再建に用いたと思われる在地性の強い軒瓦を焼成しています。あるいは、これを国分寺独自の造瓦工房と評価することは可能かもしれません。また、遠江国分寺では創建時において独自性の強い軒瓦（図4－1－6・9）を採用し、以後に使用した軒瓦も、すべてこれを基本形として展開します（図4－1－7・8・10～13）。しかも、この瓦は他所に供給された形跡がなく、あるいは、遠江国分寺独自の造瓦活動をそこに想定できるかもしれません。ただし、遠江国分寺は『日本霊異記』中巻にみえる遠江国磐田郡の磐田寺に比定されています。同書によれば、磐田寺は郡の人、丹生直弟上が発願し舎利を得たので、国司・郡卿がことごとく喜んで知識を引率し、七重塔を建立したとのことです。したがって、その造営には国司・郡司・知識の参画があったことになり、遠江国分寺出土瓦のあり方を先ほどのように解釈するのは、やや問題かもしれません。

　いずれにしても、すべての国分寺出土瓦を、ただちに「国府系瓦」という概念に置き替えることはできない――それは以上の検討から明らかだと思います。高橋美久二氏は、主に国分寺出土瓦を基準に設定した「国府系瓦」を材料に山陽道駅家の比定を試み、今里幾次氏の研究を継承した播磨国、独自に研究を進められた備後国に関しては大きな成果をあげています。しかし、特に備前国に関して、備前国分寺跡から「備前国府系」と呼びうる瓦がほとんど出土しないために「非常に地方色の強い瓦ばかりが出てくるので、私は備前国分寺がはたしてあそこに当初からあった国分寺だろうかという疑問をずっといだいている」と発言しています（高橋「古代の山陽道」『古代山陽道の検討』古代を考える一七、一九七八年）。寺域や堂塔規模・伽藍配置をみる限り、備前国分寺跡は国分寺としてふさわしい内容をそなえています。高橋氏がいだいている疑問は、むしろ、国分寺出土瓦は「国府系瓦」として一般化しうるものではないという命題によって解決できるのではないかと私は思っております。

「中央官衙系瓦屋」の提唱をめぐって

以上、「国を単位とする造営官司に付属する瓦窯」という意味での「官窯」を示す「国府系瓦（窯あるいは屋）」——ただし、国司管轄下の工房を「国衙工房」と呼ぶのが慣例化しているので、私は、以下「国衙系瓦屋」と呼ばせてもらいます——について検討を加えました。これに対し、「中央造営官司に付属する瓦窯」という意味での「官窯」に関しては、私は「中央官衙系瓦屋」と呼んでこれを区別しようと努めております。この用語を使いはじめたのは、京都で出土する一一・一二世紀の瓦を検討したことを契機としています（上原『古代末期における瓦生産体制の変革』古代研究一三・一四、一九七八年）。

京都で出土する一一・一二世紀の瓦には、いわゆる「洛北官窯」を中心とした平安京周辺部の瓦窯の製品以外に、丹波・讃岐・播磨・尾張国などの地方産のものがあり、その背後には、各国司が京都への供給をおもな目的として、自国内での瓦生産を積極的に推進したという一面があります。従来の概念では、当然、これらの地方窯は「官窯」的性格をもつことになります。すなわち、先に述べた国衙系瓦屋の延長上にあるわけで、ここで、中央造営官司に付属する瓦窯のみを「官窯」と呼ぶことは、事実認識としても、また研究史的にみても不正確なわけです。さらに、この時期には、南都諸寺を中心とした寺院付属の瓦工房も活発化し、京都へ製品を搬出しています。したがって、先にあげた論文のなかで、私は、京都で出土する瓦を分析するために、

(a)　中央官衙系瓦屋（平安宮造営時に設置された瓦屋の系譜下にあり、造宮職・木工寮・修理職などの中央造営官司に付属したと推定できる瓦窯。平安京周辺に分布します。）

(b)　丹波系瓦屋・讃岐系瓦屋・尾張系瓦屋・播磨系瓦屋など（国名の後に「国衙」の二文字を付してもよかったのですが、二つの理由により省略しました。一つは、これらの地方産瓦の背景に国衙権力が存在したのを証明すること自体が論文の目的であったこと。もう一つは、この時期の地方窯には、国衙支配から脱し、寺領荘園として瓦生産を継続する例もあって、「国衙工房」概念のみでは全体を把握しきれないこと——の二つです。）

(c)　南都系瓦屋（「南都」の後に「諸寺」の二文字が省略されています。省略した理由は、本文を読めば誰でもその省略に気づくはずであること。(b)との統一をはかるため――の二つです。）

という三種の概念を提示して議論を進めました。しかし、どちらかといえば、瓦の産地同定論のほうに関心が集中し、これらの瓦屋の概念区分について注意を向ける人はあまりいませんでした。なかには、(a)を山城系瓦屋、(c)を大和系瓦屋と呼び代えて、全体の呼称の統一をはかって下さった方もあり、少々落胆いたしました。目下、私は、奈良時代についても、宮都に付属する瓦窯を「中央官衙系瓦屋」という言葉で把握しようと努めておりますが、このやや生硬な用語を利用する研究者は、あまり多くありません。

しかし、律令制下の造瓦をはじめとする窯業生産全搬を「官窯」という概念で検討する場合、こうした細分概念なしで考察を深めていくことは不可能だと思います。律令制下の郡レベルでの官窯概念を設定すべきか否かという点に関しては、私はむしろ否定的です。もし、郡レベルで管掌された瓦窯があったとするならば、それは、むしろ「官窯」体制に編成しえなかった部分、すなわち、「官窯」の対立概念としての「非官窯」「私窯」に当たるのではないかと私は考えています。したがって、現時点では、少なくとも、官窯を中央官衙系瓦屋と国衙系瓦屋との二種に区別し、官窯以外の瓦窯として郡レベルで管掌された瓦窯や寺院付属の瓦窯などの存在を考慮しつつ、律令制下の造瓦＝官窯体制について検討を加えていきたいと思います。

2　官窯の条件――中央官衙系瓦屋を中心に――

官窯の成熟度をはかる物差《ものさし》

官窯体制が律令制下の造瓦の背骨となっていたならば　その具体的内容は、当然、律令制の整備・拡充・再編にともなって変化したはずです。「天平一二、一三年の瓦工房」は、文字瓦によって、おもに中央官衙系瓦屋における管理・運営形態の変遷を考察しようと試みたものです。つまり、官営化の度合（官窯の成熟度）を、文字瓦から復原できる労務管理方式によって比較検討したわけです。それでは、文字瓦以外に、官窯の成熟度をおしはかる考古学資料として何があるでしょうか——実は、「官窯の成熟度は？」というような抽象的な設問に対し、考古学資料はストレートな解答を与える能力をもっていません。考古学資料に対する設問は、あくまでも即物的・具体的でなければなりません。したがって、まず、「官窯の成熟度」を即物的・具体的なイメージ（像）に置き代える必要があります。場合によっては、それは単なる虚像にすぎないかもしれません。それは「虚像」であることが判明した段階で修正し、より「実像」に近いイメージに作り直せばよいわけです。これが作業仮説です。ただし、誤解をさけるために付け加えると、実際には、一定の事実の集積のもとでイメージとなって集約した「作業仮説」が生まれ、それをもとに事実を再度並べ替えるという手続きをとるのですが、議論を進める場合には、まず仮説を提示して、これを検証するという展開をとることが多いようです。「まず仮説ありき」という言い方をする人もいますが、それは議論のテクニックであって、研究を進めるうえでの実際の手続きとは違うように思います。

私は現在、官営瓦工房（おもに中央官衙系瓦屋）の理念型として、「窯業生産部門の工人が本貫地から切り離されて、消費地の近辺に集住し、専門的・継続的に造瓦にたずさわる。しかも、その製品は一定の規格のもとに、官営の営繕事業を目的として製作される」という姿を思い浮かべています。このイメージを、官窯の成熟度をおしはかるための具体的な物差に書き替えると、次の五点に集約できそうです。

(1)　瓦窯が瓦専業窯として確立していること（＝工房の専業性）

(2)　瓦窯が消費地（中央官衙系瓦屋の場合は宮都）周辺に集中していること（＝工房の集中性）

(3)　同じ場所で、比較的長期間にわたり造瓦がつづいていること（＝工房の継続性）

(4)　複数の瓦窯の間で、瓦窯の形態やその製品が規格化していること（＝瓦窯形態・製品の規格性）

(5)　製品の消費地が、宮や官寺あるいは官衙に限定されること（＝消費の限定性）

もちろん、この五点は「官窯」であるための必要条件あるいは十分条件だというわけではありません。これらの条件を一〇〇％満足する「官窯」は、多分、存在しないと思います。これはあくまでも「官窯」の理念型であり、その成熟度をおしはかるための物差なのです。つまり、これを基準にして、各時代ごと地域ごとの「官窯」を比較していこうというわけです。

瓦専業と瓦陶兼業

(1)の工房の専業性とは、考古学的には、いわゆる瓦陶兼業との対比において提起されます。一般に、瓦の需要が増大し、既存の瓦工のみでは対処できない場合、陶工を導入して組織的拡大をはかるという事態が想定できます。その場合、技術上の主導権は、当然、従来から瓦生産にたずさわっていた瓦工が握っているはずです。瓦屋が官営工房として確立している場合、陶工の導入は少なくても済むし、既存の瓦工の指導力が強く作用し、製品を観察しても新入りの旧陶工の瓦は識別できないかもしれません。逆に、瓦生産の伝統がなかったところでは、既存の陶工集団のなかに瓦工を指導者として導入する事態も想定できますが、いずれにしても、製作技術のうえで、本来あるべき瓦工の製品とは明確に断絶したり、瓦陶兼業という操業形態をとる場合には、陶工が造瓦に関与したと想定できます。

ただし、厳密にいうと、何をもって「瓦陶兼業」の操業形態と認識するかは、かなりやっかいな問題です。一般には、同じ窯で瓦と須恵器とを焼成している場合——たとえば、一つの灰原で瓦と須恵器とが共伴した場合——に「瓦陶兼業窯」と呼びますが、実際には、同じ窯で同時に瓦と須恵器とを焼成する（すなわち、瓦と須恵器とを一緒に窯詰めする）という事態はあまりなかったと思います。もし窯詰め時点が異なるならば、別個の瓦工集団と陶工集団とが、時を違えて同じ窯を利用したと考えることもできますし、たとえ同時に両者を窯詰めした状態を確認できたとしても、異なる工人集団がその窯を共用した可能性も否定できません。つまり、「瓦陶兼業窯」という考古学的事実をもって、瓦陶兼業という操業形態、すなわち、瓦工と陶工とが未分化な操業形態の証拠とすることは必ずしもできません。また、逆に、一つの窯で瓦のみが焼成された事実が判明した場合でも、それを瓦専業という操業形態の直接証拠とすることは必ずしもできません。御承知のように、登窯で瓦を焼成する場合は、焼成室の床面に階段を設けることが多い。つまり、瓦窯と須恵器窯とは構造に違いがある——とするならば、瓦陶兼業という操業形態を採っている一つの工人集団が、製品によって窯を使い分けるという事態も想定でき、「瓦専業窯」の存在が、ただちに造瓦専業集団の存在を示すわけではないことになります。

先に述べた官窯の理念型において「工人が本貫地から切り離されて」という一節を入れた意味はここにあります。普通の窯業遺跡では、一基のみの窯が孤立して存在することは稀で、複数の窯が並存し（同じ斜面や谷間に並存して同時に操業したと考えられる複数の窯を「操業単位」と呼ぶことにします）、さらに、そうした操業単位がいくつか集まって窯業地域を構成することがあります。瓦窯の存在形態を須恵器窯との関連で大雑把にとらえると、

(a)　瓦窯のみが群集し、付近に同時代に操業した須恵器窯が存在しないもの。

(b)　操業単位は瓦窯のみで構成されるが、付近に須恵器窯も存在し、同じ窯業地域を構成するもの。

(c)　同じ操業単位内に須恵器窯と瓦窯とが並存するもの。時には同じ窯で両者を焼成することもある。

という三種に分類できそうです。工人の本貫地ということを問題にするならば、(a)に導入される陶工は確実に本貫地から切り離されており、(b)では瓦窯と須恵器窯との「住み分け」がなされているので、窯業工人集団の分業化・専業化が空間的・地理的な意味で進展していると評価できます。これに対して、(c)は空間的・地理的な意味で瓦生産と須恵器生産とが未分化で、たとえ瓦工集団と陶工集団とが別個に存在し、一つの窯や操業単位を共用していた場合であっても、その組織的編成は「住み分け」をおこなうほどには進展していなかったことになります。ここでは、(c)を瓦陶兼業の操業形態と認識したうえで議論を進めることにします。

瓦専業か瓦陶兼業かという問題にこだわるのは、同じ窯業部門に属しておりながら、少なくとも律令制が確立した段階では、瓦生産と土器生産とは中央では異なった形で掌握されていたことがわかっているからです。『延喜式』で

は、瓦生産は木工寮や修理職などの中央官司直属の官営工房として、操業規模から造瓦工程のノルマに至るまでの細目が定められています。これに対し、土器生産に関しては、大膳職に一人、内膳司に九人、内蔵寮に四人の「土器」「埴器」の作手を、内蔵寮に三人の「陶器」作手を配していますが、基本的には『主計寮式』にみる大和・河内の土師器、摂津・和泉・近江・美濃・播磨・備前・讃岐・筑前の須恵器、『民部省式』にみる長門・尾張の瓷器のように、地方からの調納・貢納によって土器の需要は満たされています。おそらく、律令制の成立過程において、瓦生産の一部が中央官衙系瓦屋としての道を歩んだのに対し、鉛釉陶生産などの一部を除いた土器生産は、中央官司に直接付属する工房として組織される部分が少なかったのでしょう。

ごく大雑把にいうと、畿内およびその周辺部では、七世紀前半には瓦陶兼業という操業形態が普遍的であり、七世紀中頃を過ぎると瓦専業形態が普遍的になります。ただし、瓦陶兼業形態も八世紀前半まで一部で残ります。そして、一一世紀後半～一二世紀にかけて、おもに京都における瓦需要の増大にこたえて、播磨・淡路・尾張などで瓦陶兼業窯が一時的に復活し盛行しますが、一二世紀後葉以降、南都を中心とした寺院付属瓦工の活動が活発化するにつれて瓦陶兼業という操業形態は消滅します。誤解を恐れずにいうと、畿内およびその周辺部では、瓦陶兼業は律令制の成立前と崩壊期とに顕著に現れた操業形態であると思われます。それは、単に専業瓦工の生産能力を上まわる需要者側の要請にもとづいて陶工を瓦生産に導入した結果と解釈すべきものではなく、官窯体制の未成熟もしくは官窯体制の弛緩と相俟って発生する操業形態であると考えられます。

平城宮や平安宮に瓦を供給した瓦窯が瓦専業体制をとったことはいうまでもありませんが、現在判明している限り、藤原宮に瓦を供給した瓦窯は、すでにいずれも瓦専業体制をとっております。つまり、この点に関しては、中央官衙系瓦屋は七世紀後葉段階で確実にその第一歩を踏み出しています。しかし、一方では、藤原宮の平瓦には、粘土紐桶巻作りのような陶工の関与を思わせる製品が含まれています。この点に関しては、(4)の製品の規格性という問題で再度ふれたいと思います。

なお、畿内およびその周辺部では瓦生産と須恵器生産とは分離の方向で進みますが、これが国衙系瓦屋一般にあてはまる現象か否かは検討の余地があります。少なくとも、陸奥国衙系瓦屋では多賀城政庁編年第Ⅰ期と第Ⅳ期とに瓦陶兼業形態があり（進藤秋輝「東北地方の瓦窯」『仏教芸術』一四八号、一九八三年）、現象的には近似します。しかし、中央官衙が独自の須恵器生産組織を保持しなかったのに対し、国衙工房として須恵器生産を組織化した国は少なくないと思われます。したがって、国衙工房での瓦生産を考える場合には、須恵器生産とどのように調和融合あるいは分離させていたのかを国ごとに検討し、比較していく作業が必要となります。

瓦窯と消費地との関係

(2)の工房の集中性とは、考古学的には、瓦窯の分布密度と消費地からの距離との問題として提起できると思います。藤原宮へ瓦を供給した瓦窯跡（図4－3）としては、橿原市飛騨町の日高山瓦窯、同久米町の久米瓦窯、高市郡高取町および御所市今住の高台・峰寺瓦窯、生駒郡平群町の安養寺瓦窯、大和郡山市西田中町の西田中瓦窯が判明しており、これらは奈良盆地の南端から西周辺部にかけて広範に分布します（奈良国立文化財研究所『飛鳥・藤原宮発掘調査報告』Ⅱ、学報三一、一九七八年。飛鳥資料館『藤原宮―半世紀にわたる調査と研究―』図録一三、一九八四年）。さらに、近江や淡路でも、藤原宮所用瓦を生産した可能性があるとのことです（山崎信二「後期古墳と飛鳥白鳳寺院」『文化財論叢』奈良国立文化財研究所創立三〇周年記念論文集、一九八三年）。

これに対し、平城宮や平安宮の瓦窯は、基本的に各々の京の北方に集中し、藤原宮関連瓦窯と比べて、分布の集中性、消費地との近接性が著しいといえます。ただし、藤原宮の南にある日高山瓦窯は宮に近接しています。ところが、藤原宮域内で出土する日高山瓦窯の製品は少なく、とりわけ宮中枢部ではほとんど出土しません。おそらく、藤原宮造営期間のなかでも、比較的終わり近くになってから日高山瓦窯が設けられたのだと思います。藤原宮中枢部では、高台・峰寺瓦窯（宮の南西約八km）や西田中・安養寺瓦窯（宮の北西約一六km）の製品が主体をなしており、宮を中心とした半径約五kmの円の北半部にほとんどの瓦窯を含んでしまう平城宮の場合（図4－4）や同じく半径約六kmの範囲内にほとんどの瓦窯が分布する平安宮の場合と対比すれば、藤原宮関連瓦窯が分散し、かつ遠距離に立地することは明白だといえます。

ただし、平安宮関連瓦窯のなかで吹田市紫金山瓦窯は平安宮の南西三〇km以上の遠隔地にあります。紫金山瓦窯は、近辺に難波宮関連瓦窯（七尾瓦窯）が設けられたこともあって、瓦作りの伝統に立脚し、平安宮北方の西賀茂瓦窯群に先立って築窯され、短期間で操業を終えた過渡的なものと理解されています（大阪府教育委員会『岸部瓦窯跡発掘調査概報―吹田市小路―』一九六八年）。事実、紫金山瓦窯で使った瓦笵は、のちに、西賀茂瓦窯に移動します（〔財〕古代学協会『西賀茂瓦窯跡』平安京跡研究調査報告第四輯、一九七八年）。

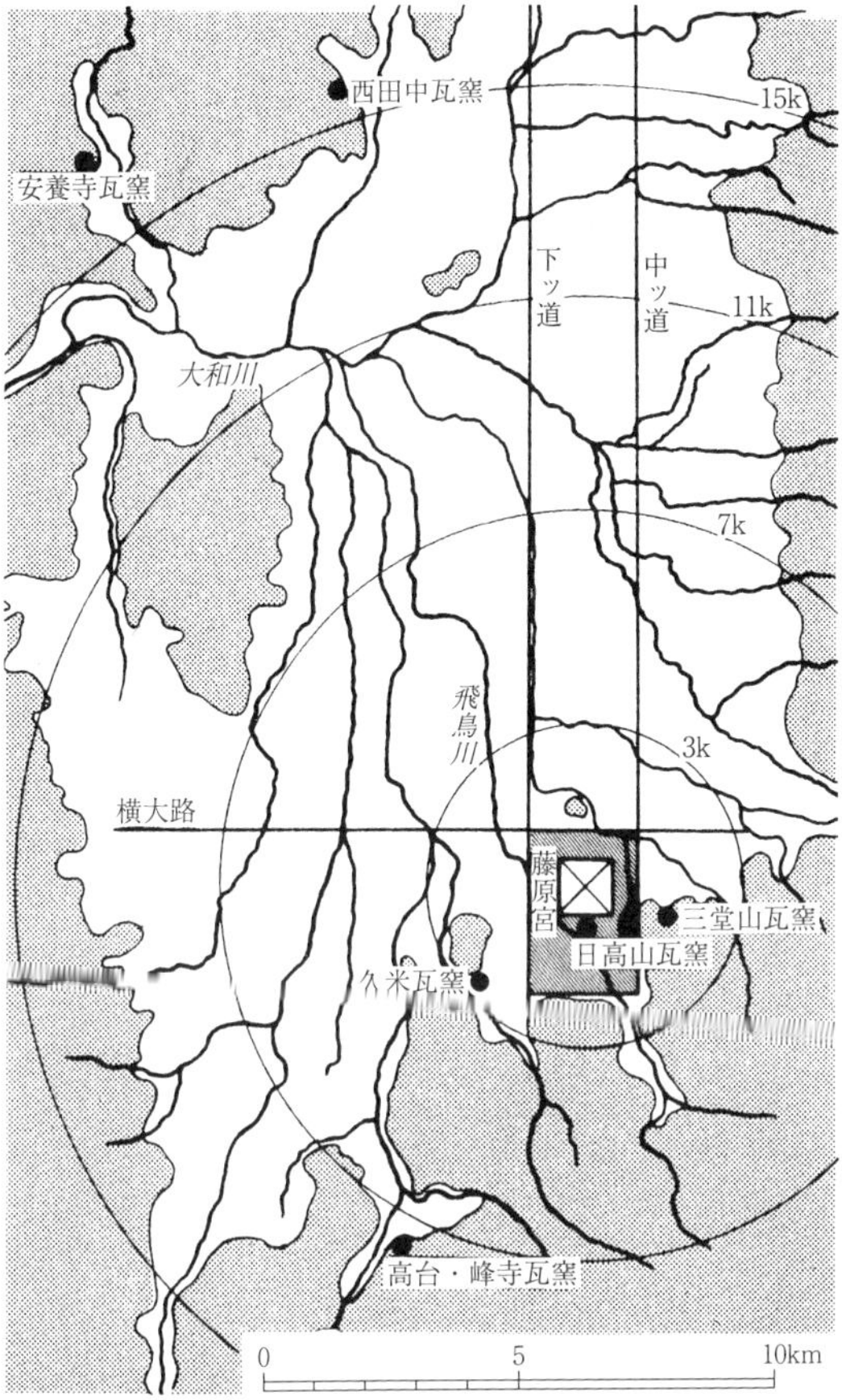

図4－3　藤原宮とその瓦窯（飛鳥資料館1984年に加筆）

日高山瓦窯や紫金山瓦窯のあり方は、「工房の集中性」という官窯の条件、すなわち中央官衙系瓦屋は遠隔地分散型から消費地近接型へと変遷したであろうという私の想定と反するようにみえます。しかし、これには遷都にともなう中央官衙系瓦屋の解体と再編とい

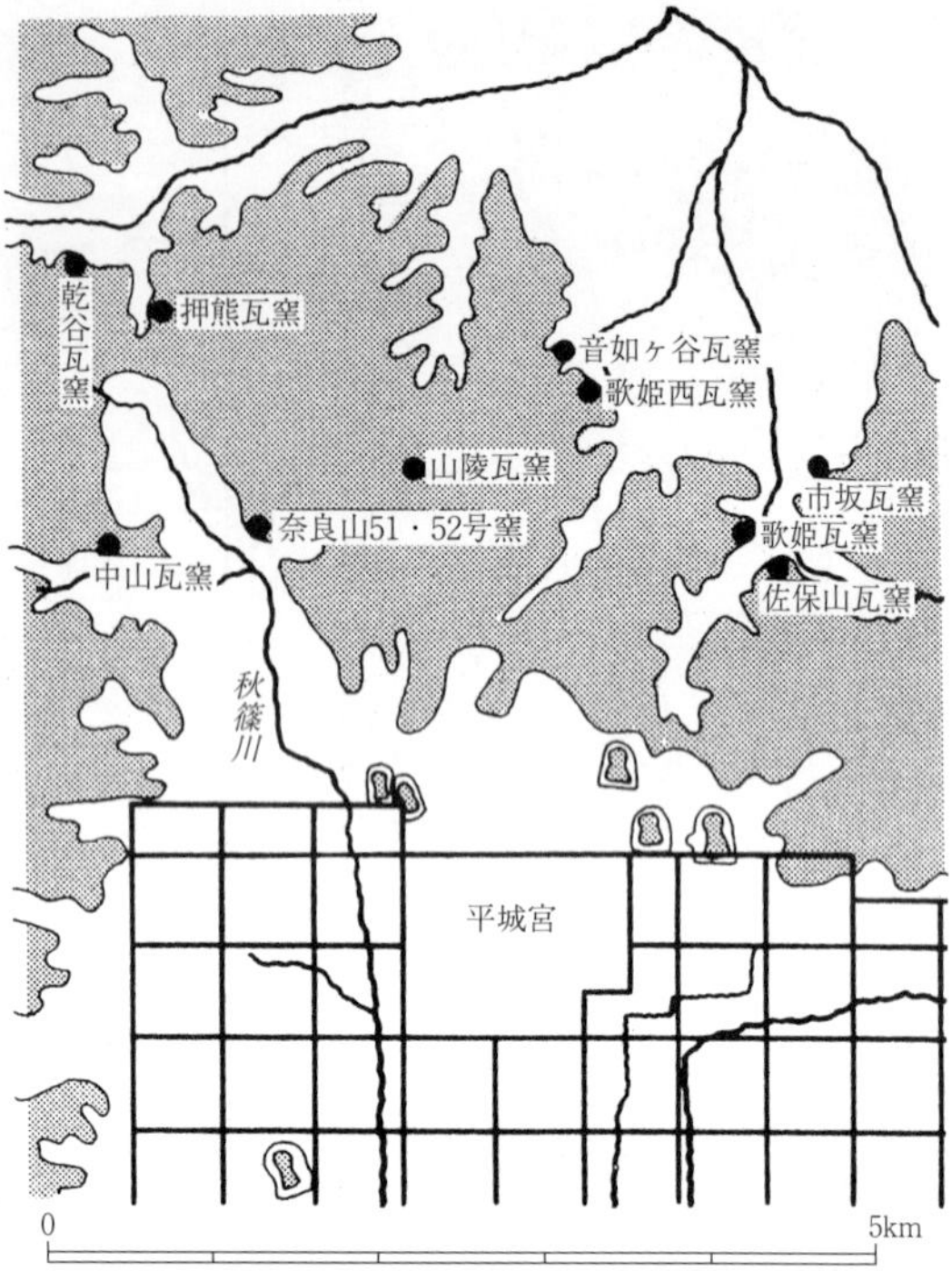

図4－4　平城宮とその瓦窯

う別の問題がかかわってくると私は思っております。この問題は(3)の工房の継続性を議論する時にもう一度ふれるつもりです。

紫金山瓦窯では有牀式平窯九基、登窯四基が各々整然と並び、ほぼ同時に操業したようです。これに対し、日高山瓦窯では杓子形の無牀式平窯二基、登窯一基を含む計四基の瓦窯が存在するにすぎません。平城宮関連瓦窯では、押熊瓦窯や歌姫瓦窯が六基の同時操業、難波宮関連瓦窯（七尾瓦窯）では七基の同時操業が想定されます。単に瓦窯の集中性が著しくなるというばかりでなく、操業単位規模自体が拡大しつつあるという方向性を、そこに看取できるかもしれません。

官窯が分散型から集中型へ、遠隔地型から消費地接近型へと移行する現象は、陸奥国衙系瓦屋においても看取できます（図4－5）。すなわち、多賀城政庁編年第I期の大吉山窯・木戸窯・日の出山窯は、多賀城の北二五～三五kmにあり、他の城柵・寺院にも瓦を供給しているのに対し、同第II期以降の台の原・小田原窯や春日・大沢窯は多賀城や陸奥国分寺・尼寺に接近し、その専用窯として機能しています（宮城県多賀城跡調査研究所『多賀城跡』政庁跡本文編、一九八二年）。

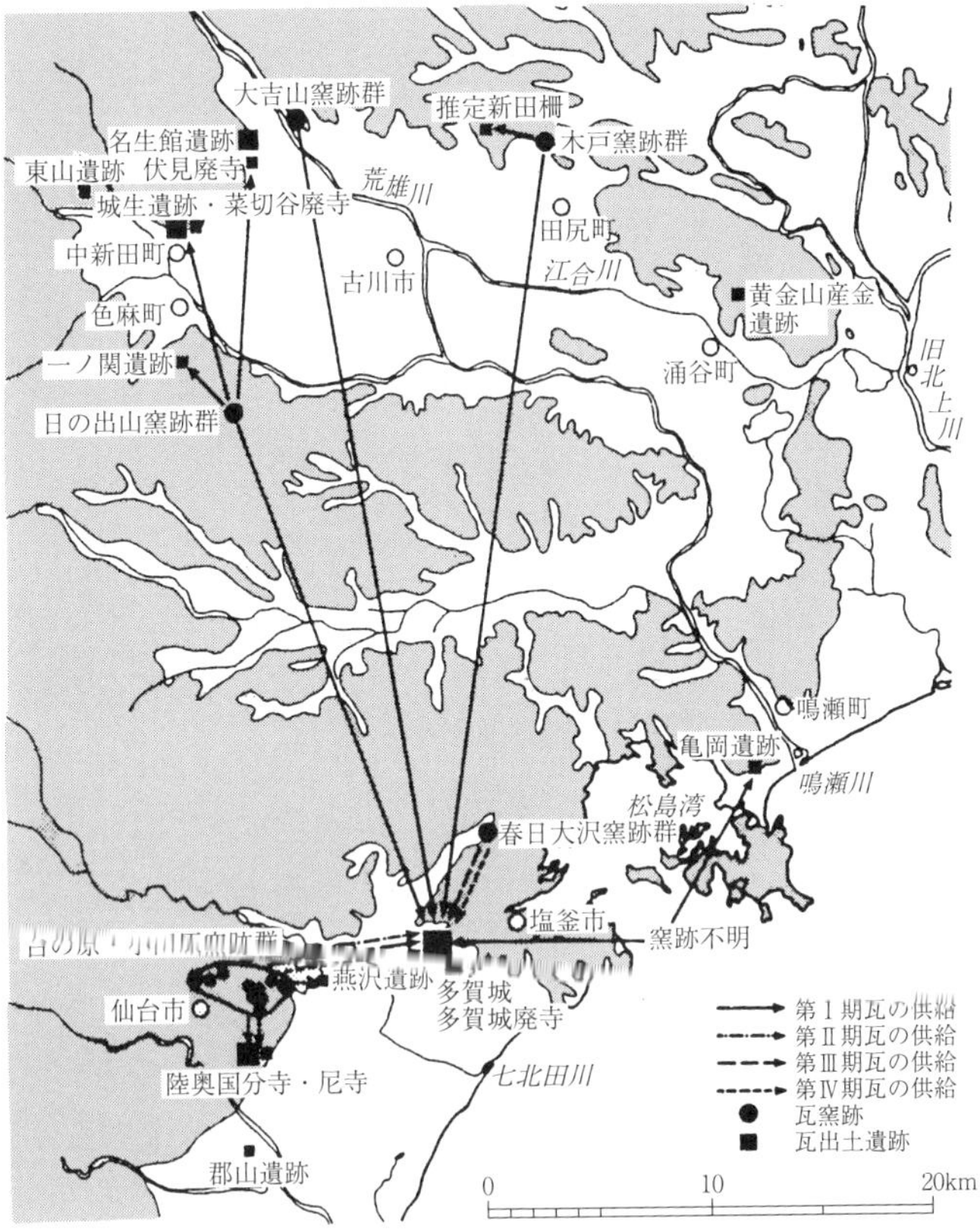

図4－5　多賀城とその瓦窯（多賀城跡調査研究所1982）

遷都にともなう官窯の再編

(3)の工房の継続性とは、消費地が変わらない限りという限定を付したうえでの話になります。遷都にともなって瓦窯は移動します。藤原宮関連瓦窯がひきつづき平城宮のための瓦を生産した例はありませんし、平安宮関連瓦窯がそれ以前の宮都で使われた瓦を焼成していた例もありません。つまり、中央官衙系瓦屋は、常に、遷都にともなって解体と再編を繰り返したわけです。村井康彦氏は、遷都を強行する背景には、一般官人を推進者のもとに吸収・序列化し、かつ不要な部分を切り捨てるという政治的な意味があることを強調し、これを「遷都の力学」と呼んでいます（村井『古京年代記—飛鳥から平安へ—』一九七三年）。遷都にともなう瓦窯の移動も、この論理によって解釈できます。つまり、瓦工を本貫地から切り離し、官営工房の司工として専業工人化させるうえで、遷都が大きな契機となったと考えるわけです。瓦当文様が瓦屋の系譜を示すと仮定すると、平城遷都当初の瓦屋は藤原宮関連瓦屋と大官大寺関連瓦屋とを再編成したもので、平安遷都当初の瓦屋は東大寺関連瓦屋と長岡宮関連瓦屋と河内の在地系（非官窯系）瓦屋とを再編成したと考えられます。遷都に際して、前代の中央官衙系瓦屋の主要部分に、新たな要素を加えて再編成するというシステムが想定できるわけです。藤原宮造営の最終段階で日高山瓦窯が築窯されるのも、平安宮関連瓦窯が初期段階で吹田市近傍という遠隔地に設置され、やや遅れて平安京周辺に集中するのも、このようなシステムが一定の手順、すなわち、当初は新たな工人の導入をその本貫地近くでおこない、つづいてこれを宮都近くへと移動させるという手順を経て実施されたことを示すのだと私は考えています。これらの事情をふまえたうえで、「工房の継続性」という問題を考古学的にどのようにとらえるべきか――目下、思案中です。

有牀式平窯の成立

(4)の瓦窯形態の規格性とは、基本的には有牀式平窯の導入とそれによる統一をもって画期づけられると考えております。有牀式平窯は天平宝字年間（七五七～七六五年）の法華寺阿弥陀浄土院の造営に関連する音如ヶ谷瓦窯（奈良国立文化財研究所『奈良山』Ⅲ、一九七九年）ですでに導入されていますが、中央官衙系瓦屋がこれで統一されるのはもっと遅れるようです。八世紀前半の平城宮関連瓦窯である中山瓦窯では、有段登窯・無段登窯・無牀式平窯などのさまざまな形態や規模の瓦窯が並存もしくは同じ場所で作り直されています（『奈良国立文化財研究所年報』一九七三年）。また、難波宮関連瓦窯（七尾瓦窯）でも、形態や規模を異にする登窯が並存し（吹田市教育委員会『昭和五八年度埋蔵文化財緊急発掘調査概報』一九八四年）、紫金山瓦窯や西賀茂瓦窯群などの平安宮関連瓦窯でみられるような、規模の等しい有牀式平窯を整然と計画的に配置した状況とは趣を異にします。紫金山瓦窯や西賀茂鎮守庵瓦窯では配列を異にして無段登窯や無牀式平窯も共存しますが、これは緑釉瓦や鴟尾を焼成するための窯である可能性が強いようです。しかし、異なる形態や規模の窯が雑然と並ぶ中山瓦窯や七尾瓦窯では、そのような機能分化にもとづいた差異は認め難く、むしろ窯を築いた工人の出身が多様であったために多種の窯が共存したのではないかと想像されます。つまり、造瓦に動員された工人たちが各々の本貫地での築窯技術をふまえ、かつそのなかでより合理的な瓦窯形態を模索した結果、多種の瓦窯形態を生み出したと考えるわけです。なお、紫金山瓦窯の無段登窯では緑釉陶器も生産していたことが判明しています。つまり「瓦陶兼業窯」であるわけですが、この場合は、緑釉生産という特殊技術を媒介に結びついた「瓦陶兼業」であり、七世紀前半段階での「瓦陶未分化」という意味での「瓦陶兼業」とは異質であることはいうまでもありません。

平・丸瓦の研究成果から

同じく(4)の製品の規格性とは、発掘調査報告書の成果に端的に表れているように思います。藤原宮跡では、大脇潔氏の努力によって、生産した瓦窯の同定が平・丸瓦に至るまでおこなわれています（奈良国立文化財研究所『飛鳥・藤原宮跡発掘調査報告』Ⅱ、前掲）。これに対し、平城宮・長岡宮・平安宮跡では、軒瓦を除くとこうした同定はほとんど進んでいません。もちろん、これは大脇氏の鋭い観察力と分析力との結果ですが、平城・長岡・平安宮跡の研究者が怠慢だというわけではありません。少なくとも外見的な観察によるかぎり、平城宮跡などの平・丸瓦を分類し、生産した瓦窯を同定することはきわめて困難なのです。藤原宮の平瓦は桶巻作り、平城・長岡・平安宮の平瓦は一枚作りなので、そのような技術差が結果的に産地同定を容易にしたり困難にしたりするという側面もあるのかもしれませんが、藤原宮の平瓦では凸面の叩きの原体も多様なので、私はこのような差を基本的に官窯体制の成熟度の差と結びつけて理解したいと思っています。つまり、平城・長岡・平安宮跡における平・丸瓦を生産した瓦窯の同定が困難なのは、消費地を等しくする異なる瓦窯の間での製品の規格化が進んでいることの証しであると考えるわけです。また、藤原宮関連瓦窯で認められる粘土紐桶巻作りの成形法や凸面ハケメの調整法が、陶工が造瓦に関与した結果とするならば、七世紀後葉段階では、陶工の個性が埋没するほどには、中央官衙系瓦屋は官営工房としての組織が整っていなかったのだと理解できるかもしれません（田中琢「古代窯業の展開」『講座・日本技術の社会史』第四巻、窯業、一九八四年）。

なお、先に述べたように一一・一二世紀の平安京では地方から瓦を搬入するようになり、その産地同定は再び平・丸瓦に至るまで可能となります。歴史的位相としてはまったく異なるわけですが、八世紀をピークとする律令制の最初と最後とに相似した現象が認められることは、前に述べた瓦陶兼業という操業形態の問題を考え合わせるならば、単なる偶然ではないといってよいでしょう。

(5)の消費の限定性に関しては、同笵瓦の分布をもとに議論すべき問題であり、目下検討中です。

まとめと課題

以上、きわめて大雑把ではありますが、文字瓦とは異なった基準で、中央官衙系瓦屋を中心に「官窯の成熟度」という問題を考えてみました。宮都を供給対象とした瓦専業体制の確立（七世紀後半）、瓦窯の集中化と製品の規格化（八世紀前半）、瓦窯の規格化と操業単位規模の拡大（八世紀後半）という三段階での官窯の成熟化が想定できると思います。

「天平一二、一三年の瓦工房」（前掲）で論証した西山瓦屋的労務管理方式から延喜式的労務管理方式への移行、すなわち、生瓦作工ごとに製品を弁別し、焼成後の製品において各々の作瓦量にもとづいて賃金を支給し、あわせて品質管理をおこなうという方式から、造瓦工程ごとに工・夫の仕事量を定め、上日数や作業内容にもとづいて賃金を支給する方式への移行は、ちょうどこの第二段階から第三段階への過渡期に該当します。『延喜式』の造瓦は、官営工房としてきわめて整った形態をとっています。その初現は恭仁宮・難波宮から平城宮へ還都した天平一七（七四五）年頃までさかのぼる可能性があります。しかし、八世紀前葉以前の官営大規模造営にともなう造瓦体制に関しては『職員令』土工司条に「正一人（掌営土作瓦埿。并焼石灰等事。）佑一人。令史一人。泥部廿人。使部十人。直丁一人。泥戸。」とあるのが唯一の規定とみなされています。ただし、この宮内省土工司の職掌「営土作瓦埿」に関しては、『令義解』と『令集解』

とで解釈が異なり、小林行雄先生は「ここに言う泥部あるいは泥戸が、たしかに造瓦工人であったということすら、確言することは困難であろう。」と述べています（小林「屋瓦」『続古代の技術』一九六四年）。これに対し、浅香年木氏は「この土工司は、のちに木工寮に併合されることより推して、営繕作業に関連するものであったことは疑いなく」「伴部として所属する泥部二〇人、品部として所属する泥戸五一戸のうち、泥部の一部には瓦工が含まれているが、泥戸の古訓が「奴利戸」であることから推して、土工司の工房を構成する工匠群の主体は壁塗工であった」と述べています（浅香「平安期の窯業生産をめぐる諸問題」『日本古代手工業史の研究』一九七一年）。少なくとも考古学的には、瓦工と壁塗工との協業は証明できません。また、技術的にみて、瓦工と陶工との間に認められるほどの同質性が、瓦工と壁塗工との間に想定できるかどうか疑問です。私は土工司の職掌には造瓦を含めにくいと考えています。

もし、土工司が造瓦を担当していなかったならば、令編纂の段階では、官営の造瓦体制はまだ流動的で、条文で規定できるような官営工房として組織化されていなかったのかもしれません。また、浅香説に従った場合でも、土工司の造瓦が官営工房として未成熟であることは否定できません。『延喜式』木工寮瓦屋や西山瓦屋が四〇人前後の瓦工を擁していたのに対し、『職員令』土工司では造瓦は専業化しておらず、泥部二〇人中の一部が造瓦に携わっていたにすぎないことになります。しかも、泥部―泥戸という形態は、令制以前の労働編成方式を色濃く残しているようにも思われます。

西山瓦屋的労務管理方式から延喜式的労務管理方式へという図式は、主に文字瓦の検討から導いたものです。しかし、八世紀前葉以前には、恭仁宮式文字瓦のような瓦工名印や、造営官司名を主体とする数量検印は存在せず、これらの刻印を必要としないような労務管理方式を採っていたと考えられます。

藤原宮関連瓦窯のように瓦窯が遠隔地に分散する場合　瓦工個人次元での作瓦量や造瓦工程ごとの仕事量を、造営官司が直接に把握することは著しく困難だと思います。つまり、そこでは個人次元での出来高支払制や上日数・作業内容にもとづく功銭・物品の支給は不可能なわけです。もし、藤原宮の造営官司が分散した瓦窯を同等に掌握していたと仮定するならば、そこで採用された労務管理方式として、操業単位ごとの出来高支払制、あるいは操業単位ごとの貢納制が想定できます。つまり、操業単位ごとの瓦屋に発注し、製品を運京させた時点で製品数に応じた代価を支払う方式、あるいは操業単位ごとの貢納量を規定し、それを遵守させる方式です。前者の方式は、年月未詳の「浄清所解」（『大日本古文書』第三巻四一三頁）の土師器生産において認められます。

「浄清所解」の土師器生産は、讃岐石前と借馬秋庭女という二人の単婚家族的労働編成によって（吉田晶「八・九世紀の手工業生産をめぐる諸問題」『ヒストリア』三一、一九六一年）、本貫地（在地）でおこなわれています。文書のうえでは、形式的に各人の作業内容や上日数、製品ごとの所用功数も記載していますが、実際の賃金（功銭）は作業内容や上日数とは無関係に、製品の種類と量とに応じて支給しています（田中琢「畿内と東国―古代土器生産の観点から―」『日本史研究』九〇、一九六七年）。工房が在地に分散し、官による直接の掌握が困難な場合に、工房を単位とした出来高にもとづいて賃金を計算するのは当然の措置のようにも思います。それはまた「様工」制と共通する一面でもあります（浅香、前掲書）。

なお、問題の「浄清所解」自体は年月未詳ですが、関連文書から天平勝宝二（七五〇）年頃のものと推定できます（吉田、前掲書）。つまり、瓦生産においては、すでに延喜式的労務管理方式を採用している時期のものです。しかし、同じ窯業部門でも、官営化という点においては、土器生産と瓦生産との間に大きな格差があったことは前に述べました。土師器生産は単婚家族的規模でも可能なので、必ずしも同じ次元で議論できるとは思いませんが、七世紀前半段階には瓦陶兼業体制が普遍的である以上、瓦生産と須恵器生産とはほぼ等しい労務管理下に置かれていたと考えてよいでしょう。しかし、その需要が特殊であるために、瓦生産は律令制下において須恵器生産と分離され、ひたすら官営化への道を歩んだわけです。八世紀中葉の土師器生産体制のなかに、八世紀前葉以前の瓦生産体制の具体像が多少なりとも反映されているのではないかと考えるのも、決して根拠のないことではないと思います。

以上、官窯の条件をふまえたうえで「天平一二、一三年の瓦工房」ではほとんどふれることができなかった八世紀前葉以前の中央官衙系瓦屋における造瓦体制について臆測を述べました。これで中央官衙系瓦屋における労働編成方式・労務管理方式の変遷に関する輪郭をほぼたどることができたと思っておりますが、やや独断的な議論が多かったのではないかと反省しております。また、ここでは国衙系瓦屋の動向に関してふれることができませんでしたし、郡衙に関連する瓦窯の評価に関しても無責任な放言のままで論証を保留してしまいました。こうした欠陥の補充・改訂は、さらに検討を深めたうえで、再度挑戦してみたいと思っております。

［付記］　公表から四半世紀弱を経過し、用語（有牀式平窯→有畦式平窯など）、日高山瓦窯の評価（奈良盆地内の藤原宮関連瓦窯のなかでも初期段階に築窯された）、紫金山（吉志部）瓦窯と西賀茂瓦窯の評価（後者の操業開始年代が先行し、大山崎瓦窯の存在が新たに判明）など、個別の事実や理解において変更や追加すべき点がいくつか生じている。また、藤原宮関連瓦窯が奈良盆地周辺部だけでなく、和泉・山背・近江・讃岐などの畿内および周辺諸国にも築かれた事実は、本稿の主旨である官営度論や官窯再編論をさらに推進する。しかし、本稿はその後の瓦研究にかなりの影響を与えており、基本的な分析視角や研究の方向性は、現在なお有効である。そのため、一部の文章表現を除き、大きな変更を加えなかった。

（二〇一四年一二月二一日記）

第五節　恭仁宮造営に際して稼働した西山瓦屋の工人達

1　古代瓦生産の変遷と画期

日本考古学においては、土器や瓦は、年代をはかる物差《ものさし》（編年資料）として、普遍的に利用される。焼物の特性として、大量かつ恒常的に生産され、壊れたら再利用不能として廃棄され、土中に埋もれても、発掘調査を通じて、そのほとんどを歴史資料に活用できるからだ。土器や瓦の研究者は、発掘した一括資料を数量化して、その属性や特徴を解明しようとする。こうした資料操作法は、たまたま残った文書や建築を扱う文献史や建築史の研究者には、理解しにくいようだ。

もちろん、後世の攪乱・破壊や、調査の限界のために、分析対象となる土器や瓦は、実在した資料の一部にすぎない。しかし、焼物は、原則として朽ち果てることはない。過去に実在した資料のすべてが研究材料になる可能性を秘めている。調査の限界で、扱った資料が少なく、正しい結論に至らなかった場合でも、次に良好な一括資料が得られれば、その誤りは訂正できるのだ。これに対して、古代文書や古代建造物は、おそらく、過去に実在した資料の一％も現存しない。数量化の対象にはなりえず、現存資料そのものから、何を引き出せるかが、研究者の資質・技量にかかってくるのだ。しかし、古代・中世においては、同じ窯業製品でも、土器と瓦で、消費の場が大きく異なる事実は、分析を進めるうえで、重要な意味がある。

土器は、おもに日常生活、とくに食生活と深くかかわる。もちろん、政治活動の場（都城や城郭跡）や宗教活動の場（寺院や祭祀遺跡）でも、土器は出土する。しかし、瓦の消費場所は、宮殿・官衙（役所）・寺院・城郭など、上位階層の政治・宗教施設に限定される。こうした消費の場の違いは、当然、生産体制の違いにも反映する。

造瓦技術は、寺院造営技術の一環として、五八八年、百済から列島にもたらされた。飛鳥寺造営である。『日本書紀』や「元興寺伽藍縁起并流記資財帳」には、この時、造瓦技術を伝えた四人の瓦博士（瓦師）の名前が記されている。以後、おもに推古朝の仏法興隆政策を受け、七世紀前半を通じて、造瓦技術は畿内を中心とした列島に普及する。その技術伝習の場として、畿内から瀬戸内地域に分布する大王家領（屯倉）のなかで、経営に蘇我氏や秦氏などの飛鳥仏教推進派が関与した屯倉が選ばれた。また、五世紀以来、列島各地に定着していた須恵器生産者が、その技術伝習者として積極的に活用された。初期瓦生産が、同じ窯場を使って須恵器も生産する瓦陶兼業形態を、おもに採用した理由である。

天武・持統朝を中心とした七世紀後半には、南北両端を除く列島各地で、寺院造営がブームとなった。それを推進する中央の力が働いたとしても、具体的な造営費や労働力は、かつて古墳を築造した有力首長の末裔で、律令国家の地方官人として再編されつつあった在地豪族が支出した。列島規模で、瓦の需要が著しく高まったのである。各地が組織した造瓦工房には、畿内などで技術を伝習した工人や、彼らの指導を受けた在地窯業技術者だけでなく、百済や高句麗の滅亡にともない、半島から亡命してきた技術者も多数含まれていたに違いない。

特定の品物の需要が高まれば、その生産は専業化する。とくに需要が官衙や有力豪族・中央貴族・皇族など階層的上位者に限られる瓦生産は、日常的な一般需要にも応える須恵器生産とは切り離して、厳格に管理・運営するほうが合理的である。八世紀の寺院造営に際し、造〇〇寺司と呼ぶ建設部門の役所を置いた。その配下に、造瓦工人も組織することが多い。七世紀後半に造営された寺院に近接して築いた窯が、原則として瓦専業窯であるのも、そうした組織的充実が、この時期から達成されつつあったことを示すのだろう。

しかし、古代瓦生産における大きな画期となるのは、宮殿における瓦屋根の採用である。「官舎始以瓦葺之（官舎始めて瓦をもってこれを葺いた）」藤原宮（『扶桑略記』）では、大極殿・朝堂院と宮を囲む大垣・十二門を瓦屋根にしたにとどまるが、必要な瓦は約一五〇万枚と試算されている。通常の寺院で必要な瓦の十数倍の量だ。これに続く平城宮では、官衙や内裏建物の棟も、瓦で覆うようになり、藤原宮の倍以上の瓦が必要になったという。しかも、古代寺院の造営工事は、比較的ゆっくり進展し、七堂伽藍が整うのに、二〇年近くかかる場合も少なくない。しかし、政治施設である宮殿の造営は、早期に竣工する必要がある。大量の瓦を短期間に調達せねばならないのだ。これを実現するには、中央の宮殿造営官衙（造宮省や造宮職など）が、直接管轄する大規模な瓦工房を組織し、厳しい労務管理と製品チェックのもとで、多数の工人を就労させねばならない。そうした、宮殿造営工事にともなう瓦生産の実態を示すのが、京都府相楽郡加茂町にある恭仁宮跡で出土した恭仁宮式文字瓦である。

2　恭仁宮造営と恭仁宮跡出土瓦

天平一二（七四〇）年九月三日、実質上の大宰府長官であった藤原広嗣が、天災地異も悪政の結果と、時の政治を批判し、元凶となる僧正玄昉と吉備真備の排斥を訴えた上表文が、平城宮に届く。朝廷はこれをただちに「反」と断じ、大野東人を将軍、紀飯麻呂を副将軍に任命し、軍士一七〇〇〇人の動員を五道に通達した。大野東人のもとから、戦果が次々と報告され、まさに広嗣逮捕の報が届く直前の一〇月二六日、聖武天皇は、突如、関東行幸を東人に告知する。行幸の列は、ゆっくりと伊賀・伊勢・美濃・近江国を経て、一二月一五日、山背国相楽郡恭仁郷に到着。ここに恭仁宮遷都が明らかになる（『続日本紀』巻一三、以下『続紀13』と略記）。

この間の事情や歴史的背景に関しては、政治情勢だけでは判断しきれず、聖武天皇の心象風景や性癖をめぐり、さまざまな憶測が乱れ飛ぶ。単なる臆病者か、専制君主の気まぐれか、あるいは壮大な計画の一端か。近年、滋賀県大津市や三重県四日市市で、聖武天皇の関東行幸時の頓宮（行宮）跡とする遺跡調査成果が発表され、「壮大な計画」

説が主張されるようになった。しかし、記録されずに挫折した「壮大な計画」を実証するのはむずかしい。それに加えて、「頓宮（行宮）」遺跡の認定基準は曖昧で、真実は藪の中だ。恭仁宮遷都に関して重要なことは、急峻な山が西・北・東を囲み、南を木津川（泉河）が袋状に彎曲して流れる狭隘な地で、突如、都作りの槌音が響き始めたという事実である。

天平一三年元旦の元日朝賀は、恭仁宮でおこなう。しかし、宮垣は未完で、帷帳（幔幕）でまわりを囲ったという（『続紀14』）。前年一二月六日に橘諸兄が、一足先に恭仁郷に赴き、遷都の下準備をしている（『続紀13』）ので、仮設建物が儀場になったのかもしれない。本格的な恭仁宮造営工事は、平城宮の大極殿と歩廊の移設から始まった（『続紀15』）。恭仁宮に移設した大極殿とは、現在、再現工事が進んでいる平城宮中央区（第一次）大極殿のことだ。天平一四年元旦の元日朝賀は、大極殿が未完成のため、仮設の四阿殿でおこなった（『続紀14』）が、天平一五年の正月二日の元日朝賀は、恭仁宮大極殿で実施した（『続紀15』）。この間に、平城宮大極殿の移設工事が、完了したことになる。なお、天平一五年の元日朝賀が一日延びたのは、聖武天皇が前月二九日から、紫香楽宮に行幸していたためである。

紫香楽宮は、もともと恭仁宮に対する離宮として造営された。恭仁宮造営工事が最盛期を迎えた天平一四年二月五日、近江国甲賀郡に通じる恭仁京東北道を開削し、同年八月一一日には造離宮司を任命、同月二七日には紫香楽宮に行幸する（『続紀14』）。以後、天平一五年一〇月にかけて、聖武天皇は恭仁宮と紫香楽宮を往復するなかで、紫香楽宮における盧舎那仏造営を決意する。なお、昭和五〇年頃まで、奈良から加茂町を経由して信楽に向かうバスが走っていた。平城宮—恭仁宮—紫香楽宮を結ぶルートは、現代まで機能しているのだ。

しかし、恭仁宮と紫香楽宮の造営を、併行して進めるのは困難だった。『続紀15』においては、天平一五年条の末尾に、恭仁宮造作停止の記事がある。しかし、同年一二月一四日には、平城宮にあった器仗を恭仁宮に運んでおり、恭仁宮を皇都とする企図を断念したわけではない。天平一五年条の末尾に、造作停止の記事があるのは、命令で造作を停止したのではなく、物理的に工事が継続できなくなったことを示しているのだろう。しかし、天平一七年五月一一日の平城行幸記事（『続紀16』）が、実質的な平城還都となり、翌年九月二九日、恭仁宮大極殿は山背国分寺に施入される。以後、塔・講堂など、国分寺として必要な施設が同地で整えられるが、正史にその造営記事はない。

以上、概観したように、恭仁宮は天平一二年末〜一七年の、五年弱の間に存続した宮都で、その造営工事が進展したのは、天平一五年までの、わずか三年間に限られる。京都府教育委員会により、昭和四九（一九七四）年から始まった恭仁宮跡の発掘調査は、平城宮の三分の一にも満たない宮域面積、東面が歪んだ大垣や朝堂院区画、大極殿院の北に東西に並ぶ「内裏」区画など、想像すらできなかった恭仁宮に関する新知見をもたらした。同地では、恭仁宮跡と山背（山城）国分寺跡の遺構が重複しているにもかかわらず、両者が容易に識別できたのは、それぞれに伴う軒瓦が、まったく異なることによる点が大きい。

恭仁宮（山城国分寺）跡から出土する軒瓦は、出土状況や型式から、四群に大別できる（図5－1）。

第Ⅰ群＝恭仁宮遷都時に、平城宮から運んだ軒瓦

第Ⅱ群＝恭仁宮造営のために、新調した軒瓦

第Ⅲ群＝山背国分寺造営のために、新調した軒瓦

第Ⅳ群＝山城国分寺修理・再建時の補足用軒瓦

第Ⅰ群軒瓦は、平城宮跡で、同じ木型で作った瓦（同笵瓦）が出土しており、平城宮瓦編年では、恭仁宮遷都以前に位置づけられている。恭仁宮跡では、大極殿（国分寺金堂）跡を中心に少量出土するが、同じ型式の軒瓦がまとまって出土することはない。第Ⅱ群軒瓦は、平城宮跡と同笵であるが、平城宮における年代はおもに還都後に属する。恭仁宮跡では大極殿・内裏跡から、まとまった量が出土する。第Ⅲ群軒瓦は、平城宮跡と同笵関係がなく、甲賀寺（紫香楽宮にともなう寺院で、のちに近江国分寺にもなった）や南山城の在地寺院から、同笵瓦が出土する。恭仁宮跡では、塔跡や大極殿の背後（講堂跡推定地）から、まとまって出土する。第Ⅳ群軒瓦は、文様から奈良時代末期以降に属し、平城宮跡と同笵関係がなく、甲賀寺や南山城の在地寺院から、同笵瓦が出土する。

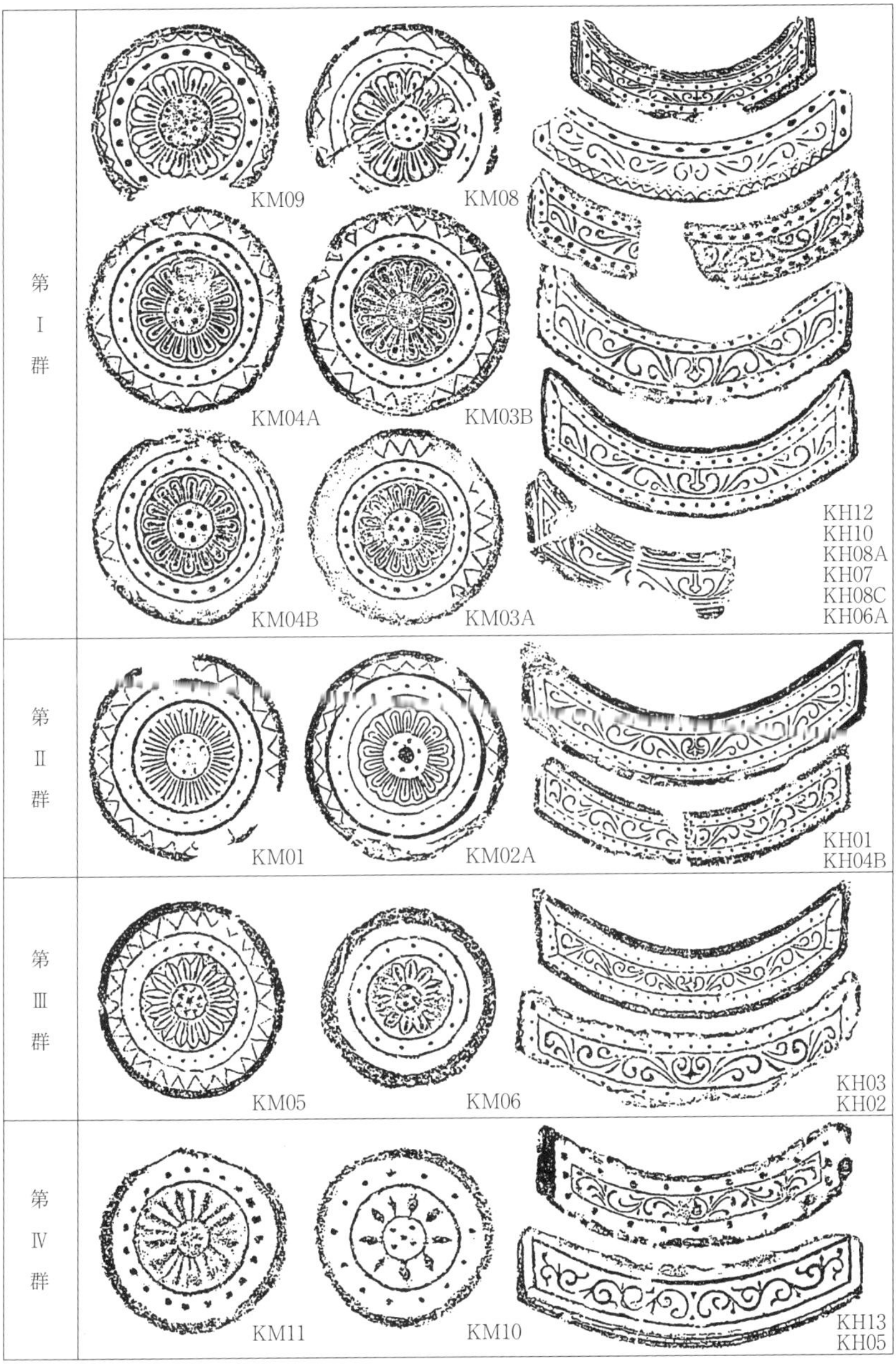

図5－1　恭仁宮跡出土軒瓦の大別（縮尺約7分の1）[上原1983]

以上の諸特徴のうち、恭仁宮段階の軒瓦が平城宮と同笵であるのに対し、山背（城）国分寺段階の軒瓦が平城宮と同笵関係をもたない事実は重要である。恭仁宮造営は、中央の宮殿造営官衙（造宮省）が担当した。これに対し、国分寺造営はおもに国司の仕事であった。国分寺段階の軒瓦が、平城宮と同笵関係にないのは、その生産が、おもに山背国司の管轄下の工房によることを反映しているのである。

3　恭仁宮式文字瓦とその年代・意義

恭仁宮跡の発掘では、人名を刻印した平瓦・丸瓦が大量に出土した。これが恭仁宮式文字瓦である（図5－2）。「刑部」「宗我部」「中臣」「大伴」など、姓を表示するものと、「乙万呂」「太万呂」「真依」など、名を表示するものがあるが、これらは明らかに人名だ。したがって、それだけでは人名と断言しにくい「老」「古」「土」などの一字刻印も、人名の省略形と判断できる。発掘調査が進む前は、この文字瓦は、山背国分寺造営に際して、仏縁を求めて造営資金を寄付した人々（知識結）の名前とする説が有力だった。現在でも、瓦に名前を書かせて浄財の提供を求めることは珍しくない。しかし、発掘の結果、恭仁宮式文字瓦は、第Ⅱ群軒瓦にともなうことが確定した。すなわち、国分寺造営を促進した知識結とは無関係で、しかも、天平一二年末から一五年という、きわめて限られた恭仁宮造営時に生産されたことがわかったのである。

恭仁宮式文字瓦と同じ刻印を押した同じ作り、同じ焼きの瓦は、平城宮跡では、東院地区を中心に少量出土する。また、天平彫刻で著名な東大寺法華堂の葺替え工事の時、二八四点もの恭仁宮式文字瓦が発見された。恭仁宮式文字瓦は、文字を彫り込んだ板を印にして、平瓦や丸瓦の凹面（内曲面）に押捺したものだ。使い込んでいくうち、印は割れたり、摩耗して字が読みにくくなったり、場合によっては新たな文字を彫り加えたりする。そのような印面変化の状態を比較すると、平城宮や東大寺法華堂の恭仁宮式文字瓦も、恭仁宮と同じ時、すなわち天平一二年末～一五年に作られたことがわかる。

東大寺法華堂は、平城還都後に東大寺造営が本格的に始まる以前から、同地にあった金鐘寺・福寿寺内に作られた仏堂で、両寺は、恭仁宮造営時に、大和国金光明寺として面目を一新する。恭仁宮の造営経過を勘案すると、天平一三年の初夏～天平一四年七月頃に、大和国金光明寺の金堂として造営されたのが、現在の東大寺法華堂と考えられる。その屋根に、恭仁宮式文字瓦を葺いたのだ。そのため、東大寺境内のほかの場所では、恭仁宮式文字瓦がまとまって出土することはない。

一方、天平一二～一五年に、新たに瓦を必要とするような造営工事は、平城宮内でおこなわれていない。平城還都直前の天平一七年二～四月、恭仁（久尓）宮・紫香楽（甲賀）宮・難波宮の留守を勤める仕丁に食料を支給する（『正倉院文書』）。その記載から、西山瓦屋と呼ばれた恭仁宮の瓦工房に、瓦守を置いたことがわかる。つまり、突如、操業を停止した恭仁宮の瓦工房には、瓦がストックされていたのだ。平城還都後、恭仁宮造営官司＝造宮省関連資材は、平城宮に移管されたはずだ。このように考えれば、平城宮跡から、天平一二年末～一五年に製作した恭仁宮式文字瓦が出土する理由が氷解する。

恭仁宮式文字瓦は、きわめて丁寧に作った厚手の製品で、一目で普通の平瓦や丸瓦と区別できる。同じ作り、同じ焼きで、文字のない平瓦や丸瓦もある。これらは、すべて同じ工房で作られたと判断できる。つまり、恭仁宮式文字瓦は、同じ工房、すなわち西山瓦屋で、天平一二年末～一五年という、きわめて短期間に集中的に生産されたことがわかる稀有な資料なのだ。それでは、恭仁宮式文字瓦にその姓あるいは名を刻印された人々は、一体何者なのか。

かつて通説となっていた瓦寄進者名説が成立しないのは明らかだ。同じ工房の製品なので、恭仁宮式文字瓦を含む同じ作り、同じ焼きの平瓦・丸瓦は、細部の成型痕や調整痕に至るまで、きわめて規格性に富んでいる。たとえば、平瓦の各部寸法や重量をヒストグラム（度数分布表）にすると、平均値を頂点とする見事な正規分布を描く。ところが、刻印ごとの法量を検討すると、それぞれの個性が浮かび上がる。つまり、製品群としては規格を厳守しているが、

KJ14C	KJ14D	KJ15A	KJ17	KJ19A	KJ19B	KJ20	KJ21

12	8	5	5	18	1	21	1
2	0	3	1	3	0	12	0
1	0	0	1	4	0	0	0
15	8	8	7	25	1	33	1

KJ22	KJ23A	KJ23B	KJ24	国万呂	篦書「大」	
					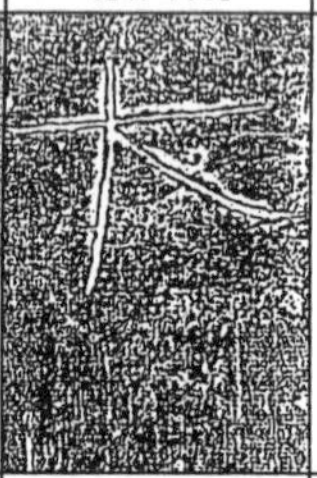	計
3	5	1	5	0	0	482
1	1	1	17	0	8	274
0	0	0	2	1	0	63
4	6	2	24	1	8	819

丸瓦

KJ11A	KJ11B	KJ13B	KJ13C	KJ14A	KJ16	KJ18	KJ25	
								計
193	3	26	2	4	115	110	1	454
4	0	2	0	0	1	3	0	10
1	0	0	0	0	0	1	0	2
198	3	28	2	4	116	114	1	466

平瓦

拓影（縮尺約3分の1）

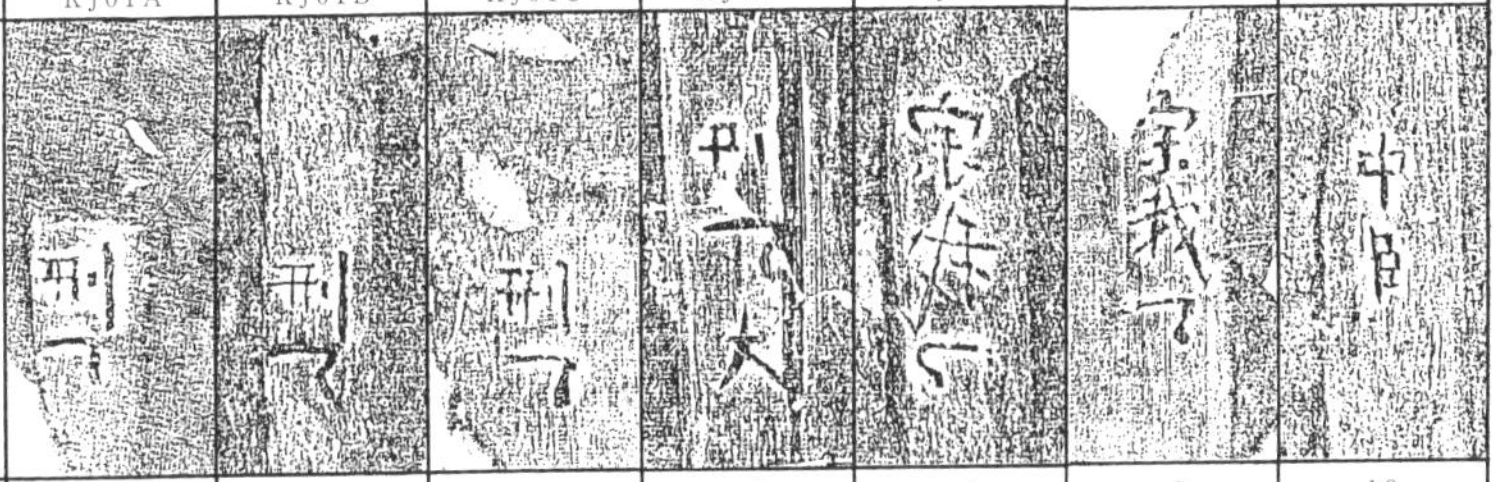

型式番号	KJ01A	KJ01B	KJ01C	KJ02	KJ03A	KJ03B	KJ04
点数 恭仁宮	33	20	1	4	6	5	19
点数 法華堂	21	14	0	4	2	3	12
点数 平城宮	2	2	0	1	3	1	2
点数 計	56	36	1	9	11	9	33

KJ05A	KJ05B	KJ05C	KJ06A	KJ07	KJ08	KJ09A	KJ10
8	25	1	15	19	27	41	21
7	20	1	13	7	26	13	10
2	0	0	2	2	0	8	4
17	45	2	30	28	53	62	35

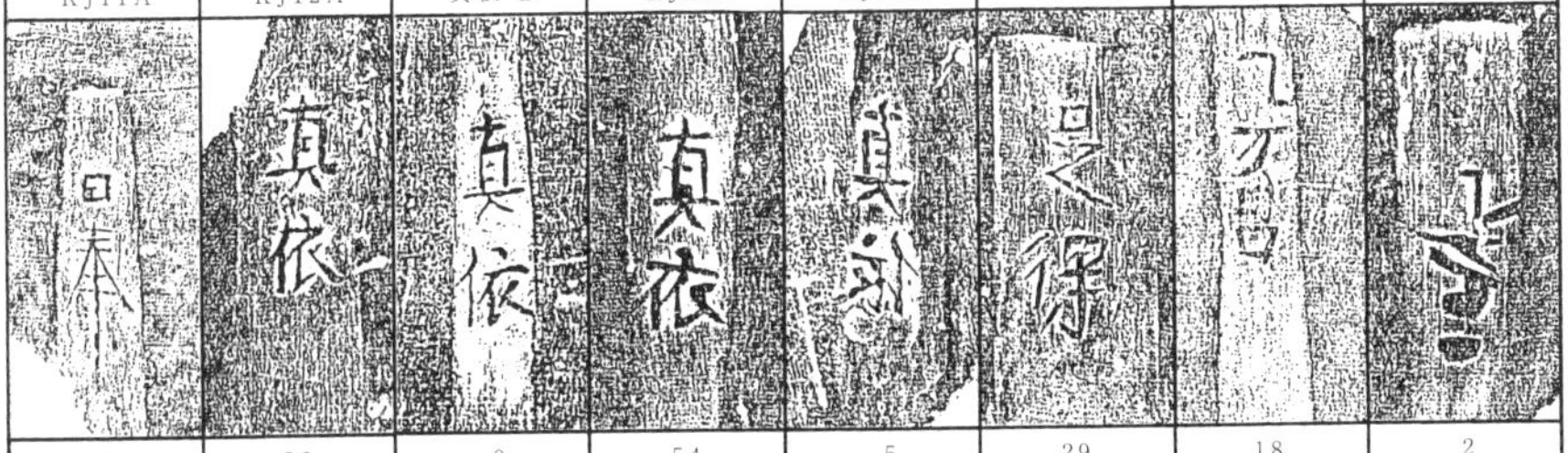

KJ11A	KJ12A	真依 B	KJ12B	KJ12C	KJ13A	KJ14A	KJ14B
8	36	0	54	5	29	18	2
10	18	1	15	5	16	7	0
1	8	0	11	0	2	2	1
19	82	1	80	10	47	27	3

図5－2　恭仁宮式文字瓦一覧

規格の許容範囲内において刻印ごとの変異＝個性が発揮されているのだ。さらにそれがはっきりわかるのが、刻印の押捺位置だ。

恭仁宮式文字瓦における刻印押捺位置は、平瓦・丸瓦ともに、凹面に限られる。これは製作工程に規制された結果だ。平瓦は、凸型成型台で彎曲を与え、凸面に付いた縦方向の縄叩き目の狭端寄り約三分の一を磨り消した後、成型時に凹面に付いた布目圧痕を、全面もしくは半面だけ、丁寧に磨り消す。後者の作業には、凹型調整台を使う。凹型調整台上におけるすべての作業が終了した後、刻印が押捺される。押捺位置が凹面に限定される理由である。当然、押捺したのは、製作者自身である。ところが、凹面のどの位置にどの方向から押捺するかは、刻印によって著しい違いがある。この違いは、明らかに押捺した主体、すなわち瓦製作者の個性を反映している。つまり、刻印された人名は、西山瓦屋で天平一二年末～一五年に作業した瓦工の名にほかならない。したがって、恭仁宮式文字瓦の分析を通じて、恭仁宮造営という国家的プロジェクトの実態に迫ることが可能となるのである。

４　西山瓦屋の構成・分業・労務管理

押捺位置に見る個性は、単に刻印文字の違いにとどまらない。「刑部」や「真依」などは、文字が同じでも印が違うと、押捺位置がはっきり異なる。その文字を比べると、余分な一画を加えたり、裏文字にして、印自体を区別する意図がうかがえる。とくに「六人大」の「大」字は、あとから彫り加えた文字で、他の「六人」印と区別する意図が明白である。恭仁宮式文字瓦の人名は、姓・名のいずれか一方、あるいはその省略形で、フルネームは一つもない。「六人大」の「大」は名ではなく、他の「六人」姓工人と区別する特徴、すなわち背が高いとか、年長であることを示しているのだろう。つまり、刻印は、工房内でのみ通用する記号・符丁として機能したのである。すなわち、恭仁宮式文字瓦は、西山瓦屋内において、各瓦工の製品を区別する必要から押捺したのである。

同じ文字を同型式、印が違うものを種の違いと認識すると、これまでに出土した恭仁宮式文字瓦は、二六型式四三種に及び、西山瓦屋に所属した瓦工の主要構成員が、各々一個ずつ印を持っていたとすれば、その瓦工数は四三人となる。しかし、同型式異種印に関しては、押捺対象の違い、たとえば湾曲度が違う平瓦と丸瓦によって、同じ瓦工が印を使いわけたり、途中で新しい印に作り替えた可能性も考慮する必要がある。そこで、規格内変異や印の押捺位置・方向の違いで、別人の作と認定できるか否か、あるいは正字と裏字の違いなどで印を区別しているか否かを検討して、同じ瓦工の作品の可能性が強い同型式異種印を抽出し、恭仁宮式文字瓦を製作した瓦工の見込み最低人数を推定すると三六人という数字が出てくる。したがって、刻印数から推定できる西山瓦屋の工人数は、三六～四三人、すなわち四〇人前後と論定できる。

西山瓦屋では、平瓦・丸瓦という瓦の種類によって、瓦工を分業的に配属している。「太万呂」「老」は丸瓦専属工、「日奉」はおもに丸瓦を製作する一方で平瓦も少量作り、「乙万呂（ＫＪ一四Ａ）」「足得」はおもに平瓦を作る一方で、少量の丸瓦を製作した。残りの三〇～三五人は平瓦専属工だ。このように、配属した工人数に大きな差があるのは、必要量と製作の手間（労力）とが、平瓦と丸瓦とで異なるからだ。本瓦葺の屋根では、一般に、丸瓦の約二倍量の平瓦が必要である。しかし、西山瓦屋における平瓦製作工の人数は、丸瓦製作工の数倍に達する。恭仁宮式文字瓦は、平瓦凸面の縦縄叩きの一部と凹面の布目圧痕を磨り消すのが特徴である。平瓦製作に、通常よりも多くの手間がかかっているのだ。

しかし、恭仁宮式文字瓦に名を残した工人が、西山瓦屋を構成する工人のすべてであったとは限らない。恭仁宮式文字瓦と同じ焼き、同じ作りで、刻印のない平瓦・丸瓦も存在するからだ。律令体制下の中央の造営事業では、造営官司直属の瓦工（＝司瓦工）と臨時職員（＝雇瓦工）とが協業する場合が多い。『正倉院文書』には、官もしくは官に準ずる造営事業において、工人に支給した功銭（賃金）の明細が残っている。その大部分は雇工に対する功銭で、司工に功銭を支給した形跡はほとんどない。雇工に対する功銭は、仕事内容に応じて日当に格差をもうけたり、実際の仕事量にもとづいて賃金を支給するのが普通である。後者のような出来高支払制を造瓦に適用する場合、製品ごとに工人名を明記させねばならない。それが恭仁宮式文字瓦であるとすれば、刻印のない「恭仁宮式文字瓦」が、西山瓦屋の司瓦工の製品ということになる。

上記の仮説を認めた場合、恭仁宮式文字瓦における刻印の押捺率から、西山瓦屋の司瓦工が、人数が推定できる。紙数の関係で、以下、細かな論証は省略する。もし、司瓦工が皆勤で仕事に従事したとすると、七～八人の司瓦工が一二人の雇瓦工を率いて、専業的に生瓦製作に従事する姿が再現でき、西山瓦屋の全体規模は、司瓦工・雇瓦工あわせて四三～五一人を擁したことになる。ただし、天平宝字年間の造東大寺司造瓦所では、粘土準備・焼成準備作業も生瓦製作と平行して進むので、西山瓦屋における司瓦工の一部も、その監督などに動員されたと想定し、雇工数：司工数＝一二：八、すなわち三：二という割合を普遍化するならば、三六～四三人の雇瓦工に対して、二四～二九人の司瓦工が存在したことになり、あわせて六〇～七二人という全体操業規模を想定することもできる。

福山敏男さんの試算によると、天平宝字三～四年の造金堂所の造営費用一六四九貫七一三文のうち、七六九貫一九九文、すなわち四六・六％を雇工・雇夫・雇女の功銭や仕丁の月養料が占め、桴工を除外した全労働力（功数の総計七四二八八・五功）の約七五％である五五三八二・五功を雇工・雇夫・雇女が占める。同様に、天平宝字五年末～六年の石山寺造営においては、総経費一九四貫一九五文のうち約七七貫、すなわち約四〇％を雇工夫等の功銭が占め、全労働力一二七一〇功のうち、六〇％強を雇工・雇夫・雇女が占める。つまり、少なくとも天平宝字年間の造金堂所や造石山寺所の実体から類推すれば、西山瓦屋の構成を雇瓦工：司瓦工＝三：二、すなわちすべての瓦工の約六〇％を雇瓦工が占めるという想定は、かなり妥当性が高い。

ただし、天平宝字年間の造金堂所や造石山寺所には、多くの造東大寺司工人が出向しており、造東大寺司の一部局的存在となっている。したがって、造宮省直属と推定される西山瓦屋や造東大寺司造瓦所そのものの構成は、これと区別するべきかもしれない。しかし、瓦の需要は、大規模な造営工事の有無で大幅に増減する。八世紀の畿内では、宮殿・大寺院などの造営工事が絶え間なく続き、瓦工は繁忙な営繕担当官司への異動と集中とを繰り返すことで、専業工人として活躍できた。たとえば、軒瓦の製作技術からみて、八世紀後半の造西大寺司の瓦工は、もともと造東大寺司造瓦所にいた瓦工の一派で、後に西隆寺の瓦も作った。西隆寺の造瓦は、本来は平城宮系の瓦工が担当したが、西大寺系瓦工を導入するに及んで、彼らは修理司の管轄に移されたらしい。彼らが司瓦工か雇瓦工か、考古学的に論定するすべはない。しかし、たとえ司瓦工でも、特定の営繕担当官司に専属したわけではなく、身分は流動的であった。つまり、中央官衙系瓦屋といえども、恒常的に多数の司瓦工を確保していたのではなく、需要の増減に従って、臨時的な雇用と解雇とを繰り返すことが可能な体制で稼働していたと理解するのが、実体に即しているだろう。そうした意味でも、西山瓦屋の司瓦工は二四～二九人で、恭仁宮式文字瓦に名を残した三六～四三人は雇瓦工であるとする仮説は、より妥当性が高い。

参考文献

上原真人　一九八三年「恭仁宮文字瓦の年代」『文化財論叢（奈良国立文化財研究所創立三〇周年記念論文集）』

上原真人　一九八四年「天平一二、一三年の瓦工房」『研究論集Ⅶ』奈良国立文化財研究所学報第四一冊

上原真人　二〇〇一年「東大寺法華堂の創建―大養徳国金光明寺説の再評価―」『考古学の学際的研究』濱田青陵賞受賞者記念論文集Ⅰ（岸和田市・同市教育委員会）

上原真人　二〇〇三年「初期瓦生産と屯倉制」『京都大学文學部研究紀要』第四二号

京都府教育委員会　一九八四年『恭仁宮跡発掘調査報告　瓦編』

京都府教育委員会　二〇〇〇年『恭仁宮跡発掘調査報告Ⅱ』

奈良国立文化財研究所　一九九三年『西隆寺発掘調査報告書』学報五二

福山敏男　一九四三年『日本建築史の研究』桑名文星堂

第六節　平安京に運ばれた丹波の瓦

1　法成寺造営

寛仁三（一〇一九）年、「望月のかけたることもなし」を誇った藤原道長の邸宅＝京極殿の東隣で工事の槌音がひびいていた。その八年後、阿弥陀如来の手に結んだ五色の糸をしっかり握りながら道長が死を迎えた無量寿院《むりょうじゅいん》＝法成寺九体阿弥陀堂の建設が始まったのである。私的な寺院であるにもかかわらず、その工事は一一間の柱間を一間ずつ別々の国司（受領《ずりょう》）に割り当てて進められた。受領には任国で徴収した税金を国庫に納める義務があった。しかし、それが遅れることも気にかけず、先を争って受領たちは法成寺を造るのに必要な人夫や材木・桧皮・瓦などの資材を送り込んだという（『小右記』『栄華物語』）。どうして、このような事態が生じたのであろうか。

平安宮では殿舎などの建物の修理や再建工事を各国に割り当て、受領の責任でこれを完成することが一〇世紀頃から一般化していた。平安宮のメンテナンスは、本来、中央政府（二官八省）直属の造営工事担当の役所（木工寮・修理職）が受け持った。しかし、摂関時代になると本来の体制を維持することが困難になり、内裏が全焼したり、台風で倒壊したりすると、木工寮や修理職の力だけではとても復旧できる状況にはなかった。

受領の本務は地方行政にある。それが平安宮のメンテナンスをおこなうのは、京都府知事が宮内庁管轄の皇居の修理をおこなうようなもの。本務とは何の関係もない。当然、何かの見返りが必要になる。

当時、受領の任命権は中央政府が握っていた。これが現代の知事とはまったく違う点だ。だから、中央政府は平安宮の工事で業績を挙げた受領に対し、位を上げたり（加階）、任期を延長したり（重任）、もっと実入りの多い国の受領に任命する（遷任）などの御褒美を乱発した。そうした見返りの任官や叙位を「成功《じょうごう》」と呼ぶ。はじめのうちは、工事費用や人夫が集まったのは、国を治めるという本務をうまく遂行したからだという言い訳めいた理由づけもしていたが、当然、成功は汚職に連鎖する。

中央政府の要職は特定少数の高級貴族が独占したので、中級貴族にとって豊かな国の受領となるのが夢だった。『枕草子』には人事異動の季節（除目の頃）に女官の前で自己アッピールをして取りなしを頼み、なんとか良い国の受領になろうと必死になる姿。任官確実と思って皆が集まってドンチャン騒ぎをしていたら結局落選。集まった連中がコソコソ退出して興ざめったらありゃしない。等々、就職戦線をめぐる悲喜劇が活写されている。

やや後の流行歌（『梁塵秘抄』）に、器量良しの娘を「受領の北の方」と言わせたいとあるように、受領は富豪の代名詞だった。でも、実入りを増やすのに、相当あくどい手も使ったらしい。大江匡房は『江家次第』などの著作で知られた知識人で、中級貴族。彼が九州大宰府の役人の任を終え、「道理にてとりたる物（正当な手段で得た財）」と「非道にてとりたる物（不当に得た財）」とを別々の船に積んで帰洛したところ、前者は沈没。非道の船だけは無事についた。そこで匡房は一言。「世ははやく末になりにたり。人いたく正直なるまじき也」（『古今著聞集』巻三）。

それでも税金で国庫が潤っている間はまだましだった。九六〇年から一〇〇五年の約半世紀の間に、平安宮の内裏は七回も焼け落ちている。そのほかにも大風による大被害がある。その再興のたびに色々な国々に工事を割り当てていたが、ついに国庫はからっぽになった（官物無其実＝『小右記』）。そこで受領は自腹を切って平安京の工事を受け持つようになる。もともと任地で肥やした私腹だから、重任・遷任がかなうなら、いくら自腹を切っても、受領はさほど痛痒を感じない。いっそ自腹を切るならば、公的な工事を担当するよりも、受領の任命権を直接握る中央政府の要人に私的に奉仕する方がさらに効果的なはず。当代随一の要人といえば藤原道長をおいてほかにない。受領たちが先を争って法成寺造営工事に参加したのは、こんなわけがあったのである。

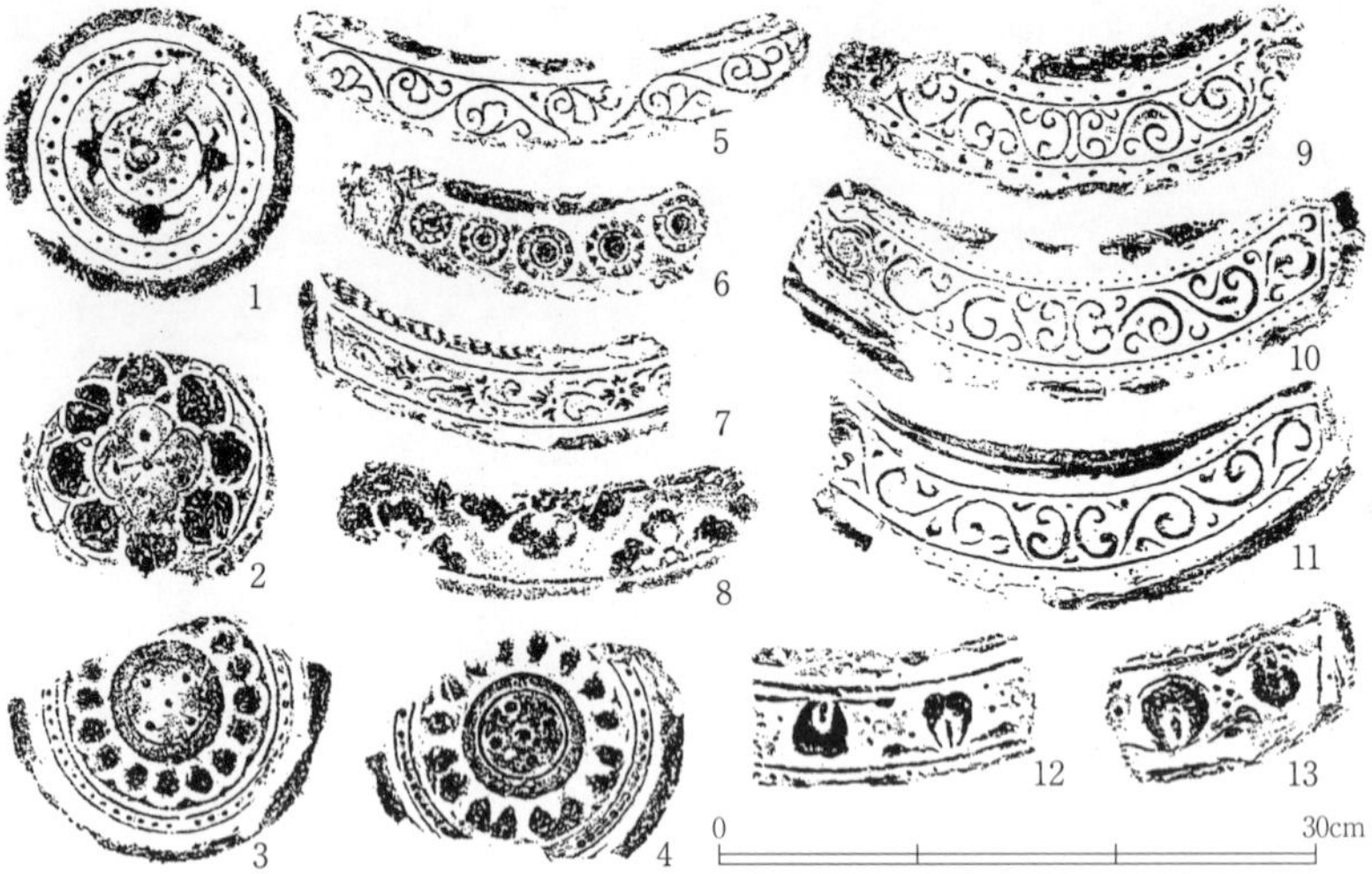

図6－1　伝法成寺出土瓦
1・5 南都系　2・8 中央官衙系　3・4・9～13 丹波系　6・7 系列未認定

2　法成寺の瓦

道長の法成寺は、現在の京都御所の東、府立医大や鴨沂高校のあたりにあった。文献史料から法成寺境内にあった建物やその規模、おおよその位置関係（伽藍配置）は想像できる。しかし、鴨川の氾濫原近くに立地するためか、明確な遺構はまだ発見されていない。唯一、鴨沂高校の校舎を建設したときに出土したと伝える瓦（図6－1）が、ありしの法成寺の姿をしのばせてくれる。といっても、正式の発掘調査で出土したわけではなく、保管中に他遺跡で出土した瓦がまぎれこんでいるので、その分析は容易ではない。

法成寺出土瓦のなかには、現在の岡崎公園付近にあった六勝寺跡から出土する瓦と同じ木型（同笵）で文様を型抜きしたものがある。六勝寺とは一一世紀後葉～一二世紀中葉に、白河・鳥羽院政のもとで建てられた六つの寺院（法勝寺・尊勝寺・最勝寺・円勝寺・成勝寺・延勝寺）の総称。瓦の笵は木製なので、それほど長持ちはしないし、使っているうちに磨耗してしまう。六勝寺と同笵の法成寺瓦を比較すると、この瓦が道長が法成寺を創建した時に葺かれたものではなく、六勝寺が建った頃の修理に補った瓦であることがわかる。

このように法成寺創建よりも後の時代に属することが確実な瓦を引き算していくと、これこそ道長の法成寺を飾ったと断言できる瓦がわかってくる。それが図6－1－8・12・13である。この三種の軒平瓦は半截した花文が上下交互に覗く文様（半截花文・覗き花文）が共通しているが、図6－1－8は平安京周辺に設けられた瓦窯の製品、図6－1－12・13は亀岡市篠古窯跡群のなかの王子瓦窯群（三軒家瓦窯・篠町A号瓦窯など）の製品である。

図6－1－13にはかすかに緑色の釉薬をかけた痕跡がある。これを緑釉瓦という。『栄華物語』は、法成寺金堂の落成式（落慶供養）の有様を事細かに記している。「真珠の瓦青く葺き（中略）瓦光て空の影見え」と書かれているので、少なくとも大日如来を本尊とする金堂には緑釉瓦を葺いたようだ。焼物に緑釉を施す技術は、唐三彩など中国大陸や朝鮮半島の影響を受けて奈良時代に始まり、平安時代に隆盛するが、鎌倉時代までは続かなかった。法成寺の緑釉瓦は、古代日本における施釉瓦の最期を飾るものだ。

亀岡市の篠古窯跡群では一〇世紀に緑釉陶器を生産しており、一一世紀初頭、法成寺の屋根に葺いた緑釉瓦もその技術をもとに作られたと考えられる。法成寺金堂の落成式は一〇二二年のことであるが、ほかの堂塔にも緑釉瓦を葺く計画があった。一〇二五年、法成寺の瓦の材料とするため、道長が鉛で鋳造した平安宮豊楽院の鴟尾を取るように命じたという噂が流れた（『小右記』）。どうやら緑釉の材料となる鉛が不足していたらしい。もっとも、『小右記』では後日談としてこの噂を否定しており、豊楽院の鴟尾が本当に鉛でできていたかどうかはわからない。

このほか図6－1－3・4・9・10・11も王子瓦窯群の製品である。ただし、これらに緑釉をかけた痕跡はなく、よく似た文様の瓦が平安宮や六勝寺でも出土する。法成寺は一〇五八年の火災で全焼する。その再建は息子の頼通、孫の師実の手にゆだねられた。私はこれらの瓦は頼通が法成寺再建に用いたと推定している。それを証明するには、一一～一二世紀に丹波で生産された瓦の全貌を知る必要がある。

3　一一～一二世紀における丹波の瓦生産

図6－2に示したのが一一～一二世紀前葉に丹波で生産された軒瓦である。法成寺以外では、平安宮や京内の里内裏、仁和寺近辺、白河近辺に多く供給されている。とくに法勝寺に多いのが目立つ。図6－2以外にもよく似た文様で笵が異なるものや、文様の全体がわからないため省いたものがある。個々の解説は別の機会に譲るが、丹波の瓦生産の盛衰を知るうえで最もわかりやすい一群の軒平瓦（図6－2－10～17）について簡単にふれておく。この軒平瓦群は丹波産の瓦のなかで、笵の種類が最も多く、長期にわたって作り続けられたものである。

瓦の文様は、最初、プロのデザイナーが考案するが、笵を彫るのは瓦工自身だった。前の瓦の文様をまねして新しい笵を彫り起こしていくうちに、徐々にデザイナーの意図がわからなくなり、文様がしだいに間延びしていく様子が、これらの軒平瓦を並べてみるとよくわかる。瓦の作り方もしだいに簡略化され、最後には普通の平瓦の端を折り曲げて文様部分（瓦当）を作るものが多くなる。

図6－1－9の法成寺瓦は図6－2－10と同笵と思われ、図6－1－10は図6－2－11・12段階、図6－1－11は図6－2－12・13段階に相当し、法成寺の瓦（図6－1－9～11）は、この軒平瓦群のなかでも比較的古いことは確実である。一〇七七年にほぼ完成した法勝寺では、図6－2－12～14段階の製品を使っており、一一〇五年に完成した尊勝寺阿弥陀堂では図6－2－15段階の製品が出土している。つまり、図6－2－12～15段階が一一世紀後葉～一二世紀初頭に位置づけられるのだから、それに若干先行する法成寺の瓦（図6－1－9～11）は、道長による法成寺創建時（一一世紀前半）よりも頼通の再建時（一一世紀後半）に位置づけたほうが無難だということになる。

創建法成寺の造営が受領の私的奉仕で進められ、持ち込んだ資材として瓦も挙がっている以上、その受領のなかに丹波国司もいたと想定できる。また、法勝寺は金堂・講堂などを播磨守為家、阿弥陀堂を丹波守顕綱、五大堂を阿波

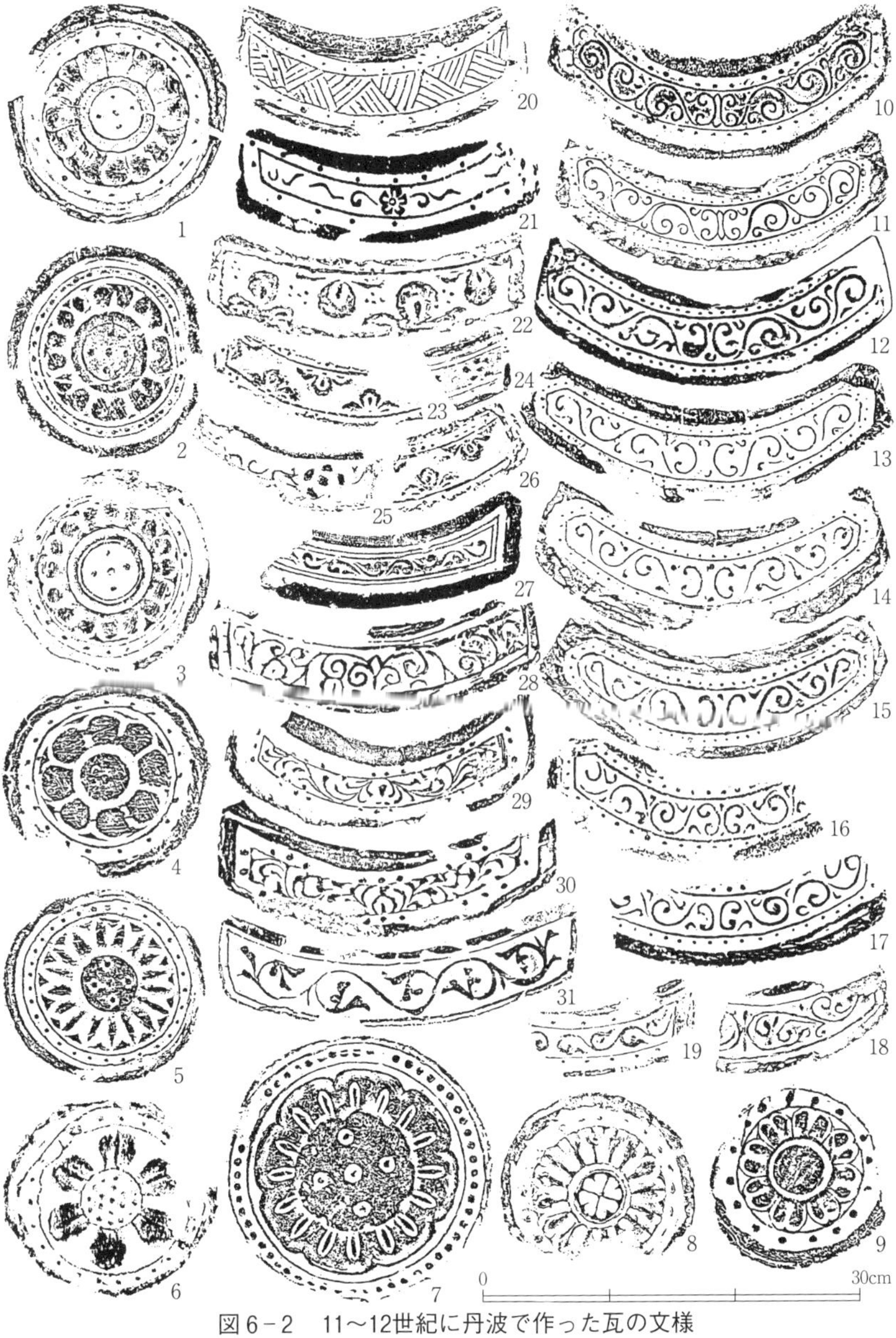

図6－2　11～12世紀に丹波で作った瓦の文様

1・3・8・14・15 平安宮真言院　2・10・11・13・16・17・20～23 王子瓦窯群　4・5・12・18・27～30 法勝寺［出土地点は円勝寺推定地］ 6 土御門烏丸内裏　7・31 尊勝寺　9 亀岡市出雲神社　19 平安宮朝堂院　24・25 京大校内遺跡　26 仁和寺

守良綱が造進している（『諸寺供養類記』）。法勝寺金堂跡では播磨産や京都産の瓦が多数出土しているが、丹波産の瓦はない。図に示した丹波産の瓦（図6―2―4・5・12・18・27〜30）は、すべて法勝寺西隣の円勝寺推定地（現在の京都市美術館）の東北隅にあった瓦溜から出土したもので、他の出土資料との比較によって法勝寺所用瓦と判断した。円勝寺は早く廃絶したので、法勝寺のゴミ捨て場となったのであろう。法勝寺西辺には阿弥陀堂があったと推定できるので、これらの瓦は法勝寺阿弥陀堂所用の瓦の可能性がある。つまり、法勝寺の丹波産瓦を持ち込んだ主体も丹波国司であったと考えられるのである。

〔追記〕　本稿は一般向けに執筆したため、「丹波産」の瓦と記しているが、文様系譜と製作技術で生産地系列を認定しているので「丹波系」と記すのが正しい。丹波系軒瓦の動向・消長に関しては、その後、別稿を公表した〔二〇一〇年一月①〕。篠古窯跡群においては、現在、大阪大学の高橋照彦さんが発掘調査・研究を進めており、瓦生産の開始は、道長の法成寺造営よりもさかのぼる可能性が強まっている。

第七節　一一世紀後半における播磨系瓦屋の動向と歴史的背景

はじめに

院政期を中心とする平安時代後期の平安京およびその周辺で使った瓦に、地方産の瓦が大量に含まれている事実は、古くから木村捷三郎先生が気づいていたようです。昭和三四（一九五九）年、現在の京都会館の建設に先立って、尊勝寺跡の発掘調査がおこなわれました。その時、製作技法から出土した瓦の生産地を認定しようとしたのが、奈良国立文化財研究所の歴史研究室にいた岡田茂弘さんでした。当時は、生産地側の資料があまりわかっていなかったので、結論は間違っていましたが、岡田さんの方法は示唆に富んでいました。木村先生や岡田さんの業績に学んで、私が一一・一二世紀の京都で使われた丹波・讃岐・尾張・播磨・南都などの瓦の生産地とその動向を検討したのはもう二〇年も前のことになります［上原一九七八］。

その後、平安京やその周辺の関連資料も大幅に増加しますが、生産地側とくに東播磨における窯跡調査には著しいものがあります。一九九七年初めにも、明石市教育委員会が林崎三本松瓦窯の発掘調査を実施し、思いがけないことがわかりました。その成果は、神戸市立博物館でおこなっている「発掘された日本列島'97」の地域展示コーナーで公表されています。

明石市の林崎三本松瓦窯といえば、播磨系瓦屋の最末期の製品、文覚上人が教王護国寺（東寺）を修理した時の瓦を焼いた窯と予測していました。ところが、尊勝寺創建瓦など、もっと古い遺物が出土した。しかも、その製品は多

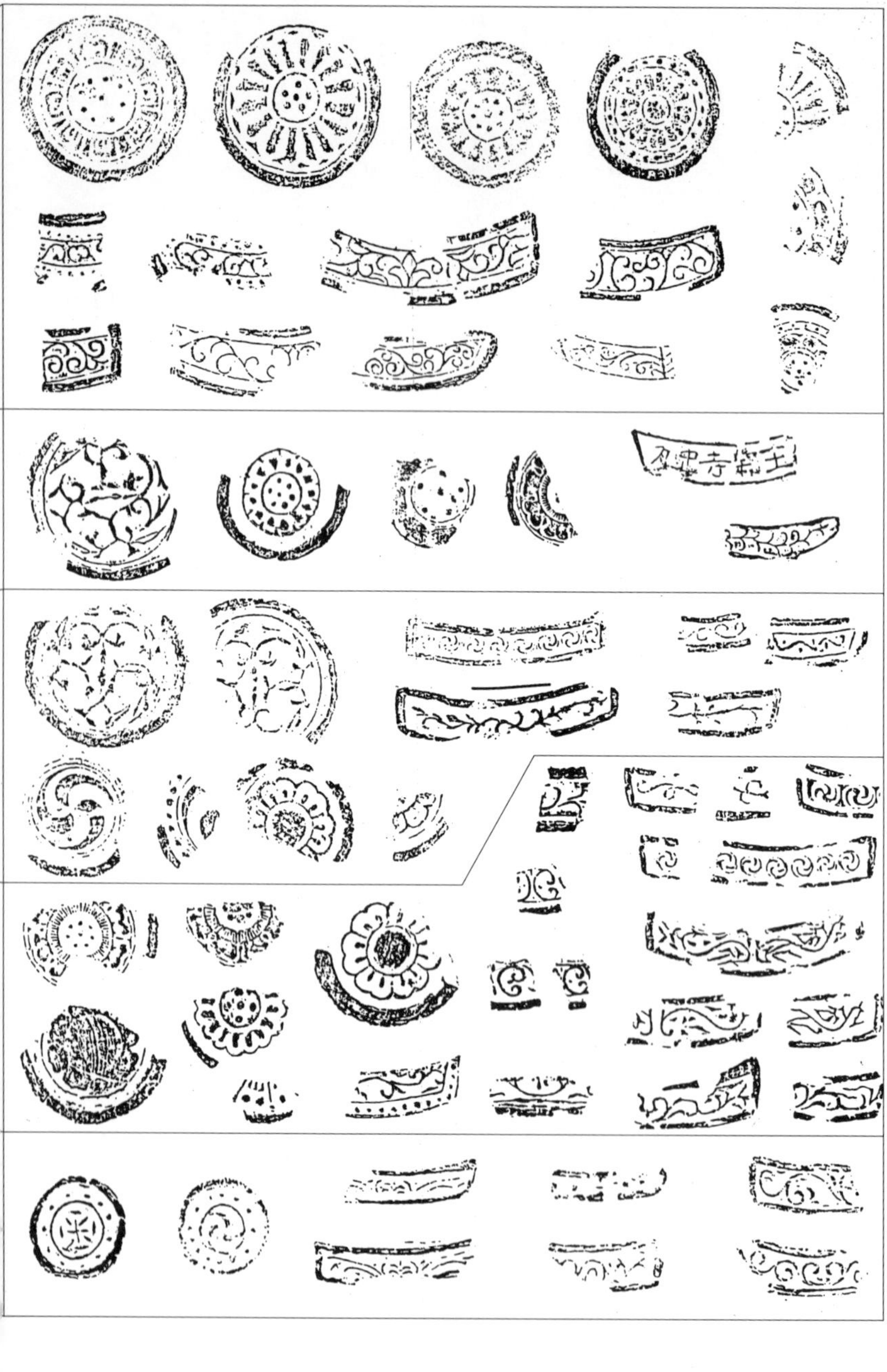

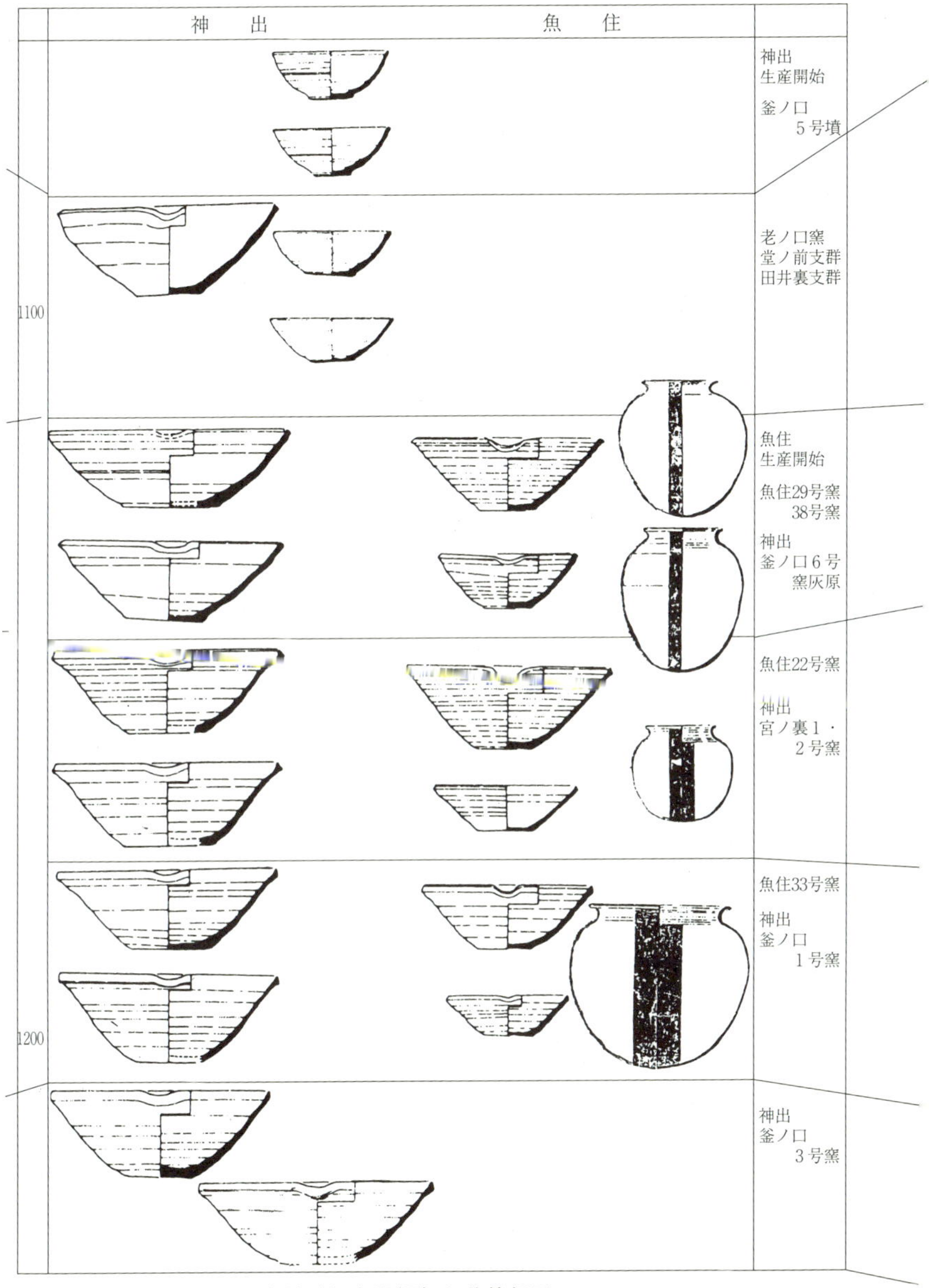

図7－1　東播系須恵器編年と共伴軒瓦［丹治1987］

様で、もっぱら瓦を焼いている。目の前は海で、京都に製品を運ぶには最適。今までは、古い段階は神出窯や三木市の窯など、比較的内陸部において、瓦陶兼業で六勝寺所用瓦を作ったと考えていたのですが、京都向けの瓦専業窯が、一二世紀初めに成立している可能性が強い。昔、今里幾次さんが調査した高砂市の魚橋瓦窯もおそらく同様ですが、京都向けの瓦を大量に生産するために、それまで比較的内陸部にいた瓦陶兼業の工人を引っ張ってきて、海岸部で瓦生産主体の体制を確立したことがわかったのです。

こうした新たな発掘成果や研究成果をふまえて、私は二〇年前の仕事をやり直そうとしています。その手はじめに、今日は「院政期播磨系瓦屋の成立年代とその背景」という題（本書収録に際して改題）で、一一世紀半ばに神出窯から、主として南都興福寺へ供給された一組の瓦を紹介します。この一組の瓦が、現段階では、一一・一二世紀の京都に大量の瓦を供給した播磨系瓦屋の操業開始を考える基準資料になります。

御承知のように、院政期の播磨系瓦屋の操業開始年代は、従来、消費地［上原一九七八］と生産地［丹治一九八七］の両面から検討され、六勝寺造営と深くかかわると理解されています。とくに法勝寺・尊勝寺が創建された一一世紀末葉～一二世紀初頭頃を上限とすると考えられていました。たとえば、丹治康明さんが作った「東播系須恵器の編年と伴出した古瓦」表（図7－1）も、最古段階の播磨系軒瓦を、すべて一一〇〇年前後に押し込んでいます。しかし、神戸市教育委員会などによる神出窯跡の発掘調査［丹治一九八五・一九八七］成果によると、播磨系瓦屋のなかでも初期に位置づけられる神出窯跡老ノ口支群や堂ノ前支群・田井裏支群の出土瓦には、法勝寺や尊勝寺とは違う瓦が多数含まれており、消費地側におけるその位置づけが問題となっています。

1　資料提示

まず、今日の主題となる一組の瓦のうち、軒丸瓦をとりあげます。図7－2－1・2の神出窯跡田井裏支群・老ノ口文群で出土した軒丸瓦は、摂津四天王寺出土瓦（図7－2－4）と同笵で、しかも外区に紡錘形の珠文帯がめぐります。丹治さんは、後者（図7－2－4）が前者（図7－2－1・2）を切り縮めた笵を使用しており、年代が降ると推定しました〔丹治一九八七〕。もちろん正解です。

摂津四天王寺で、この軒丸瓦の年代を推定するすべはありません。四天王寺が七世紀に創建され現在まで存続した長命な寺である以上、良好な共伴資料がない限り、年代を考えるのは困難です。しかし、京都の円宗寺跡で同じ瓦（図7－2－5）が出土した〔加納一九八九〕ことで、その上限が円宗寺が供養された延久二（一〇七〇）年にあること明らかになりました。さらに、一〇七七年供養の法勝寺では、同笵で内外区を分ける界線まで周縁幅を広げた図7－2－6が出土しています。四天王寺・円宗寺例よりさらに新しい製品で、しかも、法勝寺以後に建った尊勝寺（一一〇二年供養）・最勝寺（一一一九年供養）・円勝寺（一一二八年供養）・成勝寺（一一三九年供養）・延勝寺（一一四九年供養）などの寺院から、この軒丸瓦は出土していません。また、文様自体も六勝寺に多い蓮華文軒丸瓦より古そうだという印象は、当該期の瓦を扱った人には共通すると思います。

円宗寺の瓦に関しては、概報以外に、今年になって本報告も刊行されました〔加納・小檜山・平田ほか一九九七〕。それによると、円宗寺跡推定地の立会調査では、2・4トレンチ包含層・土坑5などから大量の瓦が出土し、なかには播磨系以外に丹波系・南都系・中央官衙系瓦屋の製品があるとのことです。播磨系瓦屋の製品は、法勝寺との同笵品もあり、一一世紀後半の比較的良好な一括資料と思われます。この一括瓦全体についても検討が必要ですが、話が散漫になるので、今日は問題となる軒丸瓦一つに議論を絞ります。

四天王寺と円宗寺で出土した図7－2－4・5は、いずれも瓦当裏面周囲を高く作ります。断面実測図を見ればよくわかります。このような特徴は、近江南滋賀廃寺の縦置型一本作り軒丸瓦をはじめとする古い軒丸瓦にありますが、一一・一二世紀の瓦では、めったにお目にかかりません。もちろん、他の播磨系軒丸瓦にはない特徴です。これは一体何か。播磨系軒丸瓦の古い特徴なのか。それとも別に理由があるのか。これが以前から気に掛かっていました。

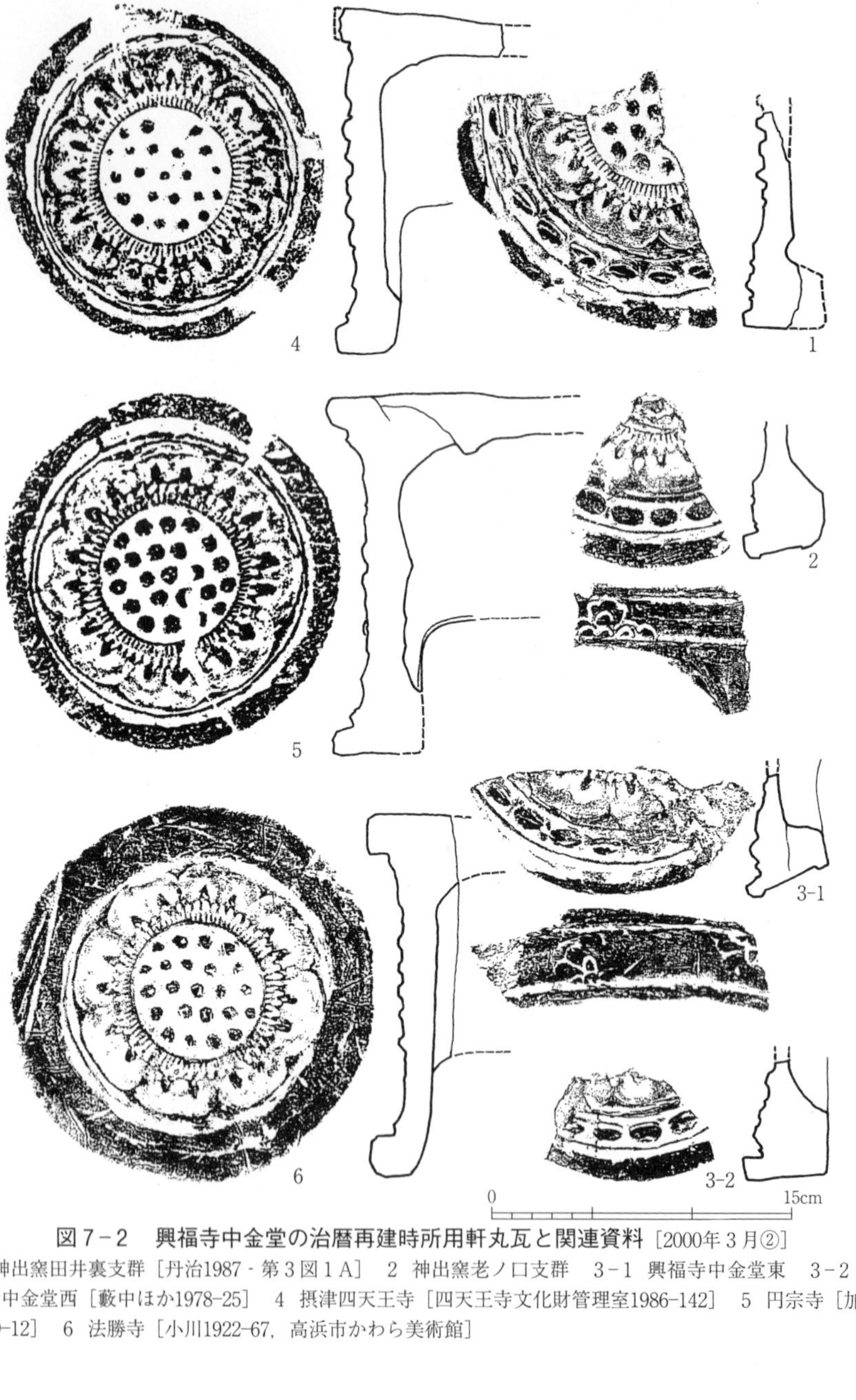

図７－２　興福寺中金堂の治暦再建時所用軒丸瓦と関連資料［2000年３月②］
１ 神出窯田井裏支群［丹治1987・第３図１A］ ２ 神出窯老ノ口支群 ３－１ 興福寺中金堂東 ３－２ 興福寺中金堂西［藪中ほか1978-25］ ４ 摂津四天王寺［四天王寺文化財管理室1986-142］ ５ 円宗寺［加納1989-12］ ６ 法勝寺［小川1922-67，高浜市かわら美術館］

次に、この軒丸瓦と組み合う軒平瓦に登場してもらいます。ただし、両者が組み合うことは、一九九七年の夏に初めてわかったことで、その根拠を提示することが、今日の発表の一つの目的です。問題の軒平瓦（図7－3－8・9）は、丹治さんが調査した神出窯跡田井裏支群と池ノ下支群で出土した半截花文軒平瓦で、顎面にも同じ花文をヘラ描きした瓦です。同種の瓦は、昭和四九～五二年に実施した南都興福寺の防災工事にともなう発掘調査で出土したと報告されていました（図7－3－10・12～14）。それは、神出窯跡調査当時、丹治さんにお知らせしたのですが、これが播磨系瓦屋操業開始年代の鍵になるとは、私も丹治さんも気づきませんでした。しかし、神出窯跡出土例も興福寺出土例も小片なので、同笵かどうかわからない。以前から、実査の必要性は痛感していました。

改めて興福寺の防災工事報告書を読み返すと、同種の軒平瓦片五点は、すべて興福寺中金堂付近で出土しています〔藪中ほか一九七八〕。笵は二種ないし三種。藪中五百樹さんの御厚意で、今年八月に実見の機会を得ました。そのとき、田井裏支群・四天王寺・円宗寺例と同文で、外区珠文帯をもつ軒丸瓦（図7－2－3－2）も一緒に出土している事実を、藪中さんから教わりました。ここで初めて、図7－2と図7－3の軒丸瓦と軒平瓦とが組み合って、もともと興福寺中金堂所用瓦として製作された可能性があることに気づきました。

2　需給関係の確認

これに力を得て、神戸市埋蔵文化財センターの丸山潔さんにお願いし、神出窯跡出土瓦を実見しました。興福寺中金堂で出土した問題の軒平瓦は、上外区と下外区に珠文帯があるもの（図7－3－12～14）と、下外区だけに珠文帯があるもの（図7－3－10）とがあり、藪中さんは上下に珠文帯があるものを、さらに珠文が紡錘形のもの（図7－3－12・13）と円形のもの（図7－3－14）とに細分しています。ただし、破片の場所がずれているので、この細分に関しては、同笵品のなかでの文様表現法の違いである可能性も残されています。

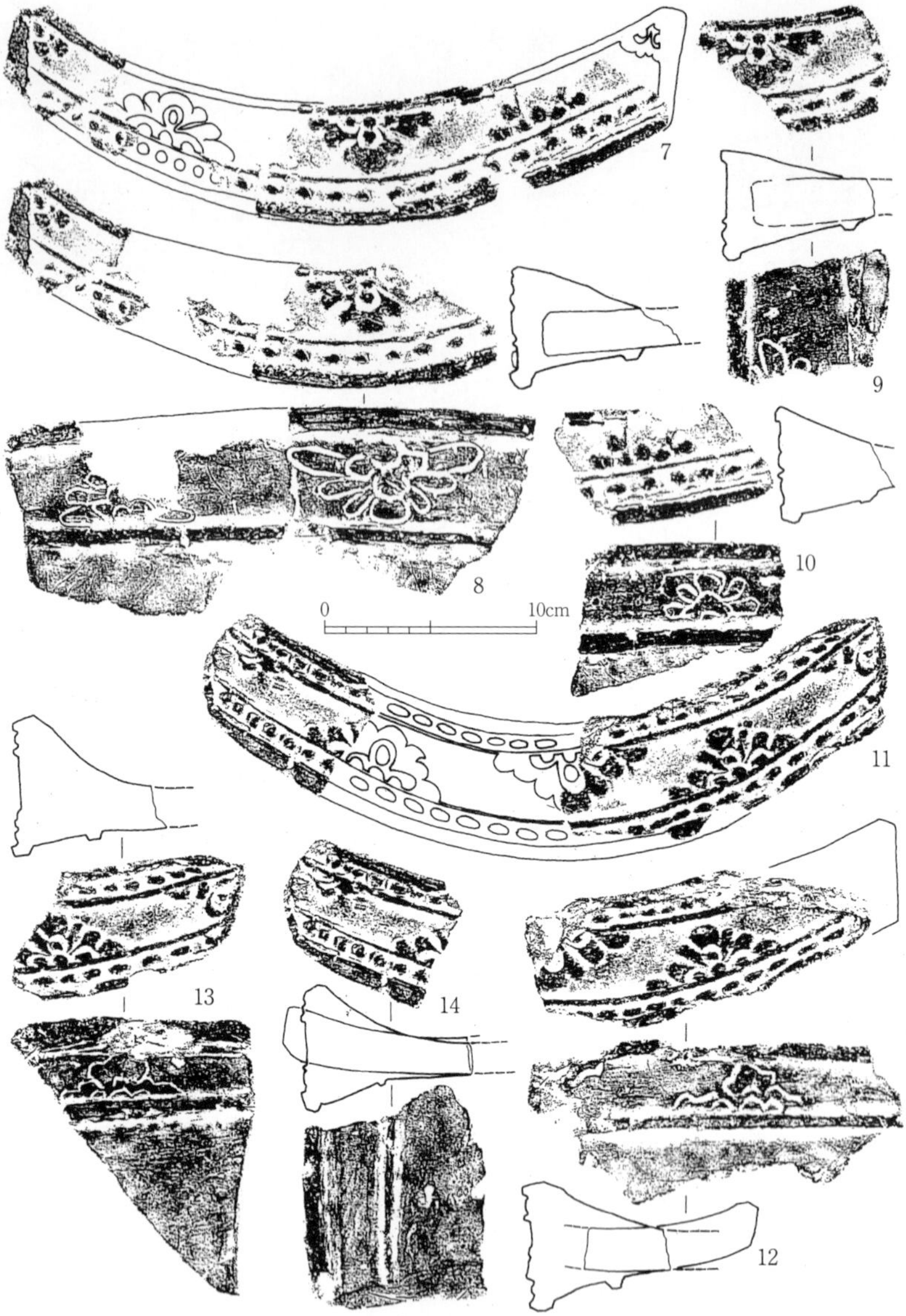

図７－３　興福寺中金堂の治暦再建時所用軒平瓦と関連資料［2000年３月②］

7　図９～10の合成復原　8　神出窯田井裏支群［丹治1987-第５図］　9　神出窯池ノ下支群　10 興福寺中金堂西［藪中ほか1978-138B，藪中1991-Ⅵ平Ｌ３］　11 図12～14の合成復原　12 興福寺中金堂西［藪中ほか1978-138A，藪中1991-Ⅵ平Ｌ１］　13 興福寺中金堂西［藪中ほか1978-138A，藪中1991-Ⅵ平Ｌ１］　14 興福寺中金堂西［藪中ほか1978-138A，藪中1991-Ⅵ平Ｌ２］

一方、神出窯跡の軒平瓦（図7－3－8・9）は、下外区のみに珠文帯があるものでした。残念ながら、肝心の部分が欠けているので、興福寺中金堂例と同笵かどうか確認できません。しかし、製作技法や細部の調整法、胎土から、神出窯→興福寺という需給関係は確実です。まず、両方をあわせて、図7－3－7・11に瓦当文様全体を復原的に示します。11は珠文が紡錘形のものと円形のものを合体しているので、将来、二分されるかもしれません。

軒平瓦（図7－3）は、いずれも播磨系の技法＝包み込み式で作られています。平瓦端部の接合位置が、瓦当裏面の比較的下のほうにあるのが特徴的ですが、これは顎面施文をもつことに関係するのかもしれません。御承知のように、播磨系瓦屋の軒平瓦は、包み込みで瓦当を接合したのち、凹凸面を横ナデで調整するのが一般的です。この軒平瓦は、瓦当近くの凸面を二条の突帯で区画して、区画内に半截花文を箆描きしています。細部の調整法で特徴的なのが、この二条の突帯や施文する面を、きわめて丁寧に削りだしている（＝手持ち箆削り）点です。ずいぶん手間のかけた仕事だというのが感想です。

神出窯跡田井裏支群で出土した興福寺と同文の軒丸瓦（図7－2－1）も、破片で同笵か否か確認できませんでした。しかし、一見して神出窯→興福寺の需給関係は間違いないと判断できます。同じ軒丸瓦は、神出窯跡老ノ口支群でも出土しており、その顎面にも半截花文を箆描きしていると（図7－2－2）教えられ、またまた驚きました。これで図7－2と図7－3の軒丸瓦と軒平瓦とが、組み合うことを前提にデザインされていることが確実となりました。また、先ほど問題にした軒丸瓦の瓦当裏面の周囲を高く作った理由も、顎面施文のために瓦当を厚手にする必要があったのだと納得できました。なお、老ノ口支群の軒丸瓦（図7－2－2）の場合、顎面施文する箇所を窪めていますが、そこを回転箆削りで作り出している。その点は、手持ち箆削りで調整する軒平瓦の場合と少し違うことが気になりました。

神出窯跡出土瓦との比較成果を藪中さんにお知らせしたところ、公表した防災工事にともなう発掘［藪中ほか一九七九］以降、興福寺中金堂の東で問題の軒丸瓦が出土し、その顎面にも半截花文があることを思い出したという御手紙をいただきました。あわてて再度実見に伺ったのが図7－2－3－1です。これで生産地側・消費地側の基本的な役者が出揃ったことになります。

ところが、図7－2－3－1の軒丸瓦の顎面施文は型押し（スタンプ）で、施文部分を丁寧な手持ち箆削りで整える点も、回転で施文部を削り出した老ノ口窯例（図7－2－2）と違います。あるいは、古い段階では、施文する部分を手持ち箆削りで調整し、施文を型押し（スタンプ）でおこなう。しかし、湾曲面にスタンプしても、なかなか上手に施文できない。そこで箆描きに代えた、という変遷も想像できます。資料的に不充分ですが、顎面施文の方法については、色々な試行錯誤があったと思われます。いずれにせよ、図7－2と図7－3の軒丸瓦と軒平瓦は、興福寺中金堂御用達として特注した瓦であることは、ほぼ確実になったと、私は判断しました。問題はその年代です。

3　播磨系軒瓦が興福寺中金堂に供給された時期

図7－2と図7－3の軒丸瓦と軒平瓦は、興福寺中金堂所用瓦として特注され、生産終了後、笵を切り縮めた軒丸瓦（図7－2－4・5）を四天王寺や円宗寺に供給し、さらに切り縮めた笵の製品を法勝寺に供給したと考えられます。顎面施文は興福寺中金堂用なので、四天王寺や円宗寺では軒丸瓦の瓦当裏面の周囲を高く作る意味はないのですが、形だけ踏襲します。考古学が御得意のルジメント（痕跡器官）です。一方、共伴する半截花文軒平瓦は、四天王寺・円宗寺・法勝寺には供給されませんでした。それでは、この組み合わせの瓦は、いつ興福寺中金堂に供給されたのでしょうか。

藪中さんが整理したところ、一一・一二世紀の興福寺中金堂においては、①永承元（一〇四六）年焼失。同三年再建供養。②康平三（一〇六〇）年焼失。治暦三（一〇六七）年再建供養。③嘉保三（一〇九六）年焼失。康和五（一一〇三）年再建供養。④治承四（一一八〇）年焼失（平家による南都焼討）。養和元（一一八一）年再建供養。と四回の大きな火災とそれに続く再建工事があったとのことです〔藪中一九九一〕。

①の永承年間の再建工事は『造興福寺記』で有名です。京都では宇治平等院が建った時期に当たります。『造興福寺記』によれば、永承の再建で必要な瓦は、南都諸寺が保有する瓦屋を動員して調達しました。中金堂の造営を担当した近江・播磨・丹波・美作・伊予・讃岐・備中の七ヶ国（所課国）は、各国内で瓦を製造して納入することを希望しますが、却下されます。したがって、この時の再建工事で、神出窯産の瓦を中金堂で使用する余地はありません。また、平家の南都焼討後の再建にともなう④の瓦は、興福寺食堂の発掘調査などで層位的に解明されており、神出窯の編年からも、問題の軒丸瓦と軒平瓦が④の時期の瓦である可能性はありません。したがって、興福寺中金堂所用瓦を播磨の神出窯が製作した時期は、②あるいは③の再建工事の時期に限定できます。

③の康和年間再建工事は、ちょうど京都の尊勝寺の造営時期と重なります。この時の興福寺再建は「永承治暦の例（①②）」にならって実施しようとしますが、所課国が相次いで辞退し、結局、氏長者である藤原師実が中心になって工事を進めたとのことです。まさに院政政権が台頭し、受領層が摂関家から離れて白河上皇との共存共栄をはかった時期です。摂関家がいくら興福寺再建を所課国制で押し進めようとしても、肝心の受領が動いてくれないのです。『後二条師通記』の裏書によれば、他の受領とともに、播磨守藤原顕季も工事担当を辞退しています（史料1）。したがって、この時に神出窯の瓦で興福寺中金堂を再建したとは考えられません。③と同時期に造営された尊勝寺から播磨系瓦が大量に出土するにもかかわらず、そのなかに図7－2・図7－3の軒丸瓦・軒平瓦と近似する瓦がないことも、この推定の傍証となります。

したがって、問題の軒丸・軒平瓦が神出窯から興福寺へ供給されたのは、②の康平・治暦年間の再建工事の時に違いありません。『百錬抄』『扶桑略記』『中右記』などに康

史料1　後二条師通記裏書

永長元年十二月

(24張) 裏書、造興福寺但馬守隆時(藤原)金堂所課辞申、

播磨守顕季(藤原)件所課辞申、周防守經忠返書不賜、其

故造興福寺瓦作料請文不獻、近江守隆宗年預辞申、

平三年の火災から治暦三年の再建供養に至るまでの簡単な記事はあっても、再建工事の具体的な内容にに関する史料はほとんどありません。しかし、藪中さんは、③の康和年間再建工事の時に「永承治暦例」と併記することが多いので、永承年間の再建工事で採用した所課国方式を踏襲したと考えます〔藪中一九九一〕。さらに、藪中さんの考証を援用すると、顎面施文という一一世紀では他に例のない文様をもつ瓦がなぜ作られたのかという点についても、ある程度の見通しが得られます。

4　顎面施文軒瓦を採用した意味

史料2に示した『興福寺流記』はさまざまな記録からの寄せ集めで、冒頭の同四年＝己丑《きちゅう》年の火災記事は干支表記でいうと永承四（一〇四九）年のことになります。しかし、『中右記』によれば、この時に焼けたのは「北円堂・唐院・伝法院等」で「新造堂舎」は火災から免れたとのことです。したがって、この段落にある「金堂。七堂。三面僧坊。皆焼失了。」の記事は、何か錯綜していると考えられます。

藪中さんの考証によると、次の段落の「京極殿御時」の京極殿とは藤原師実のことです。しかし、師実が京極殿に住んだ承保二（一〇七五）年～嘉保元（一〇九四）年の間に、この段落にみる火災はありません。この頃で五重塔が焼けたのは、康平三（一〇六〇）年だけなので、第二段落以降は、②の康平・治暦年間の再建工事と、③の康和年間の再建工事に関する記事が錯綜していると藪中さんは考えます。その目で第三段落を解釈すると「金堂周防国」から「上階寺別当」までは康和年間の工事にかかわる記事で、以下は康平・治暦年間の記事と理解できるとのことです。たしかに、金堂の工事を播磨・伊予・美作・丹波・讃岐・備中・近江国が担当するのは、永承の再建工事とまったく同じ体制で、「永承治暦例」と総称される意味もそこにあったのかも知れません。

以上に紹介した藪中説が正しいと考えて「金堂七間各一間。播磨国西妻一間并堂層。伊予。美作。丹波。讃岐。備中。近江。」の記事が、②の康平・治暦年間の再建工事の実態を示すと仮定すると、中金堂の西一間と堂層の工事を播磨守が担当したことになります。興福寺防災工事では、中金堂の西で問題の軒丸・軒平瓦が出土しています。ただし、図7－2－3－1は中金堂の東で出土したとのことです。つまり、西妻一間の工事を播磨国が担当したことと、この種の瓦出土状況は必ずしも整合しません。しかし、「堂層」が「裳層《もこし》＝裳階」の誤記とすれば、二層屋根の下層を播磨守が担当したことになります。西妻だけでなく、裳階の瓦も葺けば、中金堂全体に播磨の瓦を使うことになります。軒下ですぐに見上げられる裳階に葺いた軒瓦なら、顎面施文に固執した意味も氷解します。

顎面施文軒瓦は、御承知のように新羅で発達しました。以前、一一・一二世紀の日本の瓦当文様は高麗の影響を強く受けており、現在新羅の瓦と一般にいわれている瓦には高麗時代のものがあると考えました〔上原一九八〇〕が、康平・治暦年間の興福寺再建工事に顎面施文軒丸瓦が使われている以上、その可能性はさらに強まったといえましょう。

以上、顎面施文軒瓦を中金堂で採用した意味を考えてみました。四天王寺や円宗寺での使い方や組み合う軒平瓦については材料不足で、将来の課題としておきます。当面の課題となる年代についてまとめると、興福寺中金堂所用の軒丸瓦（図7－2－3）と軒平瓦（図7－3－10・12～14）は一〇六〇～六七年の製品で、四

史料2　興福寺流記

○同四年己丑二月十八日辛巳未時許。西御門西里南邊居住。別當僧都童子牛丸住宅出火。近隣九家焼失。窪院。傳法院。北圓堂。四面廊。金堂。七堂（マヽ）。三面僧坊。皆焼失了。西里破壞捨了。京極殿御時。南京焼。見二火光煙一。此火以外也。若興福寺焼カト思食。唯随身一人相具御下向。只御牛一頭。御心労之餘。御喉乾テ水ヲ欲レ呑。御随身土器二汲レ水彄及〔圏躬 汲カ〕サマ二進。牛車ヲ西御門下懸砌忽死。三面僧坊。五重塔。七堂甍。皆以焼了。寺僧出向テ流レ涙。長者殿下被レ仰云。穴賢穴賢。離寺思ヲ不レ可レ成。二年内可二造立一。心細不レ可レ存。如レ仰金〔圏食カ〕堂周防國。中門西堂〔圏室カ〕伊賀國。講堂長者殿下。南大門大殿。經藏中堂〔圏室カ〕氏諸卿知識。上階寺別當。金堂七間各一間。播磨國西妻一間。幷堂層。伊豫。美作。丹波。讃岐。備中。近江。南大門五箇國。西堂九箇國。

史料3　江家次第　巻第五（円宗寺最勝会事）

圓宗寺、本名圓明寺、延久元年仰二播磨國一令二造進一、點二仁和寺側一爲二其地一、同二年十二月供養、同四年十月始修二二會八講一、置二天台大講師一、法華會、五月也、今以二圓宗寺最勝會、法華會、法勝寺大乘會一稱二之三會一有二竪義一也、天台宗三會也、

圓宗寺寂勝會事法華會同レ之、十九日

前十許日、上卿奉レ仰就二左仗一定二申僧名一、先仰二外記一令レ催二參議陣官人等一、仰レ辨令レ儲二去年僧名幷當年可レ召僧等一、召二綱所一令レ書二儲硯續紙筥等一、當二御物忌一者籠二文書筥等一、請二藏人所宿紙一書レ之、上卿以下着、仰二辨官一令レ進二例文硯一、史二人執レ之置レ之、置二例文於上卿許一、置二硯於參議座一令二參議書一レ也、大辨ヲ爲レ先、若無者他參議若又無者令二辨書一レ之、書上奉二上卿一、々々撤二他文書一入二僧名一、付二殿上辨若藏人一、內覽奏聞、當二御物忌一者申二執柄一、先奏後內覽、覽畢返給、下レ辨、史撤レ筥、召二外記一令レ催二堂童子幷所司等一、行事辨告二藏人一、々々令レ催二侍臣以下一、成二廻文《メグラシブミ》一、次行事成二請奏一々下、除二永宣旨一外所レ載也廻文加二布施袈裟一催二侍臣一也

天王寺や円宗寺で出土した外区珠文帯を切り縮めた後出の軒丸瓦（図7－1・2）は、まさに円宗寺が創建された一〇七〇年前後の製品と推定できます。『江家次第』によれば、円宗寺は播磨国が造進したとのことです（史料3、上島享氏教示）。したがって、従前、六勝寺の創建年代を根拠に、一一世紀後葉と推定していた院政期播磨系瓦屋の操業開始年代は、一一世紀中葉まで確実にさかのぼることになります。これは一緒に焼いたこね鉢など、東播系須恵器の編年にも、多少の影響を及ぼすはずです。

神戸市教育委員会の丹治さんにこの話をしたら、最近、神戸市内の発掘で、共伴土器から東播系須恵器の編年をさかのぼらせる必要性を感じていたとの由、伺いました。あるいは、京都の土器研究の立場でも、すでに問題が煮詰まっているのかもしれません。その場合は、遅ればせながら瓦の年代観もそれに近づいたことになります。

なお、最後に付け加えると、問題の軒丸瓦と軒平瓦は、図7－2と図7－3に図化したもの以外に、興福寺で図化不能の小片一点があるだけです。つまり、これが資料のすべてです。このように少ない資料で、いろいろ言って大丈夫かと心配する人がいるかもしれません。しかし私は、その心配は無用だと思います。というのは、これらが出土した興福寺防災工事にともなう発掘では、原則として遺構に当たらないように、水道管を通す部分だけをひたすら細

長く縦横に掘削します。つまり、興福寺の境内地全体にトレンチを入れたようなものです。そうした調査で、ほかの場所では図７－２・図７－３の軒丸瓦・軒平瓦はまったく出土せず、すべて中金堂付近に集中しています。実は、興福寺では近々、中金堂を再建する計画があるとのことです。当然、それに先立って、中金堂の発掘がおこなわれます。その際、ここでお話しした点が、量的にも実証されると私は信じています。

〔謝辞〕　播磨系瓦屋の操業開始年代が一一世紀中葉にさかのぼるという見解は、一九九七年六月七日の日本史研究会例会で「院政期都市遺跡出土瓦研究の現状」と題して公表した。今回の発表は、その見解を確認する目的で、興福寺・神出窯出土瓦を実査する過程で気づいたことだ。興福寺出土瓦の検討に際しては、興福寺企画室長の藪中五百樹さん、神出窯出土瓦の検討に際しては、神戸市埋蔵文化財センターの丸山潔さん・丹治康明さんのお世話になり、未公表資料の使用を快諾いただいた。

〔追記〕１　本稿の骨子は第五回京都府埋蔵文化財研究会で発表したが〔一九九七年一一月②〕、法勝寺出土軒丸瓦（図７－２－６）の存在は、その後に気づいて、愛知県高浜市やきものの里かわら美術館で実査した。それも加えて改訂した本書収録の図は泉南市教育委員会が主催した第四回古代史博物館フォーラムで公表した〔二〇〇〇年三月②〕。なお、一九九七年段階には、図７－２・３を古代末期播磨系瓦屋の初現を示す資料と考え、「院政期播磨系瓦屋の成立年とその背景」と題して発表した。しかし、古代末期播磨系瓦屋の成立年代は、さらにさかのぼる可能性もあるので改題した。

２　なお、興福寺中金堂の治暦再建工事を分担した播磨守橘俊綱は、藤原頼通の実子である。一方、承暦元（一〇七七）年に法勝寺伽藍中枢を造営した播磨守高階為家は、「院司受領」「白河院近臣」の一人として著名である。藤原摂関家が中心となり推進した興福寺再建と、白河院政の象徴である六勝寺造営において、播磨国はいずれも大活躍する。しかし、播磨国司にはそれぞれ摂関家や院政政権に近い人物が任じられている〔二〇一四年一一月②〕。

３　興福寺中金堂の発掘は終了し、現在、再建工事が進んでいる。発掘成果に関しては、年次ごとの概報が刊行されたが、出土瓦の全貌はまだわからない。

参考文献

上原真人　一九七八年「古代末期における瓦生産体制の変革」『古代研究』一三・一四号、(財)元興寺文化財研究所
上原真人　一九八〇年「一一・一二世紀の瓦当文様の源流」『古代文化』第三二巻第五・六号、(財)古代学協会
上原真人　一九八七年「瀬戸内海を渡ってきた瓦」『大阪湾をめぐる文化の流れ―もの・ひと・みち―』帝塚山考古学研究所
小川白楊　一九二二年『古瓦譜』私家版
加納敬二　一九八九年「円宗寺跡」『昭和六一年度京都市埋蔵文化財調査概要』(財)京都市埋蔵文化財研究所
加納敬二・小檜山一良・平田泰ほか　一九九七年『京都嵯峨野の遺跡―広域立会調査による遺跡調査報告―』京都市埋蔵文化財研究所調査報告第一四冊、(財)京都市埋蔵文化財研究所
四天王寺文化財管理室　一九八六年『四天王寺古瓦聚成』柏書房
丹治康明　一九八三年「神出古窯址群」『昭和五六年度神戸市埋蔵文化財年報』神戸市教育委員会
丹治康明　一九八五年「神出古窯址群」『昭和五七年度神戸市埋蔵文化財年報』神戸市教育委員会
丹治康明　一九八七年「東播磨における瓦生産―神出・魚住窯を中心に―」『中近世土器の基礎研究Ⅲ』日本中世土器研究会
藪中五百樹　一九九一年「平安時代に於ける興福寺の造営と瓦」『佛教芸術』一九四号、毎日新聞社
藪中五百樹ほか　一九七八年『興福寺防災施設工事・発掘調査報告書』興福寺
山崎信二　一九八〇年「大和における平安時代の瓦生産」『研究論集Ⅵ』学報第三八冊、奈良国立文化財研究所

第八節　明石にもいた清盛贔屓

―出土瓦からのアプローチ―

はじめに―福原京の沿革と考古学的調査―

福原遷都

治承四（一一八〇）年六月二日、安徳天皇・高倉上皇・後白河法皇は、そろって京都を後にし、現在の神戸市中央区から兵庫区北部、古代の行政区画では摂津国八部（八田部）郡にあたる福原の地へと向かった。藤原兼実《かねざね》は、これを入道相国（平清盛）福原別業への「行幸」と記載し、往古に城外之行宮の例はあるが延暦以降は皆無と指摘している（『玉葉』同日条）。しかし、藤原定家はこれを「遷都」と記載する（『明月記』治承四年五月三〇日条）。『方丈記』の「都うつり」の記載などを根拠に、現在の歴史概説書も、これを「福原遷都」と呼ぶことが多い。

福原遷都を推進したのは平清盛である。ただし、福原の地を首都とする意図は、もともと清盛にはなく、新都建設候補地としたのは、福原の南にある和田の地で［大山・石田一九七五］、福原は新都造営のための「実行本部」にすぎなかった［山田一九九二］。しかし、同年七月中旬になって、当面、福原を皇居とすることが決まり、兼実もこれを「離宮」と記載するようになる（『玉葉』同月一六日条、八月四日条）。離宮周辺には道路や宅地を設けて、都市の体裁を整え、八月下旬には、明後年における大極殿・朝堂院（八省院）造営も日程にあがる（『玉葉』同月二九日条）。

しかし、源頼朝・源義仲の挙兵、富士川の合戦における敗北に対応して、同年一一月には平安京に還幸する。「福原京」は、寿命半年にも満たぬ夢の都となったのである。さらに、清盛没後の寿永二（一一八三）年七月、義仲軍が京都に迫ると平家は西国へと逃れる。逃亡に際し、平家は福原の旧里で一夜を過ごす。

清盛の夢の跡は「故入道相国の造りおき給へる福原の所々を見給ふに、春は花見の岡の御所、秋は月見の浜の御所、泉殿・松陰殿・馬場殿・二階の桟敷殿・雪見の御所・萱の御所、人々の館ども、五条の大納言国綱卿の承って造進せられし里内裏、鴛鴦の瓦・玉の石だたみ、いづれもいづれも、三年がほどに荒れはて、旧苔道を塞ぎ、秋草門を閉ず。瓦に松生ひ、垣に蔦茂れり。台かたぶいて苔むせり」というありさまであった〔『平家物語』〕。

翌朝、平家は「福原の内裏に火をかけ」る〔『平家物語』〕。「内裏を始めて人々の家々皆焔とぞ焼け上る」「形見に残る福原も焼野の原となりしか」〔『源平盛衰記』〕。福原遷都から三年で、「福原京」の諸施設は壊滅したことになる。

福原京の考古学的調査

「福原京」の実態を示す遺跡として、一九八一・八二年度および二〇〇三年度に、神戸大学医学部付属病院構内で発見された堀が二重に巡る邸宅跡がある。楠・荒田町遺跡である〔兵庫県教委一九九七・二〇〇八〕。厳島御幸の帰路、高倉院が「福原の中御覧ぜん」と御輿でここかしこ御幸し、「あしたといふ頼盛の家にて、笠懸流鏑馬などつかふまつらせて御覧ぜさす」という源通親の『高倉院厳島御幸記』の記述にみる「あした」が「あらた」の誤記と考えて、楠・荒田町遺跡を平頼盛邸とする説が有力である〔歴史資料ネットワーク二〇〇五、高橋二〇〇七〕。

楠・荒田町遺跡では、瓦はごく少量しか出土していない。しかし、その北約六〇〇mの地点で「福原京」の瓦がまとまって出土した。神戸市教育委員会が調査した祇園遺跡である。すなわち、旧湊川扇状地の扇頂近く、市街地平野部の最も奥まった場所で庭園跡などが検出され、土器や陶磁器・瓦がまとまって出土したのである。

広範にわたり庭園跡を検出した祇園遺跡第五次調査報告書は刊行されたが〔神戸市教委二〇〇〇〕、他の正報告はまだない。瓦が多数出土したのは、五次調査区北側の一・二次調査区と、東側の個人住宅建設にともなう三次調査区で〔神戸市教委一九九四・九六・九七〕、これらの軒瓦をあわせて図8－1に示す。平瓦・丸瓦に対する軒瓦の割合が高い

図8－1　神戸市祇園遺跡（福原別業）出土軒瓦拓影［神戸市教委1994・96・97・2000，上原2001a］
5は備前系，8・14～17・25・26は中央官衙系，その他は播磨系　縮尺約6分の1

ので、檜皮葺・甍棟の住宅施設所用瓦の可能性が指摘されている。

祇園遺跡出土瓦

祇園遺跡で出土した瓦には、京都産（中央官衙系）と播磨産の瓦があることが注目を集めた［神戸市教委一九九七］。図8－1に示したように、岡山（備前）産の5以外は播磨産と京都産軒瓦である。ただし、清盛が福原の地に別業を設けたのは、太政大臣の職を辞し、出家した仁安二（一一六七）年五月～翌年二月頃までさかのぼる［大山・石田一九七五］。以後、清盛は後白河法皇五〇歳の賀宴、中宮（建礼門院徳子）の懐妊・出産、鹿ヶ谷事件、後白河法皇の鳥羽殿幽閉、以仁王―源頼政の謀叛事件終結後などに上洛するが、基本的に福原を拠点に行動する［村井一九七七、高橋二〇〇七］。福原の諸施設は、この間に充実したはずだ。さらに『方丈記』は、遷都時に権門の「家はこぼたれて淀川に浮かび」福原に運んだと記載し、建築材として平安京で使った瓦も再利用した可能性がある。しかし、京都出土瓦や奥州平泉出土瓦と比較すると、祇園遺跡出土の中央官衙系軒瓦は一一六〇年以降、一一八〇年以前の基準資料となる〔上原二〇〇一a〕。

一方、祇園遺跡出土の播磨系軒瓦の主体をなすのは、明石市林崎三本松窯〔明石市教委一九九九、明石市立文化博物館一九九九〕の製品である。祇園遺跡に供給された同窯産軒瓦には、平安宮大極殿・朝堂院出土瓦と同笵・同文品が少なくない。図8－1－4・9・13・21などが該当する。一一～一二世紀の平安宮大極殿はおもに天皇即位の場であり、再建・修理工事もそれを目的に実施される。とくに、延久四（一〇七二）年一二月二九日の白河天皇即位に向けた後三条天皇による大極殿・朝堂院再建、保元三（一一五八）年一二月二〇日の二条天皇即位に向けて藤原信西《しんぜい》が推進した大内裏復興が著名で、対応する所用瓦も抽出できる〔上原二〇〇六〕。

しかし、清盛政権下の安元三（一一七七）年四月二八日、洛中大火（太郎焼亡）により大極殿・朝堂院は焼亡する。同年一〇月までに再建計画が動き始めるが〔高橋二〇〇六〕実現しなかった(1)。事実、治承四（一一八〇）年四月の安徳天皇即位式も、内裏紫宸殿で挙行された。とすれば、林崎三本松窯―祇園遺跡（福原別業）と同笵の瓦が供給された平安宮大極殿・朝堂院の修理工事は、仁安三（一一六八）年三月二〇日の高倉天皇即位式をめざしたものと考えられる〔上原二〇〇六〕。

清盛による平安宮大極殿・朝堂院修理

史料には、高倉天皇即位に向けて「請奏八省修理日時等」の記事があるが〔「高倉院御即位記」『続群書類従』巻第二七二〕、具体的な工事内容は不明である。しかし、平安宮大極殿・朝堂院と祇園遺跡との同笵瓦は、清盛が妻の妹（建春門院滋子）が生んだ甥のため、かつて国司を勤めた播磨国から瓦を運ばせたことを示す。つまり、祇園遺跡の播磨系軒瓦も一一六〇年代後半～一一八〇年頃の基準資料となる。同笵瓦の生産期間を短くとらえるなら、この播磨系瓦は「福原京」所用瓦というより福原別業所用瓦、すなわち清盛が平安宮を修理した一一六八年頃のものと評価した方が無難である。

ただし、一一〜一二世紀の平安京内外では、京都産の中央官衙系軒瓦だけでなく、丹波・讃岐・播磨・南都など西日本各地、場合によっては尾張などの東日本で生産した瓦を運び込んで使用した。それは平安京内外の造営工事を受領層が担当し、成功《じょうごう》・栄爵などの代償を得ていたという当時の風潮と無関係ではない［上原一九七八・二〇〇九・二〇一〇］。林崎三本松窯の操業開始も、一二世紀初頭の尊勝寺造営時までさかのぼる可能性が高い。つまり、清盛政権下の平安宮修理に活躍した林崎三本松窯は、必ずしも特殊な歴史的存在ではない。

しかし、同窯産の瓦を福原別業でも消費したとなると、必ずしも一般的な歴史事象のなかに埋没させてよいか気がかりになる。福原の地は摂津国の東端を占める。福原を新たな政治・経済の拠点とする清盛の計画においては、隣接する播磨国明石郡も、その後背地と意識されていたのではないか。明石には清盛政権を支えた地元勢力が居り、それが林崎三本松窯―平安宮―福原別業というネットワーク成立の背景となったのではないか。そのネットワークは、清盛が経済力を蓄え勢力を拡大した播磨守在任中（一一五六〜五八年）に培ったものではないか。こ

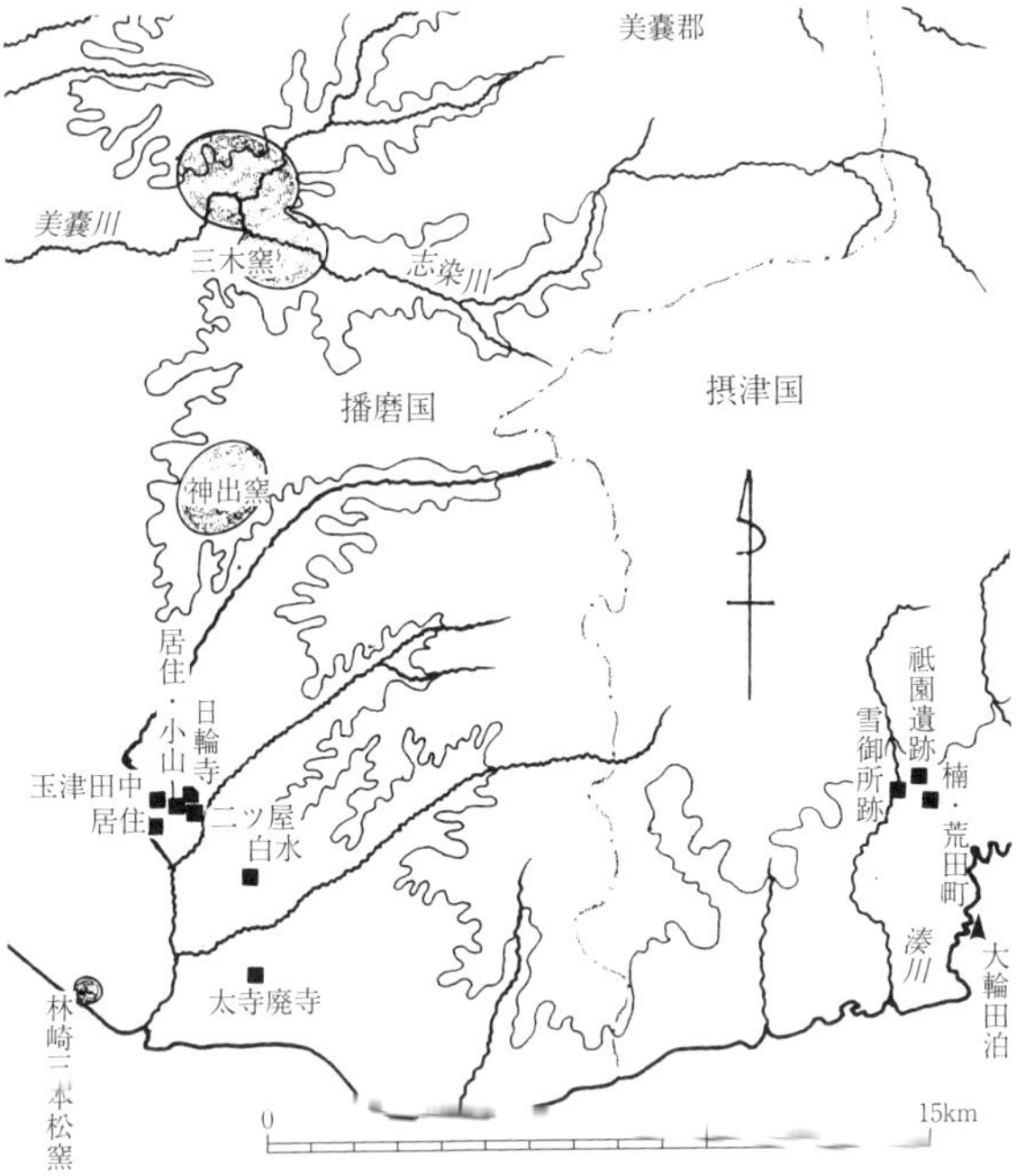

図８－２　関連遺跡分布概念図（縮尺約30万分の１）

うした想像をふくらませる遺跡が、兵庫県教育委員会と神戸市教育委員会により発掘されている。神戸市西区にある玉津田中遺跡辻ヶ内地区と二ツ屋遺跡である（図8－2）。

1　神戸市玉津田中遺跡辻ヶ内地区

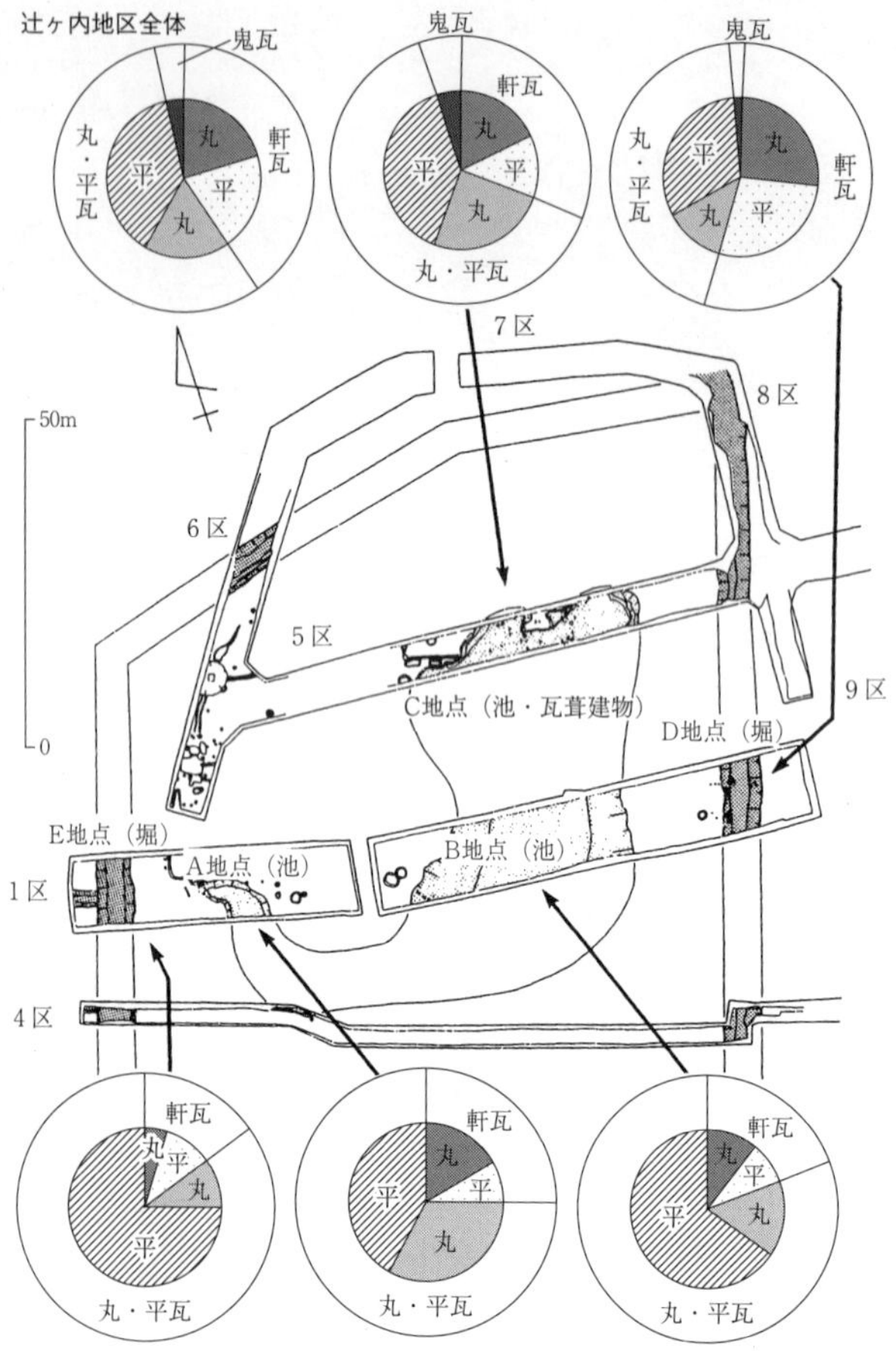

図8－3　玉津田中遺跡辻ヶ内地区の検出遺構と瓦出土状況［兵庫県教委1995］

玉津田中遺跡は、弥生時代中期の集落・水田・墓域が構造的に把握できたことで著名であるが、東端の辻ヶ内地区において、大量の瓦をともなう平安時代末期の堀と土塁で囲んだ施設が発見された。報告書［兵庫県県教委一一九五］は、これを「中世居館」すなわち在地豪族の館跡と報告したが、古代・中世の日本には、総瓦葺屋根の建物群からなる居館や邸宅は存在しない。後述のように、浄土庭園をもつ寺院＝浄土教寺院跡と考えられる。

道路敷設にともなう発掘のため、遺跡の全貌が判明したわけではないが、幅五ｍ、深さ一・四ｍ以上の堀と土塁で囲まれた東西一〇四ｍ、南北一〇〇ｍ以上の敷地の南に巨大な池を配し、池の北に礎石建物や掘立柱建物が並ぶ内部構造が明らかになった（図8－3）。堀や池など敷地内の遺構から、大量の土器・瓦・木器が出土しており、出土土器から一二世紀末～一三世紀初頭の比較的短期間に存続した遺跡と考えられている。

一万平米以上におよぶ敷地の二割程度を発掘しただけなのに、出土瓦は破片数で一〇万点を超え、軒丸瓦二二九点、軒平瓦二二三点、鬼瓦四二点を数える。出土量から総瓦葺建物が存在したことは確実で、とくに鬼瓦の破片数が多いので、数棟分以上の瓦と想定できる。また、出土状況から、西堀に沿って軒瓦を葺いた塀が巡っていたと想定できる。

玉津田中遺跡出土瓦

辻ヶ内地区で出土した軒瓦を図8－4に示す。いずれも製作技術から地元播磨産と判断できる瓦で、なかには神出窯や林崎三本松窯産と認定できるものがある[2]。主体をなす軒丸瓦図8－4－3・4・8～10（あわせて一五七点六九％）や軒平瓦図8－4－20・21・26・27（あわせて一三一点五九％）のなかでも、3・4や26・27は福原別業所用の播磨系軒丸瓦（図8－1－2）や軒平瓦（図8－1－9）の系譜を引くが、文様が崩れている。したがって、福原別業と同笵の瓦（図8－1－4と図4－7）があっても、辻ヶ内地区で主体的な播磨系瓦群は一一六八年以降のものである。

玉津田中遺跡辻ヶ内地区出土の最も新しい瓦は、京都市右京区梅ヶ畑高鼻町に所在する平岡八幡宮境内出土瓦（図8－5－11）と同笵の軒平瓦である（図8－3－24）。辻ヶ内地区における出土点数はわずか二点なので、修理に用いた瓦と判断してよいだろう。同笵瓦が出土した平岡八幡宮境内遺跡は、伊豆国配流中に源頼朝に挙兵を促し、その庇護のもとで念願の神護寺・東寺復興に着手した文覚が、神護寺やその鎮守社である平岡八幡宮造営のため築いた瓦窯跡と推定されている［京都市埋文研一九九六、上村一九九八］[3]。

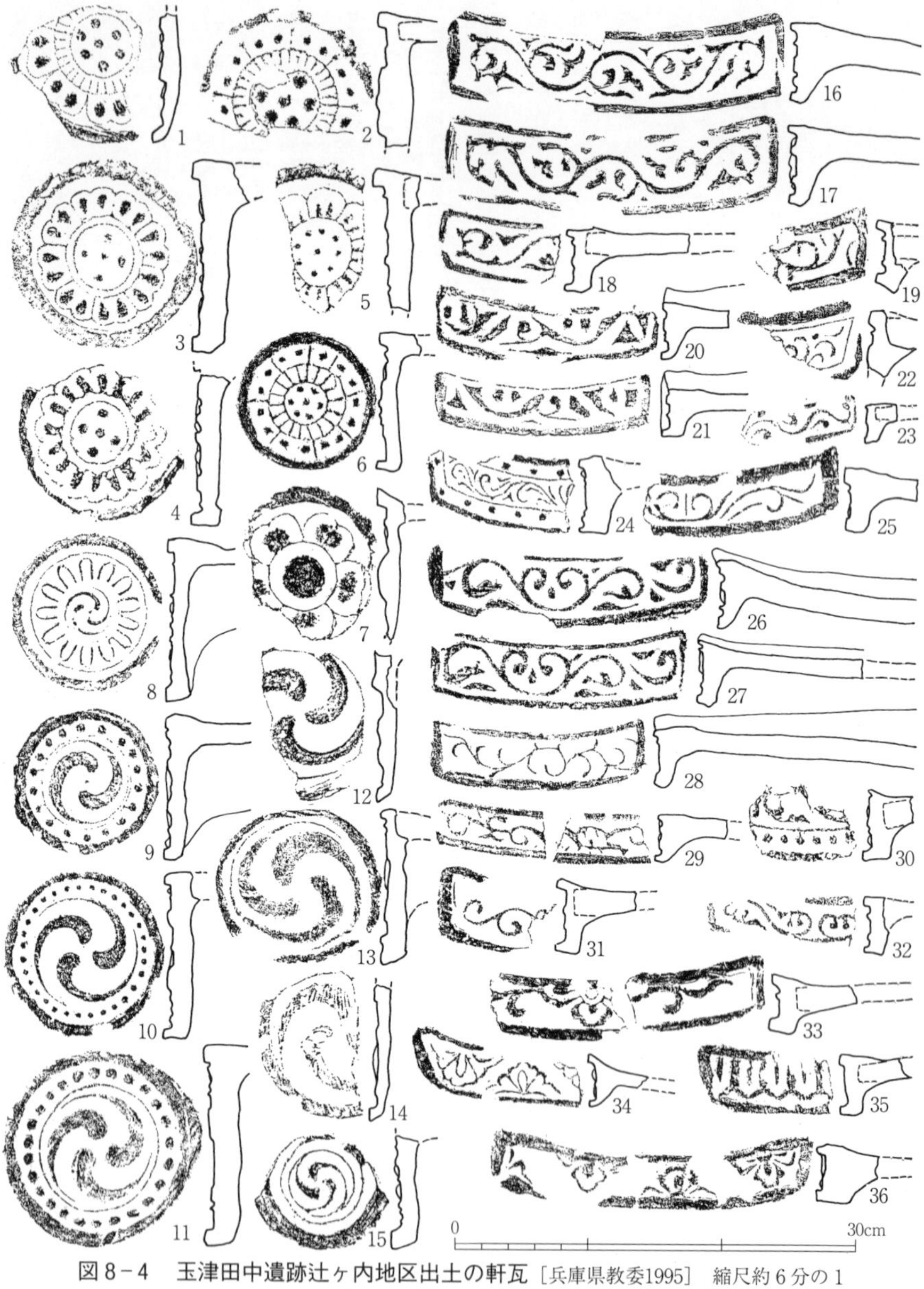

図８－４　玉津田中遺跡辻ヶ内地区出土の軒瓦［兵庫県教委1995］　縮尺約６分の１

文覚と播磨系瓦

弘法大師を敬愛した文覚による神護寺復興事業は、三間四面草堂・納涼殿・護摩堂・両三宇庵室造営に着手した第一期（仁安三〈一一六八〉～承安三〈一一七三〉年）。伊豆国から復帰し、金堂・納涼殿・護摩堂・五大堂・根本真言堂・法華堂・中門・経蔵・鐘楼・仙洞院・平岡八幡宮などを完成した第二期（文治年間～建久年間初期〈一一八五～一一九三年頃〉）。播磨を造営知行国として東寺金堂・五重塔・講堂の造営に尽力した建久四（一一九三）～同九（一一九八）年を間に挟んで、神護寺中門二天夜叉の造像（建久七年）や多宝塔・講堂の造営に着手し、頼朝没後に再度失脚するまでの第三期（建久年間後期～正治元〈一一九九〉年）の三時期に分かれる［上野一九八九］。このなかで、平岡八幡宮境内に瓦窯を設ける必要が生じる工事は、第二期以外に考えにくい。これは、文覚による東寺復興工事と対照することで鮮明となる。

文覚の東寺復興事業では、平安前期の瓦当文様を模倣した復古瓦（図８－５－12～14）を、林崎三本松窯などで量産し搬入した［上原一九八六、上村一九九八］。平岡八幡宮境内遺跡―辻ヶ内地区の同笵瓦も同じ文様系統の軒平瓦である。ただし、平岡八幡宮境内遺跡の軒丸瓦は、外区珠文帯の内側に唐草文が巡る花菱文軒丸瓦で（図８－５－６・７）、文覚による東寺修造時の軒丸瓦（図８－５－12）が、平安前期の複弁八葉蓮華文（図８－５－１）を模倣しているのと大きく異なる。

文覚が東寺再興を進めていた頃、平家の南都焼討で焼亡した東大寺再建のための知行国として備前国を賜った重源が、岡山市東区（旧瀬戸町）にある万富東大寺瓦窯で生産した軒瓦は、瓦当面に「東大寺大仏殿」の文字を置く鎌倉時代的意匠の製品であった。かつて筆者は、重源の東大寺瓦と文覚の東寺瓦を、進取的文様と復古的文様と対比し、造営推進者の個性が顕著に反映されたと評した［上原一九八六］。

しかし、瓦当文様に代えて寺院名を配した軒瓦は、すでに一一世紀の四天王寺所用瓦に範がある(4)。また、康平・治暦年間（一〇六〇～六七年）の興福寺中金堂再建時に播磨国が搬入した軒瓦［上原二〇〇〇］を焼成した神出窯田井

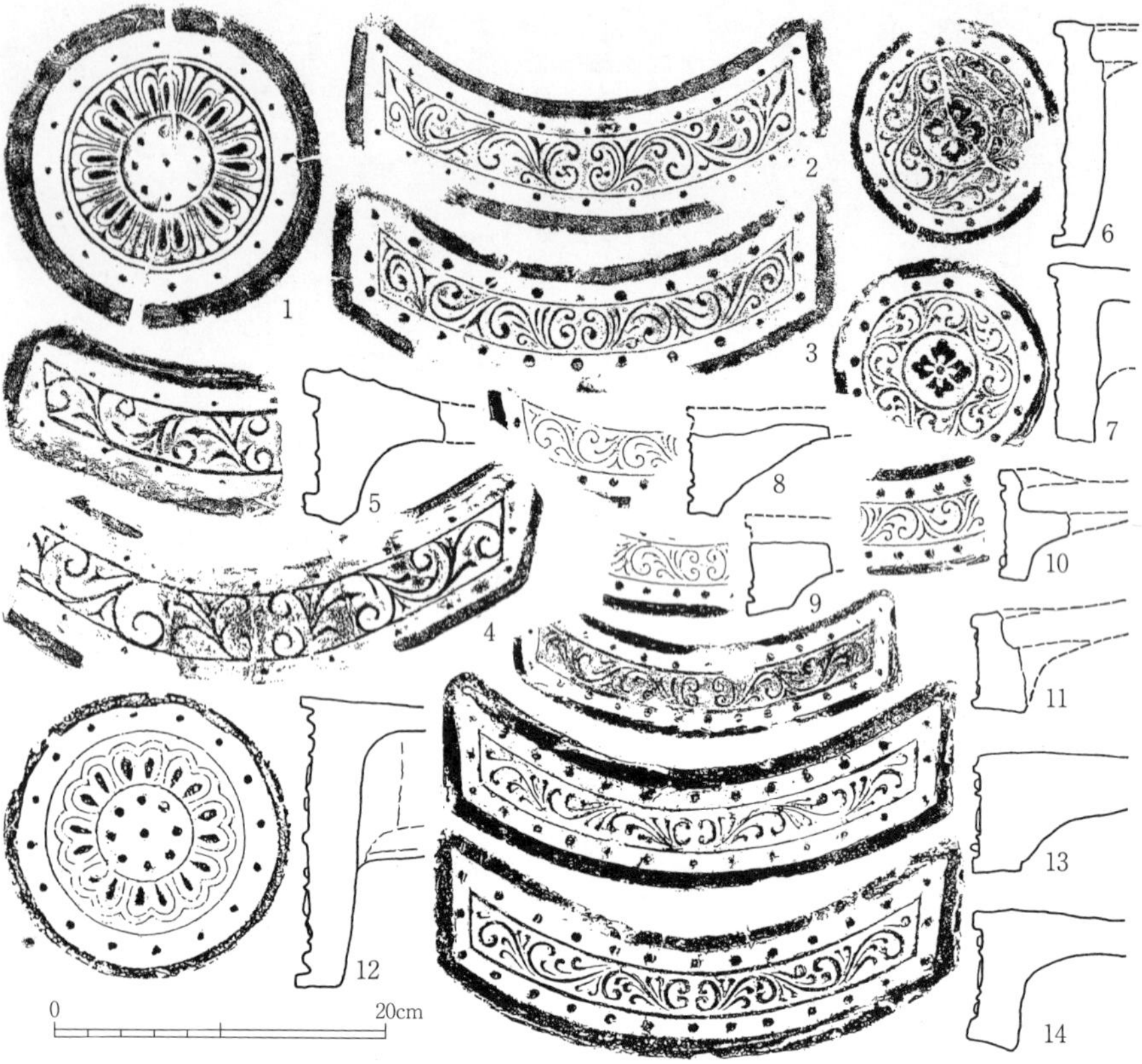

図8−5　文覚の造営事業にかかわる軒瓦とその文様系譜　縮尺約6分の1
1〜3　もとになる平安時代前期軒瓦［大山崎町教委2005］　4　神出窯田井裏支群［神戸市教委1985a］
5　東寺北大門　6〜11　平岡八幡宮境内遺跡［京都市埋文研1996］　12〜14　東寺［鈴木・上村・前田1996］

裏支群［神戸市教委一九八五a］の製品中に、すでに平安前期の瓦当文様を模倣した播磨系軒平瓦が存在する（図8−5−4）。つまり、重源の東大寺瓦、文覚の東寺瓦のもとになる要素は、いずれも一一世紀代に出現しており、施主の個性は、そのいずれを採用するかという点に反映されていたことになる。

平安前期の瓦当文様を模した播磨系軒平瓦を比較すると、平岡八幡宮境内遺跡─辻ヶ内地区例（図8−5−8〜11と図8−4−24）は、唐草が反転する隙間を楔形の小葉で埋め、田井裏支群例（図8−5−4）や平安前期の規範例（図8−5−2・3）に近い。これに対し、林崎三本松窯―東寺所用例は、いずれも反転部位を対向蕨手で埋める独自の特徴をもつ（図8―5―13・14）。つまり、史料にみる文覚の造営活動が示すとおり、平岡八幡宮境内遺跡出土瓦＝神護寺所用瓦は、東寺所用瓦に先行する可能性が高い。いずれにしても、玉津田中遺跡辻ヶ内地区の方形区画内施設は、平氏滅亡後も細々と命脈を保ったことになる。

玉津田中遺跡と最勝光院

辻ヶ内地区出土軒平瓦で特徴的な図8―4―16～21は、林崎三本松窯や祇園遺跡では出土していない。これらは、後白河法皇の後院である法住寺殿の一角を占めた最勝光院所用瓦の系譜を引く。最勝光院は後白河天皇の皇后、建春門院滋子御願の浄土教寺院で、蓮華王院三十三間堂の南方にあった〔杉山一九八一、上村二〇〇四・二〇〇六、川本二〇〇六〕[5]。一九八二～八三年の発掘調査では、同院推定地西南部の基壇痕跡と造成にともなう轍跡、井戸、溝などを検出〔京都市埋文研一九八四・八五〕。同院推定地中央では池跡・水路跡を検出した〔大谷高校法住寺殿跡遺跡調査会一九八四〕。とくに後者では、最勝光院所用瓦がまとまって出土した。

図8―6が最勝光院所用瓦である。巴文軒丸瓦―剣頭文軒平瓦などの中央官衙系軒瓦（図8―6―15・16・33・34）を一部に含むが、主体をなす播磨系軒瓦は、宝相華文軒丸瓦と偏行蛸唐草文軒平瓦との組み合わせである（図8―6―1～9、23～32）。前者は十字形に配した主弁の間から菱形の間弁が覗く華文を中央に置き、外区珠文帯を画する界線が四ヶ所で屈曲して途切れるのが特徴的である（図8―6―1～5）。菱形の間弁が水滴状に変化すると、界線の途切れ目も不分明となる（図8―6―6～9）。界線の途切れ目は、家紋の木瓜紋と共通する。

一方、偏行蛸唐草文は高麗・宋へと遡源する文様で〔上原一九八〇〕、全羅南道康津郡大口面沙堂里の高麗青磁瓦窯で出土した軒平瓦（図8―7―4・5）が参考となる〔崔一九六九〕。牡丹文軒丸瓦（図8―7―1・2）が組み合うので、図8―7―4・5も中国宋起源の牡丹唐草文と判断できる。参考までに明代『営造法式』所掲の「牡丹華」（図8―7

－11）を示す。最勝光院所用瓦においては、図8－6－23・25・26が祖型に近く、図8－6－30～32へ変遷していく。辻ヶ内地区の図8－4－16は最勝光院図8－6－27と同じ文様構成で、図8－4－17はその製品自体を見本に作笵した結果、文様の左右が逆転し、文様単位が不分明となったもの。さらに、図8－4－20は17の基本的な唐草の流れを写し、図8－4－21はそれを左右逆転した文様である。

最勝光院所用瓦の位置づけ

なお、最勝光院推定地内で出土した宝相華文軒丸瓦―偏行蛸唐草文軒平瓦はすべて播磨系軒瓦であるが、その南隣接地（東山区本町一二丁目二二）で検出された瓦積井戸の構築材に、同じ文様の中央官衙系軒丸瓦（図8－7－8・9）が大量に使用されていた［京都市埋文研一九八二］。これにともなった偏行蛸唐草文軒平瓦（図8－7－10）を比較すると、播磨系軒瓦より祖型（図8－7－4・5）に近く、法量もほぼ等しいことから、同じ意匠の軒瓦の組み合わせを、中央官衙系・播磨系の両瓦屋に発注した可能性が高い。

法住寺殿（最勝光院）の南限を東山から鴨川に注ぐ今熊野川（一之橋川）とすれば［野口二〇〇六］、瓦積井戸の検出地点は最勝光院の南外となる。京都市遺跡地図も、同地点を藤原忠平（八八〇～九四九年）が造営した法性寺跡として登録する［京都市文化市民局二〇〇七］。しかし、法性寺の寺地を踏襲して、一三世紀前半に九条道家（一一九三～一二五二年）が造営した東福寺は、九条大路以南を占地しており、瓦積井戸が廃絶した鎌倉時代前期における同地点の所属は微妙である。たとえ、同地点が法性寺跡だとしても、廃棄された最勝光院所用瓦を再利用した井戸の可能性は高い。

最勝光院の創建供養は、承安三（一一七三）年一〇月二一日［『玉葉』］。一方、図8－7－1～5が「青瓷」を葺いた養怡亭所用瓦（『高麗史』巻一八、毅宗世家一一（一一五七）年四月丙申朔条）とすれば［崔一九六九］、最勝光院供養の十数年前で、清盛の対外交易の結果もたらされた文様の可能性がある。ただし、日本における同文軒平瓦の初源は、

図８−６　法住寺殿最勝光院出土軒瓦［大谷高等学校法住寺殿跡遺跡調査会1984］
15・16・17・33・34は中央官衙系，その他は播磨系　縮尺約６分の１

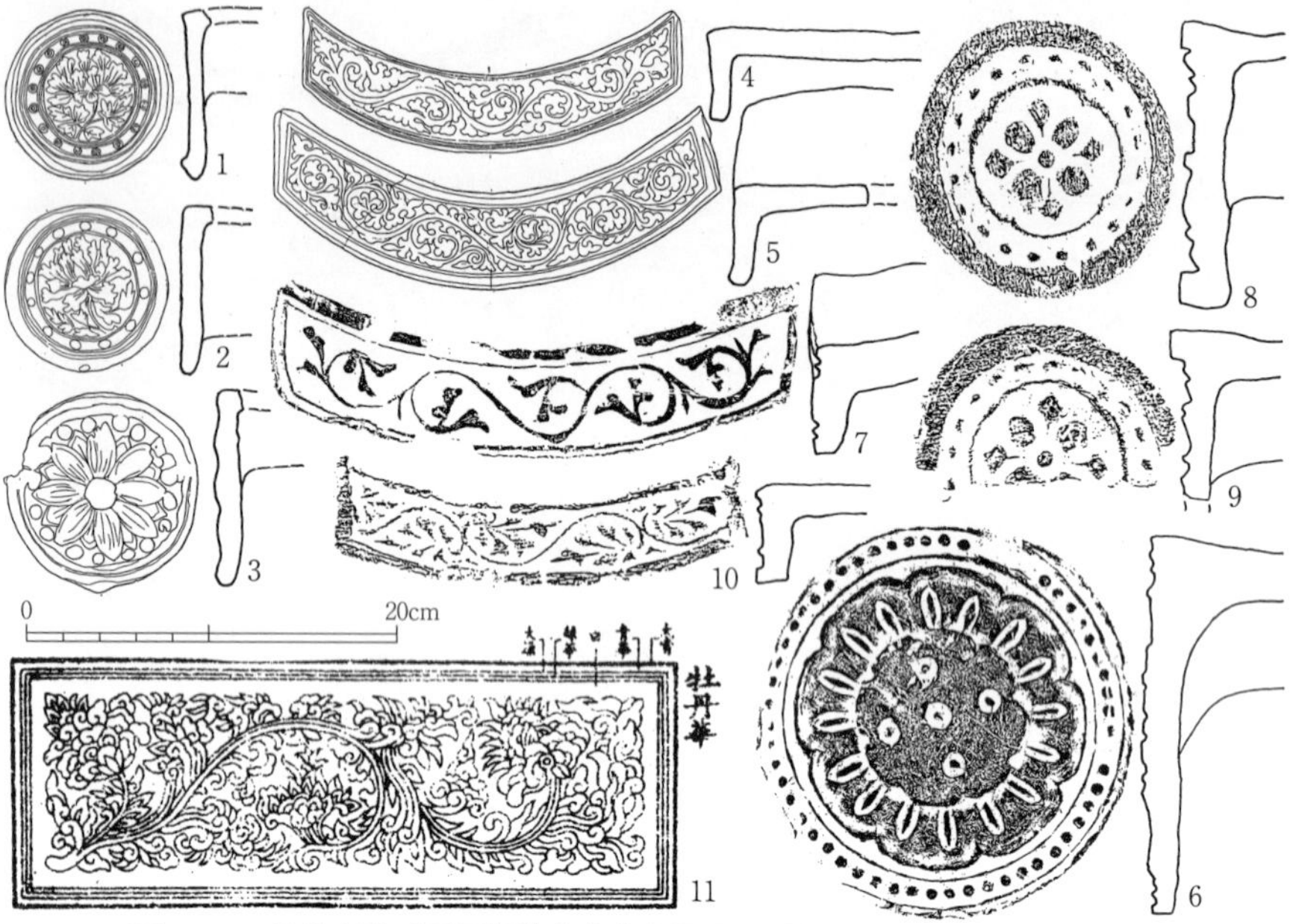

図８－７　最勝光院所用偏行蛸唐草文軒平瓦の遡源（11以外は縮尺約６分の１）
１～５　韓国沙堂里高麗青磁瓦［崔1969］　６・７　尊勝寺［杉山・岡田1961］　８～10　法性寺跡［京都市埋文研1982］　11『営造法式』の「牡丹華」

康和四（一一〇二）年に供養された尊勝寺金堂所用の丹波系瓦（図８－７－６・７）である［上原二〇一〇］。最勝光院所用の偏行蛸唐草文軒平瓦を図８－７－７の系譜下に置くことも可能だが、現在のところ中間型式の文様がなく、最勝光院例がむしろ祖型に近いように思えるので、一二世紀初頭、一二世紀後半にそれぞれ宋や高麗の影響を受けたと考えたい。

玉津田中遺跡出土瓦の年代

以上、玉津田中遺跡辻ヶ内地区の方形区画内所用瓦は、高倉天皇即位を目指す平安宮修理や清盛引退後の福原別業造営に播磨系軒瓦が供給された一一六〇年代後半を上限とする。しかし、中心となる瓦は、最勝光院が造営された一一七三年よりもやや新しい時期の瓦で、文覚が神護寺を造営した一一九〇年前後に、最後の修理瓦が供給される。つまり、この遺跡は、平氏政権の全盛期に形成された遺跡で、平氏滅亡後まで命脈を保つが、以後、急速に衰える。それでは、平氏政権の全盛期に造営された辻ヶ内地区の方形区画内の施設は、どのような性格をもつのか。以下、玉津田中遺跡の報告書がその存在に注目した二ツ屋遺跡との比較分析から　この問題にアプローチする。

2　神戸市二ツ屋遺跡

玉津田中遺跡の調査報告書〔兵庫県教委一九九五〕は、辻ヶ内地区で検出した遺跡を一二世紀末～一三世紀初頭の居館跡と評価した上で、東約一kmにある二ツ屋遺跡の存在に注目する。同じ西区玉津町内にある二ツ屋遺跡は、土地区画整理事業に先立ち神戸市教育委員会が発掘。弥生時代後期から江戸時代に至る遺構・遺物を検出した。正式の報告書は未刊であるが、そのなかに、持仏堂を備えた一二世紀居館跡がある〔神戸市教委一九九二・九五〕。

すなわち、二ツ屋遺跡第四・五区の調査では、堀で区画した南北推定約一〇〇ｍの敷地内で、掘立柱建物六棟、礎石建物一棟、井戸一基、池一基などを検出（図８－８）。池の北側では、主屋と考えられる掘立柱東西棟を、当初規模四×六間、後に西にずらして四×五間で建て替える。池の西側には、一間四面の礎石建物（持仏堂）、主屋の東や持仏堂の南には掘立柱の付属屋を配する。遺構は一二世紀後半の短期間のうちに廃絶しており、現説資料は「極めて有力な人物の邸宅」、概報は「地方貴族」「地方支配者層」の邸宅と評価する。

二ツ屋遺跡と玉津田中遺跡の関係

二ツ屋遺跡の発掘成果を受け、玉津田中遺跡の発掘調査報告書は、辻ヶ内地区の遺構を次のように評価する。

「広大な池や瓦葺建物を配するような居館は、都や平泉・鎌倉といった大都市以外ではあまり例のないものである。（中略）これだけの居館が文書にも伝承にも残っていないのは、存続期間が短かったことに加えて、主が寺社領の関係者ではなく、国司に連なる人間であったためとの見方も可能である。」「辻ヶ内地区の居館よりも一

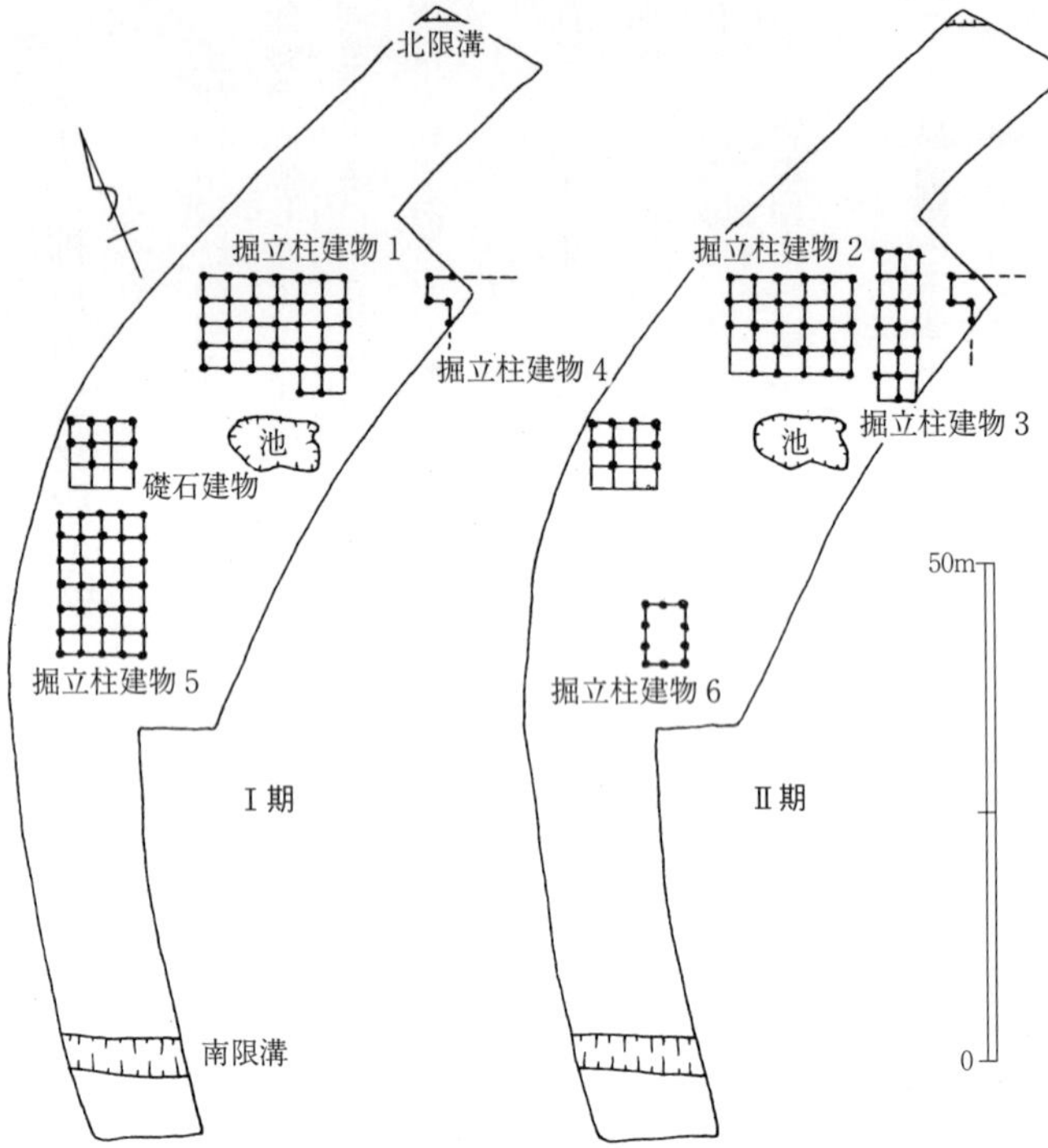

図8-8　神戸市二ツ屋遺跡居館跡の遺構変遷概念図［神戸市教委1992・1995］

段階古い時期の居館が、東方約一kmの二ツ屋遺跡で見つかっている。ここでも堀・建物跡・池・井戸などが検出され、瓦を含む多数の土器が出土している。玉津田中遺跡と至近距離であり、辻ヶ内地区の居館と入れ代わるように廃絶しているという点でも、注目すべき遺跡である。」「播磨国はもともと瓦の産出国であった。神出古窯址群産の瓦も京の六勝寺などで使われているのがわかっている。瓦の運搬ルートは明石川を経由したに間違いはなく、上に挙げた遺跡はその中継地としての役割を果たした可能性が高い。これらの遺跡の経営には、当然国司に連なる人物が関与したであろう。」

つまり、玉津田中遺跡辻ヶ内地区が二ツ屋遺跡から移転した居館である可能性を示唆し、居住者として国司に連なる人物像を提示し、果たした役割として窯業生産の経営と生産物の中継基地を想定したわけだ。以上の見解には妥当な点もあるが、首肯できない点もある。以下、年代観を含めて再検討する。

二ツ屋遺跡の年代

まず、二ツ屋遺跡が玉津田中遺跡辻ヶ内地区に先行する点を追認する。二ツ屋遺跡では、居館跡を検出した第四、五区を中心に、少量の瓦が出土した(6)。平瓦・丸瓦を含めても、コンテナ十数箱にすぎず、一間四面の礎石建物所用瓦としても、総瓦葺屋根を復原するには不足する。しかし、平瓦の中には完形に近いものがいくつかあり、軒瓦と平瓦・丸瓦の量比を勘案すると、檜皮葺・甍棟屋根ではなく総瓦葺屋根所用瓦で、不足の瓦は未発掘地に埋もれているか、再利用されたと考えたほうがよさそうだ［上原二〇〇一a］。

軒瓦はあわせて一〇点にも満たない小片ばかりだが、すべて播磨系の蓮華文軒丸瓦—唐草文軒平瓦で、一二世紀後半の指標となる祇園遺跡や玉津田中遺跡と同文・同笵品は一つもない（図8-9-1~7）。以下、同文・同笵品が出土した生産遺跡・消費遺跡や文様・製作技法にもとづいて年代を推定する。

図8-9-7は六区出土の均整唐草文軒平瓦で、同笵品が平安宮朝堂院や民部省（図8-9-11）、日輪寺遺跡［神戸市教委二〇〇八―226・227］。同じ文様系譜の製品が神出窯茶山支群（図8-9-8）と石清水八幡宮（図8-9-10）、神出窯田井裏支群と平安宮民部省（図8-9-11）および摂津四天王寺（図8-9-12）や神出窯堂ノ前支群（図8-9-13）で出土している。文様から判断すると、**図8-9-7**は茶山支群例や田井裏支群例より後出的で堂ノ前支群例に先行する。田井裏支群は興福寺中金堂の康平・治暦年間（一〇六〇~六七年）再建時の瓦を焼成しており［上原二〇〇〇］、堂ノ前支群は土器編年では田井裏支群と同時期とされるが［丹治一九八七］、瓦ではやや新しい様相を認める［上原二〇一〇］。

なお、**図8-9-8~13**の文様系譜は、兵庫県小野市広渡廃寺の奈良時代軒平瓦に起源すると考えていたが［上原

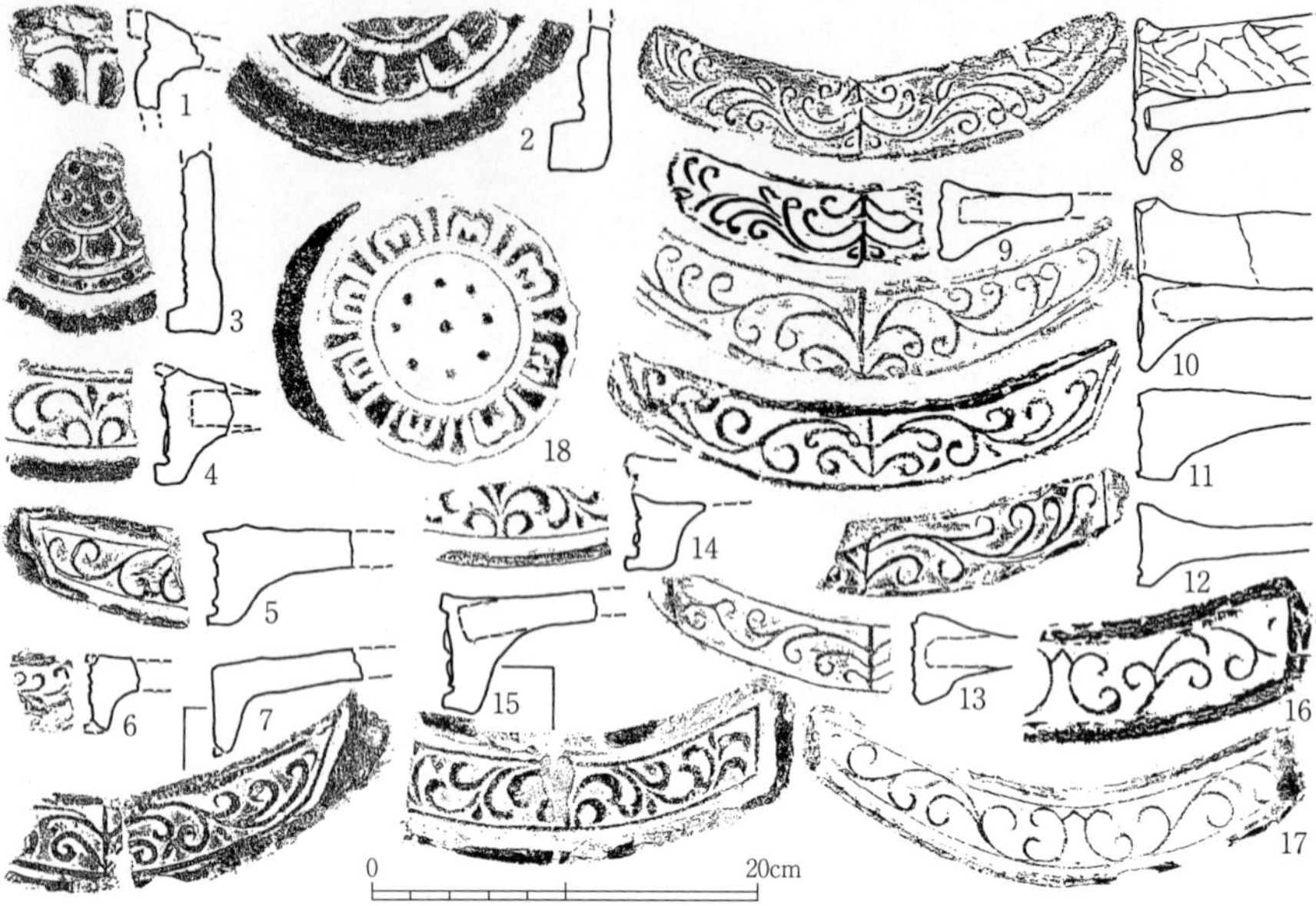

図8－9　二ツ屋遺跡出土軒瓦と関連資料　縮尺約6分の1

1～7 二ツ屋遺跡　8 神出窯茶山支群［中村1986］　9 石清水八幡宮［天沼1926］　10 神出窯田井裏支群［神戸市教委1985a］　11 平安宮朝堂院［平安博物館1977］　12 摂津四天王寺［天沼編1936］　13 神出窯堂ノ前支群［神戸市教委1985a］　14 神出窯南支群［兵庫県教委1998］　15 平安京左京三条三坊十二町［平安博物館1983］　16 尊勝寺［杉山・岡田1961］　17 居住・小山遺跡［神戸市教委1985b］　18 日輪寺遺跡［神戸市教委2008］

一九七八］、韓国光州市香燈寺跡から祖型にふさわしい文様の軒平瓦が出土している［井内古文化研究室一九七七―PL.17（39)］。前述した偏行蛸唐草文軒平瓦と同様、高麗瓦に起源する文様系譜である。

図8－9－4は四区出土の均整唐草文軒平瓦で、同笵品は神出窯南支群（図8－9－14）や白河法皇（一〇五三～一一二九年）が一二世紀初頭に京内御所とした三条西殿跡で出土（図8－9－15）。図8－9－5は四区出土の均整唐草文軒平瓦で、同笵品は居住・小山遺跡（図8－9－17）(7)、如意寺［神戸市教委二〇〇八］、同文品は法勝寺［京都市埋文研一九九六―430］・尊勝寺（図8－9－16）、神出窯堂ノ前支群［丹治一九八七］で出土している。

図8－9－1・2は四区出土の複弁蓮華文軒丸瓦で、神出窯堂ノ前支群や

法勝寺[8]で同文例が出土〔円勝寺発掘調査団一九七二―ER017〕。図8-9-3は居館跡からやや離れた一二区で出土した単弁蓮華文軒丸瓦で、丹波系瓦屋の複弁四葉蓮華文軒丸瓦の系譜を引く播磨系軒丸瓦である〔上原二〇一〇〕。同文品は田井裏支群・堂ノ前支群や円宗寺・法勝寺で出土している。円宗寺（一〇七〇年供養）段階の製品は瓦当裏面周囲に隆起があり、法勝寺（一〇七七年供養）段階の製品は隆起を欠く。図8-9-3は前者に属する。なお、小片で図化しなかったが、日輪寺遺跡出土の図8-9-18と同文軒丸瓦が五区で出土している。同文品は田井裏支群や堂ノ前支群、法勝寺〔円勝寺発掘調査団一九七二―ER001B、京都市埋文研一九九六―394〕で出土している。

以上、二ツ屋遺跡出土の軒瓦は、おもに神出窯田井裏支群や堂ノ前支群の製品で、平安京とその周辺では円宗寺・法勝寺・三條西殿・尊勝寺など、後三条・白河・堀河天皇の治世（一一世紀後葉～一二世紀初頭）に創建された寺院等に同笵品が集中するが、一二世紀中葉以降に創建された法金剛院、鳥羽離宮金剛心院、法住寺殿などでは出土していない。また、二ツ屋遺跡北西に隣接する低位段丘上の日輪寺遺跡において、同笵品が集中する事実も重要である。顕著な遺構は未検出だが、普光山日輪寺は東播磨の在地顕密仏教寺院と想定される〔神戸市教委二〇〇八〕。

つまり、二ツ屋遺跡の持仏堂は一一世紀末～一二世紀初頭に成立しており、当然、二ツ屋遺跡の始まりもそれ以前のことになる。二ツ屋遺跡出土土器類は一二世紀後半を中心とするとのことだが、玉津田中遺跡辻ヶ内地区に先んじて瓦葺屋根の施設が建ったことは否定できない。その始まりは、清盛が福原別業や福原離宮を営んだ一一六〇年代後半～一一八〇年、あるいは最勝光院が創建された一一七三年より一世紀近く古いだけでなく、清盛が播磨守だった保元元～三（一一五六～八）年、父忠盛が播磨守だった久安元～仁平元（一一四五～五一）年より半世紀以上さかのぼるのである。

邸宅内持仏堂と邸宅隣接寺院

次に二ツ屋遺跡・玉津田中遺跡辻ヶ内地区がともに居館跡で、前者から後者に移転した可能性について検討する。

たしかに、両遺跡はほぼ同時期に至近距離に立地しているだけでなく、二ツ屋遺跡の建物の方位は、辻ヶ内地区の堀の方位と似た振れを示し、密接な関係にあることがわかる。また、両遺跡はともに東西・南北とも一〇〇m前後の敷地を有し、規模もよく似ている。しかし、内部施設を比較すると両遺跡の性格がまったく異なることは明白である［上原二〇〇一b］。

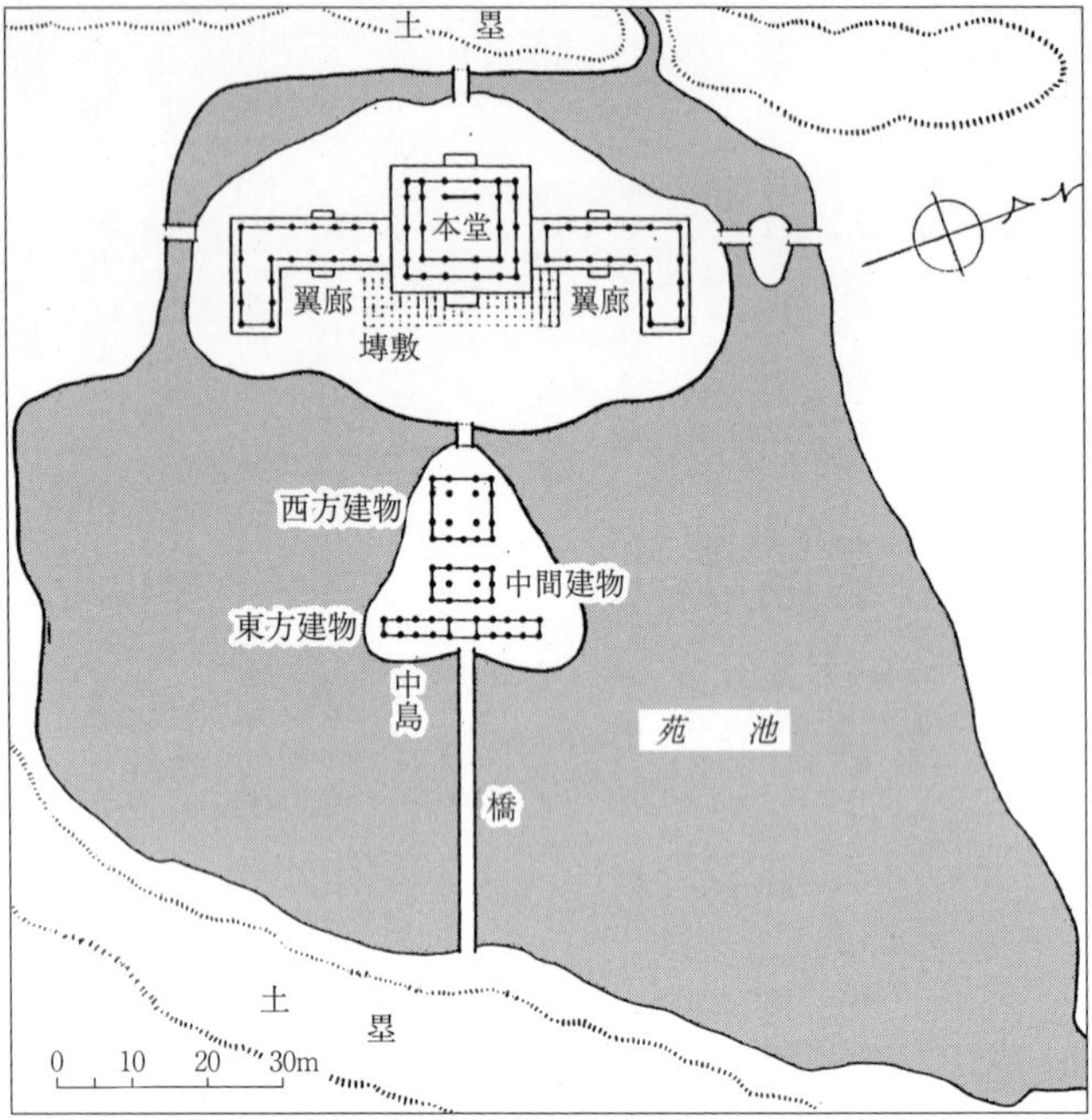

図8－10　無量光院復原推定図［藤島監修1986］

すなわち、検出された池の面積は、玉津田中遺跡辻ヶ内地区（図8－3）が敷地の半分近くを占めるのに対し、二ツ屋遺跡（図8－8）はその十分の一にも満たない。両遺跡が同じ居館機能をもつはずがない。また、二ツ屋遺跡における瓦出土量は僅少で、一間四面の礎石建物（持仏堂）を総瓦葺に復原するにも躊躇する量である。一方、辻ヶ内地区は道路予定地に試掘坑を入れただけなのに大量の瓦が出土し、瓦葺建物が一棟だけとはとうてい思えない。大量の瓦は居館には不要で、寺院遺跡にふさわしい。

話は、突然、岩手県に飛ぶ。辻ヶ内地区や二ツ屋遺跡と同じ一二世紀に奥州を支配したのは藤原氏だ。三代藤原秀衡が晩年に宇治平等院鳳凰堂を模して建てたのが無量光院（図8－10）。土塁で画した寺域は東西約八〇〇尺、南北約九〇〇尺［文

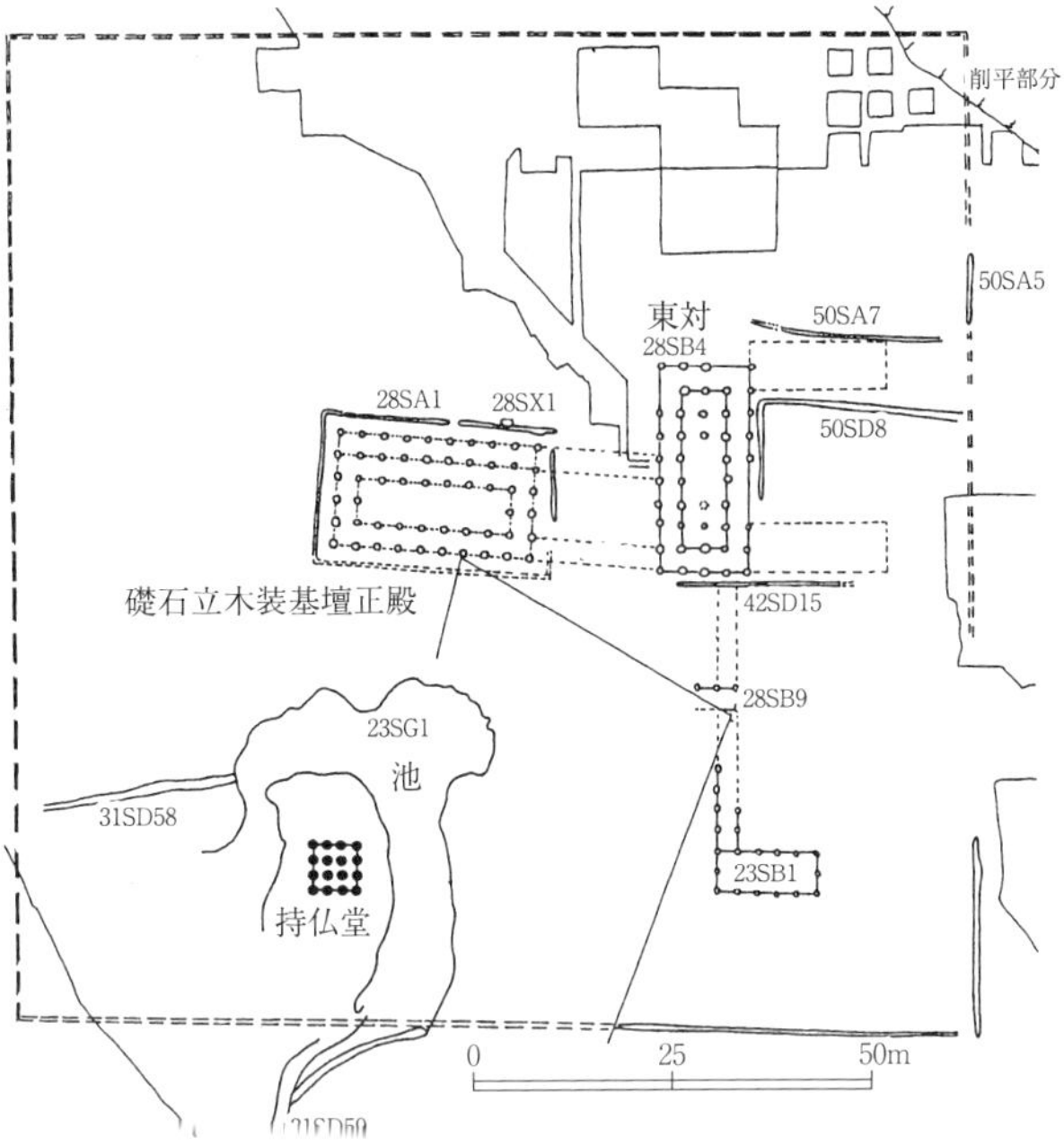

図8－11　平泉館中枢部復原推定図［上原2001a］

化財保護委員会一九五四]。無量光院の東隣にあるのが、秀衡以前から奥州藤原氏の政治拠点だった柳之御所遺跡（平泉館）で、秀衡時代の平泉館中枢を復原した一案が図8－11だ。両者を比べると、無量光院の池が敷地の半分以上を占めるのに、平泉館の池はその十分の一に満たない。

考えてみれば、池が敷地の半分以上を占める住宅は異様で、辻ヶ内地区は居館跡ではなく寺院跡と考えるのが正当だ。慶滋保胤《よししげのやすたね》が理想とした住宅も「屋舎十之四、池水九之三、菜園八之二、芹田七之一」という割合で敷地を配分しており（「池亭記」『本朝文粋』巻一二）、池水面積が建坪を上回ることはない。桂離宮のように敷地の大半を池水が占めているようにみえても、園池面積は敷地の半分に満たない。

巨大な池を前に伽藍を配した寺を、浄土庭園をもつ寺という意味を込めて、浄土教寺院と呼ぶ。園池をもつ寺でも、南面する金堂は大日如来や釈迦如来を本尊とする場合が多いので、阿弥陀信仰を連想させる浄土教寺院という用語は必ずしも適当ではない。しかし、無量光院は阿弥陀如来を祀るので、堂は平等院鳳凰堂と同じ東向きで、堂の正面（東方）に造営者の居館＝平泉館がある。辻ヶ内地区を浄土教寺院跡とすれば、二ツ屋遺跡との関係は無量光院と平泉館との位置関係に等しい。つまり、生活しながら常日頃から阿弥陀如来の居る西方浄土を礼拝するのだ。

持仏堂から隣接寺院へ

瓦からみて、二ツ屋遺跡＝居館の持仏堂が辻ヶ内地区の寺院より古いのも、無量光院が平泉館成立以後、つまり秀衡の晩年に建ったのと同じだ。『吾妻鏡』によると無量光院は新御堂と呼ばれた。新御堂と称する以上、旧御堂があるはずだ。それが何を指すか、文献史学では問題となっていた。筆者は平泉館内に存在した持仏堂こそが旧御堂であると指摘した［上原二〇〇一a］。

邸宅内持仏堂が先行し、後に邸宅に隣接して浄土教寺院を建てる方式は、平安京の皇族や高級貴族に由来する。平安京左京一条四坊にあった藤原道長の土御門邸内には、釈迦三尊と阿弥陀三尊を祀る持仏堂が存在した（『権記』長保四（一〇〇二）年三月一日条）。しかし、道長晩年の一〇二〇年前後、土御門邸の東隣京外に、巨大な園池をもつ寺院を造営する。浄土教寺院の嚆矢となる法成寺だ［杉山一九八一］。

邸宅内に持仏堂があるのに、後に隣接して阿弥陀堂主体の寺院を造営するのは、辻ヶ内地区所用瓦の起源である法住寺殿最勝光院も同じだ。建春門院滋子は、嘉応二（一一七〇）年一一月に、法住寺南殿における自分の御所内に持仏堂＝御堂を建て、二年後に最勝光院＝新御堂を造営する（『玉葉』）。つまり、播磨国明石郡において、一一世紀末〜一二世紀初頭、二ツ屋遺跡＝居館内に瓦葺の持仏堂を建て、一二世紀後葉の平氏政権の時代になって、西隣に浄土教寺院＝辻ヶ内地区を造営した人物もしくは一族の存在が浮かび上がってくる。

浄土教寺院に先行する山林寺院

なお、二ツ屋遺跡に隣接する低段丘上に立地する日輪寺遺跡［神戸市教委二〇〇八］の存在も重要だ。寺院遺構は未解明だが、二ツ屋遺跡の持仏堂所用瓦と同笵関係をもつ「日輪寺」も、この一族が有力檀越であった可能性がある。道長も法成寺建立以前に、自らが中心となって一族の結束を固めるべく、藤原氏歴代の墓所が集中する宇治郡木幡山に浄妙寺を造営する。三昧堂と多宝塔からなる浄妙寺は、低丘陵端に立地し園池をともなわない顕密仏教寺院だ［宇治市教委一九九二]。また、奥州藤原氏の初代清衡が建てた中尊寺も、園池を中心に伽藍を配した二代基衡の毛越寺や三代秀衡の無量光院とは異なり、月見坂を登り詰めた山中に立地する天台寺院だ。浄土庭園を中心とする玉津田中遺跡辻ヶ内地区に先行する「日輪寺」も、浄妙寺や中尊寺と同様な性格づけが可能だろう。

結びにかえて—浄土教寺院地方拡散の背景—

東播磨に平家の所領が多いことを根拠に、二ツ屋遺跡・玉津田中遺跡辻ヶ内地区ともに平家関係者の居館とする説もある［高橋二〇〇七］。しかし、二ツ屋遺跡の初源は忠盛・清盛台頭以前にさかのぼり、辻ヶ内地区の浄土教寺院は文覚による神護寺復興時まで存続するので、平氏の盛衰と両遺跡の消長は必ずしも一致しない。

邸宅内に持仏堂を建て、晩年に隣接地に浄土教寺院を建てる方式は、道長や建春門院のような高級貴族や皇族に端を発する。しかし、一二世紀には、奥州藤原氏のような地方の有力者でも可能となり、鎌倉時代になると、各地で阿弥陀堂が建てられる［井上一九五六］。中世武家の菩提寺や氏寺の成立だ。つまり、玉津田中遺跡辻ヶ内地区の成立は、浄土教寺院の地方伝播の嚆矢となる。その歴史的背景となる造営者に関しては、玉津田中遺跡の調査報告書［兵庫県教委一九九五］の指摘が妥当と考える。

つまり、神出窯の製品運搬において、明石川をくだり大阪湾から平安京に至る瀬戸内海舟運を掌握した在地豪族だ。彼らは平安京とその周辺の造営事業を推進した播磨国衙と密接にかかわり、窯業生産技術とその製品の流通ルートにも通暁し、平安京向けの瓦生産工房＝林崎三本松窯を新たに成立させる推進力を担った一族だ。平清盛が台頭すると、彼らは高倉天皇即位の場となった大極殿・朝堂院へ瓦供給し、後白河上皇が愛した清盛の妹＝建春門院滋子の最勝光院造営、福原別業や福原離宮造営に関与するなど、清盛政権に思いっきり近づいた可能性がある。

平家滅亡後、二ツ屋遺跡も玉津田中遺跡辻ヶ内地区も衰退するが、まったく姿を消したわけではない。考古学で追究できるのはここまでで、その一族や人物が誰なのか、文献史料に出てくる人物に該当者がいるか、土地の伝承等に痕跡があるか等は、考古学で解明可能な範囲を超えている。

安芸国の清盛贔屓

明石のはるか西の安芸国には、平氏政権にめいっぱい近づき、一三世紀前半（承久の乱頃）を境に文献史料から姿を消す人物・一族がいる。佐伯景弘、現在の安芸厳島神社の基盤を築いた人物だ。清盛が厳島神社を崇め、その整備に尽力したのは著名だが、地元でそれを推進したのが神主の佐伯景弘だった。彼が清盛と接触したのは、清盛が安芸守となった久安二（一一四六）年、仁平三（一一五三）～保元元（一一五六）年頃のことに違いない［松岡一九八六］。二ツ屋遺跡と玉津田中遺跡辻ヶ内地区にかかわる人物も、清盛が播磨守を勤めた一一五六～五八年に清盛と接触をもったに違いない。つまり、東播磨における佐伯景弘のような人物ではなかったかと思う。

現在、その一部が神戸市西区となっている、かつての播磨国明石郡には、窯業生産を通じて平安京とその周辺への流通ルートを握り、平清盛の台頭にともない、高倉天皇即位式の平安宮大極殿の修理に尽力し、さらに福原別業や離宮造営にも深くかかわり、その力を背景に、平安京の皇族や高級貴族あるいは平泉の奥州藤原氏が成し遂げた居館のそばに浄土教寺院を造営した一族がいた。その一族・人物の名は、現在に伝わっていない。その一族と人物が台頭する背景となった一一～一二世紀の播磨国における瓦生産の消長に関しては、稿を改めて論じる機会を設けたい。

［追記］　末尾に執筆を予告した一一～一二世紀の播磨国における瓦生産の消長に関しては、本書に先立ち公表できた［二〇一四年一一月②］。

注

（1）「福原遷都」に先立つ治承四年二月、清盛は大輪田泊　修築を企図する（『玉葉』同月二〇日条）。工事に際し、摂河泉三国と山陽・南海道諸国に庄園公領の区別なく人夫を雇召す計画であったが、播磨国は小安殿の造営、備前国は大極殿造営のため、この一国平均役を免ぜられている（『山槐記』治承四年三月五日条）。この記事を根拠に、安元三年の洛中大火で焼亡した大極殿の再建工事が、播磨産瓦を平安宮に搬入する程度まで進行していたであろうと主張するなら、林崎三本松窯で生産され、平安宮大極殿・朝堂院と祇園遺跡に供給された瓦の年代は、一一七七〜八〇年という短期間に限定できるかもしれない。しかし、後述のように、一一七〇年代の中央官衙系・播磨系軒瓦の基準資料は最勝光院所用瓦であり、まったく様相を異にする林崎三本松窯─平安宮・祇園遺跡の軒瓦に一一七七〜八〇年の年代を与えることはできない。後述のように、清盛引退直後に福原別業が発展したととられ、祇園遺跡の播磨系瓦も一一六〇年代後半の年代を想定すべきである。

（2）図８－４－２・４などは神出窯宮ノ裏支群［神戸市教委一九八五ａ］、図８－４－８・26などは神出窯南支群［兵庫県教委一九八八］、図８－４－７・33などは林崎三本松窯［明石市教委一九九九、明石市立文化博物館一九九九］で同笵・同文品が確認できる［兵庫県教委一九九五］。

（3）平岡八幡宮境内遺跡が瓦窯跡であることは未確認だが、立地からするとその可能性が高い。上村和直はこれを神護寺専属の「寺家瓦屋」と評価し、播磨系瓦屋の瓦工が出張制作したと考えている［上村一九九八］。

（4）摂津四天王寺で出土した「治安元年（一〇二一年）」銘蓮華文軒丸瓦と「四天王寺」銘軒平瓦の組み合わせ［天沼編一九三六─（74）と（107）（108）］が、瓦当文様に代えて寺院名を配した最古例となる。

（5）法住寺殿は御所（＝北殿〈七条殿〉・南殿）と御堂（＝蓮華王院・最勝光院）および勧請した熊野神社からなり、現在の三十三間堂や今熊野神社の所在を基準とした地割分析で、おおよその位置関係は判明している。

（6）二ツ屋遺跡出土瓦の実査に際しては、千種浩氏、佐伯二郎氏をはじめとする神戸市教育委員会の御世話になった。また、検討に際しては、日輪寺遺跡の報告書［神戸市教委二〇〇八］が二ツ屋遺跡出土瓦を含め分析した成果が参考になった。

（7）居住・小山遺跡の一部は日輪寺遺跡と同じ台地の西部を占め、日輪寺との一体性が想定できる（石島三和氏教示）。

（8）一九七〇年に円勝寺推定地内の瓦溜から一括で出土した瓦が、基本的に法勝寺所用瓦であることは繰り返し指摘している［上原一九八七・二〇一〇など］。

参考文献

明石市教育委員会　一九九九年「林崎三本松瓦窯跡第三地点」『明石市文化財年報　平成九年度』

明石市立文化博物館　一九九九年「林崎三本松瓦窯跡群」『発掘された明石の歴史展―震災復興調査の成果から―』

天沼俊一　一九二六年『続家蔵瓦図録』私家版

天沼俊一編　一九三六年『四天王寺図録　古瓦篇』四天王寺

井内古文化研究室　一九七七年『朝鮮瓦塼図譜Ｖ　新羅三』真陽社

井上光貞　一九五六年『日本浄土教成立史の研究』山川出版社

上野勝久　一九八九年「文覚の造営事績と神護寺の鎌倉初期再建堂塔」『日本建築学会計画系論文報告集』№三九五、日本建築学会

上原真人　一九七八年「古代末期における瓦生産体制の変革」『古代研究』一三・一四号、元興寺文化財研究所

上原真人　一九八〇年「一一・一二世紀の瓦当文様の源流（上）（下）」『古代文化』第三二巻五・六号、古代學協會(財)

上原真人　一九八六年「仏教」『岩波講座　日本考古学』第四巻、集落と祭祀、岩波書店

上原真人　一九八七年「瀬戸内海を渡ってきた瓦」『大阪湾をめぐる文化の流れ―もの・ひと・みち―』帝塚山大学考古学研究所

上原真人　二〇〇〇年「飛鳥時代の型―軒瓦―」『型からひもとく歴史像―弥生・古墳・飛鳥―』第四回古代史博物館フォーラム歴史を語る、泉南市・泉南市教育委員会

上原真人　二〇〇一年ａ「秀衡の持仏堂―平泉柳之御所遺跡出土瓦の一解釈―」『京都大學文學部研究紀要』第四〇

上原真人　二〇〇一年ｂ「平安京周辺の平安時代後期瓦の様相―生産地認定法と在地消費をめぐって―」『中世寺院の幕明け―一一・一二世紀の寺院の考古学的研究―』第四回摂河泉古代寺院フォーラム、摂河泉古代寺院研

究会・大阪府立弥生文化博物館
上原真人　二〇〇六年「院政期平安宮―瓦から見た―」『院政期の内裏・大内裏と院御所』高橋昌明編、文理閣
上原真人　二〇〇九年「摂関・院政期の京都における讃岐系軒瓦の動向」『平安京とその時代』朧谷壽・山中章編、思文閣出版
上原真人　二〇一〇年「摂関・院政期の京都における丹波系軒瓦の動向」『佛教藝術』三〇八号、毎日新聞社
上村和直　一九九八年「平安末期から鎌倉初期にかけての瓦生産の一様相―文覚の再建・修造事業をめぐって―」『帝塚山大学考古学研究所研究報告Ⅰ』
上村和直　二〇〇四年「法住寺殿の成立と展開」『研究紀要』第九号、京都市埋蔵文化財研究所（財）
上村和直　二〇〇六年「法住寺殿の考古学的研究」『院政期の内裏・大内裏と院御所』高橋昌明編、文理閣
宇治市教育委員会　一九九二年『木幡浄妙寺跡発掘調査報告』宇治市文化財調査報告第四冊
円勝寺発掘調査団　一九七二年「円勝寺の発掘調査（下）」『佛教藝術』八四号、毎日新聞社
大谷高等学校法住寺殿跡遺跡調査会　一九八四年『大谷中・高等学校校内遺跡発掘調査報告書』
大山喬平・石田善人　一九七五年「福原京」『兵庫県史』第二巻（中世）、兵庫県史編集専門委員会
大山崎町教育委員会　二〇〇五年『大山崎町埋蔵文化財調査報告書』第三一集
川本重雄　二〇〇六年「続法住寺殿の研究」『院政期の内裏・大内裏と院御所』高橋昌明編、文理閣
京都市文化市民局　二〇〇七年『京都市遺跡地図台帳（第八版）』
京都市埋蔵文化財研究所（財）　一九八二年『京都市内遺跡試掘立会調査概報　昭和五六年度』京都市文化観光局
京都市埋蔵文化財研究所（財）　一九八四年「法住寺跡」『昭和五七年度京都市埋蔵文化財調査概報』
京都市埋蔵文化財研究所（財）　一九八五年「法住寺跡」『昭和五八年度京都市埋蔵文化財調査概要』
京都市埋蔵文化財研究所（財）　一九九六年『木村捷三郎収集瓦図録』
神戸市教育委員会　一九八五年ａ「神出古窯址群」『昭和五七年度神戸市埋蔵文化財年報』
神戸市教育委員会　一九八五年ｂ「居住・小山遺跡」『昭和五七年度神戸市埋蔵文化財年報』

神戸市教育委員会　一九九二年『二ツ屋遺跡　現地説明会資料』
神戸市教育委員会　一九九四年『祇園遺跡　現地説明会資料』
神戸市教育委員会　一九九五年「二ツ屋遺跡」『平成四年度神戸市埋蔵文化財年報』
神戸市教育委員会　一九九六年「祇園遺跡　第一次調査」『平成五年度神戸市埋蔵文化財調査年報』
神戸市教育委員会　一九九七年「祇園遺跡　第二次調査・第三次調査」『平成六年度神戸市埋蔵文化財調査年報』
神戸市教育委員会　二〇〇〇年『祇園遺跡　第五次調査発掘調査報告書』
神戸市教育委員会　二〇〇八年『日輪寺遺跡―第10・11・12次発掘調査報告書―』
崔　淳雨　一九六九年「高麗青磁瓦」『美術資料』第一三号、韓国国立博物館
杉山信三　一九八一年『院家建築の研究』吉川弘文館
杉山信三・岡田茂弘　一九六一年「尊勝寺跡発掘調査報告」『平城宮跡・伝飛鳥板蓋宮跡』奈文研学報第一〇冊
鈴木久夫・上村和直・前田義明　一九九六年「瓦」『東寺の歴史と美術―新東寶記―』東寺創建一二〇〇年記念出版編纂会
高橋昌明　二〇〇六年「大内裏の変貌―平安末から鎌倉中期まで―」『院政期の内裏・大内裏と院御所』文理閣
高橋昌明　二〇〇七年『平清盛　福原の夢』講談社選書メチュエ
丹治康明　一九八七年「東播磨における瓦生産―神出・魚住窯を中心に―」『中近世土器の基礎研究』Ⅲ、日本中世土器研究会
中村善則　一九八六年「神出古窯址群　茶山1号窯」『博物館だより』No.一六、神戸市立博物館
野口　実　二〇〇六年「法住寺殿造営の前提としての六波羅」『院政期の内裏・大内裏と院御所』前掲
藤島亥治郎監修　一九八六年『平泉―中尊寺・毛越寺の全貌―』
兵庫県教育委員会　一九九五年『神戸市西区　玉津田中遺跡―第四分冊―（辻ヶ内・居住地区の調査）』兵庫県文化財調査報告第一三五―四冊
兵庫県教育委員会　一九九七年『楠・荒田町遺跡―神戸大学附属病院構内遺跡―』兵庫県文化財調査報告第一六二冊
兵庫県教育委員会　一九九八年『神出窯跡群―神出浄水場拡張工事に伴う埋蔵文化財調査報告書―』兵庫県文化財調査報告第

一七一冊
兵庫県教育委員会　二〇〇八年『楠・荒田町遺跡Ⅱ―神戸大学医学部附属病院埋蔵文化財発掘調査報告2―』兵庫県文化財調査報告第三三九冊
文化財保護委員会　一九五四年『無量光院跡』埋蔵文化財発掘調査報告第三
平安博物館　一九七七年『平安京古瓦図録』雄山閣
平安博物館　一九八三年『三條西殿跡』平安京跡研究調査報告第七輯、（財）古代學協會
松岡久人　一九八六年『安芸厳島社』法蔵選書二五、法蔵館
村井康彦　一九七七年『（改定）平家物語の世界』徳間書店
山田邦和　一九九二年「〈福原京〉に関する都城史的考察」『長岡京古文化論叢Ⅱ』中山修一喜寿記念事業会
歴史資料ネットワーク　二〇〇五年『平家と福原京の時代』ブックレットH―01）岩田書院

第九節　奈良番匠が作った瓦
―中世瓦出張製作の一例―

はじめに

織豊期瓦の前提としての中世瓦

一九九〇年代半ば、織豊期城郭に葺いた瓦研究の気運がたかまり、それまで空白だった中世末期～近世初期の瓦編年や瓦分布の政治的背景に関する研究の基礎が固まった〔織豊期城郭研究会一九九四ａ・九四ｂ・九五〕。安土城造営にはじまる近世城郭の成立は、瓦の需要を飛躍的に増大させ、日本造瓦史上で大きな画期となった。現在、日本各地の旧城下町に名を残す瓦町は、もともと城に必要な瓦を生産するために、瓦工（瓦師）を住まわせたことに由来するようだ。たとえば、京都市伏見区深草瓦町や深草瓦師の由来には、豊臣秀吉による伏見城造営を引き合いに出すことが多い。そうした需要に対応できたのは、古代的な瓦生産体制〔上原一九八七、本章第四節所収〕が崩壊した後も、中世に瓦を作り続け、腕を磨き続けた瓦工たちの技術があったからである。彼らの多くは、中世を通じて恒常的に瓦の需要があった大寺院に所属したが、決して隷属していたわけではない。少なくとも、彼らの活躍の場は、所属した寺院のみに限られていなかった。

中世に地方で寺院や神社を造営・再建する場合、国衙やその系譜をひく政治都市とその周辺、あるいは有力社寺を拠点とした工人以外に、おもに畿内に本拠をもつ工人が工事に加わることがあった。瓦生産においては、一二世紀に京都で活躍した中央官衙系瓦屋の瓦工が、清衡・秀衡政権下の奥州平泉に出張したり、清盛政権下で新生した安芸国厳島神社に出張して、瓦を製作したのが比較的古い例である〔上原一九七八・二〇〇二〕。鎌倉時代にはおもに南都諸寺に所属した瓦工が、各地に進出するようになり、全国的に瓦製作技法が均一化する〔山崎二〇〇〇〕。瓦の出張製作では、瓦窯は出張先の寺社境内や隣接地に設けることが多い〔上原一九九七c、本章第三節所収〕。安土城造営時の瓦を「奈良衆焼き申」した（『信長公記』）のは、南都諸寺所属瓦工の出張製作の慣例によるもので、信長が専制君主的に南都の造瓦集団を近世城郭造営のために再編成したわけではない。

瓦工・瓦大工・瓦師

寺社の造営や修理においては、材木を加工して建物の骨組を作る木工すなわち番匠以外に、鍛冶工・檜皮工・瓦工・壁塗工など各分野の職種がチームを組む必要がある。中世には、これらの各職種の親方を大工と呼んだ。瓦作りの親方は「瓦大工」である。律令制下における「大工」は、営繕担当官司における技術部門の長官を意味し、木工・土工・瓦工などの技術者すべてを統括した〔渡辺一九五〇〕。したがって、官司名を冠した「木工（寮の）大工」「造宮（省の）大工」「修理（職の）大工」という呼び方はあっても、「瓦大工」という呼称は古代にはありえなかった。律令制下の官営工房では、各技術部門の親方を「長上工」と呼んだ。つまり、強いて対応させようとすれば、中世の「瓦大工」は古代の「瓦長上工」に相当する。なお、大工の呼称が木工すなわち番匠と同義になり、大工の親方を「棟梁」と呼ぶようになった近世には、瓦作りの親方は通常「瓦師」と呼ぶ。

中世における木工・瓦工・檜皮工などの各職種は世襲的であった。中世に座や有職故実が発達したことを考えると、その技術は「秘伝」的性格をもつと思われがちである。しかし、実際には、営繕にかかわる中央の工人達の技能は閉鎖的ではなく、異なる職種の間にも意志疎通や技術交流があった。とくに、番匠のなかには、造瓦技術や檜皮葺技術など他分野の職種にも精通した者がいた。天文年間（一五三二～五五年）、鎌倉の鶴岡八幡宮修理・再建に活躍した奈良大工の與次郎（以下、与次郎と記す）も、その一人であった。

1　奈良大工与次郎の業績

天文年間の鶴岡八幡宮造営

鎌倉の鶴岡八幡宮は、北条氏綱の命を受け、天文二（一五三三）年から八年間にわたり社殿の修理・再建を実施する。このプロジェクトは後北条氏が領国の結束を固めるためのプロパガンダとして機能したとする説もある［山室一九九四］。たしかに、鳥居に使う大木を上総峯上や伊豆に求め、由比ヶ浜で数千人の人夫を使って陸揚げするなどのパフォーマンスは、領国挙げての大工事を内外に誇示する意味があったに違いない。鶴岡八幡宮は、その舞台装置として格好のモニュメントであった。

社僧快元がその工事経過などを記した「快元僧都記」（『群書類従　雑部　巻四五六』および『神道大系　神社編二〇　鶴岡』所収）は、戦国大名治世下の営繕組織や当時の中央と地方の技量差［下村一九八一、笹本一九八八、水藤一九九四］、あるいは中世後半の鎌倉の都市像を示す史料［佐藤一九九二］としても注目されている。以下、「快元僧都記」の造瓦関係記事を中心に、中世の瓦出張製作の一事例を検討する。なお、旧稿［上原一九九七a］は『群書類従』本のみを参照したが、『神道大系』本には『群書類従』本で欠けた記事も掲載されている。本稿は両本をもとに全面的に改稿し、引用はおもに『神道大系』本による。

天文年間における鶴岡八幡宮の社殿配置は明確ではない。しかし、天正一八（一五九〇）年に後北条氏を滅ぼした豊臣秀吉が、徳川家康に命じた鶴岡八幡宮修理工事の目論見絵図（天正一九年作成の「豊臣秀吉奉行等加判造営指図」）が残っている。「快元僧都記」には、天正一九年の絵図（図9-1）にない施設も記載されているが、年代が半世紀ほどしか離れていないので、基本的に天文年間の社殿配置はこの絵図から類推する。

天文年間の鶴岡八幡宮造営組織の主体をなす番匠は、氏綱お抱えの屋形大工で京番匠を名のる彦左衛門を筆頭とし、

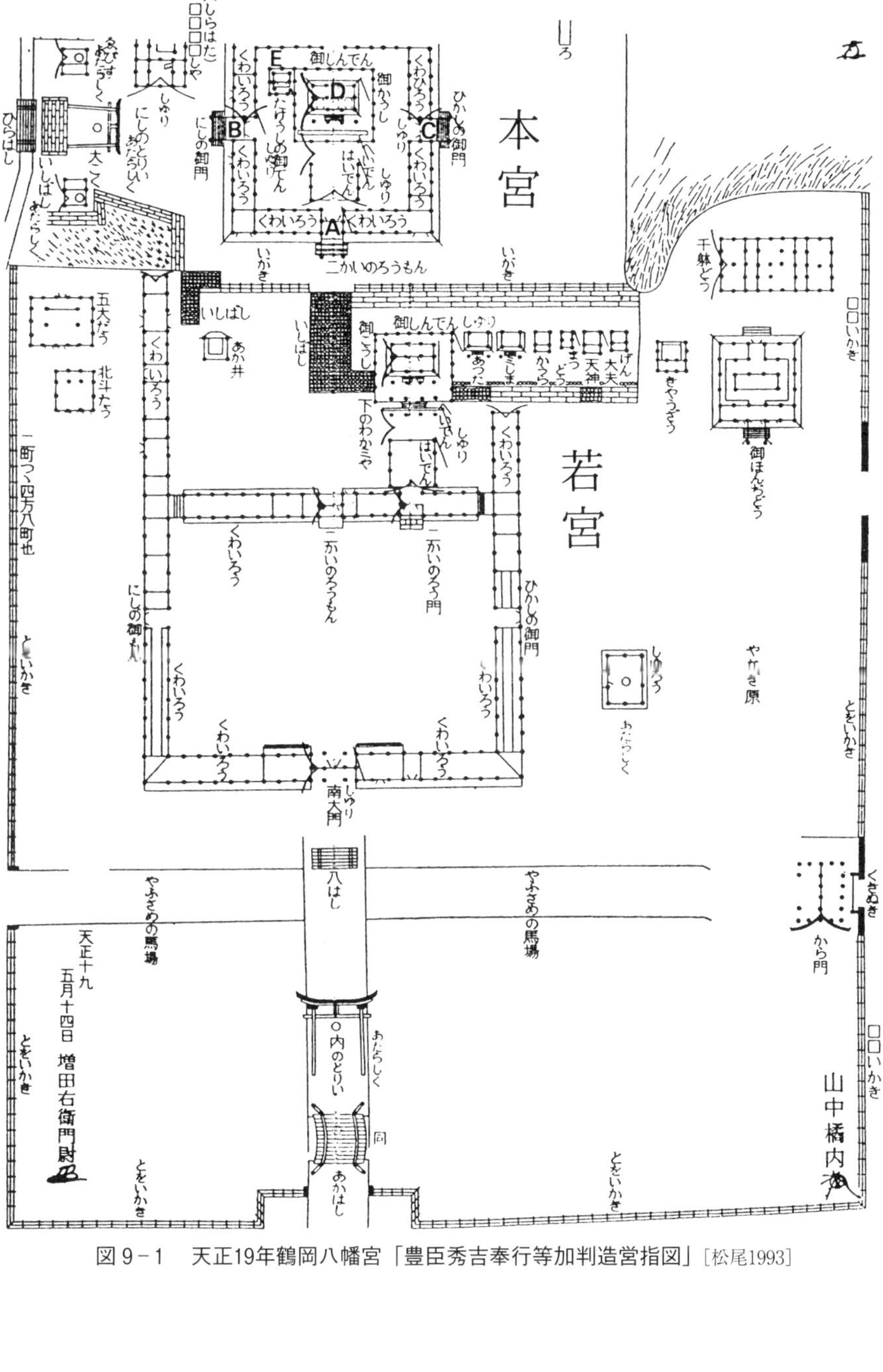

図9－1　天正19年鶴岡八幡宮「豊臣秀吉奉行等加判造営指図」[松尾1993]

鶴岡八幡宮に所属する当社大工を含む鎌倉大工、玉縄大工、伊豆大工など後北条氏領国内の地元大工に加えて、奈良の四恩院に所属する番匠が参加していた。

与次郎の本拠と出張理由

『大和志料』によれば、四恩院は興福寺の一院で、春日野の野田の東口（若草山の西南麓、現在の春日野グラウンドの南）にあった。境内にあった白河法皇が創立した十三重塔は、文明一一（一四七九）年に焼失。同一三年に再興したが、明和年間（一七六四～七二）には、火災で廃寺となったという。この四恩院に所属する番匠は実名を平藤朝、ふだんは大工与次郎あるいは奈良大工与次郎と名のっていた。平藤朝の名は天文四年二月一一日に、若宮宝前の常夜燈の諸経費を奉納した時の与次郎自身の願文（「鶴岡八幡宮若宮四所御寶前常燈事」）に見える。しかし、鶴岡八幡宮小別当はその「請取書」で「奈良四恩院大工與次郎殿」と記しており、公文書でも与次郎の通称が使われていた。

なお、当然、北条氏綱は与次郎の存在を知っていたし、顔ぐらいは合わせたはずである。しかし、天文九年一〇月一三日、玉縄北条氏の家臣で鶴岡八幡宮造営工事の惣奉行を担当した太田兵庫正勝のもとに届いた「六所大明神之棟札・走湯山之棟札」の下書きに関する氏綱のコメントは、「又権守藤朝何之大工ニテ候哉。鎌倉大工事ニテ候ハハ、奈良大工ヲハ此方ニテ可相定候。棟札両人大工ヲ書候テ可越」となっており、氏綱は平藤朝が与次郎の実名であることさえも知らなかったらしい。

興福寺四恩院の大工が鎌倉に招聘された経緯については、「快元僧都記」から推測することはできない。しかし、その経緯を記した史料とそれを扱った論文の存在を、中井淳史さんが教えてくれた。近衛尚通の日記「後法成寺関白記」（『陽明叢書』記録文書篇第三輯）天文元年一一月二一日条にある「従北条許、鶴岡八幡為建立、奈良番匠十廿人、瓦師両人可被下之由、一門江申送之間、其旨内々心得由、被返答云々、山伏五人召上云々、件八幡宮相摸国也、頼朝被執立之云々」の記事である［真鍋一九九六］。真鍋説によると、鶴岡八幡宮再建のため奈良番匠と瓦師を相模国へ派遺してほしいという北条氏綱の依頼を内々で了承した「一門」とは、興福寺一乗院門跡良尊で、彼は近衛尚通の弟にあたる。しかも、近衛尚通の娘、すなわち時の関白近衛稙家の姉は、享禄二（一五二九）〜天文二年三月の間に氏綱の後妻として小田原に下向している。つまり、北条氏綱―近衛関白家―興福寺門跡という縁戚関係を背景として、興福寺四恩院所属の番匠与次郎は鎌倉へとおもむいたのである。

与次郎の同僚・家族

氏綱からの派遣申請は「奈良番匠十廿人、瓦師両人」であったにもかかわらず、天文二年八月一六日に玉縄に到着したのは「奈良大工伴工十人」であった（『神道大系』本による。『群書類従』本には記載無し）。天文三年二月一日には、玉縄小番匠一〇人、伊豆大工一〇人、鎌倉大工（一〇人）、奈良衆一〇人のあわせて四〇人の番を相定めらるべきことを下知しており、奈良衆一〇人という数字に変わりがない。しかし、奈良衆で大工として名が残るのは与次郎のみである。年頭の「奈良大工木屋入」（天文三・四年正月五日条、天文七・一〇年正月四日条）の記事は、奈良大工が率いる工人集団の意味にもとれるが、与次郎個人の言動を「奈良大工」を主語として記述する場合が圧倒的に多い。少なくとも、与次郎が奈良番匠集団（奈良衆）を統轄していたとみてよい。

ただし、奈良衆は奈良に本拠を置き、単身赴任で鎌倉に出張した工匠集団というわけではない。天文三年八月三〇日、一四歳になる与次郎の娘が頓死した。また、天文八年四月、与次郎が一時帰国している間に、嫡子の与三郎と弟の虎壽が仕事の後始末をしている。妻は史料にでてこないので、本拠地の奈良で家を守った可能性もある。しかし、年頃の娘も同行しているので、少なくとも大工与次郎の場合は、家族ぐるみの出稼ぎだったと理解しておきたい。

木工大工・与次郎

相州入りした三日後の天文二年八月一九日、与次郎は早速、本宮（上宮）楼門（図9－1－A）の工事にとりかかる（『神道大系』本による）。彼の技量には、誰もが目をみはった。天文二年一二月一五日、楼門北方の柱を人力を費やさず一日で取り替えてしまった時には（「楼門北方柱不費人力、一日中ニ奈良大工與次郎取替了」）、皆が「怪異之思」を成したという。翌年の二月一四日までに、与次郎は楼門の階隠《はしかくし》（階段を覆う屋根＝向拝のこと［亀井一九八三］）の組物や桁・蟇股の蓮唐草を彫り終える。この組物も驚くほどのできばえだった（閏正月一一日条「楼門階隠組物削物畢。諸人驚目耳」）。しかし、卓越した才能は、同業者の嫉妬をかうことになる。

楼門の屋根は檜皮葺であったが、階隠・桁・蟇股の蓮唐草を彫り終えた当日、与次郎は棟を覆うための瓦の製作を提案する（「爰葺地之瓦以下可誘之由大工與次郎申處」）。これを聞いた鎌倉番匠が怒った。「瓦師（の仕事）は番匠よりも劣る。そんなことを言ったら恥をかくぞ」（「鎌倉番匠難云。瓦師自番匠劣ナル處。左様之以諺可蒙恥歟之由申」）。しかし、与次郎も譲らない。「奈良では（仕事の）優劣は問題にしない。多少の心得もあるので、この仕事は私が引き受けましょう（「勝劣者不弁於奈良邊者少々誘之由申」）」と応酬する。

なお、「葺地之瓦以下」は具体的な瓦の使用場所を示しているわけではないが、前後の記事から楼門自体は檜皮葺で、棟だけを瓦で覆う構造であったことは間違いない。鎌倉番匠は檜皮葺屋根の棟を、板などの植物材で覆う工法を考えていたのだろうか。また、与次郎が主張したように、中世の奈良で、番匠の仕事と瓦大工の仕事に優劣がなかったとは断言できない。奈良では棟上や竣工を記念した棟札に、瓦大工が番匠と名を連ねることもあるが、前者は疎外される傾向が強い。瓦大工は、むしろ瓦自体に銘文を刻んで作瓦を記念する場合が多い。また、番匠は実名でも、瓦工は通称を記すことが多い［上原一九九七a］。番匠と瓦大工の仕事に、差別があった可能性は高い。

与次郎の主張が通ったので、快元等の工事関係者もほっとしたようだ。ことが速やかに成就すれば、公私ともにめでたいのに、とやかく言うのはもってのほかで、小田原に報告する時にトラブルがあったと言うと、番匠生命にかかわるかもしれない。そうあってはいけないと、太田兵庫助が色々と意見をし、小別当も同意見を教え訓じた。とにかく与次郎に仕事を任せることになった（「此事既早速於成就者公私可目出之處、障申條以外也。小田原ヘ申時者、瑕

瑾之由申出。番匠及生涯歟。不可然由太田兵庫助種種意見。又小別當以此儀教訓了。兎モ角モ可奉任旨申了」）。

瓦師の存否

上記のトラブルの経緯に関して、水藤真は「奈良大工の与次郎は、楼門の仕上げについて瓦師と相談した。ところが、これを聞いた鎌倉の番匠達は、早速、瓦師は番匠よりも劣るものである。従って与次郎の行為は恥であると非難したのである。抗議を受けた与次郎は、奈良辺では勝劣を争うことはない、また工事を仕上げることが肝心な事ではないか、工事にあたってこのような難癖を付けるのはもってのほかで、もし小田原に訴えが為されるなら、はっきり番匠の非を申し上げる、そうすれば鎌倉番匠は生涯されるのではないかと反論した。このことは、時の総奉行の一人太田正勝の必死の説得でことなきを得た」と読解している［水藤一九九四］。

筆者は文献史料に素人であるが、引用した鎌倉番匠や与次郎の発言内容は「之由申」でくるのが正読で、与次郎が小田原に直訴できる立場にあったとは思えない。また、水藤が解したように与次郎が瓦師と相談する姿を、史料から直接読み取ることはできないが、解釈としてはありうるかもしれない。この問題は本稿の結論にもかかわることなので、以下、若干の検討を加える。

氏綱が興福寺に派遣を申請したのは「奈良番匠十廿人、瓦師両人」であるにもかかわらず、鎌倉に到着したのは与次郎と一〇人の伴工であった。この伴工に瓦師が含まれていたか否か、「快元僧都記」は明記していない。しかし、天文四年三月二五日に八足門（南大門）前の橋に桁を渡したとき、上宮廊大工として西の鎌倉大工、東の奈良大工、西北の玉縄大工、東北の伊豆大工、および神宮寺大工の新右衛門と八足大門を担当している京大工又三郎がひかえ、これに加えて鍛冶大工国安・白壁大工十郎左衛門・檜皮師二郎左衛門・大鋸引二手・塗師大工七郎左衛門・石切大工（奉行孫右衛門）・山造（夫丸以下入之）・瓦師・炭焼（奉行助左衛門）のあわせて十五頭之諸職が名を連ねている。奈良大工とは別に、「瓦師」の存在が確認できる唯一の記事である。しかし、他の諸職には工人名や奉行名が明記されているのに、「瓦師」と「大鋸引二手」は職名だけが記載されている。十五の諸職の帳尻を合わせるための動員とも推定できる。その「瓦師」が、奈良から来たのか、在地工人なのか不明だが、氏綱の派遣申請から推定すれば奈良伴工の一人の可能性が高いだろう。

しかし、実際の工事過程で「瓦師」はほとんど活躍していない。以下の本節で検討するように、瓦製作道具や材料の準備、鬼瓦成形、焼成の準備など、瓦製作における主要な工程はすべて奈良大工与次郎が自ら実行している。檜皮葺き作業も与次郎が率先して実行しているので、瓦を葺く作業も与次郎が陣頭指揮を執ったと考えるべきだろう。強いて「快元僧都記」に未記載の「瓦師」活躍の工程を想定するならば、熨斗瓦（＝平瓦）と丸瓦の成形、瓦窯の構築、窯焚きに特殊技能を要するだけで、それ以外は、粘土採掘、土打ち、燃料確保、生瓦の乾燥、窯入れ、窯出しなどの純粋な肉体労働となる。つまり、瓦製作は与次郎自身が主導しており、彼が「瓦師」と相談する姿を「快元僧都記」から読み取ることはできない。また、建設工事が各種技能者のプロジェクトで成立する以上、その間の意志疎通は必要不可欠である。鎌倉番匠が瓦製作に自らがかかわることを嫌悪したとしても、他種の技能者と相談する行為を「恥」と考えたとは、私にはとうてい思えない。

上宮楼門所用瓦の製作

楼門の瓦際まで檜皮を葺き詰めたのが、天文三年二月一五日。翌日からさっそく瓦作りの準備にとりかかる。まず製作道具（瓦形）を作らねばならないが、与次郎は進んでこれを引き受けた（「瓦形大工與次郎造之由申畢」）。瓦の型は木製なので、蟇股の蓮唐草の彫刻をこなした与次郎にはお手のものだったろう。瓦を作る工房は若宮（下宮）に設けることになり、二月一八日には資材（下地）を搬入した（「瓦可誘家下宮ニ下地引畢」）。四月一一日前後には土を運び込み、与次郎自ら瓦作りの準備を整えた。土は長尾（現在の横浜市戸塚区長尾台町）付近で採集したものだった（「四、五日運土。瓦可焼支度被相調畢。奈良大工與次郎下地誘畢。土者自長尾邊到来。」）。

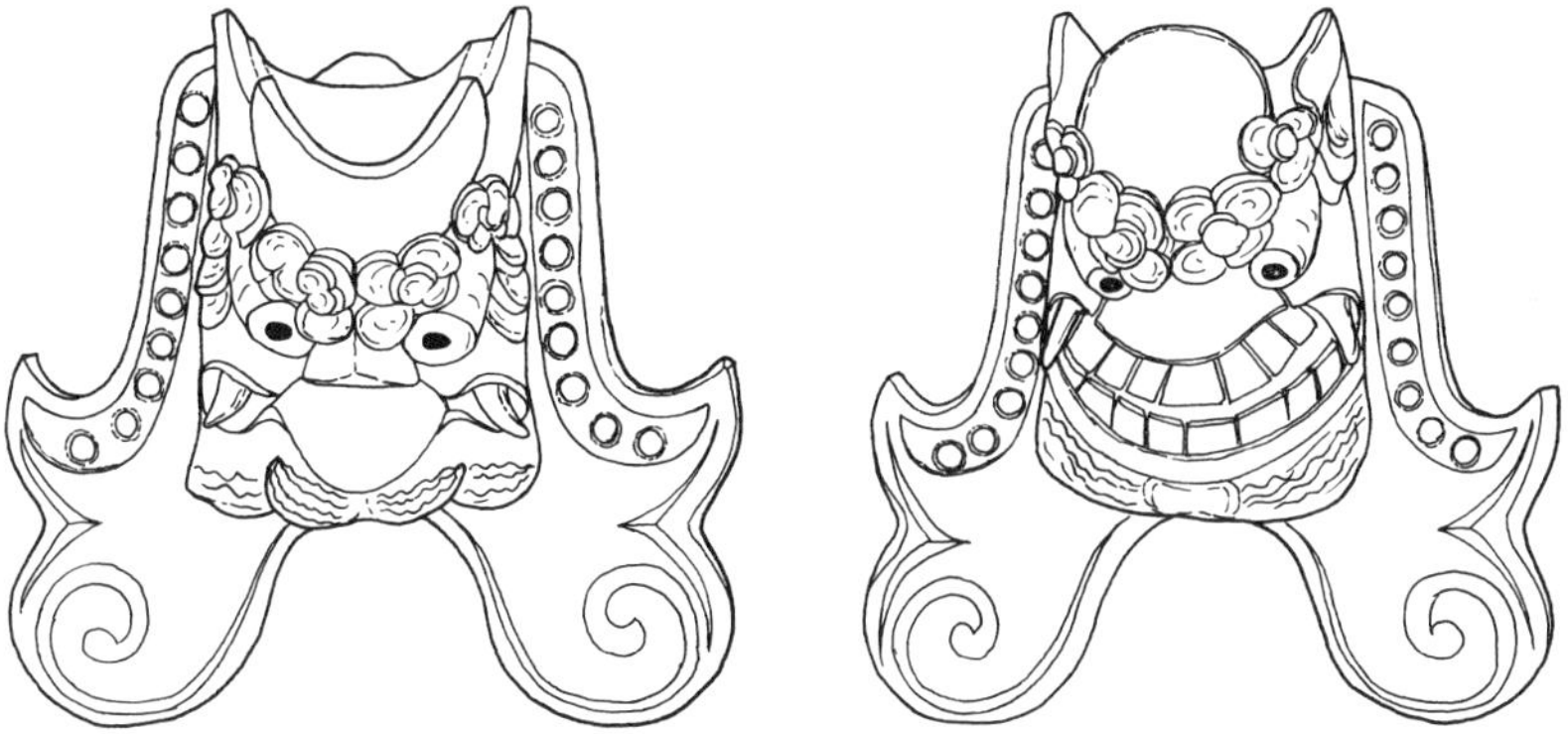

図9−2　額に日像（右）・月像（左）を置く鬼瓦
［法隆寺昭和資財帳編集委員会1992］

五月のはじめから生瓦の製作に着手した。与次郎自身が作った鬼瓦をはじめとする東西棟に用いる瓦を見た諸人は、そのできばえに驚いた。大棟の東を飾る予定の鬼瓦は日像、西の鬼瓦は月像を額に置き、面打の作品にも劣らぬというのが快元自身の感想であった（「自當月初瓦誘。鬼瓦以下東西立下地諸人驚目了。奈良大工與次郎作之。瓦鬼者東者戴日、西者戴月。古也猿楽日吉鬼面併不可過之云々」）。大和法隆寺では、額に日像・月像を置く鬼瓦の初出は文明一三（一四八一）年である［法隆寺昭和資財帳編集委員会一九九二］。江戸時代前期まで類例があるので、天文年間の奈良においてはごく普通の鬼瓦であった（図9−2）。

なお、上に引用した記事を、笹本正治は「五月はじめから奈良大工の与次郎が作った瓦をすえたところ、鬼瓦以下が東西の地下諸人の目を驚かした」と読解している［笹本一九八八］。しかし、瓦作りの経過を「快元僧都記」でトレースすれば、これが窯に入れる一〜二ヶ月以上も前の生瓦であったことは確実である。焼成前の鬼瓦は「すえた」状態ではなく、正面を上にして横たえた状態でしか見ることはできない。すえ立てたら、自分の重さで変形してしまうからだ。型作りではなく、こねた粘土を盛り上げて作る中世の鬼瓦は、生瓦段階ならいくらでも修正できる。生瓦段階で作品を見てもらうことには、製品に対する製作者の責任と施主への配慮が反映されているのである。そこに古代の瓦工とは異なる中世職人の心意気がある。

築窯と焼成

天文三年六月二四日、下宮の酒間部屋（位置不詳）に瓦を下ろし、透釜を作って焼く（「瓦下於酒間部屋透釜相誘始焼也。昼夜無断絶三日ニ一釜焼之」）。旧稿［上原一九九七a］では、この記事を瓦焼成作業とみて、「透釜」を既製の瓦窯と考えた。しかし、一番瓦を窯出ししたのが七月二七日、瓦を楼門に葺くのが八月一日のことなので、六月二四日の記事は築窯作業と解釈すべきであった。空焚きに三日間を要したのである。この作業に関しては奈良大工与次郎が主語ではないので、先述した「瓦師」が主導した可能性もある。しかし、築窯から窯入れまでの約一ヶ月間に、楼門では白壁師弥六父子が、足場を組んで各種の材料・道具を運び込み、彩色作業を終えている（「七月九日、白壁師彌六父子、楼門之上彩色之足代結之。可入物具・麻布・膠・米・桶・炭等也。不能具録。自十七日彩色畢。青・黄・赤・白・黒」）。したがって、与次郎自身は楼門の工事現場にはおらず、築窯をはじめとする瓦製作を監督していた可能性が高い。

中世瓦窯の実体や変遷は充分に解明されていないが、一二～一五世紀に一般的だったのは小型のロストル式（有畦式・有牀式）平窯である（図9－3－1）。しかし、近世初頭以前に、焚口を両側にもつロストル式平窯＝達磨窯（図9－3－2）が出現していた［藤原二〇〇二］。「透釜」が小型のロストル式平窯、達磨窯のいずれを指すのかわからない。はっきりした証拠はないが、透釜という呼称は両側に焚口のある形態の瓦窯（＝達磨窯）を指すように思う。

達磨窯は地表に構築するので、地面を掘り下げて作る通常の半地下式ロストル式平窯と違い、遺構が残りにくい。現在のところ、確実な達磨窯の最古例は兵庫県宝塚市旧清遺跡の遺構Ⅶで、巴文軒丸瓦と末期的な宝珠唐草文軒平瓦とのセットから、桃山時代（織豊期）と判断される［阿久津ほか一九七三、藤原二〇〇二］。しかし、大阪府富田林市龍泉寺北瓦窯群（4～7号窯）［中村ほか一九八二］や、貝塚市加治・神前・畠中遺跡で発見された両側に焚口のある地上式のロストル式平窯［三浦ほか二〇〇一］が達磨窯の祖型ならば、その初現は一二世紀にさかのぼり、五〇〇年間近くにわたり通常の半地下式ロストル式平窯と併存し続けたことになる。地上式の達磨窯は構築・取り壊しが容易なの

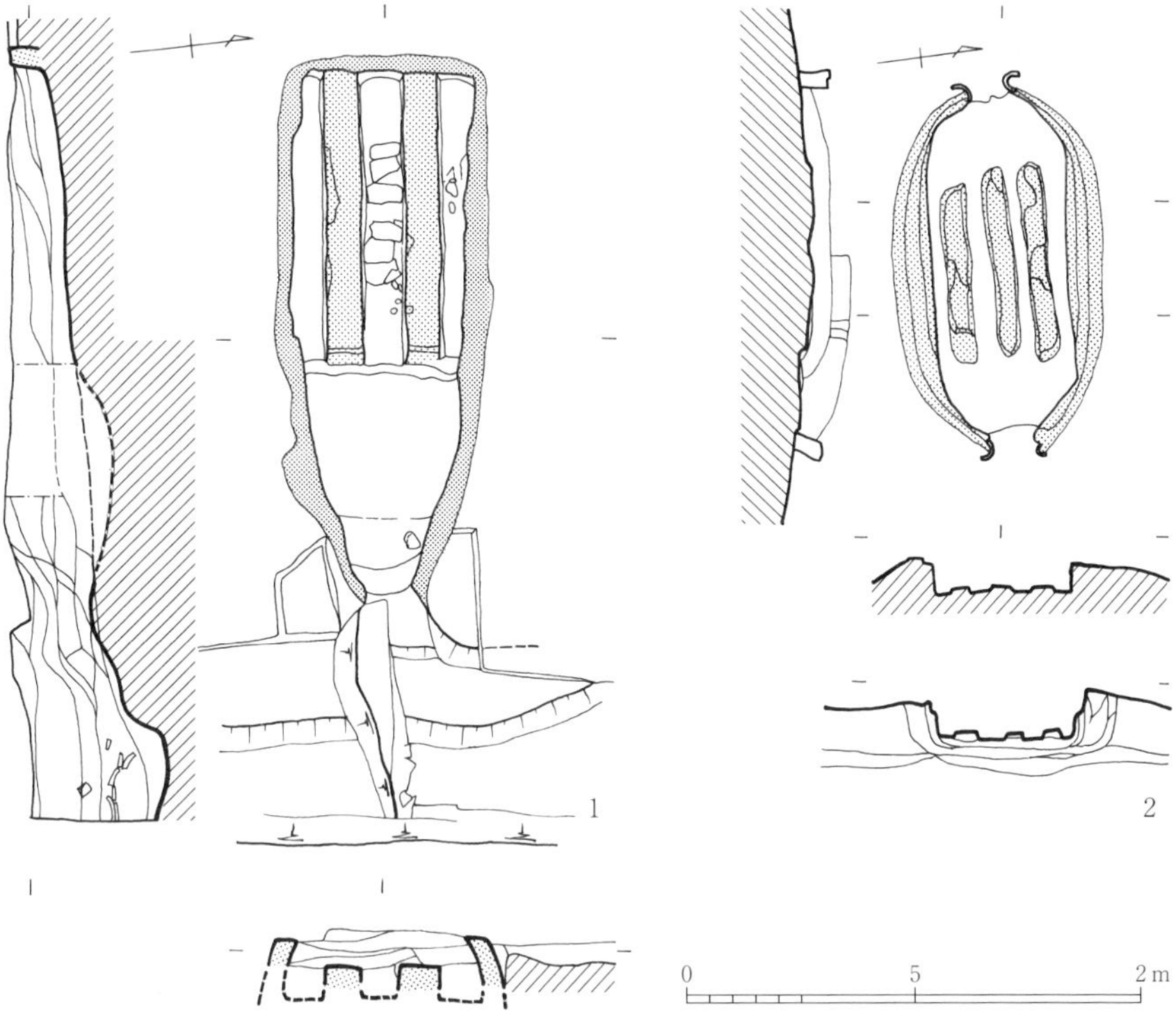

図９−３　有牀式平窯と達磨窯

1　大阪府藤井寺市春日山瓦窯［上田1994］　2　兵庫県宝塚市旧清遺跡［阿久津ほか1973］

で、中世瓦工の出張製作には適した窯形態のようにも思う。地上式達磨窯が半地下式ロストル式平窯に取って代わる経緯は、今後の検討課題である。

築窯から窯入れまでに、一ヶ月近くのブランクがある理由ははっきりしない。七月二七日に透釜から取り出した「一番瓦」について、快元は「不恥往古結構」と書き留める。どうやら与次郎率いる奈良番匠の腕前に、すっかり惚れこんだようだ。この瓦を楼門に葺く作業は、八月一日の一日だけで完了している（「一日、楼門瓦覆了」）。棟だけを瓦で覆う作業ならば、与次郎一人でも可能な仕事だろう。

大棟に瓦を葺いた楼門の階隠彫物や蟇股之彫物の彩色は、森村某が担当した（天文三年九月一九日条、同一〇月朔日条）。しかし、階隠の覆葺（同九月二五日条）や扉立（同一一月二二日条）などは、奈良番匠の仕事と考えてよいだろう。この間、帰国した二人の奈良番匠の一人が道中で殺害され（「於路次被討」）、一四歳になる与次郎の娘が頓死するという不幸が奈良衆を見舞う（天文三年八月条）。

上宮西門・東門所用瓦の製作

楼門完成後、奈良大工は上宮（本宮）廊大工に名を連ね（天文四年三月二五日条）、同五月晦日には御宝殿の修理、同八月一〇日には閼伽棚の復興を命じられ、一〇月までこの仕事に従事した（同一〇月九日条）。しかし、この頃に上宮の西御門（図9－1－B）と東門（図9－1－C）に葺く瓦を奈良大工に注文したらしい。上宮回廊に瓦を葺く記事はなく、棟を瓦で覆ったのは社殿・門などの主要建物に限るとみてよい。同じ檜皮葺でも、棟の構造で建物を格づけたのである［上原一九九七b］。与次郎は、一〇月以降には瓦を焼かないと主張していた。しかし、強い要請があったらしく、一一月になって大急ぎでこの仕事を終える（「一日、奈良大工瓦可焼竃拵了」「三日、瓦以下取込焼了」「廿三日、西御門瓦覆畢。自十月者惣而不焼之由雖申、是非可有之間、如斯之由大工申」「十二月四日、東門瓦焼之」）。

廿三日条にみる与次郎の主張の理由は明記されていない。おそらく、冬季は凍結して生瓦が破損したり、窯の温度が上がらないなど、窯業生産には適さない季節であることに関係すると思う。一日条に「瓦可焼竃拵了」とあるが、「透釜」はすでに存在し、翌々日に瓦焼成作業に従事したと理解すると、時間的にも新たに築窯したとは考えられない。前回の窯出し時に破損した部分の修復、あるいは窯詰めの完了を意味するのだろう。ただし、一一月三日に瓦を焼いたとすると、生瓦はすでに準備できていたことになる。九・一〇月中に乾燥までこぎつけるには、与次郎以外の瓦師などの活躍を行間に読み取る必要があるかもしれない。しかし、楼門所用瓦を製作したときに、西門・東門所用の生瓦も合わせて準備した可能性のほうが高いだろう。

天文五年には瓦作りの記事はないが、三月一六日に鬼瓦がひとりでに欠落した。これが楼門の鬼瓦なら、葺き方が悪かったのか、欠陥品だったのか。西門・東門にも鬼瓦があったとすれば、焼成を急がせた施主側の問題かもしれない。いずれにしても、与次郎の責は問われることなく、上宮御殿（本宮の本殿、図9－1－D）の縁や高欄を造る仕事が与次郎にまわってくる（三月一〇日条、四月八日条）。これはかなり手間取る仕事らしく、天文六年四月二二日に帰国を申し出た与次郎は、御殿造営も終わっていないのに帰国とは何事かと一蹴されている（「殊奈良大工帰可上之由申。御殿造畢以前ニ可罷上如何之由従屋形下知了」）。天文六年一〇月には御殿の縁などおおかたが完成し、「瓦以下檜皮」を奈良大工が担当するよう指示があり、作料等も支給された（「御殿之御縁以下大都出来之間、瓦以下檜皮奈良大工可致之由下知、作料等下行有之」）。翌一一月には三島檜皮師を呼んで、奈良大工の手伝いをするように命じ、瓦は来年の春中に製作することが決まった（「三嶋檜皮工以下召寄、奈良大工ト合手ニ被成之。瓦事者明年春中可被為作也云々」）。

最初のうちは奈良大工の瓦作りがめずらしかったので、地元は作品のできばえまで特記していた。しかし、目新しいことやトラブルがなければ、記録の意欲はなくなる。天文六年一一月に決定した瓦作りは、やや遅れながらも無事に進んだらしく、天文七年六月一〇日条に、瓦を焼く作業場の支度をしたこと（「仍従當月始瓦可焼木屋等支度」）、八月一五日条に瓦を焼く用意をしたこと（「瓦可焼用意奈良大工誘之」）以外に、特別な記事はない。一一月一五日には、上宮拝殿の立柱とともに、「御殿上葺」も皆終わったとあるので、瓦葺き作業も順調だったとみてよい。

檜皮師・与次郎

ところが、以後の檜皮葺き作業にトラブルが生じた。奈良大工の主導で地元の三島檜皮師が加わって実施した上宮御殿の檜皮葺き作業は、天文六年一二月から始まり、順調に進んだ（天文七年三月四日条）。四月二八日には、氏綱が参拝。社頭に奈良大工以下を召集し、早速仕事に励むよう下知するとともに、近日完了する「御殿北方葺地」を実地検分している。この仕事は、上述したように一一月一五日までに完了した。その結果、奈良大工と三島檜皮師との協力体制が一応の評価を得たらしい。

現場作業は経験の積み上げが重要だが、こわいのはやや慣れた段階で生ずる手抜きである。天文八年正月四日、与次郎は檜皮葺き作業の準備で木屋入りし、三島檜皮師と打ち合わせをする（「奈良檜皮之支度木屋入等有之。三嶋之檜皮士與打合可致之云々」）。今度の仕事は、上宮御殿の西にある武内社（図9－1－E）の屋根だった。建物の前方を与次郎、後方を三郎左衛門（三島檜皮師の長）が担当した。その結果は散々で、撤去してやり直さざるをえなかったという（正月一八日条「武内社壇上葺。前方奈良與次郎、後方三郎左衛門也。雖然依散々後取破了」）。

なぜ「散々」だったのか、杜撰な仕事をしたのがどちらか明記されていない。しかし、四月二七日、与次郎が小田原に暇請いをして奈良に一時帰国している間に、嫡子与三郎と弟の虎壽が檜皮を準備し（「奈良大工小田原へ御暇申、奈良上畢。其間嫡子與三郎弟虎壽檜皮調了」）、与次郎が鎌倉に戻った閏六月一日以降の「當月上旬檜皮ニ取懸畢」、八月以前に「武内御殿一方葺積了」、一〇月には「武内社瓦伏畢」と仕事が進展したように、結局、後始末をしたのは与次郎であった。檜皮葺き作業の腕前も、奈良番匠が地元の檜皮師を上まわっていたのである。しかも、上記の工程においては、与次郎の帰国を待って、檜皮葺き工事を再開している点に注意すべきだろう。

なお、水藤は「留守の間の檜皮工事を息子の与三郎・弟の虎寿に任せ」たと解釈するが正確な理解ではない。採取した檜皮を選別して厚味などを均一に整え（洗皮）、葺く場所などの違いで形を仕上げていく（綴皮）工程は、現在でも葺くよりも三倍の手間がかかり、通常の檜皮葺き作業が現場に出向する出職であるのに対し、檜皮を準備する作業は居職として位置づけられるという［原田一九九九］。与次郎が鎌倉に戻るのを待って檜皮葺き作業を再開している以上、息子与三郎と弟虎壽が担当したのは、この檜皮の準備作業である。

ただし、与次郎が鎌倉に戻り、檜皮葺きに着手してから完了まで、約四ヶ月を要している。三島檜皮師と打ち合わせして、「散々」という結果に終わるまで約半月であることを配慮すると、失敗の原因は葺くときの技量よりも、材料の準備段階にあったのかもしれない。そのように考えると、四、五月に進行した嫡子与三郎と弟虎壽の「檜皮調了」の意義が鮮明になる。

奈良大工と地元大工の技量差

奈良大工が技量において地元大工にまさっていたことは、自他ともに認めるところであった。当然、給与も多かった。天文四年二月一一日に、与次郎は東廊座不冷壇所において大般若経を転読し、下宮（若宮）の宝前に灯篭（常燈）と毎夜灯明をともすための経費（燃者之料）を奉納する。この願文（「鶴岡八幡宮若宮四所寶前常燈事」）のなかで、与次郎は楼門や東廊の修造において「勧賞勝干他、所作無紕謬」（ご褒美は他の工匠よりも上で、作業にも誤りがなかったこと）はひとえに霊神之冥助によると述べている。

しかし、高給を受け取れば、責任も重くなる。年頭の仕事始め（木屋入）は、奈良大工が正月四日もしくは五日なのに（天文三・四・七・八・一〇年条）、鎌倉大工の「木屋入」「手斧始」は正月一一日が「旧規」「恆例」「嘉例」だった（天文三・四・七・八年条）。また、天文三年の年末には、遠路の番匠は二二日に家に帰り、自余の者が二七日以前に仕事場を離れているのに、奈良大工だけは晦日まで社中にいた。

ひどいのは遠州檜皮師で、天文二年一〇月二〇日に来て、一二月一八日には上宮楼門の檜皮を半分葺いただけで本国に帰ってしまった。檜皮の材料が不足したのが原因らしく、年も押し迫っていたが、前浜に到着した檜皮を受領したのは奈良大工だった。翌年になって檜皮師が来たのは正月一九日、楼門の檜皮を葺き終えたのが二月五日。上述した瓦製作をめぐって鎌倉番匠とトラブルが生じるのは二月一四日だから、楼門の檜皮葺き作業に要した四ヶ月弱のうち、約一ヶ月以上が作業途上のままで放置されていたことになる。

与次郎の発言権

技量や責任感がまされば、当然、工事に対する発言に重みが増す。鶴岡八幡宮造営の惣奉行として最も頻繁に登場する大道寺蔵人佐が、巡見時に一度だけ「造営様奈良大工ニ被尋了」（天文三年閏正月二三日条）ているのは、その現れかもしれない。先述の楼門瓦葺きをめぐるトラブルは、与次郎の主張が通った例である。しかし、奈良大工は決して工事を主導する立場にあるわけではなく、北条氏康の家臣団が構成する「造営奉行体制」〔下村一九八二〕のもとで監督され、命令される立場にあった。

だから、与次郎が直接携わらない工事に口出ししても、無視されるのは当然であった。与次郎が楼門の瓦製作に従事していた天文三年六月五日、前日に社参した氏綱が差し入れた酒樽百丁と肴が番匠にふるまわれ、終日の大宴会となった。あるいは、その席での発言だろうか。与次郎は楼門に連なる上宮廻廊の屋根工事について、以下のように提案する。「連々奈良大工如申者、廻廊檜皮葺ニ被成之者、御失墜可入劣。其故者、鎧葺者板誘造作與申。作料釘過分ニ召仕了。責而金釘ニ木釘ヲ打添者、可為潤色與申」。

上宮廻廊の工事経過については、石切一〇人が鎌倉旧跡の切石などを相尋ねて回廊之四方下地を築いたこと〔天文三年六月一六日条〕などが記されているが、軸部や屋根の造営修理に関する詳しい記事はない。しかし、先に紹介した天文四年二月一一日の与次郎による「鶴岡八幡宮若宮四所寶前常燈事」やその「請取書」は、奈良大工が楼門と「東廊」の修理を担当した事実を明記している。したがって、天文四年三月二五日に「十五頭之諸職」が名を連ねたときに、上宮廊大工として「西方鎌倉大工、東方奈良大工、西北玉縄大工、東北伊豆大工」と列記されているのは、上宮廻廊の工事担当部分を示していると解釈できる。この分担が決定したのは天文三年一月五日のことらしい〔「自西楼〔廊カ〕護摩所迄鎌倉衆、自東執行部屋迄奈良大工、自其北郎〔廊カ〕伊豆衆、自武内方廊到北玉縄衆請取云々」〕。

上宮廻廊は社殿の南と東西に巡るので〔図9-1〕、南廊の記載を欠いているように見える。しかし、南正面の楼門を境として、南廊の西半分と西門以南の西廊を鎌倉大工、南廊の東半分と東門以南の東廊を奈良大工、西門以北の西廊を玉縄大工、東門以北の東廊を伊豆大工が担当したと考えれば、一連の施設をそれぞれが分担したことになり帳尻が合う。記載を欠く南廊と北廊を加えて、南廊と東廊を奈良番匠、西廊を鎌倉番匠、北廊西半を玉縄番匠、北廊東半を伊豆番匠が担当したとする説〔下村一九八二〕は、「快元僧都記」の記述と矛盾するだけでなく、施工上一番やっかいな回廊の曲折部分の分担責任が不分明になるので、成立しえないだろう。

先に引用した天文三年六月五日における奈良大工の提案について、水藤真は与次郎が「廻廊の檜皮を葺くにあたって、余り金釘を使うべきではない。どうしても金釘を使う時は、せめて木釘を打ち添えるべきであると主張した」と釈読している［水藤一九九四］。鉄釘はさびるので、檜皮葺に竹釘を使うのは常識であるが、金釘に木釘を打ち添える効果がいまひとつ理解できないし、前半の与次郎の提言が解釈されていない。板を誘って造作する「鎧葺」が柿葺《こけらぶき》をさすならば、与次郎は異なる葺材を提案したことになるが、檜皮葺の一技法の可能性もある。識者の御教示を乞いたい。いずれにしても、実際の工事を担当しない箇所の施工方法に関しては、与次郎の主張は通用せず、他の番匠は各々が担当する部分においては与次郎の提案を受け入れなかった（「雖然自余之番匠各仕来之間不受」）。各番匠グループには、それぞれ得意とする流儀・秘伝があったのだろう。

与次郎と与三郎の対立

技量・給料・責任感はまさっていたが、奈良大工与次郎は必ずしも運にはめぐまれていなかった。天文三年八月における同僚や娘の死も不幸なできごとだった。それに加えて、天文八年閏六月の武内社の檜皮葺きの後始末の作業中、与次郎は嫡子の与三郎と対立する。「折檻」「訴訟」などすったもんだのあげく、与三郎は「退屈之由」を申し、二六日に出奔（出行）。さらに七月一日には、与三郎と「親近」だった当社大工の左衛門大夫も「与三郎跡」を追って「出行」し、行方知らずになった。

いさかいの原因や細かい人間関係はよくわからない。水藤真は先述した瓦作りをめぐる鎌倉番匠との対立が尾を引き、「与三郎が鎌倉大工に余りに接近した」ため「与次郎は激怒した」、「跡継ぎであるはずの息子が他所の番匠の作法・技術を受け継ぐなど、奈良大工の与次郎には受け入れることは出来なかった」と踏み込んだ解釈をしている。与三郎が当社大工と仲良くなったのが事の発端であるのは確かだが、技量の劣る鎌倉番匠への弟子入りを志願したと想像するのは行き過ぎのようにも思う。奈良衆の秘伝を漏らしたという想像的解釈も可能だろう。

いずれにしても、父子の対立の結果が「奈良改家雑作喧」（奈良大工は家の雑作を改めるのに喧しかった）とすれば、与三郎の出奔はかなり深刻な影響を残したことになる。「狂転如酔象歟」はこのさわぎに対して快元が書き残した感想である。「酔象」とは狂暴なもののたとえであるが、中世に流行した中将棋の駒の一つでもある。真うしろ以外の七方に一歩進むことができ、成ると王将と同じ動きができる「太子」になって、王将がとられてもその代わりとなって競技を続行する。ルールがあまり複雑になるので、嫌われたという。いかにも中世的な感想ではないか。快元の日記では、与三郎の消息は分からずじまいである。しかし、これが単純な親子げんかで、与次郎が任を終えて帰国した時は、めでたく親子の再会があったと私は思いたい。

2　分業と兼業―むすびにかえて―

造瓦・葺瓦・木工

木工（番匠）大工が、瓦作りもおこなった―この事実は、私にとって新鮮な衝撃だった。出張チームに瓦師も加わっていた可能性が高いが、奈良大工与次郎が造瓦・葺瓦の基本工程に精通し、作業を主導したことは確実である。とくに造瓦道具（成形台）作り、鬼瓦の製作、瓦葺きの各工程に、彼自身が手を下している事実には感嘆の念を禁じえない。しかし、改めて考えてみると、中世には与次郎のような技術者は決して特殊な存在ではなかった節がある。

中世瓦の銘文などに名を残し、その作風と系譜とを追究できるのが、法隆寺や西ノ京を拠点に活躍した橘正重―国重―吉重―吉重（二代目）―宗重―時吉―宗重（二代目）の七代以上にわたる瓦大工とその眷属である〔黒田一九四四〕。ところが、応永五（一三九八）年の法隆寺西円堂修造の棟札銘には、国重―吉重父子と配下の瓦工は「瓦葺衆」として名を残す。彼らは造瓦だけでなく瓦葺き作業自体も担当したのである。これに対し、律令制下の造東大寺司造瓦所が、瓦以外の物資運搬に動員された例はあっても、瓦葺き作業に従事したことを示す史料はない。

中世瓦の革新

七世紀代にはいくつかの例外もあるが、一般に古代日本の瓦は丸瓦・平瓦・軒丸瓦・軒平瓦の四種を基本とし、棟などの屋根の特殊な部分で使う瓦（道具瓦）にも、これらの瓦やその一部を加工して使うことが多い。すなわち、熨斗瓦は平瓦を縦に半截し、面戸瓦は丸瓦の周囲を調整し、棟頂は丸瓦で覆い、軒丸瓦を引っかけて鬼瓦を固定するなどの使い方をしたのである。ところが中世になると、特殊な部分に使う道具瓦が形態的にも特殊化を遂げ、新たな種類の瓦が生まれる。棟を覆う雁振瓦（衾瓦）、その端で鬼瓦を固定する鳥衾瓦はその代表である。また、軒丸瓦や軒平瓦に掛かりをつけて、相互に噛み合うようにし、瓦がずり落ちないような工夫も中世に生まれた［天沼一九二二・二二―図版五七の解説］。

このような工夫は瓦作りの専業集団のなかからは生まれにくい。必要は発明の母である。瓦を葺くという実践のなかから、初めて形態的に特殊化をとげた道具瓦が発明されたと考えるべきだろう。中世の瓦大工が瓦葺き作業にも従事していた事実はこれを裏づける。しかし、瓦作りと瓦葺きとを兼業していた工匠集団が、独自にこの発明を達成し、発展させることができるかといえば、必ずしもそうとばかりはいえない。当初反りが少なく、側面から見て鬼瓦を直角に近い角度で固定していた鳥衾瓦は、しだいに反りあがり、鋭角的に鬼瓦頂部を引っかけるようになる。これは単に部分的な瓦の葺き方の変化ではなく、屋根の棟全体の反りに関係する。

棟の反り具合は、当然、屋根勾配全体にかかわる。古代には勾配が少なく直線的であった寺院建築の屋根が、中世以降、大きな勾配と反りをもつ形に変わっていったことは、いまさらいうまでもない。これは瓦の形態や葺き方だけでなく、屋根形態や構造により深くかかわる。つまり、中世における瓦の形態的特殊化は、木工（番匠）の仕事と密接な関係があったと考えざるをえない。技術的な優劣を考えれば、その変革の主導権を握ったのは、瓦大工ではなく木工大工であったに違いない。すなわち、瓦葺き作業を通して瓦大工が自ら瓦の形態や造瓦技術に工夫をこらした以上に、木工大工の実践にもとづく瓦大工への要請には大きい意味があったはずだ。

しかし、完全な分業を前提にした外注方式には限界がある。発注者は外注業者の業務内容を理解せねば、最良の仕様書を書くことはできない。業務内容を充分理解するには、発注者自身がその業務を経験するのが一番である。有能な木工大工には、瓦作り・瓦葺き・檜皮葺きの作業にも精通した工匠がいた。中世とはそうした時代であった。というのが現在、私が抱いているイメージである。

技術格差の解消

中世末期には圧倒的な技量差を見せつけた奈良大工ではあるが、劣等感は一時的なものにすぎない。地元大工でも、奈良大工の仕事ぶりを目の当たりにすれば、技術のレベルアップは容易である。技術や知識（＝文化）は平均化することで大衆のものになった。それを低俗化として喜ばない人士は、様々な流儀や秘伝を編み出して平均化・大衆化を阻もうとしたが、必ずしも成功しなかった。

地元大工がレベルアップすれば、中央大工が出稼ぎで活躍できる余地は少なくなる。なかには出張した奈良大工や京大工が都を見限って、そのまま地方に住み着いてしまうこともあった。天文年間の鶴岡八幡宮造営に名を連ねた屋形大工彦左衛門・亦三郎父子も、京大工を名のる以上、畿内から直接木工技術を受け継いでいることがチャーム・ポイントのはずだ。しかし、屋形大工である以上、小田原を本拠とし、技術的本貫地を忘れつつあったろう。本貫を忘れた中央大工は地元大工と同義である。ここでも技術や知識は平均化しつつあった。

［注記］　考古学の論文ならば、次の手順として、鎌倉鶴岡八幡宮境内出土瓦のなかから与次郎の作品を抽出し、奈良四恩院の瓦などとの比較を通じて、木工大工と瓦大工の技術差まで論及せねばならない。鶴岡八幡宮では何度かの発掘調査で、層位的に瓦を分類しており［鎌倉市鶴岡八幡宮一九八三a・b、鎌倉市教委一九八五］、与次郎が活躍した時期の瓦も抽出できるだろう。しかし、上宮周辺部まで発掘調査は及んでいないので、与次郎自身の作品はまだ出土していないかもしれ

ない。奈良四恩院の瓦は寡聞にして知らない。今後の検討課題としたい。

［追記］　本稿は、『堅田直先生古希記念論文集』（真陽社）に同名で掲載した拙稿［上原一九九七ａ］を全面的に修正・改稿して、二〇〇二年三月三〇日のシンポジウムのレジュメとして公表し、さらにシンポ終了後、苅米一志さんからいただいた御教示をもとに、一部の釈読文を改定した結果である。また、シンポの席で、水野正好先生が『戦国遺文』所収の「鶴岡御造営日記」と「快元僧都記」に着目して、与次郎の業績を紹介している（「古代エッセイ（四九）鶴岡八幡宮造営と奈良大工」『月刊奈良』第四〇巻第一〇号、二〇〇〇年九月）ことを知り、今尾文昭さんから与次郎の本拠である奈良四恩院の遺構について御教示をいただき、シンポ終了後、永原慶二先生から鶴岡八幡の天文年間修理に関する北条氏側の史料が『小田原市史』に整理されている旨の御教示を得た。しかし、成稿に際してこれらの助言を生かすことはできなかった。今後の検討課題としたい。

中世瓦の考古学的研究は一九九七年以降も数多く公表されているが、「中世諸職」という課題に応えられるレベルには達していないと思う。そもそも「中世諸職」自体が文献史料から提起された概念で、編年論・技術系譜論を中心とする考古学的分析では、作る人＝職人は不在となりがちだ。当初、現在改稿中の一一・一二世紀の造瓦技術・造瓦組織・造瓦体制に関する論考を抽出する予定であったが、私見ではその主人公は「中世諸職」誕生以前にある。考古学資料から逸脱しても「中世諸職」の課題にストレートに対応する本稿を選んだ理由である。史料を考古学の目で見直すと、新しい切り口が現れることは小林行雄先生の正続『古代の技術』ですでに実証済である。なお、一九九五年九月に刊行された『文化財論叢Ⅱ―奈良国立文化財研究所創立四〇周年記念論文集―』（同朋舎出版）に掲載した「京都における鎌倉時代の造瓦体制」が、出土瓦から一三世紀の京都における造瓦組織を分析した拙論なので、あわせて参照いただければ幸いである。

参考文献

阿久津久ほか　一九七三年『摂津旧清遺跡』宝塚市文化財調査報告第五集
天沼俊一　一九二一・二二年『三Ｋ会図集　古瓦集』（『家蔵瓦図録』の改訂版）

上田　睦　一九九四年「葛井寺の調査」『石川流域遺跡群発掘調査報告Ⅸ』藤井寺市教育委員会
上原真人　一九七八年「古代末期における瓦生産体制の変革」『古代研究』一三・一四号、元興寺文化財研究所
上原真人　一九八七年「官窯の条件―律令制下造瓦体制を検討するための作業仮説―」『北陸の古代寺院―その源流と古瓦―』（北陸古瓦研究会編）桂書房
上原真人　一九九七年a「奈良番匠が作った瓦―中世瓦出張製作の一例―」『堅田直先生古希記念論文集』
上原真人　一九九七年b『瓦を読む』歴史発掘一一、講談社
上原真人　一九九七年c「屋瓦の供給体制」『考古学による日本歴史九　交易と交通』雄山閣出版
上原真人　二〇〇一年「秀衡の持仏堂―平泉柳之御所遺跡出土瓦の一解釈―」『京都大學文學部研究紀要』第四〇号
織豊期城郭研究会　一九九四年a『織豊城郭』創刊号、特集・織豊期城郭の瓦
織豊期城郭研究会　一九九四年b『織豊期城郭資料集成Ⅰ　織豊期城郭の瓦』織豊期城郭研究会
織豊期城郭研究会　一九九五年『織豊城郭』第二号、特集・織豊期城郭の瓦
鎌倉市鶴岡八幡宮　一九八三年a『研修道場用地発掘調査報告書』
鎌倉市鶴岡八幡宮　一九八三年b『直会殿用地発掘調査報告書』
鎌倉市教育委員会　一九八五年『鶴岡八幡宮境内発掘調査報告書（鎌倉国宝館収蔵庫建設に伴う緊急調査）』
亀井伸雄　一九八三年「階隠考―平安後期の建築にみられる階隠を中心として―」『文化財論叢―奈良国立文化財研究所創立三〇周年記念論文集―』同朋舎出版
黒田昇義　一九四四年「大和西ノ京の瓦大工橘氏」『大和志』一一―一
笹本正治　一九八八年『戦国大名と職人』吉川弘文館
佐藤博信　一九九一年「『快元僧都記』の世界像―戦国期の都市鎌倉の理解のために―」『日本歴史』五二三号、吉川弘文館
下村信博　一九八一年「戦国大名後北条氏と鎌倉鶴岡八幡宮再建」『日本歴史』四〇一号、吉川弘文館
水藤　真　一九九四年「快元僧都記に見る鎌倉鶴岡八幡宮再建の諸相」『中世の社会と武力』吉川弘文館
中村浩ほか　一九八一年『龍泉寺―坊院跡および瓦窯跡群の発掘調査報告書―』

原田多加司　一九九九年『檜皮葺と柿葺』学芸出版社
藤原　学　二〇〇一年『達磨窯の研究』学生社
法隆寺昭和資財帳編集委員会　一九九二年『法隆寺の至宝　昭和資財帳一五　瓦』小学館
増川宏一　一九七七年『将棋Ⅰ』ものと人間の文化史、法政大学出版会
松尾剛次　一九九三年『中世都市鎌倉の風景』吉川弘文館
真鍋淳哉　一九九六年「戦国大名と公家衆との交流―北条氏の文化活動を中心に―」『史友』第二八号、青山学院大学史学会
山崎信二　二〇〇〇年『中世瓦の研究』奈良国立文化財研究所学報第五九冊
山室恭子　一九九四年「戦国の地域性」『岩波講座日本通史　第一〇巻』中世四
渡辺保忠　一九五〇年「大工の語意の歴史的変遷について」『建築雑誌』七六一号

第一〇節　平安貴族は瓦葺の家に住んだか

一　平安京右京一条三坊九町の「貴族邸宅跡」

平安京発掘

一九七九年四月、京都市北区大将軍坂田《だいしょうぐんさかた》町にある京都府立山城高校内で、「平安時代初期の貴族邸宅跡」がみつかった[1]。この地は、平安京の条坊[2]では右京一条三坊九町に相当する。

文献史学の成果によれば、平安京は右京域が早く廃れ、左京域からさらに鴨川を越えて東へ町並が発達していったという。最近の考古学的成果はこれを裏づける。すなわち、左京の発掘調査では、古代・中世・近世・近現代の各時期の生活層が厚く堆積する。なかには史上に名を残す大火や、戦乱に対応する焼土層が確認できることもある。新しい順に各時代の生活面を確認し、掘り下げていって、ようやく平安時代の面に到達しても、後世の攪乱が著しく、平安京の条坊や宅地の様子はなかなかわかりにくいことが多い。

これに対して、右京の発掘調査では、最近の盛土やその下の耕作土を除去すると、すぐに平安時代の生活面に到達する。当然、遺跡の残り具合はよく、平安京の条坊や宅地の状況を知るうえで重要な材料となる。右京一条三坊九町の発掘調査は、そうした平安京右京域の調査のなかでも、著しい成果をもたらした先駆的事例であった。

ここでみつかった「貴族邸宅跡」は、正殿を一回建て替えているが、ほぼ同時に存在した建物群からなる。それらは平安京の条坊を基準に計画的に配置され、建物解体後に掘ったゴミ溜めに捨てられた土器などから、平安遷都（七

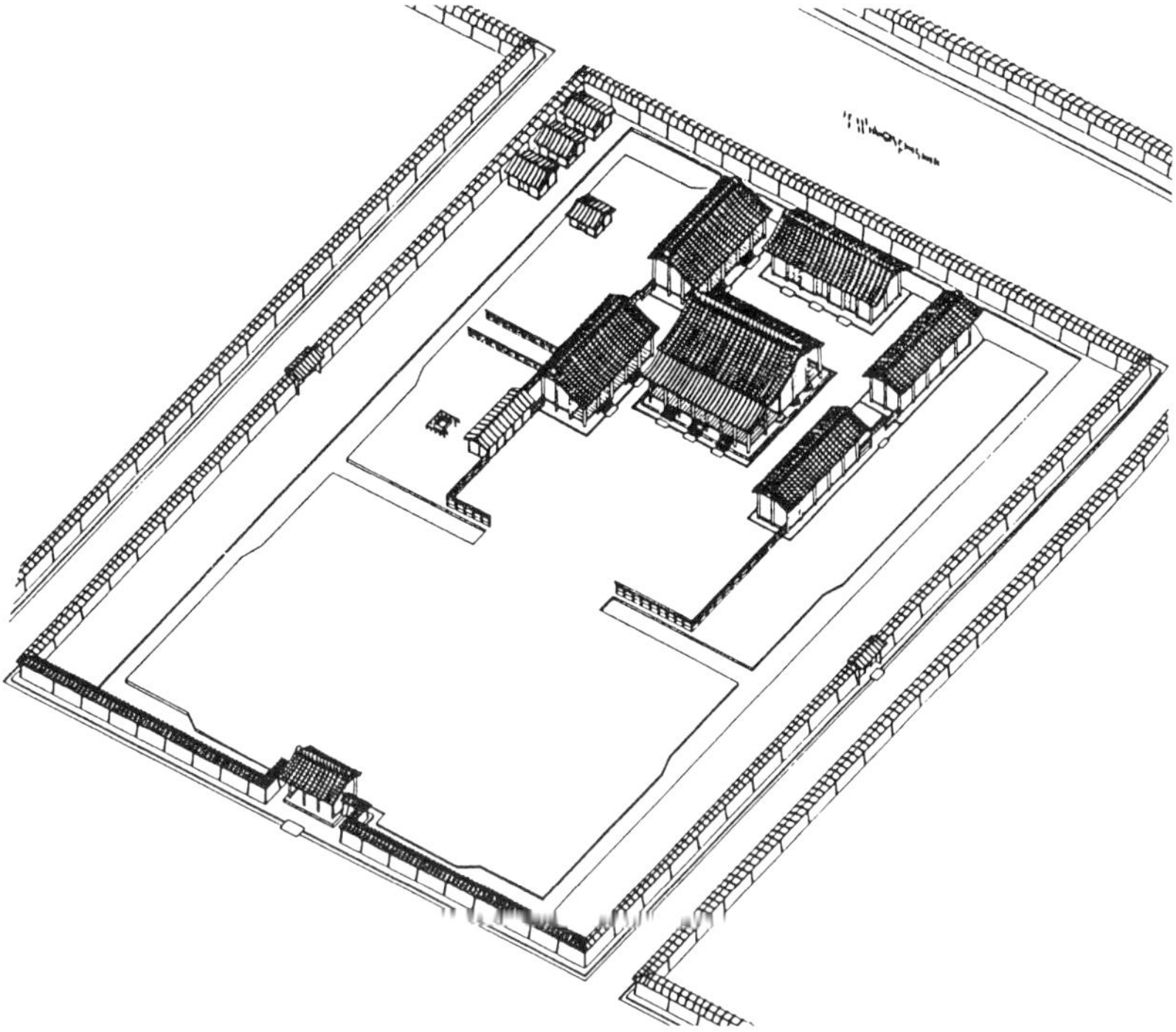

図10－1　平安京右京一条三坊「貴族邸宅」のイメージ

九四年）直後のごく限られた時期に機能したことがわかった。

発掘からのイメージ

図10－1はみつかった建物跡をもとに、調査担当者がイメージした右京一条三坊「貴族邸宅」のありし日の姿である。中枢部においては、南へ廂《ひさし》を長く伸ばした正殿（平面規模は東西約二二m、南北約一六m）を、五棟の脇殿・後殿が冂形に囲む。中枢部と外郭は塀で区画され、西の外郭には雑《ざっ》舎《しゃ》や井戸などがある。

発掘で確認できる「遺構」とは、過去の人々の営みのうち、地表面下に刻み込まれた部分にすぎない。奈良県桜井市にある山田寺東回廊跡のように、建物自体が倒壊して残ることも稀にあるが、普通は柱穴や溝などが考古学でいう「遺構」である。しかし、実際の人間の営みの多くは、地面より上で進行する。地面に刻まれた「遺構」や

図10－2　総瓦葺屋根

それにともなう「遺物」から、その営みをどのように復元していくか――考古学の醍醐味の一つはそこにある。

調査担当者がイメージした右京一条三坊「貴族邸宅」の中枢となる六棟の建物の屋根は、総瓦葺（図10－2）であった。これは同地の発掘で瓦がかなりの量出土したこと、その瓦が中枢建物の解体時に柱を抜きとった痕などから出土し、中枢建物群の屋根に使用したと考えざるをえないことからイメージした姿である。ところがこのイメージは、従来考えられていた平安時代「貴族邸宅」の姿とは、かなり異なるものであった。

二　古代邸宅の屋根のイメージ

寝殿造りの屋根

平安時代の「貴族邸宅」――それはいうまでもなく寝殿造りである[3]（図10－3）。寝殿造り邸宅の初源は必ずしも明らかではないが、内裏殿舎の影響下に一〇世紀後半以前には完成していたといわれる。一一世紀以降の貴族の日記や、絵巻物からわかる寝殿造り邸宅は、寝殿（正殿）を含めて檜皮葺屋根が一般的であり、総瓦葺屋根の例はない。また、その原型といわれる内裏殿舎も、奈良・平安時代を通じて檜皮葺屋根であったと考えられている。つまり、右京一条三坊「貴族邸宅」を、寝殿造り邸宅が完成する前段階、あるいは内裏殿舎から寝殿造りが成立する過渡的段階ととらえた場合、その中枢建物群が総瓦葺屋根をもつことは理屈に合わないのである。

図10－3　法住寺南殿中心部の実景　太田静六が『年中行事絵巻』の一部の人物を省略して模写したもの（太田静六『寝殿造の研究』吉川弘文館，1987年）。

この矛盾を解消するために、調査担当者は以下のように考えた。まず、『続日本紀』によると、七二四（神亀元）年に平城京内における五位以上の貴族を対象に、瓦舎《がしゃ》（瓦葺の住宅）を建てることを奨励している。とすれば、奈良時代の貴族邸宅には、総瓦葺屋根の建物が一般的であったはずである。平安時代初期の貴族邸宅が、この風を踏襲しても不思議ではない。また、古代の瓦葺屋根は、寺院以外に大極殿・朝堂《ちょうどう》院《いん》・国衙の政庁など公的な建物に採用されている。高級貴族邸宅も半ば公的な性格をもつ以上、総瓦葺屋根を採用しても不思議ではない、と。

出土瓦分析の視角

高級貴族邸宅が半ば公的な性格をもつことは、平安時代初期に限ったことではないので、総瓦葺屋根復元の理由づけとして不充分である。とすれば、右京一条三坊「貴族邸宅」が総瓦葺建物をもつ第一の理由は、奈良時代における貴族邸宅を踏襲したという点に求めざるをえなくなる。ところが、平城京内の貴族邸宅において、総瓦葺建物が一般的であったか否かということは、じつは証明未了の問題であった。

発掘の結果、平城京内の宅地の様相は、平安京よりもよくわかっている。にもかかわらず、貴族邸宅において総瓦葺建物が一般的であったと断言できないのは、瓦が出土しても量があまり多くないことによる。その瓦を七二四（神亀元）年の瓦舎奨励にむすびつける研究者もいたが、一方では、総瓦葺建物の存在を疑問視する立場もあった。しかし、いずれの立場においても、出土した瓦を積極的に分析し、その主張を正当づけた研究は皆無であり、その方法さえ提起されていなかった。

明治以降の瓦研究は、建築史家や考古学者が進めた。その研究は、瓦を使った寺院・宮殿など、遺跡の年代を明らかにすることを主要な目的としていた。当然のことではあるが、年代をより鋭敏に反映する文様のついた軒《のき》丸瓦《まるがわら》や軒《のき》平瓦《ひらがわら》が研究の対象になり(4)、出土瓦の大半を占める丸瓦や平瓦はあまり注目されなかった。ましてや、出土瓦を総合的に分析して、それを使った建物の屋根景観を復元する試みは、ほとんどなされたことがなかったのである。

このような研究史を顧みた場合、平安京右京一条三坊九町で出土した瓦から、総瓦葺の中枢建物群を復元することが本当に可能であるのかどうか――という基本に戻って、検討を加える必要が生じてきたわけである。

三　出土瓦から屋根景観を復元する

出土瓦の全体像

平安京右京一条三坊九町の発掘は、たんに検出した遺構が画期的であっただけではない。短い整理期間にもかかわらず、調査担当者は出土した遺物を丹念に分析し、その全貌を報告しようと努めた。出土した瓦に関しても、従前の多くの考古学者がおこなっていた文様のある瓦だけを分類・報告する態度を捨て、丸瓦や平瓦も接合・分類し、軒丸瓦や軒平瓦との対応関係を検討したうえで、その重さを測って全体像を示した。つまり、遺跡の年代を決定するためだけではなく、遺構を復元するための材料として、出土した瓦を積極的に活用していこうとしたのである。

具体的にいうと、出土した軒瓦は平安宮付属の官営瓦工房（京都市北区の西賀茂瓦窯など）で新調された製品と、長岡京を経由した再利用瓦(5)とに大別でき（図10－4）、丸瓦・平瓦も土の状態や焼け具合などからほぼこれに対応できる（表10－1）。この整理結果から、調査担当者は次のように推論した。

まず、丸瓦と平瓦の総重量五一五・六kgに対して、丸瓦一三七・二kgが占める割合（約二六％）と平瓦三七八・四kgが占める割合（約七四％）との比率はほぼ一対三である。現代に伝わる本瓦葺の技術では、「平瓦三枚重ね」といって、平瓦全長の三分二弱の上に次の平瓦が重なるように葺きあげていくのを理想としている(6)。この方式では、総瓦葺屋根に必要な丸瓦と平瓦との量比は、おおよそ一対三である。したがって、右京一条三坊九町で出土した瓦の量比、すなわち、軒丸瓦：軒平瓦＝一：一、丸瓦：平瓦＝一：三から、中枢建物群を総瓦葺屋根に復元できる、と。

きわめて整然とした論理であるが、この推論の過程において、総瓦葺屋根を復元するうえで重要な問題が三つ見逃されていた。その一つは出土した瓦の絶対量であり、もう一つは軒丸瓦・軒平瓦と丸瓦・平瓦との量比である。そして、残りの一つは、破片を接合した結果、判明した「平瓦」の形態であった。

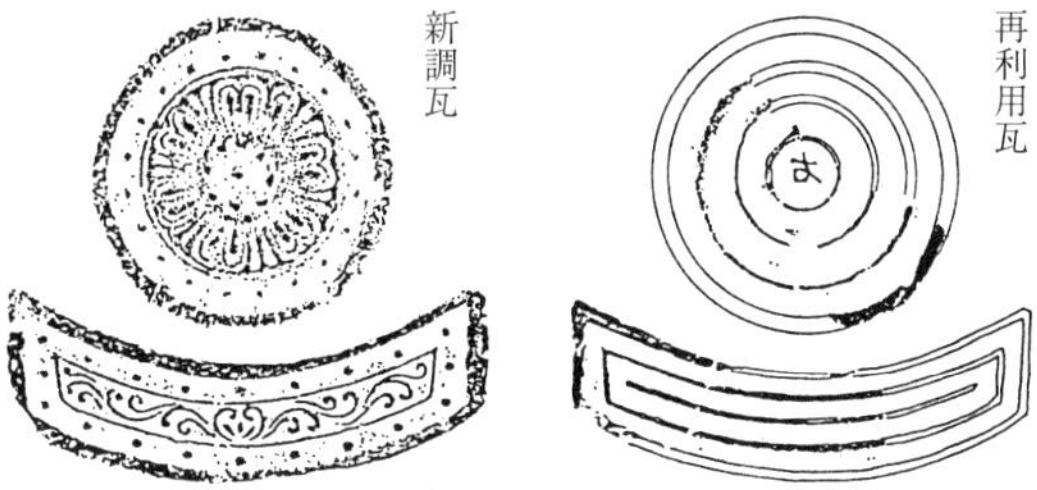

図10－4　右京一条三坊出土軒丸瓦・軒平瓦二例

表10－1　右京一条三坊土瓦

	軒丸瓦	軒平瓦	丸瓦	平瓦
新調瓦	40点	38点	94.6kg	270.9kg
再利用瓦	9点	4点	42.6kg	107.5kg
計	49点	42点	137.2kg	378.4kg

瓦の絶対量を探る

総瓦葺屋根に必要な瓦の量は、屋根面積、瓦一枚の大きさ、平瓦の葺足《ふきあし》によって左右される。発掘で得られた建物跡の平面形から屋根面積を求めるには、屋根の勾配や形、軒の出の長さを想定して試算せねばならない。仮に屋根勾配一〇分の四・五、軒の出〇・六m、平瓦の大きさを四〇×三〇cm、葺足二〇cm程度に想定して、右京一条三坊九町の後殿（七間×二間、柱間は一〇尺等間、切妻屋根）一棟に必要な瓦の量を試算すると、丸瓦約一五〇〇枚、平瓦約三〇〇〇枚、軒丸瓦・軒平瓦各一四〇枚程度が必要である。六棟の中枢建物をすべて総瓦葺にするには、この数倍量の瓦が必要なはずである。

平安時代初期の丸瓦一枚の重さは二・五kg程度、平瓦一枚の重さは三kg程度なので、後殿一棟だけでも丸瓦・平瓦の総重量は一二t以上となり、出土した丸瓦・平瓦の重量はその五％にも満たないのである。中枢建物をすべて総瓦葺屋根に復元するうえで、この丸瓦・平瓦における絶対量の少なさは避けてとおれない問題であろう。

ただし、右京一条三坊九町全域のうち、発掘範囲は中枢部を主とした四分の一程度であり、未調査地には所用瓦の大半が埋もれている可能性もある。また、中枢建物群は一部の柱が抜きとられており、柱材を再利用していることがわかる。当然、建物解体時に使用可能な瓦は再利用したと考えるべきである。さらに、後世の削平時に瓦が移動することもあるので、丸瓦・平瓦の出土量が少ないからといって、総瓦葺屋根復元案を完全に否定できるとは限らない。ここでは、軒丸瓦・軒平瓦と丸瓦・平瓦との量比の問題を重視したい。

軒丸瓦・軒平瓦と丸瓦・平瓦との量比

総瓦葺屋根においては、軒先に軒丸瓦・軒平瓦を配し、棟に向かって丸瓦・平瓦を葺き重ねていく。軒丸瓦と丸瓦、軒平瓦と平瓦の量比は、建物の軒先から棟までの距離によって異なるはずである。寺院の建物を例にとれば、回廊や塔にともなう瓦では軒丸瓦・軒平瓦の割合は高く、金堂や講堂にともなう瓦ではその割合は低い。

仮に丸瓦一枚の重さを二・五kg、平瓦一枚の重さを三kgとすれば、右京一条三坊九町で出土した丸瓦は五五枚分、平瓦は一二七枚分となる。軒丸瓦は四九点、軒平瓦は四二点出土しているから、軒丸瓦一枚に対して丸瓦は一～二枚、軒平瓦一枚に対して平瓦は三～四枚にすぎない。これだけの量比では、軒先から棟までの距離がきわめて短い建物――たとえば築地塀《ついじべい》の屋根を葺くことはかろうじて可能かもしれないが、通常の建物の屋根を葺くことはできない。しかし、右京一条三坊九町を限る築地塀の雨落溝から瓦は出土しておらず、出土瓦は中枢建物群で使用したと考えざるをえない状況である。

以上の検討から、右京一条三坊「貴族邸宅」を総瓦葺屋根に復元できないことがわかった。それでは、明らかに中枢建物群において使用された瓦は、どのように解釈すればよいのであろうか。これを理解するための一つの鍵は、出土した「平瓦」の形態である。

二つ割りの「平瓦」は何を示すのか

調査担当者によれば、出土した「平瓦」には完形品がなく、出土総量を重さで表示せざるをえなかったという。ところが図示された代表的（残存状態が最もよい）「平瓦」をみると、全長は完存するのに、横幅はいずれも二分の一前後を残すのみである（図10－5）。このような「平瓦」は、屋根の棟をおおう熨斗《のし》瓦と理解すべきものなのである。

一〇世紀初頭に成立した『延喜式』巻三四では、熨斗瓦（堤瓦）は二つ割りの瓦を使うと記している(7)。古代の熨斗瓦には、焼く前から平瓦の二分の一前後の大きさに形を整えたもの、平瓦中央に刻線を入れ、焼いた後で刻線に沿って分割したもの、通常の平瓦を二つに打ち割ったものがある。前二者を熨斗瓦と認定するのは比較的容易であるが、第三番目の熨斗瓦を細片化した通常の平瓦と識別することはきわめて難しい。瓦葺屋根においては、棟をおおう熨斗瓦は必要不可欠である。ところが、発掘で出土した瓦を報告する際に、軒丸瓦・軒平瓦・丸瓦・平瓦にふれていても、熨斗瓦について報告した例は意外に少ない。これは古代の熨斗瓦の大半が第三番目の例、すなわち、通常の平瓦を縦に二つ割りしたものであることを示している。

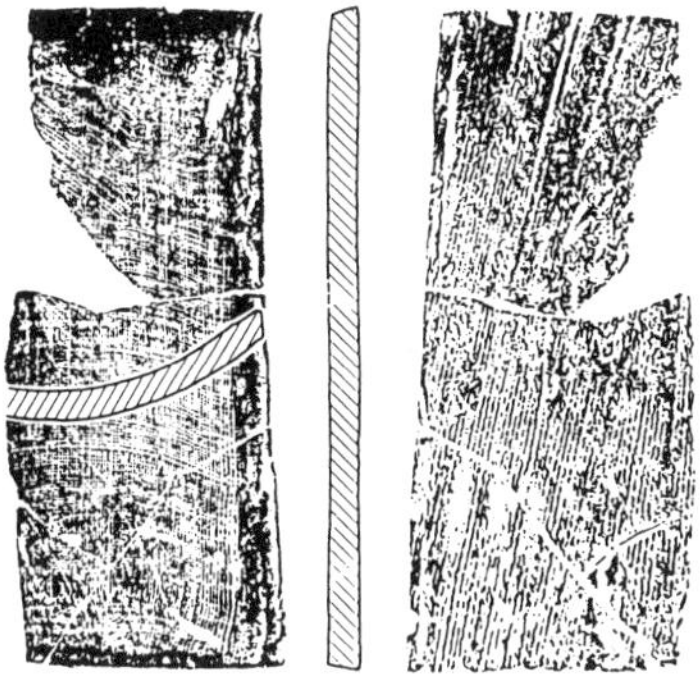

図10－5　右京一条三坊出土「平瓦」

右京一条三坊九町出土の「平瓦」が基本的に熨斗瓦であるならば、それを含む瓦群は屋根全体をおおう総瓦葺屋根を構成せず、屋根の棟だけをおおっていたと判断できる。熨斗瓦のみを積みあげた棟を「熨斗棟《のしむね》」、軒丸瓦・軒平瓦を下段に込めた棟構造を「甍棟《いらかむね》」と呼んでいる（図10－6）。右京一条三坊九町出土瓦において、軒丸瓦・軒平瓦が占める割合が丸瓦・「平瓦」に比べて異常に高いのは、この一群の瓦が「甍棟」を構成していたことを示し

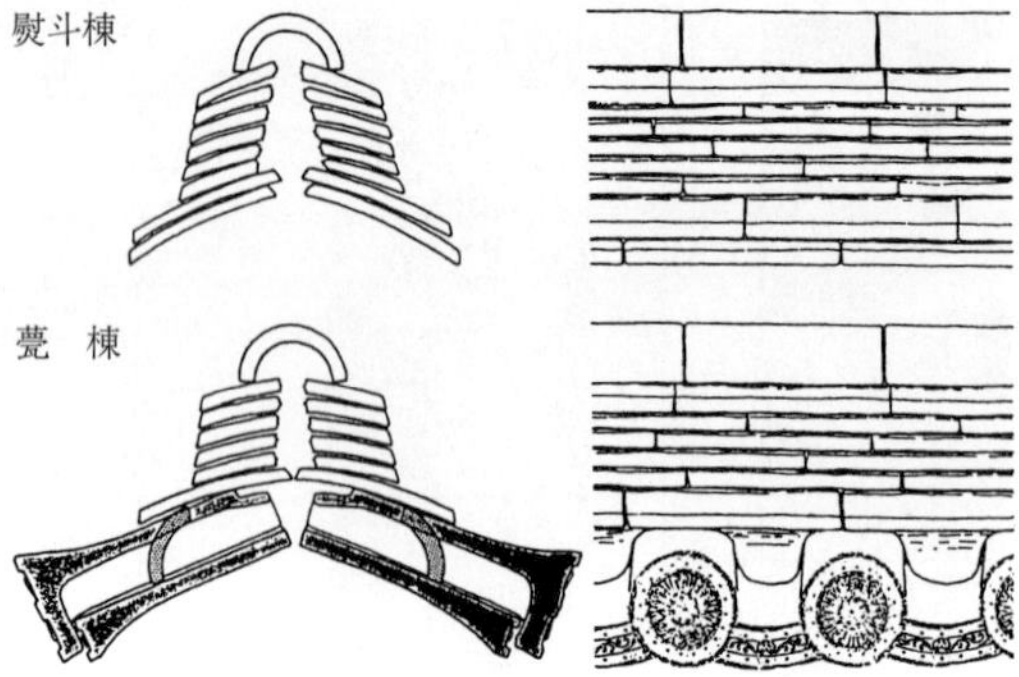

図10－6　熨斗棟と甍棟

ているのである。

それでは、右京一条三坊「貴族邸宅」における棟以外の屋根勾配部分は何を葺いていたのであろうか。平安時代後期の貴族の日記や絵巻物から類推するかぎり、それは檜皮葺であったと考えるのが妥当である。屋根を何で葺くかは、建築技術のみにかかわる問題ではなく、建物がもつ社会的意味にも深く関係している。その視点から判断しても、当時の「貴族邸宅」の屋根を檜皮葺・甍棟に復元することは妥当性をもつと考える。

四　屋根の社会史

屋根葺材の相違と機能

屋根の葺材には、瓦・檜皮・板・茅・藁・石・金属などさまざまな材質・形態がある。現代は瓦葺住宅が一般化しているが、明治・大正以前には板・茅・藁などの葺材の比重が高かった。これら植物性の葺材と比べて、瓦は耐久性・耐火性に富む。一八世紀前半（享保年間）以降、江戸の町屋に瓦葺を奨励したこと、あるいは、それ以前においても土蔵だけは瓦葺を許していたことは、その耐火性を重視したためである(8)。古代においても、瓦葺倉庫が各地で確認できる。

しかし、こうした実用性だけが屋根の葺材を選択する根拠となったわけではない。建物の外観には、その建物の社会的機能や居住者（造立者）の権威・地位・経済力が集中的に表現されている。屋根は建物の外観のなかでも際立っている。たとえば、『古事記』には、屋根に堅魚木《かつおぎ》をのせた志幾大県主《しきのおおあがたぬし》の家を「天皇の御舎《みあらか》に似せて造れり」という理由で、雄略天皇が焼き払おうとした説話がみえる。古墳時代には棟上の装飾が、居住者の権威・地位を象徴していたのである。

六世紀末に造瓦技術が日本に伝わって以後、屋根の葺材も建物の外観を区別する要素となる。六四三（皇極二）年一二月に完成した新宮殿は「飛鳥板蓋宮《あすかいたぶきのみや》」と呼ばれた。板葺であることを強調している以上、それまでの宮殿とは葺材において異なっていたのであろう。皇極天皇は重祚して斉明天皇となり、六五五（斉明元）年一〇月、小墾田《おはりだ》に瓦覆《かわらぶき》の宮殿を造ろうとするが挫折する。彼女の宮殿造営計画は、草葺から板葺へ、板葺から瓦葺へとエスカレートしていったのである（『日本書紀』）。

また、先述した平城京内の貴族に瓦舎を建てるよう奨励したのも、けっして実用的な意味ではなく、都が天皇の居住地である以上、壮麗さをもってその徳を表現せねばならないというのがその理由であった。同じことが山陽道の駅館についてもいえる。すなわち、備後・安芸・周防・長門などの諸国駅館に「瓦葺粉壁《ふんぺき》」という外観を義務づけたのは、山陽道が外国使節の往来する幹線道路であったからにほかならない（『日本後紀』）。

瓦葺の奨励

表通りに面した屋根だけを瓦葺にした事例は近世の町屋にもあるが[9]、古代では、平安時代前期の京都太秦《うずまさ》の広隆寺において、四周を囲む築地塀のうち、南面（正面）の一部だけを瓦葺（残りは板葺）した例がある（「広隆寺資財交替実録帳」）。また、平安宮の四周を囲む大垣の外には、四隅と各門の間の計一二ヶ所に番小屋（衛盧《えいろ》）が設けられた。そのうち南面する四棟の南東・南西隅の計六棟だけがとくに瓦葺で、残りは檜皮葺であった（『延喜式』巻四二）。要するに、奈良・平安時代を通じて、瓦葺屋根には外観を際立たせる機能がつきまとう。

ところが、天皇の居住区である内裏殿舎は、奈良・平安時代を通じて、檜皮葺・甍棟であったと考えられる。これは、大極殿・朝堂院などの政治の場が総瓦葺屋根を採用したのに対し、伝統を墨守したものと理解されている。しかし、平城宮の第二次大極殿・朝堂院の下層では、上層とほぼ等しい配置をとりながら、掘立柱で瓦を葺かない建物群

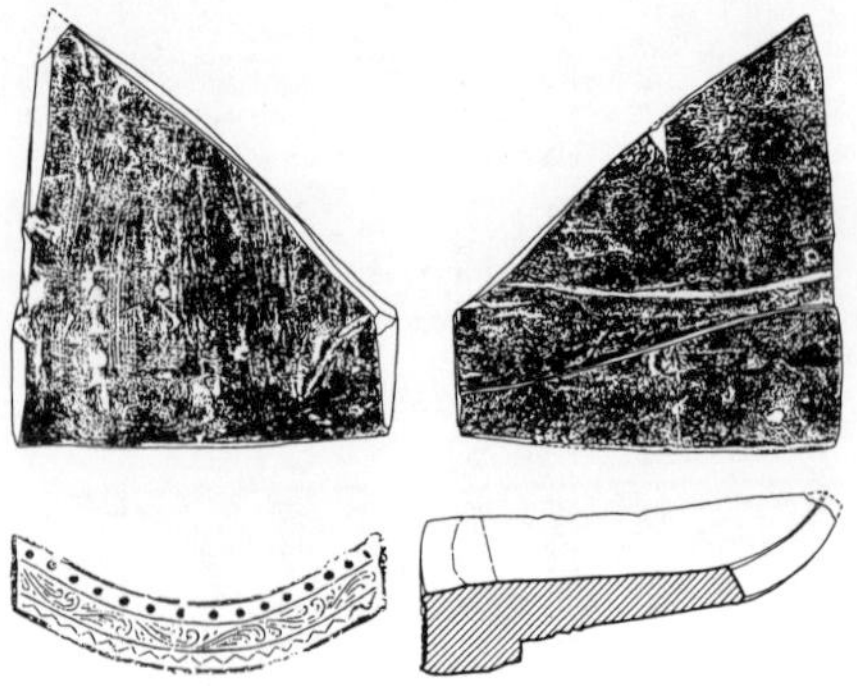

図10－7　長屋王邸出土隅軒平瓦（奈良国立文化財研究所『昭和六三年度平城宮跡発掘調査部発掘調査概報』1989年）

が検出されており、建物の社会的意味を屋根葺材の違いに反映させる方式は、八世紀前半には必ずしも定型化していなかったように思われる。それが定型化した時点では、檜皮葺・甍棟という内裏殿舎の形態は、当然、臣下の住宅形態をも規制するはずである。

七二四（神亀一）年の京内における瓦舎奨励時に、政治の中枢にいた長屋王の邸宅（平城京左京三条二坊一・二・七・八坪）から出土した大量の瓦のなかには、総瓦葺屋根だけに使用する隅軒《すみのき》平瓦が混じっていた（図10－7）。また、長屋王邸の北、左京二条二坊五坪の邸宅（兵部卿《ひょうぶきょう》藤原《ふじわらの》麻呂《まろ》邸？）から投棄されたと推定される七三六（天平八）年前後の木簡群には、その家政機関や建物に関する記載があり、「南西瓦蓋殿」「西瓦蓋坊」などの名もある。[10] 少なくとも、八世紀前半の高級貴族邸宅には瓦葺屋根が一部に採用されていたようである。

斉明（皇極）天皇の宮殿造営計画が草葺→板葺→瓦葺とエスカレートしたように、七世紀中葉段階では、葺材のランクづけは理念化されていても、それが特定の建物とむすびついて、建物の格や居住者の身分を表現するに至っていない。七二四年における瓦舎奨励もその延長線上で理解するべきであろう。

身分による住宅の外観規制

新羅では身分制（骨品《こつぴん》制）にもとづいて、住宅の規模や外観に関してさまざまな規制がかけられた。[11] 古代日本では、京内の宅地支給面積は位階に応じて決定されたが、[12] 新羅のような身分制に基づく住宅の外観に関する規制は明文化されていない。しかし、一〇三〇（長元三）年四月二三日の陣定《じんのさだめ》では、諸国吏の居処は四分の一町以下であるべきなのに、近年、一町宅地が多くなっている事実が指摘され、同年五月の太政官符で、非参議四位以下が一町宅地を造作することも禁止する（『小右記』）。『日本紀略』によれば、この陣定で、六位以下の築垣・檜皮葺宅をもあわせて禁じている。明文化されていなかったにせよ、内裏と高級貴族邸宅に限られていた檜皮葺屋根による地位表象が、受領層の台頭によっておびやかされつつあったことがうかがえよう

内裏殿舎の規制のもとに、都の高級貴族邸宅の屋根が檜皮葺に定型化していく過程は解明されていない。しかし、現在の見通しとしては、八世紀後半にはそうした事態を想定してさしつかえないと考えている。

［付記］　本稿は『高井悌三郎先生喜寿記念論集　歴史学と考古学』（一九八八年）で公表した「平安貴族は瓦葺邸宅に住んでいなかった―平安京右京一条三坊九町出土瓦をめぐって―」をもとに、その後の知見を若干加えて再構成した。脱稿後の一九九〇年八月、㈶京都府埋蔵文化財調査研究センターは設立一〇周年を記念し、特別展「京都・古代との出会い」を開催した。会場で「平安京右京一条三坊九町の貴族邸の復原」図が再公表されたが、その中枢建物群の屋根はすべて檜皮葺・熨斗棟に改められ、大路・小路に面した築地塀がすべて総瓦葺屋根になっていた。

注

（1）京都府教育委員会が発掘調査をおこない、二年次に分けてその成果を公表している。「平安京跡（右京一条三坊九町）昭和五四年度発掘調査概要」（『埋蔵文化財発掘調査概報』一九八〇―3、一九八〇年）。「平安京跡（右京一条三坊九町・十町）昭和五五年度発掘調査概要」（『埋蔵文化財発掘調査概報』一九八一―1、一九八一年）。以下、同地で検出された遺構・遺物に関する記述は、すべて右の二書による。

（2）古代都市は縦横の道路で碁盤目状に土地を区画しており、これを条坊制と呼ぶ。大路が囲む方形区画を○条○坊と呼び、そのなかを一六分した小区画を平城京では坪、平安京では町と呼ぶ。

（3）「寝殿造り」に関しては、貴族の日記や絵巻物からその具体像がわかる。寝殿（正殿）を中心に、東・西・北には対屋

（脇殿と後殿）を配し、それぞれを渡廊でつなぐ。寝殿の南には園池を設け、東西の対屋から南へ中門廊がのびる。南に園池があるため、敷地への出入りが東や西となり、左右対称を原則とする宮殿や官衙（役所）などの公的施設にみる奈良時代以来の建物配置がくずれていく。

（4）中国・朝鮮も含めた軒丸瓦・軒平瓦の文様変遷は、関野貞が体系づけた（「日本古瓦文様史」『日本の建築と芸術』上、岩波書店、一九四〇年）。

（5）遷都に際し、旧都における諸施設の資材は可能なかぎり再利用される。平城京や難波京の瓦は長岡京で再利用されたが、平安遷都に際し、その一部は平安京へもたらされた。

（6）この場合、平瓦全長の三分一強が屋根面で露出する。この長さを「平瓦の葺足」という。井上新太郎『本瓦葺の技術』（彰国社、一九七四年）によれば、平瓦の葺足は、最低限（平瓦全長－2寸）÷2は必要で、理想的な葺足は（平瓦全長－1寸）÷3であるという。

（7）木村捷三郎「本邦に於ける堤瓦の研究」（『仏教考古学論叢』考古学評論3、一九四一年）。

（8）大熊喜邦「江戸時代住宅に関する法令と其影響（附）住宅に関する政策」（『建築雑誌』三五―四二〇、一九二一年）。

（9）江戸の町屋は慶長六（一六〇一）年の大火を契機に、草葺から板葺に移行した。そのなかに「諸人に秀でて家を作らんと工み、海道おもてむねより半分瓦にてふき、うしろ半分をば板にてふ」いた者がいたという（『慶長見聞集』）。

（10）奈良国立文化財研究所『平城宮発掘調査出土木簡概報（二十二）―二条大路木簡一』一九九〇年。

（11）『三国史記』巻三三（雑志二・屋舎条）では、建物の規模・使用する瓦の種類・軒や棟の飾り・階段石の加工法・垣の規模や形状など、建物の外観に関して、真骨（王族）・六頭品（最高級貴族）・五頭品・四頭品以下百姓に至るまでの四段階に分け、詳細に規定している。

（12）『日本書紀』持統五（六九一）年一二月八日条によれば、藤原京では右大臣に四町、直広弐（四位）以上に二町、大参（五位）以下に一町、勤（六位）以下は上戸一町・中戸半町・下戸四分一町の宅地を支給したという。また、『続日本紀』天平六（七三四）年九月一三日条によれば、難波京では三位以上に一町以下、五位以上に半町以下、六位以下には四分の一町以下の宅地を支給したという。

参考文献

坪井利弘『日本の瓦屋根』理工学社、一九七六年
平安博物館『平安京古瓦図録』雄山閣、一九七七年
金子裕之編『古代史復元』9、講談社、一九八九年
奈良国立文化財研究所『平城京　長屋王邸宅と木簡』吉川弘文館、一九九〇年

第一一節　ミャンマーの瓦

一月一三日から二六日まで、特別研究「南アジアの仏教遺跡」の一環としてミャンマーを訪問した。以前から気になっていた東南アジアの瓦の歴史を検討するよい機会と考え、各地の資料館・博物館では、出土瓦にできるだけ注意を払った。と言っても、ミャンマー考古学界では瓦はさほど重視されておらず、展示品も断片的で、全貌はとても把握できそうにない。しかし、ある程度の見通しが得られたので、以下、この場を借りて、その成果の一端を紹介する。なお、ビルマ語の発音は難解で、出土遺跡名を聞いてもカタカナに写す作業は、語学が不得手な私の手に余る。できるだけアルファベットで書き取ったり、本から写し取ったが、文章にする場合はカタカナに改めざるをえない。ミャンマーに行って本文中の遺跡名で問いかけて通じなくても、私には責任をとりかねる。また、年代も目安として記したが、これも現地で聞いた大雑把なものが大半で、特別な根拠があるわけではない。

ミャンマーでは、少なくとも三系統の瓦が併存する。これを中国系・ローマ系・フラットタイル系と仮称する。中国系瓦（図11－2－A）は、ペグー（バゴー Bago）州北西部にあるピュー（Pyu=Pyay）の古都シュリケトラ（Srikshetra=Thayekhittaya）の宮殿で使用したらしい。宮殿跡の隣にある遺跡博物館では、軒丸瓦瓦当片二点（図11－1A・B）と丸瓦片一点を展示していた。平瓦の有無は不明。灰色の堅い焼きで、他系統の瓦が赤焼きの軟質なものであるのと異なる。丸瓦凹面には布目圧痕が残る。軒丸瓦は瓦と認知されていないらしく、磚仏と一緒にタブレットの展示ケースに鎮座していた。ミャンマーの他遺跡では、この系統の瓦を見なかった。中国南朝の影響と考えれば、ピュー時代（六～九世紀）のなかでも古い時期（六世紀）のものとしてよいだろう。

ローマ系瓦は首都ヤンゴンの考古局で展示されていた（図11－2B）。ヤンゴンのずっと東にあるツワエネア（Thuwaenea）遺跡で出土し、八世紀のものだという。通常のローマ系瓦ではこれに半円筒形あるいは断面山形の丸瓦がともなうが、ここでは同じ形の瓦をかぶせて丸瓦としても使用したのだという。とすれば、すでに八世紀段階で東南アジアのローマ系瓦は在地化を遂げており、これに先行する形態が想定できる。上野邦一さんが見せてくれたラオスの瓦は、パルメットの軒丸瓦もあって、はるかにローマ瓦に近いものだった。

ミャンマーで、ローマ系瓦が在地化したことを示すのが、パガン（Pagan）の宮殿跡で出土した瓦だ（図11－2C）。八世紀のものが途中のくびれで上に重なる平瓦の葺足を規定するのに対し、凹面の両側に貼り付けた突帯がくびれの代わりになる（図11－3B）。同じ形態で凹面の突帯がないものは、丸瓦として使用したものだろう（図11－3A）。この系統の瓦はパガン時代（一一～一三世紀）までで、以後の宮殿跡からは出土しないという。パガン宮殿跡の隣にある調査事務所で実見した。

中国系瓦が六世紀、ローマ系瓦が八世紀以前～一三世紀の比較的限られた時期に属するのに対し、フラットタイル系瓦はピュー時代から、ミャンマー最期の王朝の都マンダレー（Mandalay）時代（一九世紀）まで、ずっと使われた。フラットタイル系瓦は、ドイツなどヨーロッパのフラットタイルと同様に、屋根の横桟に各瓦を引っ掛けて鱗状に葺き上げたと推定できる。しかし、ヨーロッパのフラットタイルが木釘や貼り付けた突起で横桟に引っ掛けるのに対し、ミャンマーのフラットタイルは長方形粘土板の一短辺を折り曲げて引っ掛ける。ピュー時代（六～九世紀）

図11－1　ミャンマーの中国系瓦　復原径約15cm，6～9世紀，ピュー
現地ではタブレットとして展示していたが，丸瓦部がとりついた痕跡があり，別に丸瓦も出土しているので，軒丸瓦と判断してよい。Aは外区に珠文，Bは珠文と雷文がめぐり，花弁の形も中国南朝の塼《せん》などに類似のものがある。

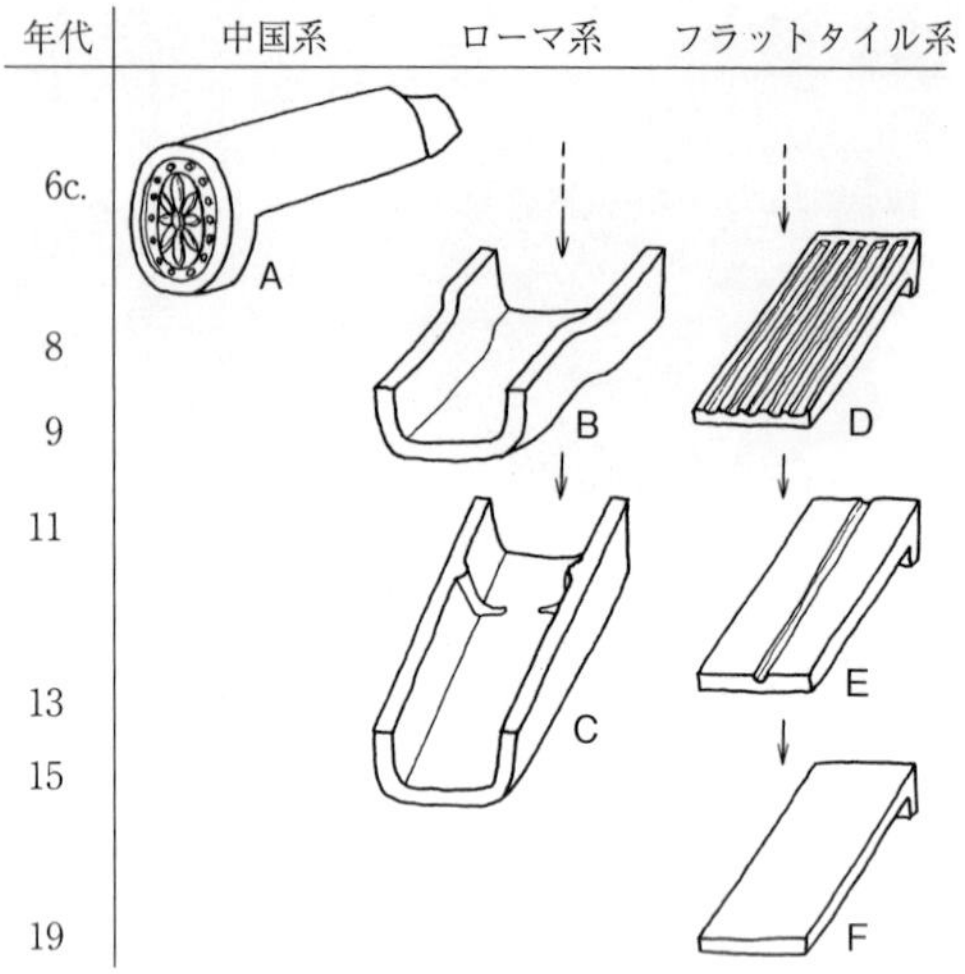

図11-2　ミャンマー瓦の変遷模式図

東南アジアの瓦の歴史については，まだよくわかっていない。今後の国際交流によって，新しい情報が得られれば，地域間の交流などが，もっとはっきりするはずだ。

のフラットタイル（図11-2D、ピューの遺跡博物館蔵）は上面全体に四条の水切り溝をもつのに対し、パガン時代（一一～一三世紀）のものは中央に一条の水切り溝がある（図11-2E、パガン博物館蔵）。また、ヤンゴンの考古局でみた一五世紀のもの（図11-2F、遺跡名を記録せず）は水切り溝がない。以上のフラットタイルはいずれも赤焼きの軟質のものだが、マンダレー宮殿の博物館には釉薬をかけた水切り溝のないフラットタイルが展示されていた。ミャンマーのフラットタイルは、水切り溝を多数もつもの→中央に一条の水切り溝をもつもの（図11-3C）→水切り溝のないものへと変遷したと理解してよいだろう。

なお、私はフラットタイルを、当然のこととしてヨーロッパ起源とみなしていたが、ミャンマーのフラットタイルが予想以上に古くまでさかのぼることがわかった。東南アジアが発祥地とは思わないが、ヨーロッパのフラットタイルの変遷が明らかでないうちは、フラットタイルを「ドイツ系瓦」と呼ぶのは慎んだほうがよさそうだ。

今回の訪問では、ピューの中国系瓦をのぞけば、軒先に使う文様をもつ瓦を見なかった。出土していれば展示の目玉になるはずなので、本来なかったと判断してよいだろう。マンダレーなどで見た木造の僧院や復原された宮殿は、現在はトタン葺きだが、もとは板葺きだったという。その軒先や破風などの外面は、唐草文をはじめとする華麗な彫刻を施したチーク材で飾りたてている。こうした木彫装飾が、文様をもつ軒瓦などの飾瓦の受容・発展をはばんだ可能性は充分にある。

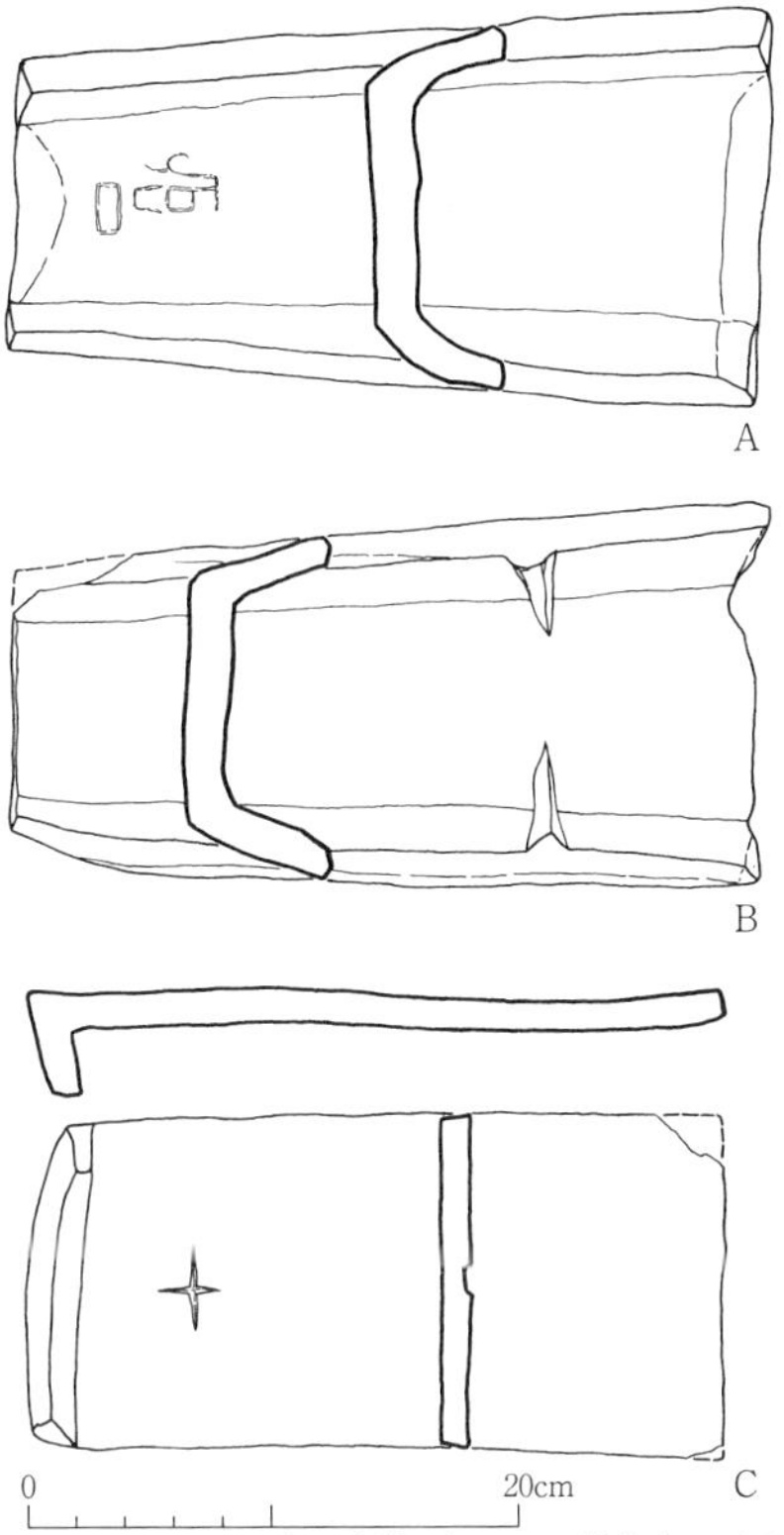

図11－3　パガン時代（11～13世紀）の瓦
A・Bローマ系　Cフラットタイル系

今後、わが奈良国立文化財研究所員が東南アジアへ出張する機会はますます増えるだろう。カンボジア・タイ・ラオス・マレーシア・インドなどアジア各地の瓦の実態が明らかになれば、ミャンマー瓦の歴史的位置づけもはっきりすると思う。私は大津京の南滋賀廃寺の「方形瓦」は、南アジア経由でローマ系瓦が伝わった可能性も皆無ではないと想像している。その是否を判断するには、東南アジアの瓦の実態解明が不可欠である。関係諸氏の御活躍を期待する。

〔追記〕　本稿で逡巡しているフラットタイルはローマ起源、ローマ系瓦（本瓦葺）に対して、より一般的な瓦としてヨーロッパ各地で普及したと思われる（二〇一五年一月記）。

第二章　木器論

解説　共通の研究基盤を構築するために

1　私の木器研究遍歴

私の木器研究は、奈良国立文化財研究所に入ってからのテーマだ。前章の主題である瓦の機能は、転用を除外すれば屋根葺材に限定される。これに対し、合成樹脂が普及する以前の前近代社会では、木器は生活のあらゆる分野に存在した。その分類・整理・研究は茫漠としており、それが日常業務になった時、正直、途方に暮れた。入所当時は、出土品の報文作成［一九八〇年三月②、一九八二年三月②］、興味深い遺物の紹介［一九八一年一一月］が精一杯だった。しかし、生活のあらゆる分野にある道具の研究は、逆にいえば、前近代の生活像を豊かなものにする。『木器集成図録』の作成を通じて、それを学んだ［一九八五年三月②、一九九三年三月②］。

機能が限定され、研究史の蓄積が膨大な瓦においては、瓦がもつ歴史情報とそれを引き出す方法について、大上段から論じる必要があった［本書第一章（解説）］。しかし、農具を除けば研究史も浅く、生活・生業のあらゆる分野にかかわる木器研究においては、こうした前提的議論は無用だった。もちろん、工具・農具・祭祀具など、分野ごとの資料がもたらす歴史情報を考える必要はある。しかし、まだ個別・器種別の木器の機能と形態変遷を解明する段階にあったため、総体として木器研究の意義を問いかける必要はなかった。むしろ重要なのは、器種ごとに用語や概念を確立し、将来の、地域別・時代別の比較に耐える基盤を築くことだった。

だから、『近畿原始篇』［一九九三年三月②］作成中も、機会があれば器種ごとに検討の途中経過を紹介し［一九八八年一〇月、一九八九年三月、一九九一年一一月②、一九九二年三月］、完成後も、農具や木製容器など分野ごとのシンポジウムで、木器集成図録で検討した成果の一端を披露したり［一九九三年一一月①、一九九四年五月、同年一一月③、一九九五年二月①、一九九六年三月①、一九九七年四月、一九九九年三月、二〇〇〇年三月①、二〇〇二年七月⑤、二〇〇五年五月①、二〇〇七年三月①、二〇一二年三月②、二〇一二年九月、同年一二月、二〇一三年二月」、新たに気づいた点を論じた［二〇〇三年三月②、二〇〇九年五月、同年一〇月①、二〇一一年一〇月、二〇一二年七月①、同月②、二〇一三年一月①」。多少の異見もあるが、『近畿原始篇』刊行後、木器研究者や出土木器の報告者は、同じ言葉で論文を書き、報告することが多くなったと思う。

考古第一調査室

奈良国立文化財研究所に入り、平城宮跡発掘調査部考古第一調査室に配属された。木器の部屋と呼ばれていたが、考古第二調査室が土器・土製品、第三調査室が瓦を専門に整理するのに対し、第一調査室は土器・瓦と文字のある木製品（広義の木簡）を除くすべての出土遺物が調査・整理・研究対象だった。木簡も他の木質遺物と一緒に、泥の塊で持ち込まれ、洗浄過程で文字を認識すると、史料調査室に引き渡される場合が多いので、基本的に現場で選別された土器・瓦以外の遺物、すなわち自然木を含む木器、有機物、種子、骨、金属製品、石製品などが考古第一調査室に持ちこまれた。入所した年に研修で入った発掘現場、平城京左京三条四坊七坪（第一一六次調査）では、予想だにしなかった和同開珎の鋳造遺構が見つかり、現場から調査室に戻ると、触れれば粉々になりそうな銭笵片が山積みになっていた。土製品でも鋳造関係遺物は考古第一調査室の責任で、筆で樹脂（バインダー）を染みこませ硬化する作業が長く続いた。学部生の時、周防国鋳銭司跡の発掘に参加したが、ついに銭笵は出土しなかったのは皮肉なめぐり合わせだ。

また、翌年の平城宮壬生門の発掘調査（第一二二次調査）では、門前の二条大路北側溝から、二〇〇点を超える人形をはじめとする木製形代などの木器が出土した［一九八一年一一月」。出土木器はしばらく水漬で保管し、順番を待って実測・撮影し保存処理する。保存処理済みの木器は実測図・写真のカードと対応して台帳化できるが、別に水漬木器の台帳も必要になる。次々と壬生門の現場から上がってくる木器をスケッチし、記帳する毎日だった。デジタルカメラとコンピュータを駆使して記帳が簡単になったのは、一九九〇年代の後半だと聞く。

水漬木器は、ホウ酸ホウ砂水溶液で腐食を防ぐが、一年に一回の水替えが必要だ。私が着任する以前には、防腐剤はホルマリン水溶液で、目にしみて大変だったという。身体にも悪い影響を及ぼすはずだ。また、埋蔵文化財センター遺物処理研究室と連携したPEG（ポリエチレングリコール）による木器保存処理の時も、事前の実測・撮影に続く、処理槽に入れる作業、処理後の木器を取り出して保管する作業は、考古第一調査室の仕事だった。PEGで真っ黒になった木器は表面を有機溶剤（トリクロエンなど）で洗い、見栄えをよくする。ゴム手袋をして野外で作業するが、これも有毒だと聞いた。考古第一調査室は日常業務がいっぱい、危険がいっぱいだった。

余得もあった。各地で低湿地遺跡の調査が進み、次々と木器が出土しても、手近に保存処理施設がない地域が多かった。保存処理を外注するには莫大な費用が必要だ。木器出土は予想外で、予算化もままならない。現在では考えにくいが、行き場のない重要遺物が、遺物処理研究室や考古第一調査室に人的コネクションにより舞い込んだ。保存処理槽に紛れ込ませるには、実測・撮影が必要だ。当時は理解できなかったが、他所では見られない木器を居ながらにして、観察する機会に恵まれたことになる。当時、工楽善通考古第一調査室長のもとで、他所から舞い込んだ重要遺物を、積極的に検討したのは金子裕之さんだった。遺物の重要性の認識も、作図・製図も手早かった。口は悪かったが、まだ新米の私に、考古第一調査室における仕事の段取りを、一番丁寧に教えてくれた。

木器集成図録（近畿古代篇）

考古第一調査室に二年在籍し、配置替えになった藤原宮跡発掘調査部では、飛鳥寺や山田寺東回廊の出土瓦を整理する機会もあったが、一年で埋蔵文化財センター集落研究室に呼び戻された。集落遺跡研究室では、平城宮第一次大極殿院の報告書を仕上げた町田章室長が、次の大仕事として『木器集成図録』作成を画策していた。大学を出て以後、余暇を作って専念していた恭仁宮跡出土瓦の報告書作成やその研究［一九八四年三月③、同年一〇月］にも一段落がついていた私は、たちまち町田室長のペースに巻き込まれた。

府県教育委員会をはじめとする近畿各地の発掘担当者や文化財研究機関に呼びかけて、「近畿地方出土木器の集成研究」集会を結成。東大阪市立郷土博物館・高槻市埋蔵文化財調査センターでの研究会も含め、六回の会合の機会をもち、各地の出土木器の実測図コピーを集結させる。それをもとに、まず、手近な平城宮跡や長岡宮跡出土木器を中心とした『近畿古代篇』の編集に着手した。集まった実測図の縮尺統一、レイアウト、製図は、町田さんが一人でおこなった。

遺物解説の原稿は、研究所の所員にも一部執筆を依頼したが、編集途上での改稿・統一を考えれば、ほとんどが町田さんの一人舞台だった。遺物解説の挿図の一部を中世絵巻から引用したが、版下図を面相筆で描くという凝り方だった。町田さんの仕事の手早さは、平城宮発掘調査報告書（学報）の作成を通じて知っていた。しかし、製図する時には、朝から夕方まで一心不乱に製図板に向かう仕事ぶりを目の当たりにした。その集中力とパワーに、私は舌を巻いた。

『近畿古代篇』の私のおもな仕事は、集結した実測図の不備を補うことと、遺跡解説の作成だった。平城宮跡出土木器に関しては、報告書が出たり保存処理が済んだものには実測図があるので、水漬の木器のなかからいくつか選んであらたに実測した。古巣に一時帰還しての仕事となった。人形などの祭祀具は、水漬状態でも金子さんが多数実測していた。モノサシ、墨壺、檜扇、草鞋など、調査報告例が少ない遺物の作図法を考えるよい機会となった。とくに、墨壺破片は見過ごされていた再発見物だ。本章第五節［二〇〇九年一〇月①］は、それを想起して執筆した。

遺跡解説の原稿は、府県教育委員会をはじめとする発掘担当機関に依頼したが、位置図や遺構略図を付し、収録木器番号や参考文献との対応を整理する必要があった。奈良国立文化財研究所が調査した遺構解説は、当然、私の仕事である。平城宮跡の遺構について、一番勉強した時かもしれない。樹種鑑定は光谷拓実さんに依頼し、必要に応じて所蔵機関まで出向き、実測図と対照して確認した。水漬の木器は出し入れが大変で、所蔵機関に大変な負担をかけた。集落遺跡研究室に着任し、二年ほどで『木器集成図録　近畿古代篇』［一九八五年三月②］は完成する。町田パワーの賜物だ。しかし、それに続く『近畿原始篇』の完成には、四倍の期間が必要だった。

木器集成図録（近畿原始篇）

『近畿古代篇』の編集を終えると、町田さんは平城宮跡発掘調査部長に昇進した。近畿地方の木器に関しては、縄文～古墳時代の実測図もある程度は集っていたので、『近畿原始篇』作成は不可避だった。町田さんが集落遺跡研究室を去るときに、次代室長ではなく、私にその実務をゆだねた。室長クラスになると、それぞれ独自の専門分野と仕事を抱えているので、当然といえば当然だった。

『木器集成図録』作成のノウハウは、町田さんが身をもって示してくれたので、それにならった。近畿二府四県に呼びかけて集めた実測図の縮尺統一とレイアウトは、一九八八年の秋までに終わった。『近畿古代篇』に収録した木器の主体は、平城京や長岡京など、都城遺跡出土品だったが、『近畿原始篇』は集落遺跡出土品が主体だった。大阪府が実施した近畿自動車道関係の報告や、東大阪市の芋本隆裕さんがまとめた鬼虎川遺跡出土木器の調査報告は、木器研究の基準となるすぐれたものだったが、行政発掘で、予期せず出土した木器報告には、不十分なものもあった。『近畿古代篇』には少ないが、『近畿原始篇』には現地に出向いて実測した木器もいくつかある。

町田さんは縮尺の統一を、巨大な専用機器でおこなったが、『近畿原始篇』編集時にはコピー機に縮尺機能がつき簡便になった。図版の枚数は『近畿古代篇』七三枚に対し、『近畿原始篇』二〇一枚と二・七五倍に達した。ただし、『近畿古代篇』では人形などの小物が多いのに『近畿原始篇』は農具などの大物が多く、収録点数は『近畿古代篇』一三四七点に対し『近畿原始篇』二四八〇点と二倍に満たない。

当初、町田さんは、奈良国立文化財研究所が主導して、日本各地『木器集成図録』の網羅を計画しており、近畿篇作成はその端緒にすぎなかった［『近畿古代篇』序言］。しかし、その頃、私は、北陸地方出土瓦の集成と研究事業に関与しており［一九八三年一一月、一九八四年三月②、一九八五年七月、一九八七年二月］、自主的に組織した研究会によって、地域の考古学資料の集成と研究が、平等な立場で効率的に実現するのを目の当たりにしていた。各地の『木器集成図録』は、それぞれの地域が作るはずだ。『近畿原始篇』では共通基盤になる用語や概念の統一をめざすべきだ。だから、挿図に近畿地方以外の出土木器も例示して、それも包括できる用語や概念を提示する努力をした。言い訳になるが、『近畿原始篇』完成に時間がかかった一つの理由である。

事実、『近畿原始篇』完成を契機とするように、東海地方の農具集成［一九九四年一一月③］、北陸地方の木製容器集成［一九九六年三月①］を、各地域の研究会が実施し、私も若干お手伝いができた。その後も、府県市町村を単位にした出土木器集成は刊行されている。また、出土木器を主題とした特別展も少なくない。多少は『近畿古代篇』も役立っていると思うが、なによりも低湿地遺跡の入念な発掘調査例が各地で増えたこと、岡山市の扇崎由さんが世話人となった出土木器研究会が、全国規模の伝道師となったのが大きい。また、展示会隆盛の背景には、保存技術の発展も見逃せない。近畿自動車道建設などにともなう発掘で出土した大量の木器の展示会を、大坂城公園にあった大阪市立博物館（二〇〇一年閉館）が先駆的におこなった時、水漬木器を並べても、ケースが曇り、形も見えなくなったと、担当した前田洋子さんが述懐していた。用語や概念の統一という目標があったので、個別の遺物説明は一覧表化して、可能な限り省略し、総論的な遺物解説原稿は一人で書いた。『古事類苑』や小学館の『日本国語大事典』などを参照し、歴史的呼称もふまえ、より使いやすい用語をめざした。民俗学・民具学の成果や、江戸時代の農書・林業書など、木版画入りのマニュアル本も役に立った。近世絵画資料に関しては、ちょうど『図録　○○生活史事典』シリーズが柏書房から刊行され、索引が容易になった。

埋蔵文化財センターという職場は、広範な知識を結集する原稿執筆に最適だった。共同利用空間である大部屋を囲み、考古計画研究室、集落遺跡研究室、測量研究室などの小部屋が並ぶ。朝はソファに腰掛けて、コーヒーを飲んでから各々の仕事につく。夕方五時を過ぎると、仕事に一段落ついた職員が集まってグラスを傾けた。問題解決を相談する機会は、いくらでもあった。たとえば、弥生～古墳時代の鋤（スコップ）には、横から見たとき身と柄がまっすぐなものと、鈍角をなすものとがある。その違いを表す用語を考えあぐね、後者を「屈折鋤」と呼んだ。前者をどうするか。「直伸鋤」の名付け親になったのは、測量研究室の伊東大作さんだった。

私が鉛筆で書いた原稿を、今西直子さんが入力してくれた。今西さんは京都大学考古学研究室の後輩で、卒論テーマが木製容器だったのでスカウトした。『近畿原始篇』作成中に、三角縁神獣鏡の研究で名をはせていた岸本直文さんと結婚。旦那は奈良国立文化財研究所研究員・文化庁記念物課技官を歴任し、大阪市立大学で活躍中だ。旦那が秀才なら奥さんは天才で、のちに京大工学部（航空工学）に再入学し、大学院は東大宇宙工学へと進み工学博士となる。現在はプランクトンの殻構造を宇宙ステーション建設に活かす研究（？）に取組中との由だ。岸本夫人は遺跡解説の挿図作成や図版の写植、英文目次の下訳作成など、あらゆる分野で能力を発揮した。

仕上がった遺物解説原稿は、埋蔵文化財センター研究指導部長（のちにセンター長）だった佐原眞さんが、すべて目を通した。文章表現だけでなく、用語法に関しても、いろいろ提言してくれた。適当な用語を思いつかず、従来通り大文字アルファベットを分類呼称にしていた竪杵を、握部の節帯数で「複節式」「単節式」「無節式」と呼ぶことを提案したのも佐原さんだ。斧についての佐原論文［佐原一九七七・一九八二］は、道具の部分呼称を考えるうえで、最も参考になった。

『近畿原始篇』に関して、もう一人、忘れられないのは小林行雄先生だ。毎年ではないが、退職された後も、年始の挨拶に先生宅を訪問した。学生の時、一人で伺い、話の接ぎ穂がなくて往生した経験があるので、和田晴吾さん、西弘海さん、宇野隆夫さんなどと待ち合わせてうかがった。西さんは物怖じせず、先生の前で堂々と持論を展開した。しかし、『近畿古代篇』が完成した年、三八歳の若さで世を去った。翌年の正月は寂しかったが、先生宅を訪問し、私は『近畿古代篇』の完成を報告した。小林先生は一言「でも僕たちが欲しいのは、もっと古いところなのだけど」と評された。基礎資料集成中の『近畿原始篇』が刊行に漕ぎ着けられるか自信がなかった私は黙っていた。

先生に『近畿原始篇』をお目にかけられなかったのは、痛恨の極みだ。『近畿原始篇』作成中の私には、某大学や某研究機関からスカウトがあった。大先輩が直々に来訪されてのお誘いだった。瓦研究の成果を認めて下さったようだが、『近畿原始篇』完成までは、他所に移る気になれなかった。その時、小林先生の言葉が脳裏を横切ったように思う。

出土木器研究会のことなど

なかなかでき上がらない『近畿原始篇』に、町田さんはしびれをきらした。直接のお小言はなかったが、平城宮跡発掘調査部の側近を通じて不満の声が伝わってきた。しかし、直接の上司だった田中琢さん、佐原さん、猪熊兼勝さん、工楽善通さん、山中敏史さんは、黙って進展を見守ってくれ、必要な時には援助を惜しまなかった。集落遺跡研究室以外に、図録作成ための空間を確保しての仕事だった。光谷拓実さんの年輪年代学や、松井章さんの動物考古学も、よく似た環境のなかで育っていた。「中期計画」や「外部評価」が幅をきかせる現在では、学問発展の基礎となる大きな仕事を成し遂げる環境が大幅に減少したのではないかと危惧する。

『近畿原始篇』が完成した時は、町田さんの酷評を覚悟していたが「ようやく、山田昌久を乗り越えることができたな」と評され、驚いた。山田昌久さんは東京都立大学（首都大学東京）を拠点に、縄文～古墳時代の木器研究を精力的に進めていた。その論文には啓発されることが多かったが、『木器集成図録』のような基礎的な仕事と違うので、乗り越えたとは思わなかった。これは多分、町田さん流の「褒め言葉」なのだ。一〇年後、山田さんは全国規模で弥生・古墳時代の木・繊維製品を集成する［山田編二〇〇三］。その後の調査研究の進展を十分にふまえた成果で、随所に創意工夫がある。山田さんのほうは『近畿原始篇』を乗り越えたと思っただろうか。

『近畿原始篇』公刊後、岡山市南方遺跡の見学に誘われた。最初に伺ったのは、一九九五年二月一一・一二日。阪神淡路大震災直後で、新大阪―姫路間の新幹線が不通だった。福知山線・播但線経由という選択肢もあったが、電車・臨時バス乗り継いで、神戸市内を経由した。つぶれたままのビルを見て、涙が止まらなくなった。道行に苦労したためか、南方遺跡（当時のメモでは南方蓮田遺跡）の印象は鮮烈だった。『近畿原始篇』作成時にも、弥生中期の刳物容器は注目点だったが、南方遺跡の木工技術は予測を超えた。その後、石川県小松市八日市地方遺跡や鳥取市青谷上寺地遺跡でも同じ感動を味わう。最初の南方遺跡訪問は、人骨が残る土坑墓を検出した機会をとらえた研究会だった。当時のメモでは「低湿地遺跡研究会」を名のっていた。翌年六月八・九日には、もっと広範に呼びかけ、出土木器マニアや、出土木器に悩まされている発掘担当者が南方遺跡に集合した。福岡市の山口譲治さんを会長、扇崎さんが事務局となった出土木器研究会が誕生したのはこの時だと記憶している。しかし、扇崎由さんは、一九九五年六月末の土曜日、梅雨が降りしきるなかで発足したと追憶し、飯塚武司さんは一九九六年三月に金沢で開催した第三九回埋蔵文化財研究集会『古代の木製食器』シンポジウムの席だったという。人によって記憶が微妙に異なるようだ。なお、私の記憶は山口譲治さんと共通する〔出土木器研究会二〇〇九〕。

『近畿原始篇』完成後は飛鳥藤原宮発掘調査部に復帰し、木器と疎遠になると思っていた。しかし、この研究会のおかげで現役を継続できた。各地の瓦研究会にも御世話になったが、出土木器研究会は、地域を拠点とする瓦研究会とは違って日本全国、場合によっては海を越えて韓半島まで木器を見に行った、町田さんがライバルとみなした山田昌久さんをはじめ、愛媛大の田崎博之さん、東京都の飯塚武司さん、愛知県の樋上昇さんなど、そうそうたるメンバーが顔を揃えた。遺物を囲んで飛び出す発言には啓発される点が多く、大学赴任後は、木器に関心をもつ学生たちにも参加を勧めた。大学の講義より、研究会を通じて成長した学生は少なくない。

2　古代農業技術研究

数にものを言わせる

『近畿原始篇』以前から、研究が積み重ねられていた木器が農具である。滋賀県大中ノ湖南遺跡の調査を契機とした黒崎直さんの研究や、考古第一調査室長として平城宮第二次朝堂院下層の古墳時代木器を整理した町田さんの研究は、一つの到達点だった。とくに後者では、柄や刃を装着した復原模式図を駆使し、農工具の具体像に迫ろうとした［奈文研一九八二］。『近畿原始篇』でも、農具が収録木器の四割近くを占める。五％に満たない『近畿古代篇』とは大きな違いだ。数が多ければ、確実性の高い議論ができることは、瓦研究で学んだ。

たとえば、柄と身が一連の木でできた弥生～古墳時代の一木鋤には直伸鋤が多い。その柄長は、七〇～八〇㎝をピークとする正規分布をなす。これは現在、足で踏んで掘削する作業に使う金刃のスコップと同じだ。これに対して、身と柄を別々に作る組合せ鋤は、屈折鋤が主体で、柄長は一mを超すものが多い。しかも、一木鋤の身幅は一五～一七㎝をピークとする正規分布をなし、二〇㎝を超えるものは少ない。これに対し、組合せ式屈折鋤の身幅は一六～二〇㎝に集中し、二〇㎝を超えるものも多い。柄の長い屈折鋤は、博士課程の時、樋口隆康先生に誘われて参加したアフガニスタンのスカンダル・テペの発掘で、もっぱらツルハシで砕いた土をすくい取るのに作業員が使っていた。柄が長いのも、身幅が広いのも、柄に身が屈折して取り付くのも、土の掘削作業よりも、移動作業に適した形態的特徴だ［一九九一年一一月②、一九九三年三月②］。

その後、雪かきに使うプラスチック製の巨大なスコップが、屈折鋤で幅の広い身をそなえているのを知り、してやったりとほくそ笑んだ。プラスチック製であることが、軽く疲れにくい工夫とすれば、組合せ式の屈折鋤に身が薄いものが多く、柄に細棒を使う点も、機能を反映していることになる。一木式の直伸鋤は身も厚く、柄が頑丈にできているものが多い。道具の重さは、使用者にとって重要だが、考古学者は忘れがちだ。弥生時代の鋤鍬について、前～中期は入念かつ頑丈なのに、中期後半以降、貧相なものに変わっていくと消極的評価を下した議論もある。しかし、作りが入念なのは過剰な手間をかけているわけだし、頑丈なのは重く疲れやすい道具でもある。視点を変えれば、評価が変わる好例だ。なお、石器・青銅器・土器・瓦などは、重量を直接データ化できるが、木器の重量をデータ化する試みはまだない。保存処理を経た木器の重さは、処理法でまったく異なる。乾燥度が問題だが、樹種ごとの比重と体積から算出するほかないだろう。

また、従来、古墳に副葬された鉄製農具刃先を材料に議論していた「農具鉄器化」についても、おもに集落遺跡で出土する木器を材料に数量的な視点で分析すると、かなり異なる見解に到達する。五世紀以前に普遍的な、鉄板の両端を折り曲げた方形板刃先の装着痕をもつ木鍬や木鋤の出土例はきわめて少ない。一方、五世紀に出現するU字形刃先の装着痕をもつ鍬や鋤の出土例は多い。しかも、U字形刃先を装着した鍬の木部台の幅は、それ以前の同形態の木鍬よりも広い。刃先まで木でできた弥生時代以来の木鍬は、身幅一五cm前後を境に、おもに荒起こしに使う狭鍬と、起こした土塊を細かく砕き、耕作面をならす広鍬に分化していた。つまり、U字形刃先の出現と普及を契機に、明快だった狭鍬・広鍬の機能分化が不分明になるのだ。これこそが「農具の鉄器化」、すなわち風呂鍬の出現・普及と評価できる。

前・中期古墳に大量副葬された方形板刃先は、大規模開発などで首長が貸与し回収したもので、普段の農作業には木鍬・木鋤を使用した。だから、狭鍬・広鍬の機能分化も解消されず、狭鍬にあるはずの方形板刃先の装着痕跡も消えてしまう。古墳に農具刃先を大量副葬した意味もそこにある。そうしたシステムが、古墳被葬者の権威を支えていたのだ。しかし、それは真の意味での風呂鍬の成立とは評価できないだろう［一九九一年一一月②、一九九三年三月②、一九九七年四月］。本章第二節は［一九九一年一一月②］、木製農具研究に数量的分析を導入した最初の論文だ。

泥除の認定と農具体系の提示

説得力ある議論のためには、資料が多いほうがよい。しかし、基礎事実の認識が不十分だと、確実な議論はできない。『近畿原始篇』を編集していた頃、弥生～古墳時代の農具に関し、「丸鍬」と呼ばれ単体で耕作面や水田面をならす作業に使った一種の「エブリ」と考えられていた道具が、鍬身の手前に取り付ける泥除《どろよけ》、すなわち鍬使用者に泥水がかからない工夫だと判明した。その事実認識は、①出土状況の確認、②民具や近世農書との対比による機能の想定、③見逃していた使用痕にもとづく普遍性の確認、④使用実験による機能の再確認、⑤出土資料による農具変遷の中でそれを歴史的に位置づける、という段階で進んだ。機能について製作者や使用者の証言が得られない考古資料の機能認定法を示す好例である。本章第一節において、「丸鍬」が泥除と認識される経緯を、研究史的に振り返った［二〇一二年七月②］。

出土状況や民俗例との対比が、新事実を認識するきっかけになったとしても、考古学の資料操作としては、⑤出土資料による農具変遷のなかで歴史的に位置づける作業が最も重要である。泥除を例にとれば、民具資料や近世農書は、泥除（停泥）は常時帯水するような条件の悪い泥田において、粘質土を荒起こしする時の鍬に装着すると説明している。だから、静岡県・福島県の一部など、限られた地域で民具例が報告されているが、各地の郷土資料館等で実物を見る機会はほとんどない。出土例によって装着事実が明らかになっても、皆が容易に信じなかった理由でもある。なお、本稿執筆中、学生らと訪れた富山県氷見市立博物館で、泥除付鍬の民具例を初めて間近に見た。私にとって、最後の大学の研究室旅行である。

しかし、「丸鍬」の出土例は多く、見逃していた装着痕跡からも、泥除付の広鍬が弥生前期〜古墳中期の日本列島各地において普遍的な存在であった事実は否定できない。しかも、以後の出土木器において、泥除はほぼ姿を消し、近世農書の記載まで、その存在をトレースできない。

近年増加した水田の発掘調査例から、日本列島では、水田稲作を導入した初期段階から、灌漑技術や田植技術があったと推定できる。かつては、弥生時代の水田に関し、常時帯水する湿田に直播きしたと理解することが一般的だった。泥除の存在は、この理解に好都合にみえるが、泥除を装着した鍬が、荒起こし用の狭鍬ではなく、起こした土塊を細かく砕き、水田面を整える広鍬である点は、決定的に不都合だ。つまり、弥生〜古墳時代の泥除について、民具や近世農書からその機能や歴史的意義を考えるには限界があり、考古学的文脈で理解せねばならないのだ。

弥生〜古墳時代の木器のなかで、農具が最も資料的に恵まれているのだから、その時代変遷のなかで泥除を位置づけることは可能だ。その前提として、農作業がどのように進展するか、考古資料で再構成する必要を感じた。『近畿原始篇』完成後、いくつかの発表や講演を機会に「人が耕す」「家畜で耕す」「荒起こし、代掻、整地」「収穫する」「脱穀する」などの概念を駆使して、各時期の農具体系から農業技術の変遷を考えようとした［一九九四年一一月③、一九九五年二月①、一九九九年三月、二〇〇〇年三月①、二〇一二年九月］。その文脈のなかで、五世紀における風呂鍬の成立とともに、代掻具《しろかきぐ》である馬鍬の普及が泥除付広鍬を駆逐したと理解した。なお、［二〇〇〇年三月①］が、この一連の研究の到達点だが、やや長文で閲覧も比較的容易なので、本書には収録しなかった。以下に述べる不確定要素も、再録を躊躇した一つの理由だ。

農具体系を整理して農業技術の変遷を考えるに際して、馬鍬や犂《からすき》などの畜力耕具については、おもに民具を資料にした河野通明さんの基礎的研究［河野一九九四］に学んだ。その後、河野さんは出土資料を材料に、一連の論考でやや大胆にも見える歴史的評価をおこなっている。これについて、私にはまだ論評する準備がない。また、農具体系に関する私見は、近畿地方出土木器をおもな材料に組み立てたにすぎない。近年、樋上昇さんの主導のもと、日本列島の各地域ごとに、農具の組み合わせの時代変遷が提示された［『季刊考古学』第一〇四号（特集）弥生・古墳時代の木製農具、雄山閣、二〇〇八年］。これで地域色が鮮明となり、それを受け、遺跡を単位とする「青谷上寺地型又鍬」概念や、その成立過程も検討されている［君嶋編二〇一二］。ただし、農具の組み合わせと形態変遷はおおよそ理解できても、具体的な農作業との関連が、私にはまだみえない。それが道具の地方色にとどまるのか、農業技術や農業経営方式においても地域差、遺跡差を読み取るべきなのか、気になる点だ。いずれにせよ、各地で次世代研究が育ちつつあるのは頼もしい。

本章第七節は、フランスやドイツの博物館でガラスケース越しに観察したエジプト新王朝時代の木鍬の紹介である［二〇一一年一〇月、二〇一二年七月①］。鹿児島県の弥生後期〜古墳中期の木鍬とよく似ているが、他人の空似だという、当たり前すぎる結論を導いた。しかし、これがエジプトではなく、韓国だったら評価はどうなるか。考古学では「似ている」ことが、系譜を論じる大きな根拠になる。距離が遠く離れていること（＝空間的断絶）や、時間的つじつまが合わないこと（＝時間的断絶）は、必ずしも「他人の空似」の証拠にならないことがわかる。

砂漠・山岳・海洋に文化痕跡がなくても、それを挟んだ文化交流はありうるし、時間的断絶は、将来、中間地域における考古学的研究が進めば埋まるかもしれない。瓦研究では、技術の違いを「他人の空似」の証拠とする議論もあるが、同じ形態の品を、自前の技術で模倣することはざらにある。技術の同一性は、技術系譜や工房系譜を分析するうえで有効だが、その違いは形態・機能の系譜関係を否定する決定的な証拠にはならない。他人の証明は、意外と難しい。生物学的な他人はDNAで証明できるらしいが、文化的な他人は、両地域での誕生から消滅までの文脈を示し、その間に接点がないことを示すほかない。列島と半島のような近接地域や隣接地域でも「他人の空似」は発生しうるので、「似ている」事実にすぐ飛びつかない慎重さも必要なのだ。

3　古代木工技術研究

容器製作技術に関する補足

本章第三〜六節は、木工技術にかかわる小論を収録した。製作技術の違いに注目すると、木製容器は刳物《くりもの》・挽物《ひきもの》・指物《さしもの》・曲物《まげもの》・結物《ゆいもの》に大別でき、結物（桶）以外が、古代からあった木工技術である。刳物と挽物の識別は、昭和二〇〜三〇年代から論争になっており、弥生時代に挽物があったか結着していない。『近畿古代篇』の遺物解説にあった刳物・挽物の項目を『近畿原始篇』で設けず、おもに器種・器形で項目を立てた理由である［一九八五年三月、一九九三年三月②］。しかし、木製容器について総括的に論じる場合は、上記の大別法を前提にするのがよい［一九九二年一〇月、一九九四年五月、一九九六年三月①］。以下、本書に収録した最新版［一九九六年三月①］を補足する。

　刳物は縄文時代以来の伝統技術で、木工技術の基礎をなす。弥生時代「挽物」の可能性が指摘されているのは、大型高杯における一部の杯部で［高垣・茶谷・野田二〇〇五］、この原材を轆轤《ろくろ》台にセットするのは、重くてできない。挽物技術を駆使したとしても、あらかたは刳って形を整え、一部を轆轤で仕上げることになる。後世に一般的な挽物が、小型の椀皿を主体に量産化をめざした事実を考えれば、小型品に轆轤使用痕跡がまったくない弥生時代「挽物」のあり方は異常だ。大型高坏でも轆轤目や爪痕を観察できる例は皆無なので、私は弥生時代「挽物」には否定的である。技術習熟の機会がない轆轤工が、製作困難な数少ない大型精製容器のみを作ったとすれば、その異常性はさらに増す。しかし、テレビ番組「人間国宝弥生の謎に挑む」において、大型高杯を伝統工芸技術で復原するときは、轆轤を使用していた。古墳時代石製品の製作に轆轤を使用しているのは明らかなのに、古墳時代の木製容器でも木工轆轤を使用した確実な例は未報告だ。八世紀の木工轆轤製品は、轆轤目も爪痕も残る小型品がほとんどで、大型品は刳物だ。弥生時代における「挽物」を主張するには、こうした技術上・形態上の断絶をきちんと説明する必要がある。

　指物《さしもの》といえば箱を思い浮かべる。『近畿原始篇』刊行後、岡山市南方遺跡や鳥取市青谷上寺地遺跡で、弥生時代中期の精巧な直方体の刳物箱が出土している［扇崎二〇〇五、高垣・茶谷・野田二〇〇五］。『近畿原始篇』作成時には、指物製品の増加は弥生後期以降と認識したが、青谷上寺地遺跡では、規矩術《きくじゅつ》の象徴である「四方転びの箱」も含め、弥生中期の指物が出土した。指物技術や規矩術は中国大陸で漢代以前にさかのぼるので、弥生中期の日本列島に出現して差し支えないが、弥生後期以降に隆盛する指物系譜に連なるのか問題だ。精巧な直方体の刳物箱を見ていると、もとになる指物箱を在来工法の刳物で模倣したのではないかと思う。弥生中期の木製容器には土器にはない形態的特徴があり、なかには中国漆器・青銅器に由来する要素が想定できる。横方向の孔列に藤蔓などを縫いつけて割れにくく工夫した彩色盾も、湖北省包山楚墓で出土している［東博一九九八］。弥生中期の木製品が中国の影響を強く受けた可能性は高い。それを受容し変容させた列島側の在来木工技術は、基本的に刳物技術だったと理解してよいだろう。

曲物の出現は、古墳時代以前にさかのぼる。曲物側板状に綴じた樹皮は弥生時代にもあるが、採取時から巻いている樹皮の加工技術と、へぎ板を曲げる曲物技術は区別したほうがよい。底部内面がくぼんだ底板や脚を設けた底板など、初現期の曲物が刳物技術を併用しているのはすでに指摘したとおりだ。曲物を模倣した石製合子の蓋が刳物を表現している事実とともに、初現期の曲物が奈良時代以降の純粋な曲物技術と異なるのは、その底流に刳物技術があったからだ。

以上、刳物におくれて日本列島に出現した挽物・指物・曲物技術は、いずれも中国大陸や朝鮮半島に起源すると考えられる。その受容に際しては、縄文時代以来、列島に根付いていた刳物技術が基礎になった可能性を指摘した。逆にいえば、刳物・挽物・指物・曲物・結物という容器を主とした木工技術の大別は、必ずしも截然としたものではなく、その境界領域にある資料が、各々の初現的な姿を反映している可能性がある。

指物技術のなかの規矩術

建築技術や指物技術は曲尺やコンパスを利用する技術、すなわち規矩術の導入で飛躍的進歩をとげる。コンパスを使った痕跡は、弥生時代の木器にも認められるが、曲尺導入の考古学的証拠となるのが「四方転びの箱」である［一九九三年一一月、本章第四節］。側板が垂直に立ち、隣り合う側板が直角をなす普通の箱に対し、「四方転びの箱」は四面の側板が傾斜して立ち上がる。その隣り合う側板の仕口は、曲尺を使えば容易に加工できる。近畿地方では、部材を紐で繋いだ用途不明の「四方転びの箱」が、弥生末～古墳前期に突如出現し、短期で終焉する。その背景に、中国起源の規矩術の導入を推定したのが当該論文である。

私見の公表後、「四方転びの箱」に注目した資料紹介や分析、その用途を論じた研究がいくつか発表された。示唆に富んだ研究もあるが、実験的に製作して、曲尺なんかなくても「四方転びの箱」は作れると批判されたのには驚いた。薄板からなる「四方転びの箱」なら、組み立てながら任意に材の形を整えるのは容易だろう。しかし、私が強調したのは、「四方転びの箱」にかかわる規矩術が、建築技術の基本となることだ。弥生時代の竪穴建物と断絶した、家形埴輪に代表される建物の出現が「四方転びの箱」の製作技術と密接に結びつく。現在でも「四方転びの箱」を作る技術は、建築士試験に必須の知識だという。建物は部材を準備してから組み立てる。屋根を組み立てながら、（微調整は別にして）任意に部材を加工・調整するのは論外だ。だから、弟子が曲尺に習熟しているか、親方は「四方転びの踏台」を作らせ、施主宅への置き土産にした。私は高校の技術家庭で、曲尺を使わず不格好な「二方転び」の踏台を製作し、好成績を得た経験がある。しかし、曲尺なしでも「四方転びの踏台」が作れるとうそぶいた弟子は、破門されたに違いない。

曲尺・コンパス（規矩）と並んで、高度な建築技術にかかわるのが準縄（水準器と墨縄）だ。「規矩準縄《きくじゅんじょう》」は、物事の基準・規範を示す熟語である。まっすぐな線を引くには、墨に浸した紐でもよいが、木工具として特化したのが墨壺だ。『日本書紀』によれば、雄略天皇のもとには、墨縄を駆使する優秀な建築技術者がいた。『木器集成図録』作成時には、八世紀より古くさかのぼる墨壺は抽出できなかった。しかし、京都大学に勤務し、学生さんの助けで、六世紀にさかのぼる墨壺が認知できた。しかも、八世紀以後のものと形が異なる［二〇〇九年八月②、同年一〇月①、本章第五節］。古式の墨壺は百済の影響、八世紀の墨壺は唐の影響と考えられる。しかも、墨壺出土遺跡は寺院・宮殿・官衙など、古代の政治・宗教施設に限定される。「階級格差を示す木工技術」と、これを位置づけた理由である。百済系墨壺が飛鳥寺造営などの寺院造営技術とともに列島に渡来したならば、雄略朝の墨縄は墨壺に特化せず、規矩術や指物技術とともに列島に来た可能性がある。墨を満たした槽やそれに浸した紐が出土すれば、墨縄と認定できる。

柄から斧の変遷を考える

逆に「階級格差のない木工具」の代表が斧だ。墨壺未成品が出土した徳島県観音寺遺跡（阿波国府および前身官衙関連遺跡）では、六世紀末〜八世紀以降の数時期に及ぶ袋状鉄斧柄が多数出土している。いずれも、枝別れしたサカキなどの幹を斧台、枝を斧柄に加工した膝柄だ。枝ぶりによって形態は多様だが、基本は集落・都城遺跡で出土する斧柄と何ら変わらない。律令制下で公的な造営工事に携わった丁匠は、鑿や小斧など愛用の木工具を携行するのが原則だった（『賦役令』）。つまり、竪穴建物を建てる斧も宮殿を建てる斧も、律令制下では同じだった。ただし、鉄斧が出現した当初は、持つ者と持たざる者の間に大きな格差が生じたはずだ。現在も、高級新製品はエリートがまず確保し、後に凡夫にも普及する。

斧の考古学的研究は、佐原眞さんが基礎を築いた［佐原一九七七・一九八二］。しかし、佐原さんが身と柄の両要素を取り上げて斧研究の視角を提言したのに、その後も、研究は斧身が中心だった。弥生時代における石斧から鉄斧へというシェーマはその代表だ。しかし、石斧は破損してもすべて残るのに、鉄斧は金属器のリサイクル・システムが貫徹している地域では残らない。単純に同時代の鉄斧の出土量を比較して、地域の先進性・後進性を解く議論は、社会の仕組みを考えない議論だ。たとえば、藤原宮跡や平城宮跡では、鉄斧身やU字形農具刃先はほとんど出土しない。多分、同時代の東国における一集落から出土する量にも及ばないだろう。しかし、藤原宮や平城宮でおこなわれた建設工事や土木工事では、膨大な量の鉄斧身やU字形刃先を消費し、給与や褒賞などにもU字形農具刃先（鍬）が飛び交っていたはずだ。考古資料として出土しないだけなのだ。

だから『近畿原始篇』では、斧柄をもとに石から鉄への変遷を描こうとした。斧台の形状から、装着予定の斧身（太型蛤刃石斧・柱状片刃石斧・扁平片刃石斧・板状鉄斧・袋状鉄斧）は見当がつく。明確に区別できないのは、扁平片刃石斧と板状鉄斧の斧台だ。それをクリアすると、出土鉄斧が僅少なために描けない、弥生〜古墳時代の近畿地方における石斧から鉄斧への移行が、器種と時間を軸に作表できる［一九九二年三月、一九九三年三月②］。他地域でも同じ原理で作表すれば、石斧から鉄斧への移行の地域差が比較できると思うが、他地域の検討例はまだない。しかし、弥生中期の鉄器が多数出土した鳥取県青谷上寺遺跡では、斧柄を分析しても、近畿地方に先んじて斧身の鉄器化が進行したことは確実である［君嶋編二〇一二、二〇一二年三月②］。

鍬や鋤と同様、「数にものを言わせる」ことは斧柄でも可能である。弥生時代の太型蛤刃石斧・柱状片刃石斧・扁平片刃石斧は、それぞれ伐採斧・加工斧（大）・加工斧（小）と理解されている。これを装着した石斧柄は、それぞれ形態的に分化しており、一部に板状鉄斧を含む扁平片刃石斧を装着した柄は、柄長を根拠にさらに三段階に分類できる。加工斧において、斧身から想定できる以上の機能分化があったことは、柄の分析から明言できるのだ。

さらに重要なことは、古墳時代に一般化する袋状鉄斧においては、すべての柄が、枝別れしたサカキなどの幹を斧台、枝を斧柄に加工した膝柄に統一される点だ。通常、道具の機能分化が形態的な多様化によって達成されることは、近世の鑿や台鉋を見ればわかる。しかし、石から鉄へのような道具の基本にかかわる大革命は、逆に柄形態の画一化をともなうのだ。これは電話・メール・Ｗｅｂ検索などあらゆる機能を吸収し、単純な形に画一化したI-PHONEの普及にも似ている。袋状鉄斧の身には法量差があるので、当然、伐採斧・加工斧の機能分化は予測できる。しかし、弥生時代の大陸系磨製石斧のような斧身と対応する斧柄の形態差がないので、その機能分化の認定基準は曖昧だった。ところが、形態的に同じ膝柄であっても、柄長差による機能分化は踏襲されている。それまで石製工具研究者（弥生研究者）と鉄製工具研究者（古墳研究者）で分化していた斧研究は、柄の研究によって、はじめて通史的な視点を獲得できることになる。

袋状鉄斧は、近年における古代・中世寺院の修復や再建においても「チョウナ仕上げ」の雰囲気を出すために使用する。その柄は、弥生～古代に通有の膝柄ではなく、一木の先を曲げて斧台に仕上げたものだ。出土例に同様の作りの斧柄はないが、中世絵巻や近世職人図に描かれた斧は同じ形態だ。出土例にないため『木器集成図録』では類型化しなかったが、その重要性に気づき、近年、撓柄《たわめえ》という呼称を与えた［二〇一三年十月①、本章第六節］。今後、出土例が増えれば、呼称の妥当性に戻って検討する必要がある。

4　新たな研究の方向性

『近畿原始篇』に欠けた分野

『近畿原始篇』では、工具、農具、紡織具、運搬具、漁撈具、武器・馬具、服飾具、食事具、容器、楽器、祭祀具、雑具、建築部材など、木器の用途ごとに検討を加えた。上述した農業や木工技術にかかわる事実以外に、ヨコヅチと呼んでいた木器に、小型の竪杵が含まれる事実。弥生時代のくびれ臼は背が低く、古墳時代のくびれ臼の背が高いことが、竪杵の全長に相関すること。紡織具でタタリの存在が指摘できたこと。漁撈具ではサザエヤスのような特殊な道具の存在が明らかになったこと。食事具では弥生前期の杓子が縄文時代の伝統を引く形態で、水田稲作の伝来にともなう新たな食事具ではないこと。古墳に副葬された滑石製楕円形合子が、古墳時代の曲物容器を模倣したものであること。弥生後期に出現した板を組み合わせた「指物腰掛」が、弥生前期以来の座板・脚を一木から作り出した刳物腰掛と形態的に断絶し、弥生末～古墳時代初頭の木工技術の画期と対応すること、等々の雑多な知見が新たに提示できた。

力が及ばなかったのが建築部材だ。梯子・扉板・扉装置部材など、解釈が定着している建築部材は『近畿原始篇』にも収録したが、弥生~古墳時代の建築構造を理解できない私には、壁材・床材・屋根材など、建物を構成する基本部材に関して見通しすら提示できなかった。『近畿原始篇』完成後に着任した田中琢新所長に、建築部材については、建築史の専門家の手で基準資料を作成してほしい旨、進言した。その進言とは無関係かもしれないが、その後、山田寺東回廊の建築部材や、青谷上寺地遺跡の出土建築部材の検討成果が公表され［奈文研一九九五、茶谷ほか二〇〇八・二〇〇九］、出土建築部材研究の気運は高まっている［島田編二〇〇九・二〇一〇、黒坂ほか二〇一〇］。しかし、そこに私が介入できる余地はない。

もう一つ、力が及ばなかったのは、カゴ・編物だ。織物に関しては、小学生だった娘への誕生祝いに織機玩具を購入し、平織りの基本をマスターした。最近、娘はそれが自分へのプレゼントではなかったことを自覚してむくれている。しかし、カゴ・編物については、漁撈用の筌、脱穀時の風選に不可欠な箕の出土例があったにもかかわらず、『近畿原始篇』には収録しなかった。よい図がなかったのが表向きの理由だが、製作技術をふまえて、構造的にそれを理解できなかったからだ。つまり、理解して図化する能力が私になかったのだ。その後の青谷上寺地遺跡で出土したカゴの分析成果は、カゴ・編物研究の基準となるものだ［高垣・茶谷・野田二〇〇五］。佐賀県東名遺跡では、縄文早期にさかのぼるカゴ・編物の研究が進んでいる。この分野でも、集成と検討の気運は隆盛しつつあるといえそうだ。しかし、そこにも私が介入する余地はない。

新たな研究の進展

建築部材やカゴ・編物のような『木器集成図録』における欠落分野ばかりでなく、それなりの基礎的概念が提示できた鍬・鋤に関しても、先述したように全国規模での集成・比較作業が進んでいる［『季刊考古学』第一〇四号、(特集) 弥生・古墳時代の木製農具、雄山閣、二〇〇八年］。木器研究者あるいは木器にかかわる考古資料研究者が増大した結果、『近畿原始篇』で提示しようと試みた基礎概念や呼称にも、修正が必要になりつつある。

たとえば、紡織具の体系的な研究は、従前、指摘されていなかった「輪状式原始機」の存在を明らかにした［東村二〇一一］。また、『近畿原始篇』は研究史をふまえ、楽器の琴を「板作り」「槽作り」に二大別した。その後の研究が提起したように、『近畿原始篇』が板作りに含めた定型的五弦琴を「筑状弦楽器」として独立させるなら、二大別と異なる分類概念が並置されたことになる。箏・新羅琴・加耶琴・和琴・琵琶など定型化した弦楽器呼称に対置すれば「筑」概念は有効だが、板作り・槽作りと並置すると、分類呼称としては浮いてしまう。箏・新羅琴などの成立過程は、東アジア全体で分析し、系統づけるべき課題である。これも私が介入できる分野ではない。最初に板作り・槽作りの分類案を提示した水野正好さんは、出土琴が和琴成立前史を形成すると考えた。しかし、出土琴から和琴の成立過程を鮮明化した議論はまだない。

『近畿原始篇』で分類概念や用語をあれこれと考えたため、対立概念を欠く場当たり的用語や実体にそぐわない用語に遭遇すると、ついつい不平不満を漏らすことになる。鍬鋤を土木具・掘削具と呼ぶことに警鐘を鳴らしたり［二〇一二年三月②］、前方後円墳の「盾形周濠」呼称に異議を唱えたのはそれだ［二〇〇三年三月②］。言わずもがなの提言で、こらえ性の欠如は年をとった証拠だ。小言幸兵衛への陰口が広まる前に、身を慎むべきだろう。

私自身が考えを改めた点も、いくつかある。たとえば、弥生後期以降の指物技術の隆盛を示す「指物腰掛」は、本書第二章第四節の「四方転びの箱」でも再論している。しかし、最近は、これは腰掛ではなく、漢代画像石によく見る座者の前に置いた「脇息」であろうと考えている。形態的な特徴以外に、さほど大きな根拠はないので、話題になれば口頭で告げる程度に留めているが、日常どのような姿で座していたのか知るには、避けて通れない問題となるかもしれない。私が積極的に関与せねばならないのは、こうした過去の資料の見直しだろう。

過去の資料の見直し

一九九六年、京都大学に赴任して、最初に気になったのは、唐古遺跡で出土した木器の石膏模型だった。昭和一二（一九三七）年の唐古遺跡発掘調査で出土した木器は、京大文学部博物館が水漬で保管してきた。おそらく、発掘後の水漬保存による「最長不倒距離」となるはずだ。京大文学部博物館新設に先立ち、奈良国立文化財研究所で、その水漬木器のＰＥＧ処理がおこなわれた。しかし、表面が蕩けた木器から得る情報は少ない。『近畿原始篇』作成時は、報告書［末永・藤岡・小林一九四三］掲載図を、そのまま転用するにとどめた理由でもある。しかし、学生の時に、ガラスケース越しに何度も見たはずの石膏模型の存在は失念していた。

末永雅雄さんの回顧談によれば、唐古遺跡出土木器の石膏模型は、出土後すぐに作られた。水漬状態の出土木器が長期間維持できるか危ぶんだ濱田耕作先生の提言によるものだ。事実、模型には加工痕跡や木目まで、シャープに残る。レプリカ観察から、蕩けた実物にまさる情報が得られることはすでに論じた［二〇〇九年五月］。今後は三次元計測や三Ｄプリンターが、石膏模型に取って代わるはずだ。しかし、蕩けた実物のほうにも、見逃していた重要な情報が残っていたことは、つい最近になって教えられた。

京都大学で考古学専攻を希望する学生たちには、一年かけて須恵器・弥生土器・縄文土器・金属器・石器・瓦・木器など、各種遺物の実測実習が課せられる。すべて実物を手に取っておこなう贅沢な授業だ。木器の担当は私で、脆弱遺物であることを配慮し、唐古遺跡の出土木器とレプリカを材料に、実測する際のチェックポイントを解説するにとどめている。平成二五年度末の授業で、樹種と木取観察に話が及んだ。鍬などの耕作具にはアカガシ亜属をはじめとする広葉樹が多いこと。広葉樹の年輪では放射状組織が目立つので、その直行方向が年輪方向となること。農具の木取はミカン割材を用いた柾目材が一般的なことなどを話しながら、唐古遺跡の「諸手鍬」を手に取り、具体例を示そうとして絶句した。放射状組織から板目材であることが明確なのだ。

「唐古の諸手鍬は板目材です」。博物館資料の貸借・閲覧を担当していた研究員の村上由美子さんが、横から助け船を出してくれた。突帯文土器を主体とする和歌山県立野遺跡で出土した広鍬が、板目材を多く含む事実から、縄文人による弥生文化模倣の一つのあり方が板目材の鍬だろうと講演したばかりだった［二〇一三年二月］ので、お膝元の唐古遺跡に板目材の鍬があるとは意外だったのだ。村上さんは、小径材利用の板目材鍬から大径材利用の柾目材鍬への変遷を、鍬の木取から読み取ろうとしている［村上二〇一四］。モノに即した穏当な理解だ。

木器研究は多様化しており、そろそろ、器種を超えて総合的な歴史情報を引き出す方法について検討する必要がありそうだ。おそらく第一線の研究者や次世代研究者が模索していることなので、私が口出すことではない。しかし、生態環境のあり方と森林資源に対する人間の働きかけを、時代ごとに追究する視点は、器種を超えた総合的な研究視角として重要だろう。素材となった木が、二〇㎝前後の小径材か、五〇㎝を超える大径材かは、『木器集成図録』作成時にはまったく抜けていた分析視角だ。樋上さんがその認定法を解説している［樋上二〇一二］。

木器実測図の断面図で、柾目・板目・心持ちなどの木取を表現したのは町田さんだろう［奈文研一九八一］。『木器集成図録』作成に際して、同心円や同心円弧を満載したスクリーントーンを発注し、図版作成の効率化をはかった。『近畿原始篇』

は、もちろんそれを踏襲した、しかし、その断面図では、大径材・小径材は区別できない。それを問題とするには、実物に戻って、再度観察を深めるほかない。これにも、私が介入する余地はない。

なお、石膏模型情報が優れていることを論じた時、唐古遺跡出土木器が、一九六六年の一括重文指定から外れたことを指摘した［二〇〇九年五月］。坪井清足さんから、水漬木器は指定対象にならない。保存処理が済んだ以上、追加指定はおまえたちの責任だと叱られた。石膏模型が重要ならば「付けたり」も視野に入れて検討するようにという御指導・宿題まで頂戴した。追加指定を云々する前に、唐古遺跡出土木器とそれにかかわる石膏模型の全貌を提示する必要がある。博物館研究員を務めた村上さんと東村純子さんに、その仕事を御願いした［東村・村上二〇一四］。しかし、坪井さんから頂戴した宿題を終えぬまま、大学を離れることになった。何とも心残りである。

参考文献

扇崎　由　二〇〇五年『南方（済生会）遺跡―木器編―』岡山市教育委員会
河野通明　一九九四年『日本農耕具史の基礎的研究』日本史研究叢刊四、和泉書院
君嶋俊行編　二〇一二年『青谷上寺地遺跡出土品調査研究報告八　木製農工具・漁撈具』鳥取県埋蔵文化財センター調査報告四七
黒坂貴裕ほか　二〇一〇年『出土建築部材における調査方法についての研究報告』（科研・基盤研究（A）成果報告）奈良文化財研究所
佐原　眞　一九七七年「石斧論―横斧から縦斧へ―」『考古論集―慶祝松崎寿和先生六十三歳論文集―』
佐原　眞　一九八二年「石斧再論」『森貞次郎博士古稀記念　古文化論集』上巻
島田敏男編　二〇〇九年『シンポジウム〈出土建築部材の調査方法と視点〉の記録』奈良文化財研究所
島田敏男編　二〇一〇年『遺跡出土の建築部材に関する総合的研究』（科研・基盤研究（A）成果報告）奈良文化財研究所
出土木器研究会　二〇〇九年『木・ひと・文化―出土木器研究会論集―』

末永雅雄・藤岡謙二郎・小林行雄　一九四三年『大和唐古弥生式遺跡の研究』京都帝国大学文学部考古学研究報告第一六冊、桑名文星堂
高垣陽子・茶谷満・野田真弓　二〇〇五年『青谷上寺地遺跡出土品調査研究報告一　木製容器・かご』鳥取県埋蔵文化財センター調査報告八
茶谷満・家塚英詞　二〇〇八年『青谷上寺地遺跡出土品調査研究報告三　建築部材（資料編）』鳥取県埋蔵文化財センター調査報告二四
茶谷満ほか　二〇〇九年『青谷上寺地遺跡出土品調査研究報告四　建築部材（考察編）』鳥取県埋蔵文化財センター調査報告二五
東京国立博物館　一九九八年『中国古代漆器展　漆で描かれた神秘の世界』
奈良国立文化財研究所　一九八一年『平城宮発掘調査報告書Ⅹ　古墳時代Ⅰ』学報第三九冊
奈良国立文化財研究所　一九九五年『山田寺出土建築部材集成』史料第四〇冊
東村純子　二〇一一年『考古学からみた　古代日本の紡織』六一書房
東村純子・村上由美子　二〇一四年「博物館資料としての石膏模型―唐古遺跡出土木器の保存と活用―」『史林』第九七巻第五号、史学研究会
樋上　昇　二〇一二年『出土木製品の保存と対応』考古学研究調査ハンドブック四
村上由美子　二〇一四年「弥生時代における木材利用の変化」『季刊　考古学』第一二七号、特集・新世代の弥生時代研究、雄山閣
山田昌久編　二〇〇三年『考古資料大観』八、弥生・古墳時代、木・繊維製品、小学館

第一節　木製農具の研究方法

――泥除をめぐる研究史をふりかえる――

はじめに

道具を考古・歴史学的にあつかう視点はさまざまだ。どのような形をしているか（形態分析）、何でできているのか（材質分析）、どのようにして作ったのか（製作技術分析）、原材や原料はどこで獲得し、どこで作ったのか（産地同定）、誰がどのような組織下で作ったのか（工人・工房論）、いつ作ったのか（年代論・編年論）、どこが起源でどこに広がったのか（起源論・系譜論・分布論）、何の目的で作ったのか（機能論）、どのように使ったのか（用途論）、それが生活や生業とどのようにかかわったのか（社会論）、植物相などの周辺環境とどのようにかかわったのか（生態論）等々の視点が、相互に有機的な関連をもって、出土遺物の検討・分析にたずさわる研究者に与えられる課題となる。出土木器研究も基本は変わらない。ただし、容器である土器や屋根に葺く瓦に比べて、木器の形態や機能・用途は多様で、上記の課題のなかでも機能・用途論にかかる比重が高くなりがちだ。

出土木器研究においては、しばしば民具から類推して機能・用途を決める方法を採る。とくに木製農具研究では、近年まで（場合によっては現在も）よく似た農具が実際に使われていたこともあって、民具による類推が説得力のある議論として通用する。機能・用途がわかる民具の横槌の形態分析をもとに、年代がわかる出土横槌の機能・用途を類推して、横槌の歴史を解明した渡辺誠さんの研究［渡辺一九八五］は、方法論的にもきわめて明快な研究例といえる。しかし、民具もまた歴史的産物である。聞き書きから判明した機能や用途が、必ずしも昔からずっと同じだったという保証はない［上原一九九三］。類推はあくまでも類推であって、歴史的事実に整合するとは限らないのだ。

以下、弥生・古墳時代の木製農具のなかで、現在、泥除、すなわち刃幅の広い広鍬に装着して、使用者の顔に泥水がはねかかるのを防ぐ装置として機能・用途論がほぼ定説化し、地域差・形態差・年代差まで解明の対象となりつつある遺物を取り上げる。ここでは、泥除の研究史をたどることで、どのような経緯で「定説」が生まれ、その「定説」にはどのような問題点が残されているのかを検討する。「方法」をマニュアルのような形でとらえるよりは、具体的な事例研究のなかで「方法」の力や限界を示すほうが有意義と考えるからである。なお、泥除機能が判明する以前、同じ木器には「陣笠状木製品」「丸鍬」「鋤A」「エブリ」などさまざまな名が付けられていた。研究史を語るには各時点の認識を示す呼称は不可避で、以下、カギ括弧などを付けて無用の混乱を避けることにする。

1　発端は未成品から——唐古遺跡——

> 第八八号地点発見の、一面が平で、他面には中心より偏して突起があり、周縁に向って厚さを減ずる不整円形の陣笠状木製品（36）（長径一尺二寸九分、短径一尺八分、突起厚二寸五分、周厚六分）（中略）に至っては、全くそれから作らるべき製品の形態を判じがたい。［末永・小林・藤岡一九四三、第六章　木器類及び植物製品」の「木製容器類未製品其の他」項］

住居・倉庫跡や水田跡など、弥生時代の生活像を直接示す不動産類がほとんど検出されなかったため、戦後の登呂遺跡ほど有名にならなかったが、土器編年を確立して弥生文化研究の基礎を築き、その後の研究の指針となったのは、奈良県田原本町唐古遺跡（現在の唐古・鍵遺跡）の発掘調査とその報告書［末永・小林・藤岡一九四三］の刊行である。同報告書は、列島の出土木器研究においても画期的な意義をもつ［上原二〇〇九］。その報告書のなかに、すでに泥除が存在する（図1－1－36）。ただし、それは農具ではなく、容器未製品として記述されている。何ゆえだろうか。

唐古遺跡の報告書は出土木器を「木製容器類」「木製耕具類」「木製器具類」「木製武器類」「木製装身具類（漆器類）」「其他の植物製品」に大別して記述する。冒頭に容器を置いたのは、一つは木製容器類が未成品を含めて質・量ともに豊富であったこと、もう一つは同報告書のなかで圧倒的な比重を占める土器との関係を重視したからにほかならないであろう。

すなわち、第四・五章で詳述した土器と対照し、第六章では木製容器の器種を「鉢・盤・高杯等、土器に見ると同様の類」と「筒形容器をはじめ匙・杓などの」土器には存在しない類に分けて報告する。とくに前者に属する高杯形木器は一〇点近く出土し、一点を除き第一様式土器に共伴した事実、口縁形態や彩文構成に土器との著しい共通性がある事実、第一様式土器には高杯形土器が少ない事実などを指摘する。つまり、土器様式論が完成した唐古遺跡の報告書においては、一方では、土器だけが食生活様式・食器様式・食文化を構成するわけではなく、土器と木器とが（後になると漆器や金属製容器も加わって）相互補完的に全体像を構成する事実を明らかにしたのだ。唐古遺跡の報告書を刊行した後、小林行雄先生が土器様式論を強調しなくなるのは、こんなところにも一つの原因があるのではないかと、私はひそかに思っている。

土器様式論が形態・文様論にとどまらず、調整法や施文法などの技術論に踏み込んだのと同様、木製容器に関しても木工轆轤《ろくろ》の存在など技術論に筆が及ぶ。とくに木製容器や鍬などの木製耕具類は完成品だけでなく、対応する未成品も出土した。未成品と完成品とが対照できれば考古学的認識は深まる。唐古遺跡報告書では、平鍬（図1－1－37・38）とその未成品（図1－1－49・51・52）、匙・杓子とその未成品（図1－1－30・34）などに関しては確信をもって同定しており、製作技術分析へ展開する道筋もできた。もちろん、類例がほとんどない頃なので、小型臼の完成品（図1－1－22）を「器台或は木器未製品」としたり、脚付容器（図1－1－10）の破片を「長方形の把手を水平に作り出した遺品」とする誤解もある。しかし、概して完成品が完形で出土していれば、機能・用途論や器種同定（形態

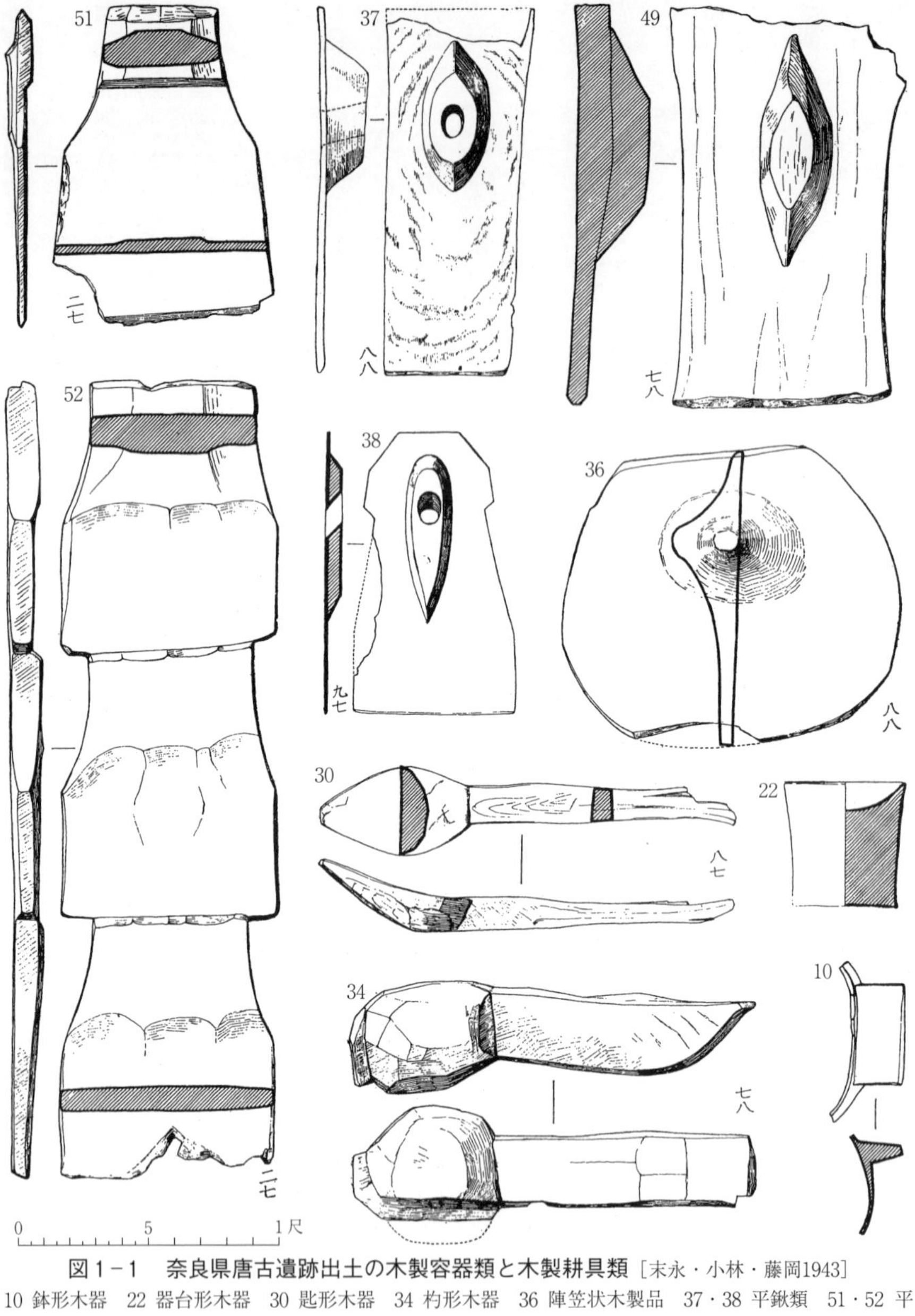

図１−１　奈良県唐古遺跡出土の木製容器類と木製耕具類［末永・小林・藤岡1943］
10 鉢形木器　22 器台形木器　30 匙形木器　34 杓形木器　36 陣笠状木製品　37・38 平鍬類　51・52 平鍬未製品　（番号・呼称は報告書を踏襲した）

論）はほぼ正鵠を得ている。

ところが、唐古遺跡では泥除は未成品しか出土しなかった。樹種からこれが農具である可能性を指摘できたとも思うが、形態から容器未成品として分類したのである。同報告書においては、泥除だけでなく斧柄未成品も「斧頭状木器」「犂頭状木器」と呼ばれ、「木製耕具類」に分類されて斧柄とは認識されなかった。いずれも未成品しか出土せず、完成品がわからなかったことが誤解の直接の原因であったといえよう［上原二〇〇九］。

2　完成品が出土して農具とわかる—深草遺跡—

鋤のごとく使用したものかも知れないが、ここでは鍬として記述をすすめる。円板状の鍬とその未製品が出土している。外形は上下が少しつまった円形をなし、中央部よりやや上方が高くなり、柄をさしこむための孔があいている。裏側は中央部が窪むようになっている。鍬先の刃となる部分もことさらに扁平ではない。フロの孔がどの方向にあけられていたか破損のために明確にはしがたいが、他の平鍬の例から推考すると、フロの出ている面に対し、鈍角をなすと思われる。材質はあらかし。同様の円形鍬の未製品も発見され、製作手法がよくわかる。材質はせんだんである。奈良県唐古遺跡から同じ木製品が出土し、陣笠状木製品とよばれているが、本例と同じ鍬の一種とされよう。［杉原・大塚一九六二］

泥除が農具として認識されたのは、京都市伏見区深草遺跡の発掘を契機とする。敗戦後、旧日本陸軍の練兵場が農地として払い下げられ、開墾中に深草遺跡が発見される。一九五六年には日本考古学協会弥生式土器文化総合研究特別委員会（代表・杉原荘介）が発掘を実施し、報告書において「陣笠状木製品」は農具であると明言した。それは完成品（図1-2-9）と未成品（図1-2-8）がともに出土したからにほかならない［杉原・大塚一九六二］。少なくとも、平鍬未成品（図1-2-6・7）と完成品（図1-2-1～5）と対応するように、泥除の未成品と完成品とが指摘

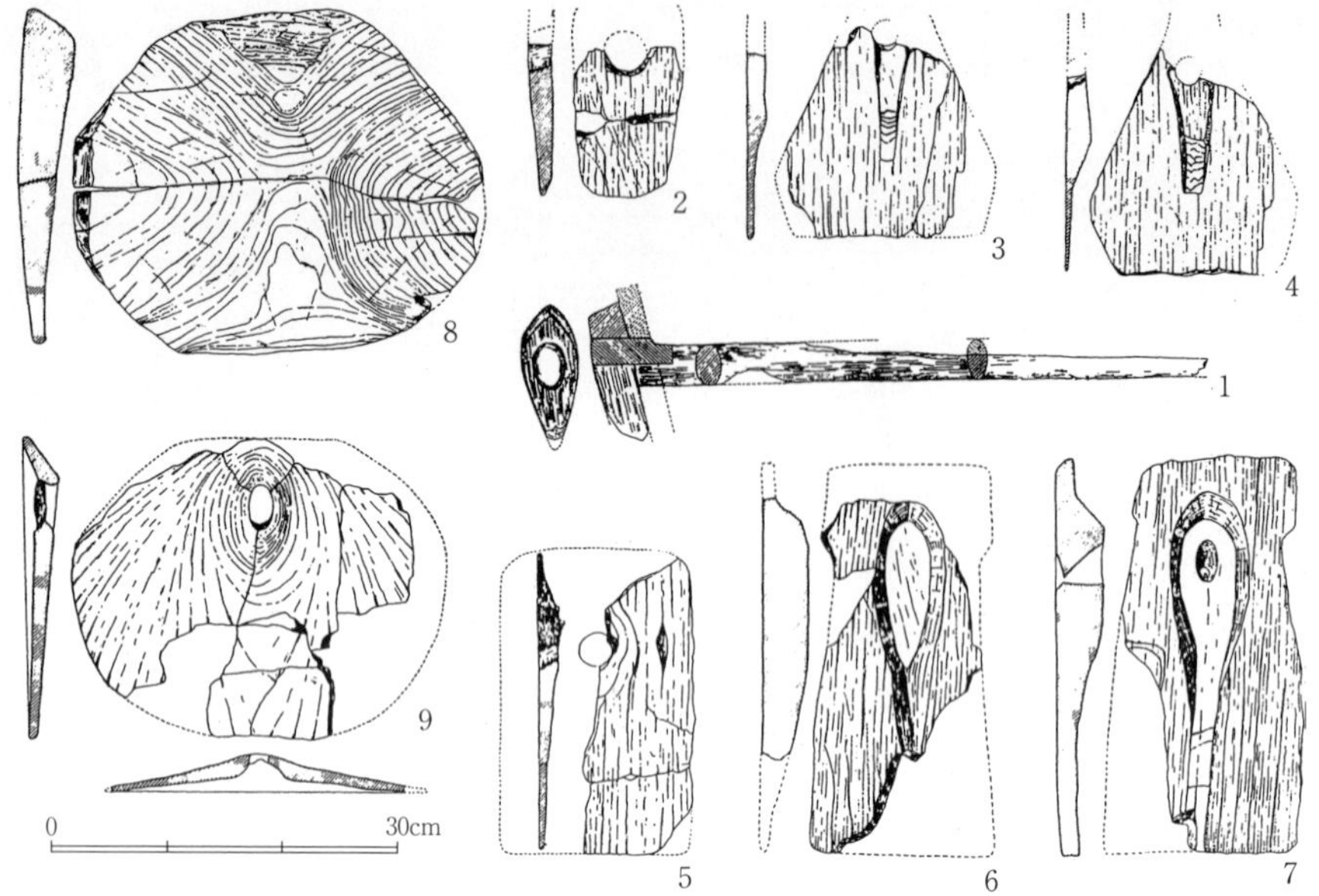

図1－2　京都府深草遺跡出土の木製農具［1：網干1965b，2～9：杉原・大塚1961］
1　柄付鍬身　2　直柄狭鍬身　3～5　直柄広鍬身　6・7　広鍬身未成品　8　泥除未成品　9　泥除（弥生時代中期，呼称は上原による）

できたことは、これを農具として異論の余地のない認識へと導いた。なお、風呂鍬とは刃先だけ鉄製の鍬で、鉄刃を装着する木製台部をフロと呼ぶ。引用報文で木鍬身にあけた柄孔周囲の突起を「フロ」と呼ぶのは誤用である。後に引用する網干論文［網干一九六五b］をはじめとして、私より一世代前の研究者に同じ誤用が目立つ［潮見一九八八］。

日本考古学協会が、深草遺跡を含む西日本弥生時代遺跡の発掘成果を公開した一九六一年、深草遺跡近辺は京都市の「都市計画土地区画事業」の対象地となる。一面の水田地帯だった同地は、以後、急速に市街化する。一九七〇年代になると、京都市内においても、少なくとも公共の土木工事・建設工事に先立って周知の遺跡を発掘する原則が浸透し、民間の大規模工事にも適用されるようになる。しかし、一九六〇年代には、その原則は確立していなかった。深草遺跡はごく一部が調査されただけで、弥生時代集落の範囲や構造、墓域も未解明のまま、大部分は破壊されたり市街地の下にひっそりと埋もれることになった。

その数少ない調査のなかで、深草遺跡の名を全国に知らしめたのが龍谷大学史学会がおこなった発掘である〔網干一九六四・六五a〕。一九六四年一〇月六日付の『毎日新聞』・『産経新聞』は、深草遺跡で木鍬が柄のついたまま出土し、それが従来の定説をくつがえす着柄法であったと大きく報じた。すなわち、①柄がついたままで弥生時代の鍬が出土したのは初めてだ。②弥生時代の鍬の柄は身に対して鈍角に取り付き、踏鋤もしくは湾曲した柄がつく鍬とみなされていた。③しかし、深草遺跡出土鍬により、現在の鍬と同様、鍬身に対し柄は七〇～八〇度の鋭角で取り付いていたことが判明した、と報じたのである。

新たな出土品が本邦初例で、定説をくつがえしたり、一〇〇年に一度の発見だったりすることは、考古学報道ではよくあることだが、深草遺跡の木鍬報道にはオマケがついた。翌年一月から刊行を開始した『日本の歴史』（本巻二六、別巻五）の第一巻〔井上一九六五〕で、この新聞報道による新見解が披露され、同年四月刊の農具史概説書〔鋳方一九六五〕においても新聞記事を引用して論評が加えられたのである。とくに前者は、戦後日本史ブームの火付け役となった書物で、四〇万部という空前絶後の売り上げを誇り、社会的影響は絶大だった。

一九六四年の発掘を担当した網干善教さんは、浅薄な理解の新聞記事による誤解が広まることを恐れ、深草遺跡出土の「着柄の木製鍬」（図1―2―1）をもとに、以下の諸点を指摘した〔網干一九六五b〕。①同鍬の「柄に対して鍬身の角度は約七七度」である。②柄は先端を手元よりも太く作り、「現在の鶴嘴」と同様、「楔を用いない方法」で身に固定する。③これまでは柄孔周囲の舟形突起が手元を向くという前提で、着柄角度が鈍角をなす「非常識な鍬」を想定し、その矛盾を合理化するために「柄の曲がった鍬」や「踏鋤」という解釈がなされた。④深草遺跡の着柄鍬身は舟形突起が外を向き、鋭角で柄に取り付くが、愛知県篠塚遺跡でも同様例が知られていた。⑤柄孔周囲の舟形突起は内を向いても外を向いても問題なく、深草遺跡のような「鋭角の鍬」が「弥生文化期における木製鍬の形態」と考えてよい。

網干論文公表後、滋賀県大中の湖南遺跡をはじめ、日本各地で弥生時代農具の出土例が増加すると、身に柄孔をもつ直柄鍬の柄は鋭角・直角・鈍角に取り付くものが各種あり、柄孔周囲の突起・隆起の向きも内外様々であることがわかった。使用実験では柄が鈍角に取り付いても鍬として使用でき、「踏鋤」に使用したならば身上端に生ずるはずの使用痕跡も認められない。深草遺跡は完成品の出土によって、「陣笠状木製品」が農具であることを示しただけでなく、結合したまま出土した木製品が、新たな歴史情報をもたらすことも明らかにした。しかし、その結果、必ずしも定説がくつがえったわけではなかったのである。なお、本節の深草遺跡にかかわる記述は別稿［上原二〇〇八］から一部抄録した。

3　製作工程が体系的に理解され「丸鍬」と命名される——大中の湖南遺跡——

仮に丸鍬と名付けるこの種の鍬は、従来近畿（奈良、大阪、京都）にしか見出されず、量も非常に少ない農具であり、弥生時代中期中葉以降は姿をうしなうものであった。本遺跡では平鍬とともに主用された農具とみえ、七〇余点を、かぞえることができる。（中略）この種、丸鍬の用途は確定しえないが、材質や年輪木目が横走し衝撃には非常に弱い木取りである点、ならし鍬、ないしは関西でジョレンと呼ばれる種類の概念をあてるべきかと思われる。着柄例はなく柄の状況は不明である。［滋賀県教委文化財保護課一九六八］

それまで両手で数えられるほどしか出土しておらず、ようやく農具に仲間入りできた泥除が、比較的まとまって出土したのが滋賀県大中の湖南遺跡である。しかも、製作工程を示す各種未成品が出土した（図1－3－1～4）。時代は弥生中期に限られていたが、木製農具の形態分析や製作技術分析を進めるための材料が出そろったのである。事実、大中の湖南遺跡の調査を契機に、弥生時代の農具、なかでも耕作具の研究は飛躍的進歩を遂げる。それを推進したのが、現在、大阪府立弥生文化博物館長を務める黒崎直さんである［黒崎一九七〇］。

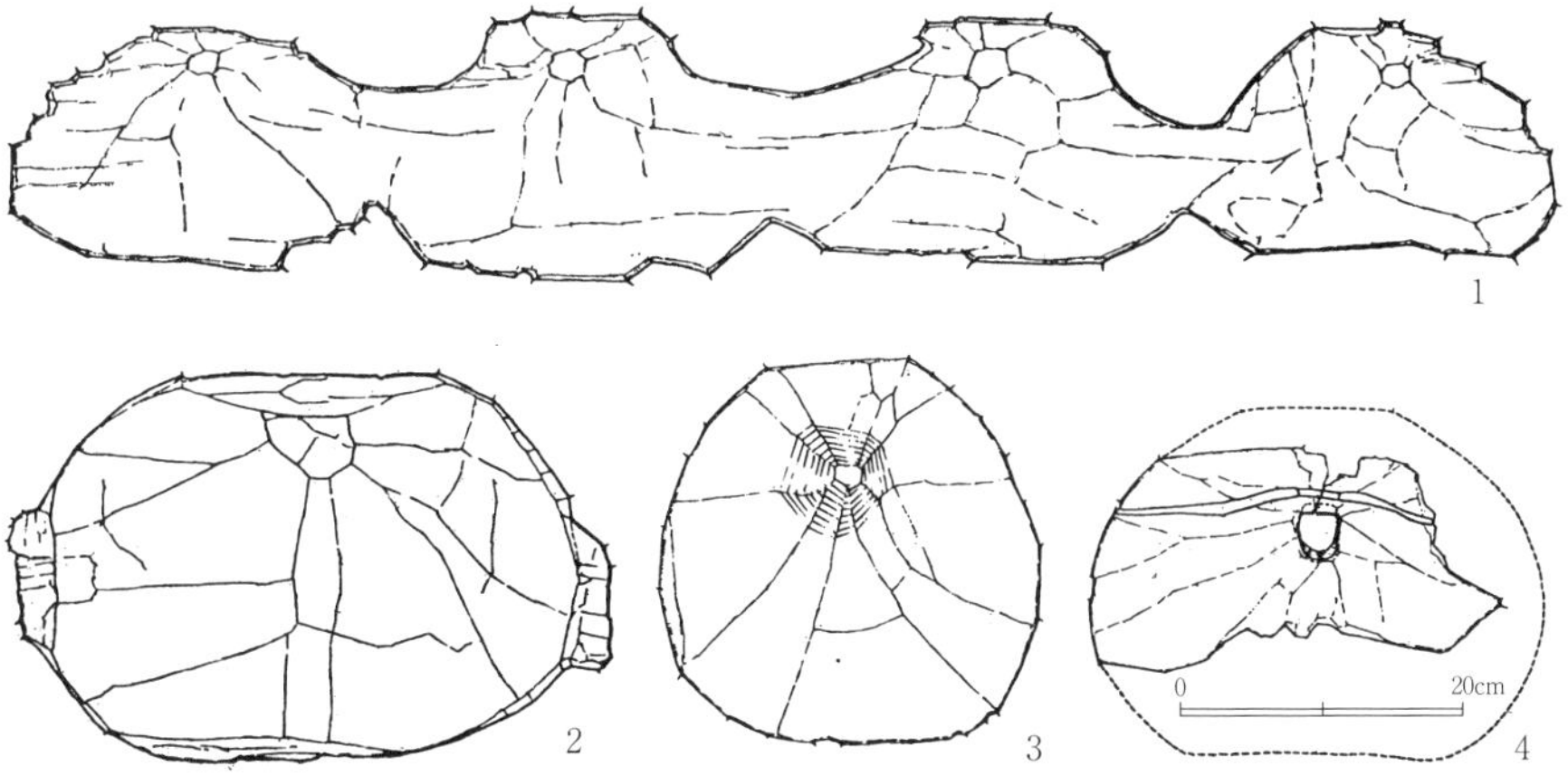

図１－３　滋賀県大中の湖南遺跡出土のⅠ類泥除未成品［滋賀県教委文化財保護課1968］
１　Ⅰ類泥除四連未成品　２　切り離したⅠ類泥除未成品　３　形を整えたⅠ類泥除未成品　４　Ⅰ類泥除完成品　（弥生時代中期，呼称は上原による）

黒崎さんの研究が画期的だったのは、着柄角度にもとづく鍬か鋤かという個別的な議論から距離を置き、弥生時代の農業技術体系を復原する資料として出土木製農具を活用したことである。都出比呂志さんの先行研究［都出一九六七］において、鉄製土掘具＝鉄製打ちグワ＝土木開墾具など、弥生・古墳時代社会の発展を「農具鉄器化」という視点で捉えた影響も強く受けている。基本的には、出土木製耕作具を広鍬・狭鍬・丸鍬・又鍬・鋤などに大別し、形態的に細分することで、一般耕作用（中耕用）・浅耕用・深耕用、あるいは水田耕作用・開墾土木用など、その後の農業技術に照らした機能分化を考え、弥生時代農業技術の全体像に迫ろうとしたのである。なかでも、刃幅にもとづく広鍬・狭鍬という平鍬の形態分類は、以後も木鍬の基本分類として踏襲され、現在なお健在である。

しかし、「丸鍬」という新たな名をもらった泥除の居心地はあまりよくなかった。「丸鍬は非常に薄手に作られているうえに、木目と平行して刃が作られているので、耕起作業などの激しい使用に耐えうるものではない」「木目と平行して刃を作っていることは耐久度の上からみても奇妙である」「刃に直角に力の加わらない土を引きならすという作業に用いられたならば、逆に木のしなる性質を上手に利用した木取りなのである」［黒崎一九七〇］。

つまり、耕作面や水田面をならすエブリ機能を付与しようと思案しつつも躊躇しているのだ。

黒崎さんの研究は、その後も木製耕作具を中心に進展する〔黒崎一九七六・一九八五・一九八八a〕。類例が増え、集成が進み、用語も洗練される。たとえば、鋤の細分呼称、長柄鋤・着柄鋤〔黒崎一九七〇〕は、一木すき・組合せすきと名を変える〔黒崎一九八五〕。しかし、一九七〇年論文で「丸鍬」と呼んだ泥除は、一九八五年論文では挿図からも姿を消してしまう。代わりに一九八五年論文挿図には、明らかにエブリ的機能を持った「横くわ」が登場する。「丸くわ」は丸味を帯びた「横くわ」の別称として再登場するが、図示されたのは泥除とは別物の真正の「横くわ」だった。一九八八a論文挿図では、泥除が弥生前〜後期を通じて存続することを示し、整地用の「横グワＡ（丸グワ）や横グワＢ（エブリ）」の名を本文に挙げるが、挿図との対応は明記しない。行間から、黒崎さんの悩みが聞こえる気がする。

4　結合資料によるコペルニクス的転回―那珂久平遺跡―

> Ｗ1〜5は、八号堰の西寄り、下流側で出土した。これらはすべて組合わされた状況であったが、検出作業中に残念ながらくずれてしまい、くわと柄の角度や板材の正確な装着法などは不明となった。しかし類例はあるものの用途不明であった楔の使用法、あるいは泥よけと思われる装置の存在などを知る好資料と言うことができよう。Ｗ1の柄は、芯去り材から作る。（中略）Ｗ2は、福岡市四箇遺跡出土例でその使用法が知られた楔である（中略）。Ｗ4は、Ｗ1とＷ2の間に挟まっていたもので、きわめて薄く作られている。平面は縦長の蒲鉾形で、中央には長方形の透しがある。この長方形孔に直角に割れており、補修のために八個の小孔が見られる。出土状況の細かな観察ができず、正確な組合わせは明らかではないが、泥よけの機能を考えた。〔力武・大庭一九八七〕

思いもよらなかった「丸鍬」の泥除機能を明らかにしたのは、福岡市那珂久平遺跡の発掘調査であった。柄付きの

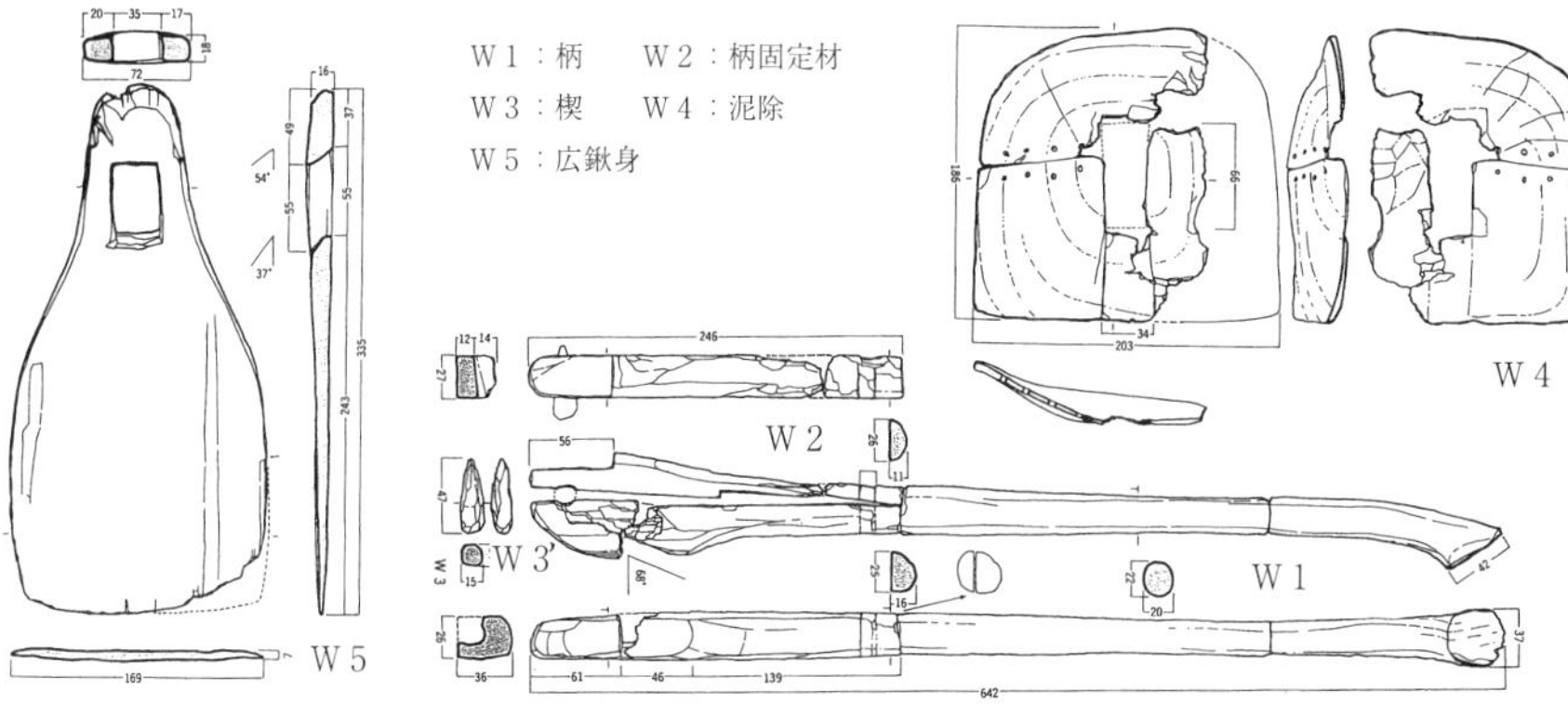

図1－4　福岡市那珂久平遺跡出土の泥除付広鍬部材一式［力武・大庭1987］

平鍬に装着したままの姿で、泥除が出土したのである（図1－4）。江戸時代の農業マニュアル（農書）や民具研究においては、泥よけ具、テイデイ（停泥）、鍬笠の存在はすでに指摘されていたが、発掘調査で出土した木製農具において泥除の存在を認めたのは、この発掘調査報告書［力武・大庭一九八七］が最初だった。しかし、北部九州における弥生時代の鍬は、形態的にも構造的にも近畿地方などとは異なっている。那珂久平遺跡の泥除も他地域の「丸鍬」とは少し形が違う。そのため、那珂久平遺跡の報告書は、農書や民具資料を豊富に引用して、図1－4が泥除付鍬であることを論証したが、他地域の「丸鍬」についてはまったく論及しなかった。

那珂久平遺跡の発掘調査報告書に注目したのが、当時、奈良国立文化財研究所の平城宮跡発掘調査部考古第一調査室（おもに木製遺物・金属製遺物の整理を担当）の室長になって間もない金子裕之さんだった。一方、黒崎直さんは文化庁から飛鳥藤原宮跡発掘調査部の考古第一調査室長に返り咲いていた。ちょうど私が、埋蔵文化財センター集落遺跡研究室に所属し、工楽善通室長のもとで『木器集成図録　近畿原始篇』の作成に没頭していた時のことだった。なお、木器研究者の間では、これを契機に那珂久平遺跡は一躍有名になる。しかし、同報告書は、那珂久平遺跡は隣接する那珂君休遺跡と一体で、以後は遺跡名として採用しないと宣言している。

那珂久平遺跡の報告書を何冊も入手した金子さんは、私にも売り付けて、今までエブリと認識していた「丸鍬」には泥除が含まれているに違いない

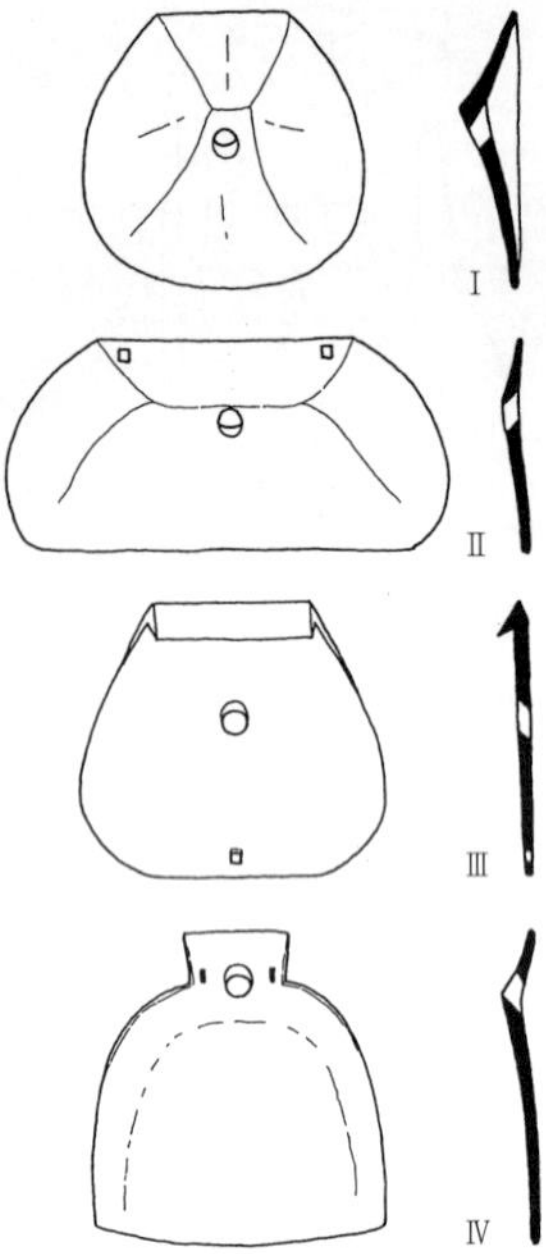

図1－5　近畿地方で出土した泥除の細分模式図
［奈文研1993］

と、その重要性を強調した。私の手元には『木器集成図録』作成のための膨大なデータがあった。それをもとにすれば、泥除抽出作業は比較的容易だった（図1－5）。金子さんと同志的連帯感を抱いた記憶は少ないが、富山県江上A遺跡の広鍬前面に「あて板」を固定するためにあけた二つの孔が、同報告書［富山県埋文センター一九八四］で「鋤A」と呼んだ農具に開いた二つの孔と間隔が等しく（図1－10）、鋤Aもまた広鍬に装着した泥除で、「あて板」も泥除の残片に違いない（図1－12－3）と、金子さんと意見の一致をみたときには、二人で思わず快哉を叫んだものである。

5　コペルニクス的転回の一結末—日本考古学協会設立四〇周年記念静岡大会—

> 「エブリ」型農具の再検討　福岡市那珂久平遺跡で弥生時代の泥除け付き鍬が出土したことを契機に、畿内の弥生、古墳時代農具の見直し作業を進めた。その結果、「エブリ」の一部を泥除け板と考えるに至った。「エブリ」には、横長で下端部に鋸歯状の歯を作り出したものと、薄手で平面が円形・長方形を呈するものがあり、後者を泥除け板と考える。これに組合う鍬は、裏面に蟻柄をもつ広鍬、あるいはゲタの刃状の造り出しであろう。［金子一九八八］

しかし、金子さんの泥除検討成果は、右に引用した『奈良国立文化財研究所年報一九八七』に掲載された研究彙報にとどまる。年報は各年度末に刊行するのが原則だから、発表年次は一九八八年であっても、弥生時代に泥除を装着した広鍬が普遍的存在であったことを提言した最も早い研究成果となる。しかし、弥生時代における泥除の実態を、地域ごとの資料に即した具体的な復原模式図（図1－6・7・8・11）として公表したのは、長年にわたって木製耕作具を追究してきた黒崎さんのほうだった〔黒崎一九八八b〕。黒崎さんが那珂久平遺跡の発掘調査報告書を売りつけられたかどうかは知らないが、日本考古学協会設立四〇周年を記念し、登呂遺跡の地、静岡で開催されたシンポジウムにおける成果公表に際して、泥除の認定が金子さんの研究による点が多いことを、黒崎さんは明記している。

黒崎さんが公表した泥除装着広鍬の復原模式図は非常によくできているので『木器集成図録　近畿原始篇』の挿図にも転載させていただいた。不足していた泥除付横鍬の復原模式図（図1－9）だけは私が作ったが、デッサン力の格差は歴然としている。もっとも、図1－6・7・8・11も、九州大学博物館教授（現）の岩永省三さんの作画によるらしい。

これらの泥除装着法の復原模式図のうち、図1－6は那珂久平遺跡の出土状況（図1－4）から確認されたもの。図1－7・図1－11はそれぞれ大阪府美園遺跡、富山県江上A遺跡で出土した広鍬に装着された泥除残片から、ほぼ確実視できた（図1－12－1・3）。しかし、畿内などで最も普遍的な泥除Ⅰ式の装着法模式図（図1－8）に関しては、

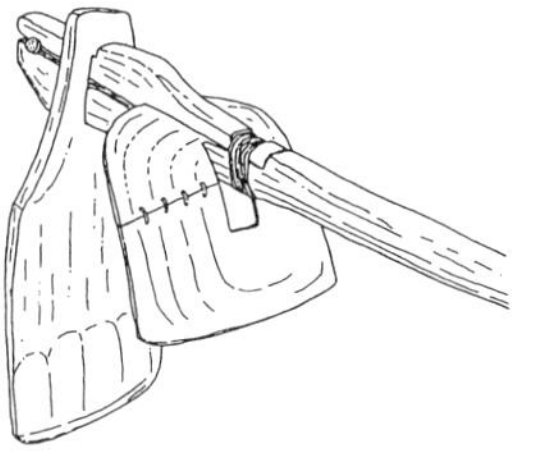
図1－6　北部九州地方の泥除装着法模式図〔黒崎1988b〕

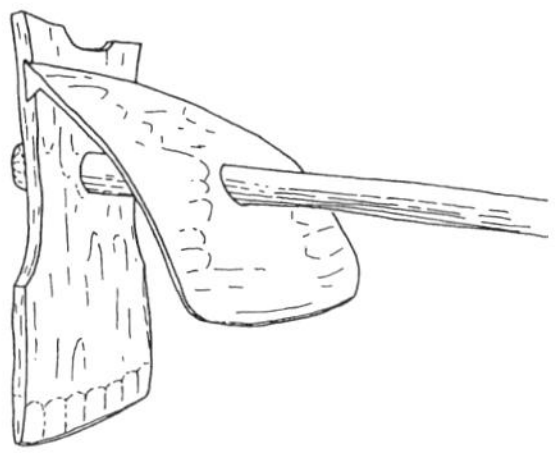
図1－7　泥除Ⅲ式の装着法模式図〔黒崎1988b〕

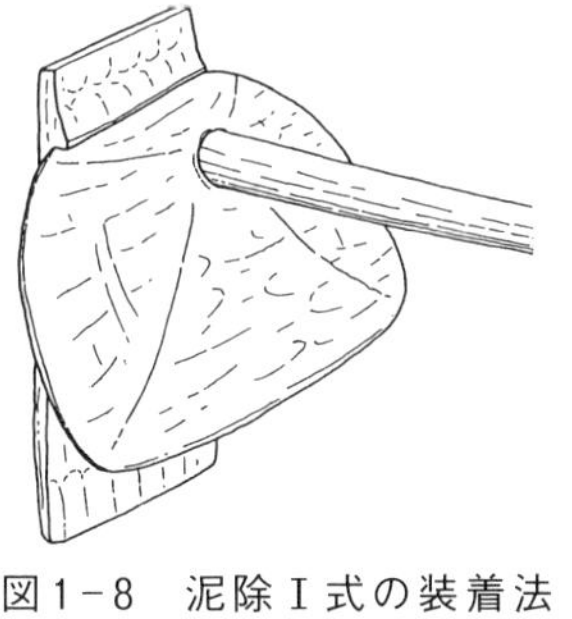
図1－8　泥除Ⅰ式の装着法模式図〔黒崎1988b〕

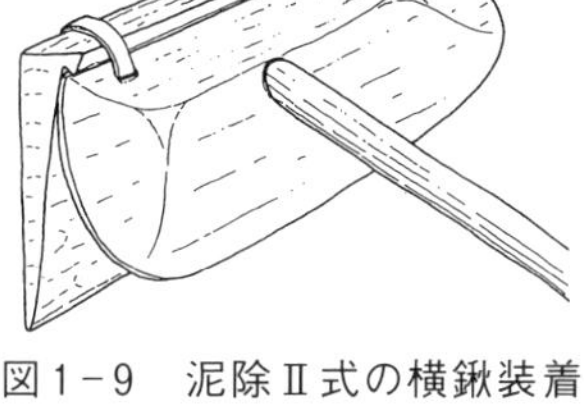
図1－9　泥除Ⅱ式の横鍬装着法模式図〔奈文研1993〕

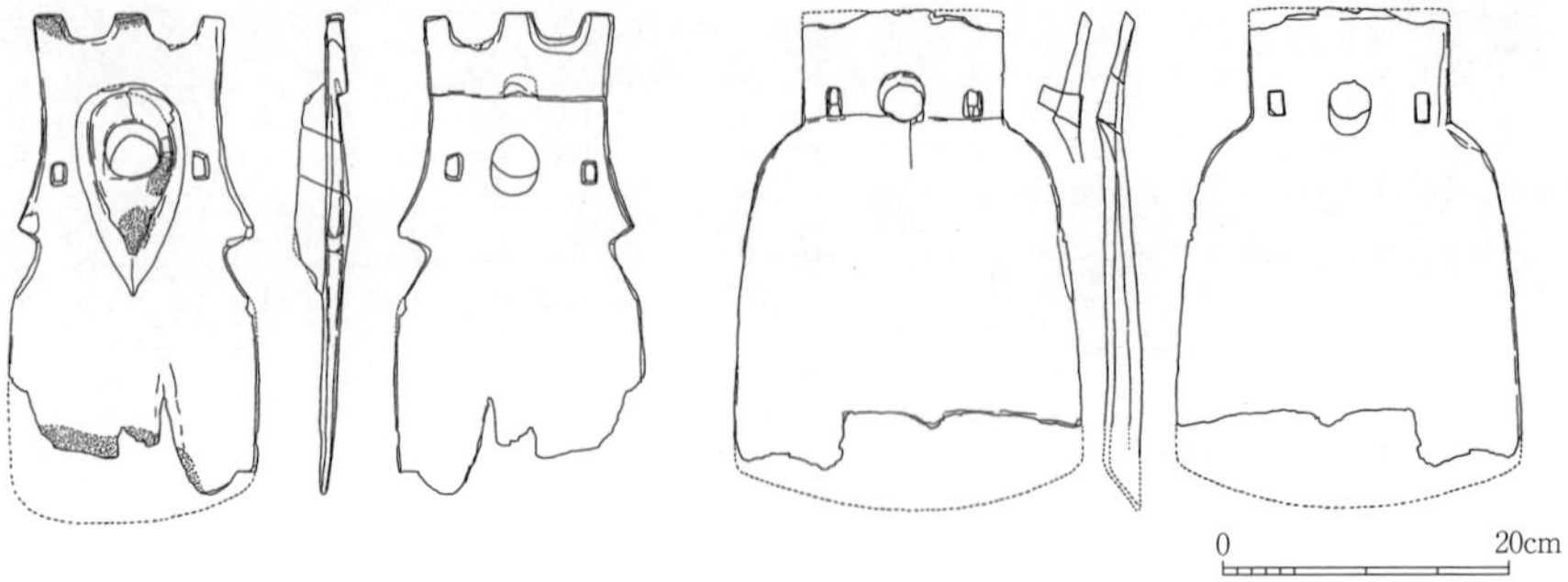

図1−10　江上A遺跡出土の広鍬（左）と「鋤A」（右）［富山県埋文センター1984］

図1−11　北陸型泥除（泥除Ⅳ式）の装着法模式図
［黒崎1988b］

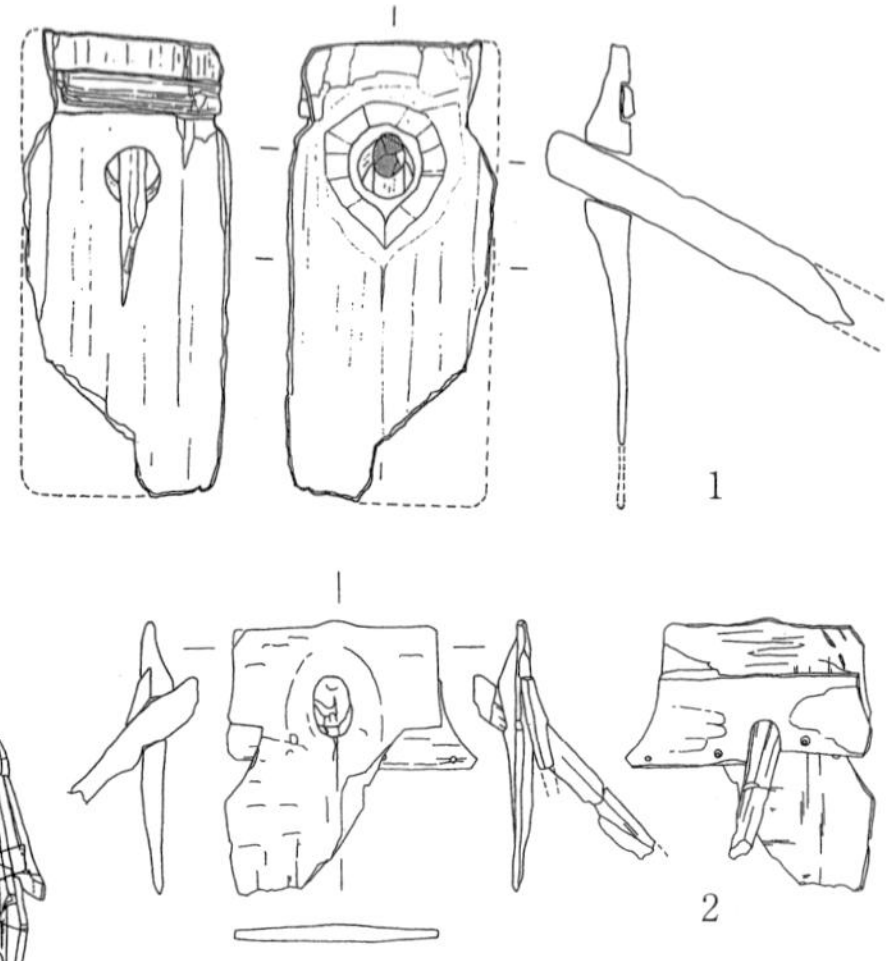

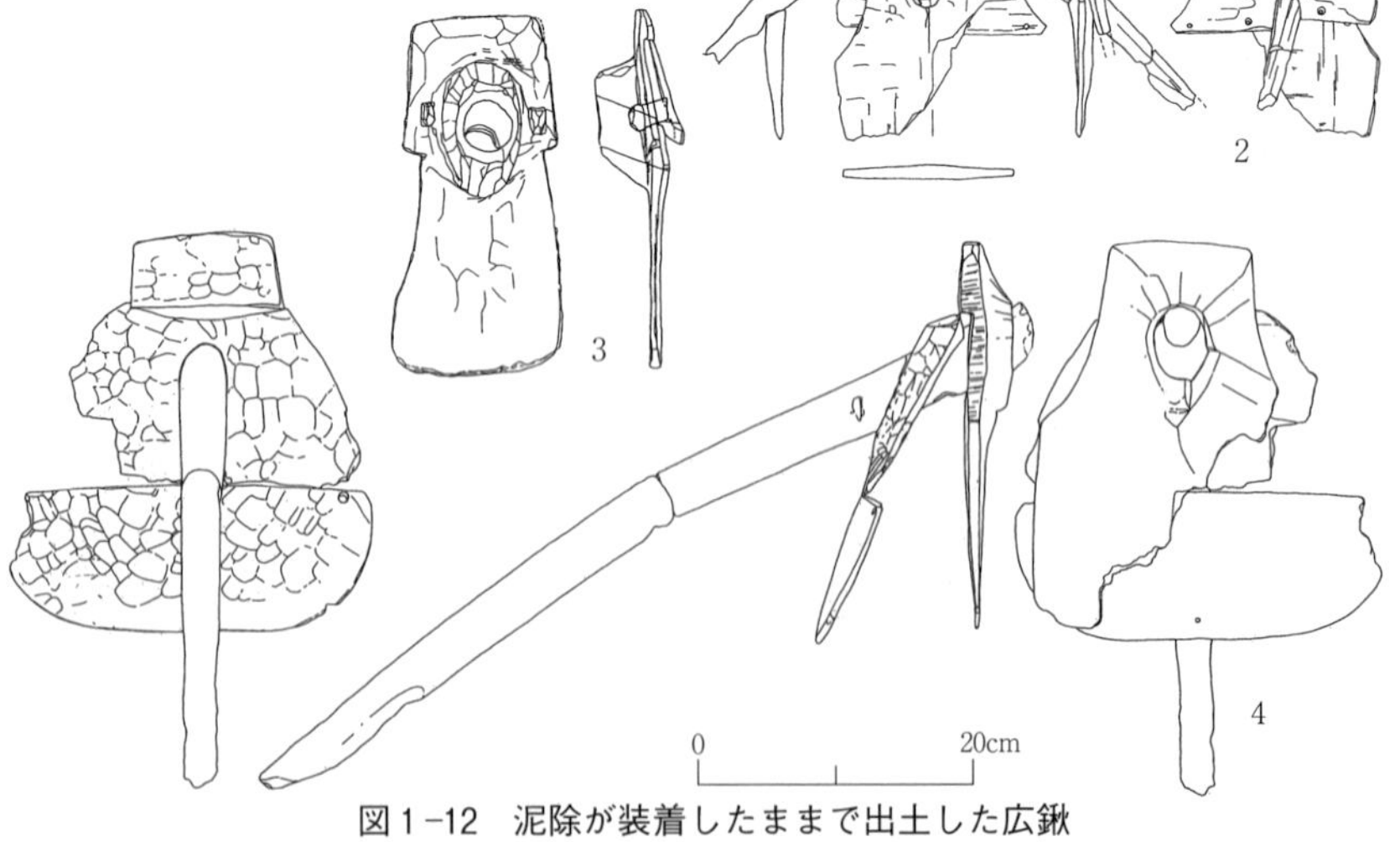

図1−12　泥除が装着したままで出土した広鍬

1　大阪府美園遺跡［大阪文化財センター1985］　2　鳥取県目久美遺跡［米子市教育文化事業団2003］　3　富山県江上A遺跡［富山県埋文センター1984］　4　滋賀県中兵庫遺跡［滋賀県文化財保護協会2001］

これで泥除が安定状態を保てるのか、私は若干不安も感じていた。しかし、一九九六年、滋賀県草津市中兵庫遺跡で模式図どおりの結合資料が出土した（図1－12－4）。大正解であった。黒崎さん、あるいは金子さんの得意気な顔が目に浮かぶ。

6　民具資料との整合・不整合—残る不安と疑問—

最近まで残されていた民具では、テイデイを付けた打ち鍬を、重粘土質の湿田における耕起作業に使用する。大蔵永常の『農具便利論』（一八二二年）でも、備中鍬の項で、「深田は、うち起すに水あれば、耕す人の顔へ水かかるゆへ、鍬の柄の向ふへ竹にて編たる」テイデイをはめて耕すと解説している。これに対し、弥生～古墳時代の泥除をつけた鍬のほとんどが広鍬だ。だから民具のテイデイをつけた鍬とは機能が少し違う。江戸時代の農書の中でも古く一七世紀後半に成立した『百姓伝記』では、耕起した土塊を砕き水田を均す際には水を張り、鍬笠（テイデイ）をつけた鍬を使うと農夫に泥水がかからないと説明している。この使い方が、広鍬につけた古代の泥除の機能を考える上でむしろ参考になるだろう。［上原二〇〇〇］

とはいえ、泥除装着法の復原模式図も、まだ万全ではない。とくに、私が泥除Ⅰ式装着法模式図（図1－8）を参考に作図した横鍬に装着した泥除（図1－9）に関しては、まだ結合資料が出土していない。昨年度末に刊行された青谷上寺地遺跡の木製農工具・漁撈具の研究報告書［君嶋ほか二〇一二］の作成を通じ、山陰地方独自の泥除とその装着法（図1－12－2）が明らかになった。形態は近畿地方の泥除Ⅰ式に似るが、柄孔位置が上に偏り、孔周囲の一方が平坦面をなす（泥除B類）。泥除B類は図1－12－2のように、泥除Ⅰ式とは前後を逆にして、広鍬前面に泥除の上部を密着させて固定する。固定法は北陸型（図1－11）にも通じるが、木取が異なる。このような泥除装着法が実在する以上、泥除Ⅱ式に関しても、図1－9とは前後を逆にして横鍬に装着した場合も含まれる可能性がまだ残っている。しかし、具体的な使い方（用途論）に関しては、結合資料が出土すれば白黒は決する。

即物的な装着法（用途論）においても、まだ未解決な問題が残っているのだから、使用目的（機能論）はなおさらである。泥除をどのように鍬に装着したのかという使用法認定（用途論）においては、出土した結合資料が決定権を握っていた。一方、泥除が鍬の使用者の顔にかかる泥水を防ぐという機能認定に関しては、民俗例が重要な意味をもつ。しかし、出土資料を集成し分析すると、以下に述べるような民具資料との決定的な乖離にも気づかずにはいられないのである。

まず第一に、民具資料における泥除はきわめて特殊な農具である。静岡県や福島県などの常時帯水している土壌条件がよほど悪い田圃で、荒起し用の打ち鍬として機能していたのが民具の泥除付風呂鍬だ。江戸時代後期の『農具便利論』の記載もほぼ同主旨である。ところが、弥生～古墳時代の泥除付広鍬や泥除付横鍬は、かなり普遍的な農具で、木鍬における狭鍬・広鍬の機能分化をふまえれば、決して打ち鍬ではありえない。また、水田稲作の初現期から灌漑技術に長じていたことが判明している現在、常時帯水するような泥田が弥生水田として普遍的だったとするかつての論はもはや通用しないはずだ。

私は『百姓伝記』巻五「農具・小荷駄具揃」の「鍬かさの事」に、「竹のひごを以組、鍬平より三四寸高く、柄に指て結を付、其結を以鍬の柄にゆふ付る。はば五六寸にして、長さ七八寸に及ぶべし。水田并こてぎり、ぼかすに、農夫の身に水どろかかるゆへ、鍬笠にて水とまり、かからざるやうにするなり。何国も同意なり。ていでいとも云也」（岩波文庫本）とあるのに注目し、弥生～古墳時代の泥除も、荒起し用ではなく「こてぎり、ぼかす」、すなわち荒起こしした後、水田に水を入れて土塊を砕くときに泥除付広鍬を使用したと考えた。この考えは今でも変わっていないが、民具資料とのギャップに関しては如何ともしがたい。

第二の問題は、泥除付広鍬あるいは泥除付横鍬が、古墳時代で姿を消してしまうことだ。七世紀以降に年代づけられる出土農具はさほど多くないが、それでも近年は類例が増えている。そのなかには泥除を装着した痕跡をもつ鍬はない。また、中世絵巻などに描かれた鍬をふるう姿や中世の文字史料にも、泥除付の鍬はまだ見つからない。私は四世紀末以降に出現した畜力耕具＝馬鍬が、上に推定した泥除付広鍬や泥除付横鍬の機能と共通することから、馬鍬の普及によって泥除付鍬が駆逐されたと考えた。この考えは今でも変わっていないが、それでは近世以降に確認できる泥除（鍬笠、ていでい）はいったいどこから生まれたのか。どこかの泥田地域で、ひっそりと生き残っていたのか。それとも、弥生〜古墳時代の泥除とは無関係に、あらたに採用されたものなのか。もし、近世以降の泥除が新しい道具ならば、それをもとに弥生〜古墳時代の泥除機能を類推し検討するという方法自体、「方法」として成立するのか。疑問はつきない。私が生きている間に、こうした疑問が解決するかどうかおぼつかないが、疑問を抱き続けることが、学問の進歩を促したことは古今東西の変わらぬ真理だと考えている。

参考文献

網干善教　一九六四年「京都深草弥生式遺跡の調査（第一次）」『日本考古学協会昭和三九年度大会研究発表要旨』

網干善教　一九六五年ａ「深草弥生式遺跡の調査」『龍谷史壇』第五四号、龍谷大学史学会

網干善教　一九六五年ｂ「深草遺跡出土木製鍬の一例について」『龍谷史壇』第五五号、龍谷大学史学会

鋳方貞亮　一九六五年『農具の歴史』日本歴史新書、至文堂

井上光貞　一九六五年『日本の歴史』第一巻、神話から歴史へ、中央公論社

上原真人　一九九三年「木器研究の方法と課題」『木器集成図録　近畿原始篇（解説）』奈良国立文化財研究所史料第三六冊、奈良国立文化財研究所

上原真人　二〇〇〇年「農具の変革」『古代史の論点①　環境と食料生産』佐原眞・都出比呂志編、小学館

上原真人　二〇〇八年「〈お稲荷さん〉よりも昔の稲作」『朱』第五一号、伏見稲荷大社社務所

上原真人　二〇〇九年「レプリカの威力—唐古遺跡出土斧柄の複製品をめぐって—」『木・ひと・文化—出土木器研究会論集—』

(財)大阪文化財センター　一九八五年『美園―近畿自動車道天理～吹田線建設に伴う埋蔵文化財発掘調査概要報告書―』大阪府教育委員会
金子裕之　一九八八年「〈エブリ〉型農具の再検討」『奈良国立文化財研究所年報一九八七』調査研究彙報
君嶋俊行ほか　二〇一二年『青谷上寺地遺跡出土品調査研究報告』八、木製農工具・漁撈具、鳥取県埋蔵文化財センター調査報告四七
黒崎　直　一九七〇年「木製農耕具の性格と弥生社会の動向」『考古学研究』第一六巻第三号、考古学研究会
黒崎　直　一九七六年「古墳時代の農耕具」『研究論集』Ⅲ、奈良国立文化財研究所
黒崎　直　一九八五年「くわとすき」『弥生文化の研究』五、道具と技術Ⅰ、雄山閣
黒崎　直　一九八八年ａ「耕作」『弥生文化の研究』二、生業、雄山閣
黒崎　直　一九八八年ｂ「西日本における弥生時代農具の変遷と展開」『日本における稲作農耕の起源と展開―資料集―』日本考古学協会設立四〇周年記念記念シンポジューム、日本考古学協会静岡大会実行委員会・静岡県考古学会（同シンポの口頭発表内容は、一九九一年に学生社により公刊）
潮見　浩　一九八八年『図解技術の考古学』有斐閣
滋賀県教育委員会文化財保護課　一九六八年『大中の湖南遺跡』
滋賀県文化財保護協会　二〇〇一年『中兵庫遺跡―一般県道山田・草津線単独改良事業に伴う埋蔵文化財発掘調査報告書―』滋賀県教育委員会
末永雅雄・小林行雄・藤岡謙二郎　一九四三年『大和唐古弥生式遺跡の研究』京都帝国大学文学部考古学研究報告第一六冊
杉原荘介・大塚初重　一九六一年「二四　京都府深草遺跡」『日本農耕文化の生成』日本考古学協会編、東京堂出版
富山県埋蔵文化財センター　一九八四年『北陸自動車道遺跡調査報告―上市町木製品・総括編―』上市町教育委員会
都出比呂志　一九六七年「農具鉄器化の二つの画期」『考古学研究』第一三巻第三号、考古学研究会
奈良国立文化財研究所　一九九三年『木器集成図録　近畿原始篇』奈良国立文化財研究所史料第三六冊
(財)米子市教育文化事業団　二〇〇三年『目久美遺跡Ⅸ・Ⅹ』(財)米子市教育文化事業団文化財発掘調査報告書四五

力武卓治・大庭康時　一九八七年『那珂久平遺跡Ⅱ』福岡市埋蔵文化財調査報告書一六三集、福岡市教育委員会
渡辺　誠　一九八五年「ヨコヅチの考古民具学的研究」『考古学雑誌』第七〇巻第三号、日本考古学会

第二節　農具の変遷
—鍬と鋤—

弥生~古墳時代における農具の研究は、黒崎直氏が先鞭をつけた。最近では各地の資料が大幅に増え、木製農具の地域差や普及の時期差を明らかにするなど、新たな成果を生みだしている。しかし、いかなる考古資料を扱う場合にも、一地域における集成・分類作業と組成・変遷の検討とが基礎になる。地域差論や伝播論のように、広範な地域を包括する議論が抬頭している時こそ、改めてその基礎作業をおこなう必要があるだろう。

奈良国立文化財研究所では、近畿各府県市町村の協力を得て、近畿地方で出土した縄文~古墳時代木器の集成図録を作成中である。以下、その編集の過程で気づいた近畿地方を中心とした弥生~古墳時代の鍬と鋤の機能分化と変遷を概観する。叙述に際しては、弥生・古墳時代とも前期・中期・後期の三期に区分し、「弥生前期」「古墳中期」のように略称する。また、紙数の都合で具体的な出土遺跡名は割愛し、付図に鍬・鋤の各型式を概念化して示す。概念図なので必ずしも実物に即していないが、図2-1中の番号をカッコ内に示して具体例に代える。

1　鍬の大別

鍬は身と柄とから成る。以下、身の材質、柄の形態と着柄法、身の形態の三つの属性にもとづいて鍬を大別する。鍬身《くわみ》は材質によって、刃先まで木でできた木鍬《きぐわ》、刃先だけ鉄でできた風呂鍬《ふろぐわ》、すべて鉄でできた金鍬《かなぐわ》に大別できる。古墳前期に刃先がフォーク状になった金鍬も出現するが、弥生前期~古墳前期における近畿地方の鍬は木鍬が主流であり、古墳中期に至ってようやく風呂鍬が一般的になる(21)。以下の検討対象は、原則として木鍬である。

鍬柄《くわえ》はいずれも木でできている。弥生～古墳時代の鍬は、柄の形態によって直柄鍬《なおえぐわ》と曲柄鍬《まがりえぐわ》とに大別できる。直柄鍬とは身にあけた柄孔に、まっすぐな棒状の柄の頭部をさしこんだ鍬（1～18）、曲柄鍬とは身の上にのびる着柄軸に屈曲した柄の頭部を緊縛した鍬（19～23）である。着柄《ちゃくへい》法に注目するならば、直柄鍬を柄結合鍬《ほぞけつごうぐわ》、曲柄鍬を紐結合鍬《ひもけつごうぐわ》と呼びかえることもできる。

曲柄鍬身の一部（20・21・23）を「ナスビ形着柄鋤」と呼び、鋤身と理解する説があった。現在でも、これを鍬・鋤身に兼用したと考える説は根強い。鍬鋤兼用説を否定しさるのは難しいが、原則として鍬身に使用したと考えたほうが、少なくとも近畿地方における鍬・鋤の機能分化や変遷が整合的に理解できる。また、日本の稲作文化は完成した形で渡来し、さまざまな農具も初めから機能分化を遂げていたことが指摘されている。それを前提に発達した農具が、途中で鍬鋤兼用に逆行したとは、よほどの理由がない限り納得できない。曲柄鍬身を鋤のように着柄した場合、「踏みこむ」機能や「すくう」機能において、同時期に存在した確実な鋤（33・36・37）と比べて著しく劣ることは明らかである。たとえ、鋤のように着柄した曲柄鍬身が出土したとしても、それは「転用」と理解するべきで、鍬鋤「兼用」と考えるのは妥当ではない。

曲柄鍬の柄には、頭部が身の刃先に向って長く屈曲する膝柄《ひざえ》（28）と、刃先と逆方向に頭部がそりかえった反柄《そりえ》（29）とがある。年代や共伴例からみて、膝柄は笠部が未発達な曲柄鍬身（19・22）、反柄は笠部が発達したいわゆる「ナスビ形農具」（20・21・23）を装着した可能性が高い。両者の相関性はまだ確実とはいえないが、ここでは前者を膝柄鍬、後者を反柄鍬と仮称しておく。曲柄鍬は膝柄鍬と反柄鍬との総称である。

鍬身の形態に関しては、刃先がフォーク状になった鍬（17・18・22・23）を叉鍬《またぐわ》と呼ぶのに対し、普通の刃先の鍬（1～13・19～21）を平鍬《ひらぐわ》と呼ぶ。直柄平鍬（1～13）・直柄叉鍬（17・18）の身は、刃先に対して直交方向（上下方向）に木理が通る。また、直柄平鍬身では横幅より縦の長さが長い。これに対し、刃先に平行（左右方向）に木理が通る直柄鍬（14～16）を、横鍬《よこぐわ》と呼んで区別する。通常の直柄横鍬は、横幅が縦の長さよりも長い。いわゆる「えぶり」

は直柄横鍬に含まれる。

なお、直柄鍬のなかには、身に対して鈍角に着柄したものがある（2・3）。これを「踏み鋤」と理解することもあるが、本稿では鍬に含めて論を進める。また、鋭角に着柄した場合、通常の直柄鍬身は、柄孔周囲に隆起のある面が使用者の反対を向く。例外もあるが、これを「後面」と呼び、刃先を下にして直柄鍬における前後左右上下を表記する。曲柄鍬身では、柄の装着面に密着する面を平坦にしあげているので、それを「前面」と呼び、刃先を下にして同様に位置が表記できる。

2　直柄平鍬の変遷

直柄平鍬が刃幅によって狭鍬《せまぐわ》と広鍬《ひろぐわ》とに分類できることは先学が指摘している。近畿地方で出土した弥生～古墳時代の直柄平鍬（未成品を除く）における刃幅の分布は、一〇～一三cmと一九～二二cmの二ヶ所にピークがある。刃幅一五cm前後を両者の境界と仮定すると、身の平面形などの属性によって、近畿地方出土の直柄平鍬（1～13）は、狭鍬四種、広鍬七種の計一一型式に細分できる。各型式の説明は省略するが、平面形において狭鍬に固有の形態をとる狭鍬Ⅰ式（1）・狭鍬Ⅲ式（3）、広鍬に固有の形態をとる広鍬Ⅰ式（5）・広鍬Ⅲ式（7）・広鍬Ⅴ式（9）・広鍬Ⅵ式（10）・広鍬Ⅶ式（11・12）に対し、狭鍬Ⅱ式（2・13）と広鍬Ⅱ式（6）、狭鍬Ⅳ式（4）と広鍬Ⅳ式（8）は平面形では各々大差がなく、刃幅の大小で広鍬と狭鍬とに区別できるにすぎない。

広鍬に固有の形態である広鍬Ⅰ式（5）は弥生前期～弥生中期初頭、広鍬Ⅲ式（7）と広鍬Ⅴ式（9）は弥生中期、広鍬Ⅶ式（12）は弥生後期～古墳前期に各々盛行する。平面形を見ても、広鍬Ⅰ式→広鍬Ⅲ式→広鍬Ⅴ式→広鍬Ⅶ式という変遷が想定でき、刃幅をほぼ一定に保ちつつ、頭部が小さくなったことがわかる。広鍬Ⅵ式（10）は広鍬の序列のなかで主流にならなかったが、広鍬Ⅴ式から派生した形態であろう。この広鍬に固有の序列においては、その大部分の個体で泥除《どろよけ》を装着した痕跡がある。
泥除（24〜27）はかつて「丸鍬」と呼ばれ、単体で鍬として機能すると考えられていた。しかし、福岡県那珂久平《なかきゅうひら》遺跡において、直柄平鍬と組み合って出土し、泥除として機能することが判明した。一七世紀後半に成立した農書である『百姓伝記』では、竹で編んだ泥除（停泥《ていでい》）を「鍬笠《くわかさ》」と呼んでおり、粘質土の水田で水を張って土塊をくだきこなす時、鍬笠をかぶせると農夫に水どろがかからないで作業が進むと述べている。

近畿地方で出土する弥生〜古墳時代の泥除は四型式に細分できる。このうち泥除Ⅳ式（27）は弥生後期の北陸地方で盛行した形態で、近畿地方では滋賀県のみで出土している。また、泥除Ⅱ式（25）は直柄横鍬に装着したもの（15）で、弥生後期〜古墳中期に属する。したがって、近畿地方における直柄平鍬に装着した主要な泥除はⅠ式（24）およびⅢ式（26）である。泥除Ⅰ式（24）は弥生前・中期に盛行し、泥除Ⅲ式（26）は弥生中期末に出現、弥生後期〜古墳前期に盛行する。

一方、直柄平鍬身にある泥除装着のための装置には、柄孔の左右に小孔を穿ち両側面に小突起をつくるもの（5）、前面の柄孔直上に突帯を作るもの（7）、前面の柄孔上方に突帯を作り柄孔の左右に小孔を穿つもの（11）、前面の柄孔上方に蟻溝《ありみぞ》を彫ったもの（9・10・12）がある。5・7の装置には泥除Ⅰ式（24）を装着する。5が先行し、弥生前期末に7が出現、弥生中期には7が一般的である。11の装置には北陸型の泥除Ⅳ式（27）を装着する。弥生後期〜古墳前期。9・10・12の装置には泥除Ⅲ式（26）を装着する。弥生中期末に出現し、弥生後期〜古墳前期に盛行する。なお、付図では広鍬Ⅴ式に泥除Ⅲ式を装着したが（9）、これは広鍬Ⅴ式の末期的様相。これに先行する大部分の広鍬Ⅴ式は、7と同様、前面の柄孔直上に突帯をもち、泥除Ⅰ式を装着する。

以上の泥除装着装置は、一部の広鍬Ⅳ式や狭鍬Ⅱ式にも稀にあるが、基本的には広鍬Ⅰ・Ⅲ・Ⅴ・Ⅵ・Ⅶ式に多い。とくに広鍬Ⅶ式（12）は、ほとんどすべての個体が蟻溝の泥除装着装置をそなえている。なお、泥除Ⅱ式（25）は直柄横鍬に装着した（15）。身の装着装置は前面上端の突帯と上端両脇の小孔で、泥除の形態や装着法は、泥除Ⅰ式

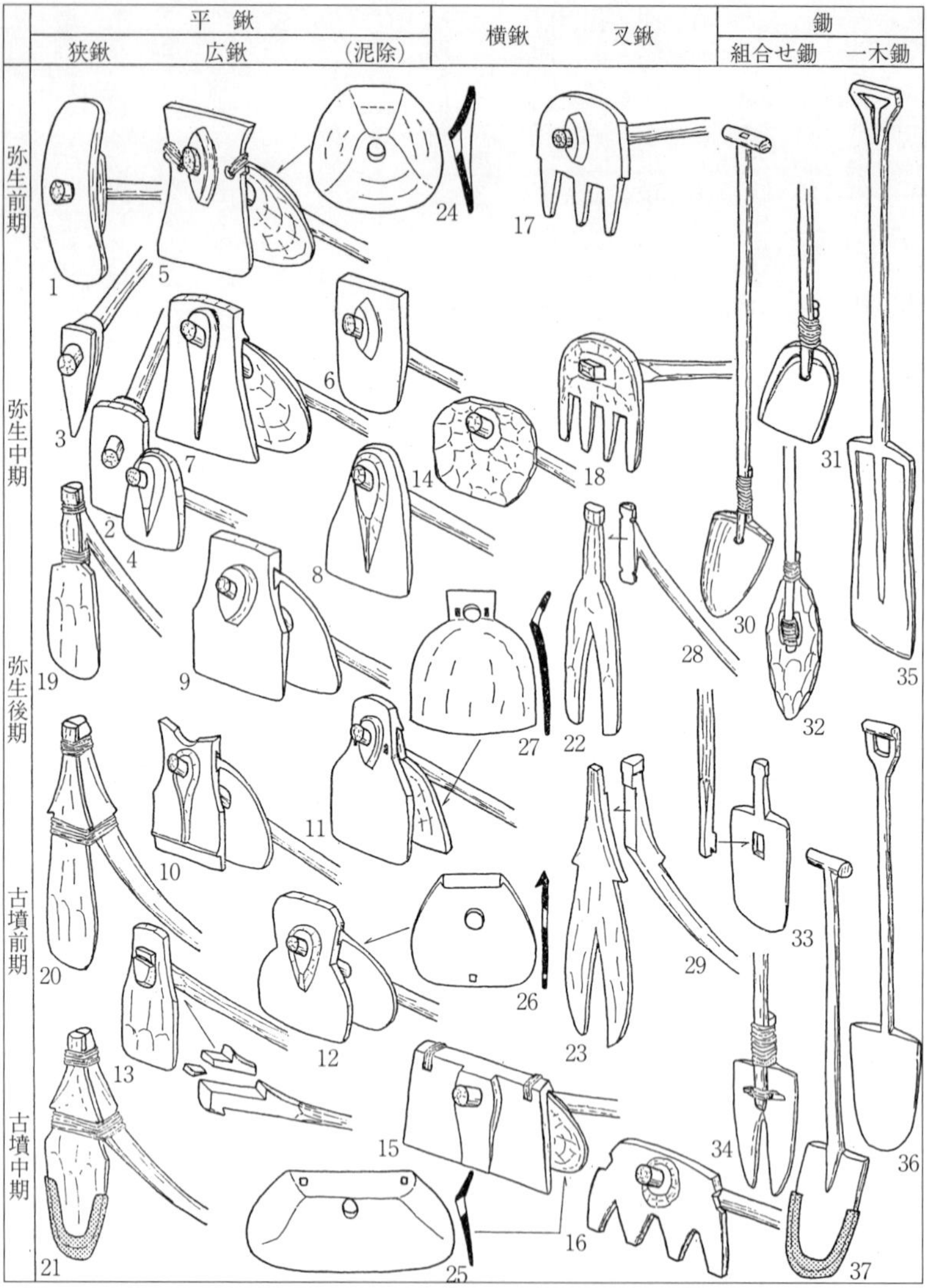

図2－1　弥生～古墳時代の近畿地方における鍬と鋤の変遷概念図

1 狭鍬Ⅰ式　2 狭鍬Ⅱ式　3 狭鍬Ⅲ式　4 狭鍬Ⅳ式　5 広鍬Ⅰ式　6 広鍬Ⅱ式　7 広鍬Ⅲ式　8 広鍬Ⅳ式　9 広鍬Ⅴ式　10 広鍬Ⅵ式　11 広鍬Ⅶ式（北陸型）　12 広鍬Ⅶ式　13 狭鍬Ⅱ式（九州型）　14 横鍬Ⅰ式　15 横鍬Ⅱ式　16 横鍬Ⅲ式　17・18 直柄叉鍬　19 膝柄平鍬　20 反柄平鍬　21 反柄平鍬（風呂鍬）　22 膝柄叉鍬　23 反柄叉鍬　24 泥除Ⅰ式　25 泥除Ⅱ式　26 泥除Ⅲ式　27 泥除Ⅳ式　28 鍬膝柄　29 鍬反柄　30・31 組合せ式屈折鋤　32・33・34 組合せ式直伸鋤　35・36 一木式直伸鋤　37 一木式屈折鋤

(24)とその装着法（5・7）をほぼ踏襲している。盛行年代は弥生後期～古墳中期で、泥除Ⅲ式（26）とほぼ並存している。何ゆえ二種類の泥除と装着法が、近畿地方で共存したのか――考えあぐねていたら、同僚の岩永省三氏が答えを教えてくれた。曰く、泥除Ⅲ式の蟻柄《ありほぞ》と広鍬Ⅴ・Ⅵ・Ⅶ式にみる蟻溝との結合は、きわめて強固で取りはずしも簡単という利点があるが、長い蟻溝を彫ってこれに適合する蟻柄をつくるのは困難。この結合法は、広鍬が刃幅を保ちつつ頭部を縮小したことを前提に成立した。横幅の広い横鍬では、蟻溝・蟻柄で泥除を装着するよりも、両端を紐留めしたほうが工作が容易で、しかも効果的であったろうし。

以上述べたように、直柄平鍬のうちの広鍬は、弥生前期から古墳前期に至るまで、形態的に独自の系譜をたどることができ、泥除を装着するという共通性から、機能的にも連続していたと判断できる。これに対し、近畿地方における狭鍬は、固有な形態をもつ狭鍬Ⅰ式（1）・狭鍬Ⅲ式（3）は弥生中期に終焉し、刃幅だけで広鍬と区別できる狭鍬Ⅱ式や狭鍬Ⅳ式を含めても、弥生後期以降に属する狭鍬はほとんどない。稀に刃幅一五㎝以下の直柄平鍬もあるが、それらは泥除装着装置をもつ広鍬の再利用品や、柄孔が方形の九州系直柄鍬（13）である。要するに、近畿地方の直柄平鍬においては、狭鍬は弥生中期で消滅する。

狭鍬と広鍬との識別は、鍬の機能分化を理解するために提起された。その一方が早々と終焉してしまうのは、一見不可解に思われる。ここで登場するのが曲柄鍬である。

3　曲柄鍬の変遷

曲柄鍬には笠部が未発達な膝柄鍬（19・22）と笠部が発達した反柄鍬（20・21・23）とがあり、前者から後者へ移行したことは町田章氏がすでに指摘している。近畿地方では、膝柄鍬は弥生中期に出現し古墳前期まで存続、反柄鍬は弥生後期に出現し奈良時代まで存在が確認できる。また、近畿以東における膝柄鍬から反柄鍬への移行時期差に関し、

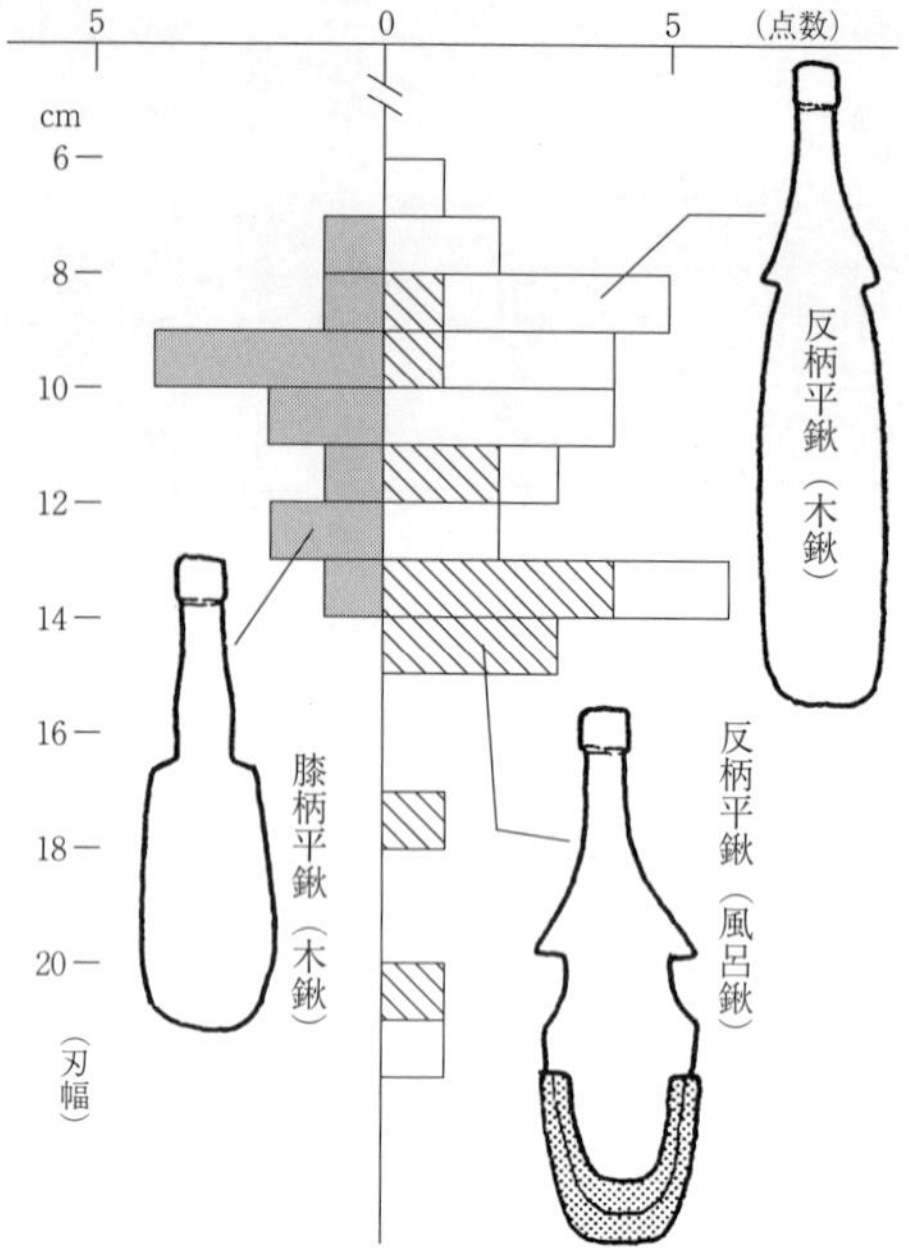

図2－2　近畿地方における曲柄平鍬の刃幅の分布（弥生〜古墳時代）

樋上昇氏の研究がある。本稿では曲柄鍬身の細分は割愛し、主に刃幅に注目して近畿地方における膝柄鍬から反柄鍬への流れを機能論的立場で概観する。

膝柄平鍬（19）および鉄刃装着痕跡のない反柄平鍬（20）の刃幅は、九～一一cmをピークとする正規分布をなし、直柄平鍬における狭鍬の刃幅を継承している。身や柄に泥除を装着した痕跡がない事実も、機能的に狭鍬と連続することを示す。ところが、鉄製U字形刃先を装着した痕跡をもつ反柄平鍬（21）の刃幅は一四～一五cm付近に集中し、鉄刃の装着が一般化すると、刃幅が大きくなったことがわかる。ここでは、鉄刃装着で威力が増し、刃幅を広げることが可能になったと解釈したい（図2－2）。

一方、曲柄叉鍬には平鍬とやや異なった傾向がある。膝柄叉鍬（22）の刃幅は一〇～一三cmをピークとする正規分布をなし、膝柄平鍬（19）の刃幅より若干広い。しかし、反柄叉鍬（23）の刃幅は一四～一六cmをピークとする正規分布をなし、著しく大型化している（図2－3）。以上の事実から次の推論が生まれる。曲柄平鍬と曲柄叉鍬とは明確な法量差のもとに製作しており、曲柄平鍬の刃先をフォーク状に加工すれば曲柄叉鍬になるというわけではなかった。つまり、曲柄鍬における平鍬と叉鍬との形態差は、きわめて明確な目的意識（機能差）のもとで成立していた。とくに、膝柄鍬から反柄鍬への移行においては、叉鍬の法量拡大が変遷を促した一つの原因であった可能性が強い。

要するに、曲柄鍬は直柄平鍬における狭鍬機能を継承したが、それにとどまるものではなかった。膝柄平鍬（19）が出現した弥生中期から、膝柄叉鍬（22）が何らかの機能差のもとに共存していた。その後の曲柄鍬の変遷には二つの画期があった。第一の画期は、弥生後期における反柄鍬（20・23）の出現である。この画期では叉鍬の刃幅が拡大する。第二の画期は、古墳中期における反柄平鍬の風呂鍬化（21）である。ここで平鍬の刃幅が拡大し、弥生前期以来の刃幅による狭鍬と広鍬との区別は解消する。

上述した第二の画期は、別の重要な変革をともなった可能性がある。すなわち、反柄平鍬の系譜は七～八世紀までたどれるのに対し、反柄叉鍬および泥除を装着した直柄平鍬（広鍬）には、古墳中期以降の事例がほとんどない。古墳中期以降の出土農具は、古墳前期までに比べて絶対量が少ないので、今後、事実関係をさらに確認していく必要があるが、反柄平鍬に鉄製U字形刃先がついた結果、反柄叉鍬や泥除を装着した広鍬の存在意義がなくなったとは考えにくい。筆者はその契機として、畜力を使った馬鍬（代掻き）の導入を想定している。つまり、弥生前期から古墳前期に至るまで、水田の耕起には狭鍬（1～4・13・19・20）や広鍬の一部（6・8）を用い、掘り起した土塊をくだくのに叉鍬（17・18・22・23）、水を張った状態で土塊をさらに細かくこなし表面を均すのに泥除をつけた広鍬（5・7・9～12）を用いた。しかし、古墳中期以降、馬鍬の導入によって、土塊をくだきこなす人力農具の使用範囲が狭

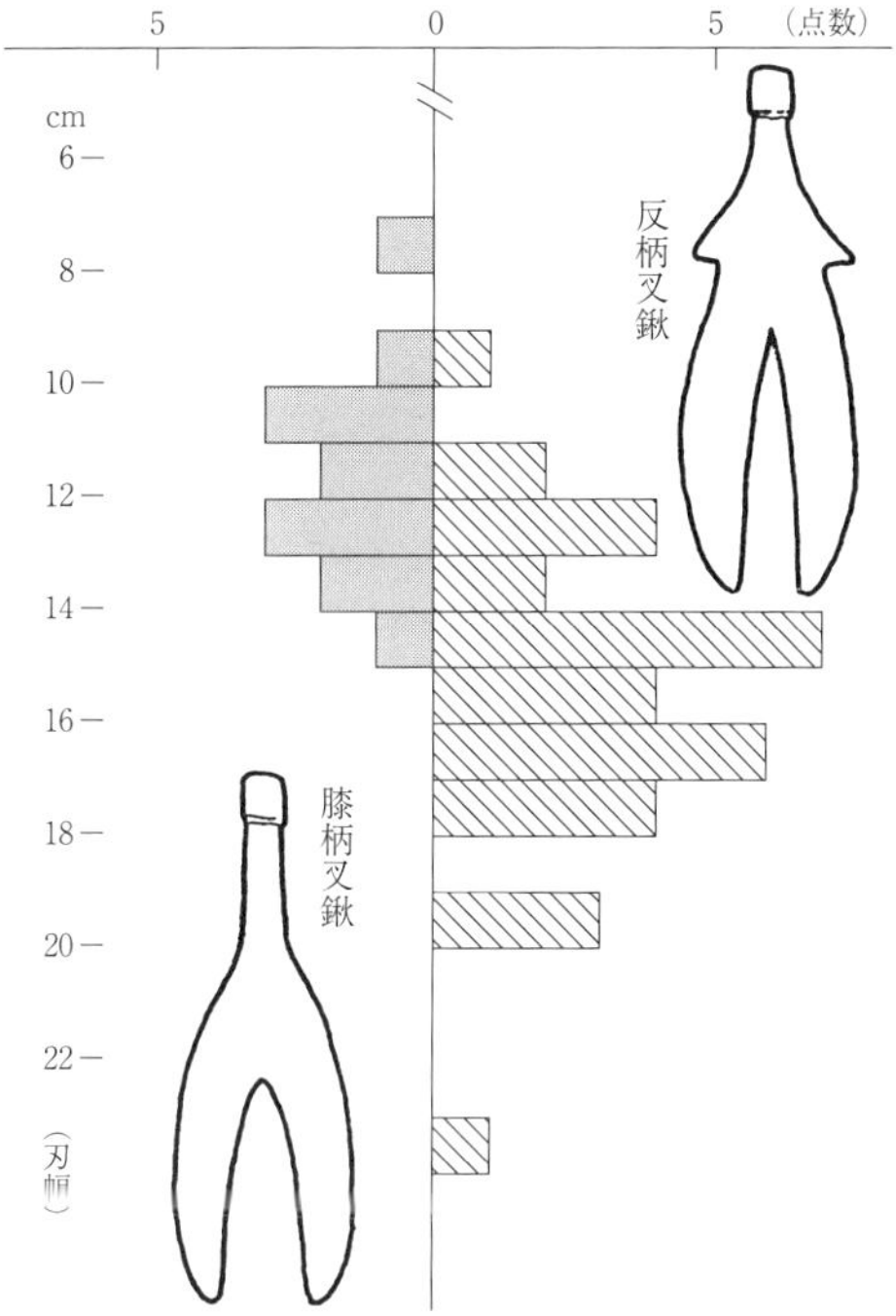

図２－３　近畿地方における曲柄叉鍬の刃幅の分布（弥生～古墳時代）

まった。すなわち、耕起には鉄製U字形刃先のついた反柄平鍬（21）を用い、水を張って掘り起した土塊を馬鍬で細かくこなし、横鍬（15・16）で表面を均すという方式が主流になった、と筆者は想像している。

4　鋤の機能と変遷

弥生～古墳時代の農具の主流は鍬で、鋤は土木具的性格が強い。方形周溝墓のまわりから鋤がよく出土するのも、その表れである。もちろん、耕起には鋤も威力を発揮するが、掘り起した土塊を細かくする作業に鋤はむかない。また、掘り起こした土をすくい移動させることは、鍬にはない鋤の重要な機能である。

鋤も身と柄とから成り、身の材質、身の形態、柄と身のつき方などで大別できる。まず、身の材質に関しては、木鋤・風呂鋤・金鋤に大別でき、古墳中期以降に鉄製U字形刃先を装着した風呂鋤（37）が一般化する点は鍬と同様である。ただし、刃幅はそれ以前の木鋤と大差がなく、反柄平鍬とは異なり、鉄刃装着にともなって刃幅は拡大しない。当初、木鋤の刃幅にあわせて鉄製U字形刃先を作り、その鉄刃幅にあわせて反柄平鍬の刃幅を拡大した可能性もあるが、風呂鋤の普及が風呂鍬に先行した証拠はない。以下、原則として木鋤が検討の主な対象となる。

鋤身の形態に関しても、鍬身の場合と同様、普通の刃先の平鋤（30～33・35～37）とフォーク状になった叉鋤（34）とに大別できる。北九州や山陰地方には、入念に作った三叉鋤や四叉鋤もあるが、近畿地方の叉鋤は二叉鋤ばかりで絶対量も少ない。しかも、その形態は平鋤の刃先を二次加工したように思われる（34）。法量的にも、叉鋤の刃幅は平鋤の刃幅が分布する範囲内で散在する。つまり、弥生～古墳時代の近畿地方では、平鍬と叉鍬は形態的・法量的に明確に異なり、製作当初から機能差を意識しているのに対し、平鋤と叉鋤との間ではその意識が稀薄であった。叉鋤の絶対量が少ないことも、農具や土木具の体系において確たる位置を占めていなかったことを示す。したがって、以下、平鋤を中心に論を進める。

柄と身のつき方に関しては、二種類の属性で大別する必要がある。一つは柄と身の材が一緒か否かという属性で、柄と身が別の材から成る組合せ鋤（30～34）と、一つの材から成る一木鋤（35～37）とに大別できる。もう一つの属性は、側面から見た時に柄と身とがなす角度で、ほぼまっすぐな直伸鋤（32～36）と鈍角をなす屈折鋤（30・31・37）とに大別できる。

弥生前～中期の組合せ鋤は、原則として屈折鋤であった（以下「組合せ式屈折鋤」のように略称する）。その鋤身を側面から見ると、着柄軸と刃部とが鈍角をなし、刃部には着柄軸の延長上に柄孔があく（柄孔は必ずしも貫通しない）。柄はまっすぐな棒状をなし、下端を柄孔にさしこみ、その上を着柄軸にそえて緊縛する（30・31）。この種の鋤身はつくりが入念で、刃部横断面は後面（使用時に使用者と反対を向く面）が内弯し、いかにも土をすくい取るのに適した格好をしている。なかには、刃先以外の刃部周縁が立ちあがり、肩が丸味を帯び、踏みこんで掘削する道具としては不適当な形態のもの（31）もある。つまり、弥生前～中期に主流をなす組合せ式屈折鋤は、掘削具というよりも、土をすくい取る機能にすぐれていた可能性が強い。これは刃幅と柄の長さという別の属性でも証明できる。

一木鋤の刃幅は一五～一七㎝をピークとする正規分布をなし、二〇㎝を超えるものは少ない。これに対し、組合せ式屈折鋤の刃幅は一六～二〇㎝の間に集中し、二〇㎝を超える例も少なくない。つまり、組合せ式屈折鋤は他の鋤よりも刃幅が広い。これは刃部後面が内弯することとともに、土をすくい取る機能を意識した属性と考えられる。

また、一木鋤の柄長（柄の把手の上端から身の上端までの長さ）は七〇～八〇㎝をピークとする正規分布をなし、一ｍを超える例は皆無である（図２－４）。一方、組合せ式屈折鋤で完存する柄を装着したまま出土した例は稀であるが、柄だけの完存例や不完全ながらも柄を長く残す例を勘案すると、柄長一ｍ前後のものが半数以上を占める可能性が高い。鋤身の肩を踏んで刃先を土にくいこませる場合、柄長は七〇㎝前後が手ごろで、長すぎると扱いにくい。しかし、土をすくい取って遠くにはねのける作業では、柄長が長ければ、それなりのメリットがある。

さらに、身に対して柄が鈍角にとりつくという屈折鋤の特徴自体も、土をすくい取る機能に関係があるかもしれな

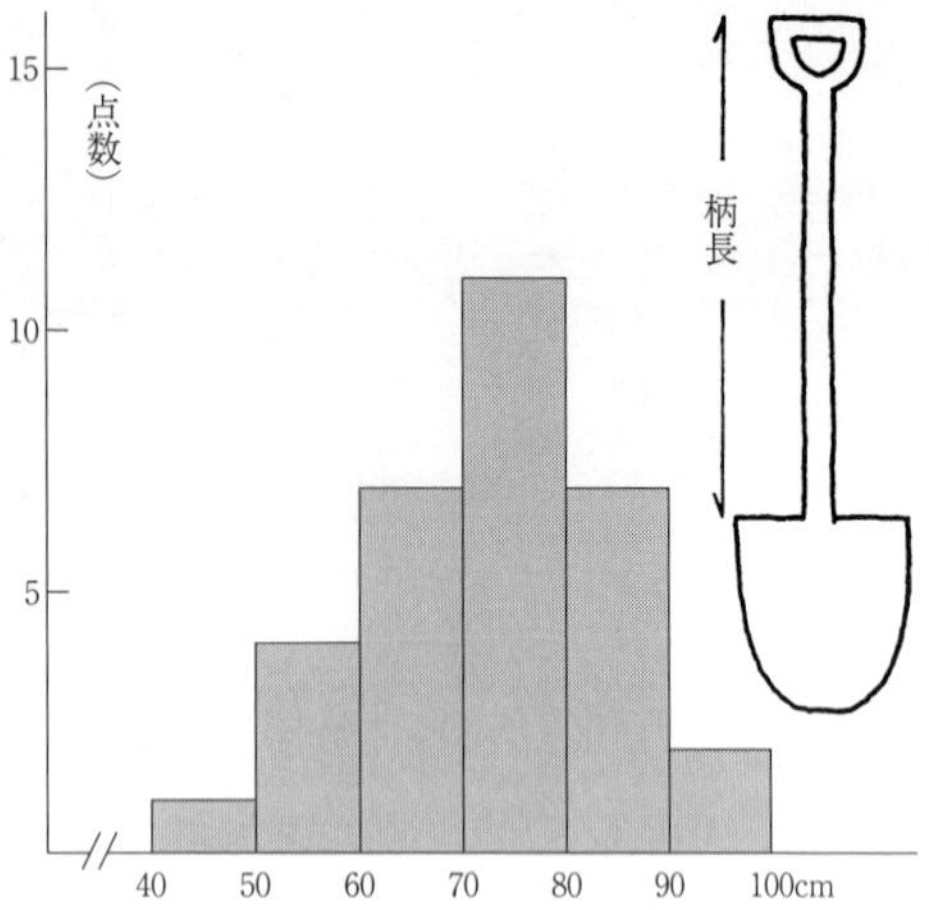

図2－4　近畿地方で出土した弥生～古墳時代における一木鋤の柄長の分布

い。古代中国では風呂鋤のことを耒耜《らいし》と呼ぶ。耒《らい》は柄、耜《し》は鉄の刃先で、刃先をはめこむ台を庛《し》あるいは耨《どう》という。『周禮』冬官考工記は「堅地欲直庛、柔地欲句庛、直庛則利推、句庛則利發」と記す。要するに、直伸鋤は堅い土を掘るのに適し、屈折鋤は軟らかい土をはねのけるのに適しているという意味であろう。

弥生前~中期の組合せ鋤身は、側面から見た着柄軸と刃部とが鋭角をなすのに対し、弥生後期以降の組合せ鋤身は両者が直線をなす。その着柄法には、刃部に双孔を穿ち、着柄軸部とあわせて二ヶ所で緊縛する例(34)もあるが、普通は刃部中央に方形の柄孔をあけ、柄の下端前面に出柄を作りだして結合し、着柄軸部で緊縛する(33)。付図(33)のような柄に装着すれば直伸鋤になるが、実際には柄が屈曲していて、着柄すると屈折鋤になる場合もある。なお、刃部に双孔を穿ち、二ヶ所で紐結合する細身の「鋤身」(32)は弥生中期初頭から存在する。ただし、この種の「鋤身」は針葉樹でできている例もあり、「刃先」が尖っている点、近畿地方では大阪湾沿岸と琵琶湖沿岸に分布が集中する点などから、櫂《かい》の可能性がある。また、芋本隆裕氏は膝柄に装着する鍬身の可能性を指摘している。

いずれにしても、弥生前~中期に主体を占めた組合せ鋤は弥生後期以降は減少し、主体を一木鋤にゆずる。弥生前期~弥生中期初頭の一木鋤は直伸鋤で、全長が長く、身の後面周縁が立ちあがり、やはり土をすくい取るのに適した格好をしている(35)。しかし、その絶対量は組合せ式屈折鋤に比べて少ない。弥生中期中葉以降、一木鋤の増加にともない、一木式屈折鋤も現れるが、一般的になるのは古墳時代になってからである(37)。古墳中期には、一木鋤における屈折鋤と直伸鋤（36）の量は、ほぼ伯仲する。

以上に概観した弥生～古墳時代の近畿地方における鋤の変遷像には、まだ検討の余地が多く、これをもとに鋤の機能論を展開するのは時期尚早である。しかし、筆者は、弥生前～中期の鋤は土をすくい取りはねのける点に機能の主眼があり、弥生中期以降、現代のスコップと同様、肩を踏んで刃先を土にくいこませ、次の動作で土をはねのけるという機能が重視されるようになったと想像している。

かつて、アフガニスタンで発掘に参加した時、作業員の使うスコップの柄が異常に長いことに眼をむいた。さらに驚いたのは、彼らは土を掘ろうとはせず、別の作業員がツルハシで砕いた土をすくい取ることに専念していた。何という非能率かと業を煮やして日本の短い柄のスコップを握り、踏みこもうとしたが堅くしまった土には文字通り刃が立たない。結局、彼らの作業段取が合理的だと納得した。

その眼で弥生前～中期の狭鍬（1・3）を見れば、これはまさにツルハシではないか。見るからに頑丈な鍬身（1）を、先学が「開墾具」と呼んだのも肯定できる。しかし、弥生中期にこの種の狭鍬は姿を消し、曲柄平鍬（19）が狭鍬的機能を継承する。しかし、曲柄鍬身はいずれも薄い板でできており、ツルハシ的機能まで継承したとは考えられない。さらに、一方では、鋤は単にすくい取る機能から、踏みこみ、すくい取る機能を強めていく。

弥生時代の木製農具に関し、弥生前～中期には入念かつ頑丈に作られていたのに、弥生中期後半以降、貧相なものに代わっていくという指摘がある。しかし、これを退化現象として消極的に評価するのは正しくない。作りが入念であるのは、逆にいえば、作るのに過剰な手間をかけていることを示し、頑丈にみえる厚手の農具は、逆にいえば、作業する者には重く疲れやすい道具なのである。『百姓伝記』巻五の「農具・小荷駄具揃」においては、損じにくい丈夫な農具を勧める一方で、不必要に頑丈な農具を排し、適材適所、作業能率がよく「くたびれ少ない」農具の必要性をくりかえし述べている。こうした改良を弥生人が加えなかったはずがない。退化現象にみえる木製農具の変遷も、基本的には不必要に入念な部分や不必要に頑丈な部分を排除していった結果と理解すべきであろう。広鍬が刃幅を一定に保ちつつ、頭部を縮小していったのはその好例である。鋤機能の変遷も、他の農具や土木具の変遷と連動させれば、同様の視点から理解できると思う。

〔付記〕　本稿（一九九一年時点）における「叉鍬」表記は、『木器集成図録　近畿原始篇』〔一九九三年三月②〕において「又鍬」に変更した。本文で述べたように、フォーク状の刃先の鍬がマタグワだ。マタは枝分かれしたという意味だから「股」や「叉」の字を当てるのが正しい。しかし、「股」は人体部分を示すので、三つ以上に分かれた刃先を想起しにくい。一方、「叉」は三叉路では「サ」と音読する。だから、本義とややずれるが、考古資料の表記法で一般化している「又鍬」表記に従った。

参考文献

芋本隆裕　一九八七年『鬼虎川の木質遺物―第七次発掘調査報告書　第四冊―』東大阪市文化財協会

金子裕之　一九八八年「調査研究彙報・『エブリ』型農具の再検討」『奈良国立文化財研究所年報一九八七』

黒崎　直　一九七〇年「木製農具の性格と弥生社会の動向」考古学研究、一六―三

黒崎　直　一九八五年「くわとすき」『弥生文化の研究』五

黒崎　直　一九八八年「西日本における弥生時代農具の変遷と展開」『日本における稲作農耕の起源と展開―資料集―』日本考古学協会静岡大会実行委員会

河野通明　一九九〇年「馬鍬の伝来―古墳時代の日本と江南―」列島の文化史、七

樋上　昇　一九八九年「木製農耕具の地域色とその変遷―勝川遺跡出土資料を中心として―」『年報昭和六三年度』愛知県埋蔵文化財センター

福岡市教育委員会　一九八七年『那珂久平遺跡Ⅱ』

町田　章　一九八一年「ＳＤ六〇三〇出土木製品の検討」『平城宮発掘調査報告Ⅹ』

第三節　木製容器の種類と画期

1　製作技術による木製容器の分類とその初現

木製容器の大別

木でできた容器は製作技法によって、刳物《くりもの》・挽物《ひきもの》・指物《さしもの》（板物《いたもの》）・曲物《まげもの》・結物《ゆいもの》に大別できる。刳物は手斧《ちょうな》などの刃物で、材を刳り抜いて形を整えた容器。挽物は粗加工した材を、木工用轆轤《ろくろ》によって回転成形した容器。指物は板材を枘《ほぞ》・紐（樹皮）・釘・接着剤などで組み立てた容器。曲物は薄く割り裂いた板を筒状にまるめて側板とし、その径に合わせて切断した底板を紐（樹皮）・釘・接着剤などで結合した容器。結物は湾曲した短冊形の板を底板に沿って筒状に並べ、箍《たが》で締めた容器である。なお、薄板の代わりに、樹皮をまるめて側板とした容器も曲物の範疇に含めることもある。しかし、樹皮加工技術は木材加工技術とは別物と理解したほうがよい。

刳物と挽物

日本では、結物（桶や樽）の出現は中世（平安末～鎌倉）に降るが、刳物・挽物・指物・曲物は古墳時代までに出現していた。とくに刳物の出現は縄文時代にさかのぼる。一方、挽物は現在では弥生時代に出現したと考えられている。しかし、出土した木製容器を観察して刳物と挽物とを厳密に区別するのは必ずしも容易でない。一般には、轆轤の爪跡や回転成形痕（轆轤目）を残す回転体の容器は挽物　平面が楕円形や方形を呈する非回転体の容器は刳物と判断できる。しかし、轆轤の爪跡や轆轤目がはっきり残る挽物はむしろ粗製品で、漆器をはじめとする精製品では、表面を磨いて轆轤目を消したり、爪跡を残さない工夫をこらす場合が多い。また、出土木器は歪んでいることが多く、回転体か否かを判断するのも難しい。とくに成形工程のごく一部に木工用轆轤を利用した精製品では、その事実を確認しにくい。

挽物の初現

かつて、奈良県唐古遺跡（現在の唐古・鍵遺跡）で出土した高杯・鉢などの木製容器に挽物が含まれていると判断した小林行雄は、木工用轆轤の初現は弥生Ⅰ期までさかのぼると主張し［末永・小林・藤岡一九四三］、轆轤目が残る具体例として弥生Ⅳ期の高杯（図３－１－１）をあげた［小林一九六二］。これに対し、静岡県登呂遺跡や山木遺跡で出土した木製容器には轆轤を使った製品はないと判断した後藤守一は、小林の見解に対して疑問を投げかけた［日本考古学協会一九五四］。これに対し、小林は、後藤が疑問を抱くのは「実際の遺物を見ていないからである」と一蹴した［小林一九六二］が、図３－１－１を見ても挽物か否かはなかなか判断しにくい。

一九八〇年、石川県西念南新保遺跡で出土した弥生Ⅴ期の高杯杯部（図３－１－２）は、内外面を轆轤で成形した後、口縁の耳や外面の六花文の浮彫を手で彫刻して仕上げたものと報告された［宮本一九八二］。その論拠となった「轆轤目」は、成田寿一郎の観察によって否定された［成田一九八四］。しかし、工楽善通はＣＴスキャンを駆使して、これが回転体をなすことを示し、製作実験などを通じて轆轤成形後に細部を削って仕上げた製品であることを明らかにした［工楽一九八九］。その後、島根県タテチョウ遺跡出土の高杯（図３－１－３）でも轆轤使用の可能性が指摘されている［島根県教委一九九〇］。

木工用轆轤の使用を一部認めたとしても、弥生時代の木製容器の基本は刳物であった。これは古墳時代においても同様で、一部の大型高杯や脚付の盤（図３－１－４・５）で木工用轆轤の使用が指摘されているにすぎない。木製容器

図3－1　木工用轆轤で一部を成形した木製容器

1 奈良県唐古（弥生Ⅳ期，杯部ケヤキ，脚柱部ヒノキ［末永・小林・藤岡1943］）　2 石川県西念・南新保（弥生Ⅴ期，ケヤキ［金沢市教委1983］）　3 島根県タテチョウ（弥生Ⅲ～Ⅳ期［島根県教委1990］）　4 奈良県纒向（弥生末～古墳初，ケヤキ［桜井市教委1976］）　5 滋賀県服部（弥生末～古墳初［谷口1981］）

のなかで、挽物の比重が刳物よりも高くなるのは、八世紀以降のことと考えたほうがよい。

曲物

曲物の製作法で、刳物や挽物のように多様な形の容器を仕上げることは難しい。少なくとも、細い帯状に割り裂いた板を巻き上げて器胎とする巻胎漆器［中川一九八八］を例外とするならば、曲物で球面を作ることはできず、その器形は円柱形に限定される。しかし、軽くて大型の容器としては曲物は最適で、中世に結物が出現し、近世に普及する以前には、さまざまな分野で曲物容器が使用された［奈文研一九八五］。曲物が広く普及するのは、挽物と同様、八世紀以降のことである。

円板が出土すると「曲物底板」と

報告することが多いが、円板は北陸地方を中心に分布する刳物桶（図3－2－5）の底板など、曲物以外に使用することもあるので、曲物の認定基準とするのは危険である。曲物の定義からすれば、その認定は薄板をまるめた側板にもとづいておこなわねばならない。その意味では、福岡県鹿部山遺跡で出土した弥生Ⅱ期の「曲物」〔九大考古学研究室一九七三〕が最古例といえる。薄く割り裂いた板を円柱形に丸めて樹皮で緊縛している。しかし、底板をつけた痕跡がない。同様の例は、最近、石川県小松市八日市地方でも出土しており、一種の「土瓶敷き」のようにも見える。薄く割り裂いた板をまるめる点では「曲物」と呼んでさしつかえないが、曲物容器とは呼べない。直接証拠を欠くが、曲物容器が弥生Ⅴ期～四世紀には一定の形をそなえるようになり、一部に普及したと推定できることは後述する。

指物

同じ頃に大きな画期をもつのが指物容器である。組合式木棺などを例外とすれば、少なくとも近畿地方では弥生時代には板材を組み立てた指物容器はほとんど確認できず、指物技術そのものが未発達であったと判断した。ただし、近年、岡山市の南方遺跡で出土した木箱や、福岡市の雀居遺跡で出土した机など、弥生中期に始まる指物技術の存在も見直されるようになった。しかし、少なくとも、近畿地方では、箱・腰掛・机をはじめとする指物製品が増大するのは、弥生末期～四世紀以降のことである。この間に、曲尺を駆使する規矩術をともなった新たな木工技術が伝来した事実は、側板が直立せずに一定の角度の傾きも持つ箱（四方転びの箱）の存在によって証明できる〔上原一九九三、次節収録〕。規矩術によって傾きをもつ屋根の構造材などを加工するのは大工仕事の基本であり、建築士検定試験の必須科目でもある。家形埴輪から想定できる枘結合の仕口による建築構造は、従来の紐結合で構造材を組み立てる竪穴住居とは一線を画する。その差の技術的背景となったのが、「四方転びの箱」に象徴される規矩術であったと私は考えている。

2　刳物の伝統と新生

北陸の刳物桶

土器と同様に木器にも地域色がある。木製農具の形態差や普及年代差については既にいくつかの指摘がある［町田一九七九、樋上一九八九］が、木製容器、とくに刳物の形態や技法においても地域差は著しい。たとえば、主にスギの心持材を筒状に刳り抜いて、一方の端に円板や楕円版を木釘で留めて底板とする刳物桶（図3－2－5）は、弥生Ⅴ期～四世紀を中心に、富山・石川・福井・鳥取・島根の各県や、京都・兵庫・福岡の日本海側、滋賀県に限って出土する。滋賀県では同じ頃に北陸的な農具も使用しているので［上原一九九一］、この刳物桶は弥生Ⅴ期～四世紀の北陸・日本海文化を代表する木製容器ということになる。

横杓子の伝統

こうした特殊な器種・技法以外に、各地に普遍的な器種の刳物でも、器形や技法には地域色を検討する材料がある。図3－3－3・4は奈良・島根における弥生Ⅰ期の横杓子で、身の口縁が柄のつけねよりも一段高い点が共通する。同様の特徴は弥生Ⅰ期の匙にも認められ、横杓子・匙に共通した弥生Ⅰ期の西日本的特徴ともいえる。ところが、身の口縁が柄のつけねよりも一段高いという特徴は、縄文時代の横杓子にもある（図3－3－1）。つまり、横杓子・匙の弥生Ⅰ期の西日本的特徴は、基本的に縄文時代の伝統によるものなのである。

中尾佐助は匙や杓子の存在を根拠に、弥生時代の日本では粥食が一般的であったと推定した［中尾一九七二］。一方、佐原眞は弥生時代の匙は量も少なく、形も決まっていないことを理由にこれに反対する［佐原一九九二］。匙・杓子で何をすくったのかわからないが、少なくとも弥生時代の匙・杓子が縄文的伝統をひく遺物である以上、水田稲作技術

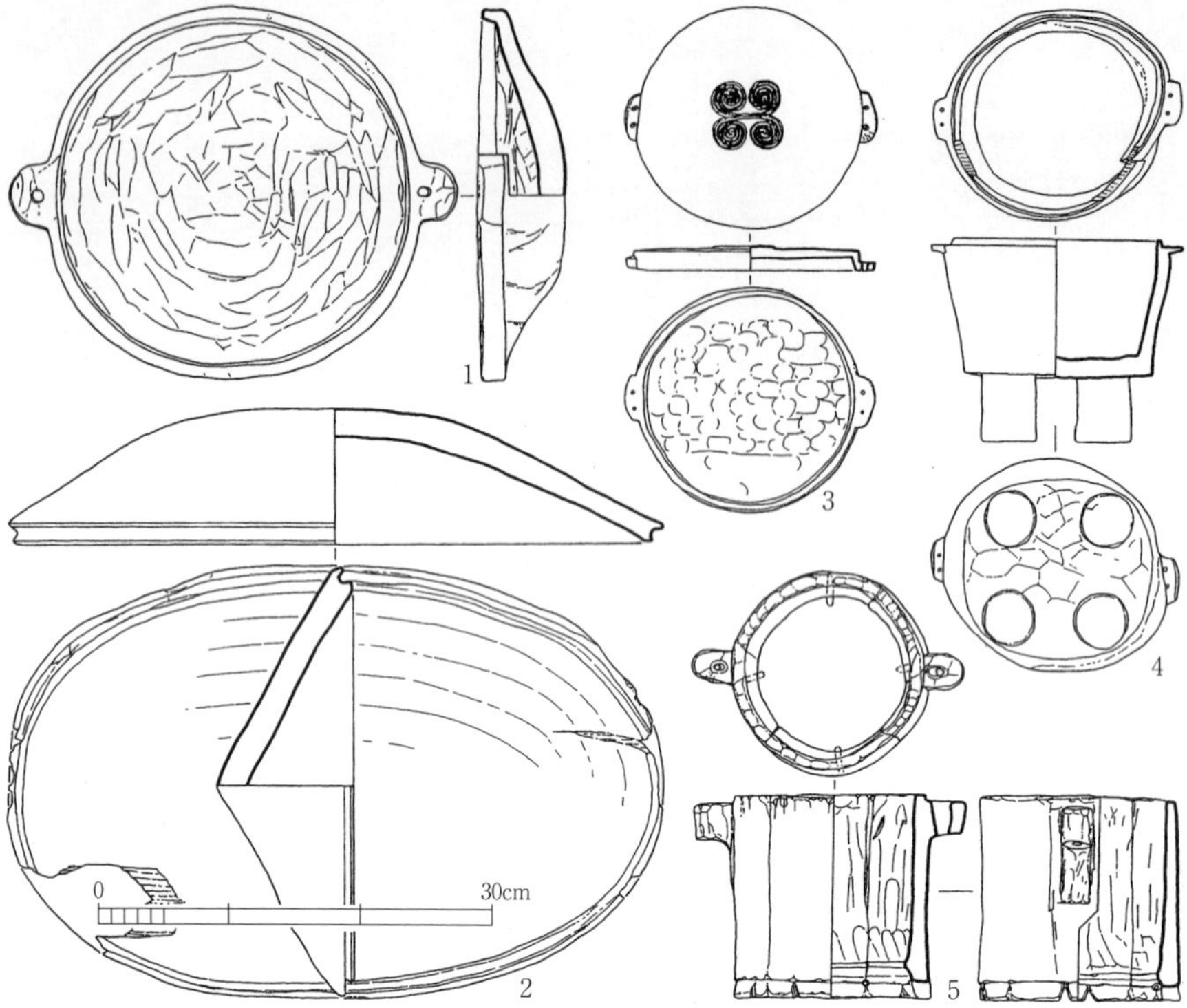

図3－2　蓋がつく容器

1・5 石川県西念・南新保（弥生Ⅴ期，スギ［金沢市教委1983］） 2 大阪府新家（弥生Ⅴ期，ヒノキ［大阪文化財センター1987］） 3・4 大阪府雁屋（弥生Ⅲ～Ⅳ期，ヤマグワ［奈文研1993］）

の伝播に伴う食事体系の一要素と考えることはできないだろう。

横杓子の地方色

身の口縁を柄のつけねよりも一段高く作る伝統は、北部九州では弥生Ⅴ期まで残る（図3－3－2）が、畿内では弥生Ⅱ～Ⅲ期には稀になる。一方、弥生Ⅱ～Ⅳ期には、大阪府を中心に柄が大きく山形にうねった横杓子が盛行する（図3－3－8）。これらはうねりの程度に差があるものの、その形態・製作技術に著しい共通性がある。すなわち、木塊から大ざっぱに身・柄の外形を削りだし（図3－3－5）、身を刳り込むのに平行して柄部に側面から穿孔し（図3－3－6）、穿孔した下半部を削り取って仕上げる（図3－3－7・8）。

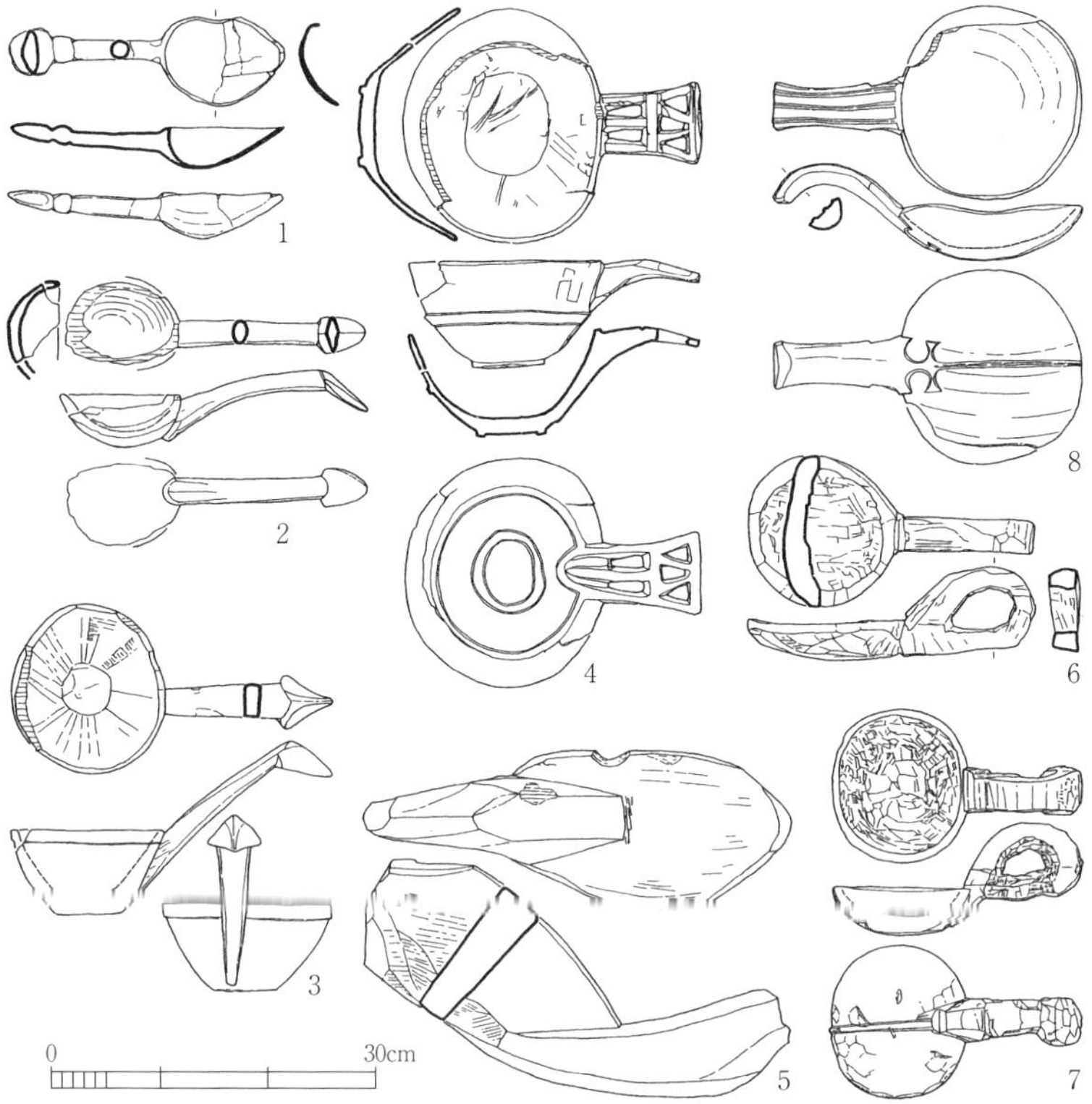

図3－3　各地出土の刳物横杓子と匙

1　鳥取県栗谷（縄文後期，ケヤキ［福部村教委1989］）　2　福岡県辻田（弥生Ⅴ期［福岡県教委1979］）　3　奈良県唐古（弥生Ⅰ期，ケヤキ［末永・小林・藤岡1943］）　4　島根県西川津（弥生Ⅰ期［島根県教委1989］）　5　奈良県唐古（弥生？［末永・小林・藤岡1943］）　6　奈良県唐古・鍵（弥生Ⅲ期後半［田原本町教委1987］）　7　兵庫県玉津田中（弥生Ⅲ期［奈文研1993］）　8　大阪府瓜生堂（弥生Ⅲ～Ⅳ期，シイノキ［大阪文化財センター1980］）

大ざっぱに身・柄の外形を削りだす（図3－3－5）工程は、他地域の横杓子・匙に共通する。しかし、とくに側面から穿孔して柄を削りだす手法（図3－3－6・7）は特徴的で、同じ形態・製作技術の横杓子は大阪・兵庫・奈良に分布し、時期的にも地域的にも限定される。つまり、弥生Ⅰ期段階では縄文時代の伝統のもとで、形態的にも技法的にも比較的均一であった匙・横杓子は、弥生Ⅱ～Ⅳ期には地域色の著しいものへと変貌していくのである。

3　曲物容器と石製合子

曲物の細分

八世紀以降に普及した曲物容器を製作技術で分類する場合、側板を樹皮で綴じ合わせる方法と、側板と底板とを結合する方法との二つの要素がその基準になる〔奈文研一九八五〕。しかし、古墳時代の曲物では、側板の綴じ合わせ方のわかる例が少ないので、ここでは底板の加工法と側板との結合法に注目して、初現期の曲物容器の特徴を考えてみたい。

曲物底板周縁の形態と側板を結合するための加工法はA～Fに大別できる（図3－4）。A：底板の上面周縁を隆起させ、そこに溝を彫り込んで側板をはめこむ。底板側面は丸味をもつ。B：底板周縁はゆるやかに厚味を減じ、側面は丸味をもつ。側面よりやや内側に溝を彫り込んで、側板をはめこむ。C：底板周縁はゆるやかに厚味を減じ、側面は丸味をもつ。側板をはめこむ溝は、底板の側面から斜め下に切り込んで直に立ち上げる。D：底板側面は上下面と直角をなし、周縁上面を切り欠いて段を設け側板をあてる。E：底板側面が上下面と直角をなし、周縁には溝や段がなく、側板を底板の上面に直接あてる。F：底板側面は上下面と直角をなし、側板下端内面を底板側面にあて、外側から木釘で固定する。なお、A～Eにおける側板との結合は、樹皮による紐結合を基本とするが、部分的に木釘を用いる場合もある。八世紀以降の曲物はFが主流で、蓋にD・Eもあ

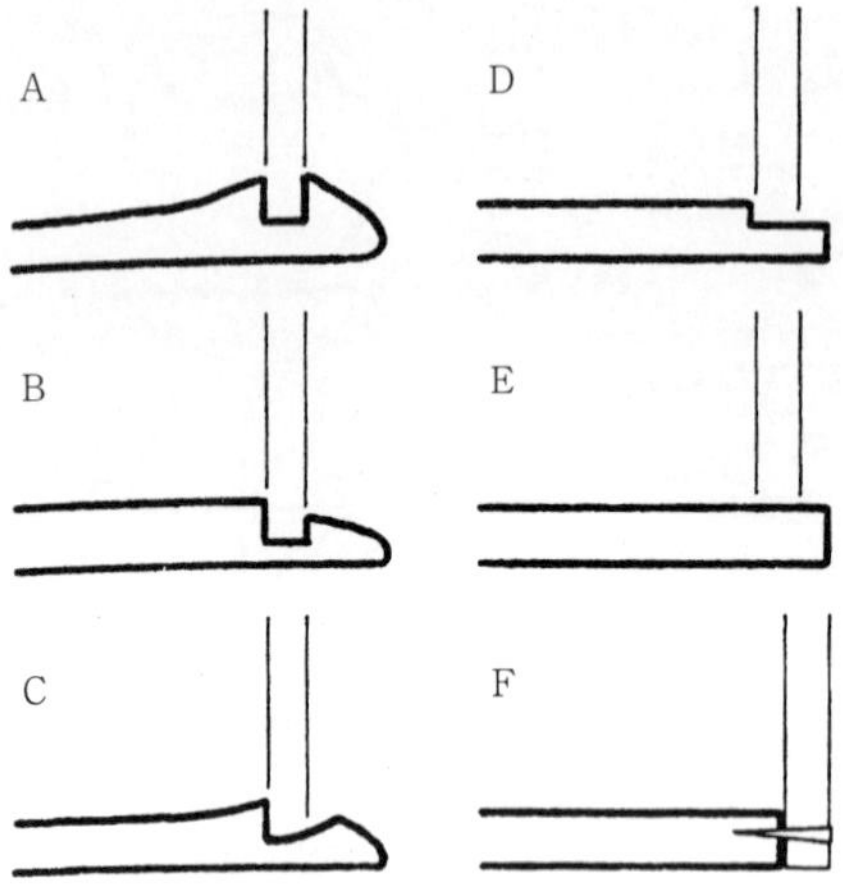

図3－4　曲物底板周縁の形態模式図

るが、Cは大型の楕円形曲物の一部に限られる〔奈文研一九八五〕。つまり、A～Fのなかでも、A・Bは古墳時代の曲物に特有の形態とみてよい。

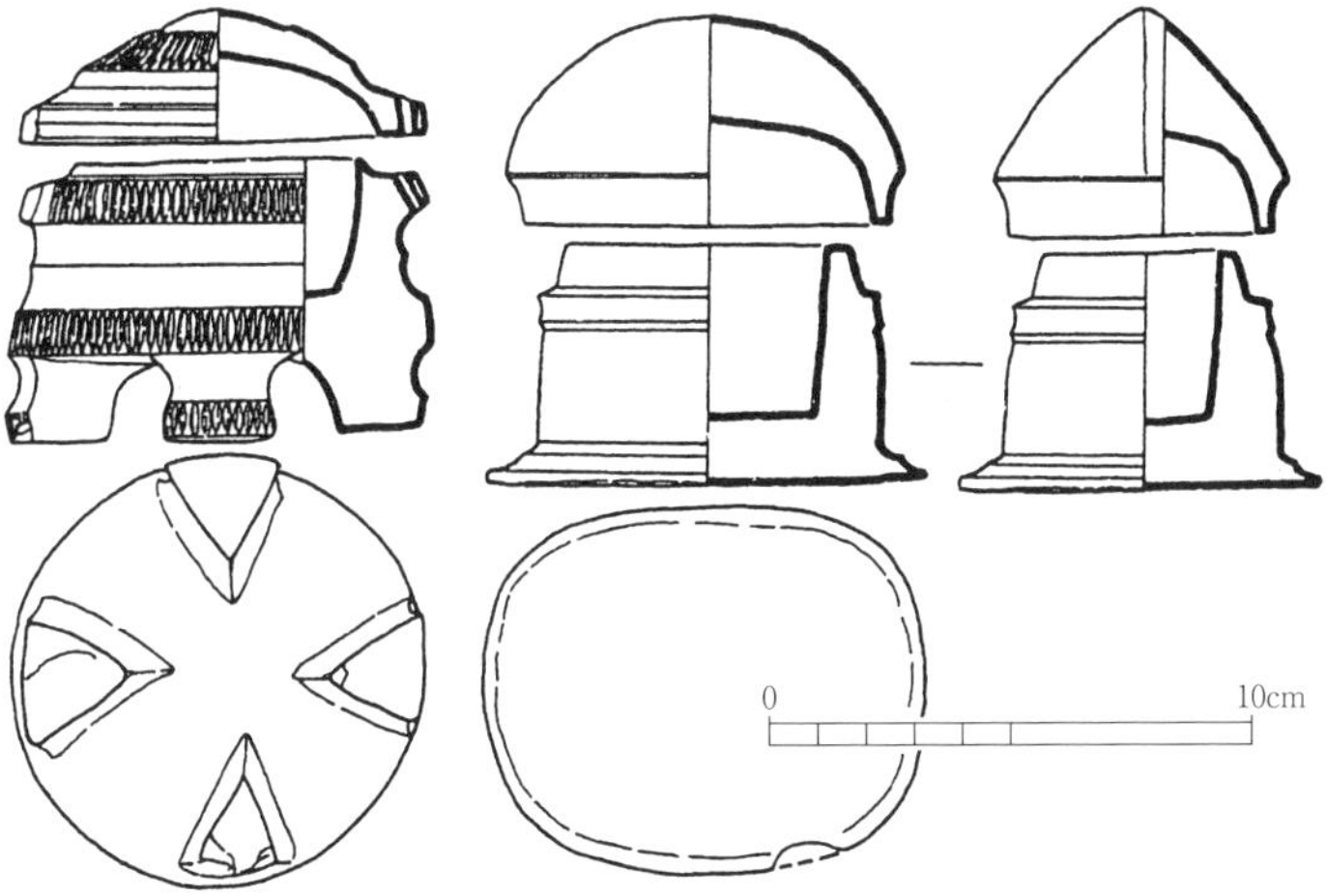

図3－5　古墳出土石製合子（盒）における二者〔西谷1970〕
左：円形合子（京都府西車塚古墳）　右：楕円形合子（愛知県篠木町）

石製・土製合子と曲物

F以外の曲物は、底板周辺部が側板の外側に鍔状に張り出す。この特徴をそのまま模倣した石製・土製の合子（盒）が古墳の副葬品にある。西谷真治の検討成果〔西谷一九七〇〕によれば、古墳出土の石製合子は平面円形で四脚・紐孔突起をもつ円形合子と、平面が主に楕円形で脚や紐孔突起がなく、底部が鍔状に張り出した楕円形合子とに大別でき（図3－5）、両者の中間型式がきわめて少ないことから、各々が別種の木製容器を模倣したと推定できる。西谷は石製円形合子の祖型として、弥生時代の木製合子（図3－2－3・4）を想定。また石製・土製の楕円形合子の祖型として曲物を候補にあげながら、「器壁から張出した厚い底部および甲盛りのある蓋は曲物では造りえない形である」「身の器壁のみを曲物とし、蓋と底は別の技術をもってするというようなことは考えられない」という理由で「楕円形盒の原体もやはり木の刳物とみなすべきであろう」と結論した。

しかし、「器壁から張出した厚い底部」という形態は、まさに古墳時代の曲物に通有の形態で、刳物容器では同じ形態を確認できない。さらに、この種の古墳時代の曲物底板には内面を若干彫りくぼめた刳物的技法をとるものさえある。蓋も当然、刳物であってよい。図3－2－2は大阪府新家遺跡で出土した刳物の蓋。時代は弥生Ⅴ期にさかのぼるが、長径五〇cm、短径三二・四cmと大きく、形態は古墳時代の石製・土製の楕円形合子の蓋に似ている。蓋をもつ同時代の刳物容器で、このような楕円形を呈する大型品として、前述した刳物桶がある。しかし、刳物桶の分布は北陸・日本海側に限定され、その蓋の形態はまったく異なる（図3－2－1）。とすれば、図3－2－2に組み合う大型の容器身は、曲物以外に考えられない。

古墳から出土する四脚・紐孔突起をもつ石製の円形合子は、径一一cm以下の小型品で、底部が鍔状に張り出した石製・土製の楕円形合子には小型品から大型品まで各種ある。岡山県金蔵山古墳で出土した四個の土製楕円形合子は、長径約四五cm、短径約二五cmで、それぞれに農具・工具・漁具・武器の鉄製品を納めていた〔西谷・鎌木一九五九〕。これに「道具箱」という性格を与えるならば、小型の円形合子は「小物入れ」「宝石箱」という感じが強い。滋賀県雪野山古墳では、黒漆塗りの木製「櫛笥」が出土している〔八日市市教委一九九二〕。素地の細部は不詳であるが、刳物あるいは挽物の円形合子の可能性があると思う。

刳物桶と曲物

金子裕之は前述した刳物桶の一部に、底部下縁に沿って切れ目を入れて脚状に仕上げた例があるので、四脚・紐孔突起をもつ石製円形合子の祖型をこれに求める〔金子一九八六〕。しかし、刳物桶には石製円形合子のような装飾性に富んだ四脚の例がないこと、平面楕円形を呈する大型品も少なくないこと、分布が北陸・日本海側に限られることなどから、筆者は金子説に否定的である。むしろ、弥生Ⅴ期以降、木工技術の実用品と奢侈品との分化が促進され、弥生Ⅱ～Ⅳ期に盛行した木製合子（図3－2－3・4）などの「精製品を作る木工技術者は、このころからあらわれる土豪的な支配者層の奢侈品を製作する部門に吸収され」〔町田一九七五〕、雪野山古墳のような黒漆塗り「櫛笥」を生み、それが石製品に置き換えられたと考えたい。北陸・日本海側に分布する刳物桶も「蓋をもつ木製容器」という点では弥生Ⅱ～Ⅳ期に盛行する木製合子の伝統を引くが、それは皿製品をも含んだ一地方色と理解しておきたい。つまり、刳物桶は石製合子と兄弟の関係であっても、親子の関係とはなりえないのである。

［付記］　本稿は『季刊考古学』第四七号　先史時代の木工文化（雄山閣、一九九四年五月刊）に掲載した「日常生活の道具入れもの」に若干加筆したものである。

参考文献

上原真人　一九九一年「農具の変遷—鍬と鋤—」『季刊考古学』第三七号、稲作と農耕文化、雄山閣
上原真人　一九九三年「四方転びの箱—古代木工技術の変革（予察）—」『平安京歴史研究—杉山信三先生米寿記念論文集—』
（財）大阪文化財センター　一九八〇年『瓜生堂—近畿自動車道天理～吹田線建設に伴う埋蔵文化財発掘調査概要報告書—』
（財）大阪文化財センター　一九八七年『新家（その1）—近畿自動車道天理～吹田線建設に伴う埋蔵文化財発掘調査概要報告書—』
金沢市教育委員会　一九八三年『金沢市西念・南新保遺跡』金沢市文化財紀要四〇
金子裕之　一九八六年「木工生産」『日本歴史考古学を学ぶ（下）』有斐閣
九州大学考古学研究室　一九七三年『鹿部山遺跡』
工楽善通　一九八九年「木製高杯の復元」『古代史復元五　弥生人の造形』講談社
小林行雄　一九六二年「轆轤」『古代の技術』塙書房
佐原　眞　一九九一年「食からみた日本史　古代の食⑧—眼窩篩とエナメル質減形成—」『ＶＥＳＴＡ—食文化を考える—』No.7
桜井市教育委員会　一九七六年『纒向』

島根県教育委員会　一九八九年『朝酌川河川改修工事に伴う西川津遺跡発掘調査報告書Ⅴ（海崎地区三）』
島根県教育委員会　一九九〇年『朝酌川河川改修工事に伴うタテチョウ遺跡発掘調査報告書Ⅲ』
末永雅雄・小林行雄・藤岡謙二郎　一九四三年『大和唐古弥生式遺跡の研究』京都帝国大学文学部考古学研究報告第一六冊
田原本町教育委員会　一九八七年『昭和六一年度　唐古・鍵遺跡第二六次発掘調査概報』
谷口　徹　一九八一年「服部遺跡出土の線刻ある木製品について」『滋賀文化財だより』№四八
中尾佐助　一九七二年『料理の起源』ＮＨＫ出版
中川正人　一九八八年「松原内湖遺跡出土巻胎漆器断片の技法について」『滋賀考古学論叢』四
成田寿一郎　一九八四年『木の匠―木工の技術史―』鹿島出版
奈良国立文化財研究所　一九八五年『木器集成図録　近畿古代篇』史料第二七冊
奈良国立文化財研究所　一九九三年『木器集成図録　近畿原始篇』史料第三六冊
西谷真治　一九七〇年「古墳出土の盒」『考古学雑誌』第五五巻第四号、日本考古学会
西谷真治・鎌木義昌　一九五九年『金蔵山古墳』倉敷考古館研究報告第一
日本考古学協会　一九五四年『登呂（本篇）』東京堂出版
樋上　昇　一九八九年「木製農耕具の地域色とその変遷―勝川遺跡出土資料を中心として―」『年報昭和六三年度』（財）愛知県埋蔵文化財センター
福岡県教育委員会　一九七九年『山陽新幹線関係埋蔵文化財調査報告』一二
福部村教育委員会　一九八九年『栗谷遺跡発掘調査報告書Ⅱ』
町田　章　一九七五年「木工技術の展開」『古代史発掘（四）稲作の始まり』講談社
町田　章　一九七九年「木器の製作と役割」『日本考古学を学ぶ（二）原始・古代の生産と生活』有斐閣
宮本哲郎　一九八一年「日常生活の道具―西念・南新保遺跡出土木製品―」『月刊　文化財』二一八号、文化庁
八日市市教育委員会　一九九二年『雪野山古墳Ⅱ―第二次・第三次発掘調査概報―』

第四節　四方転びの箱

―古代木工技術の変革(予察)―

1　資料―出土した四方転びの「箱」―

普通の箱は、側板が垂直に立ち、隣合う側板同士も直角に交わる。しかし、平面は四角形でも、四面の側板が一定の傾斜をもって立ち上がる箱がある。通常は口が開くので　漏斗形の箱ともいうが、四方に傾斜する（＝ころぶ）ので、四方転びの箱と呼ぶのが一般的である。近畿地方の古墳時代初期に、この四方転びの「箱」が突如出現し隆盛する。以下、まず実例をあげて、簡単に説明する（図4－1）。

図4－1－1は、三重県上野市北堀池遺跡の大溝下層から出土した「箱状品」である〔三重県教委一九八二〕。等脚台形の側板四枚を方錐台形に組む。側板はヒノキの柾目板で、斜辺に沿って各三孔を穿ち樹皮で連結する。隣接する各側板が平面観では直交するように、斜辺の木口を斜めに削る。また、長底辺も斜めに削り、組み上げたときの縁を水平にする。一枚の側板の長底辺に沿って穿った二孔には、樹皮が残る。報告書は「逆截頭四角錐形で正立位」と考え、長底辺の桜樺皮で「蓋を連絡」したと解説する。これと対面する側板の中央、短底辺寄りに方孔がある。長底辺長は約二二cm、短底辺長は九・五cm、組み上げた状態で高さは一〇・五cm。大溝下層の土器は「微量の縄文土器を除けば全て古墳時代前期前半に属」す。

図4－1－2は、平城宮第一次朝堂院地区下層にある古墳時代の河川ＳＤ一一〇〇〇から出土した「方錐台形木製品」である〔奈文研一九八三〕。一枚の側板長底辺の二孔と、対面する側板の方孔とを欠く以外は、図4－1－1とほ

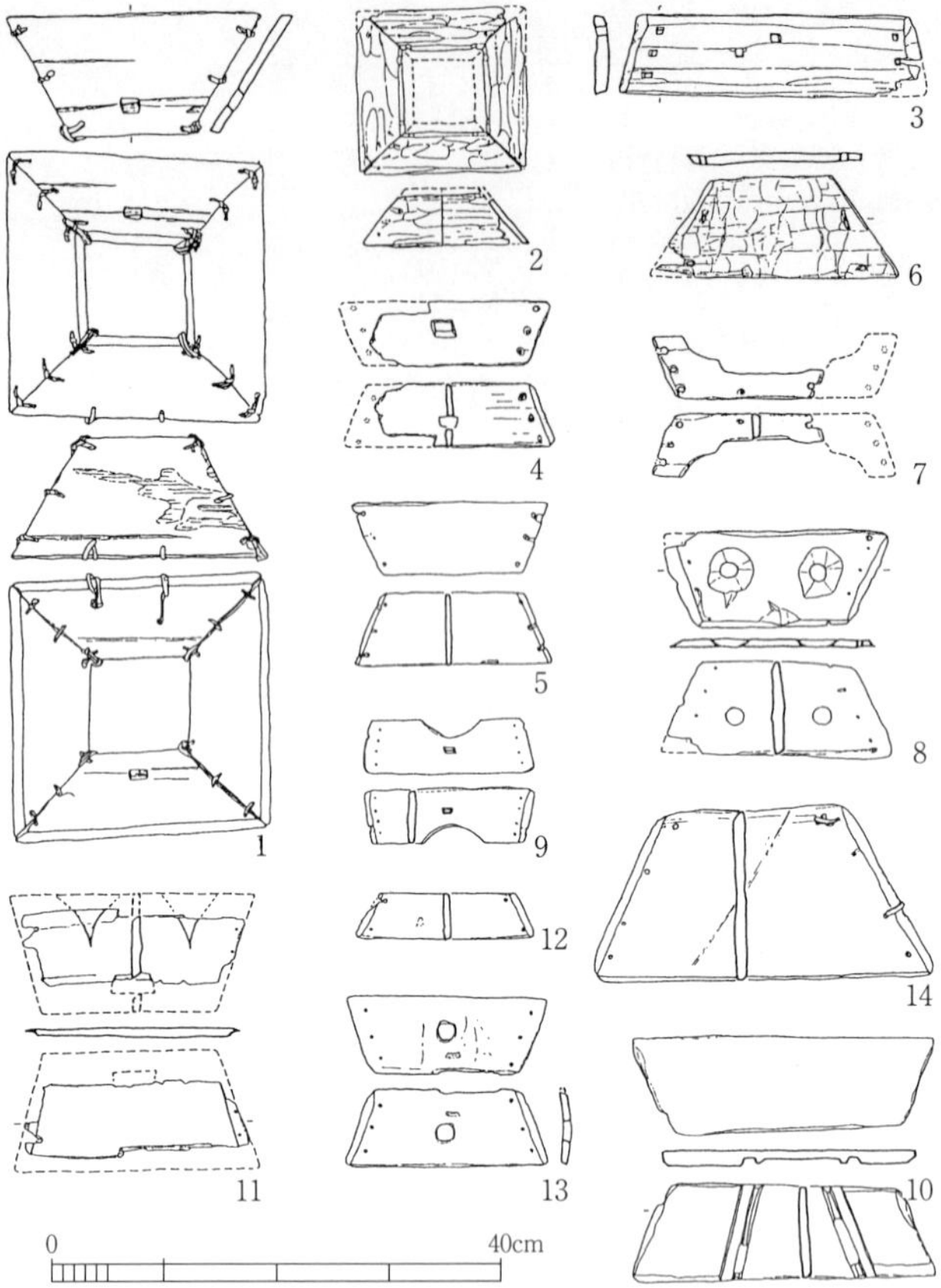

図４－１　四方転びの箱

1・4・5 三重県北堀池　2・3 奈良県平城宮下層　6 大阪府西岩田　7～10 滋賀県入江内湖（行司町地区）　11 滋賀県森浜　12・13 滋賀県斗西　14 滋賀県宮ノ前

とんど同じ構造である。ただし、スギの板目材を使う。長底辺長は約一五cm、組み上げた状態での現存高四・五cm。四世紀後半～五世紀前半。

組み合って出土したのは、上記の二例だけであるが、バラバラに出土した同種の部材は多い。**図4－1－3**は、**2**と同じ平城宮下層の河川ＳＤ一一〇〇〇から出土。ヒノキの柾目材。**図4－1－4・5**は、**1**と同じ北堀池遺跡の大溝から出土。**1**とは各辺の比率が異なり、報告書では「三個体分出土」と記す。**4**はヒノキの板目材。**5**は柾目材。図4―1―6は、東大阪市西岩田遺跡の古墳時代前期の河1から出土［(財)大阪文化財センター一九八三］。コウヤマキの柾目材で、斜辺に沿って各一ヶ所、長底辺両側に各一ヶ所、長方形の小孔を穿つ。図4―1―7〜10は、滋賀県米原町入江内湖遺跡（行司町地区）の古墳時代前期の遺物包含層から出土［米原町教委一九八八］。7は長底辺、9は短底辺に刳形をほどこす。7・8はスギ、9はヒノキの柾目材。10はヒノキの板目材で、内面に斜辺と平行に溝を彫り、別の側板の木口をはめ込んだらしい。図4―1―11は、滋賀県新旭町森浜遺跡の四〜五世紀の遺物包含層から出土［滋賀県教委一九七八］。欠損・腐食のため明確ではないが、外面の長底辺寄りに鋸歯状の彫刻がある。図4―1―12・13は、滋賀県能登川町斗西《とのにし》遺跡の古墳時代前期〜中期の溝ＳＤ〇二から出土［能登川町教委一九八八］。12はアスナロの柾目材。13はスギの板目材。同じ遺構で、同種の側板がほかに二点出土しており、樹種や大きさの違いから三個体分あったと思われる。図4―1―14は滋賀県日野町宮ノ前遺跡の五世紀代の沼ＳＰ一から出土［日野町教委一九八八］。同形同大の側板が三点出土しており、一個体分と思われる。

まだ見逃している資料も多いと思うが、概要を知るにはこれぐらいで充分であろう。以上の資料の共通点を要約すると、次のようになる。

（1）スギ・ヒノキなどの針葉樹を使った等脚台形の板材を四枚組み合わせて、四方転びの「箱」の側板を作る。
（2）図4―1―10以外は、いずれも隣接する側板が平面観で直交するように、斜辺木口を斜めに削り、樹皮で結縛する。
（3）図4―1―10以外は、樹皮で結合するために、側板斜辺に沿って穿孔する。各辺一〜四孔であるが、三孔の場合が多い。
（4）底辺も端部を斜めに削り、組み上げたときに縁が水平になるように配慮したものがある。
（5）所属時期は古墳時代初期〜中期に限定される。ただし、その初現時期については、研究者によって時期区分が微妙に異なり、弥生時代末期とする意見もあるだろう。

2　意義―四方を転ばせる方法―

報告書で「箱」「箱状品」「方錐台形木製品」などと呼んでいることからわかるように、前節で紹介した四方転びの「箱」の用途・機能はよくわからない。組み上がった図４－１－１・２を見る限り、底板があったように思えないので、「箱」と呼ぶことに対しても異論があるかもしれない。こんな形をした民具には、刺突漁法に使うのぞき眼鏡（ただし、長底辺にガラスをはめ込む）、植木鉢カバーなどがあるが、古墳時代にふさわしくない。植木鉢カバーからの連想で、壺・甕などの台（器台）に使えぬこともないと思うが、図４－１－１などにみる長底辺沿いの樹皮綴じや側面の穿孔は説明しにくい。構造的には共通していても、側面の円孔・方孔・刳形・彫刻などの有無で、用途が違う可能性もある。

本稿の目的は、図４－１に示した資料の用途・機能を特定することではなく、四方転びの箱の製作には、極めて高度な技術を要し、その出現が日本木工技術史を画期づけることを示す点にある。といっても、中学・高校の「技術家庭」で鋸を使った程度の筆者には、高度な木工技術や木工技術史の画期を論ずる資格はない。以下、木工芸の入門書などを参考にしながら論を進める。

通常の直方体の箱では、木口を斜めに削って隣接する側板を直交させるには、仕上げの角度（これを「留の角度」という）を四五度に統一すればよい。ところが、四方転びの箱においては、平面観で側板が四五度の二倍の角度で隣接していても、側板が直立していないので、真の留の角度は四五度よりも大きい。その角度は、次のようにして求めることができる（図４－２）。

①四方転びの箱を角錐体の一部とみなし、その稜線が正面と両側に見える位置で図に描く。②左または右の稜線を垂直に立て、水平面（Ａ―Ｂ）で角錐体を切断すれば、その切断面に箱の隅の真の角度が現れる。この隅の角度の半

分が、真の留の角度になる〔橋本・成田一九八九〕。

古墳時代人が、このような幾何学的な作図をして角度を求め、四方転びの「箱」を製作したはずはない。実は、側板の傾斜角（勾配）を決め、削り落とす角度を直接板材に墨付けしたほうが、はるかに実践的で、容易に作業が進む。その作業で、魔法の杖の役目を果たすのがサシガネ（曲尺）である〔永雄一九八四〕。

サシガネ・ブンマワシ（コンパス）・墨縄・墨さしを使って、建物の構造部分の寸法や角度を立体幾何学的に求め、実体の上に割付・作図する技術を規矩術《きくじゅつ》という。四方転びの製品は、規矩術を駆使して製作する最も基本的な木工品なのである。昔、たいていの家庭にあった踏み台は、いずれも方錐台形で、典型的な四方転びの形をとる。これは、大工の棟梁が弟子に規矩術の腕だめしとして作らせ、新築家庭の置き土産にしたものだという〔村松一九七三、山口一九九〇〕。つまり、大工の徒弟が一人前になるための卒業製作が、四方転びの踏み台であった。弥生時代末期あるいは古墳時代初期に突如出現し、四～五世紀の近畿地方で類例を増す四方転びの「箱」が、どの程度の厳密さをもって製作されているかには、まだ検討の余地がある。しかし、近畿各地で同じ四方転びの「箱」が出現した背景には、理念的にはそれを厳密に製作できるという、暗黙の了解があったとみるべきであろう。つまり、四方転びの「箱」は、規矩術をともなう木工技術・建築技術の革新があったことを暗示する。その技術革新が、内的発展の結果なのか、それとも外的影響によるものなのか。

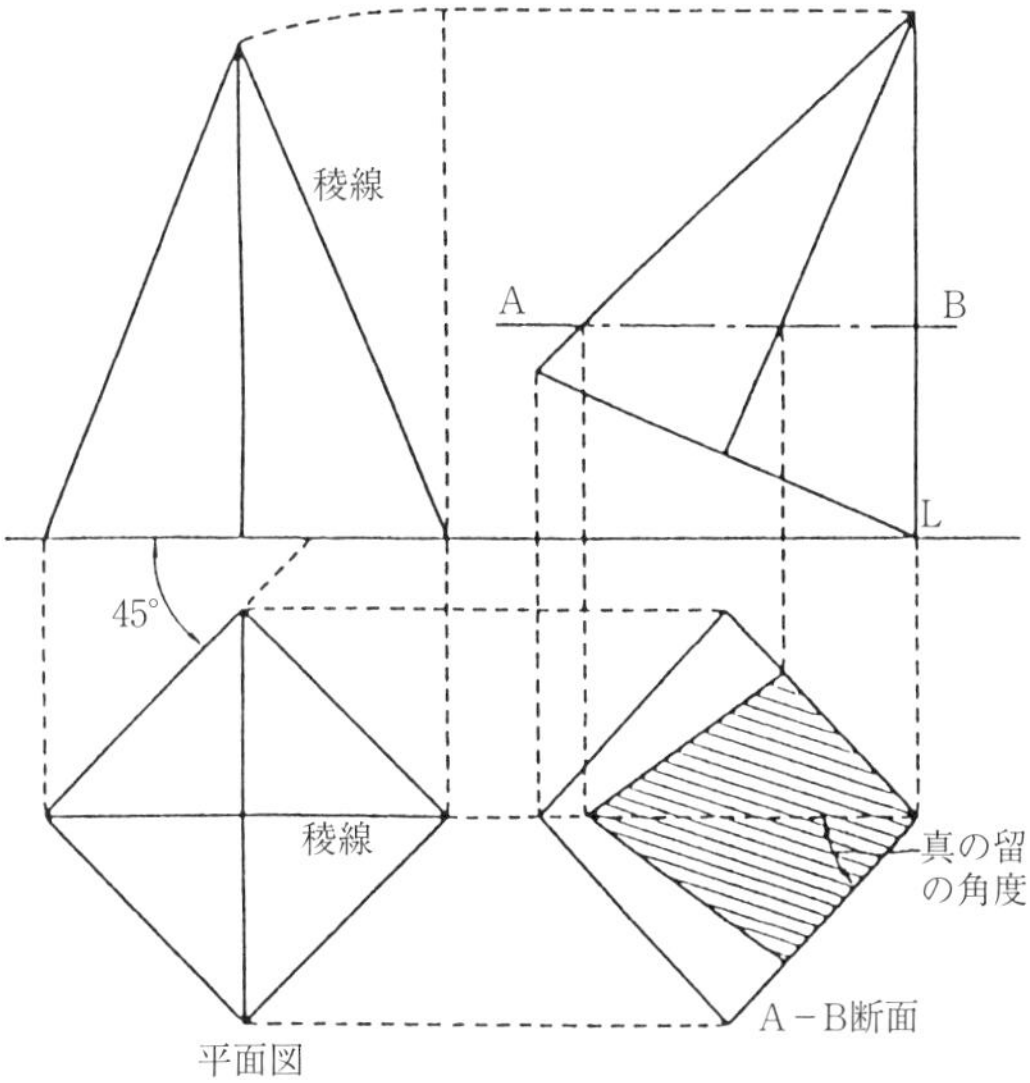

図4－2　四方転びの箱における真の留めの角度の求め方〔橋本・成田1989〕

他の出土木器を根拠に、その技術革新の背景を検討してみよう。

3　傍証―腰掛の変遷―

木製容器などを製作技術で分類する場合、刳物・挽物・曲物・結物という概念をよく用いる。刳物は手斧などで木塊を削り込んで形を整えたもの。挽物は木塊を粗加工したうえで、木工用轆轤で形を整えたもの。指物は板材を枘《ほぞ》・釘・樹皮・接着剤などで結合したもの。曲物は薄く割り裂いた板を丸めて側板とし、それに合わせて切り抜いた底板や天板を木釘・樹皮・接着剤などで側板に結合したもの。結物は短冊形の板を円形に並べてタガで締めたものである。結物（桶・樽）の出現は、古代末〜中世以降で、曲物や挽物は弥生・古墳時代に出現していたが、普及するのは奈良時代以降である。刳物は縄文時代から存在し、弥生時代の様々な木製容器の大部分は刳物である。弥生時代にも木棺のように板を組み合わせたものはあるが、少なくとも、弥生時代に属する明確な指物容器はない［岩永一九八七］。つまり、指物技術自体、古墳時代になってから一般化した木工技術ということになる。四方転びの箱が指物であることはいうまでもない。

指物技術出現の歴史的過程や背景を明確に示すのが、腰掛の変遷である。弥生〜古墳時代の木製腰掛には、座板と脚とを一木で作りだした刳物（一木式）と、別材を組み合わせた指物（組み合わせ式）とがある。刳物腰掛（図4－3－1〜3）は原則として横木取りで、座板の長辺と平行（木目方向）に二脚が長くのびる。脚は座板に対して垂直ではなく、ややふんばり気味にとりつくことが多い。座板の上面はほぼ水平な例もあるが、ほとんどは中窪み気味に尻受けを作り出す。

これに対し、指物腰掛（図4－3－4・5）は、座板の両端部近くに、脚板上端を枘差しで結合する。脚は座板短辺と平行し、直立する場合（図4－3－4）とふんばり気味にとりつく場合（図4－3－5）とがある。座板の上面はほぼ水平で、尻受けを作りだす例は稀である。

年代的には、刳物腰掛が弥生Ⅰ期から存在し、五・六世紀に至るまで系譜をたどることができるのに対し、指物腰掛は弥生Ⅴ期～古墳時代初期に日本各地で出現し、近畿地方では四～五世紀の事例が多い。つまり、指物腰掛の出現は、刳物腰掛よりも遅れる。刳物腰掛には、木取りの上で無理が多い。脚を厚手にしても、背を高くできないのはその制約である。指物腰掛にその制約はなく、より自由に形を設計できる。しかし、指物腰掛は刳物腰掛の形態を踏襲していない。すなわち、刳物腰掛の脚が座板の長辺と平行して長くのびるのは、木取りの制約としても、指物腰掛でその形態を踏襲した例はない。また、座板の平面形や尻受けの有無、脚の外面形など、どの要素をとっても、指物腰掛は刳物腰掛の伝統をほとんど受け継いでいない。

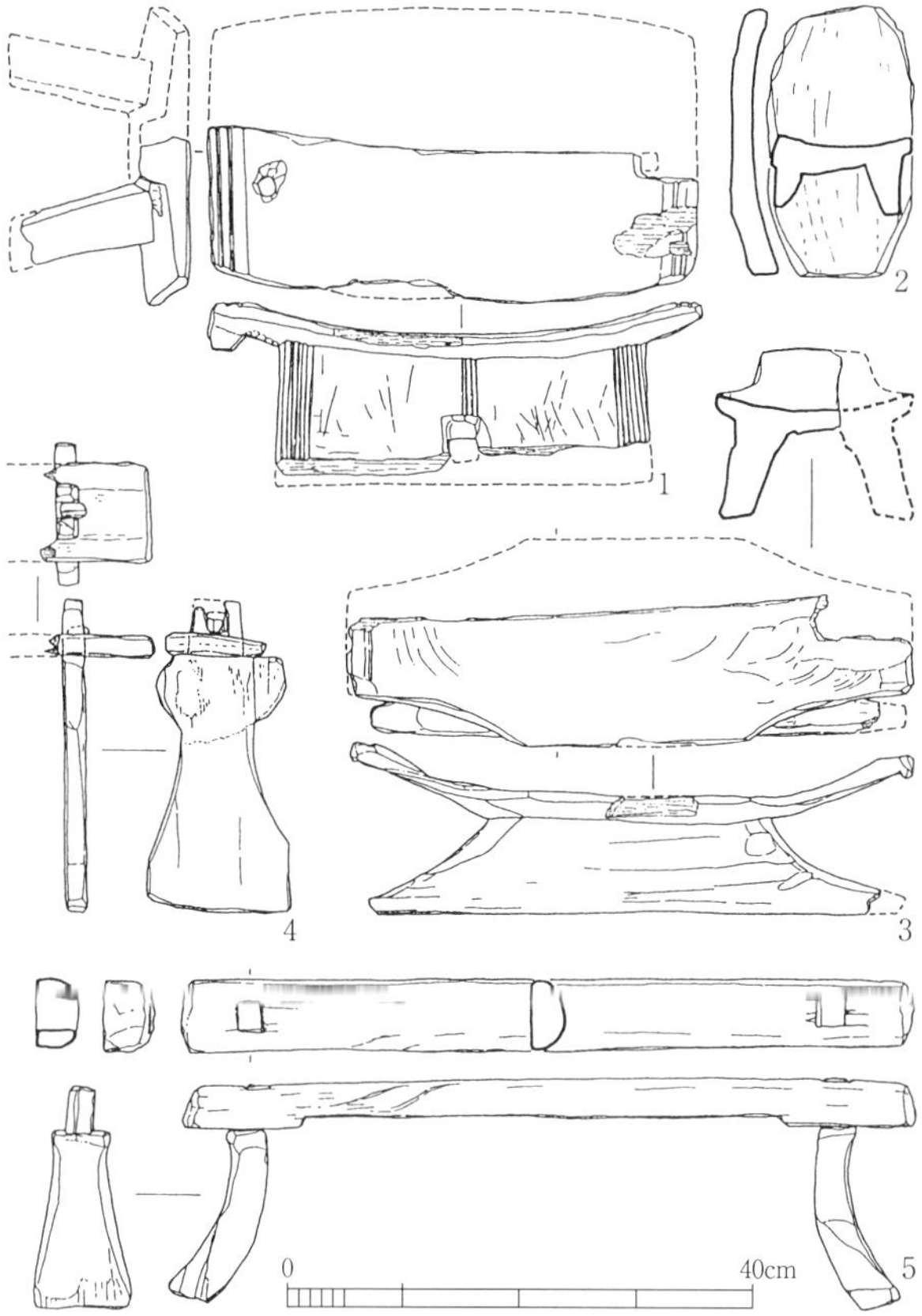

図4－3　腰掛

1　福岡県下稗田（弥生Ⅰ期，行橋市教委1985）　2　大阪府久宝寺南（弥生末～4世紀　㈶大阪文化財センター1987a）　3　大阪府久宝寺北（4世紀，㈶大阪文化財センター1987ｂ）　4　奈良県平城宮下層（4世紀後半～5世紀前半，奈文研1983）　5　石川県西念南新保（弥生Ⅴ期～4世紀，金沢市教委1983）

これに対し、指物腰掛が出現した弥生Ⅴ期以降も、刳物腰掛は存続し、その形態は弥生Ⅰ期以来の伝統を強く残す。つまり、腰掛という機能が共通し、時期的に前後していても、刳物から指物へという技術的発展が日本国内で達成されたとは考えられない。四方転びの箱を根拠に想定した規矩術を伴った木工技術・建築技術の革新は、指物技術の台頭と密接な関係がある。それは日本における内的発展の結果ではなく、外的影響によるものと理解できるのである。

なお、器財埴輪の腰掛や盛装人物埴輪がすわった腰掛は、ほとんど刳物腰掛（図4－3－3）を模している。石製模造品の「椅子」を根拠に、木枠に皮（布）を張った床几《しょうぎ》を模したと想定する説もある〔置田一九八八〕が、筆者には賛成できない。最新の指物技術による腰掛が普及した後も、伝統的な刳物腰掛は祭祀的世界で根強く残ったと考えるべきであろう。それは弥生時代に一般的な椀・高杯・脚付合子などの精製刳物容器（一部に挽物を含む）が、弥生Ⅴ期以降ほとんど姿を消す事実を、「実用品と奢侈品の分化が後期段階で促進され」「精製品を作る木工技術者は、この頃からあらわれる土豪的支配者層の奢侈品を製作する部門に吸収された」と解釈する説〔町田一九七五〕の妥当性を示すものと考えたい。また、それは指物腰掛の普及が、直ちに刳物腰掛の衰退を招かなかった一つの理由でもある。

結論―木工技術史の画期―

以上、四方転びの箱は、弥生Ⅴ期～古墳時代初期における指物技術の台頭を背景に成立した。その台頭は、日本国内における木工技術・建築技術の内的発展によるものではなく、おそらく、中国や朝鮮半島からの新たな技術的影響のもとに成立した。

参考文献

岩永省三　一九八七年「弥生土器と木製容器」『季刊考古学』第一九号、弥生土器は語る、雄山閣

（財）大阪文化財センター　一九八三年『西岩田―近畿自動車道天理～吹田線建設に伴う埋蔵文化財発掘調査概要報告書―』
（財）大阪文化財センター　一九八七年ａ『久宝寺南（その1）―近畿自動車道天理～吹田線建設に伴う埋蔵文化財発掘調査概要報告書―』
（財）大阪文化財センター　一九八七年ｂ『久宝寺北（その1～3）―近畿自動車道天理～吹田線建設に伴う埋蔵文化財発掘調査概要報告書―』
置田雅昭　一九八八年「石製・埴輪・木製の椅子」『ニゴレ古墳』京都府弥栄町文化財調査報告　第5集
金沢市教育委員会　一九八三年『金沢市西念・南新保遺跡』金沢市文化財紀要四〇
滋賀県教育委員会　一九七八年『森浜遺跡発掘調査報告書』
永雄五十太　一九八四年『らくらくマスター　さしがね工作』相模書房
奈良国立文化財研究所　一九八三年「第一次朝集殿推定地の調査　第一四六次」『昭和五七年度平城宮跡発掘調査部発掘調査概報』
能登川町教育委員会　一九八八年『斗西遺跡』能登川町埋蔵文化財調査報告書第一〇集
橋本喜代太・成田寿一郎　一九八九年『図でわかる木工の基本工作』理工学社
日野町教育委員会　一九八八年「宮ノ前遺跡」『県営ほ場整備関係遺跡発掘調査報告書』日野町埋蔵文化財調査報告書第五集
米原町教育委員会　一九八八年『入江内湖遺跡（行司町地区）発掘調査報告書―滋賀県立文化産業交流会館建設に伴う発掘調査―』米原町埋蔵文化財調査報告書Ⅸ
町田　章　一九七五年「木工技術の展開」『古代史発掘（四）稲作の始まり』講談社
三重県教育委員会　一九八一年『北堀池遺跡発掘調査報告書　第一分冊』三重県埋蔵文化財調査報告五一―一
村松貞次郎　一九七三年『大工道具の歴史』岩波新書
山口昌伴　一九九〇年『和風探索　にっぽん道具考』ＧＫ道具学研究所、筑摩書房
行橋市教育委員会　一九八五年『下稗田遺跡』行橋市文化財調査報告書一七

第五節　階級格差を示す木工技術
―墨壺―

はじめに

古代日本列島における、建築技術史上最大の画期は、仏教寺院建築の出現にある。五八八年の飛鳥寺造営である（『日本書紀』崇峻天皇元年条）。外見的には、従来の掘立柱・草葺建物に対する、礎石建・瓦葺建物の出現である。それから約一世紀を経て、宮殿や高級邸宅の中枢に同じ建築様式を採用した直後の日本人も、「板屋草舎《いたやそうしゃ》」は中古の遺制で、白壁と朱塗の柱や軒をもつ「瓦舎」こそが壮麗かつ帝王の徳を誇示するのにふさわしい建築と考えた（『続日本紀』神亀元（七二四）年一一月八日条）。もちろん両者の違いは、外見にとどまらない。礎石の上に立つ柱は、掘立柱とは異なり、一本だけでは倒れてしまう。また、重い礎石建・瓦葺建物を支えるには、強固な地盤が必要だ。材木同士を堅く結合する技術（木組）や、必要とあれば土壌を入れ替えて地盤を突き固める技術（掘込地業、版築）も、寺院建築技術の一環として百済から伝わった。なにより、設計図や雛形（様《よう》）をもとに部材を成形し、組み上げる技術は、原木の形や大きさに応じて建てる竪穴住居などとは根本的に違っていた。飛鳥寺創建時には、寺工や画工以外に瓦博士（造瓦技術指導者）や鑪盤《ろばん》博士（鋳造技術指導者）もやって来た。しかし、窯業技術に関しては、すでに四世紀末〜五世紀前半に伝来した須恵器生産技術が列島各地に定着しており、造瓦工人を育成し組織し拡大する際の基礎となった［上原二〇〇三］。

つまり、寺院造営技術の導入が、列島における建築技術史の画期となったが、それに必要な一つひとつの技術は、五八八年に新たに伝わった技術・知識だけでなく、それ以前から列島に伝播し定着していたものをふまえ、必要に応じて再編する場合もあったのだ。建築技術に直結する木工具に関していえば、切る道具（斧や鋸）、削る道具（斧や鉇《やりがんな》）、孔を穿つ道具（鑿《のみ》や錐）の多くは、弥生～古墳時代にすでに列島に伝播し、鉄製工具として実績があった。事実、律令制の下で公的造営工事に加わった丁匠は、鑿・小斧など愛用の木工具を携行するのが原則だった（『賦役令』）。とすれば、こうした基本的な木工具は、竪穴住居などの一般民家の建設工事にも用いたはずで、その存在形態を建築技術のなかに潜む階級格差に結びつけることは難しい。

しかし、寺院や宮殿官衙が律令国家の宗教・政治的モニュメントである以上、総体としての寺院造営技術は、一般民家の建築技術とは隔絶するものだった。律令国家成立以前の列島に伝播した木工具のなかで、そうした技術格差に結びついたのが「規矩準縄《きくじゅんじょう》」という用語で象徴される曲尺と墨壺であった。

かつて、私は、曲尺を駆使した規矩術にかかわる木製遺物として「四方転びの箱」を指摘した［上原一九九三、本章第四節］。大半の出土例は古墳時代初期～中期に限られ、それに先んじ、板材を組み合わせる指物技術が台頭する事実にも言及した。一方で、古墳時代の家形埴輪が示す有力首長にかかわる建築が、従来の竪穴住居とは異なり、板材を駆使し、寄棟・入母屋屋根に「四方転び」の技術が不可欠と考えたうえでの提言であった。屋根を思うがままに「転ばせる」技術は、現在に至るまで建築士の技能試験問題であり、前近代には、大工の棟梁《とうりょう》が弟子の規矩術の腕試しに「四方転び」の踏台を作らせて、新築家庭の置土産にした事実が念頭にあった。

その後の「四方転びの箱」に関する議論は、曲尺がなくても「四方転びの箱」が作れるか、これを箱と呼んでよいのか、用途は何かなど、必ずしも当初の私の意図と関係ないところに進んだが、それなりの関心を集めたのは幸せであった。しかし、曲尺自体が出土しないと、「四方転び」にかかわる古代規矩術の解明は難しい。本稿では、少ないながらも出土例がある、古代規矩術にかかわるもう一つの木工具＝墨壺について考える。

１　墨壺の遺例と形態

木工や石工が長い直線を引くのに用いる墨壺（図５－１）は、糸車に巻いた墨糸（墨縄）を墨池に浸してまっすぐ延ばし、垂直に弾いて、材に墨線を付着させる道具で、古代日本列島においても、板や角材を多用し、厳密な木組を必要とする寺院・宮殿の造営には不可欠な木工具だった（図５－２）。中国ではこれを「墨斗」と呼ぶ。光波で自在に測距するトータルステーション普及以前のアナログ考古学者は、遺跡を実測する時、遺構全体を覆う水平面に糸を方眼に張り測量の基準線にした。「遣り方測量」である。その水平面を設定するため、発掘区を囲む長大な板に直線を引く必要があり、私達の世代には、墨壺はお馴染みの道具だった。

古代や中世の墨壺の遺品は少なく、正倉院の伝世品（八世紀、図５－３－１）と東大寺南大門の忘れ物（一三～一四世紀、図５－３－２）が著名である。前者は超小型品で、白粉を使う裁縫用という。それにしても小さい。作図すると、四分の一大のミニュチュアにみえる。古代の建築現場で使ったことが確実な出土品としては、兵庫県栄根遺跡例（八世紀、図５－３－３）、平城宮跡例（八世紀後半、図５－３－４）が広く紹介されている［奈文研一九八五、神谷一九八八、吉田一九九四、沖本二〇〇二］。

しかし、それ以前に報告された静岡県御子ヶ谷遺跡（志太郡衙跡）出土の木器（八世紀、図５－３－５）は、糸車の軸孔や墨糸孔を穿っていないが、形が図５－３－１～４に酷似し、墨壺未成品に違いないと思っていた。『木器集成図録　近畿古代篇』［奈文研一九八五］を作るとき、平城宮跡出土木器をすべて見直し、そのなかから図５－３－４の墨壺を再発見した自信が、この推測を支えていた。折しも、国立歴史民俗博物館で番匠にかかわる特別展を企画していた濱島正士さんに、その旨お伝えしたら、めでたく墨壺として図録［国立歴民博一九九六］に掲載された。未使用で墨は付いていないが、「御墨付き」を頂戴したことになる。なお、栄根遺跡の墨壺は、近くの古代寺院＝栄根寺跡にかかわると考えられている。つまり、以上の墨壺の諸例は、すべて寺院・宮殿・官衙の造営工事などに用いる道具で、一般集落跡から出土していない。未成品もあるのは、官営工房で作った証拠だ。つまり、墨壺の出土状況は、古代日本列島における建築技術格差を反映していることになる。

これらの古代・中世の墨壺は、いずれも糸車を保持する尻部を開放した「割尻形」「割尻型」「尻割れ型」〔中村一九八三、神谷一九八八、吉田一九九四〕に属する。中世絵巻物や近世職人絵の分析により、日本の墨壺は遅くとも近世初頭までに「尻割れ型」から「尻閉じ型」が主流となったことがわかる（図5−1）〔吉田一九九四〕。ただし、中国大陸の民俗例には「尻割れ型」「尻閉じ型」だけでなく、糸車を保持する腕木が片側だけの「片腕型」〔中村一九八三、沖本二〇〇二〕もあり、朝鮮半島の民俗例が基本的に「尻閉じ型」である事実〔渡邉一九九六〕も配慮すると、「尻割れ型」↓「尻閉じ型」などの墨壺の変遷は、列島という狭い範囲ではなく、東アジア全体の動向をふまえて検討する必要が

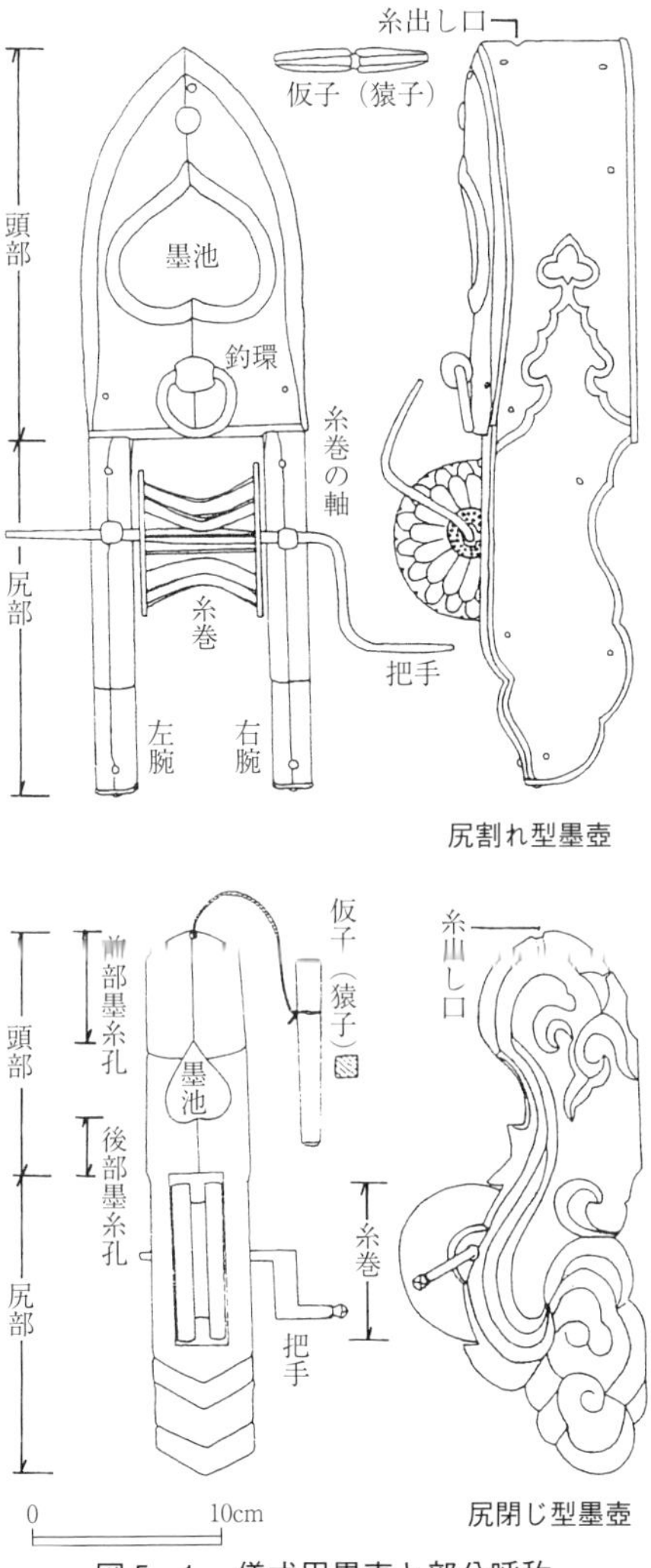

図5−1　儀式用墨壺と部分呼称
（［神谷1988］を参考に作成）

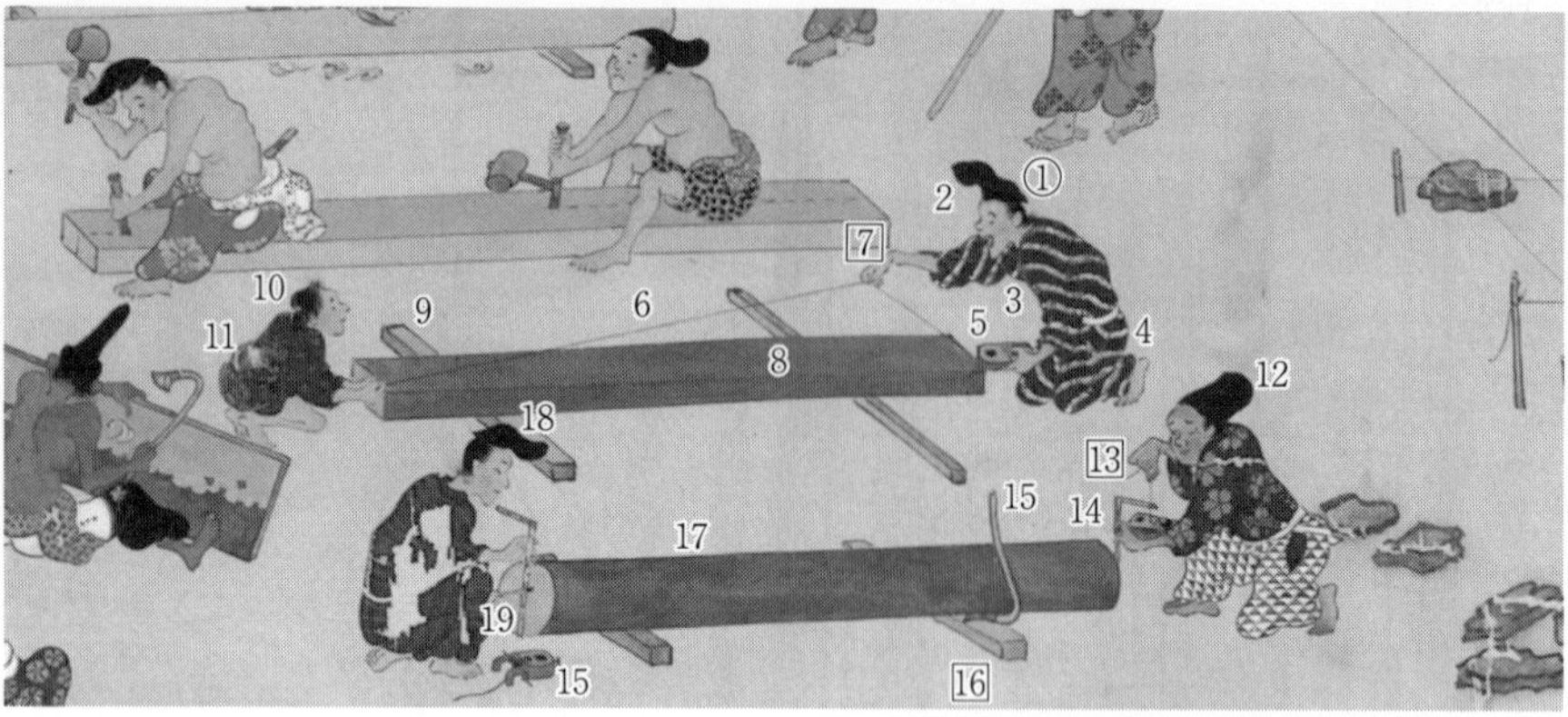

①—墨縄をうつ
2—烏帽子（えぼし）
3—袖細
4—四幅袴（よのはかま）
5—墨壺（すみつぼ）
6—墨縄（すみなわ）
⑦—墨縄をうつ
8—平割材
9—すけ木
10—放ち髪
11—小袖（腰切）（こそで）
12—立烏帽子（たてえぼし）
⑬—片眼をつぶって照準をつけ線をきめる
14—曲尺（かねしゃく）
15—手斧（ちょうな）
⑯—手斧をはさんで丸太を固定さす
17—丸太
18—萎烏帽子（なええぼし）
19—竹筆

図5-2　墨壺を使う工匠達（『春日権現験記』14世紀初頭）［渋沢1984］

ある。それは、列島古代の墨壺には存在せず、東大寺南大門例（図5-3-2）にある釣環が、鉛直線を見通す時に釣り下げるための装置で［中村一九六七］、同じ使用法が日本の絵巻物（図5-2⑬）だけでなく、半島の民画にも描写されている事実（図5-4）からもいえる。実は、古代列島における「尻割れ型」墨壺も、一回限りの渡来の波だけでは説明できないことが、最近になってわかってきた。

一九九六年、縁あって一七年間つとめた奈良国立文化財研究所から京都大学に転任した。演習は学生さんが自ら勉強した成果を発表する授業で、教員は評論家に徹すればよい。赴任した翌年の演習Ⅱで、現在、大手前大学史学研究所に勤務する魚津知克さんが、一九七〇年前後の湖西線敷設工事で出土した木製品**図5-3-6**を墨壺ではないかと指摘した。報告書［滋賀県教委一九七三］も『木器集成図録　近畿原始篇』［奈文研一九九三］も、「用途不明品」とした木器だ。言われて両書の掲載図面を上下逆転すると、折れているが糸車を保持する二本の腕木の痕跡があり、墨池の前後に墨糸孔もあいている。「外面には黒漆が薄く塗られて

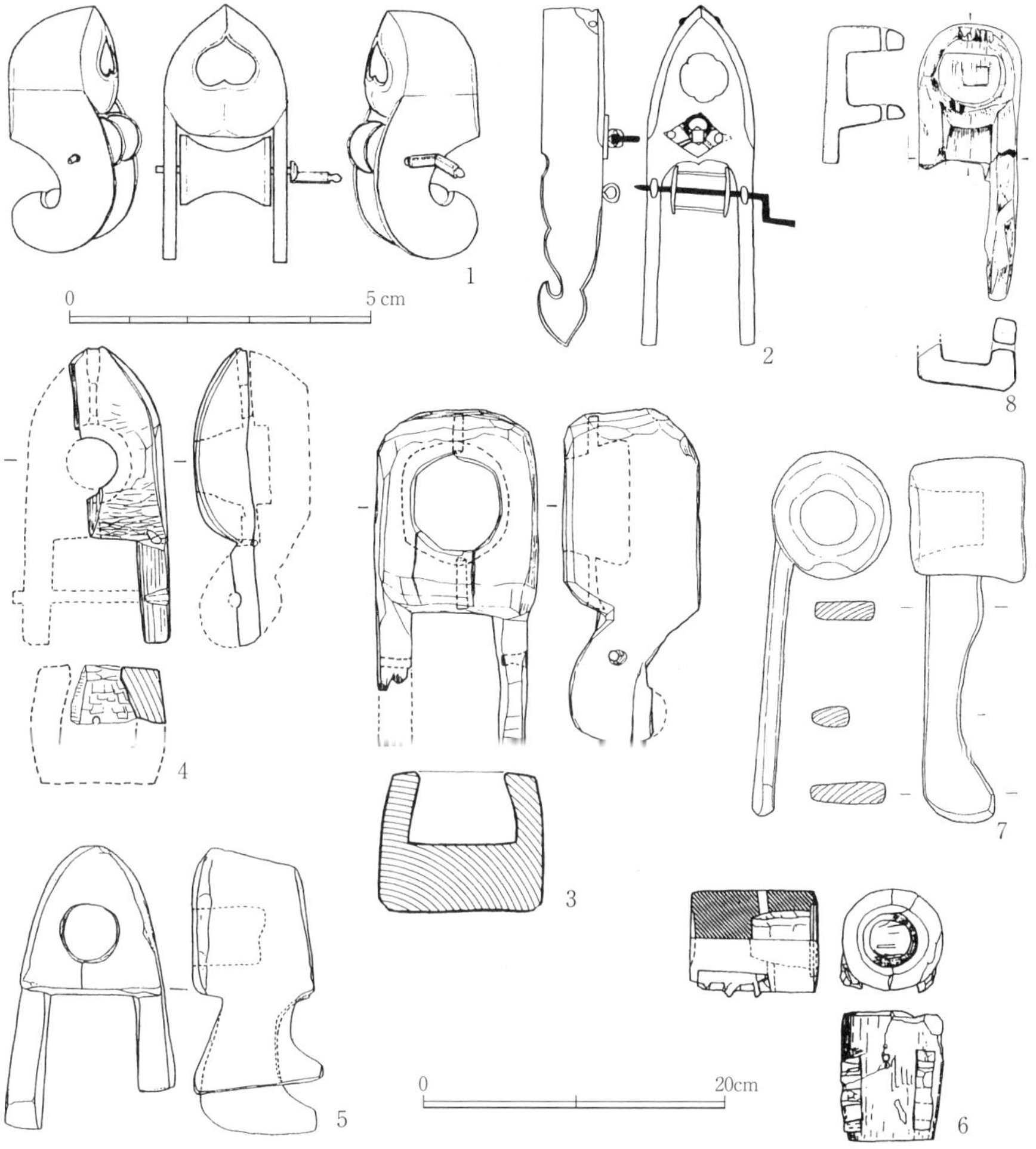

図５−３　古代・中世の墨壺

１　正倉院伝世〈紫檀銀絵小墨壺〉（８世紀）［松島・木村1977］　２　東大寺南大門の忘れ物（13−14世紀）［神谷1988］　３　兵庫県栄根遺跡出土（８世紀）［奈文研1985］　４　平城宮跡出土（８世紀後半）［奈文研1985］　５静岡県御子ヶ谷遺跡（志太郡衙）出土（８世紀）［藤枝市教委1981］　６　滋賀県湖西線関連遺跡出土（６世紀後半）［滋賀県教委1973］　７　徳島県観音寺遺跡（阿波国府）出土［徳島県理文センター2006］　８　百済弥勒寺跡出土［文化財研究所1989］

図5－4　墨壺を垂らして鉛直線を見通す（金弘道『風俗画帳』18世紀後半）

いる」という説明も、付着した墨を暗示する。これが墨壺なら、今まで判明している八世紀以降の諸例（図5－3－1～5）に対して、一気に六世紀後半までさかのぼる墨壺となる。しかも、墨池がある頭部形が、これまでの舟形（図5－3－1・2・4・5）もしくは箱形（図5－3－3）に対して、円柱形でまったく異なる。墨池の断面形も、口径より底径が大きい袋状（図5－3－3・4）ではなく、底径が小さいバケツ状だ。文字通り天地がひっくり返る思いで、魚津さんと一緒に実物を確認しようと、関係機関に連絡をとった。残念なことに、実物は行方不明だった。

平成二一年（二〇〇九）年度になって、下関市立考古博物館の澤下孝信さんから、企画展図録に掲載する木器についてのエッセイ執筆の依頼が舞い込んだ。同じ頃、徳島県埋蔵文化財センターの藤川智之さんが、電話で阿波国府（観音寺遺跡）出土木器を材料とした講演を依頼してきた。いずれも八月末締切りとの由で、正直なところ手に余ると思いながら、観音寺遺跡の報告書〔徳島県埋文センター二〇〇六〕をめくっていたら、図5－3－7が目にとまった。糸車の軸孔も墨糸孔も欠いているが、私や魚津さんが捜し求めていた頭部円柱形の墨壺未成品に違いない。出土層位から七世紀中頃という年代も好都合だ。早速、藤川さんにお願いして実物を見せてもらい、本来は腕木が二本ある「尻割れ型」墨壺未成品と考えられることを確認した。二股恋愛は許されないが、エッセイと講演なら同内容でも使い分けられる。澤下さんにも藤川さんにも了解の旨を回答した。

2　列島における墨壺の初現

列島における墨壺の初現を語るときに、必ず引用されるのが『日本書紀』雄略天皇一三年九月条の話だ。

　木工の韋那部（猪名部）真根は、石を台にして手斧で木材を削っても、刃を石に当てることがない名匠だ。天皇が「間違って石に当てたらどうする」と問うと、「絶対に当てることはありません」との返事。生意気な奴、それならばと、天皇は采女たちを裸にし、仕事をする真根の横で褌一張で相撲を取らせた。クラクラっとした真根の手元が、思わず狂う。それ見たことか。天皇は死刑を命じる。すると同僚の匠たちが、真根の腕前を惜しむ歌をよむ。『あたらしき　韋那部の工匠　懸けし墨縄　其が無けば誰が懸けむよ　あたらしき墨縄』これを聞いて天皇は後悔し、真根を許した。

木工のすぐれた技術を象徴する「墨縄」が、墨壺を指すというのは定説だ。しかし、近年、異論がある。長い材にまっすぐな線を引くラインマーカーは、古代・中世のヨーロッパや南アジアの民俗例にもある［渡邉一九九六、沖本二〇〇二］。いずれも、糸巻に巻いた縄を着色剤に漬け、引っ張って印を付けるのだ。これこそが「墨縄」で、糸巻と着色剤容器の機能が一つの道具に凝縮した「墨壺」とは区別すべきだという異見だ。中国の史料でも「縄墨」「緒縄」の用語が先行し、墨壺に該当する「墨斗」は唐代以降の用語という［沖本二〇〇二］。

　考古学が明らかにした頭部円柱形の墨壺は、現段階では八世紀後半より古いものはない。雄略天皇（倭王武）の時代とは一〇〇年前後の差がある。六世紀後半といえば、飛鳥寺が建った時だ。列島の「尻割れ型」墨壺の源流を求めて、神谷正弘さんは韓国を訪ね、百済弥勒寺出土の未公表資料に遭遇した［神谷一九八八］。列島で頭部円柱形の墨壺の存在がわかる二〇年以上も前のことだ。神谷さんが見た弥勒寺の墨壺は、一九八九年に公表された（図５－３－８）。年代不詳だが、頭部が円柱形で、尻部の腕木が頭部舟形あるいは箱形のものに比べて長い点も、図５－３－６・７に近い。六世紀後半～七世紀中葉の列島の墨壺は、百済起源と考えて間違いあるまい。とすれば、それが伝わったのは飛鳥寺など初期寺院造営技術の伝播を契機とした可能性が高い。一方、八世紀の頭部舟形・箱形の墨壺（図5－3－1～5）は、唐などから新たに伝わったことになる。

現状では、百済起源の頭部円筒形の墨壺を、雄略朝までさかのぼらせるのは難しい。糸巻と着色剤容器が別々の「墨縄」を認知するのはさらに難しい。すでに出土した木器中に「墨縄」の道具があるかもしれない。「墨壺」「墨縄」の存在は、出土材に墨打ちをした痕跡があれば認知できる。群馬県では横穴式石室の切石に朱墨で墨打ちをした痕跡が報告されているが［松本・桜場・右島一九八〇・一九八一］、これも飛鳥寺造営以降の所産だ。今後は、道具自体の追究と、道具を使った痕跡の追究の両面から、研究が深まることを期待したい。

参考文献

上原真人　一九九三年「四方転びの箱―古代木工技術の変革（予察）―」『平安京歴史研究』杉山信三先生米寿記念論集

上原真人　二〇〇三年「初期瓦生産と屯倉制」『京都大学文学部研究紀要』第四二号

沖本　弘　二〇〇二年「墨縄と墨壺」『竹中大工道具館研究紀要』第一四号

神谷正弘　一九八八年「出土・伝世品から見た日本の墨壺」『考古学論集Ⅱ』考古学を学ぶ会

国立歴史民俗博物館　一九九六年『失われゆく番匠の道具と儀式』企画展図録

滋賀県教育委員会　一九七三年『湖西線関係遺跡調査報告書』滋賀県文化財保護協会

渋沢敬三編　一九八四年『新版　絵巻物による日本常民生活絵引』第四巻（神奈川大学日本常民文化研究所）平凡社

徳島県埋蔵文化財センター（財）　二〇〇六年『観音寺遺跡Ⅱ（木器篇）』徳島県埋蔵文化財センター調査報告書第六八集

中村雄三　一九六七年『図説　日本木工具史』新生社

中村雄三　一九八三年『道具と日本人』ＰＨＰ研究所

奈良国立文化財研究所　一九八五年『木器集成図録　近畿古代篇』史料第二七冊

奈良国立文化財研究所　一九九三年『木器集成図録　近畿原始篇』史料第三六冊

文化財研究所（韓国）　一九八九年『弥勒寺　遺跡発掘調査報告書Ⅰ』文化財管理局（読解に吉井秀夫さんの教示を得た）
藤枝市教育委員会　一九八一年『日本住宅公団藤枝地区埋蔵文化財発掘調査報告書Ⅲ　奈良・平安時代編　志太郡衙跡（御子ヶ谷遺跡・秋合遺跡）』
松島順正・木村法光　一九七七年「正倉院宝物残材調査報告」『書陵部紀要』第二九号、宮内庁書陵部
松本浩一・桜場一寿・右島和夫　一九八〇・八一年「截石切り組積横穴式石室における構築技術上の諸問題―いわゆる朱線をもつ南下Ｅ号古墳を中心として―」『群馬県史研究』第一一・一三号、群馬県
吉田良太　一九九四年『（道具の文化史）墨壺の履歴書』（財　住宅総合研究財団
渡邉　晶　一九九六年「木の建築をつくった道具たち―東アジアのスミツボとヨーロッパのチョークライン―」『失われゆく番匠の道具と儀式』国立歴史民俗博物館企画展図録

第六節　「撓柄斧《たわめえおの》」の提唱

はじめに―従来の斧柄分類―

もう二〇年も前のことになるが、『木器集成図録　近畿原始篇』（奈良国立文化財研究所史料第三六冊、一九九三年）を編集した時、出土した木製の斧柄を、形態から以下の二つに大別して解説した。

（１）直柄《なおえ》（まっすぐな棒状の頭部に斧身をはめ込むための孔をあけた柄）（図６－１－１）

（２）曲柄《まがりえ》（屈曲した頭部に斧身を装着するための斧台を作り出した柄）（図６－１－２）

直柄は縦割りにしたカシ材を使った頑丈なものが多い。これに対して、曲柄のほとんどは、斧身の刃の方向へ頭部が屈曲する膝柄で、サカキなどの枝分かれした部分を利用し、枝を握り、幹を斧身装着のための斧台に仕上げた膝柄が大半を占める。しかし、刃とは逆方向に頭部が屈曲する柄（反柄）も稀に存在する事実に気づいた。

斧柄を直柄・膝柄に分類する説は、『木器集成図録』作成時に上司であった故佐原眞さんが提唱したものだ〔佐原一九七七・一九八二〕。『木器集成図録』を編集していて、佐原分類には含めにくい柄（反柄）の存在に気づいた私が相談すると、佐原さんは、魔法のように、直柄に対立する新たな用語「曲柄」や、曲柄を細分する膝柄・反柄概念を考案してくれた。

考古学のレポートでは、ものを分類するのが研究の第一歩だが、我々はついつい数字やアルファベットに頼って細分しがちだ。しかし、コンピュータならともかく、人間にとって数字やアルファベットは親しみにくく、覚えにくい。

ましてや多くの研究者がかかわると、同じ数字やアルファベットに違う概念を与えるので、複数の説を列記すると何がなんだかわからなくなる。細分に際してニックネームをつける方策がよいことは、佐原さんから学んだ。

私が編集した『木器集成図録』が対象にしたのは、おもに近畿地方で出土した縄文～古墳時代の木製品なので、斧柄には石斧を装着したものと鉄斧を装着したものとがあり、弥生時代に前者から後者へ変遷したことは、斧身自体の研究から既成の事実であった。それをふまえて、形態で大別した斧柄は、斧身を挿入したり、はめ込んだりする装着部（装着孔・装着溝・装着面など）の形態で細分し、太型蛤刃石斧・柱状片刃石斧・扁平片刃石斧・板状鉄斧（板斧）・袋状鉄斧（袋斧）など、装着したと推定できる斧身を特定した。必ずしも、すべての斧柄に関して装着した斧身を特定できるわけではないが、近畿地方では大きく弥生時代後期に石斧から鉄斧へと変遷していく事実を、出土した木製斧柄から描き出すことができた［奈文研一九九三］。

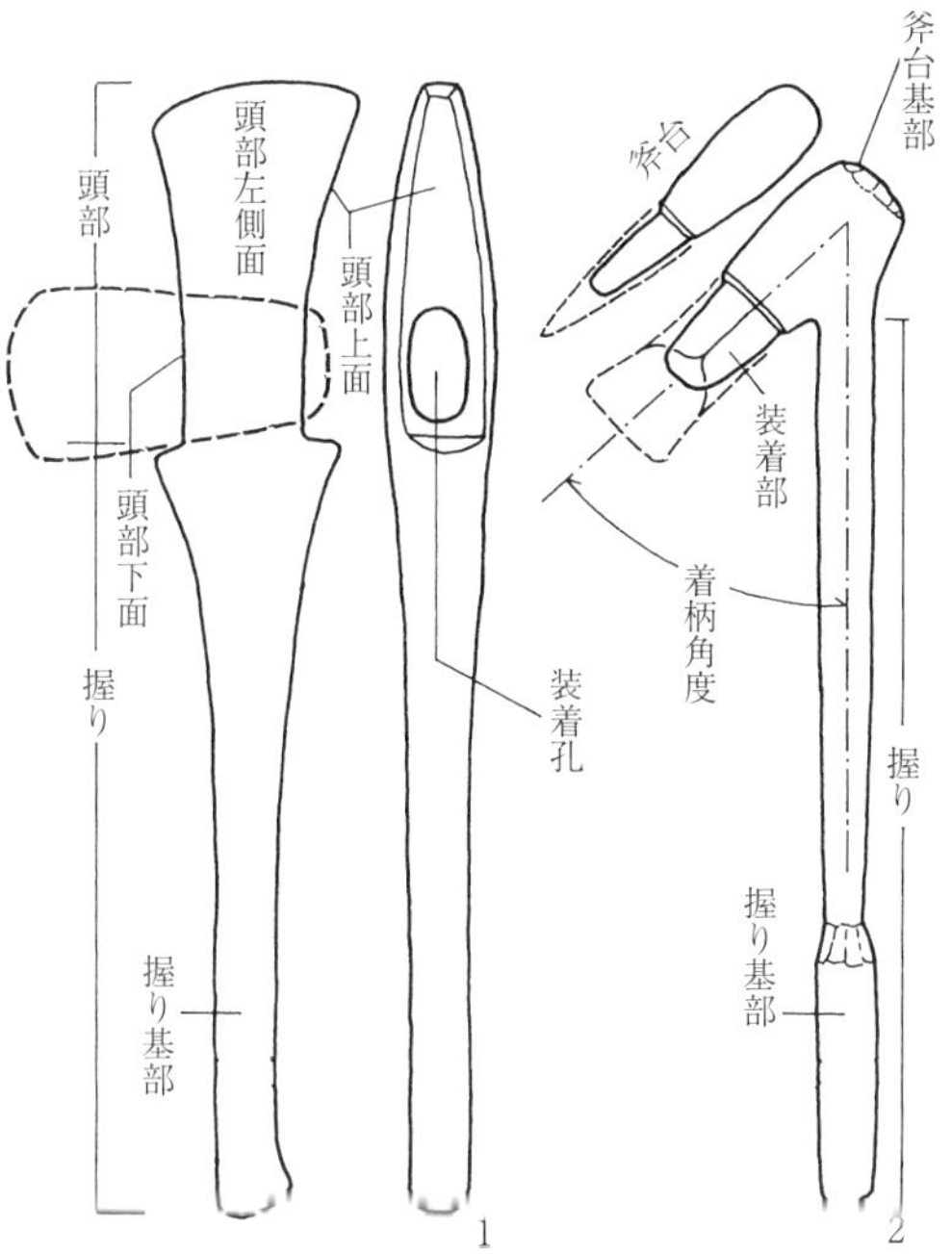

図6－1　斧の直柄と曲柄（膝柄）および部分呼称
［奈文研1993を一部改変］
1　直柄縦斧（太型蛤刃石斧）柄　2　曲柄（膝柄）縦斧（袋状鉄斧）柄

弥生～古墳時代における鉄器の考古学的研究は「邪馬台国論争」の行方を左右する。鉄製品の多寡こそが古代の文化領域における優劣を決定する指標と考えた九州説勢は、弥生時代の鉄製品出土量を比較して北部九州の優位を説いた。しかし、鉄製品は再利用されるので、出土した鉄製品がその保有量を素直に反映していると考えるのは、あまりに素朴な議論である。たとえば、平城宮跡を発掘しても、鉄製農工具刃先などには、めったにお目にかからない。しかし、平城宮でおこなわれた莫大な建設・土木工事や正史に頻出する「鍬」の下賜記事を勘案すれば、平城宮における鉄製品の流通・消費量が当時の日本列島のなかで卓越していたことは明らかだ。もし、鉄製農工具の出土量だけを比較すれば、平城宮は同時代の関東の一集落よりも「後進地」だったことになりかねない。平城宮の鉄製品の出土量は、高度なリサイクルシステムと、遷都後に残された遺物という性格を反映していることになる。だから、リサイクルシステムが貫徹しにくい斧柄を根拠にして、鉄斧の普及状況を解明する意義は高いと考えた。しかし、残念ながら、他地域の出土斧柄を近畿地方と比較して、この議論を発展させた研究はまだない。

形態による直柄・曲柄の二大別、および膝柄・反柄という曲柄の細分概念には、もう一つの使い道があった。農具である鍬柄の分類だ。直柄鍬の場合は、斧とは異なり、鍬身自体に孔をあけてまっすぐな柄の頭部を差し込むという違いはあるが、形状にもとづく柄の分類が、斧も鍬も一緒ならば用語的にも覚えやすく、普遍性をもつことが大きな利点だった。

1　「撓柄」概念の必要性―どのようにして作ったのか―

しかし、『木器集成図録』を作成した時から、中世絵巻や近世職人絵に描かれた「手斧」柄の形態は、明らかに曲柄であるにもかかわらず、出土した木製斧柄から類型化した膝柄や反柄と細部の形が違うことに気づいていた（図6－2）。大阪府池上曽根遺跡や四ツ池遺跡など、一九七〇年前後にはじまった大規模開発にともなう遺跡調査において、大量の木製品が出土するようになる以前は、中近世の絵画資料が斧柄の形状を考える一等資料だった。池上・四ツ池遺跡の発掘を担当した第二阪和国道内遺跡調査会は、二、三ヶ月ごとに小冊子で発掘成果を速報していた。その『池上・四ツ池遺跡12』（一九七〇年四月五日）号が、出土した木鍬身を分類したり、斧柄をまとめて紹介している。誰

図6－2　撓柄横斧を駆使する工匠たち（『春日権現験記絵』）

もが出土斧柄と認識できるようになった始まりだろう。戦前における奈良県唐古遺跡の発掘でも斧柄は出土していたが〔末永・小林・藤岡一九四三〕、斧柄と認識されていなかった〔上原二〇〇九〕。だから、大工道具についてわかりやすく概説した村松貞次郎さんが、斧柄について「オノは昔も今も、ほとんど形が変わらない」と断じたのは〔村松一九七三〕は、中近世の絵画資料を通覧したうえでの話で、出土した木製の斧柄をふまえた議論ではなかった。

組合せ式の膝柄（＝雇柄《やといえ》）の場合は別にして、斧でも鍬でも、膝柄は枝分かれした木を材料に、枝を握り、幹を斧台に仕上げる。しかし、中世絵巻や近世職人絵に描かれる手斧の曲柄は、一本の棒（枝あるいは幹）でできているように描く。一本の棒の一端を彎曲させて斧台にしているのだ。しかも、工匠たちが並んで板の表面をはつっている『春日権現験記絵』の場面（図6－2）では、誰もが同じ形態、同じ大きさの手斧をふるっているように見える。中世絵巻では座って手斧をふるい、近世職人絵では立って手斧をふるうという違いは、古くから指摘されていた〔中村一九六七、村松一九七三〕。柄の長さは後者のほうが大きいように見えるが、柄の形態に違いはない。

昔、竹ひごをあぶって彎曲させ、飛行機主翼のフレームを作った経験からすれば、加熱して棒を彎曲させることは可能かもしれない。村松貞二郎さんは、「チョウナの柄は、木の枝を火であぶって曲げたものである」

と断じている［村松一九七三］。しかし、薄く割り裂いた曲物側板ならいざ知らず、生長した木の幹や枝に加熱して彎曲させるのは至難の業だろう。このような形態の柄は、基本的に彎曲させながら木を生長させた結果だと思う。つまり、生長段階から木を管理して、求める形態の柄を作り出すのだ。

実は、私が学生の頃には、京都の七条通り沿いにあった金物屋で、この手斧柄が束ねて売られていた。東京の金物屋では見たこともない商品なので、さすが京都と感動した。二〇年前に京都大学に着任した時点でも、まだぶら下がっていたが、いつの間にか店頭から姿を消した。一本の細い木を皮付きのまま、一方をたわめて袋斧（袋状鉄斧）を装着するようになっていたが、装着部を粗くはつっただけで、加工しないままだった。もちろん彎曲した部分に焦げ目などはない。興味深いのは、細い木をたわめただけなのに、束ねられている柄はどれも形態や大きさに顕著な差がないことだった。誰かが木の生長段階から管理して、このような柄を製作していることは一目瞭然だった。

本稿執筆を思い立った時点で、これを思い出し、一体どこで誰がどのようにして作った手斧柄なのか、材質は何かなど聞いてみたいと考え、七条通りの金物屋を訪ねたが、やたら暑い夏の間は雨戸が堅く閉まっていた。電話番号も調べて、機会あるごとにかけてみたが、受話器を取る人はいなかった。「民俗調査」は、その場で実行せねばならないことを痛感した。秋になって、ようやく電話が通じた。しかし、確かにかつて手斧柄を扱っていたが、仕入先などを知る人はもはやいないというつれない返事だった。しかし、これほど最近のことなら、インターネットで意外と正確な情報が得られるかもしれないと（歴史情報の不正確さは痛感している）考えて、「手斧」で検索したら、見事にヒットした（http://www.takumi-homes.com/yomimono/daikudougu/0017-chouna.htm）。学生さんがインターネット情報を切り貼りして（場合によっては切り貼りもせずに）レポートを仕上げる気持が少しは理解できた。

以下、柄にかかわる記述を引用する。「柄の用材には繊維質の強い槐（えんじゅ）の木を使います。槐の木は皮付きのままにしておけば、長時間使っても手の平に豆が出来にくいため、無理に皮をむくなと言われます。東大寺再建、日光東照宮建立など、儀式用の手斧の柄には、槐の木の皮の文様を強く表現した金属板が巻かれています。（中略）

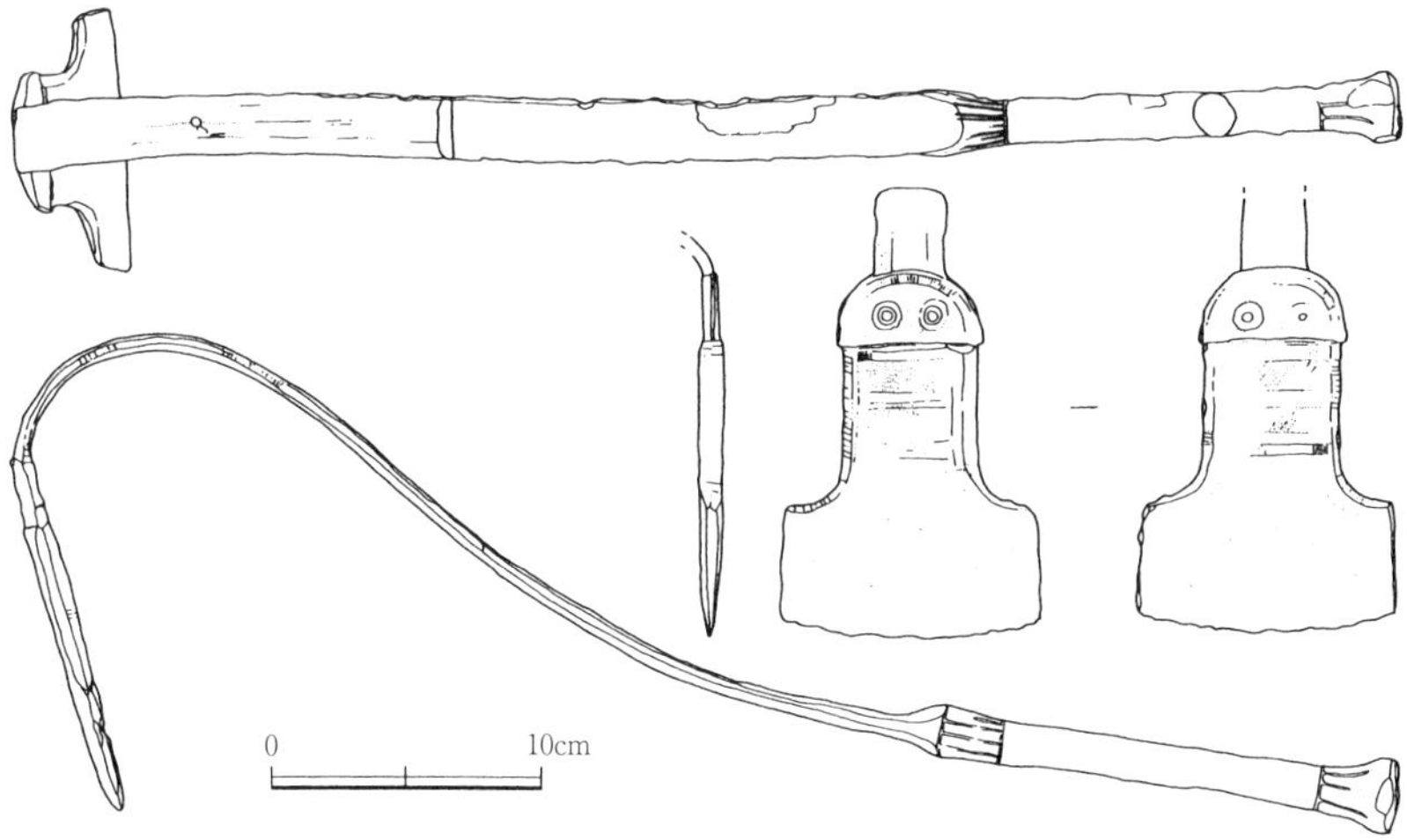

図６−３　山梨県大丸山古墳出土の柄身一体の鉄製「横斧」［山梨県1999を一部改変］

槐の木が立木の時から、道具作りは始まります。立ち木のまま藤つるでしばり、くせをつけ、切りとった後は充分に乾燥させます（以下略）」。材質まではわからないが、外見は私が七条通りで見た通りだ。

ただし、柄の材質に関しては、正徳三（一七一三）年の序文をもつ『和漢三才図会』第二四「百工具」の「釿《てをの》」項では、「楡をもって上となし、槐・欅がこれに次ぐ」とあるので、槐をベストとするのは一八・一九世紀以降のことかもしれない。また、アメリカのセーラム・ピーボディー博物館のモース・コレクションには、一八八二年という時点で使用されていたことが確実な全長五三・五cmの手斧が含まれている。柄の材質はわからないが、彎曲部分だけに皮が残り、握り部分は長年の使用で細くなっている［小学館一九八八］。

以下、本稿では、棒の一端をたわめて、斧身を装着した斧柄を「撓柄《たわめえ》」と呼ぶことにする。「たわめる」という漢字はめったに使わないが、「不撓不屈」の「トウ」字だといえば、誰もが一度は見たことがあるはずだ。つまり、曲柄は、膝柄・反柄・撓柄に細分できるというわけだ。

しかし、『木器集成図録』は、あくまでも出土木器を集成・分類・分析・解説する場であり、出土例のないものを類型化するの

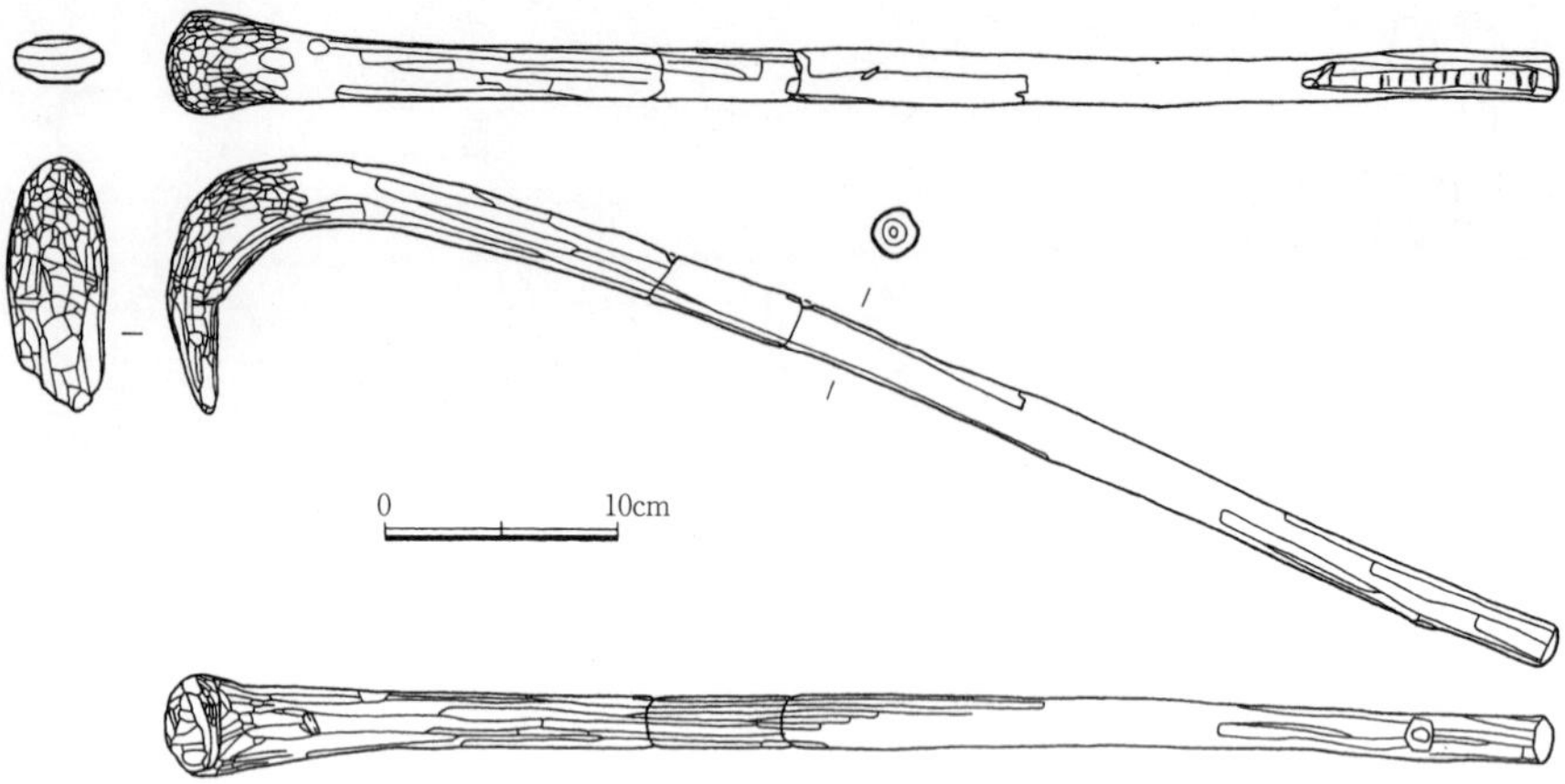

図６−４　鳥取県青谷上寺地遺跡出土の斧膝柄［鳥取県埋文センター2006］

はばかられた。『木器集成図録』を作成する際に、管見におよぶ範囲ではあるが、日本全国の木器出土遺跡の報告書に目を通した。少なくとも、そのなかに斧の撓柄は存在しなかった。

まれに、握り基部から刃先まで一連の鉄でできた柄身一体の鉄製「横斧」が、古墳から出土する。実用ではなく儀式用と理解されているようだが、この形態は撓柄斧を彷彿とさせる（図６−３）。しかし、これを根拠に中近世だけでなく、古墳時代の日本列島にも、木製の撓柄に装着した手斧が存在したと主張する勇気は、私にはなかった。

なお、草戸千軒町遺跡を主題とした広島県福山市の広島県立歴史博物館は、『木器集成図録』作成中にすでに開館していた。草戸千軒町の家並みを復元したコーナーでは、番匠の作事場に撓柄斧が何気なく置かれていた。しかし、草戸千軒町遺跡の出土品に、斧の撓柄は存在しないようだった。

鳥取県青谷上寺地遺跡は、脳みそまで残った人骨の出土で一躍有名になったが、工芸作品と言ってよいほど精巧な木製容器、豊富な鉄器など、弥生時代の常識を塗り替える遺物が次々と出土し、現在、史跡として活用するための調査研究が進展している。その出土木製品のなかに、袋斧を装着したと判断できる「撓柄」がある（図６−４）と色めき立ったが、実際は、枝を握り、幹を斧台に仕上げた膝柄において、握りから斧台に至る部位を丁寧に加工したため、その境がわかりにくくなったものだった［鳥取県埋蔵文化財センター二〇〇六］。

2　撓柄斧の史的意義―だれが柄を準備したのか―

『木器集成図録』を作っていて、膝柄がバラエティーに富んでいる事実を強く感じた。同じ遺跡で出土した同じ時代の、ほぼ同じ全長の膝柄でも、規格性を読み取りにくい。握りになる枝の太さはマチマチだし、幹を使った斧台の長さや形態も色々だ。握りと斧台とがなす角度にも統一性がない。全長に関しては、伐採用と加工用で明らかな規格性を認めたが、少なくとも着柄角度や握りの太さなどは、材料となった木の枝ぶりに大きく作用されているというのが印象だった。

徳島県観音寺遺跡は、阿波国府（八世紀以降）および国府成立以前（六世紀末〜七世紀）の名方評衙や粟国造にかかわる施設が、近くを流れる河川跡ＳＲ一〇〇一に隣接して存在したと考えられる遺跡だ。その河川から出土した木工具は、国庁や評衙、国造館の造営に用いたに違いない。袋状鉄斧を装着したとみられる膝柄は、Ⅶ層（七世紀中頃）、Ⅷ層（七世紀前半）、Ⅸ層（六世紀末〜七世紀初頭）の各層から出土している（図6－5）。

図6－5－2・9は袋状鉄斧をはめ込む装着部が縦長なのに、図6－5－1・3〜8は横長だ。前者は縦斧＝鉞《まさかり》、後者は横斧＝手斧《ちょうな》だ。横斧には、握りと斧台が鋭角をなすもの（図6－5－3）、直角に近いもの（図6－5－1）、鈍角をなすもの（図6－5－4・5）、鈍角をなすが握り大きく彎曲するもの（図6－5－6）などさまざまだ。斧台の装着部形態は袋斧用で共通している。しかし、時代差を考慮せねばならないとしても、地方政治の中枢を造営するための木工具としては、大きさや形態において著しく統一性を欠いているといわざるを得ない［徳島県埋蔵文化財センター二〇〇六年］。少なくとも、これらの横斧用膝柄に装着した手斧を、バラバラに『春日権現験記絵』（図6－2）の工匠たちに持たせたら、同じ作業に従事しているように見えそうもない。

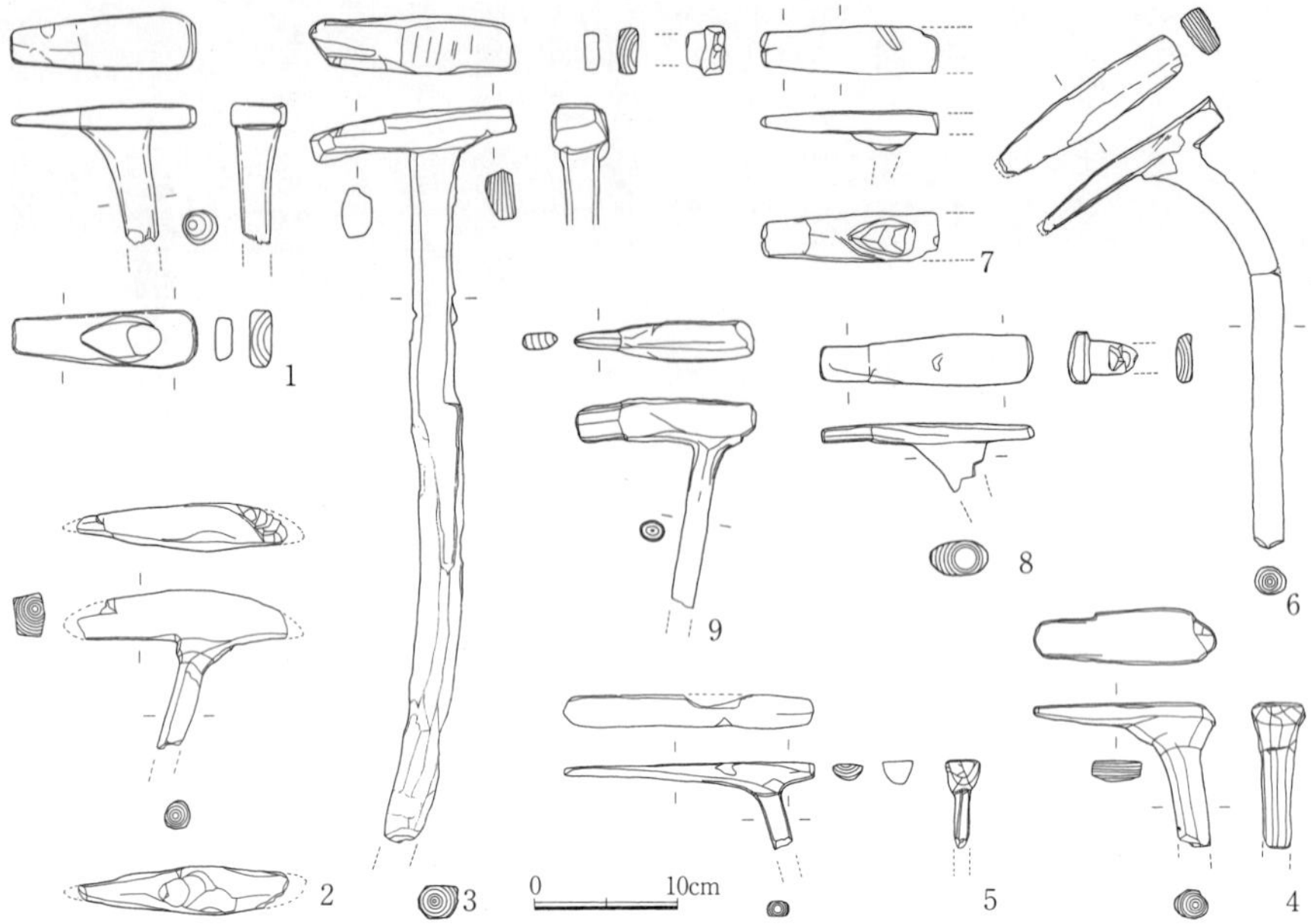

図６－５　徳島県観音寺遺跡出土の斧膝柄［徳島県埋文センター2006］
１～４　SR1001Ⅶ層（７世紀中葉）　５～７　SR1001Ⅷ層（７世紀前半）　８・９　SR1001Ⅸ層（６世紀末～７世紀初頭）

統一性を欠く理由になる社会的背景、あるいは労働編成から見た歴史的背景は、比較的はっきりしている。『賦役令』によれば、公的な造営工事に参加する丁匠は、鑿や小斧などの基本的な木工具を持参することが義務づけられていた。つまり、公的工事の現場でも、工事参加者は各人が使い慣れた道具を持ち寄ったのだ。しかし、参加者各人が持ち寄った道具でも、もともとの製作過程や流通過程で一定の規格品が作られて流布すれば、このような統一性を欠いた製品ばかりで形成されることはないはずだ。

たとえば木鍬身は、時代や地域で形態的にも法量的にも規格性に富む。ミカン割りにした長い材に同じ幅、同じ長さの身を連続した状態で作り、加工がある程度進んだ段階で、切り離して複数の鍬身を作ることが多いから、規格性に富むのは当然だ。というよりも、規格性に富んだ製品が求められているので、同材「切り離し」という技法が生まれた可能性もある。

これに対して、膝柄は枝付きの適当な幹を材料とするので、場当たり的に適当な材を探して作成するほかない。多分、森や林で、自分に見合った適当な木を採取したのだ。近世においては鍬鋤の柄は、鋤鍬柄師（『人倫訓蒙図彙』六「職之部」元禄三〈一六九〇〉年）と呼ばれる堅木《かたぎ》を扱う専門家が製作したらしいが、近代の鎌柄に関しては　次のような説明がある。「大正末期までの鎌の取引は、固定店舗売りにせよ、市日・祭礼・縁日行商にせよ、農家戸別巡回行商にせよ、その取引対象の商品は刃部（鎌体）とその部品（輪金・目釘）であった。柄は売買の対象にならなかった。すぐ使用できる柄付きの完成鎌が広く農家に導入されることが常識となったのは、昭和の初期と見てよい。」「大正末期までは、農家のほとんどが刃部のみを購入し、田畑稼ぎの往き来に、あるいは山林原野に柴刈りに行ったついでなどに、鍬・鎌の柄に適当な枝材などを伐採しておくのが慣わしになっていて、農具の柄はすべて自給自足であったのである。」［中村一九七九］。古代の斧膝柄に対しては、まさこの説明が該当するだろう。

これに対し、撓柄は成長過程の樹木を管理することで、はじめて製作できる。少なくとも私が七条通りの金物屋で見た撓柄は皮付きの木をたわめただけのものなのに、大きさや形状は似ていた。柄を作る専門職の存在を認めざるをえないのである。

3　残された課題—撓柄斧の系譜と起源—

古代～中世の日本における斧撓柄の出土例はまだない。青谷上寺地遺跡で握り（枝）から斧台（幹）の境を丁寧に加工した膝柄が出土したので、柄と身を一体に作った古墳時代の鉄製「横斧」は、必ずしも撓柄を模したとは断言できなくなった。古墳時代の柄身一体の鉄製「横斧」が儀式用祭祀具とならば、青谷上寺地遺跡出土の図6－4が、きわめて丁寧に作られていることに対応するかもしれない。

少なくとも、弥生～古墳時代の斧柄の出土例が、これだけ増えた現時点においては、古墳出土の柄身一体の鉄製

「横斧」の存在を根拠に、弥生～古墳時代の日本列島にも木製の斧撓柄が存在したと主張するのは困難になった。一方、大陸には前漢以来、金元代に至るまで、撓柄斧に似た柄身一体の鉄製農具が存在し、鍬と認識されている［周一九九八］。とすれば、古墳時代の柄身一体の鉄製「横斧」も、中世以降に展開する斧撓柄も、その起源は大陸にあり、列島内における独自の動向の結果ではない可能性が高い。なお、日本では、おそらく中近世絵画に描かれた撓柄斧から連想して、古墳出土の柄身一体の鉄製「横斧」を斧と信じて疑う研究者はいないようだ。しかし、図６－３を例にとれば、刃幅は一〇cm近くあり、板の表面をはつる手斧の刃としては広すぎるように思う。中国のように「鍬」と考える途も残したほうが無難である。

以上、本稿では、

（１）斧の撓柄が、形態的・技術的に膝柄や反柄とは異なる曲柄であること。

（２）現在のところ、撓柄の初現は中世だが、まだ出土例を確認できないこと。

を指摘し、撓柄の出現によって、従前、各人が個別に作っていた曲柄を、専門の樹木栽培職人が請け負うようになった可能性を提起した。ただし、私見の可否は、今後、出土するであろう撓柄自体が回答権を握っている。

参考文献

上原真人　二〇〇九年「レプリカの威力―唐古遺跡出土斧柄の複製品をめぐって―」『木・ひと・文化―出土木器研究会論集―』出土木器研究会

佐原　眞　一九七七年「石斧論―横斧から縦斧へ―」『考古論集―慶祝松崎寿和先生六十三歳論文集―』

佐原　眞　一九八二年「石斧再論」『森貞二郎博士古稀記念　古文化論集』上巻

周　昕　一九九八年『中国農具史綱及図譜』中国建材工業出版社

小学館　一九八八年『モースの見た日本』

末永雅雄・小林行雄・藤岡謙二郎　一九四三年『大和唐古弥生式遺跡の研究』京都帝国大学文学部考古学研究報告第一六冊
徳島県埋蔵文化財センター　二〇〇六年『観音寺遺跡Ⅱ（木器篇）』徳島県埋蔵文化財センター調査報告書第六八集
鳥取県埋蔵文化財センター　二〇〇六年『青谷上寺地遺跡八（第二次～第七次調査区発掘調査報告書）』鳥取県埋蔵文化財センター調査報告一〇
中村忠次郎　一九七九年「鎌の形態構造とその分布」『日本の鎌・鍬・犁』（社）大日本農会
中村雄三　一九六七年『図説　日本木工具史』新生社
奈良国立文化財研究所　一九九三年『木器集成図録　近畿原始編』史料第三六冊
村松貞二郎　一九七三年『大工道具の歴史』岩波書店
山梨県　一九九九年『山梨県史　資料編二』原始・古代二

第七節　古代エジプトと日本列島の木鍬における他人の空似

はじめに―ベルリンの古代エジプト鍬―

二〇一〇年度の年末年始、家族でドイツ旅行をしました。ドイツは初めての経験です。驚いたのは、盲導犬でもない大きな犬が、電車や店舗に出入りすること。立派なレストランにも、大きな犬を連れた客が入ってきます。食事中、犬は主人の足下におとなしくひれ伏しています。よほど訓練が行き届いており、それが社会的に承認されているのです。でも、私のお目当てだった博物館には、さすがに巨大な犬をつれた客は出入りしていませんでした。

五つの博物館・美術館が集まった博物館島には三日間通い詰めましたが、全部は見きれませんでした。ドイツやフランスでは、川の中州や川縁に博物館がありますが、日本では高台に立地するのが普通です。水害の可能性を考えて、川縁の文化財保存施設を避けているのだと思います。大陸の川に対する考え方との違いがよくわかります。

古代ローマやオリエント美術を中心としたベルガモン博物館では、アナトリアのベルガモン神殿やバビロニアのイシュタル門など、目玉になる遺跡復元にあわせて、建物を造作しているのが印象的でした。建物先行で、収集品を次々と収めた大英博物館やルーブル美術館に遅れて出発したドイツが、国威発揚の意味を込めて、博物館建設にすごく力を込めたという印象です。ネフェルティティ胸像が目玉の、ベルリン新博物館では、誰の興味も引いていませんでしたが、古代エジプト（新王国時代）の鍬に目を奪われました。

さすがエジプトは乾燥地帯で、木はカラカラ状態で残っています。多分、保存処理など不要なのでしょう。しかも、くくりつけた紐までが残っています。水漬け状態で残る日本の木器では、めったに目にしない姿です。

ガラス・ケース越しですが、メモやスナップ写真からわかるこのエジプトの鍬の特徴は、以下のように要約できます（図7－1）。

（1）柄も身もすべて木製の木鍬で、身の平面形は長楕円形で上がすぼまった、横から見たナスビのような形をしています。現代日本の鍬は身が鉄製の金鍬。江戸時代以前に一般的だった刃先だけ鉄の鍬を風呂鍬と呼びます。これに対して、刃先まで木でできているのが木鍬です。

（2）柄先端近くに斜めにあけた方形の孔に、身上端に作り出したホゾを差し込んで固定しています。ホゾによって身と柄を結合する鍬ですが、柄の方にホゾ孔をうがつのは珍しいと思います。

（3）身上端のホゾは斜めに削り込み、柄に装着したとき、鋭角をなして身が取り付くようになっています。

（4）わずかに彎曲した身は、日本の弥生～古墳時代の木鍬とは異なり、刃を削り出していません。

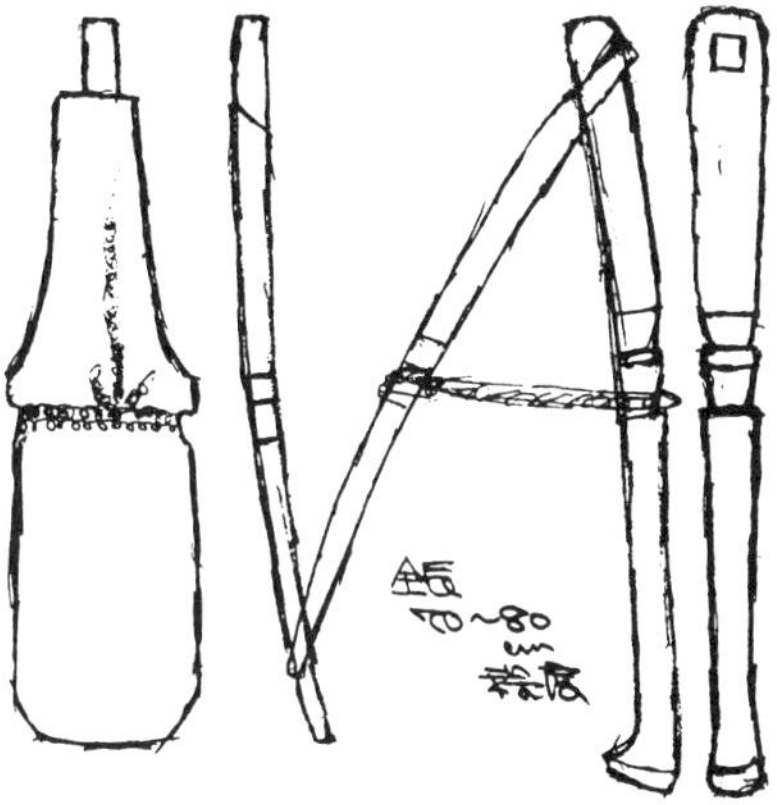

図7－1　ベルリンで見たエジプト新王国時代の木鍬［野帳2011］

（5）身が長く、柄は太く短いのが特徴です。

（6）柄の末端には、滑り止めのグリップを作り出しています。

（7）身のほぼ中央両側に入れた切り込みと、柄のほぼ中央に入れた二つの刻みの間を紐で結縛して、身と柄の固定を確実なものにしています。

（8）木鍬ですから、金属の刃先を装着した形跡はありません。ヒッタイト起源の鉄がどこまでエジプトに導入されたのか知りませんが、銅の刃先ならあってしかるべきだと思います。それがないのは、金属の刃がなくても、充分に鍬として使える土壌の耕地で使用したのでしょう。

1　古代エジプト鍬の類例―ルーブル美術館例とレクミラー墓壁画―

これと似たエジプトの木鍬は、二〇〇五年三月に訪れたフランスのルーブル美術館でも見ました（図7－2～4）。一つはベルリン例とあまり変わりませんが、身がやや短く、紐をかける柄の刻みが一箇所です（図7－4）。残りの二つも基本構造は同じですが、身がさらに短く、身の中軸に沿って上端のホゾに連なる突帯を手前の面に作り出し、突帯をはさんであけた二つの孔と、柄中央の刻みを紐で結んでいます（図7－2・3）。

ベルリン新博物館とルーブル美術館の四つの古代エジプト鍬の特徴は、櫂のような形をした長楕円形の身と、身の上端に作り出したホゾを、柄の先端にあけた孔に挿入して固定し、身と柄の間に紐をかけて固定を確実なものにしている点にあるといえます。やはり刃先に金属をはめ込んだ痕跡はありません。

身と柄の中央を紐で結び、両者の固定を確実にする作業は、意外と重要な意味があるようです。エジプト新王国時代、第一八王朝のレクミラーは、トトメス三世、アメンホテップ二世がファラオだった時の宰相です。彼の墓が、ナイル西岸、ルクソール神殿の対岸にある王家の谷で見つかっています。紀元前一五世紀中頃の墓との由。日本列島では、まだ縄文時代です。

レクミラーの墓は華麗な壁画で飾られています。その絵のなかに、人の背丈と比べれば、ベルリン例とほぼ匹敵する大きさに見える鍬を前にして、身と柄を緊縛した紐をしっかり締め直している姿が描かれています（図7－5）。これを緊縛すると身が離脱しないだけでなく、ある程度の衝撃にも耐えられるのだと思います。

現在の日本の鍬は、基本的に鉄でできた身に孔があいていて、その孔にまっすぐな柄（直柄）を差し込みます。私はこのような柄の着装法（以下「着柄法」と呼ぶ）を直柄鍬と呼んでいます。日本列島の弥生～古墳時代には、先が曲がった柄に、鍬身に作り出した軸を縛り付けて固定する曲柄鍬もあります。これは後で説明します。しかし、柄の先

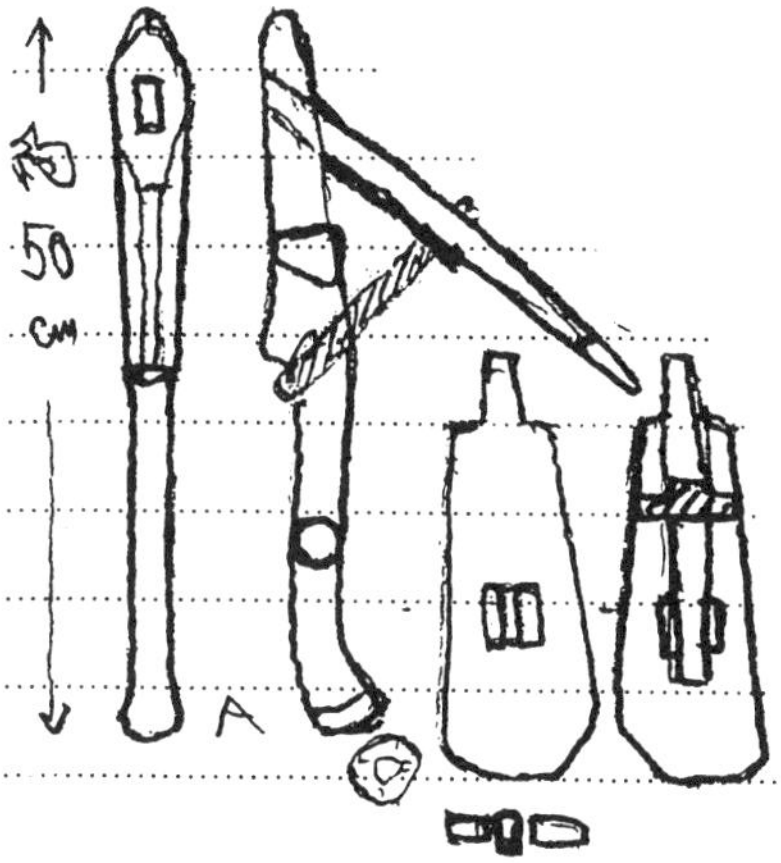

図７−２　ルーブルで見たエジプト新王国時代の木鍬（１）(野帳2005)

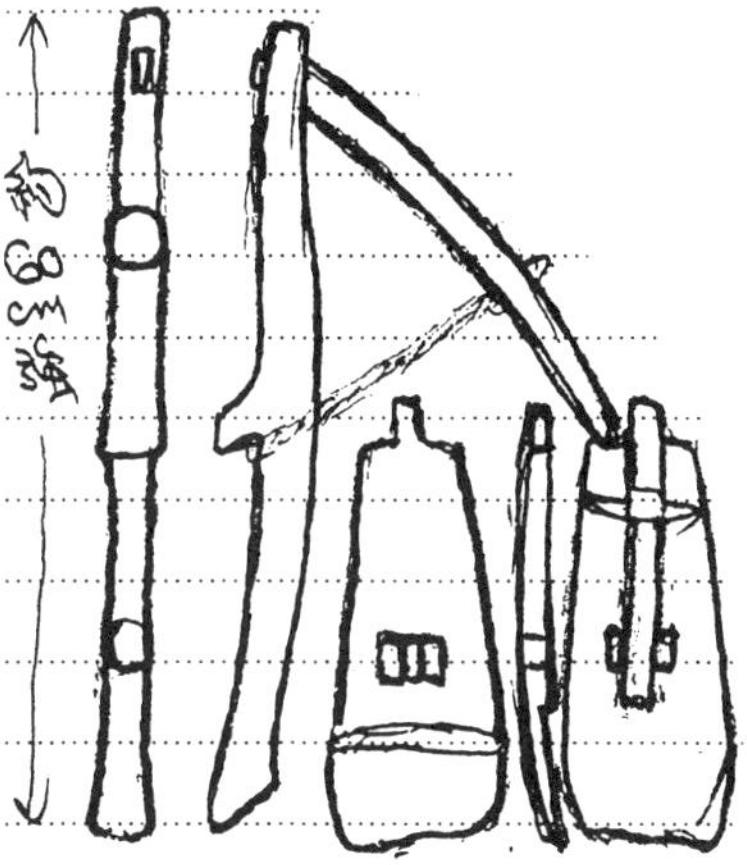

図７−３　ルーブルで見たエジプト新王国時代の木鍬（２）

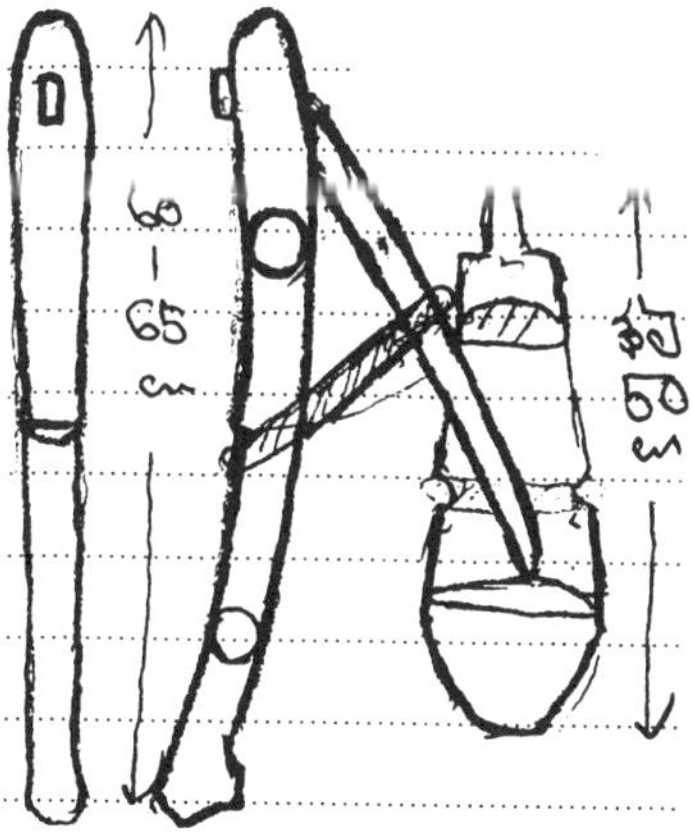

図７−４　ルーブルで見たエジプト新王国時代の木鍬（３）

図７−５　レクミラー墓壁画にみる木鍬の緊縛
紀元前15世紀中頃［仁田・屋形1977］

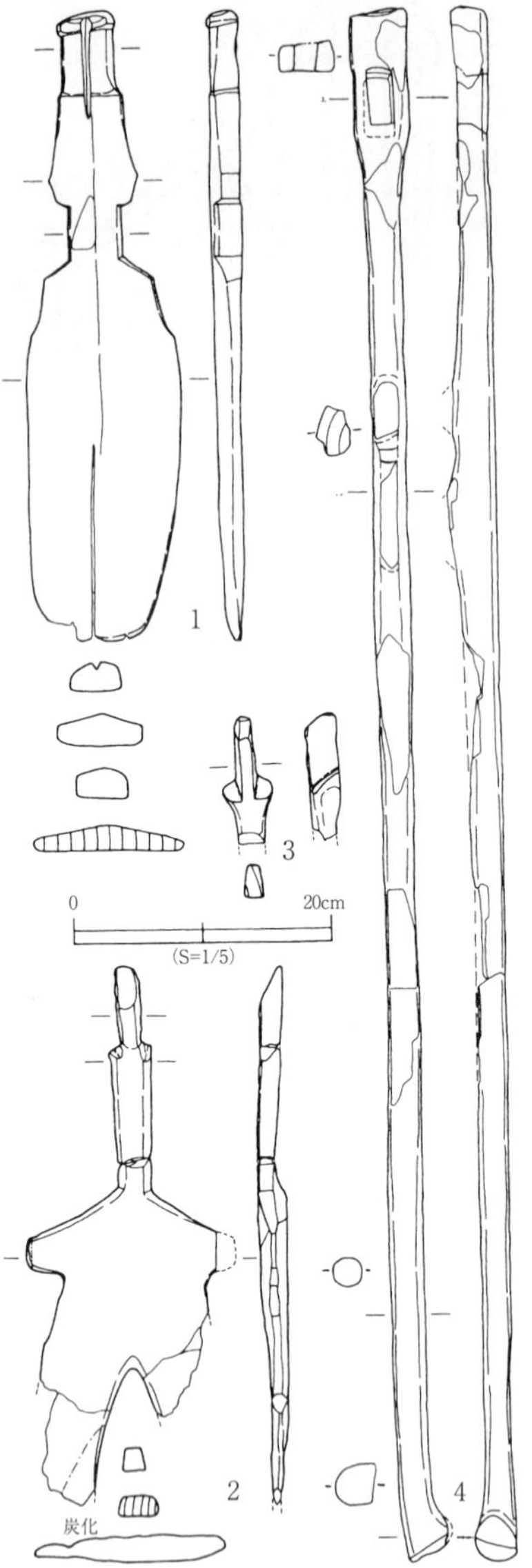

図7－6　南下遺跡出土の木鍬と柄［岩屋・平2011］

端にあけた孔に、身に作り出したホゾを差し込む着柄法は、他の国にもあまり例がない、特異な構造です。

2　日本にも似た構造の鍬がある—鹿児島県南下遺跡出土鍬—

ルーブル美術館例を知っていたのに、ベルリン例にちょっと興奮したのは、よく似た鍬を二〇一〇年九月に鹿児島県で見たばかりだったことによります。これは日本列島では今まで見たことのない着柄法をとる鍬で、その発見に驚いていました。

出土したのは南さつま市金峰町の南下遺跡です［岩屋・平二〇一一］。南さつま市といわれてもピンときませんが、二〇〇五年に、旧加世田市、笠沙町、大浦町、坊津町、

図7－7　南下型鍬の着柄法復元図［岩屋・平2011］

金峰町が合併してできた市との由です。南下遺跡では、顕著な遺構はありませんでしたが、自然流路などから、弥生時代後期～古墳時代前・中期頃（紀元後一～五世紀）の鍬などがまとまって出土しました。

出土した鍬身と柄の図を示します（図7－6－1～4）。刃先が二叉になるなどの鍬身形態における特徴を無視して、柄との着柄装置に着目すると、南下遺跡出土の鍬身は以下の二つに大別できます。

（1）長楕円形の身の上端に、柄と緊縛するための着柄軸を作りだしたもの（図7－6－1）。図示した例では、軸の上下二ヶ所に、緊縛のための紐掛けを削り込んでいます。私が曲柄鍬Cと呼んだものに該当します。

（2）身上部がナスのヘタのような形で、その上端に斜めに削り込んだホゾを作りだしたもの（図7－6－2・3）。私が曲柄鍬Dと呼んだ「ナスビ形農具」と平面形は共通します。

一見すると、両者の着柄法は大差ないように見えますが、（2）に組合う柄（図7－6－4）がこれまで知られていた柄とまったく異なり、身のつくりに対応していることがわかります。すなわち、長さは一mを超える長い柄ですが、先端に斜めにあけた四角い孔が、（2）の上端に斜めに削り込んだホゾと合致し、柄の先端から三〇cm前後に作り出した突起と身のヘタ部分とを紐で緊縛すると、まさに古代エジプトと同じ着柄法の鍬が復元できます（図7－7）。

もちろん柄が長く細身である点などは、エジプト新王朝時代の木鍬とは違います。しかし、基本構造、着柄法の原理はまったく同じといってよいと思います。以下、これを南下型鍬と仮称します。千数百年の時と、一万数千kmの距離を隔てて、よく似た構造の鍬が使われていた事実には、「他人の空似」とわかっていても、それなりの感動を覚えました。

3　他人の証明―列島における鍬変遷―

当たり前のことですが、エジプト新王国時代の鍬と鹿児島県南下型鍬とは、何の関係もありません。よく似ているのは「他人の空似」なのです。しかし、時空間を超えている事実をいくら強調しても、「他人の空似」の証明にはなりません。

二つの類似品が時空間を超えて存在しても、調査を進めれば、その空白を埋める資料が将来見つかるかもしれません。また、飛行機が発達する以前でも、海を通じてものが伝われば、間に広大な空白地帯があっても、物同士に親子関係が認められる場合も少なくありません。

また、考古学研究者には、外見が似ていても、製作技術が違うと両者は無関係だと早合点する人がいます。しかし、物を模倣した場合、まったく異なる技術で外観がほとんど同じ物を作ることは可能で、その実例はいくらでもあります。この場合、技術的な系譜関係がなくても、モノとしての系譜関係は成立していることになります。

たとえば、中世末期に出現した日本の火縄銃が、西洋から伝わった鉄砲が元になって発達したことは誰もが知っています。しかし、火縄銃の部品のなかで最も重要な銃身＝砲筒を作る方法は、西洋では鉄の棒に旋盤で穿孔するのに対して、日本では鉄板を丸めて筒状に仕上げたと聞いています。製作技法がまったく異なるのです。同じ技術をもっていなくても、自前の伝統技術で同じ形態、同じ機能の製品を作り出すことは可能なのです。

AとBが「他人の空似」であると、モノに即して証明するには、それぞれの地域でAとBがたどった変遷や、生まれた経緯を明らかにして、その道筋のなかで両者の交差点がないことを示さねばなりません。残念ながらエジプト新王国時代の鍬の由来や変遷について、私には言及できる用意はありません。しかし、南下型鍬に関しては、かなり確信をもって日本列島のなかで歴史的位置づけ、系譜的な説明ができます。

おもに近畿地方で出土した弥生～古墳時代の木製品を集成した図録を、平成五年に刊行しました［上原一九九三］。その二年前に発表した近畿地方における鍬・鋤の変遷を解説したのが**図2－1**（二九〇頁参照）です。この図はなかなか好評で、概説書や博物館の展示などでもよく利用されているので、当面関係する鍬に限って、二九〇頁の図をもとにかいつまんで説明を加えます。

弥生時代の鍬は、基本的に刃先まで木でできた木鍬で、鉄刃を装着した風呂鍬が普及するのは古墳時代中期（五世紀）以降のことです（21）。木鍬の刃先は、二又、三又、四又になった又鍬と、又にならない平鍬とに大別できます。普通の木鍬は木理が上下に走るのですが、左右に走る横長の鍬（14～16）を横鍬と呼んで区別します。平鍬には、身幅一一～一三㎝をピークとする狭鍬と、一九～二二㎝をピークとする広鍬があります。刃先の鈍い木鍬では、狭鍬は土を掘り起こすのに適し（打ち鍬）、広鍬は掘り起こした土を砕き移動するのに適しています（引き鍬）。

広鍬は、使用者に泥水がかからないよう、泥除を装着します。泥除を装着した広鍬は、荒起こしした田圃に水を入れ、土塊を砕いて均す作業に使用しました。近畿地方では、広鍬は身の平面形が5→7→9→10→12のように変遷しました。一言で言えば、身の頭部を軽減化し、軽い鍬となる方向で変遷したのです。泥除の形態とその装着法にも変化がありますが、身に孔をあけてまっすぐな柄を挿入する「直柄鍬」という特徴に大きな変化はありません。なお、11は北陸型、13は北部九州型鍬が近畿地方にもたらされたもので、客体的な存在です。

これに対し、狭鍬は弥生時代の中頃から、身にあけた孔に柄を差し込む「直柄鍬」（1・2・3）は陰をひそめ、身の上部に作り出した柄を取り付けるための軸（着柄軸）に、屈曲した柄（曲柄）を縛って固定する「曲柄鍬」（19・20）が主流となります。狭鍬は身幅を狭く作らねばなりません。そこに孔をあけると身は脆弱になります。なかには孔の径が身幅を規制し、鶴嘴のように先端が尖る例（2）もあります。身に孔をあけない曲柄鍬が主流になる理由です。

近畿地方の曲柄鍬は、ナスのヘタが付かない形式（曲柄鍬C、19・22）が先行し、ナスビ形農具（曲柄鍬D、20・21・23）は弥生時代後期以降主流となります。原則として、曲柄鍬Cには、枝分かれした木の枝部分を握り、幹部分を身を取り付けるための台に仕上げた膝柄（28）を装着し、曲柄鍬Dには、木の根に近い部分などで彎曲気味の幹を丁寧に加工した反柄（29）を装着します。柄の出土例は少ないのですが、この原則に反する例はまだありません。その後の研究で、曲柄鍬Dは近畿に先んじて山陰地方で弥生時代中期に出現し、各地に伝わったこと。東海以東の太平

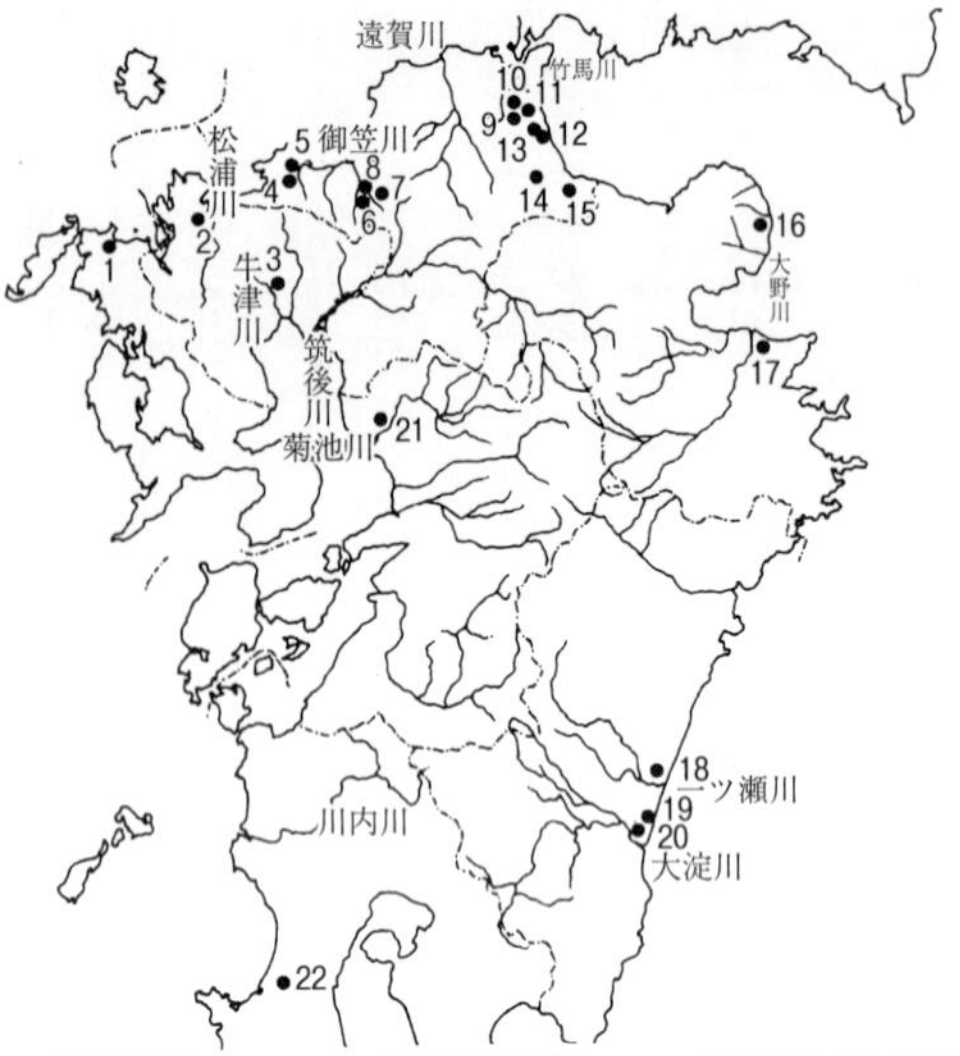

1 里田原遺跡
2 菜畑遺跡
3 久蘇遺跡
4 湯納遺跡
5 拾六町ツイジ遺跡
6 那珂深ヲサ遺跡
7 省居遺跡
8 那珂気休遺跡
9 上清水遺跡
10 カキ遺跡
11 金山遺跡
12 山田遺跡
13 貫川遺跡
14 末江下前田遺跡
15 宇留津川角遺跡
16 安国寺遺跡
17 丹生川遺跡
18 垣下遺跡
19 志戸平遺跡
20 風早第Ⅱ遺跡
21 柳町遺跡
22 南下遺跡

図7－8　九州のナスビ形農具分布［岩屋・平2011］

洋岸では曲柄鍬Cが古墳時代まで使われ続けたこと。北部九州では独自の鍬が根強く残ったことなども判明しています［樋上一九九四、『季刊考古学』第一〇四号］。

本稿で問題にしている古代エジプトの鍬に似た鹿児島県南下型鍬は、いうまでもなく、山陰地方が発信した曲柄鍬Dが、西に伝播して、独自に発達したものだと推定できます。しかし、通常の曲柄鍬Dは反柄に緊縛するので、着柄軸を斜めに削り込んでホゾ状に仕上げることはありません。この点で南下型鍬を曲柄鍬Dと区別すると、柄が出土していなくても南下型鍬を認知できます。現在のところ、南下型鍬は宮崎県志戸平遺跡［『季刊考古学』第一〇四号］で管見に及んでいます。弥生時代後期～古墳時代初頭に属するものです。さらなる実態調査が必要ですが、旧国名でいえば日向、薩摩に分布が限られるといえます。

ナスビ形農具は北部九州ではあまり流行しないのですが、九州東部の豊前・豊後に比較的多いように思われます（図7－8）。しかし、現在のところ、この地域で南下型鍬は確認できません。つまり、中国地方から周防灘を経て大分県に至り、九州東海岸を南下して鹿児島県に伝わるルート上、もしくは豊後水道を渡った日向国で南下型鍬が生まれた可能性が高いのです。一言で言えば、中国地方から発信されたナスビ形農具の西南ルートのなれの果てが南下型鍬だといえましょう。それがエジプト新王国時代の鍬と関係があるはずがないのです。

以上、生物学的な意味での「他人」は、現在ならＤＮＡで確実にいえるのでしょうが、考古学でいう「他人の空似」は、系譜関係をたどることで（人間でいえば「系図」をたどることで）証明できるという話でした。系図においては養子縁組など、血縁関係やＤＮＡ関係が存在しなくても、系譜関係は成立します。先述した、技術的には不連続でも、模倣によって系譜が成立する事実もそうした一例といえます。逆にいえば、文化的な系譜関係のあるなしは、ＤＮＡでは証明できないことになるのです。

参考文献

仁田三夫写真・屋形禎亮解説　一九七七年『古代エジプト画（新王国）』日本経済新聞社

上原真人　一九九一年「農具の変遷─鍬と鋤─」『季刊考古学』三七号、稲作農耕と弥生文化、雄山閣

上原真人　一九九三年『木器集成図録　近畿原始篇』奈良国立文化財研究所史料第三六冊

樋上　昇　一九九四年「耕作のための道具─ナスビ形農耕具を中心に─」『季刊考古学』第四七号、先史時代の木工文化、雄山閣

樋上昇編　二〇〇八年『季刊考古学』第一〇四号、弥生・古墳時代の木製農具（鍬・鋤の変遷と地域差および鎌・杵・田下駄など）、雄山閣

岩屋高広・平美典　二〇一一年『南下遺跡』鹿児島県立埋蔵文化財センター発掘調査報告一五七

第三章　寺院論

解説　遺跡保存整備の前提として

1　寺院年代論

寺院年代論としての瓦研究

通常、寺院論は瓦論の前提となる主題である。古代日本における瓦消費地は、寺院・官衙・宮殿など、エリートの宗教施設や一部住宅も含めた政治施設に限定される。瓦の本格的研究は、そうした施設の年代や変遷解明を主目的に始まった。とくに寺院・官衙研究では、広範囲を長期にわたり発掘しないと具体的な構造が解明できない。とりあえず大量に出土した瓦や、調査前に採取された瓦の年代や変遷、系統を論じることから着手し、寺院の年代や性格を検討するのが定石である。場合によっては遺構がほとんど削平され、瓦のみで当該寺院の性格を検討せざるをえないこともある。出土瓦の整理は寺院研究の基礎作業で、私が参加した六勝寺跡、山城国分寺跡（恭仁宮跡）でも、それが最初の仕事になった（第一章解説）。

私のおもな関心事は瓦にあり、当初は寺院への関心も瓦論の延長にあった。なんとなく、本格的な寺院論は建築史や仏教史の領分で、考古学の守備範囲ではないと思っていた節もある。瓦の製作技法や瓦当文様により技術系統、生産地系列や需給関係を認定し、文字瓦により工房構造や労務管理を考察する瓦論の主題は、前提として瓦の年代解明が不可欠であっても、寺院論へ直結するわけではない。しかし、瓦研究者は寺院研究者であるべきだという社会的要請があった。奈良国立文化財研究所埋蔵文化財センターの業務には、各地の歴史時代遺跡の発掘調査指導があった。着任早々、香川県の讃岐国分寺跡発掘調査指導が舞い込んだ。しかし、膨大量の瓦を整理する場合、採拓・実測などの手伝いはできても、全体像を解明するための整理は、地元に任せるほかない。

瓦研究からの脱却

巻末の調査研究略歴・成果発表・講演・著作物一覧末尾の「発掘調査等文化財にかかわる委員・理事・評議員など」項に列記したように、奈良国立文化財研究所埋蔵文化財センター在任中や京都大学に移籍した後、依頼された各地の発掘調査や保存整備・活用の指導委員にかかわる仕事の、圧倒的多数が寺院関係遺跡である。これ以外にも、発掘で瓦や寺院関係遺構を検出した情報を得て、臨時に出向いた遺跡も数多い。そこで出土瓦の年代観や整理法について意見を述べることはあっても、私自身がそれを研究し、文章に仕上げることはできない。

要請されて執筆した小文もあるが［一九八五年三月③、一九九〇年三月③、一九九八年三月③、二〇〇三年三月⑤］、軒瓦の文様論にとどめた。躊躇した背景には、工房系譜論や屋根景観論に発展させるには、平・丸瓦も含めた一括出土瓦全体を分析すべきという基本的な主張があった（第一章参照）。しかし、私見をまともに受けとめ、出土瓦整理なかばで挫折した埋蔵文化財担当者もいた。申し訳ないことをしたと思う。出土瓦を総体で整理・分析する場合は、良好な一括資料と見極めたうえで、時間と資金の許す範囲で可能なことをするという基本を忘れてはならない。

軒瓦の文様と製作技術に限定すれば、既報告の成果をもとに話題が提供できる。第一章の解説で述べたように、法隆寺と四天王寺、額田寺などの出土軒瓦をもとに、当該寺院の比較検討や消長を扱った論考は［一九八六年二月、二〇〇一年三月②］、歴史上、名のある寺院が対象だった。南山城の無名寺院の瓦を扱った議論は活字にしたが［二〇〇四年五月②、二〇〇六年三月①］、これは恭仁宮跡出土瓦研究の［一九八四年三月③、同年一〇月］延長にある。豊前出土瓦のシンポジウムで開陳した話でも、大和や山城の瓦が分析対象だった［一九九一年一〇月、一九九五年五月②］。

請われて提供した話題もあるが［一九九二年一一月②③、二〇〇〇年三月③、二〇〇二年一〇月、二〇〇四年三月②、二〇〇四年八月、二〇〇六年一月③、二〇〇八年七月①、二〇〇九年一二月②、二〇一三年九月など］、活字にする機会は少ない。一つひとつの瓦を取りあげれば、その文様系譜や製作技術、時代など様々な歴史的背景にかかわるモノグラフが提示できる。同種の話題は瓦の数だけあるといってもよいので、積み重ねれば展望が開けるかもしれないが、体系づける見通しがない。このように瓦論の限界を認めると、当然、それ以外の、遺跡・遺構・遺物に即した寺院論が、私にとって必要であった。

2　寺院工房論

古代手工業史としての瓦研究

私の瓦研究には、古代手工業史における窯業生産部門の解明という面がある。寺院や宮殿・官衙など、瓦を消費する施設の造営に際しては、各種の手工業分野が関与するので、瓦工房以外の生産組織と比較することで、瓦生産における普遍的側面と独自の面が明らかになるはずだ。「寺院工房」論を展開したのは、そうした目論見があった［一九九七年九月①、二〇〇六年二月②］。しかし、同笵関係を根拠に、生産遺跡と消費遺跡とを直接結びつけられる瓦のような遺物は稀で、異なる手工業分野の資料を、同次元で比較検討することは難しい。

瓦工房の存在形態に、消費地隣接型と遠隔地型があることは、律令制下の造瓦体制を検討するうえで重要な分析視角だった（第一章第二・四節参照）。しかし、こうした類型設定は、同笵関係で生産・流通がわかる瓦においては容易でも、同じ窯業生産部門の土器ではかなり難しい。鋳造工房では、梵鐘などにおいて、鋳型と製品を対照して同定できれば、瓦と同じ次元で生産・流通関係がわかるはずだが、実例はまだないようだ。銅は理化学的分析により産地同定が可能だが、直接わかるのは鉱山と製品の関係で、工房と消費地の関係ではない。ましてや産地同定が難しい鉄になると、寺院・宮殿・官衙域内や隣接地で操業した工房を消費地隣接型と論定できても、それに対立する遠隔地型が認定できない以上、類型設定自体が無意味になりかねない。七世紀前半を中心とした遠隔地型の初期瓦生産を屯倉制で説明した［二〇〇三年三月④］が、他の窯業生産や鉄生産、紡織活動においても屯倉制との関係を説く研究者がいる。しかし、肝心の生産物自体で、屯倉と消費地の需給関係が明示できなければ、考古学として成立しない。

当然のことだが、手工業の分野によって、原料から製品に至るまでの工程は異なる。瓦生産なら粘土や燃料を集積し、窯を築いた場所が工房となるが、金属加工では、原料を獲得する場（鉱山やカンナ流し関連施設）、原料から地金を生産する場（製銅所・製鉄所など）、地金や不用の金属製品から新製品を生み出す場（鋳所や鍛冶所）は、それぞれに相当の施設が必要で、立地を異にする場合が多い。つまり、考古資料は、ものによって付帯する歴史情報が異なる。当然、それをひきだす方法も、個別に検討せねばならない。

官営工房論の行方

古代手工業における工房の性格を論じるとき、官営工房か否かがよく話題になる。消費地や消費者が官営施設やそれにかかわる公人であることが、官営工房の一つの認定基準だ。瓦の需給関係はわかりやすいので認定は比較的容易だ。しかし、製品の残骸から消費地を特定しにくい他の手工業分野では、官営工房と断じる根拠が少ない。結局、工房の立地（役所跡等の官営施設との位置関係）や複数業種の協業など、工房の存在形態を根拠にせざるをえない。

官営・公的施設といっても、「官」「公」概念の政治的な成熟度や認識度によって官営度が異なる。古代寺院研究においては、「氏寺（私寺）」と「官寺」の区別を重視する。郡名寺院という概念は古代寺院の官的・公的側面を強調するが、郡名は地域名で氏族名にもなりうる。具体的に官寺か氏寺か、区別しきれるものではない。大和興福寺は藤原氏の氏寺である山階寺や厩坂寺の後裔を自称しているので、藤原氏の氏寺と評価する場合が多い。しかし、興福寺中金堂は藤原不比等が造営したが、天平期の伽藍充実には聖武天皇や光明皇后が積極的に加わる。東大寺や法華寺と同等の官寺といっても、間違いではない。一一世紀中葉以降、相次ぐ興福寺焼亡に対し、藤原氏一族は結束して再建事業を推進する。興福寺の氏寺的側面は、むしろ平安後期以降に高揚するともいえる。

飛鳥寺（元興寺）の評価も同じだ。天武天皇九（六八〇）年四月の勅で、諸寺を、①国家直営の国大寺、②三〇年を限り食封を与える有封寺、③その他の寺に格付けし、飛鳥寺は例外措置として従来通り国家直営とする。この時点で、飛鳥寺は正式の官寺となったが、飛鳥寺造営を推進した蘇我馬子は時の宰相で、仏教興隆に推古天皇の意向もかかわったことを『日本書紀』は記す。創建飛鳥寺を、単に蘇我氏の氏寺と規定してよいか、躊躇せざるをえない。しかし、蘇我馬子は古墳を築造した有力豪族の一人で、律令制が成立する以前の「官」「公」意識が稀薄な時代の宰相だ。「官寺」と「氏寺」を、通時的・不変的な概念でとらえるのは容易ではない。

官営工房も同様だ。飛鳥池遺跡は飛鳥寺工房か官営工房かという議論をするときは、富本銭鋳造所という事実を重視すれば、のちの鋳銭司とのつながりで、官営工房的側面を強調せざるをえない。しかし、飛鳥寺東南禅院所用瓦を生産したことを直視すれば、寺院工房としての側面を強調することになる。そもそも、天武天皇九年以降の飛鳥寺は、官治の寺として正式に認められたので、飛鳥池工房が官営工房であることと寺院工房であることとは、矛盾するわけではない。

しかし、それ以上に重要なのは「官営度」だ。私は、飛鳥池工房における業種と存続年代から、神亀五（七二八）年八月に成立する内匠寮工房の前身と位置づけた［二〇〇六年二月②］。同説の可否はともかく、私見では内匠寮工房が突如誕生するはずがなく、前史として各種の生産活動を通じて技術や協業を習熟させた工房組織があり、それを中央官衙直属の官営工房として再編したのが内匠寮工房であると理解しようとしたのだ。つまり、官営工房を通時的・不変的組織ととらえるのではなく、「官」「公」の成熟度や認識度によって形成されていくものととらえたわけだ。言葉や用語から制度を考える文献史料ではこうした理解は難しいと思うが、具体的な遺構・遺物を材料に、官営工房や寺院工房の実体を分析できる考古学ならば、こうした視点を深めることが可能だと信じている。

3　寺院構造論

伽藍配置論

古代寺院研究において、建築史学にも考古学にも共通する分析視角として、伽藍配置論がある。伽藍配置論は、寺院を構成する主要な建物施設の位置関係を類型化したもので、基準になった寺院名を類型呼称とすることが多い。六世紀後葉～七世紀の飛鳥寺式・四天王寺式、七世紀中葉～八世紀の法隆寺式、七世紀後半～八世紀の法起寺式・観世音寺式、七世紀末～八世紀の薬師寺式・大官大寺式、八世紀の大安寺式・東大寺式などは、その一つの到達点である。

伽藍配置論は、金堂（仏堂）・塔・講堂・回廊・中門・南大門など、寺院中枢部を構成する諸施設（七堂伽藍）の位置関係を類型化したものだといわれる。しかし、発掘調査で検出した遺構において、講堂位置に関しては、基準になった古代寺院と異なるものが少なくない。また、金堂（仏堂）・塔が瓦葺礎石建物でも、講堂が掘立柱建物の例もある。建物の関係を類型化する場合、この差は無視できない。また、地方寺院では、回廊・中門の存在が不分明の例も少なくないのに、必ず伽藍配置について論究する。つまり、七堂伽藍を対象とした類型概念と称しながら、実際には、金堂・塔の位置関係が類型化の根拠になっているようにみえた。

一九七六年、樋口隆康先生に誘われて、アフガニスタンの発掘調査に参加した時、直行便がないため往路・復路ともパキスタンを経由した。そのため、ガンダーラの仏教寺院跡を見学する機会があった。都市から離れた山地に寺院を営む例が多いこと、寺院内では、仏像を祀る祠堂とストゥーパが一つのまとまりをなし、僧たちが住まう僧房群やその中央に設けた集会空間＝講堂とは区画を異にする事実が印象的だった。インドの石窟寺院においても、塔院窟と僧院窟が区別されることは、のちに学んだ。つまり、仏教の故地では、仏を祀る仏堂・塔の区画＝仏地と、僧たちが住まい集まる僧房・講堂の区画＝僧地とが一線を画すことは自明だった。

日本では、教王護国寺（東寺）講堂において、空海が自らの密教世界をパノラマ化したように、講堂を金堂・塔に準ずる（あるいはそれ以上に）仏を祀る施設としてあつかう場合がある。しかし、掘立柱講堂の存在などは、仏を祀る施設というよりは、仏教の故地と同様、僧たちの集会所的機能が濃厚だ。坂詰秀一さんが、日本古代寺院に仏地・僧地概念を導入している［坂詰一九七九］ことに力を得て、従来の伽藍配置論は仏地、すなわち金堂（仏堂）・塔の位置関係を類型化したもので、その背後や周囲に広がる僧房・講堂・経蔵・鐘楼・食堂などの僧地とは区別すべきだという提言は、こうした思考を経て生まれた［一九八六年二月］。

伽藍配置論の空間的延長にあるもの

従前の伽藍配置論が仏地を類型化したものなら、当然、僧地を類型化し、仏地と僧地の組み合わせにもとづいて、伽藍地全体の構造論が展開できるという見通しはあった。しかし、発掘で僧地構造が判明した例はほとんどないので、将来の課題とせざるをえなかった。しかし、仏地の背後や周囲に僧地があるとすれば、さらにその周囲には、修理院や賤院・苑院・倉垣院などの寺院機能を維持する空間があって寺院地を構成し、寺院地区画を隔てて、その外側には寺領・宮殿・宅地・役所・他の寺院や神社などさまざまな施設があるはずだ。寺院は孤立した存在ではなく、そうした周辺に広がる世界のなかで初めて機能を果たす。すなわち、寺院構造を論じる場合、中枢施設の位置関係だけでなく、外側にある政治施設や俗的施設との関係、あるいは他の寺院や神社などの聖的施設とのネットワークにも注目する必要があるという提言も、仏地・僧地を区別する議論の延長にあった［一九八六年二月］。

しかし、言うは易く行うは難しだ。都城との関係を論じた小品［一九八八年二月、本章第一節］も、文献史学の成果を吸収するのに精一杯で、考古資料に結びつけた具体的な議論がほとんどできていない。寺院同士の関係では、田中重久さんや田村圓澄さんが早くから注意を促していた僧寺と尼寺の関係について、飛鳥寺（僧寺）と豊浦寺（尼寺）、斑鳩寺（僧寺）と中宮寺（尼寺）が、いずれも檀越の宅地（甘樫丘・斑鳩宮）を挟んで立地する事実などを指摘し、その普遍性を論じた。それをふまえ、八世紀に国分僧寺と国分尼寺をセットで造営したのは、中国に学んだという従来説よりは、百済から学んだ寺院制度の延長と考えるべきだと提言した［一九八六年二月］。その後、百済尼寺の発見［大阪市文化財協会一九九九年］で私見は補強されたとはいえ、この問題はさほど新たな展開をしていない［二〇〇四年八月］。

山寺研究の隆盛

考古学的調査が進み、寺院間のネットワークを多面的に議論できるようになったのは山寺（山林寺院・山岳寺院）研究である。奈良国立文化財研究所の埋蔵文化財センターに配属されたのち、初めて発掘調査・保存整備の委員を兼任した福島県磐梯町の国史跡慧日寺跡も、磐梯山信仰と深く結びついた古代寺院だ。その後、栃木県足利市法界寺跡（樺崎寺跡）、静岡県湖西市大知波峠廃寺跡、岩手県北上市国見山廃寺跡（極楽寺跡）、香川県まんのう町（旧琴南町）中寺廃寺跡、鳥取県大山町大山僧坊跡、愛知県豊橋市普門寺境内、京都府石清水八幡宮境内、京都府木津川市馬場南遺跡（神雄寺跡）など、（必ずしも山寺ではないが）山地形を利用した古代・中世寺院の発掘に調査・整備委員として関与するようになり、考古学的研究の対象としてマイナーだった山寺について、いろいろと考える機会に恵まれた。『佛教藝術』で各地の山寺の考古学的研究成果を特集できたのも、そのおかげだ［二〇〇二年一一月③、二〇一一年三月］。

京都にも山寺は多い。京都大学大学院文学研究科に二一世紀COEという大規模予算が配当された時、京都市文化財保護課の梶川敏夫さんのおかげで、山科安祥寺跡の総合的な調査が実施できた［二〇〇四年三月①、二〇〇五年八月、二〇〇五年一一月、二〇〇七年三月⑥］。安祥寺上寺跡は遺構の残りも良く、歴史的な重要性を周知できたにもかかわらず、史跡として顕彰するに至っていないのは心残りだ。

これらの山寺の考古学的調査は、開発にともなう発掘とは違っていた。里山の見直し、野鳥観察・野草観察などとも連動して、調査着手以前から社会教育活動や観光事業にかかわる場合が多い。とくに大知波峠廃寺跡は、調査委員会が解散したのち、国史跡になって整備され、久々に訪問すると、休日のせいか遺跡地で景色を楽しむハイカーが次々とやって来るのに驚いた。浜名湖を眼下に一望できる立地も一因だが、それを整備に活かした湖西市教育委員会の後藤建一さんの努力の結晶だ。しかし、微力ながら、シンポジウムや講演会の広報活動も多少は役立ったとすればうれしい［一九九四年一二月、一九九五年一一月④、一九九六年三月⑤］。その後、慧日寺跡［一九九七年九月②、一九九八年九月、二〇〇三年九月②、二〇〇四年七月②、二〇〇五年七月、二〇一一年九月］、国見山廃寺跡［二〇〇〇年一月、同年一〇月］、中寺廃寺跡［二〇〇八年五月②］、大山僧坊跡［二〇〇九年一〇月②］、石清水八幡宮境内［二〇一二年三月①］などでも、場合によってはこちらから提言して、広報活動のお手伝いをしたのは、大知波峠廃寺跡の成果を目の当たりにしたからだ。

山寺といえば、比叡山延暦寺・高野山金剛峯寺、天台宗・真言宗、最澄・空海と連想が進み、平安時代以降の寺院とする先入観があった。事実、一〇世紀以降に施設が整う山寺が多いが、考古学的な調査で八世紀にさかのぼる遺物が出土したり、稀にある瓦葺施設に国分寺と似た国府系瓦を葺いていることから、天台・真言隆盛以前に国府や国分寺と関係が深い山寺が各地にあったという予想は早くから抱いた［一九九四年一二月、一九九六年九月、同一一月②］。都城寺院に所属した僧が、一方で山房で修行生活を送ったという薗田香融さんの指摘や［薗田一九五七］、禅行修行のため山居服餌を希望する在外（地方）の僧尼は、国郡の許可を申請せよという『僧尼令』の規定、最澄が比叡山に籠もった時は近江国分寺僧だったという事実は、この予想を史料的に支えてくれる。だから、山寺の考古学的調査が話題になると、国分寺をはじめとする平地寺院と関係づけて歴史的に評価する必要性を説いて廻った。活字になるのは遅れたが［二〇〇〇年一二月②、二〇〇二年一一月③、二〇〇八年二月②、二〇一一年一二月］、同調する考古学研究者は多い。

山寺の空間論的研究

山寺は地形に即して堂塔を配するので、平地伽藍のような伽藍配置論は通用しないという説明も一般的だ。しかし、大和比蘇寺や近江崇福寺のように、平地伽藍と同じ仏地をもつ山寺の存在には早くから気づいた［一九八六年二月］。仏堂・塔のみに注目すれば、一〇世紀に成立した山寺でも平地伽藍の伽藍配置論が通用する場合がある［二〇〇七年七月①、二〇〇八年三月］。しかし、越前平泉寺、三河普門寺、紀伊根来寺、伯耆大山寺など、中心伽藍周囲の谷や山腹に、平場がいくつも並ぶ坊院を形成した山寺がある。多数の平場に圧倒され、「宗教都市」という評価を下す研究者もいる。「王権」や「都市」という用語は、しばしば古代・中世史における研究の不備を糊塗する免罪符となる。現在、山寺を訪れると、畑も平場になっているから、各平場の実体を解明し、「坊院」の歴史的形成過程を明らかにすることが肝要だ。

僧房で集団生活を営んだ古代の僧たちが、それぞれの居住域をもつようになったのが坊院・塔頭・子院だが、国分寺の発掘でも国師院や講院の存在が想定できるようになったので、僧房から独立した上級僧侶の個別居住域の成立は古代にさかのぼる。僧地の変遷や子院の形成を考えるうえで重要だ。しかし、平泉寺僧坊や大山僧坊など中世山寺の平場群の迫力は圧倒的である。坊院のあり方に注目して、山寺の施設を類型化する方向性は、基本的に正しいと思う［上野川一九九九、藤岡二〇一二］。ただし、仏堂や塔（仏地）を類型化した伽藍配置が、古代寺院では比較的変わりにくい要素であるのに対して、坊院群形成に至る僧地の変遷はダイナミックである。両者を総合した類型化は、歴史的に集積した結果を類型化したもので、従来の寺院構造論とは異なる。

大規模な坊院群の形成が中世に下るならば、古代における山寺の純粋な姿は、坊院形成以前の古代山寺跡のほうがわかりやすい。讃岐・阿波国境近くにある讃岐中寺廃寺は、小規模な仏堂と塔が讃岐国分寺に似た配置をとるA地区、讃岐山脈の霊峰大川山を望む仏堂もしくは割拝殿の周囲に僧房を配したB地区、方形石組遺構が集中するC地区が、東に開口する谷を囲んで西・北・南に分布する。私はそれぞれを「讃岐国分寺や讃岐国衙と密接な関係を持つ国家仏教に関わる堂塔空間」「讃岐の霊峰である大川山信仰に関わり、山林修行の拠点として、早くから僧尼が居住した空間」「春山入り、石塔など在地的年中行事と結びつき、民間布教によって成立した儀礼空間」と位置づけた［二〇〇七年七月①、二〇〇八年五月②、本章第四節］。A地区は仏地、B地区は僧地でもよいが、C地区は古代の平地寺院において顕著ではない。しかし、大知波峠廃寺における水源祭祀なども同様で、古代山寺が成立した重要な側面を担う。

C地区設定の根拠になった方形石組遺構は、これまでは中世墓として見過ごしてきた可能性が高い。『三宝絵詞』の「僧宝九」で描写された川原に石を積む二月の年中行事＝「石塔」に対応する。後世の「賽の河原」にも通じる。『三宝絵詞』の

「石塔」は平安京周辺の行事であるが、地方に伝わって、春の山入り行事などと結びついたと考えた。今後、山寺にともなう「中世墓」の性格を考古学的に深めるうえで注意を促したい。

時期変遷もふまえた伽藍配置論へ

坊院・塔頭・子院は、山寺に特有ではない。妙心寺など禅宗寺院の塔頭が成立する背景には、大陸からの新たな影響も考えねばならないが、東大寺・興福寺・法隆寺・東寺など、現代まで法灯をつないだ古代寺院も、中世になると坊院・子院・塔頭を形成する。発掘調査で検出されて不思議ではないが、それとわかる実例はほとんどない。しかし、豊橋市市道遺跡では、古代官衙と寺院を中心とした遺構群において、中近世に至るまでの変遷が解明された。中世前期には、創建以来の位置を踏襲した金堂等からなる仏地を囲んで、まわりに多数の小居住区画が形成される。坊院と理解してよかろう。中世以降も継続した古代寺院の姿として、注目に値する［一九九七年一一月①、一九九八年三月②、本章第三節］。

創建時の市道廃寺は、正方形区画の中心に金堂のみが建ち、のちに長方形区画に縮小して、伽藍地の施設が整う。倉庫群を中心とした北東部官衙群が衰退した後に、坊院・子院が顕著に展開する。古代寺院研究者に説明しても、特殊例ではないかと一蹴されるが、古代から中世における寺院の性格変遷が、空間構造の変遷からわかる稀有な例だと考えている。市道遺跡の調査は、区画整理事業とそれに続く住宅建設にともなう発掘で、十数年に及ぶ小規模面積の調査成果を累積し、膨大な成果をまとめた豊橋市教育委員会の贄元洋さんに敬意を表する。

伽藍配置論は変遷しにくい仏地を類型化したものだが、僧地との関連や山林修行・民間布教の結果も配慮して、寺院の空間構造を分析すると、複雑ではあるが豊かな歴史像にアプローチできそうだ。固定的と考えられがちな仏地に関しても、その細分と形成過程をふまえた類型化ができないか模索したのが、本章第二節の双塔伽藍論だ［二〇〇六年一〇月の第三節を抄録］。大和薬師寺の伽藍配置に関しては、新羅感恩寺からの強い影響が以前から指摘されていたので、日本の双塔伽藍寺院を類型化することで数値的に論証した。一方、各地において「双塔」という畿内からの情報を受けとめる場合に、様々な対応が想定できた。それを射程に入れた類型は、固定的ではなく動的な伽藍配置論となる。ただし、金堂と塔二基という三要素にもとづく類型化だから可能な議論で、金堂・塔という二要素では同様の議論は展開しにくい。

4　寺院経営論

寺院遺跡の保存整備と活用

古代や中世寺院遺跡の発掘調査では、年代論・工房論・空間構造論は、検出した遺構や遺物に即した検討課題だ。発掘担当者が追究し、指導委員は参考意見を述べる。しかし、保存整備の指導になると、即物的な課題以外の問題が生じる。とくに近年は、保存だけでなく活用が重要視される。かつての遺跡整備は、地域公園として活用すればこと足りた。しかし、それは遺跡・史跡としての特徴を活かしているとはいえない。史跡指定時には、遺跡がもつ歴史的特質、すなわち世界史・東アジア史・日本史・地域史のなかでの意味づけや価値づけが必要だ。当然、保存・整備・活用に際しては、その意味づけや価値づけをふまえる必要がある。

遺跡の整備・活用の一方法として、各地で「体験学習」が模索されている。縄文や弥生の集落遺跡ならば、竪穴建物での宿泊、火起し、田植え、土器による炊飯など、衣食住や生業に直接かかわる体験は、現代の生活と対比することで豊かな広がりが期待でき、実績も各地で積みあげられている。また、窯業遺跡などでは、陶芸教室を開催しているところもある。しかし、古代の寺院・官衙遺跡には、どんな活用の道があるのか。手本になる試みはほとんどない。

寺院遺跡の発掘では、その寺を構成する建物施設の規模や構造、創建・存続・修理・再建に関わる年代などの情報が得られる。稀には、灯明皿や幢竿支柱、寄進者名を記した文字瓦などから、宗教活動の一端が解明され、場合によっては出土文字資料から、忘れられた寺院名まで推測できる。周辺遺跡の発掘でも、造営時や修理時に稼働した工房やその技術系統、生産と流通関係、関連する官衙・邸宅や檀越の墓地など、歴史環境や地域構造にアプローチできる。

しかし、発掘にもとづく古代寺院遺跡の展示・公開は、やや類型的である。検出した遺構写真や遺構図、時には再現画や模型が、寺院を構成する施設やその外観として展示され、遺物として大量の瓦類、香炉や花瓶・托鉢などの仏器をふくむ土器が並ぶ。公園になった寺院官衙遺跡では、主要な建物施設の基壇の位置や平面形を、芝張の土盛や植栽で示し、場合によっては門や築地塀など建物施設自体を再現する「整備」もある。しかし、古代寺院がその地域でどんな役割を果したのか、瓦や土器以外にどのような資産を保有していたのか、施設建物で何をしたのかなどの疑問に、これらの展示品や遺跡整備をもとにして直接に応えるのはむずかしい。

寺院資財帳研究

古代寺院を検討する史料に「寺院縁起并流記資財帳（以下、資財帳と略記）」がある。真実を語っているか疑問でも、寺院の由緒を知るうえで、資財帳に目を通すのは定石だ。また、建築史の立場から、資財帳に掲載された建物施設のあり方を検討したり、墾田地や荘園の記載から、古代の大土地所有について考察する先行研究には、多くの蓄積がある。

『寧楽遺文』や『平安遺文』は資財帳の全文を多数収録しているので、私のような門外漢でも目を通すことは容易だった。とくに、〈山寺研究の隆盛〉項でふれた安祥寺研究プロジェクトを組んだとき、『安祥寺資財帳』が様々な角度で検討されたことも刺激となった［鎌田・中町二〇一〇など］。資財帳に親しむ機会が増すと、遺構・遺物の解釈だけでなく、古代寺院の経済活動や宗教活動、寺院内の日常生活を復原するうえで、資財帳が役立つと確信するようになった。

京都府井手町にある石橋瓦窯跡が『大安寺資財帳』の棚倉瓦屋であることは、資財帳の四至記載と石橋瓦窯の立地が同じであることから気づいた［二〇〇二年七月①、二〇〇三年一一月］。また、京都府向日市の宝菩提院廃寺跡で径一・七mの竈を据えた掘立柱建物跡が検出された時、資財帳に記載された大型の釜が湯釜に限る事実から湯屋と認定できた［二〇〇三年四月①、同年七月②、同年九月①、二〇〇五年三月①］。さらに、京都府木津川市の神雄寺跡の彩釉山水陶器が灌仏会の舞台装置だという推論も、その出土状態と八世紀の寺院資財帳や宮中灌仏会における灌仏調度から導いた［二〇〇九年八月①、二〇一〇年五月、同年一二月②③、二〇一一年一一月①］。

こうした「つまみ食い」ではなく、真正面から対峙する機会を先輩から与えられ、資財帳が単に保有する物品を羅列しているだけではないことに気づいた。寺院の資産には、現代と同様、基本財産、備品、固定資産、流動資産に相当するものがある。初期の寺院資財帳では、それらを仏物・法物・僧物・通物などの要素で細分する。こうした構成要素の有機的関連性を明らかにすると「経営体・事業体としての寺院」の姿が浮き彫りになる。大学講義や各地での講演を通じて、朧気ながらその輪郭が理解でき［二〇一一年五月①、二〇一二年二月、同年一一月②、二〇一三年一〇月、同年一一月］、本書に先立って

『古代寺院の資産と経営―寺院資財帳の考古学―』という一書が上梓できた［二〇一四年一一月④］。その評価は後日を俟つが、この分野では、まだ私にもできることがありそうだ。

本章第一～四節は寺院構造論にかかわる小論でまとめたが［一九八八年二月、二〇〇六年一〇月、一九九八年三月②、二〇〇八年三月］、第五節に寺院経営論にかかわる未熟な一編［二〇一三年一一月］も付した。寺院経営論を展開するには、他書に引用された断片的な資財帳はあまり有効ではなく、寺院の基本財産となる仏像や経典、それをもとに実践した法会などの宗教活動と、運営資金となる土地財産との関係が推定できる総体的な情報が必要になる。

幸いなことに、そうした情報を含む寺院資財帳を残す寺には、平城京内にあった官営の大寺院である大安寺や西大寺、地方官寺の筆頭である筑前観世音寺、都城近辺に立地する七世紀以来の氏寺に由来する法隆寺や広隆寺、皇太后が発願した平安京東方山中にある山科安祥寺、真言宗第三代阿闍梨が創建して定額寺となった河内観心寺、尾張・美濃国との国境近くにある伊勢多度神社の神宮寺、地元有力者が協力して創建・維持管理した小規模な山寺である近長谷寺、山林修行僧命蓮が再興して間もない信貴山寺など、西は筑前国、東は伊勢国に至る、八～一〇世紀の色々なランクの寺が含まれている。廃寺、遺跡となった寺でも、その規模や成立の歴史的背景をふまえ、各ランクの寺の資財帳などをもとに、経営や宗教活動の実体を推測できるはずだ。

本書に収録したのは、多度神宮寺資財帳をもとに尾張国分寺を考えた一編である。尾張国分寺のほうがランクが上であるという自明の前提で、多度神宮寺の資産と経営の実態を示せば、尾張国分寺に関しても、より豊かな歴史像を描くことができる。現在、各地で研究対象として注目されている山寺に関しても、安祥寺・観心寺・近長谷寺・信貴山寺など比較対象となる資財帳が豊富で、ランク・時代に応じた検討が可能なのである［二〇一二年一一月②］。

参考文献

上野川勝　一九九九年「古代・中世の山林寺院について―遺跡踏査から見た遺跡の構成要素と存続期間からみた分類について―」『唐沢考古』一八号

大阪市文化財協会（財）一九九九年『大阪市天王寺区　細工谷遺跡発掘調査報告Ⅰ―都市計画道路難波片江線建設工事に伴う発掘調査報告書―』
鎌田元一・中町美香子校訂　二〇一〇年『安祥寺資財帳』京都大学史料叢書一七、思文閣出版
坂詰秀一　一九七九年「初期伽藍の類型認識と伽藍構成における僧地の問題」『立正大学文学部論叢』六三（のちに「初期伽藍の類型認識と僧地の問題」と改題して『歴史考古学研究』Ⅱ〈一九八二年、ニューサイエンス社〉所収）
薗田香融　一九五七年「古代仏教における山林修行とその意義―特に自然智宗をめぐって―」『南都仏教』第四号、南都仏教研究会
藤岡英礼　二〇一二年「山寺の空間　空間構造」『季刊考古学』第一二一号、山寺の考古学、雄山閣

第一節　都城の寺院

1　居宅と寺院

古代における豪族・貴族の居宅と、その居住者の信仰に直接かかわる仏教施設との関係には、持仏堂型・氏寺型・参詣型・捨宅寺院型の四つの類型が想定できる。第一の持仏堂型は、宅地の一隅や家の内部に仏堂や厨子を設け、仏像を礼拝する型式である。第二の氏寺型は、居宅の隣接地や居住者の政治・生活領域内に寺院を建立する型式である。第三の参詣型とは、政治・生活領域外の遠隔地にある寺院に出向いて祈願・祈禱する型式である。大和興福寺は藤原氏の氏寺であるが、平安京に居宅を構えた藤原氏にとっては、参詣型の仏教施設となる。第四の捨宅寺院型とは、居宅を喜捨して寺院に改造する型式で、宅地ごと施入する方式と、建物を解体して別の寺地に移築する方式とがある。それがひとつの政治・生活領域内での出来事ならば、氏寺型の一変異型といってよい。ただし、言葉のうえでは、「喜捨」「施入」といっても、実際には不用になった居宅の再利用という場合もあって、居宅を改造した寺院が旧居住者の信仰と直接かかわらないこともあるので、第一～三の類型と趣をやや異にする。

第一・第二の類型は、仏教施設が居宅に近接する点で共通し、持仏堂型を大規模にすれば氏寺型となるようにみえる。しかし、この両者は厳密に区別されていた。延暦二（七八三）年六月一〇日の太政官符で、京職畿内諸国における私寺造営を禁止する（『類聚三代格』）。この禁制は、少なくとも平安京内に関しては厳守され、平安時代を通じて、西寺・東寺以外に京内に顕著な寺院は建立されていない。一一世紀前葉、時の権力者藤原道長は、土御門《つちみかど》邸（左京一条四坊十五・十六町）の隣接地に法成寺を造営するが、これも東京極大路を隔てた平安京外に立地する。ところが、道長のゆきすぎた行為をたびたび『小右記』で批判した藤原実資《さねすけ》は、小野宮邸（左京二条三坊十一町）の改造に際し、邸内の東南隅に念誦堂を建てる。この念誦堂は、藤原広業が「可謂一伽藍」と感心するほど立派なもので、堂を中心に僧房・湯屋・台盤所・井戸などが付属していた（『小右記』）。有職故実の権化ともいうべき実資自身が、京内に伽藍に見まごうばかりの念誦堂を造り、何ら問題にしていない。それは、寺院とは自己完結的な信仰空間・修行空間を構成するもので、居宅のような俗的空間内の一施設で仏を祀っても寺院とは認識されないからである。

これに関連して、寺院が公共性をもつという点も注意しておきたい。法成寺においては、道長の娘である皇太后妍《けん》子《し》が重態になると物怪退散や延命を祈願し、道長臨終に際しては極楽往生を願う。まさに、道長とその一族のための私寺である。しかし、金堂供養の予行演習（試楽）に際し、一般の人々が参詣のために群集したのを制止していない（『栄花物語』）。これに対し、小野宮邸の念誦堂を見物した貴族は、いずれも実資自身が直接案内し、余人の参詣は許されていない。

このような寺院の公共性は、奈良時代においても共通する。平城京大安寺の西の里に住む貧しい女性が、大安寺丈六仏に花や香や燈油を献じて礼拝し、福徳を得た話（『日本霊異記』中巻二八話）などは、一般人が寺域のどこまで参拝できたかという問題は残るにせよ、寺院の公共性を示すものといえよう。なお、同じ福徳を得た話でも、平城京右京の殖槻《うえつき》寺近くの里に住む孤児の場合は、宅地内の持仏堂に二尺五寸の観音銅像を安置し、花・香・燈油を献ずる以外に、像の手に縄をかけて引いたという（同三四話）。念持仏では礼拝方式にも差があらわれる点に留意したい。

第三の参詣型が平安時代以降に盛んとなるのに対し、持仏堂型・氏寺型・捨宅寺院型は、豪族・貴族の性格の変質にともなって、その存在形態を変化させながらも、基本的に古代を通じて存続する。たとえば、郡衙や城柵官衙に近接する七世紀後半～八世紀の在地寺院は、しばしば「郡寺」と呼ばれる。しかし、郡司には原則として旧国造などの系譜をひく在地豪族を任命している以上、これも氏寺型の範疇に含まれる。この場合、「居宅」が政府公認の行政施設であることが寺院の性格を規定し、「郡寺」という評価が生まれる。

2　宮殿と寺院

天皇家の居宅である宮殿や御所と、その信仰に直接かかわる仏教施設との関係においても、前節で述べた四つの類型が適用できる。以下、平安時代以降に盛んとなる参詣型を除外して、各々の具体例を挙げる。

平城宮内には内道場と呼ぶ仏教施設があった。玄昉や道鏡の活躍もここから始まる（『続日本紀』天平一八〈七四六〉年六月一八日条・宝亀三〈七七二〉年四月七日条）。その性格は必ずしも明らかでないが、持仏堂あるいは宮中における法会・修法の場として機能したと想像される。同種の仏教施設として、大津宮の内裏仏殿、飛鳥浄御原宮の宮中御窟《みむろの》院《まち》、平安宮の真言院がある。大津宮の内裏仏殿は内裏西殿とも呼ばれ、内裏内郭の西側にあったらしい（『日本書紀』天智天皇一〇〈六七一〉年一〇月一〇日条・同一三日条）。また、平安宮の真言院は豊楽院の北、内裏の西にあって、築垣で囲んだ一角に壇所・護摩堂・長者坊・伴僧宿舎・厨所・雑舎などが並び、一伽藍の様相を呈していた（『大内裏図考証』巻二〇）。

宮中の仏教施設は中国東晋に起源するという。日本では、孝徳天皇の白雉二（六五一）年以降、宮廷内で法会をおこなう記録が多く見られることから、前期難波宮の大極殿院西南隅にある掘立柱八角形建物をその初現とみなす説がある［薗田一九八〇］。ただし、平安宮の真言院は、空海が唐の内道場にならって曼陀羅道場を設けたことに起源し（『元亨釈書』）、宮中の仏教施設が必ずしも日本で独自の系譜をなしたとは限らない。いずれにしても、前節で述べた持仏堂型の仏教施設に対応するものとして、これらを位置づけておく。

これに対し、氏寺型に対応するのが、宮殿や御所に並置された寺院である。その最古の例は、聖徳太子の斑鳩宮（法隆寺東院地下遺構）の西に隣接する若草伽藍である。そして、おそらく山背大兄王の時に、斑鳩宮の西と東に斑鳩僧寺（若草伽藍）と斑鳩尼寺（中宮寺）とを配した形で完成する。これは、飛鳥寺（僧寺）と豊浦《とゆら》寺（尼寺）とを東西に配し、その間の甘橿丘に居宅を構えた蘇我蝦夷による氏寺型の仏教施設のあり方に合致する。

『日本書紀』舒明天皇一一（六三九）年七月条に、大宮と大寺とを造作するとの詔により、百済川のほとりを宮処《みやどころ》とし、西の民に宮殿を、東の民に寺院を作らせたとある。これが百済宮と百済大寺で、百済大寺は高市大寺・大官大寺・大安寺の前身と伝える。通説では、百済宮、百済大寺の位置を北葛城郡広陵町百済に当てるが、最近では天香久山の北西麓付近に想定する説［和田一九八四］が有力である。百済大寺は橿原市木之本町の都多本神社付近を想定する説［山崎一九八三］が妥当と考える（木之本廃寺）。最近、付近が発掘され、百済大寺所用瓦と考えても矛盾しない単弁八葉蓮華文軒丸瓦（摂津四天王寺・和泉海会寺と同笵）・杏葉唐草文軒平瓦（若草伽藍と同笵）などが出土したが、寺院に直接関係する遺構は明確でない［奈文研一九八六・一九八七］。

また、近江崇福寺は天智天皇が大津宮に居た時に創建したという（『扶桑略記』第五）。大津宮周辺には、崇福寺以外に南滋賀廃寺・穴太廃寺・三井寺前身寺院などがあり、これらも大津宮にともなう「官寺」とする説がある。しかし、大津宮が存続したわずか数年間に、四つの「官寺」を造営するのは不可能である。後述のように、都城近隣の氏寺を積極的に保護して半ば公営化する方針が孝徳朝に出ているので、南滋賀廃寺・穴太廃寺は本来、大友村主・穴太村主の氏寺で、大津宮時代に整備したとする説［水野一九七八］を支持したい。

八世紀には、近江紫香楽造営時に、宮に近接して盧舎那仏造立のために甲賀寺を建立した例がある。現在の「史蹟紫香楽宮跡」はこの甲賀寺跡に該当する可能性が高い［滋賀県教委一九六七］。なお、平安時代後期にも、平安京近郊において、寺院を御所・離宮と組み合わせて造営した例がある。法勝寺を筆頭とする六勝寺などと白河殿、金剛心院などと鳥羽離宮、蓮華王院と法住寺殿がそれで、これらは本寺とそれに付属する子院との関係が発展したものと考えられている［杉山一九八一］。しかし、氏寺型、場合によっては持仏堂型の仏教施設の特殊形態として、これらをとらえることも可能であろう。

以上、氏寺型に対応する事例を列挙したが、諸豪族の氏寺が隆盛する七世紀代には宮殿が固定しておらず、代ごとの遷宮が慣例であった点が問題となる。蘇我氏の居宅が飛鳥の小墾田《おはりだ》・嶋・甘樫丘などにあったように、有力豪族の居宅も一ヶ所に限られないが、それは一定の政治・生活領域を形成している。これに対し、天皇家の宮殿は広範に移動する。寺院は礎石立・瓦葺という半ば恒久的な施設で、遷宮時にこれを移すのは必ずしも容易ではない。

『続日本紀』などによれば、平城遷都時に、元興寺（飛鳥寺）・大安寺（大官大寺）・薬師寺を飛鳥・藤原地域から移したという。しかし、一部の出土瓦から建物の部分的な移築が想定できるとしても、実質は新規に造営したといったほうがよい。飛鳥寺は本尊を現地に残し、平安時代にも十五大寺のひとつ（本元興寺）にかぞえられ、塔も鎌倉時代（建久七年）に焼失するまで現地にあった。また、藤原京の大官大寺（文武朝）は造営途上で焼失しており［井上一九八三］、建物の移築は実質不可能であったと思われる。さらに、『薬師寺縁起』所引の「流記」や「寺家流記」では、天平・宝亀頃にも宝塔二基や金堂・僧坊などが藤原京旧地に存続していたことを記す［福山・久野一九五八］。しかし、薬師寺東塔の檫銘は、創立薬師寺（本薬師寺）の由来のみを記し、伽藍配置を見ても、藤原京の薬師寺をそのまま平城京に再現したという精神は否定し難い。

とすれば、舒明・天武・文武朝における百済大寺・高市大寺・大官大寺の関係も、精神的な意味での寺籍の伝流と理解すべきかもしれない。少なくとも、藤原京の大官大寺（文武朝）の発掘調査で出土した軒瓦は、いわゆる大官大寺式で統一されており、瓦の再利用をともなうような建物の移築はなかったといわざるをえない。

要するに、宮殿に並置された「氏寺型」の寺院は、代ごとの遷宮がある限り、天皇家の固定的な「氏寺」になりにくい。これに対し、遷宮時に不用となった旧宮地や宮殿を喜捨・施入する「捨宅寺院型」の仏教施設は、比較的容易に生まれる。豊浦寺は推古天皇の豊浦宮を改造したものといわれ（『元興寺伽藍縁起并流記資財帳』）、最近の発掘調査で、寺院造営時の整地土の下から掘立柱建物が検出された［奈文研一九八六］。ただし、蘇我稲目が向原の家を浄捨して寺にしたという伝承（『日本書紀』欽明天皇一三年一〇月条）もあって、前身建物が蘇我氏の居宅の可能性もある。また、川原寺（弘福寺）の発掘調査では、下層で七世紀中頃の石組溝などが検出され、斉明天皇の飛鳥川原宮との関係が指摘されている〔奈文研一九六〇〕。

奈良時代には、恭仁宮大極殿を山背国分寺に施入した例（『続日本紀』天平一八年九月二九日条）がある。発掘調査の結果、恭仁宮大極殿をそのまま国分寺金堂に転用し、塔などを新たに建立して、寺院としての体裁を整えたことが判明している〔京都府教委一九七七～一九八六〕。また、総国分尼寺である法華寺は、皇后宮を宮寺とした（同、天平一七年五月一一日条）のが始まりで、皇后宮は旧藤原不比等邸を光明皇后が伝領したものという。

このように宮地を含めて寺院に施入する方式以外に、宮殿の建物を解体して寺地に移築する方式もあった。唐招提寺講堂は『建立縁起』によれば平城朝集殿を施入したものという。平城宮東朝集殿の発掘調査および唐招提寺講堂の解体修理の結果、元来は切妻造で周囲が開放された建物を、移築時に入母屋造に改造し、扉や壁で周囲を閉塞したことが判明した。また、平安京の東南郊、深草にあった嘉祥寺には、平安宮清涼殿を移築した仏堂があった（『文徳実録』仁寿元〈八五一〉年二月一三日条）。これは仁明天皇が清涼殿で没したことを忌んだためという〔村井一九七三〕。

3　都城と寺院

前節で概観したように、古代日本における宮殿と寺院との関係は、豪族や貴族の居宅と寺院との関係に相似する。一般に、都城と寺院との関係を論ずる場合、この宮殿と寺院との関係を例示することが多い。しかし、都城と寺院との関係には、別の複雑な側面がある。

都城は宮（天皇の住まいと中央政府の役所を合わせた空間）と京（貴族・官人・庶民の居住地）とから成る。それでは、都城における仏教施設は、先述した「宮殿と寺院」と「居宅と寺院」の二相が混在するだけなのかといえば、そうではない。律令制下の仏教は、「国家仏教」と呼ばれるように、政治的にきわめて変形されている。律令制下の仏教政策の眼目は、僧・尼をどのように掌握し編成するかという問題（僧尼対策）と寺院を代表とする仏教施設をどのように秩序づけ管理・運営するかという問題（寺院対策　の二点に絞られる。本稿では、後者のみを問題にする。

律令制最盛期の仏教施設は、持仏堂型を別にすれば、五穀豊饒・除災招福・王権守護・外敵調伏・内乱鎮圧などの鎮護国家を祈願する場として整備・再編されている。その整備・再編は、都・畿内・七道・国・郡などの行政単位にもとづいておこなわれる。なかでも、行政の中枢である都城は、各時代における為政者の仏教政策が集中的に表現される場となる。蘇我本宗家の滅亡にともない、天皇家が仏教政策の主導を握る。ここで、領域内の仏教施設を積極的に保護することにより、半ば公営化するという方策が出される。この際、寺院という公共性を多少なりとも備えた氏寺が対象に選ばれる。

摂津四天王寺は聖徳太子が創建したという伝承をもち、本来は難波吉士の氏寺であろうとする説〔田村一九八二〕もある。いずれにしても、七世紀初頭に氏寺の一つとして出発した寺院である。しかし、七世紀中葉には、木之本廃寺（百済大寺）所用の瓦笵を使って、大規模な修理・改造をおこなう。まさに「天皇より伴造に至るまでに、造る所の寺、つくること能はずは、朕皆助け作らむ」という詔（『日本書紀』大化元〈六四五〉年八月八日条）の具体例である。それは、孝徳朝の難波宮造営と無関係ではない。つまり、四天王寺を積極的に保護することによって、これは半ば公営化し、難波宮に直結した法会の場として変質させたわけである。この方策によって、必ずしも固定的とはいい難い宮殿でも、それに半ば付属した寺院を容易に確保できる。

この方針は、天武朝に法令化される。『日本書紀』天武天皇九（六八〇）年四月の勅では、官司が治める国の大寺、三〇年を限って食封を有する寺（有封寺）、官司が治めない寺に諸寺を分け、飛鳥寺は例外として官司が治める大寺に含める。寺格の設定基準は明記されていないが、天智天皇が造営したと推定される川原寺が大寺であるのに、崇福寺（志我山寺）は有封寺であり（『続日本紀』大宝元〈七〇一〉年八月四日条）、南大和に分布する檜隈寺・軽寺・大窪寺・巨勢寺などの氏寺が有封寺に指定されている（『日本書紀』朱鳥元〈六八六〉年八月二一日・二三日条）事実を考慮すれば、宮処に近接するか否かが寺格設定のひとつの基準となっていたことは明らかである。
天武朝における京・京師の実体は不明であるが、寺格を定めた翌月一日に、京内二四ヶ寺に絁などを施入し、金光明経を宮中および諸寺で説かせる。以後、『日本書紀』では、宮中における法会とともに、大官大寺・川原寺・飛鳥寺を頂点とする京内諸寺での法会が頻出する。

天武朝に提示された制度や方針は、藤原京や平城京でも基本的に踏襲され、充実度を増す。藤原京においては、四大寺（大安・薬師・元興・弘福寺）が法会の場として頻出し、持統天皇の四十九日（中陰）に際して、四大寺に加えて四天王寺・山田寺など三三ヶ寺で斎を設ける（『続日本紀』大宝三年二月一七日条）。山田寺は文武天皇三（六九九）年六月一五日に有封寺に指定されている（同）。また、都下諸寺に食封を施し（同、慶雲二〈七〇五〉年一二月九日条）、天下太平・百姓安寧を願って都下諸寺に転経させる（同、和銅元〈七〇八〉年六月二八日条）。

藤原京では、四大寺のうち元興寺（飛鳥寺）と弘福寺（川原寺）が京外にあったが、平城遷都に際し、大安・薬師寺を旧京の条坊位置とほぼ対応させて造営したほか、新たに設けた外京内に元興寺と興福寺（山階寺）を造営し、四大寺をすべて京内に収める。四大寺以外にも、平城京内に数多くの寺院があった。養老四（七二〇）年八月二日には、藤原不比等の病気改復を願い、都下四八ヶ寺に一日一夜薬師経を読ませる（『続日本紀』）。この四八ヶ寺を特定するのは難しい。しかし、そのなかには、平城京の条坊にのらず、京造営以前から現地に存在したと思われる海龍王寺、条坊に合致した寺域をもつのに七世紀代の瓦が主体を占め、京造営に際して京外から移建されたと思われる姫寺（左京八条三坊十五坪）なども含まれていたであろう。いずれにせよ、四大寺以外に、氏寺を積極的に誘致・保護せねば、四八ヶ寺という数字は生まれてこない。

八世紀における寺院の法会は四大寺、のちには東大寺・西大寺などを加えた五大寺・六大寺・七大寺を中心に、京内諸寺で主体的におこなわれた［太田一九七九］。しかし、国分寺の造営を契機に、新たな局面が生ずる。たとえば、平城宮に居た歴代天皇没後の法会を比較すると、元明・元正・聖武の場合は、大安・薬師・興福・東大寺などの大寺や京内諸寺や飛鳥寺などで、初七日・四十九日・一周忌などの法事をおこなう。これに対して、光明皇太后・称徳・光仁の場合は、大寺・京内諸寺に加えて、四十九日には諸国国分寺における法事が慣例化している（『続日本紀』）。元正天皇の死後にも、天下諸国の国司に命じ、七日ごとに自ら潔斎し、諸寺の僧尼を一寺に集めて敬礼読経させる（同、天平二〇年五月八日条）。しかし、物的基礎を欠く式典は困難である。この勅が実施されたか否かは問わないが、具体的な仏教施設を特定していない以上、これを国分寺の先駆形態と位置づけるのは困難である。むしろ、国分寺の造営を促進した動機のひとつにすぎないであろう。

天皇没後の追福に限らず、八世紀後半以降の法会は、平城京の諸大寺を中心としながらも、畿内・七道・天下諸国に拡大する傾向がある。全国規模で寺院制度およびそれを基礎とした法会が整うと、寺院がとくに都城内に存在せねばならない根拠は稀薄になる。長岡遷都・平安遷都に際して、平城京の諸寺を移転しなかった理由として、しばしば、奈良仏教の腐敗とそれとの袂別という点が強調される。もちろん、そうした一面は否定し難い。しかし、平安遷都直後に、七大寺の常住僧尼を検校し（『類聚国史』巻一八〇、延暦一四〈七九五〉年七月一八日条）、新銭（隆平永宝）を七大寺と野寺に施入し（『日本後紀』延暦一五年一一月一四日条）、桓武天皇の病気平癒を願って平城七大寺で誦経させている（『日本後紀』延暦二三年一二月二五日条）ことをみれば、奈良仏教と袂別したと断言してよいのか躊躇せざるをえない。

九世紀には、平安京の西寺・東寺を含め、南都七大寺（薬師・大安・興福・元興・東大・西大・法隆寺）に新薬師・本元興・唐招提・四天王・弘福・崇福寺を加えた十五大寺、あるいはその一部を除いた十二大寺・十三大寺、あるいは梵釈・延暦・聖神・神護・常住寺などを加えた二十ヶ寺（十九ヶ寺）が、さまざまな法会の場として史料に頻出する。また、承和一〇（八四三）年二月～九月の毎月八日に、疫病退散を願い、十五大寺をはじめ七道諸国の国分二寺、定額寺、名神等寺で仁王般若経を講ぜしめた（『続日本後紀』）ように、広範囲かつ長期におよぶ法会の施行も可能になっている。それは、『延喜式』巻二一の玄蕃寮式で、宮中や十五大寺・諸国々分二寺における法会の日程、参加する僧尼の資格や人数、費用の出途などを詳細に定めているように、律令政府による仏教政策の実績と伝統に裏打ちされたものである。もはや、莫大な費用をかけて、平安京に寺院を移籍せずとも、畿内・七道諸国という全国的視野に立って、寺院やそこでおこなう法会を制度的に掌握できるという律令政府の絶大な自信を、ここに読みとることは可能であろう。

ただし、都城に直属する寺院の伝統は、単に平安京内の西寺・東寺という形のみで残されたわけではない。長岡京では、皇太子安殿《あて》親王の病気平癒を願い、京下七寺で誦経させている（『続日本紀』延暦九年九月三日条）。この京下七寺は、長岡京造営以前から現地に存在した氏寺（乙訓寺・鞆岡廃寺・宝菩提院跡など）であろうと推定されている。また、平安京では近都諸寺が僧綱の検察対象になっていた（『延喜式』巻二一）。しかし、十五大寺や国分寺が国家的な法会の場として頻出するのに対し、近都（京）諸寺にそのような性格は認められない。わずかに、天皇即位時に宮中で仁王般若経を講説する際、「あるいは近京諸寺および畿内の国分寺、あるいは広く七道諸国国分寺に及んでこれを行なう」と付記されている（『延喜式』巻二一）のが、それが果たした役割と思われる。もはや、単に都城に近いというだけの理由で、氏寺に積極的保護が与えられる余地はなくなっていたのである。

なお、八世紀半ば以降における氏寺再編の動きに定額寺制度がある［仲野一九七二］。定額寺に列せられた寺院は七〇ヶ寺以上にのぼり、その分布は山城を中心として西は肥後、北は出羽・陸奥に及ぶ。しかも、少なくとも九世紀中頃までは、畿外における定額寺新設数が畿内を圧倒しており［速水一九五九］、本来、定額寺制度が全国規模での氏寺再編を意図していたことは明白である。

［追記］百済大寺は、本文で述べた木之本廃寺と同笵の瓦が出土した桜井市吉備池廃寺跡に比定できるようになった（二〇一四年一月一七日）。

参考文献

井上和人　一九八三年「大官大寺の発掘調査」『日本歴史』四二二号、吉川弘文館

太田博太郎　一九七九年『南都七大寺の歴史と年表』岩波書店

京都府教育委員会　一九七七～一九八六年「恭仁宮跡発掘調査概要」『埋蔵文化財発掘調査概報　一九七七～一九八六』

滋賀県教育委員会　一九六七年『史蹟紫香楽宮跡保存施設事業報告書』

杉山信三　一九八一年『院家建築の研究』吉川弘文館

薗田香融　一九八〇年「わが国における内道場の起源」『仏教の歴史と文化（仏教史学会三〇周年記念論集）』

田村圓澄　一九八二年「四天王寺草創」『日本仏教史1　飛鳥時代』法蔵館

仲野　浩　一九七二年「奈良時代における定額寺」『続日本古代史論集』中巻、吉川弘文館

奈良国立文化財研究所　一九六〇年『川原寺発掘調査報告書』学報九

奈良国立文化財研究所　一九八六年「豊浦寺第三次調査」飛鳥・藤原宮発掘調査概報、一六

奈良国立文化財研究所　一九八六・一九八七年「左京六条三坊の調査」飛鳥・藤原宮発掘調査概報、一六・一七

速水　侑　一九五九年「定額寺の研究」『北大史学』六号、北海道大学

福山敏男・久野健　一九五八年『薬師寺』東京大学出版会

水野正好　一九七八年「南滋賀町廃寺跡試論」『滋賀県文化財調査年報（昭和五一年度）』

村井康彦　一九七三年『古京年代記』角川書店

山崎信二　一九八三年「後期古墳と飛鳥白鳳寺院」『文化財論叢（奈良国立文化財研究所創立三〇周年記念論文集）』

和田　萃　一九八四年「百済宮再考」『季刊明日香風』第一二号、（財）飛鳥保存財団

第二節　双塔伽藍の伝来と展開

1　古代寺院の伽藍配置

仏教文化のハードウェアとなる古代寺院は、金堂・塔・講堂・中門・回廊・食堂・僧（尼）房・経蔵・鐘楼や政所院・大衆院・苑院・修理院など、各種堂塔や付属施設からなる。このなかで、おもに金堂と塔の位置関係に注目して古代寺院を類型化したのが、建築史学や考古学が多用する「伽藍配置」である。伽藍配置は、基準となった列島の古代寺院名から、飛鳥寺式・四天王寺式・法隆寺式・川原寺式・法起寺式・観世音寺式・薬師寺式・大官大寺式・大安寺式・東大寺式などと呼ぶのが一般的である。列島寺院の起源となった大陸や半島の寺院に対して、同じ類型呼称を適用するのは不当として、伽藍が南面することを前提に、たとえば飛鳥寺式を「囲廊中塔内面三堂式」、四天王寺式を「囲廊南塔北堂式」、法隆寺式を「囲廊南面東堂西塔式」、薬師寺式を「囲廊堂前双塔式」、大安寺式を「院前門外双塔式」、東大寺式を「堂前廊外双塔式」と呼ぶ案も提起されている〔藤澤一九七六〕。しかし、用語として厳密でも、利用しにくく定着していない。以下、慣例に従う。

瓦当文様とともに、伽藍配置は古代寺院の年代や系譜を検討する材料として、古くから注目されていた。かつては、現存法隆寺（西院伽藍）が、建築史・美術史における飛鳥様式の基準であり、日本最初の本格寺院である飛鳥寺も、東に金堂、西に塔を置いた法隆寺式配置をとると推定されたことがあった〔石田一九三六〕。しかし、列島の古代仏教寺院が、半島の影響を強く受けて成立したことは、『日本書紀』の記事などから明らかだった。百済最後の首都と

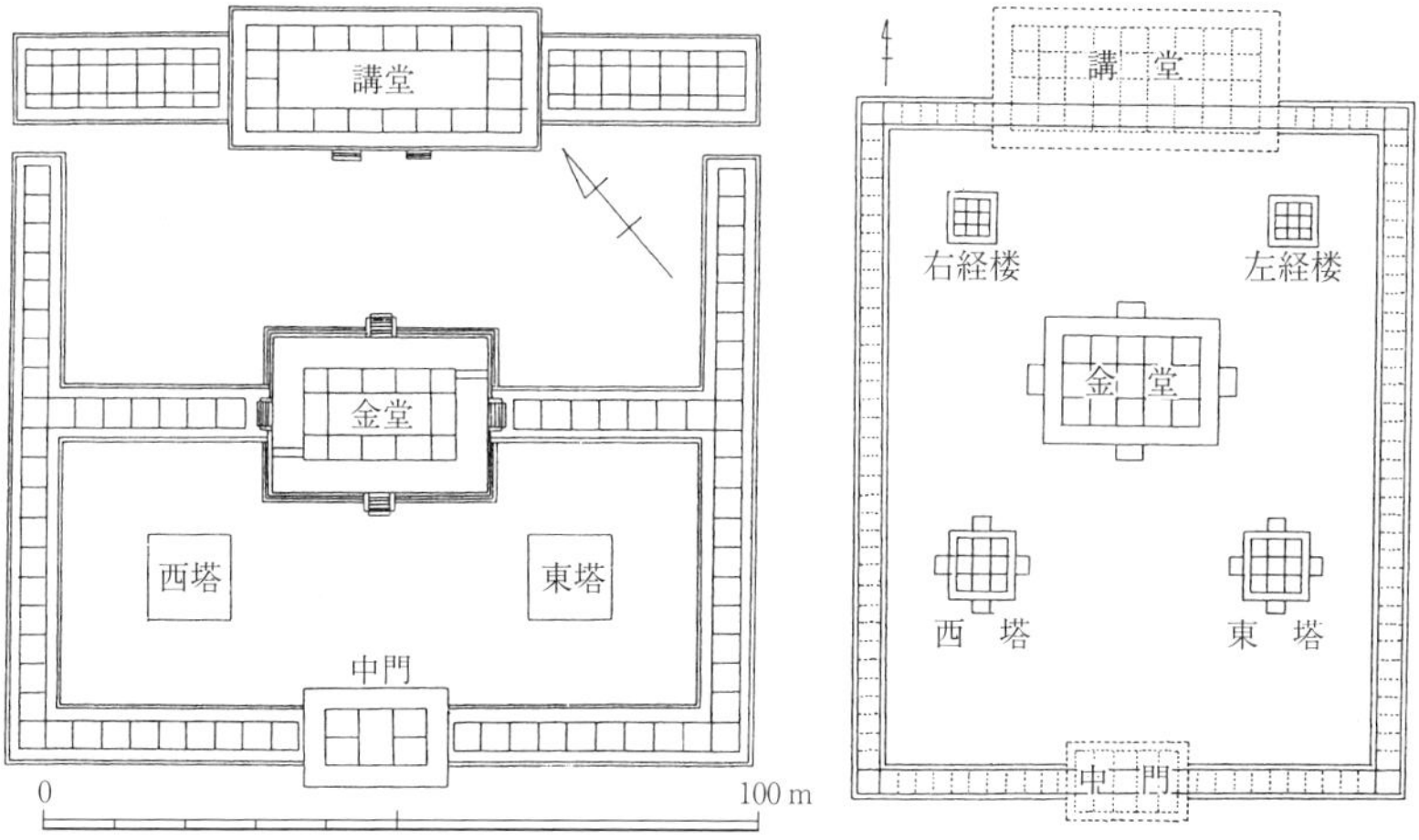

図2－1　統一新羅の双塔伽藍［金1981］　右：慶州四天王寺　左：月城郡感恩寺

なった扶余には、塔と金堂が南北に並ぶ定林寺・軍守里廃寺・扶蘇山廃寺（西腹寺）が存在し、聖徳太子が造営した法隆寺（若草伽藍）も同じ伽藍配置をとることが判明した後は、この四天王寺式配置こそが、飛鳥様式＝百済様式の典型であることが定説化した［石田一九四四］。

百済から招聘した工人の手で造営された飛鳥寺も、当然、四天王寺式配置をとるという予測のもとで、発掘調査が開始された。しかし、結果、明らかになったのは、塔を中心に北、東、西の三方に金堂を配した一塔三金堂の飛鳥寺式配置だった［奈文研一九五八］。同じ配置は、高句麗の都、平壌市にある清岩里廃寺で確認されており、上五里廃寺や鳳山郡土城里廃寺なども同じ配置に復原できることから［千田一九九三］、高句麗起源の伽藍配置と推定される。最初の飛鳥寺住僧が、百済僧慧聡と高句麗僧慧慈だったように、飛鳥仏教は百済だけでなく高句麗の影響も受けていたのである。

三国時代の半島のなかで、新羅における仏教公認は、法興王一五（五二七）年と、高句麗や百済よりも一世紀以上遅れる（『三国史記』。以下、新羅寺院の造営年代はおもに同書による）。公認後、真興王一四（五五三）年に造営を開始、同二七年に竣工、善徳王一四（六四五）年に九重木塔が完成した皇龍寺（慶州）や、善徳王三（六三四）年に完成した芬皇寺（慶州）は、百済・高句麗の影響を受けた伽藍配置をとる［金一九九三、趙・南一九九三］。しかし、三国統一直後の文武王一九（六七九）年に完成した四天王寺（慶州、図2－1右）以降に建った新羅寺院においては、金堂南方の東西に塔を配する薬師寺式配置が主流となる。とくに、文武王が造営に着手し、子の神文王二（六八二）年に完成したと『三国遺事』所引の「寺中記」が伝える感恩寺（月城郡陽北里、図2－1左）以後は、造営に手間取る木塔や石造模擬磚塔ではなく、板石を組み合わせた石塔を伽藍構成建造物として配置することが一般化し、薬師寺式が新羅寺院における定型的な伽藍配置となった。

以上、概観したように、半島においては、高句麗、百済、統一新羅が、それぞれ一塔三金堂（飛鳥寺式）、一塔一金堂（四天王寺式）、二塔一金堂（薬師寺式）という独自の伽藍配置を展開し、列島に影響を及ぼした。もちろん、さらなる源流は大陸にある。しかし、六朝時代にすでに一塔一金堂伽藍や双塔伽藍の存在が想定できても［村田一九六六］、発掘で確認された例が乏しく、半島や列島の具体例と系譜づけることが困難である。

一方、七世紀中葉―八世紀初頭の列島においては、大陸や半島に類例をみない一塔一金堂を正面両側に配した法隆寺式・法起寺式・観世音寺式、あるいは一塔二金堂を配した川原寺式などの伽藍配置が展開し、とくに法隆寺式・法起寺式・観世音寺式は、半島直伝の伽藍配置を分布域的にも量的にも圧倒する。これらの伽藍配置に関して、いずれ大陸や半島で祖型が見つかるだろうという期待もあったが、現在では列島独自の和様化した伽藍配置ととらえるのが一般的である。ただし、高句麗系の飛鳥寺式が和様化したのか、百済系の四天王寺式が和様化したのかなど、評価には異論がある［村田一九六〇、金一九八二］。

2　双塔伽藍の類型と意義

法隆寺式や法起寺式ほど顕著でないが、統一新羅起源の双塔伽藍も列島内で新たな展開を遂げる。現在、日本では、

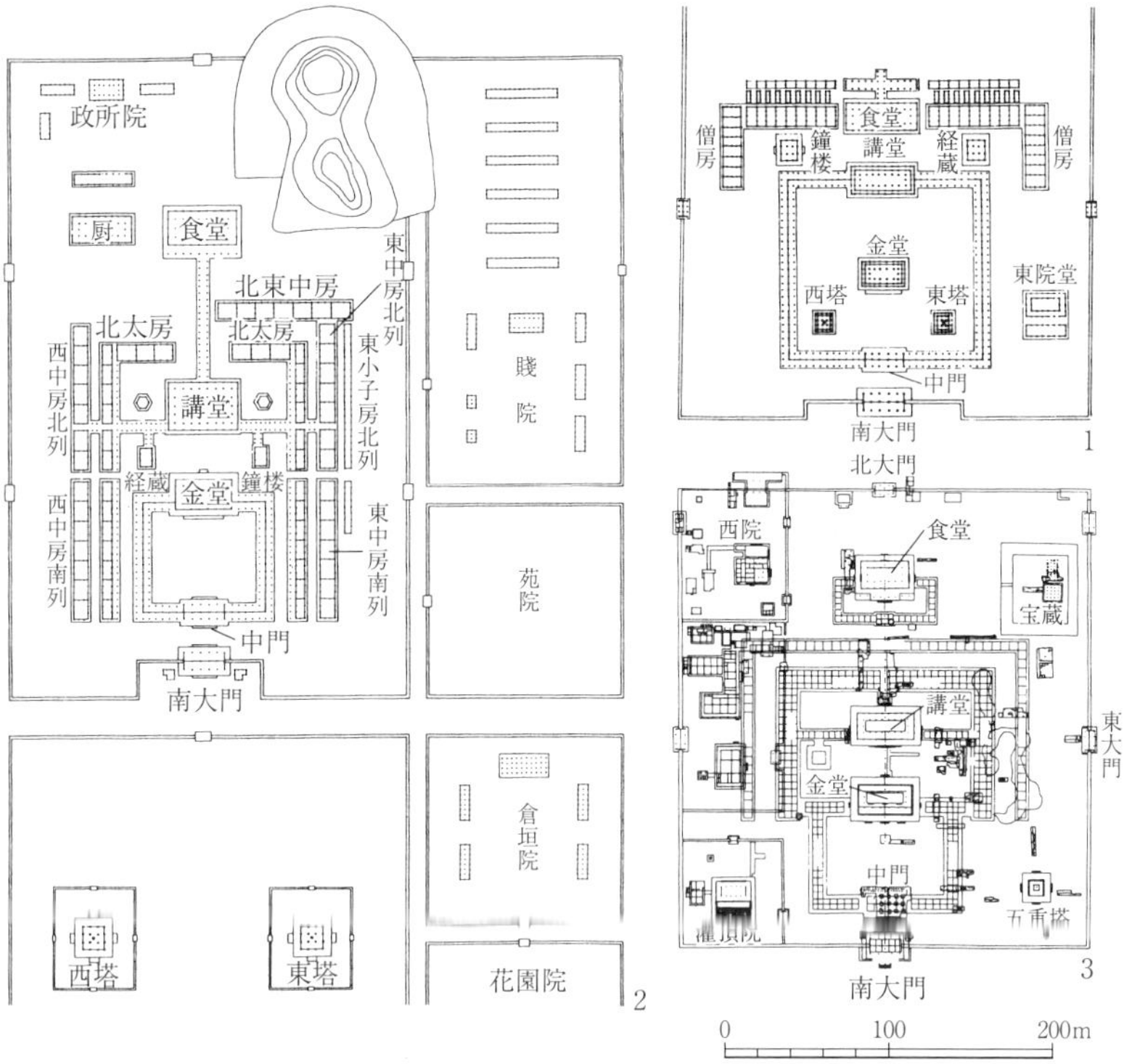

図2−2　都城の寺院［奈文研　2002］　1　平城京薬師寺　2　平城京大安寺　3　平安京東寺

双塔伽藍の古代寺院は、不確実なものも含め四〇例近くが報告されている（表2−1）。そのなかには、金堂南の広場をはさんだ回廊内に東西両塔を配した新羅直伝の薬師寺式（AⅠ式）以外に、金堂南の回廊外や南大門外の別院に東西両塔を配したAⅡ式（東大寺式、大安寺式）、金堂をはさんで東西に塔を配したB式（三ッ塚廃寺式）、金堂の東に南北二塔、あるいは金堂の東と南に塔を配したC式（上淀廃寺例・栃本廃寺例）がある（図2−2・3）。

金堂と塔との位置関係を類型化したのが伽藍配置なので、表2−1では、塔の心々距離（L）と塔の心々引き通しから金堂心までの距離（H）の実長を記し、塔心々と金堂心の三点から成る三角形の相似度を、L／H×一〇〇で示した。なお、一方の塔が未確認でも、金堂軸線の対称位置にあると仮定して、L値・H値

なものを提示。（？）は双塔伽藍説に異論もあるもの）

双塔伽藍の根拠・その他の可能性	［文献］
東西両塔跡・金堂跡・講堂跡が残る	［藤島1930］
東西両石塔が残る。1959・79年発掘調査	［金・尹1961］
東西両石塔・大雄殿が現存	［濱田ほか1938］
東西両塔跡・金堂跡が残存	［大岡1966，奈文研1987］
東塔現存。西塔1528年焼失，1981年再建	［大岡1966，奈文研1987］
東西両塔跡・金堂跡が残存。回廊有無不詳	［上田1928，保井1932，石田1936］
東西両心礎が現存するが，原位置ではない	［県教委1972，橿考研2002］
東塔（奈良末），西塔（平安初），金堂（鎌倉再建）が現存	［毛利編1978］
東西両塔跡・金堂跡が残存。回廊有無不詳	［県教委1971］
東西両塔跡が残る。発掘は1954年以来100次に及ぶ	［大安寺史編集委員会1984］
東西両塔跡が残る。金堂（大仏殿）は江戸期の再建	［奈良六大寺大観刊行会1970］
中近世の絵図に東西塔を記載。金堂跡未確認	［太田編1978］
『続紀』宝亀11年正月庚辰条に「新薬師寺西塔」の記事がある	［奈良教育大学2012］
東西両塔跡1956年発掘。金堂跡未確認	［浅野・大岡1956，奈文研1990］
頼通再建時に「移薬師寺塔，成二基」	［『中右記』，杉山1981］
金堂・東西両塔・九体阿弥陀堂等発掘	［上村1994］
東・中・西の三御塔が並ぶ	［福山1943］
東西両塔跡・金堂跡が残存。1932・65年発掘	［大阪府1934，枚方市1967］
東塔基壇発掘。双塔伽藍復原の根拠は薄弱	［府教委1970，市教委1977］
西塔基壇は神社殿で未確認。西金堂説あり	［市教委1980・2000］
寛政２年村絵図に東西両塔跡を描く。1980年東塔発掘	［市史編纂室1973］
東西両塔跡・金堂跡が残存。1971年発掘	［府教委1972］
紙本着色葛井寺伽藍図（室町）で中門内に三重双塔を描く	［市教委1987］
1949年以前は，東西両塔跡や金堂跡などが残る	［藤沢1962，北野1994］
東西両塔跡・金堂跡・講堂跡・回廊跡が残る。1984-５年発掘	［県教委1986］
780年までに，檜皮葺東三重塔と瓦葺西三重塔造営	［788年『多度神宮寺伽藍縁起』］
東西両塔跡・金堂跡が残存。1972-75，1980年発掘	［同遺跡発掘調査団1975・2000］
西塔跡・金堂跡が残る。1973-76，1994-97年発掘	［同発掘調査団1980，市教委2005］
かつて東西両心礎と金堂（講堂？）基壇が存在	［鎌谷1942，市教委1982，市1997］
1980-２年発掘。西塔・金堂・講堂跡確認。東塔推定地攪乱	［京大考古研1982，県1992］
昭和初，土塁内に金堂・西塔基壇が残存。1957年西塔発掘	［鎌谷1942，井内1990］
東西両心礎が現存するが，原位置ではない	［鎌谷1942，井内1990］
東塔跡が残る。西塔心礎は疑問視する説あり	［鎌谷1942，井内1990］
1985-87年，2002年発掘。東西両心礎が原位置近くで出土	［市教委1997・2002］
1970年，2001-2004年発掘。東西両塔跡・金堂跡確認	［市教委1971・2005］
1997-2003年発掘。金堂の南と東に塔心礎が原位置で残る	［町教委2000・2003］
金堂東に三塔が南北一線に並ぶ。ただし，北塔は心礎のみで基壇痕跡なし。1991年以降発掘	［町教委1995］
1996-2007年発掘。金堂をはさんで東西両塔，西塔の南に南北棟講堂	［県教委2002・07］
1954-60，81-88年発掘。東西三重塔跡，金堂・講堂跡	［県教委1961，宇佐資料館1989］
かつて塔心礎２基が存在。遺跡は破壊消滅	［小川1925，八賀1972］
塔心礎２基伝来。1957・85・2001年度発掘。東塔・金堂・講堂跡など	［安城市2004］
1939年発掘調査。東西両塔跡・金堂跡・講堂跡など	［高井1944］

AⅡ：金堂前面（回廊外）の東西（左右）に塔を置く（大安寺式・東大寺式）
C：金堂の東に南北両塔を置く（上淀廃寺），金堂の南と東に塔を置く（栃本廃寺）
H/L：塔心々と金堂心を結んだ三角形の相似度

表2－1　双塔伽藍一覧（新羅寺院は参考のために代表的

国名	寺院名	所在地	型式	創建年代	L	H	H/L
新羅	四天王寺	慶州	AⅠ	679年	39.8m	24.6m	0.62
	感恩寺	陽北面龍堂里	AⅠ	682年	53.0m	21.5m	0.41
	仏国寺	慶州	AⅠ	8世紀中葉	25.6m	20.3m	0.79
大和	本薬師寺	橿原市	AⅠ	680-688年	71.6m	29.6m	0.41
	薬師寺	奈良市	AⅠ	718年	71.7m	29.2m	0.41
	比曽寺（現光寺）	大淀町	AⅠ	7世紀後半	25.4m	21.8（？）	0.86
	地光寺東遺跡	葛城市新庄	AⅠ	7世紀後葉	23.3m（現状）	—	—
	当麻寺	葛城市当麻	AⅡ	7世紀末	約115m	約62m	0.53
	秋篠寺	奈良市	AⅡ	8世紀後葉	約46m	約56m	1.22
	大安寺	奈良市	AⅡ	716年	約135m	約270m	2.00
	東大寺	奈良市	AⅡ	745年	約411m	約180m	0.44
	法華寺	奈良市	AⅡ	745年	約65m	約95m	1.46
	新薬師寺	奈良市	AⅡ（？）	747年	—	—	—
	西大寺	奈良市	AⅡ	764年	88.4m	推定180m	2.04
山城	法成寺	京都市	AⅠ（？）	1079年	—	—	—
	尊勝寺	京都市	AⅡ	1102年	約197m	約72m	0.37
	円勝寺	京都市	AⅠ（？）	1127年	—	—	—
河内	百済寺	枚方市	AⅠ	8世紀後半	約43.5m	約30m	0.69
	正法寺	四条畷市	AⅠ（？）	7世紀後半	—	—	—
	高宮廃寺	寝屋川市	AⅠ（？）	7世紀後半	約31.7m	21.1m	0.66
	智識寺	柏原市	AⅠ	7世紀後半	約50m	—	—
	田辺廃寺	柏原市	AⅠ	7世紀末	28.5m	約13.6m	0.48
	葛井寺	藤井寺市	AⅠ	7世紀後半	—	—	—
	善正寺廃寺	羽曳野市	AⅠ	7世紀末	約25m	約16m	0.64
紀伊	上野廃寺	和歌山市	AⅠ	7世紀末	40.7m	19.4m	0.48
伊勢	多度神宮寺	桑名市多度町	AⅠ（？）	763年	—	—	
丹波	三ッ塚廃寺	丹波市市島町	B	7世紀後半	32.6m	0m	0.00
播磨	広渡廃寺	小野市	AⅠ	7世紀後半	約35m	約20m	0.57
	新部大寺廃寺	小野市	AⅠ	7世紀後半	約24m	約50m	2.1（？）
	繁昌廃寺	加西市	AⅠ（？）	7世紀末	推定40m	推定17m	0.42
	野条廃寺	加西市	AⅠ（？）	8世紀後半	約27m	約22m	0.82
	多田廃寺	姫路市山田町	AⅠ	7世紀末	約40m（伝聞）		
	溝口廃寺	姫路市香寺町	AⅠ（？）	7世紀末	約65m	約35m	0.54
	奥村廃寺	たつの市	B	7世紀末	約40m	0m	0.00
備前	賞田廃寺	岡山市	A非対称	7世紀前半	約75m	約21m	0.28
因幡	栃本廃寺	鳥取市国府町	C	7世紀末	堂塔心々距離：東20.6m 南20.0m		
伯耆	上淀廃寺	米子市淀江町	C	7世紀末			
出雲	来美廃寺	松江市矢田町	B	7世紀末	約43m	0m	0.00
豊前	弥勒寺	宇佐市	AⅠ	738年	約34m	約23m	0.68
美濃	大隆寺廃寺	大野町	AⅠ（？）	7世紀末	約20m	—	—
三河	寺領廃寺	安城市	B（？）	7世紀後半	約120m	0m	0.00
常陸	新治廃寺	筑西市協和地区	B	8世紀初頭	44.8m	0m	0.00

型式説明　AⅠ：金堂前面（回廊内）の東西（左右）に塔を置く（薬師寺式）
　　　　　B：金堂を挟んで東西両塔を置く（三ッ塚廃寺式）
側距記号　L：塔心々距離　　H：塔心々引き通しから金堂心までの距離

を求めた場合もある（河内高宮廃寺、播磨広渡廃寺・繁昌廃寺・野条廃寺）。列島における双塔伽藍の基準となる本薬師寺や平城京薬師寺（図2－2－1）の三角形が、やや先行する新羅感恩寺（図1左）の三角形と著しい相似形をなすことが一目でわかる。また、これまで薬師寺式（AⅠ型式）あるいは変則的双塔伽藍といわれていた当麻寺［松島・河原一九八八、太子町立竹内街道歴史資料館一九九五、網二〇〇六］が、L値とH値の実長から、伽藍の完成時には東大寺式伽藍配置を意図していたことが推測できる。回廊の有無は不明でも、回廊を造営したなら、双塔を回廊内に取り込むことは不可能な規模であり、東塔が奈良末、西塔が平安初という造営年代からも、当麻寺の双塔造営時にモデルとなるのは、薬師寺式よりも東大寺式がふさわしい。

一伽藍に塔を二つ（あるいはそれ以上）造営する意義は、必ずしも明確ではない。一般に、仏塔は釈迦の遺骨を納め礼拝する一種の墓所・墓標で、舎利塔・釈迦塔と呼ぶこともある。塔を造営することは、仏を供養し結縁する行為で、多数の塔を作ればより多くの功徳を積んだことになる。遺骨とみなした水晶粒などの真舎利に代えて、釈迦の教えである経典を法舎利として納めるなら、塔の数は無限に増える。仏教の故地のインドの仏教寺院でも、中枢となる仏塔（メイン・ストゥーパ）の周囲に、多数の小塔が奉献されており、複数の仏塔が並存することは、決して不自然なことではなかった。

列島においても、東大寺・西大寺・薬師寺・法隆寺などの十大寺に分置された百万塔［上原二〇〇五］が、多数の造塔による功徳を目的としている。百万塔は「無垢浄光大陀羅尼経」の所説にもとづいて製作された。同経は、唐の弥陀山が七〇四年に訳出したもので、慶州の伝皇福寺跡三層石塔に安置された金銅製舎利函の銘文［梅原一九六〇］から、早くも七〇六年以前に新羅に伝わっていたことがわかる。以後、慶州仏国寺釈迦塔、奉化郡西洞里東三層石塔、伽耶の海印寺妙吉祥塔（八九五年）など、統一新羅時代の石塔には、同経を安置したり、同経の所説にもとづき木製・滑石製・土製の小塔を多数副納した事例はきわめて多い［国立中央博物館一九九一］。つまり、統一新羅における双塔伽藍造営は、おもに「無垢浄光大陀羅尼経」の所説を背景に隆盛したのである。

ただし、大陸における双塔伽藍の創出は、「無垢浄光大陀羅尼経」の訳出よりも古く、東晋元帝の時代（三一七―三二二年）、江南の軍事拠点となった武昌にある昌楽寺に、二人の駐屯武将が各々、東塔と西塔を寄進したという『歴代名畫記』の記事にさかのぼる〔山本一九七六〕。単独の発願者ではなく、複数の供養者・結縁者による双塔造営である。おそらく、インドの奉献小塔の多くも、複数の作善行為の結果であろう。大陸でも、遺例が豊富な遼代の磚塔に「無垢浄光大陀羅尼経」を根拠とする副納品が認められ〔古松二〇〇六〕、統一新羅における双塔伽藍隆盛の理論的背景が、唐に起源すると推測できる。しかし、日本の双塔伽藍には「無垢浄光大陀羅尼経」の所説にもとづくことを示す明確な事例はなく、漠然と造塔の功徳が意識されたとしても、特定の経典・教説をその背景として想定しにくい。むしろ、古代寺院のモニュメンタルな性格を斟酌すると、両側にそびえ建つ塔の視覚的効果、寺院荘厳装置としての塔という先学が指摘する側面は無視しがたい。

なお、双塔伽藍における二つの塔が、教義上、意味を異にする場合もある。八世紀中葉に成立した新羅慶州の仏国寺は、大雄殿（金堂）前庭の東西に石塔を配するが、両塔は形態・名称を異にする〔濱田ほか一九三八、田中一九八八〕。東塔が多宝塔、西塔が釈迦塔で、後者が通常の三層石塔なのに対し、前者の屋蓋は下層方形、上層八角形で、両蓋間に二段の高欄を置く（図２－４）。屋蓋を数えれば二重塔、高欄も一層と数え、下蓋を裳階とすれば、三層塔となる。二重塔説を採用しても、平安時代以降、天台・真言宗寺院を中心に、日本で普及する下層方形、上層の塔身が円形の二重塔＝多宝塔とは、形態がやや異なる。

『法華経』巻十一「見宝塔品」によれば、釈迦が同経巻十「法師品」まで説くと、突然、地中から巨大な宝塔が出現し、中から多宝如来が賛嘆する声が聞こえた。釈迦は多宝如来の招きに応じて、宝塔へ座を移し、多宝如来と並んで結跏趺坐する。七世紀末に僧道明等が天武天皇のために製作した銅板法華説相図（別名「千仏多宝塔銅板」、奈良県長谷寺蔵）には、三本の相輪を載せた三層塔の初層に、二仏が並座した多宝塔を表現する。しかし、仏舎利を納める通常の層塔とは異なる造形で多宝塔を表現するという意図以外に、仏国寺の多宝塔や平安時代以降の日本の多宝塔との造形的な共通性は認められない。

いずれにせよ、通常の塔と教義的な意味が異なる多宝塔は、形態を区別するのが当然なのである。したがって、同形態の塔を並置する理由は、多くの舎利塔・釈迦塔を造営し供養することで、より大きな功徳を期待すること、あるいは伽藍として視覚的な効果を期待することにある。平城京薬師寺西塔から大量の塑像片が出土した〔奈文研一九八七〕。一二世紀に成立した『七大寺巡礼私記』は、薬師寺東塔には入胎・受生・受楽・苦行の四相が、西塔には成道・転法輪・涅槃・分舎利の四相が表現され、「右両塔之内、八相之様不可思議也」と評している。法隆寺五重塔と同様の塔本塑像により、両塔の各面をあわせて八場面によって、釈迦の一生をパノラマ化していたのである。当然、平城京薬師寺の東西塔は、いずれも釈迦の舎利を納め礼拝するための建物であった。病気平癒を祈願する薬師如来を本尊とする官営寺院が、釈迦礼拝を目的とする塔を伽藍に組み入れたのは、塔造営が仏を供養し結縁する手段だったから、もしくは伽藍としての視覚効果を意図したからなのである。

ただし、本薬師寺（藤原京薬師寺）の東塔心礎は舎利穴を持つのに、西塔心礎は心柱を固定する突起を造り出し舎利穴がない。これを根拠に、舎利穴のある平城京薬師寺の西塔は真舎利を、舎利穴がないと推測される現存東塔は法舎利を納めたとする説もある。たしかに、涅槃・分舎利場面をパノラマ化した西塔は、真舎利安置の場にふさわしい。しかし、仏塔における舎利安置箇所は心礎に限るわけではなく、心柱を穿って安置する場合、塔頂の相輪内に安置する場合など、さまざまである。心礎に舎利穴がないから、法舎利を納めたと考えるのは早計である。全国国分寺に建てさせた七重塔には、中央で書写した金字の金光明最勝王経一部を納めるよう指示した（『続日本紀』天平一三〈七四一〉年三月乙巳条）。明確な舎利穴を有する国分寺塔心礎はないので、塔内に法舎利、すなわち金字金光明最勝王経を納めたとみなすことが多い。しかし、天平宝字八年（七六四）、国分寺の中心である東大寺の東塔が完成した時、露盤（相輪）の匏形（龍車と宝珠）に、金字最勝王経一部と仏舎利十粒を安置している（「東大寺権別当実忠二十九ヶ条事」『東大寺要録』巻七）。真舎利と法舎利の安置場所を区別する必然性はない。

3　列島における双塔伽藍の展開（1）―単塔から双塔へ―

一般には、双塔伽藍（ＡⅠ式）が日本で採用されたのは、七世紀末における本薬師寺造営を嚆矢とすると考えられている［岡本一九八九］。本薬師寺は、六八〇年に発願され（天武紀九年一一月癸未条）、六八八年までに、少なくとも金堂が完成していた（持統紀二年正月丁卯条）。新羅における双塔伽藍（ＡⅠ式）は、六七九年完成の四天王寺、六八二年完成の感恩寺（図２－１右）で採用されているから、まさに半島の最新様式が、ほとんど時期を隔てずに、列島でも採用されたと推測できる。天武持統朝には遣唐使が派遣されず、当代の列島の仏教が、新羅仏教の影響を直接受けている事実［田村一九九四］、および本薬師寺・平城京薬師寺（図２－２－１）における堂塔の位置関係が、感恩寺と相似形をなす事実は［奈文研一九八七］、この推測を裏づける。七〇四年に漢訳された「無垢浄光大陀羅尼経」が、七〇六年以前に新羅に伝播し採用された事実をみても、七世紀末～八世紀初頭における東アジアの文化交流が、きわめて鋭敏であったことがよくわかる。

しかし、列島には、出土瓦の様式からみて、創建年次が本薬師寺に先行する可能性が高い双塔伽藍の古代寺院が、少なからず存在する。表２－１の「創建年代」覧を「七世紀後半」と記載したものが、それに該当する。藤澤一夫は、本薬師寺造営に先立ち、百済経由で大陸の双塔伽藍が列島にもたらされたと考え、具体的に扶余の東南里廃寺をＡⅠ式双塔伽藍の候補として提示した［藤澤一九八二］。東南里廃寺の塔跡が未発見であること、双塔伽藍と推測したときの塔位置が未発掘であることが、藤澤説の根拠である。同説の正否はまだ確定しておらず、逆に東南里廃寺を無塔式伽藍として積極的に評価する説もある。しかし、創建年次が本薬師寺よりさかのぼる双塔伽藍の古代寺院が、列島に存在する事実に対する説明は、藤澤説に依拠せずとも可能である。

列島の古代寺院において、原則として仏舎すなわち金堂の造営を優先したことは、史料や発掘成果だけでなく、堂塔にともなう瓦の比較検討などからも明らかである〔宮本一九八四、上原一九八六・一九九七〕。古代の七堂伽藍造営は、着工から竣工まで、二〇年以上を要することが多い〔田中一九八三、大脇一九八九〕。その間、金堂に回廊をめぐらせて伽藍を整え、資金が得られた後、塔の造営に着手する場合もあった。豊前天台寺跡（上伊田廃寺、福岡県田川市）〔田川市教委一九九〇〕や肥前寺浦廃寺（佐賀県小城市）においては、金堂を囲む回廊を壊して、塔を造営し、法起寺式の配置を完成している（図2－5）。

我々が扱う考古資料とは、常に先人の行動の結果であって、結果を生み出した経過については、さまざまな憶測をめぐらすことはできても、正確に把握できないことが多い。寺院造営が始まった時、すなわち金堂造営に着手した時は、塔造営の目途がたっておらず、次世代になって新たなプランのもとで造塔事業を推進する場合もあったことを、天台寺や寺浦廃寺は明示している。もちろん、潤沢な資金のもとで、当初から七堂伽藍全体の造営計画をたてる場合も想定できるが、発掘成果から、いずれの経過で七堂伽藍が成立したのか判断できるとは限らない。藤澤説にもかかわらず、その後、百済の双塔伽藍が確認されていないことを重視するなら、創建年次が本薬師寺に先行しても、塔が遅れて造営されれば、列島でも双塔伽藍が成立すると想定できる。

そのような双塔伽藍の成立過程がわかったのが、遺跡整備事業のため再発掘した備前賞田廃寺である〔岡山市教委二〇〇五〕。出土瓦から賞田廃寺の創建は七世紀前半にさかのぼる。しかし、創建瓦を葺いた建物は不明で、小さな仏舎が先行したと考えられる。本格的な建物は七世紀後半の瓦を葺いた金堂で、その中軸の東西不均等な前面に二つの塔が建つのは、八世紀中葉以降のことである（図2－3－3）。双塔造営は一連の計画だったらしいが、軒丸瓦の笵傷進行の度合から、東塔造営が先行したことが証明されている。以上、賞田廃寺の場合は、金堂造営から半世紀以上を経て、双塔造営事業が進んだ。都の双塔伽藍は、AⅠ式（薬師寺式）もAⅡ式（大安寺式）もすでに成立している。賞田廃寺には回廊はないが、東西両塔の心々距離は平城京薬師寺を上まわり、回廊造営が計画されても、両塔を回廊内に取り込めなかったはずだ。なお、上述の天台寺・寺浦廃寺では、塔造営時に回廊を取り壊し、以後、回廊は再建

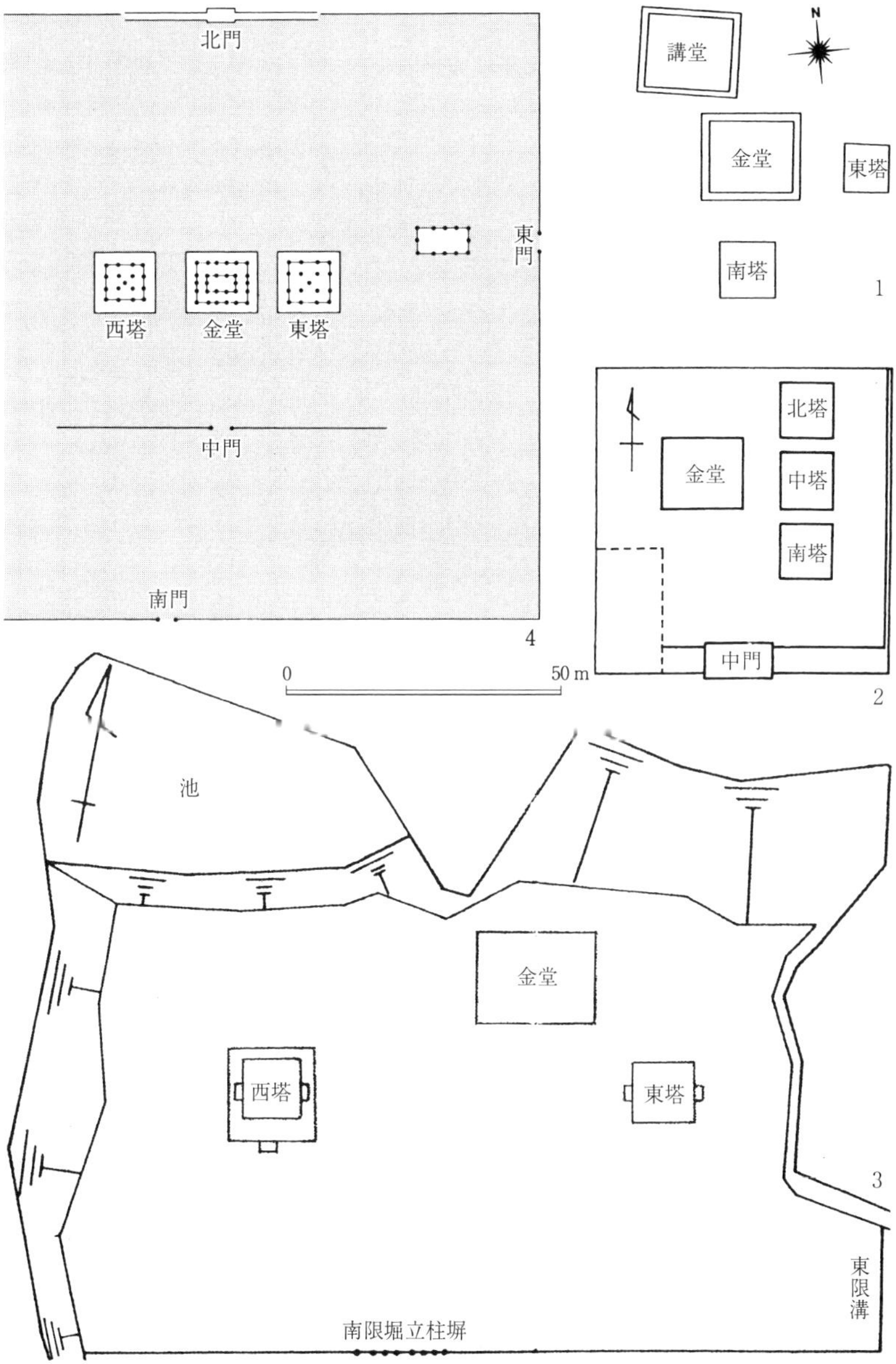

図２−３　地方の双塔伽藍

［国府町教委2003，淀江町教委1995，岡山市教委2005，三ッ塚遺跡発掘調査団2000］　1　因幡栃本廃寺　2　耆上淀廃寺　3　備前賞田廃寺　4　丹波三ッ塚廃寺

されなかった。私見によれば、七世紀段階の回廊は「行道」の場であったが、八世紀以降、金堂前庭が主要な儀式の場となり〔上原一九八六〕、回廊はその控えの場となる。一方で、仏堂内の行道が一般化し、回廊の儀式性は薄れ、おもに聖域の区画として機能するようになる。八世紀の賞田廃寺で、回廊造営計画がなくても不思議ではない。

賞田廃寺は、八世紀になって東西両塔を造営したため、都の双塔伽藍を念頭に置いて、寺院造営を継続できた。しかし、早くから一方の塔の造営計画が進展していた場合、薬師寺や大安寺がモデルの双塔伽藍を実現できない。丹波三ッ塚廃寺（図2－3－4）は、当初、東塔が金堂とともに造営され、のちに西塔が加わったと考えられる〔丹波三ッ塚遺跡発掘調査団、一九七五・二〇〇〇〕。金堂・東塔と西塔とは版築土が異なり、西塔版築土には瓦片が混在すること、東塔が基壇下に心礎を埋め込んだ地下式心礎なのに対し、西塔は基壇上に心礎が露出する地上式心礎と推定できること、東西両塔心と金堂心とは一線をなすが、各堂塔間の距離が異なることなどが根拠である。三ッ塚廃寺の創建年代は、所用瓦を焼成した天神窯で共伴した須恵器が、本薬師寺下層の藤原京内先行条坊側溝出土土器〔川越二〇〇〇〕と等しく、本薬師寺創建よりさかのぼると推定できる。創建瓦である縦置型一本造りによる単弁蓮華文軒丸瓦（大津宮併行期）も、この推定を裏づける。つまり、三ッ塚廃寺創建時の伽藍配置は、地方寺院として最も普遍的な法起寺式で、この時点で列島には双塔伽藍の情報は入っていなかった。新たに得られた情報にもとづいて、西塔建立が決まった時、三ッ塚廃寺の造営者は、金堂前庭の東西に塔を配するという原則を、金堂の東西に塔を配するというプランに置換して、双塔伽藍を実現したのである。三ッ塚廃寺と同じB式の双塔伽藍は、播磨奥村廃寺や遠く常陸新治廃寺でも確認されている。西塔が未確認の三河寺領廃寺は、B式だとしても両塔間の距離が長く、同じ系譜で説明できないかもしれない。奥村廃寺や新治廃寺の創建年代は、本薬師寺よりも遅れる。三ッ塚廃寺で成立したB式が伝播した可能性、「双塔伽藍」の原則を独自に置換して、各地でB式が成立した可能性が考えられるが、確定できない。

「双塔伽藍」原則の置換方法は、三ッ塚廃寺方式が唯一ではない。因幡栃本廃寺（図2－3－1）は、国府や国分寺が立地する鳥取平野東部のさらに東方山間の小盆地に立地する。古くから二基の塔心礎が国指定史跡となっていたが、発掘調査により、金堂の東と南に塔を配した双塔伽藍が判明した。瓦を一切使用しないため、伽藍の形成過程は必ずしも明確ではないが、金堂検出中に七世紀末、講堂基壇土から八世紀中葉、南塔基壇土から八世紀前半の土器が出土しており、金堂基壇と東塔基壇の南辺が一線をなすこと、金堂軸線と南塔軸線が一致することから、七世紀末から八世紀中葉に、金堂、東塔・南塔、講堂の順で伽藍が整った可能性が指摘されている〔国府町教委二〇〇〇・二〇〇三〕。ただし、因幡・伯耆地域における七世紀末～八世紀初頭の古代寺院は、鳥取市岡益廃寺、郡家町土師百井廃寺、倉吉市大原廃寺・大御堂廃寺、岸本町大寺廃寺など、金堂の東に塔を置く例が多いことから、栃本廃寺も法起寺式を前提に双塔伽藍が成立したと考えることもできる。金堂の東に市塔・中塔・北塔（心礎のみ）が南北一線に並ぶ上淀廃寺（図2－3－2）も、金堂と南塔・中塔がほぼ一連の工事で造営されており〔淀江町教委一九九五〕、法起寺式を前提とした双塔伽藍と理解してよい。

栃本廃寺も上淀廃寺も、創建は本薬師寺より遅れる。にもかかわらず、薬師寺式から逸脱した双塔伽藍を採用したのは、薬師寺式という原則の規制力が弱く、法起寺式の伝統と規制が強く作用した結果と考えられる。双塔伽藍は、大和・河内・播磨では薬師寺式（AⅠ式）の原則を固持するのに、その外側の地域、すなわち丹波、備前、因幡、伯耆、常陸では、原則から乖離したB・C式が顕著となる。情報源から離れるほど、原則の規制力が弱まり、もとの形から乖離するのは、古代に限る現象ではない。なお、播磨国内唯一のB式である奥村廃寺は、播磨国の西端に位置する。また、遠く離れた豊前国で、原則通りの薬師寺式を採用した宇佐弥勒寺は、宇佐神宮が中央と直結した運動を進めるなかで成立した。原則からの乖離が、情報源との距離に起因すると考えて矛盾はない。

4　列島における双塔伽藍の展開（2）―単塔への回帰―

原則からの乖離は、空間的距離だけでなく、時間的経過によっても生じる。大安寺式や東大寺式（AⅡ式双塔伽

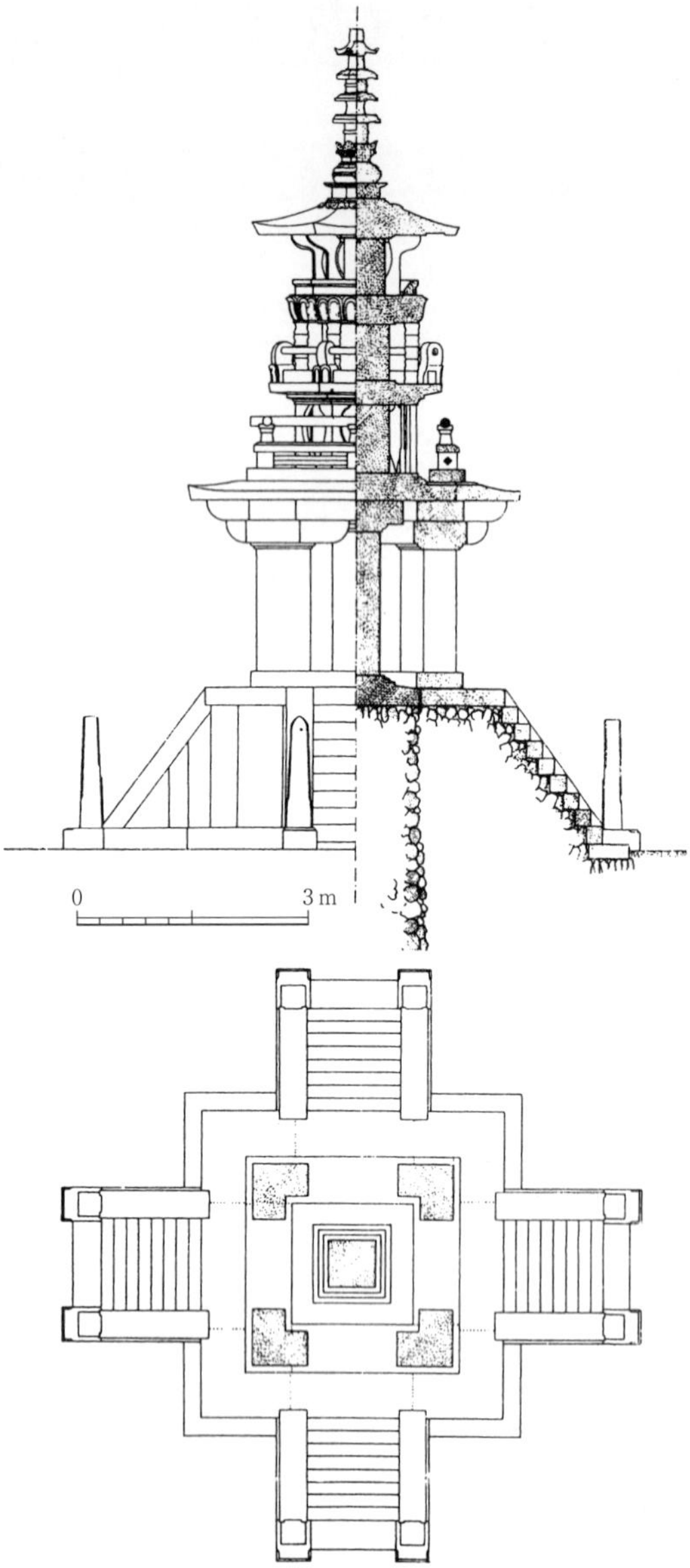

図２－４　慶州仏国寺多宝塔［濱田ほか1938］

藍）配置は、新羅直伝のＡⅠ式を導入した同じ地域で、八世紀になってから採用され展開した。入唐した道慈が、長安の「西明寺結構之体」を偸かに図し取って、大安寺を造営したという「大安寺縁起」（『群書類従』巻第四三五）の所伝にもとづき、平城京六条大路を隔てた別院に双塔を配した大安寺式（図２－２－２）は、唐直伝の伽藍配置とする見解が一般的である。唐長安城の薦福寺は、東西大路を隔てた南に塔院（小雁塔）を配しており、入唐した道慈がそれを目撃したという主張もある［服部一九七二］。唐代寺院の伽藍配置はほとんど解明されておらず、ＡⅡ式双塔伽藍が唐直伝であるとする説の是非決定は将来に委ねざるをえない。しかし、少なくとも、本薬師寺を模倣した平城京薬師寺を例外として、平城京内で新たに造営された興福寺・大安寺・元興寺をはじめとする官営寺院は、すべて中門—

金堂間を儀式空間とし、塔を回廊外に置くことを原則とする。これは、単なる唐代寺院プランの模倣ではなく、寺院の主要な機能である法会との関係で説明するのが妥当である［上原一九八六］。また、別区に塔院を設けた大安寺は、木塔が落雷による被害を受けやすく、金堂などに火災が拡大するのを防ぐ意味があったとする説もある［服部一九七二］。そうであるなら、磚塔が多い大陸や石塔主体の新羅とは無関係に、列島のAⅡ式双塔伽藍は成立したことになる。

新羅直伝のAⅠ式も、河内・播磨以遠ではほとんど展開しなかったが、AⅡ式双塔伽藍の分布はさらに狭く、平城京とその周辺に限定される。東大寺・法華寺を頂点に日本全国で造営された国分僧寺・尼寺においても、僧寺に金光明最勝王経を安置する七重塔一基を備えただけで、双塔伽藍を採用した例は皆無である。国分僧寺においては、東大寺や大安寺と同様、回廊内金堂前庭を儀式空間とし、塔は回廊外に置くか、別院とする場合が多い。ただし、南海道の紀伊・讃岐国分僧寺や西海道諸国の国分僧寺あるいは美濃国分僧寺などは、回廊内に軸線をずらして塔を配した大官大寺式の配置をとる。文武朝に藤原京内に造営された大官大寺は、造営途上で焼失しており、本来は薬師寺式の双塔伽藍として計画されたという指摘がある［大安寺史編集委員会一九八四］。その是非を確定するすべはないが、少なくとも、同じ伽藍配置がいくつかの国分寺で採用された以上、大官大寺式という単塔伽藍の類型を設定することは、考古学的には許容できる。

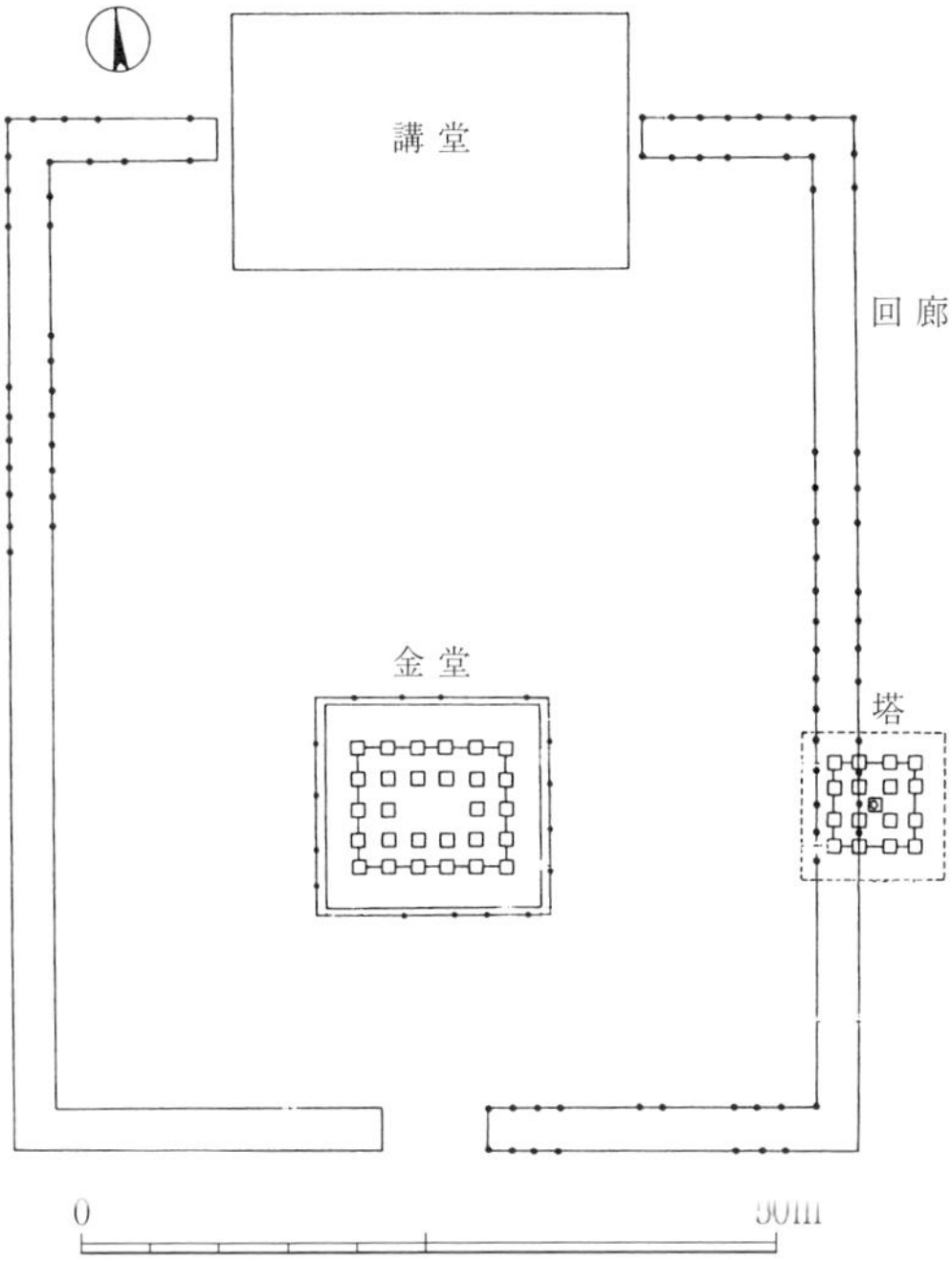

図2－5　豊前天台寺跡伽藍模式図［田川市教委1990］

国分寺にみる単塔伽藍への回帰は、都の寺院にも影響する。平安京内で唯二つの官営寺院である東寺（図２－２－３）と西寺は、多くの国分寺と同様、回廊外に塔を置く単塔伽藍を採用した。東寺は伽藍中軸の東方に五重塔を配しているが、西寺は西方に配したと推測される［杉山一九九四］。寺院の正面観を荘厳するのに、双塔伽藍が効果的だったことはよく指摘されるが、東寺と西寺の塔は、寺院よりも平安京そのものを荘厳する形で配置されたのだ。以後、承暦三年（一〇七九）一〇月五日に薬師寺三重塔を模倣して再建された法成寺の東西二塔［杉山一九八二］、東御塔・中御塔・西御塔の三塔を並べた円勝寺［福山一九四三］など、複数の塔を計画的に造営した例は平安時代にもあるが、七世紀末～八世紀の双塔伽藍のような、一つの流れを形成することはなかった。

先述したように、統一新羅の双塔伽藍の普及は、石塔の一般化によって達成された。扶余定林寺や益山弥勒寺のように、百済時代も末期になると、伽藍を構成する層塔の比重は、それまでの木塔から石塔に移る。しかし、日本では、伽藍を構成する層塔に関しては、木造建築＝木塔にこだわり続けた。木塔造営が、古代建築技術においてどれほど習熟されていたかわからないが、石塔に比べて手間や費用が莫大であったことだけは確かである。本薬師寺造営に際し、最新の寺院形態として新羅から導入され、比較的短期の間に大和・河内・播磨に伝わった薬師寺式の双塔伽藍は、以遠においては、それ以前の寺院造営伝統を駆逐することなく、一部の寺で形を変えて採用された。それと相前後して都で変容した大安寺式・東大寺式の双塔伽藍は、地方にほとんど伝播することなく終焉する。国分寺でも、単塔伽藍造営が精一杯だったのかもしれない。そして平安京の東寺・西寺は、あたかも平安京を荘厳するかのように、朱雀大路をはさんだ対称形の単塔伽藍で成立するのである。

統一新羅においては、石塔を使った双塔伽藍は、「無垢浄光大陀羅尼経」の教説を思想的背景に定型化・普及・隆盛した。しかし、日本の双塔伽藍に、同様の教義的背景は認めがたい。その系譜を平安京までたどれば、双塔伽藍の意義が、伽藍の荘厳、そして都城の荘厳にあったことは否定しがたい。日本の双塔伽藍の分布域や盛行年代が限られた意義も、おのずと明らかである。古代寺院の伽藍配置の変遷や特徴は、仏教儀式（法会）論、教義論、景観論で説明することが多い。しかし、どの説明法が適当であるかは、設定された類型の歴史変遷や、各寺院の立地に即して判断できることで、一つの説明法を金科玉条に振りかざすのは賢い方法ではない。

［追記］　本節は「平城京・平安京時代の文化」と題し、仏教寺院を主題に「文化の保存と伝承（一）―草葺掘立柱建物と瓦葺礎石建物―」「文化の保存と伝承（二）―瓦葺建物の平和利用―」「文化の伝播と変容―双塔伽藍の伝来と展開―」の三つの話題を提供した論考［二〇〇六年一〇月］の一部をなす。表2-1にはその後の知見を加え、図番号は改めた。なお、図2-2-1に示した平城京大安寺の伽藍配置における食堂や政所院の位置は、発掘成果をふまえて、講堂・金堂・中門・僧房の東方、同図中では苑院および賤院の南部分に比定できるに至った［二〇一四年一一月④］。また、一塔三金堂の飛鳥寺式伽藍の源流に関し、二〇〇七年の百済王興寺木塔跡の発掘を契機に、百済経由で伝わった可能性が提起されている。

参考文献

浅野清・大岡実　一九五六年「西大寺東西両塔」『建築学会論文報告集』第五四集

網　伸也　二〇〇六年「景観的見地からの伽藍配置」『月刊　考古学ジャーナル』第五四五号、ニューサイエンス社

安城市（市史編集委員会）　二〇〇四年『新編　安城市史』一〇、資料編・考古

井内古文化研究室　一九九〇年『東播磨古代瓦聚成』真陽社

石田茂作　一九三六年『飛鳥時代寺院址の研究』本文・図版

石田茂作　一九四四年『総説　飛鳥時代寺院址の研究』

上田三平　一九二八年「比曽寺址」『奈良県に於ける指定史蹟』第一冊、内務省

上原真人　一九八六年「仏教」『岩波講座日本考古学　第四巻　集落と祭祀』岩波書店

上原真人　一九九七年『瓦を読む』歴史発掘一一、講談社

上原真人　二〇〇五年「暮らしぶり」『列島の古代史　ひと・もの・こと』第二巻　暮らしと生業、岩波書店

上村和直　一九九四年「院政と白河」『平安京提要』角川書店

梅原末治　一九六〇年「韓国慶州皇福寺塔発見の舎利容器」『美術研究』一五六号、美術研究所

大分県教育委員会　一九六一年『弥勒寺遺跡』大分県文化財調査報告書第七集

大分県立宇佐風土記の丘歴史民俗資料館　一九八九年『弥勒寺―宇佐宮弥勒寺旧境内発掘調査報告書―』同館報告書第七集

大岡　実　一九六六年『南都七大寺の研究』中央公論美術出版

大阪府　一九三四年『百済寺址の調査』大阪府史蹟名勝天然紀念物調査報告第四輯

大阪府教育委員会　一九七〇年『四条畷町　正法寺跡発掘調査概報』

大阪府教育委員会　一九七二年『田辺廃寺跡発掘調査概要』大阪府文化財調査概要一九七一―二

太田博太郎編一九七八年『大和古寺大観』第五巻、秋篠寺・法華寺・海龍王寺・不退寺、岩波書店

大脇　潔　一九八九年「七堂伽藍の建設」『古代史復元八　古代の宮殿と寺院』講談社

岡山市教育委員会　一九七一年『賞田廃寺発掘調査報告』

岡山市教育委員会　二〇〇五年『史跡賞田廃寺跡―史跡環境整備事業に伴う発掘調査報告―』

岡本敏行　一九八九年「双塔式伽藍の造営とその背景」『大阪文化財論集―財団法人大阪文化財センター設立一五周年記念論集―』

小川栄一　一九二五年「大隆寺廃寺」『岐阜県史蹟名勝天然紀念物調査報告書』第二回、岐阜県内務省

小野市（市史編纂専門委員会）　一九九七年『小野市史』第四巻、資料編Ⅰ

小野市教育委員会　一九八二年『播磨大寺遺跡Ⅰ―昭和四六年度発掘調査報告―』

小野市教育委員会　二〇〇五年『国史跡広渡廃寺跡発掘調査報告書―歴史公園整備に伴う調査報告（平成五～九年度）―』

柏原市史編纂室　一九七三年『柏原市史』第二巻、本編（一）

川越俊一　二〇〇〇年「藤原京条坊年代考―出土土器から見たその存続期間―」『研究論集ⅩⅠ』奈良文化財研究所学報第六〇冊

鎌谷木三次　一九四二年『播磨上代寺院址の研究』成武堂

北野耕平　一九九四年「善正寺跡」『羽曳野市史』第三巻、史料編一、羽曳野市

京都大学考古学研究会　一九八二年「繁昌廃寺遺物調査報告」『第三四とれんち』
金載元・尹武炳　一九六一年『感恩寺址発掘調査報告書』国立博物館特別調査報告第二冊
金　正基　一九八一年「仏教建築」『新羅と日本古代文化』吉川弘文館
金　東賢　一九九三年「皇龍寺跡の発掘」『佛教藝術』二〇十、毎日新聞社
広渡寺廃寺跡発掘調査団　一九八〇年『播磨広渡寺廃寺跡発掘調査報告』小野市教育委員会
国府町教育委員会　二〇〇〇年『史跡栃本廃寺塔跡発掘調査報告書』町文化財調査報告書一四
国府町教育委員会　二〇〇三年『史跡栃本廃寺塔跡Ⅱ・鳥取藩主池田家墓所』町文化財調査報告書一六
国立中央博物館（韓国）　一九九一年『仏舎利荘厳』図録
四条畷市教育委員会　一九七七年『正法寺跡発掘調査概要—四条畷市大字清滝—』四条畷市埋蔵文化財包蔵地調査概報三
島根県教育委員会　二〇〇二年『来美廃寺—（山代郷新造院）推定地発掘調査報告書—』風土記の丘地内遺跡発掘調査報告書一三
島根県教育委員会　二〇〇七年『山代郷北新造院跡—史跡出雲国山代郷遺跡群北新造院跡（来美廃寺）発掘調査報告書—』
杉山信三　一九八一年『院家建築の研究』吉川弘文館
杉山信三　一九九四年「東寺と西寺」『平安京提要』角川書店
大安寺史編集委員会　一九八四年『大安寺史・史料』名著出版
太子町立竹内街道歴史資料館　一九九五年『二上山麓の古代寺院』平成七年度企画展解説
高井悌三郎　一九四四年『常陸国新治郡上代遺跡の研究』桑名文星堂
田川市教育委員会　一九九〇年『天台寺跡』
龍野市教育委員会　一九九七年『奥村廃寺—調査の概要と出土瓦の研究—』文化財調査報告一八
龍野市教育委員会　二〇〇二年『奥村廃寺Ⅱ—市道沢田一日線建設に伴う寺域南東部の調査報告書—』文化財調査報告二四
田中俊明　一九八八年「慶州の寺院と仏跡」『韓国の古代遺跡Ⅰ新羅篇（慶州）』中央公論社
田中嗣人　一九八三年『日本古代仏師の研究』吉川弘文館

田村圓澄　一九九四年『飛鳥・白鳳仏教史（下）』吉川弘文館
丹波三ッ塚遺跡発掘調査団　一九七五年『丹波三ッ塚遺跡Ⅱ—昭和四八・四九年度発掘調査概報—』氷上郡市島町
丹波三ッ塚遺跡発掘調査団　二〇〇〇年『丹波三ッ塚遺跡Ⅳ—三ッ塚廃寺跡発掘調査報告・天神窯跡発掘調査報告—』氷上郡市島町
千田剛道　一九九三年「高句麗寺院跡の発掘」『佛教藝術』二〇七、毎日新聞社
趙由典・南時鎮　一九九三年「芬皇寺跡の発掘」『佛教藝術』二〇九、毎日新聞社
奈良教育大学　二〇一二年『新薬師寺旧境内—奈良教育大学構内遺跡の埋蔵文化財発掘調査報告書—』
奈良県教育委員会　一九七一年『秋篠寺境内発掘調査報告』奈良県文化財調査報告第一五集
奈良県教育委員会　一九七二年『新庄町地光寺発掘調査概報』
奈良県立橿原考古学研究所　二〇〇二年『地光寺—第三次・第四次調査—』奈良県文化財調査報告書第八七集
奈良国立文化財研究所　一九五八年『飛鳥寺発掘調査報告』学報第五冊
奈良国立文化財研究所　一九八七年『薬師寺発掘調査報告』学報第四五冊
奈良国立文化財研究所　一九九〇年『西大寺防災施設工事・発掘調査報告書』西大寺
奈良文化財研究所　二〇〇二年『日中古代都城図録』創立五〇周年記念史料第五七冊
奈良六大寺大観刊行会　一九七〇年『奈良六大寺大観』第九巻、東大寺一、岩波書店
寝屋川市教育委員会　一九八〇年『高宮廃寺発掘調査概要報告』寝屋川市文化財資料二
寝屋川市教育委員会　二〇〇〇年『よみがえる白鳳の伽藍—高宮廃寺と北河内の古代寺院を考える—』歴史シンポジウム資料
八賀　晋　一九七二年「歴史時代初期の美濃と飛騨」『岐阜県史』通史編　原始、岐阜県
服部匡延　一九七二年「大安寺の伽藍配置の成立に関する一考察—道慈による防災措置の面から—」『考古学雑誌』第五八巻第三号、日本考古学会
濱田耕作ほか　一九三八年『仏国寺と石窟庵』朝鮮宝物古蹟図録第一、朝鮮総督府
兵庫県（県史編纂専門委員会）一九九二年『兵庫県史　考古資料編』

枚方市　一九六七年『特別史跡　百済寺跡公園』
福山敏男　一九四三年「六勝寺の位置について」『美術史学』八一・八二号（のちに『日本建築史研究』墨水書房、一九六八年所収）
藤井寺市教育委員会　一九八七年『藤井寺市およびその周辺の古代寺院』（上）（下）、藤井寺の遺跡ガイドブック№２、№３
藤澤一夫　一九六二年「河内埴生廃寺の調査」『大阪府の文化財』大阪府教育委員会
藤澤一夫　一九七六年「伽藍配置の学名」『月刊　考古学ジャーナル』第一三〇号、ニューサイエンス社
藤澤一夫　一九八二年「日本の百済系双塔伽藍―双塔様式の伽藍系譜（Ｉ）―」『馬韓・百済文化』第四・五輯、圓光大学校馬韓百済文化研究所
藤島亥治郎　一九三〇年「朝鮮建築史論（一）」『建築雑誌』四四―五三〇、日本建築学会
古松崇志　二〇〇六年「慶州白塔建立の謎をさぐる―一一世紀契丹皇太后が奉納した仏教文物―」『遼文化・遼寧省調査報告書』京都大学大学院文学研究科
松島健・河原由雄　一九八八年『当麻寺』日本の古寺美術一一、保育社
宮本長二郎　一九八四年「古代寺院の伽藍配置」『全集日本の古寺』第一四巻、飛鳥・南大和の古寺、集英社
村田治郎　一九六〇年「初期伽藍配置の展開過程」『史迹と美術』三〇六号、史迹美術同攷会
村田治郎　一九六六年「中国の初期伽藍配置」『日本歴史考古学論叢』吉川弘文館（のちに『中国建築史叢考（仏寺仏塔篇）』村田治郎著作集三、中央公論美術出版、一九八八年所収）
毛利久編　一九七八年『大和古寺大観』第二巻、当麻寺、岩波書店
保井芳太郎　一九三二年「比曽寺」『大和上代寺院志』大和史学会（一九八五年、第一書房より復刻）
山本栄吾　一九七六年「双塔式伽藍配置の発祥と伝播―日本宗教建築史の基礎問題・三―」『建築史研究』四〇、彰国社
淀江町教育委員会　一九九五年『上淀廃寺』淀江町埋蔵文化財調査報告書第三五集
和歌山県教育委員会一九八六年『上野廃寺跡発掘調査報告書』

第三節　市道遺跡における寺院構造の変遷に関する一試考

はじめに

市道遺跡については、豊橋市教育委員会が隔年におこなった「埋蔵文化財新出土品展」や、一九九七年九月に「新発見考古速報展'97」の地域展示として豊橋市美術館で実施した「発掘された三遠の古代寺院」などで、何度か紹介されています。市道遺跡の性格や歴史的位置づけに関しては、今後、色々な論議が必要だと思います。しかし、今までの最大公約数的な意見を要約すると、少なくとも、八世紀~九世紀前半の律令体制の最盛期には、古代三河国における一行政単位である渥美郡で徴収した税を保管する正倉と、その管理棟や関係者の居住域（居館）、そして寺院とが密接な関係をもって構成された遺跡だったと推定されています。今日は、この最大公約数的な意見を前提に、おもに寺院区画に注目して、市道遺跡の歴史的変遷を考えてみたいと思います。

牟呂地区の区画整理事業が始まった一九八四年頃、このような古代渥美郡にかかわる重要遺跡の存在を、誰も知りませんでした。しかし、まず区画整理にともなう道路部分の発掘で、瓦を葺いた建物や塀や溝で区切った大きな区画があると予想できるようになり、一〇年以上に及ぶ市道遺跡の発掘調査が開始されたのです。

広大な面積は一度に発掘できません。道路が整備されたのち、家が建つ度に小さな面積を発掘し、以前の調査所見とあわせて、遺跡の全体像をしだいに明らかにするという、気の遠くなるような地道な作業が繰り返されました。そのためには、各々の発掘区の位置関係を正確に割り出す必要があります。調査当初から、全体を地区割りして、正確な位置がわかるように、用意周到な計画のもとに四七次にも及ぶ発掘調査を推進し、存在すら知られていなかった市道遺跡の全貌を明らかにした豊橋市教育委員会の皆様に、まず敬意を表したいと思います。

1　市道廃寺―市道遺跡（寺院地区）―の発見

市道遺跡の発掘調査の早い段階から、南側に塀で囲んだ四角い区画があること、そこで瓦がたくさん出土することがわかっていました。区画内にどんな建物があるのか、まだわからなかったのですが、その段階で、ここは寺だと予測できました。というのは、瓦を葺いた建物がある施設は、古代日本ではきわめて限定されていて、その代表が寺院だったからです。

日本最初の瓦葺き建物

日本で初めて瓦葺建物が建てられた年、およびその建物、その瓦を作った人については、『日本書紀』という日本最初の正式な歴史書に出てまいります。工事が始まったのは崇峻天皇の元年、西暦でいうと五八八年、完成したのは推古天皇四年、西暦でいうと五九六年、葺いた建物は現存の奈良県高市郡明日香村にあった飛鳥寺（『日本書紀』には「法興寺」という名で出てきます）の中心的な建物、その瓦を作ったのは朝鮮半島の百済からやってきた四人の技術者で、名前を、麻奈文奴《まなもんぬ》・陽貴文《ようきもん》・陵貴文《りょうきもん》・昔麻帝彌《しゃくまたいみ》といいました。

この瓦を葺いた建物は、基礎固め（地業）をした上に礎石を置いて柱を立てた礎石建物でした。それまでの日本の建物は、地面に穴を掘って柱を埋めた掘立柱建物で、屋根も葦や木の皮などの植物質の材料で葺いていました。この時を境に、日本の建築技術は飛躍的な進歩を遂げたわけです。もちろん、昔ながらの掘立柱建物も近代に至るまで残ります。しかし、日本で文化財に指定されている古い建物のほとんどは、礎石建物です。民家などに掘立柱建物が少数ありますが、それもせいぜい江戸時代にさかのぼる程度で、中世や古代にさかのぼる建物の多くは礎石建ちです。つまり、耐久性がまったく違うわけです。

寺院と瓦葺き建物

このように、礎石建ち、瓦葺という建築技術は、寺院造営技術の一環として日本に伝わりました。その後も中世に至るまで、瓦屋根イコール寺院という考えは日本の社会に深く根をおろします。まわりが草葺屋根の民家ばかりのなかで、瓦屋根はとても目立ったはずです。そういえば、キリスト教の教会、イスラム教のモスク、ヒンドゥー教の寺院など、いずれも外観、とくに屋根を見れば、町中でも容易にそれとわかります。現代でも、建物が密集した町中において、寺は外観で区別できます。宗教施設はおしゃれで目立ちたがりやなのです。瓦はその目立ちたがりやの仏教寺院の重要なメークアップの道具だったのです。

しかし、七世紀の終わりになると、持統天皇は藤原宮の中心的建物（大極殿や朝堂院）および周囲の区画施設（塀や門）に瓦屋根を採用しました。斉明天皇も七世紀の半ばに瓦葺の宮殿を造ろうとしましたが、挫折しています。瓦葺宮殿の造営は、天皇がいる都は壮麗でなければならない、という考えにもとづくものでした。やや遅れて、古代国家（律令国家）の地方行政の中心である国や郡（評）の役所（国衙・郡衙）も整います。郡衙では、瓦葺の倉庫が稀にあっても（これは瓦屋根が火災に強いという実用的な理由で採用されたものです）中心施設を瓦屋根にした例はまだありません。しかし、国衙の中心的建物（政庁）には、瓦屋根を採用した例がいくつか知られています。

ご承知のように、三河国衙は現在の豊川市にありました。瓦が出土しているので、瓦を使った施設があったことは確実です。しかし、市道遺跡は三河国の旧渥美郡にあって、国衙でないことは初めからわかっていました。だから、市道遺跡で南の区画からたくさんの瓦が出土することがわかった当初から、ここが寺院跡だろうという予測は容易についたわけです。

市道遺跡における時期区分

塀で囲んだ区画内の発掘が進むと、予想通り、寺院にかかわる建物や施設の様子が、少しずつわかってきました。建物の並び方や関連施設から、この区画が古代寺院跡であることは、もはや確実です。現在、豊橋市教育委員会は市道遺跡の発掘調査報告書をまとめており、第一冊目として北側の倉庫群を中心とした地区の報告書を一九九六年度に刊行（『市道遺跡（Ｉ）』豊橋市埋蔵文化財調査報告書第二〇集、一九九六年一一月）。一九九七年度には寺院地区の報告書が完成しました（『市道遺跡（Ⅱ）』豊橋市埋蔵文化財調査報告書第四〇集、一九九七年一一月）。

『市道遺跡（Ⅱ）』によると、南側の寺院地区の遺構は、一一の時期に細分できます。第１期から第６期が古代（八世紀～一一世紀）、第７期から第10期が中世（一二世紀～一六世紀）、第11期が近世（一七世紀）以降ですが、寺院があったのは第１～８期で、古代から中世の前半まで市道の地に寺院が存在したことになります（なお、本稿を収録した『市道遺跡（Ⅲ）』では、ＳＤ17内にも礎石建物を想定したので、寺院の存続期間は第９期まで延びた）。『市道遺跡（Ⅱ）』では、おもに出土した土器の分類にもとづいて、このように細かな時期変遷を明らかにしました。ここでは、市道遺跡における寺院の歴史を考えるにあたって、大きく奈良時代～平安時代初期（『市道遺跡（Ⅱ）』では、第１・２期に該当）と平安時代前・中期（同書では第３～５期）、平安時代後期～鎌倉時代（同書では第６～８期）の三つの時期に分けて、その性格の変遷を考えてみたいと思います。もちろん、細かな部分の説明では、『市道遺跡（Ⅱ）』の時期区分名称、第１～11期をそのまま使います。また、概括的な話なので、遺構番号もできるだけ避けて、付帯的に使用します。

なお、考古学では、寺院遺跡が判明すると、その地名をとって○○廃寺と新たに遺跡名をつけるのが慣例となっています。しかし、報告書を拝見すると、市道遺跡の全体像を科学的に解明するために、事実関係を客観的に記述することに徹底し、「南側区画（寺院址）」等と記述しています。もちろん、市道遺跡は寺院単独の遺跡ではありませんし、時期によっては寺院としての性格も失われますので、記述法としてこれが正確であることは言うまでもありません。

しかし、話を進める時に、市道遺跡における寺院跡、市道遺跡における正倉・居館跡と呼びわけるのはわずらわしいので、ここでは仮に、市道廃寺、市道正倉跡と簡単に呼びわけたいと思います。

2　奈良時代〜平安時代初期の市道廃寺

古代市道遺跡の遺構図（図３－１）のなかで、南側の掘立柱塀で囲まれた区画が市道廃寺です。区画には内側の塀（ＳＡ２）と外側の塀（ＳＡ１）とがあります。外側の塀が古く、後で内側の塀に作り替えたことは、北側の柱列の重複関係からはっきりしました。発掘では、このような遺構の重複関係が、遺跡の時期変遷を考える最も客観的な材料となります。市道廃寺が創建された第１期（奈良時代前期）には、この外側の一辺約九九ｍのほぼ正方形の区画が寺院の範囲でした。

『市道遺跡（Ⅱ）』によると、この正方形区画内には、奈良時代前期（八世紀前半）までさかのぼると、はっきりわかる建物はなかったとのことです。いくつかのゴミ穴（我々は土坑と呼んでいます）は、この時期に属し、出土する瓦も多くは八世紀前半にさかのぼるので、本来、この時期の建物があったことは確実なのですが、遺構の重複関係や遺構にともなう遺物からそれと断言できる建物はないというわけです。これは発掘という科学的な方法で得られた客観的な成果ですが、区画だけで内部に何の建物もないということはありえないことです。

市道廃寺創建期の金堂

市道廃寺創建当初にあった建物は、比較的容易に想像できます。それは金堂です。図３－１をみると、正方形区画の中央に金堂（ＳＢ171）があります。この金堂の位置は周囲にかすかに残る溝の痕跡と、建物のまわりの足場穴から割り出したものです。金堂は土を盛って一段高く作った基壇上に建てた礎石建物なので、整地すると削りとられて、

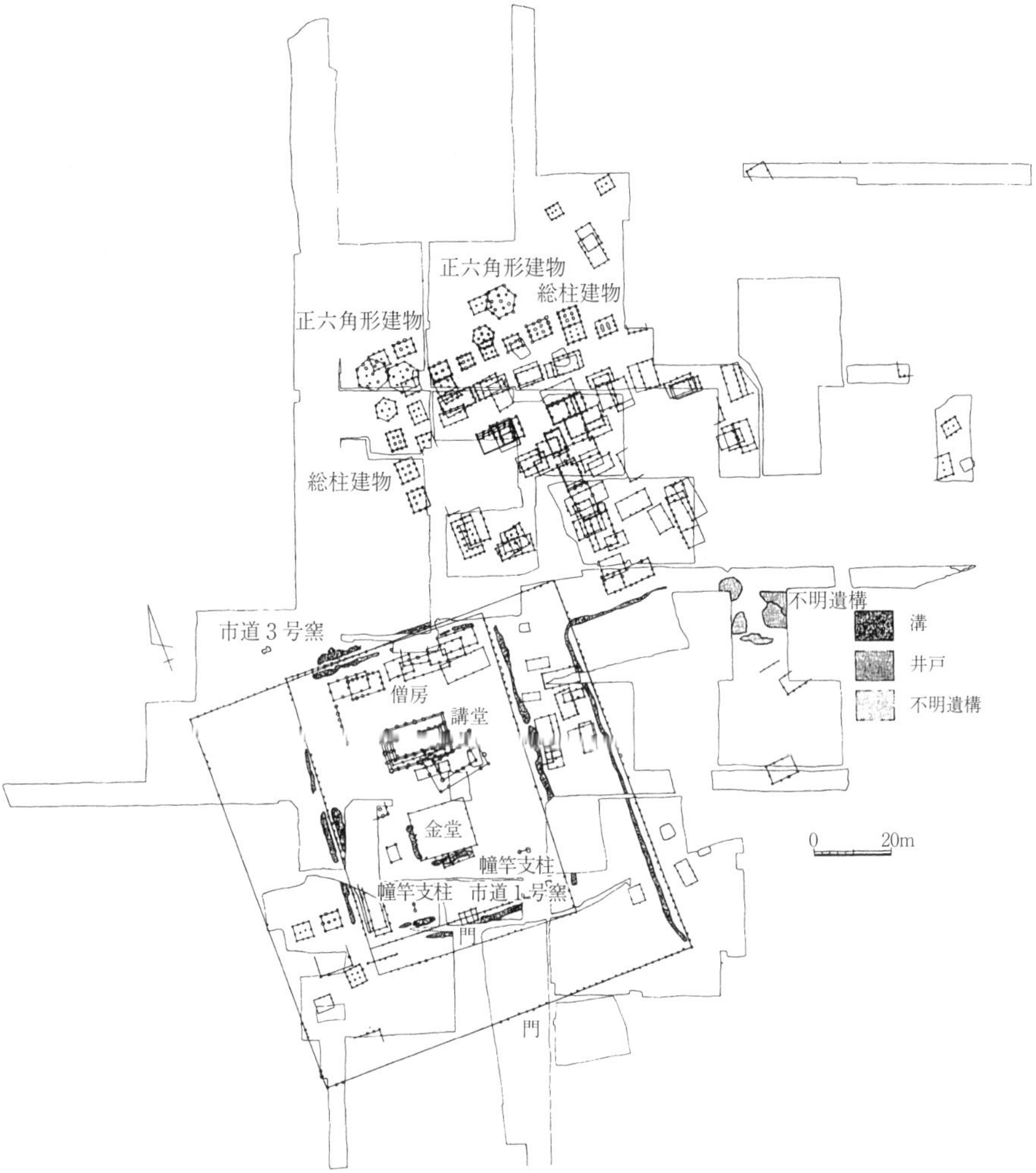

図３−１　古代の市道遺跡（第１〜６期）

古代の市道遺跡は，南区の市道廃寺跡と北区の市道正倉・居館跡とからなる。両者の軸線はほぼ等しく，一連の計画のもとで造営されたようだ。市道廃寺は正方形区画の中央に金堂を置く形で成立し，後に面積半分以下の長方形区画に改造され，施設や法会が充実する。市道正倉・居館跡は，北と西に総柱掘立柱建物群（倉庫群）が整然と並び，内側に管理棟もしくは居宅と思われる側柱掘立柱建物を配置する。倉庫群は北列が先行し，２・３期に平面六角形の丸倉も加わった西列が充実する。４期以降，北区の倉庫群は姿を消し，市道廃寺南西に小規模な総柱建物が隣接する。これが寺院関連の倉庫なら，市道遺跡の正倉機能は４期に喪失したことになる。

はっきりした痕跡が残りません。出土した瓦から判断すると、金堂は瓦の葺替えなどの修理を何度かおこなっているので、創建当初も同じ場所に金堂があったとは断言できません。しかし、私は、創建当初の金堂も、ほとんど同じ場所にあったと考えてよいと思っています。

金堂とは、本尊となる仏像を祀る建物で、『日本書紀』などでは「仏殿」「仏堂」「仏舎」と書かれています。仏像を祀る建物をなぜ「金堂」と呼ぶのか、はっきりした理由はわかりません。古い仏像はお香などで燻されて黒ずんでいますが、仏像はもともと金色に輝いており、中国では「金人」とも呼ばれました。金人のいる堂を「金堂」と呼ぶようになったのかもしれませんが、中国では「金堂」の呼称はないようです。私は、朝鮮半島起源の名前と思っていますが、その確証もつかめません。日本では、天平一九（七四七）年に、奈良の都（平城京）の近くにあった大安寺・薬師寺・法隆寺・元興寺などの財産目録（寺院資財帳）が組織的に作られます。この時、本尊を祀る仏殿を「金堂」の呼称で統一したようです。ただし、法隆寺夢殿は本尊救世観音を祀る建物ですが、「八角仏殿」と記載されているので、平面が長方形であることも「金堂」の条件かもしれません。

なお、現代のお寺では、本尊を祀る建物を本堂と呼ぶことが多いのはご承知の通りです。ただし、金堂と本堂は建物の構造面でも違います。法隆寺の金堂にはいると、周囲（庇部分）をぐるっと回って仏さんを拝観しますが、ゆっくりと座ってこれを拝む空間はありません。つまり、金堂は仏像のための建物で、お参りする人がいる場所は建物のなかにはありません。これに対して、本堂は仏像が鎮座する前面に、礼拝者のための空間が付いているのです。このような本堂がいつどこで成立したのか、はっきりしないのですが、お隣の湖西市が調査している大知波峠廃寺の建物は、本堂形式の建物のなかでも古いものです。

日本に仏教寺院建築が伝わった時、最も重視したのは金堂でした。釈迦（ブッダ）を祀る建物には、金堂以外に塔もあります。塔は釈迦の骨（舎利）を納めて礼拝したインドのストゥーパ stupa が、漢訳されて卒塔婆となり、塔と略された呼称です。塔も金堂に劣らず重要なのですが、少なくとも日本最初の寺院である飛鳥寺で、真っ先に建った

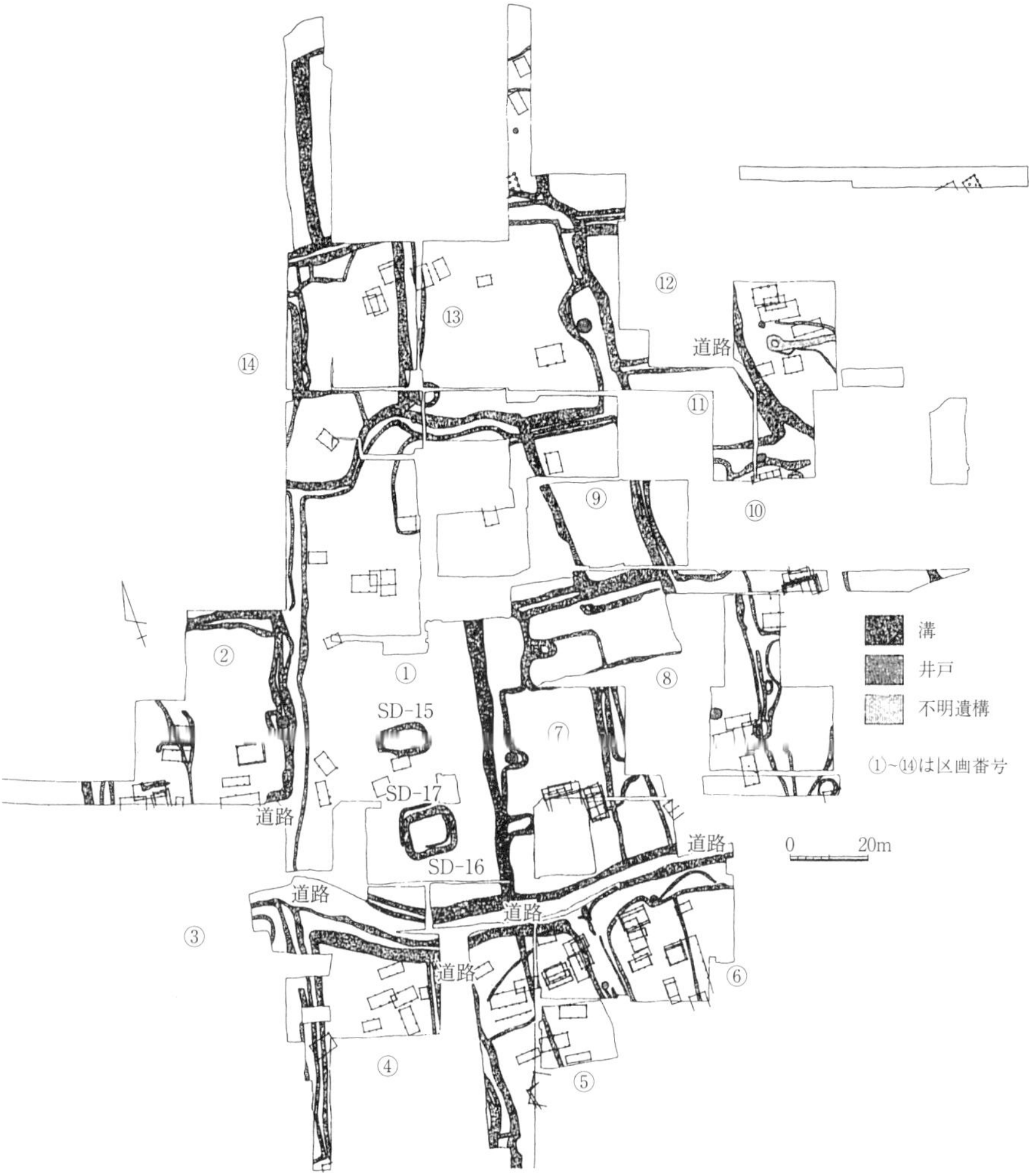

図３－２　中世の市道遺跡（第７～10期）

市道廃寺は５期まで存続するが，６期には北区も含め閑散とする。しかし，７期には古代の金堂・講堂跡の周囲に溝を掘り，瓦葺ではないが礎石建物を再建する。その軸線は古代の市道廃寺にほぼ等しく，旧堂の礎石を再利用した可能性がある。７期には溝で囲んだ方形あるいは不定形の区画が，市道廃寺を取り囲むように展開する。寺の南には幅８ｍの道路が東西に走る。市道廃寺を取り囲む区画内には掘立柱建物が散在し，中心堂宇を囲んで坊院（子院・塔頭）が展開する中世的寺院に変質したと推定できる。掘立柱建物は，道路南側の区画が充実しており，さらに南に展開する公文遺跡・本登寺跡・牟呂城跡など中世拠点施設との関連がうかがえる。

のは仏堂＝金堂でした（『日本書紀』崇峻天皇五年条）。また、記録になくても、七世紀（飛鳥時代・白鳳時代）に建った寺院跡の発掘成果では、出土した瓦や遺構のあり方から、まず金堂を建てて、塔の造営はやや遅れる場合が多いことがわかっています。市道廃寺では、焼物の小さな層塔（瓦塔）の破片が出土していますが、木塔は建ちませんでした。寺を建てることが決まって、最初に建ったのが金堂だったことは、ほかの古代寺院の事例から容易に想像できます。金堂の着工は、まわりを正方形に巡る塀の完成よりも早かったはずです。まわりに塀がきっちり巡っていたら、資材の搬入などに不便だからです。

創建金堂の位置

八世紀前半に創建された市道廃寺の建物として、まず金堂が建ち、それが礎石建物だったという推測は、おそらく古代寺院を研究しておられる方なら意見が一致すると思います。しかし、建った場所が、平安時代や鎌倉時代に金堂があった場所と大差ないだろう、という推測にはもう少し説明が必要です。図３－１にある一辺九九ｍの正方形区画の対角線を引くと、その交点にのちの金堂跡があることがわかります。つまり、市道廃寺の古い時期にあった正方形の区画は、金堂跡をほぼ中心に置いた形で設計されているのです。ただし、このような位置関係が、市道廃寺だけの現象ならば、単なる偶然の一致だという反論が出るかもしれません。

先ほど申し上げたように、日本に伝わった仏教寺院建築は、金堂を最も重視していました。三河国で最初に建った古代寺院は、岡崎市にある北野廃寺（国指定史跡）です。出土した瓦から推定すると、七世紀中頃に建ったと思われます。北野廃寺でも発掘の結果、中心的な堂塔ばかりではなく、周囲の区画施設（土塁だそうです）が判明しています。残念ながら区画が若干歪んでいるのですが、ここでも対角線の交点にある建物は金堂です（図３－３－Ｃ１）。ただし、豊川市の三河国分寺では、金堂・講堂などの中心伽藍の軸線は、寺域を区切る築地塀の中心線とずれているので、外側の区画（築地塀）の対角線の交点に主要な建物はありません。しかし、最も重要な施設を全体構造物の中心近くに置くという発想は、きわめて自然です。たとえば古墳の埋葬施設は、普通は墳丘の中心近くにあります。また、平安宮では、大極殿が平安宮全体を囲む方形区画（大垣）の対角線の交点にあります。平城宮は周囲の区画が不正形なので別にして、藤原宮では、大垣の対角線の交点には、大極殿の正面門（大極殿閤門）があります。こうした事例を参照すれば、発掘では確証は得られなくても、市道廃寺が創建された当初から、ほぼ検出した位置に、本来から金堂があったと推測することは許されると思います。

奈良時代〜平安時代初期の市道廃寺は金堂だけだった

奈良時代〜平安時代初期（第1・2期）の市道廃寺、つまり外側の正方形区画の時期の市道廃寺に、金堂以外の建物がなかったかどうか断言できません。しかし、私はなかったと思っています。もし、後の整地で建物の痕跡がなくなったとすれば、それは掘立柱建物ではなく、礎石建物のはずです。礎石建物といえば、金堂と並んで塔や講堂が頭に浮かびます。しかし、塔は金堂よりもしっかり基礎固めをすることが多いので、痕跡が残るはずです。また、平安時代前・中期（第3〜5期）の市道廃寺の講堂（ＳＢ167→ＳＢ168→ＳＢ169→ＳＢ170）は掘立柱建物で、それ以前に礎石建ちの講堂があったとは考えにくい。関東地方の国分寺の発掘調査では、礎石建ちの堂が整う前に、仮のお堂として掘立柱の建物があった例はいくつか確認されています。概して、古代日本の政治・宗教施設では、掘立柱建物から礎石建物へ建て替えた例は多いのですが、その逆の例はほとんどありません。とすれば、市道廃寺の掘立柱建物の前身に礎石建物の講堂があった可能性はきわめて低いと思います。

とすると、奈良時代〜平安時代初期（第1・2期）の市道廃寺は、九九ｍ四方の広大な敷地のど真ん中に、瓦葺き礎石建ちの金堂がぽつんと建っていたことになります。僧房もないので、日々仏像を供養する坊さんも、敷地内には住んでいなかった。ただし、平城京の長屋王邸で発見された木簡によれば、大貴族の邸宅内に僧や尼も住んでいたので、有力地方豪族ならその居館内に坊さんがいて、隣の寺院に日々の供養に出かけるという事態も想像できます。だ

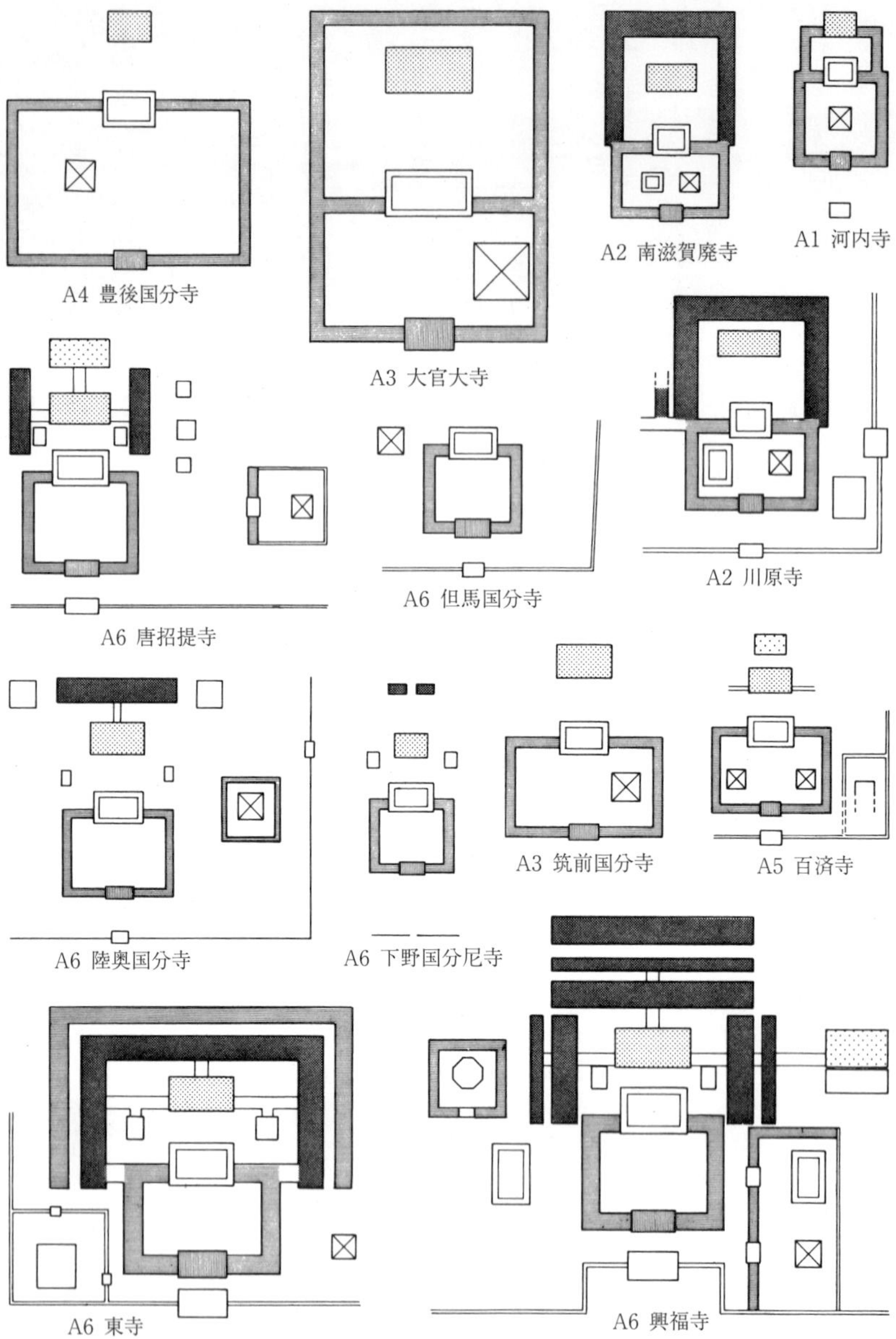

（縮尺約5000分の1）［1986年2月］

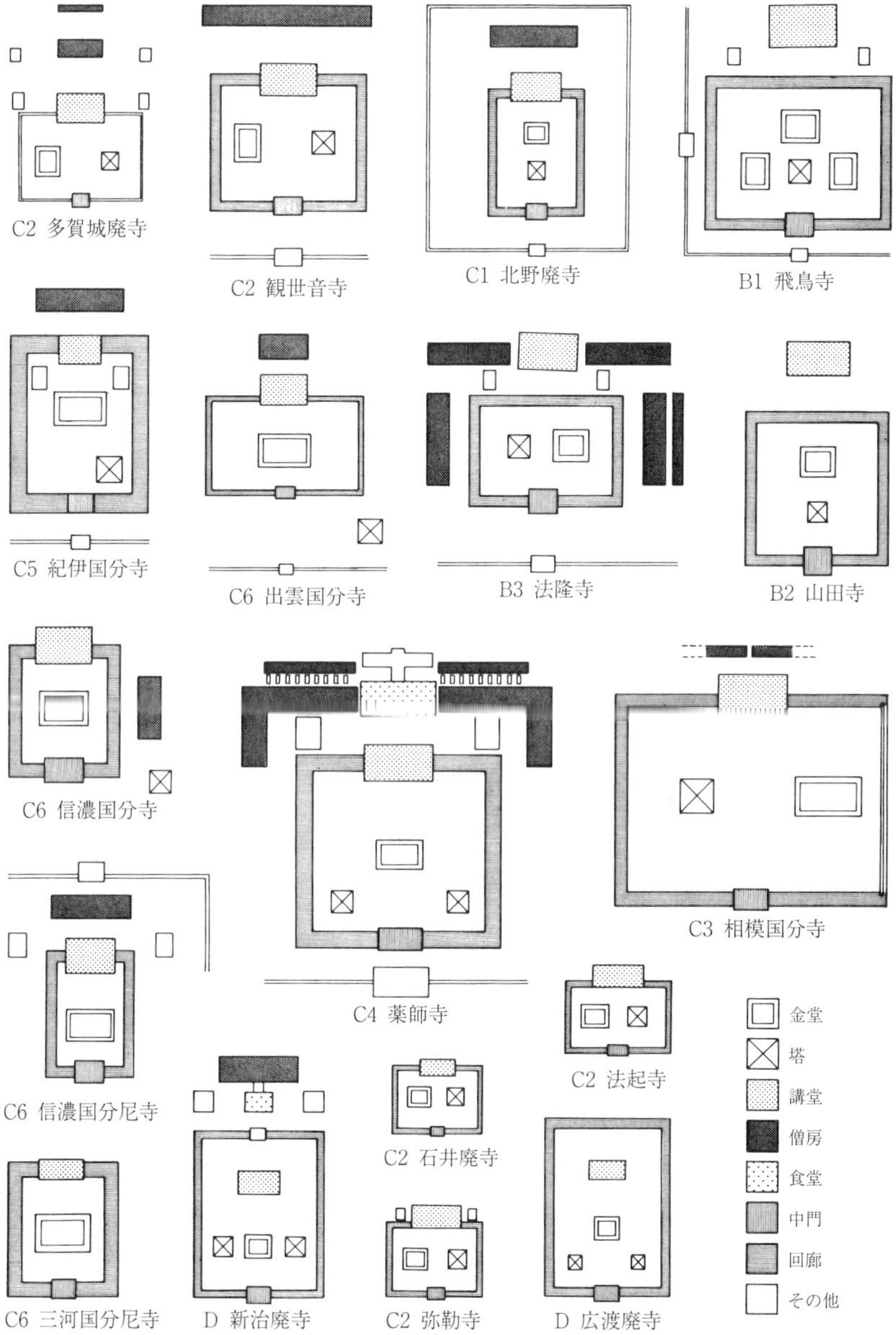
C2 多賀城廃寺
C2 観世音寺
C1 北野廃寺
B1 飛鳥寺
C5 紀伊国分寺
C6 出雲国分寺
B3 法隆寺
B2 山田寺
C6 信濃国分寺
C4 薬師寺
C3 相模国分寺
C6 信濃国分尼寺
C2 法起寺
C2 石井廃寺
C6 三河国分尼寺
D 新治廃寺
C2 弥勒寺
D 広渡廃寺
金堂
塔
講堂
僧房
食堂
中門
回廊
その他

図3－3　伽藍配置模式図

から、敷地内に僧房がなくても、僧侶が市道廃寺の経営に関与しなかったというわけではありません。

第３期（平安時代前期）には、市道廃寺の範囲は内側の七〇m×五四mの南北に長い長方形区画となります。面積は第１・２期の半分以下なのに、僧房・講堂・金堂などの色々な施設が建ち並んでいます。第１・２期において、大きな正方形区画内に、金堂だけがぽつんとあったのとは大きな違いです。後に申し上げるように、この違いが市道廃寺の性格の変化をよく表しており、その時代の三河国における寺院で何をしたのか推測する手がかりになります。

金堂だけの「寺」

『日本書紀』によると、推古天皇二（五九四）年に三宝興隆の詔が出され（三宝とは仏法僧のことで、三宝興隆の詔とは、仏教を奨励したという意味です）、諸臣連たちは「君親之恩」のために、競って「仏舎」を建てた。これを「寺」と言ったとあります。推古天皇三二（六二四）年には、寺は四六ヶ寺を数えたとのことで、奈良・京都・大阪（昔の国名でいうと、大和・山城・河内・摂津）には、推古天皇の時代の瓦を出土する寺院跡は、『日本書紀』の記載に近い数だけ（研究者によってどれを選ぶか多少の差はあっても）存在します。しかし、いわゆる七堂伽藍、金堂・塔・講堂・回廊・食堂・僧房・鐘楼・経蔵・中門・南大門などの中枢堂塔の大部分が、推古天皇の時代に完成していた寺は、せいぜい飛鳥寺ぐらいで、飛鳥寺＝僧寺とペアで建てた豊浦寺＝尼寺や、聖徳太子が建てた法隆寺（現在の法隆寺＝西院伽藍ではなく、その東南にあった若草伽藍）でも、金堂が建った程度で、たくさんの堂塔が建ち並んでいたとは思えません。そのほかの寺の多くは、七世紀後半（天武天皇や持統天皇の時代）に寺が整備されて、中枢伽藍が整います。推古天皇の時代の瓦が出土しても、葺いた建物（＝創建金堂）がはっきりしない例もあります（大和檜隈寺・額田寺、山背高麗寺など）。七世紀後半の整備で、創建金堂は再建もしくは改造されたのです。つまり、『日本書紀』で仏舎＝金堂を建てて寺と称したという記事は、考古学的調査成果で現実味を帯びてきます。

これは古くから仏教寺院が成立した畿内の話で、地方では同じことがやや遅れて発生します。天平五（七三三）年に成立した『出雲国風土記』には、教昊寺《きょうこうじ》という寺と一〇ヶ所の新造院に関する記事があります。新造院という以上、天平五年からあまり遡らない頃に建った寺で、まだ正式の寺院名が決まっていなかったのでしょう。いずれも在地豪族が建てており、なかには郡の大領・少領（郡衙の長官や副長官）になった在地豪族もいます。教昊寺も含めて、これらの寺はすべて七堂伽藍を備えておらず、厳堂（＝金堂）あるいは層塔だけがぽつんと建っていました（厳堂だけがあったのは八ヶ寺、層塔だけがあったのは三ヶ寺です）。院というのは区画のことなので、区画内に金堂だけあったとすれば、第１・２期の市道廃寺の姿そのものです。新造院に関する風土記の記事には、僧の有無も記載されていて、場合によっては最大五人の僧がいました。敷地内に僧が住む掘立柱建物があったのか、近くの豪族居館から出勤したのかは、発掘すればわかるでしょう。

関東地方などでは、お堂がひとつしかない寺院跡（＝一堂寺院）が、最近多く発掘されています。『出雲国風土記』の新造院も、これと同様の「一堂寺院」とする見方もありますが、市道廃寺の例を見れば、厳堂だけあるいは層塔だけの新造院は、あくまでも天平五年という時点の姿であったと考えるべきでしょう。もちろん、経済的な制約や檀越（パトロン）が没落したために、それ以外の堂塔が建たなかった場合もあったと思いますが、むしろ、市道廃寺のように時代の要請に従ってその姿を変えていく寺こそが、古代の地方仏教のあり方とうまく対応すると思います。

３　平安時代前・中期の市道廃寺

先ほど申したように、平安時代前・中期（第３～５期）になると、市道廃寺はその様相を大きく変えます。敷地は内側の区画（ＳＡ２）、すなわち南北七〇ｍ（第５期に南に五ｍ拡張して七八ｍとなります）、東西五四ｍの長方形の区画となり、その面積は奈良時代～平安時代初期（第１・２期）の半分以下にすぎません。ところが、その区画内には、北から掘立柱の僧房群、講堂、礎石建ちの金堂がほぼ南北に並んで、敷地内は「七堂伽藍」とまではいかないまでも、寺院として施設が充実します。

講堂は掘立柱建物だった

畿内の古代寺院では、講堂や僧房も礎石建物であることが普通です。しかし、近畿地方でも周辺部になると、金堂や塔は礎石建物なのに、講堂が掘立柱建物の例が少数ながら知られています。たとえば、京都府宇治市の岡本廃寺（『宇治市埋蔵文化財発掘調査概報』第一〇集、一九八七年）、京都府亀岡市の観音芝廃寺（『亀岡市文化財調査報告書』第二〇集、一九八八年）、三重県桑名市の額田廃寺などです。これらの講堂は瓦ではなく、植物材で葺いていました。

古代寺院は一種の全寮制の大学で、寺院に所属する僧侶は僧房で生活を共にし、講堂で講義を聴いたり、問答をして仏教を学びます。ですから、金堂や塔が釈迦を祀る仏のための施設とすれば、講堂や僧房は仏を祀る主体である僧侶のための建物になります。市道廃寺の講堂や僧房が瓦葺の礎石建物ではなく、掘立柱で植物材を葺いた建物なのは、僧侶のための建物だからです。現在でこそ、建築基準法によって草葺屋根は（火災を考慮して）都会などで禁止されていますが、防音性・保温性・断熱性などは、瓦葺の住宅よりすぐれているといってよいと思います。僧侶が生活し、普段の勉学に励む場として、掘立柱建物は、決して粗末なものではなかったはずです。

何度も建て替えた講堂と僧房

図3－1を見ると、講堂や僧房のある場所では、何度も掘立柱建物を建て替えたために、柱の跡が複雑に重複しています。第3期の講堂（ＳＢ167）は、金堂の斜め後（東北）の位置にあって、建物の方向もずれているのが特徴的です。この理由ははっきりわかりませんが、あとで堂の前で執りおこなった儀式との関係で、一つの解釈を提示します。第4期の講堂（ＳＢ168）や第5期の講堂（ＳＢ169）になると、金堂とほぼ軸線をそろえて、その背後（北）に建ち、位置も安定しています。これらの講堂は四間×七間の規模で、四面に庇の付いた立派な建物でした。さらに第5期に

は、南に庇の付いた五間×三間の建物（ＳＢ170）を同じ場所で建て替えており、規模を縮小してもう一回、講堂を建て替えたことがわかります。

第３期の僧房は、長方形区画（ＳＡ２）の東北隅に一棟（ＳＢ165）だけあって、同時期の講堂のあり方と同様に変則的ですが、第４期には、講堂の背後に柱筋をそろえて二棟の東西棟（ＳＢ160、ＳＢ163）が並びます。さらに第５期には、ほぼ同じ位置で柱筋をそろえた三棟の東西棟（ＳＢ159、ＳＢ161、ＳＢ164）に建て替わります。やはり、規模的にも位置的にも、同時期の講堂と同様に安定したあり方だといえそうです。第５期には東の東西棟（ＳＢ164）と重複してもう一棟（ＳＢ166）の建て替えがありますので、僧房も講堂と同様、平安時代前・中期の間に三回程度の建て替えがあったことになります。

このように柱を建て替えた痕跡は、掘立柱建物ではよくわかるのですが、礎石建物でははっきりしません。だから、畿内の寺では市道廃寺とは異なり、講堂の建て替えを確認できないことが多い。しかし、講堂が掘立柱建物だった近畿地方の周辺部の寺院跡でも、その建て替えがわかるのは伊勢の額田廃寺だけですから、三回もの建て替えが確認できた市道廃寺の講堂・僧房は、やはり貴重な発見といえます。

建て替えの理由

このように平安時代前・中期を通じて、講堂や僧房を建て替えたのは、掘立柱建物は柱の根元が腐りやすく、数十年に一回は建て替えねば維持できないからです。伊勢神宮は二〇年ごとに建て替える（式年遷宮）ので、よく掘立柱建物の寿命は二〇年といいます。しかし、建て替え間近の伊勢神宮を訪れても、社殿の柱が腐っていまにも倒れそうという事態にはなっていませんでした。ご本殿を間近に見ることはできませんでしたが、摂社や末社を見ると、強いていえば、茅葺屋根の北向きの面が朽ちて、屋根に穴があきそうでした。しかし、それなら屋根を葺き替えれば済む話で、二〇年で全部建て替えとは不可解だと思っておりました。

国立歴史民俗博物館の建築史の浜島正士先生とこの話をしていたら、浜島先生は同じ技術を伝えるには、二〇年というサイクルは最低限必要であると強調されました。つまり、二〇歳前後の時に修業を積んだ腕の良い弟子として工事に参加し、四〇歳前後で親方として工事を指揮する。伊勢神宮のように建造物・御神宝（工芸品）・儀式が一体となって、伝統と鮮度（清浄さ）を保つことが要求された場合、伝統技術を残すためには、人生五〇年だった時代は、少なくとも二〇年で建て替える必要があるわけです。そういえば、昭和天皇が長命だったために、大正天皇の時以来の皇室の葬式の手順を知った人がいなくて困ったという話を伺ったことがあります。何十年に一度しか腕前や知識を発揮する機会のない伝統技術や習慣を、どのように伝えていくか。確かにこれは重要な問題に違いありません。

市道廃寺では、伊勢神宮のように古い形式を、そのまま伝える必要はありません。まさに掘立柱建物が朽ち果てそうになると建て替えた。平安時代前～中期（第3～5期）を合わせて約二〇〇年間に三回の建て替え、すなわち四時期の講堂や僧房があったとすると、その耐用年数は数十年と考えられます。この数字は、掘立柱建物の寿命を考える基準になります。平城宮跡をはじめとする宮殿・官衙遺跡でも、掘立柱建物の建て替えを確認できます。しかし、宮殿・官衙遺跡では、機構や制度の改革にともなう施設改造が多いので、建て替えが掘立柱建物の寿命を示すとは限りません。寺院の講堂という機能が変わることなく、同じ場所で同規模の建物を建て替え続けた市道廃寺の事例が、その基準となる理由です。ただし、市道遺跡の消長に関して重要なのは、平安時代前・中期を通じて、講堂や僧房が必要とされ続けたという事実です。その間、市道廃寺は無住の寺とならず、寺院としてよく似た機能を果たし続けたのです。

金堂と幢竿支柱

平安時代前・中期（第3～5期）には、もちろん仏像を祀った金堂も存続していました。金堂は上面を削り取られているので、いま一つ実体がはっきりしません。しかし、講堂で仏教を学んで修行に励んだ僧侶達が中心となって、本尊を安置した金堂の前で執りおこなった仏教儀礼の有様を彷彿とさせる遺構が発見されています。それが幢竿支柱の跡（ＳＩ1、ＳＩ2）です。幢竿とは、仏教儀式（法会、法事）をおこなう場を、きらびやかに飾り立てる道具（荘厳具といいます）のひとつで、幢竿を支える施設が幢竿支柱です。韓国では新羅の寺院跡を訪れると、石で作った幢竿支柱がよく残っていて古くから有名でした。しかし、日本では比較的最近になって、各地の寺院跡で木の柱を埋め込んだ幢竿支柱が発見されるようになりました。通常は二本柱が対となり、その間に渡した横木にあけた孔に幢竿をさし込んで立てます。屋外なので、幢竿自体はとりはずし可能というわけです。この近くでは、静岡県磐田市の大宝院廃寺や遠江国分寺、湖西市の大知波峠廃寺でも発見されています。

なお、一九九七年の夏に大垣市の美濃国分寺でも、幢竿支柱が発見されたと新聞に載っていました。しかし、その支柱は道路をはさんだ両側にあって、その間の距離が五ｍもあります。臣下や役人が天皇に元旦の挨拶をする時、幢竿と同様の「宝幢」と呼ぶ荘厳具を、天皇が出御する大極殿の前に立てました。その宝幢の支柱の跡は、平城宮や長岡宮で発見されています（平城宮では、第二次大極殿基壇の前に復原されています）が、その支柱の間隔もせいぜい三ｍで、美濃国分寺で天皇が使う宝幢よりも大きな幢竿を　道路をはさむように立てたとは信じられません。私は、美濃国分寺の「幢竿支柱」は、奈良時代の寺院の前で初めて見つかった鳥居（冠木門）の跡だと考えています。寺院に至る道の途中に鳥居を立てたことは、八世紀中頃に作られた大和額田寺の寺領を示す絵図（額田寺伽藍並条里図）からわかります（その後、武蔵国分寺にいたる古道の調査で、道をはさんで立つ二本の柱痕跡が発掘され、鳥居＝冠木門跡と評価されています）。

美濃国分寺の場合は別にしても、堂の前で幢竿を立てて儀式の場を飾ることは、日本の古代寺院ではよくありました。市道廃寺では、第4期には金堂の前面の東側（ＳＩ?）、第5期には西側（ＳＩ1）にそれぞれ幢竿支柱があって、その作り替えがあったようです。いずれの場所も、金堂前面の脇なので、正面の門（中門ＳＭ1）を入った金堂前の広場で法会をおこなった時の荘厳具と理解してよいと思います。

4　古代における市道廃寺改造の意義

奈良時代〜平安時代初期（第１・２期）の市道廃寺にあった建物は金堂一棟だけなのに、九九m四方の広い敷地を（寺域・寺院地）持ち、平安時代前・中期（第３〜５期）には、その半分以下の敷地しかないのに礎石建ち瓦屋根の金堂のほか、背後には掘立柱の講堂や僧房が建ち並んでいました。区画の規模と内部の建物の充実度が対応していないのです。これが市道廃寺を理解するうえでの最大の謎といってもよいと思います。この謎はまだ十分に解明できませんが、私は次のように理解できると思っています。

平安時代前・中期の市道廃寺の区画はなぜ小さいか

平安時代前・中期（第３〜５期）、とくに第４・５期には、市道廃寺金堂前の広場で法会をおこなうことが定形化しています。中門・金堂・講堂・僧房が南北一線に並び、中門と金堂の間に儀式空間を設けた堂塔の配置（伽藍配置）は、畿内では八世紀以降に建った寺院で採用されます。たとえば興福寺・大安寺・東大寺などでは、中門の両側から延びる回廊が金堂の両側に取り付いて、中門・金堂間に儀式空間を作っています（図３-３-Ａ６）。この儀式空間の広さは、当然、法会参加者の多寡で決定されます。

もちろん大は小を兼ねますが、大きな会場に少数の聴衆では講演会の間が抜けるのと同様、不必要に広い敷地は、定形化した法会には適しません。つまり、市道廃寺における平安時代前・中期の小さい敷地は、そこで執りおこなう法会の規模を考慮して決定されたと考えるわけです。少なくとも、奈良時代〜平安時代初期（第１・２期）よりもはるかに多くの建物が存在し、僧侶が常住して仏教儀式を執りおこなった形跡が明確な平安時代前・中期（第３〜５期）の市道廃寺が、寺として以前よりも力が弱まったために寺域が縮小したとは考えにくいと思います。

奈良時代～平安時代初期の市道廃寺の区画は規格通り

これに対し、金堂だけあった奈良時代～平安時代初期の市道廃寺は、なぜ広大な敷地を占めたのでしょうか。これには二つほど説明の仕方があります。一つは区画の一辺の長さが九九ｍだということです。これは寺や役所などを造る時の広さの単位である一町四方に該当します。町という単位は長さにも面積にも使われて、時代や場所によって違う大雑把な単位です。しかし、一〇〇ｍ前後の長さと、それを一辺とする正方形の区画、たとえば碁盤目状の古代都市の区画（条坊制）や田圃の区画（条里制）、そして古代寺院や官衙の区画の大きさを表す時によく使います。

寺院を造るには、まずその敷地（寺域・寺院地）を確保するわけですが、氏寺なら一町四方が平均的と考えられています。奈良時代前期に市道廃寺を創建した時、まず平均的な敷地を確保した。しかし、平安時代に寺が具体的に活動するようになると、法会に参加する僧尼やパトロンの人数に対して、敷地が広大すぎるので、これを縮小したと理解することができます。大規模なイベントを想定して、広い会場を確保したのに、参加者が少なくてみじめな思いをするのは、古今東西かわりがありません。

奈良時代～平安時代初期の市道廃寺における仏教儀式

また、先ほど、金堂の前で法会をおこなうのは、畿内では八世紀以降、中門の両側から出た回廊が金堂にとりついて、中門と金堂のあいだに広場を形成する伽藍配置と関係が深いと申しました。もっと古い七世紀の伽藍配置、とくに飛鳥寺式（図３－３－Ｂ１）、四天王寺式（図３－３－Ｂ２）や法隆寺式（図３－３－Ｂ３）では、回廊は金堂を囲んで閉じる場合が多い。このような寺院では、どんな法会をおこなったのか。一説として金堂を囲む回廊をぐるぐる回って、仏様を何度も拝むという儀式（行道）と関連づける考えがあります。必ずしも回廊はありませんが、塔の周囲を何度も巡って礼拝する方式は、現在でもインドなどで普通に見ることができます。中国や韓国にも金堂のまわりを馬が巡り歩いた伝承があって、古代東アジアでも広くおこなわれた儀式と考えられます。

平安時代後期には、阿弥陀信仰（浄土教）が盛んになります。この時に流行した建築に方形堂があります。古くは阿弥陀如来を中央に安置して、まわりは通路になる。ここを回って阿弥陀様や極楽浄土の有り様を思い浮かべる。これを観想念仏といいますが、これは建物のなかで行道する儀式です。また、毎年二月、東大寺二月堂でおこなうお水取りのダッタンの行では、火のついた松明を引きずって堂の内部をぐるぐる回る。堂の外側を巡るわけではありませんが、堂のなかで仏像の周囲をぐるぐる回るという儀式は現代に至るまで、その跡をたどることができます。正方形敷地の中央に金堂だけがある奈良時代〜平安時代初期の市道廃寺の構造は、金堂の周囲を行道する仏教儀式に適していいます。正方形区画の時の市道廃寺の主要な仏教儀式が行道だったとすれば、堂の正面で執りおこなう法会を重視する風習の導入にともなって、寺の構造が大きく改造された理由も推測できると思います。

軸線をずらした第3期講堂の意味するもの

このように仏教儀式と伽藍配置の関係で市道廃寺の変遷を説明していくと、第3期における講堂（SB167）のあり方が気にかかります。どうして、金堂（SB171）とわざわざ軸線をずらし、しかも建物の方向まで傾けて講堂を再建したのでしょうか。金堂が存続していたのなら、第4・5期と同様に、軸線や方向をそろえて講堂を建てることは容易だったはずです。第3期における講堂の存在形態は、第1・2期の金堂周囲の行道や、第4・5期の金堂前面の法会空間とは違った意味づけを必要とします。

第3期の市道廃寺における建物配置を見ると、講堂（SB167）の前面（南）＝金堂（SB171）の東に、両方の堂に対する儀式空間が想定できます。このように講堂の前面の空間が重視され、そこで金堂や塔に対する法会も兼ねられる伽藍配置は、七世紀後半の氏寺で普遍的な法起寺式（図3－3－C2）です。法起寺式の伽藍配置は、中門の両脇から出た回廊が講堂に取り付き、回廊内に塔と金堂が東西に並びます。市道廃寺に塔はありませんが、講堂前面＝金堂の東の広場の存在は、法起寺式伽藍配置との関係が想定できると思います。ただし、『市道遺跡（Ⅱ）』によれば、第

3期の市道廃寺において、金堂前面の広場の東側に、幢竿支柱（SＩ2）がすでに立っていたことになっています。しかし、この幢竿の位置は、講堂前面＝金堂の東広場にとって邪魔になります。東の幢竿支柱（SＩ2）が立ったのは、第4期になって、金堂前面の広場を重視するとともに、講堂を金堂と軸線をそろえて、その背後で建て替えた時と考えたほうがよいと思います（なお、『市道遺跡（Ⅲ）』では、私見を採用して第3期のSＩ2が削除された）。

なお、金堂と軸線をそろえた第4・5期の講堂（SＢ168、SＢ169）では、金堂との間に比較的余裕があって、ここに講堂前面の儀式空間が想定できます。八世紀に建った中央の寺院でも、中門と金堂の間にある回廊で囲まれた広場以外に、金堂の背後に講堂前面の儀式空間を想定できる例が多いように思います。しかし、第3期の市道廃寺の講堂（SＢ167）は金堂に近接していて、講堂前面の儀式空間は金堂の東の広場を兼ねるしかありません。とすれば、第3期から第4・5期の変化は、講堂前面＝金堂の東の儀式空間が、金堂背後における講堂前面の広場と金堂前面の広場とに二局分化したのだと評価できます。第4期に、かつての儀式空間であった金堂の東に、巨大なゴミ穴（廃棄土坑SＫ331）が掘られるのは象徴的です。また、第5期に内側の区画（SＡ2）が南に拡張されたのも、金堂前面の広場における法会を重視した結果と理解できます。第4・5期（九世紀後半～一〇世紀）こそが、施設と儀式の両面（つまり、ハード・ソフトの両面）において、古代の市道廃寺が最も充実・安定した時期だといえます。

5　平安時代後期～鎌倉時代の市道廃寺

八世紀前半に創建され、平安時代に大きく改造された市道廃寺は、以後、鎌倉時代に至るまで寺院として機能を果たしました。これは、古代の地方寺院の発掘調査で解明された稀有な事例と言ってよいと思います。もちろん、法隆寺・四天王寺・東大寺など奈良時代までに建てられて、現代まで存続した中央の大寺院があります。しかし、八世紀前半以前に建ったいわゆる飛鳥・白鳳寺院は、日本全国で七〇〇ヶ寺以上もあるのに、ほとんどは廃寺になっていて、発掘調査でその存続年代が判明したものの多くは、平安時代にその命脈を絶ったと推定されています。

古代寺院の多くが平安時代で命脈を絶った理由は、それぞれ違っていると思います。火災・地震などの天災が直接の原因となった場合もあります。しかし、抽象的な表現ですが、古代から中世という時代の変化についていけなかったのが最大の理由だと私は思っています。たとえば、中央の寺院は、律令体制のもとで国家の庇護下にあった。寺領を保証されるなど、経済的な援助もあった。しかし、古代国家そのものの屋台骨が揺らいできたときに、どうやって時代を切り抜けるか。寺領はあっても、年貢は自力で集めねばならない。そうしたシステムや力を、どのようにして確保するか。確保できねば経済的に破綻するほかはない。また、新たな経済基盤を確保するために、新たな信仰形態や組織が必要かもしれない。地方寺院の場合は条件が違いますが、やはり時代の変化にどう対応するのかが問題だったはずです。そして、市道廃寺の場合は、一時的な断絶があったのかもしれませんが、少なくとも平安時代後期（第7期）に復興し、鎌倉時代までは命脈を保ったのです。問題となるのは、命脈を保つことができた背景です。

礎石建物で復興した金堂と講堂

一二世紀〜一三世紀前半（第7・8期）になると、かつての金堂・講堂位置を踏襲するように、方形の溝（SD16、SD15）が巡ります（『市道遺跡（Ⅲ）』では、第9期にSD17が加わった）。削平されてよくわからないのですが、内部に礎石建物があったと考えるのが妥当でしょう。金堂跡地・講堂跡地を継承して、新たな堂が再建されたのです。ただし、これに先んじて、第6期には、再建位置の南側に接して小規模な掘立柱東西棟（SB175、SB172）が存在しました。礎石建物で金堂と講堂を復興する前に、仮堂的な施設に仏像などを安置したのかもしれません。

この時期のゴミ穴（SK172、SK323）からも、瓦が出土するとのことですが、一二世紀以降に新調したと考えられる瓦はありません。礎石建物で金堂・講堂を復興したといっても、屋根は基本的に草葺だったと思います。

整然とした区画がなくなった市道廃寺

第６期までの市道廃寺は、長方形にめぐる塀（ＳＡ２）に囲まれていました。講堂や僧房を何度か建て替えているのに、同じ掘立柱の塀（私どもは「一本柱塀」と呼んでいます）が存続できたのか気にかかる点です。しかし、塀にともなう両側の溝が掘り直されつつ存続しているので、第６期まで同規模の区画施設があったことは確実と思われます。あるいは、一本柱塀ではなく土を積んで作った塀（築地塀）に作り替えられ、のちに削平されて痕跡すら残らなかった可能性もあります。というのは、畿内では、七世紀に造営された藤原宮を初めとする宮殿や寺院の区画施設は、基本的に一本柱塀で、八世紀の平城遷都以後は、宮殿や寺院の区画施設のほとんどが築地塀になってしまうからです。いずれにしても一二世紀（第７期）になると、市道廃寺の整然とした区画施設はなくなります。しかし、寺である以上、一定の空間を占拠したはずです。事実、古代とは違った形の区画が、復興した市道廃寺にもあったことは後述するとおりです。

市道正倉や居館もなくなった

いままでは市道遺跡のなかでも、もっぱら寺院跡（市道廃寺）だけに注目して叙述してきました。市道廃寺が大きく変貌した平安時代後期から鎌倉時代（第７～８期）にかけて、北側の掘立柱建物群もその性格を大きく変えます。奈良時代～平安時代前期（第１～３期）には、北側の掘立柱建物群は、整然と並んだ倉庫群が中心でした。このように整然と並ぶ建物群は、古代には公的性格をもつのが普通なので、渥美郡衙にかかわる正倉という推定がなされたわけです。正倉には租税が納められますが、平安時代になると班田収授法という公地の支給と、それに応じた租税の徴収は実施困難となります。それに歩調を合わせるように、市道正倉群も倉庫的建物が減少し、平安時代中期（第４～６期）には、大きな掘立柱建物が居館的な構成を見せるようになります。

なお、ハード・ソフトの両面で市道廃寺が最も充実・安定した第４・５期には、北側の居館的な掘立柱建物群から独立して、寺院区画の東門（講堂位置に対応して、東区画溝に切れ目があるので、ここに門があったと考えてよいでしょう）を出たところの側柱建物群と、区画南西隅外側の総柱建物群とが建てられます。『市道遺跡（Ⅲ）』では、これを市道廃寺の執政機関（政所）と正倉であると理解されました。卓見だと思います。この執政機関と正倉は、いずれも第1・2期における一町四方の区画内に納まり、SA1をSA2に作り替えても、旧寺域は寺領と意識されていた可能性があります。

想像をたくましくするならば、奈良時代に正倉の管理者として地方行政の一端を担っていた有力豪族（彼は渥美郡の長官そのものであったかもしれません）は、平安時代中期以降、再び在地豪族的性格を強めたのではないかと思われます。彼らこそが、市道廃寺を経済的に支えたパトロン（檀越）だったはずです。他地域ではこうした郡の役人に連なった在地豪族は、律令制度の衰退にともなって力を失っていくことが多い。それが古代寺院の多くが、平安時代に命脈を絶つ理由でもあります。

ところが市道廃寺と市道正倉にかかわった郡役人は衰退しなかった。それはこの地が海上交通の拠点で、経済力を支える別の手段が確保されていたからだと思うのですが、このあたりの事情は私にはよくわかりません。あるいは豊橋の人はしぶといなどという話はありませんか。三河武士なら我慢強いはずですが。とにかく、市道廃寺と北側の掘立柱建物群が存続した以上、その経済的基盤は保証されていたに違いありません。

しかし、平安時代後期～鎌倉時代（第7・8期）には、かつて正倉群や居館的性格をもっていた北側掘立柱建物群のあった場所には、もはや大型の掘立柱建物は建てられなくなります。市道廃寺を支え続けた檀越＝パトロン達はどこへ行ってしまったのでしょうか。

パトロンは公文遺跡へ

豊橋市教育委員会で長年この地域の発掘を続けてこられた方々は、檀越の新たな拠点を公文遺跡だと考えておられます。公文遺跡は市道遺跡の南にあって、大きな濠で区画された一二〜一三世紀の豪族居館と考えられています『公文遺跡（Ⅰ）』豊橋市埋蔵文化財調査報告書第八集、一九八八年）。内部構造や建物配置などは十分解明されていませんが、かつて市道遺跡の北側掘立柱建物群を拠点としていた市道廃寺の檀越が、本拠を南に移した可能性は高いと思います。それは同じ時期の市道廃寺が、かつての講堂・金堂の場所を踏襲して建物を再興している事実から、少なくとも古代以来の氏寺を引き継ぐパトロンの存在を考えざるをえないからです。

ただし、市道廃寺が再興したからといって、そのパトロンが北側掘立柱建物群の地で古代に居館を構えていた渥美郡の役人（＝在地有力豪族）の直接の子孫であるとは限りません。古代から中世にかけては、中央の政治勢力に大きな交替があったのと同様、地方でも勢力の交替があったはずです。新興勢力が台頭すると、旧勢力の信仰・宗教施設を否定・破壊する場合があります。たとえば、徳川幕府は秀吉を祀る豊国廟を破壊しました。しかし、一方では、逆に旧勢力の信仰・宗教施設を再興することで、自らの支配の正当性、あるいは自分が旧勢力の正統な後継者であることを強調する場合も少なくありません。

鎌倉幕府を開いた源頼朝は、平氏が焼き討ちした東大寺の再建をはじめとする旧勢力の仏教寺院復興・再興の大パトロンとなることで、自分の存在価値を認めさせました。戦国大名の後北条氏は、鎌倉幕府の信仰の中心だった鶴岡八幡宮の大修理をおこなって、何の血のつながりもない鎌倉北条氏の後釜であるかのようなふりをしました。その後北条氏を亡ぼした豊臣秀吉も、鶴岡八幡宮の大修理をおこなっています（本書第一章第九節参照）。日本では勢力交替に際して、旧勢力の宗教施設を新勢力が積極的に活用する場合のほうが、むしろ多いのではないかとさえ思えます。したがって、市道遺跡の北側掘立柱建物群から公文遺跡へのパトロン本拠地の移動と、市道廃寺の再興を、旧勢力の存続とみるか、新旧勢力の交替とみるのかは、考古学では解決できません。もし資料があるならば、それは文献史学や伝承が解決すべき問題です。考古学的に問題となるのは、かつての本拠地であった市道遺跡の北側掘立建物群の跡地はどうなったのかということだと思います。

平安時代後期～鎌倉時代の市道遺跡と公文遺跡の関係

市道廃寺では、古代の金堂と講堂の旧地を踏襲して堂を再興します。しかし、古代のような整然とした区画はなく、周辺部に小規模な掘立柱建物が点在します。南方に密集する掘立柱建物群（図2の区画④～⑥内の建物群）は、先ほど述べた公文遺跡にかかわる施設と考えていますが、市道廃寺の西・東・北方に点在する掘立柱建物も規模にさほど違いがありません。しかし、市道遺跡と公文遺跡を中心とした居館関連施設との間には、明確な境界があります。『市道遺跡（Ⅱ）』は省略していましたが、点在する掘立柱建物群の間に小規模な溝が走り、金堂・講堂がある場所や公文遺跡を含めた掘立柱建物群は、いくつかの区画に分割できます。『市道遺跡（Ⅲ）』作成時に無理をお願いして、その溝を第7～11期の時期別遺構図に書き込んでいただきました。これらの溝は、牟呂地区区画整理事業以前の道路や土地区画とよく一致するとのことです。地下遺構が現在の地割りと一致するのはよくあることです。

これらの溝が形成する区画と区画との間に、同じくらいの幅で細長く連続する空閑地のある場所があります。当然、これは道路です。第7～11期そして現代に至るまで、再興した市道廃寺の南には、幅の広い東西道路がずっと存続します。しかも、この東西道路は、第7・8期の講堂・金堂を結んだ軸線の南延長で、やや南に向けて張り出し気味になっています。つまり、この東西道路は、市道遺跡の南限を画しているだけでなく、その敷設は中世における市道廃寺の復興と密接にかかわっていたと考えられます。

公文遺跡と市道遺跡の違い

公文遺跡を含む居館関連施設と東西道路よりも北側の市道遺跡とは、幅の広い道路で区分されていただけでなく、両者の間には区画や建物の存在形態自体に、いくつかの違いが認められます。まず、公文遺跡自体の区画溝は断面V字形の大規模な溝で、防御的な濠というべきものです。公文遺跡の北に隣接する小区画（図3－2－③～⑥）は、ほぼ同規模で東西に整然と並び、次に述べる市道遺跡の「周囲小区画」（図3－2－②・⑦～⑭）の規模がまちまちで、不定形であるのと大きく異なります。また、先ほど申したように、掘立柱建物の密集度がはるかに高いことも、小区画④～⑥の特徴です。これらの特徴は、公文遺跡を有力豪族の居館とする豊橋市教育委員会の皆様の見解を支持すると同時に、北に隣接する小区画③～⑥がその付属地区である可能性を示唆します。

これに対し、東西道路よりも北側の市道遺跡では、第7期と第8期とで多少の違いがありますが、復興した金堂・講堂を含む比較的広い不定形の区画（図3－2－①）があって（以下、これを中央区画と呼びます）、その北と東西を中央区画よりも小さい区画（以下、これを周囲小区画と呼びます）―基弱（図3－2－②・④～⑭）が囲んでいる状況が見てとれます。周囲小区画には掘立柱建物がない場合もありますが、一～二棟の掘立柱建物を含むのが普通です。

有力檀越の居館が公文遺跡に移動したのち、市道遺跡は古代の市道廃寺を継承した中央区画①、すなわち中世の市道廃寺と、そのまわりを囲む周囲小区画群②・⑦～⑭という構造体に変化したのです。それでは、このような構造体はどのように評価できるのでしょうか。

中心的な堂と周囲の子院

市道廃寺のパトロンは公文遺跡に移動したのですから、周囲小区画は普通の宅地と考えることができるかもしれません。しかし、講堂・金堂を再興したのに、まわりが一般集落になってしまうのは解せません。周囲小区画群の間にも、道路と思われる幅の狭い空閑地の続く部分がありますが、市道廃寺の南を画する道路よりもはるかに幅が狭く、しかも中央区画との間に道路はありません。つまり、中央区画①と周囲小区画群②・⑦～⑭とが一つの構造体をなしているのは確実です。つまり、周囲小区画も中世の市道廃寺と密接にかかわる施設と考える必要があります。

古代の市道廃寺では、金堂の背後で、掘立柱の講堂と僧房とを何度も建て替えていました。一二世紀に再興された市道廃寺では、講堂を礎石建物で復興したのに、僧房に該当する建物がありません。しかし、中世の市道廃寺にも、僧侶はいたはずです。じつは、僧侶が共同生活をして仏教を学び修行するという形態は、中世にはほとんど廃れてしまいます。それに代わって、本尊などを祀った堂を中心にして、その周囲に僧侶は各々自分の住居区画をもつようになります。これを塔頭・子院・坊院といいます。講堂・金堂のある中央区画①のまわりにある周囲小区画②・⑦〜⑭は、この塔頭・子院・坊院に該当すると私は思います。これこそが、市道廃寺が古代寺院から中世寺院へと性格を変えた証拠だといってよいと思います。

まとめにかえて

以上、発掘調査の成果にもとづいて、市道遺跡のなかの寺院跡（市道廃寺）が、どのようにその性格を変えてきたのか、想像を交えて話を進めてまいりました。市道廃寺は古代寺院としては、決して大規模な寺ではありません。木造塔が建った痕跡のないことや、講堂が掘立柱建物であることなどからすれば、古代寺院としてはむしろ貧弱の部類に入れてよいと思います。

三河国で建物構造が明らかになった古代寺院としては、岡崎市の北野廃寺や安城市の寺領廃寺、豊川市の三河国分寺・三河国分尼寺などがあります。それに比べると、市道廃寺はかなり格が落ちます。国分寺は三河国が総力を挙げて建立した寺です（三河国分寺塔跡の基礎工事の大規模なことに私は圧倒されました）から、かなわないのは当然としても、矢作川流域（碧海郡）で氏寺を建てたパトロンよりも、渥美郡のパトロンは財力で劣っていたようです。とはいえ、市道廃寺では、木造塔の代わりに瓦塔があり、伯牙弾琴鏡の破片や正倉院と同じ仏具の部品なども出土していて、さすが古代の文化センターである仏教寺院は、一般集落とは違うものを所有しています。これらの出土遺物や、大量の瓦からも、市道廃寺の性格や変遷にアプローチすることができます。ふれることができなかった瓦窯跡の存在も、古代三河国の造瓦組織や体制を考える重要な資料を提供します。

しかし、出土した個々の遺構や遺物よりも、発掘の結果明らかになった市道遺跡の変遷は、古代三河国の一氏寺の構造の変遷だけでなく、その性格の変遷、さらには三河国における仏教儀礼や信仰の変遷を私どもに語りかけてくれます。また別の視点から市道遺跡の変遷を分析すれば、今日の話とは違う歴史像が描けると思います。いままでに公刊された『市道遺跡（Ⅰ）』『市道遺跡（Ⅱ）』の二冊の報告書は、基礎データの提示ということで、今日の話のように想像を語ることは避け、発掘結果だけを客観的に掲載しておられます。これをもとに市道遺跡に関して、今後、色々な議論や評価が生まれると思います。今日の話が議論を深めるためのたたき台の一つとなれば、望外の幸せです。

［追記］１　本稿は、平成九（一九九七）年一一月八日、豊橋市教育委員会が主催する「第三回文化財保護講演会」で講演した「市道遺跡と三河の古代寺院」の草稿を大幅に改訂したものである。当時は、『市道遺跡（Ⅱ）』が刊行直前だったので、贄さんに無理をお願いして、ゲラ刷りの一部を送っていただき、なんとか急場をしのいだ。公刊された『市道遺跡（Ⅱ）』を通読すると、講演内容の不備が目立ち、また、贄さんとの話のなかで新たに教えられた点も少なくない。贄さんとしては、きちんとした考察・論文の提出を期待されたようであるが、時間的にも内容的にも論考に仕上げる自信はなく、あくまでも、今後、市道遺跡について論議を深めるためのたたき台として、活字化することにした。そのため、講演の主要な論旨と口調をそのまま残し、論文調に書き改めるのは控えた。つたない議論をまとめる機会を与え、その掲載を御快諾下さった豊橋市教育委員会の皆様に感謝したい。

２　本書収録に際して、その後の所見を若干加え、一部の表現を改めた。

第四節　讃岐中寺廃寺の空間構造

はじめに

讃岐中寺廃寺跡は、讃岐国（香川県）と阿波国（徳島県）とを分かつ讃岐山脈第二の主峰、大川山（標高一〇四三m）の西北西約二・五㎞、香川県仲多度郡まんのう町の標高六〇〇〜七〇〇mの山間部に立地する（図4－1）。大川山頂やその登山道からは、弘法大師が築いた日本最大の灌漑用溜池＝満濃池をはじめとする溜池群が潤す讃岐平野西半部を眼下に一望でき、土器川・明神川をさかのぼり、讃岐山脈の分水嶺となる三頭峠まで登り詰めると、切り立つように急峻な眼下に、東に向けて滔々と流れる吉野川を臨み、対岸には、剣山などを擁する四国山地の山並が続く。中寺廃寺は、まさに阿讃国境の寺なのである。

中寺廃寺跡は、まんのう町のなかでも、旧琴南町が旧満濃町・旧仲南町と接する山の稜線の、旧琴南町側に分布する四つの平場群の総称である（図4－2）。すなわち、東南東に開いた谷を囲む西のA地区、北のB地区、南のC地区と、谷の南東にあって尾根筋を隔てたD地区を合わせた四つの平場群である。

谷奥のA地区、北のB地区、南のC地区には、それぞれ数カ所の平場が確認できる。また、C地区では三七基の方形石組遺構が確認された。これら三地区は、谷を三方から囲み、地形的にもまとまりを示す。さらに、発掘調査の結果、これら三地区の遺構は、一〇世紀を中心とした平安時代のもので、同時期に機能したことが推定できた。遺構の分布範囲は、東西四〇〇m、南北六〇〇mに及ぶ。現在は樹木が生い茂り、位置関係を確認しにくいが、これら三地

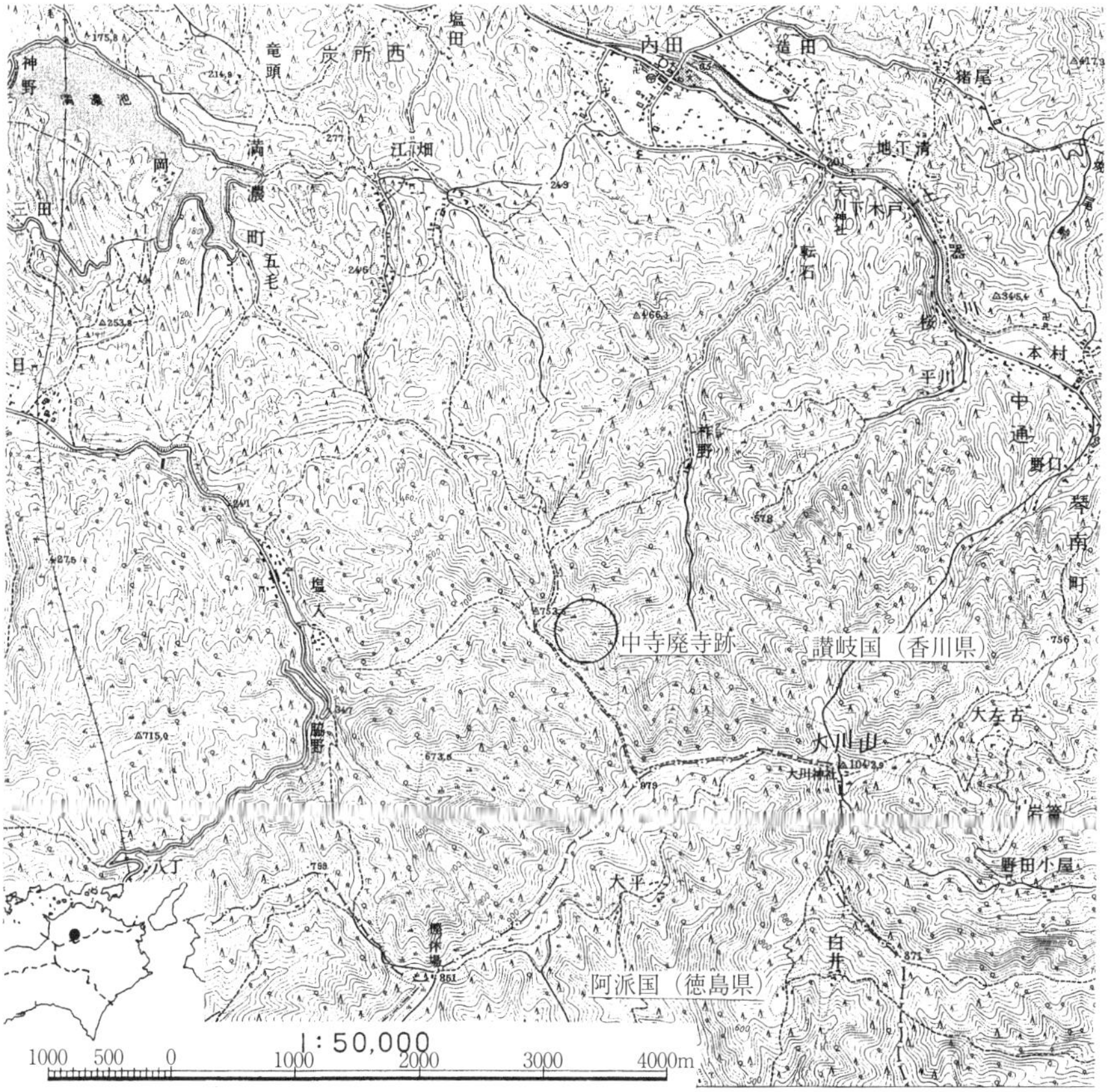

図4－1　中寺廃寺の位置（国土地理院発行，５万分の１地形図「池田」より作成）

区は谷を隔ててお互いを見通すことが可能で、一体の施設と考えてよい。

これに対して、「桜の窪遺跡」とも呼ぶD地区は、A～C地区とは数百メートル離れ、地形的に隔絶するだけでなく、かつての分布調査で中・近世の遺物を多数採集している[琴南町教委一九八八]。すなわち、D地区は、発掘調査の結果、平安時代に盛衰したことが判明したA～C地区とは、歴史的性格が異なる。以下、D地区を除いたA～C地区を古代山林寺院跡＝中寺廃寺ととらえて、各地区の性格を考える。

中寺廃寺に関しては、何度かの分布調査成果をふまえて、

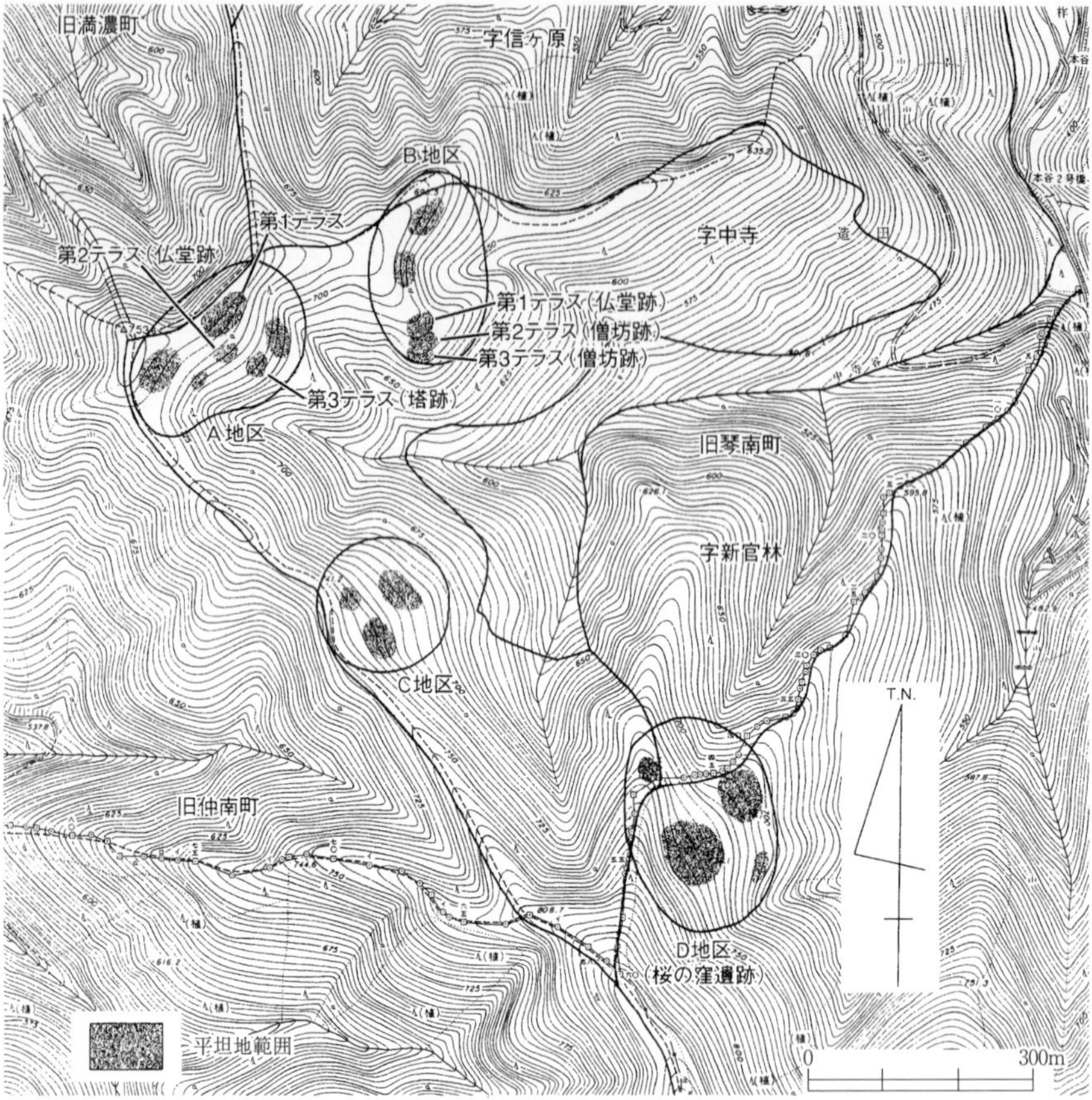

図4－2　中寺廃寺跡地形実測図と平場の分布［まんのう町教委2007b］

一九八八・二〇〇四・二〇〇五年度に琴南町教育委員会が［琴南町教委一九八八・二〇〇五・二〇〇六］、二〇〇六年度以降は、まんのう町教育委員会が発掘調査を実施・継続している［まんのう町教委二〇〇七a・二〇〇七b］。筆者は、二〇〇四年度以降、中寺廃寺跡調査・整備委員として調査に加わり、報告書の総括作成に関与した［上原二〇〇七］。

先に結論をいえば、中寺廃寺を構成する建物規模は小さく、各施設の存続期間も短い。当然、遺構密度は稠密ではなく、閑散とした古代寺院という印象をもつ。しかし、そのために、中寺廃寺は平安時代山林寺院の諸施設の特徴と、それらが構成する典型的な古代山林寺院の姿を端的に表していると、私は考える。

藤岡英礼さん等の苦心の作である比叡山延暦寺における平場の分布図をみると、多数の平場が複雑に入り組み、古図と対照しても、各平場の形成順序や存続時期を解明し、各々を歴史的に性格づけるのはきわめて困難である［福永・藤岡二〇〇八］。比叡山堂塔の沿革を記した鎌倉時代中期の『叡岳要記』等をみると、諸施設の成立には、歴代天皇・皇族をはじめとするさまざまな人物が関与しており、多数の平場が一朝一夕に形成されたものではなく、平場の形成に計画性があったとしても、その解明には、発掘調査をはじめとする気が遠くなるような手続きが必要と考えられる。「大規模」と評せられ、場合によっては「宗教都市」的景観をもつともいわれる山林寺院跡も、同時期存在の施設が確定できた時にどうなるか、いささか気がかりである。以下、時代が錯綜せず、遺構の形成過程も比較的単純な中寺廃寺の概要を紹介し、平安時代山林寺院を構成する施設の歴史的性格について、若干の私見を述べる。

1　A地区の遺構と性格

中寺廃寺A地区は、東南東に開けた谷の最奥、標高七〇〇～七三五mを占地する。同地区の発掘調査［琴南町教委一九八八・二〇〇五］では、上下二段の平場において、三間×二間の仏堂跡一棟と、三間×三間の塔跡一棟を確認した（図4－3）。塔と仏堂はともに真南を向き、計画的に配置している。その配置は、讃岐国分僧寺と同じ大官大寺式である。中門と金堂を結ぶ回廊内の東（もしくは西）に寄せて塔を置く大官大寺式伽藍配置は、文武朝（六九七～七〇七年）に藤原京内で造営した大官大寺（藤原京大安寺）を嚆矢とし、天平一三（七四一）年の国分寺造営の詔を受けて、とくに南海道や西海道における西日本の国分僧寺の多くが採用した。中寺廃寺A地区には中門も回廊もないが、金堂と塔の位置関係は大官大寺や美濃・紀伊・讃岐国分僧寺の伽藍配置と相似しており、中寺廃寺が讃岐国分寺僧の山林修行の寺として機能したことを反映している。

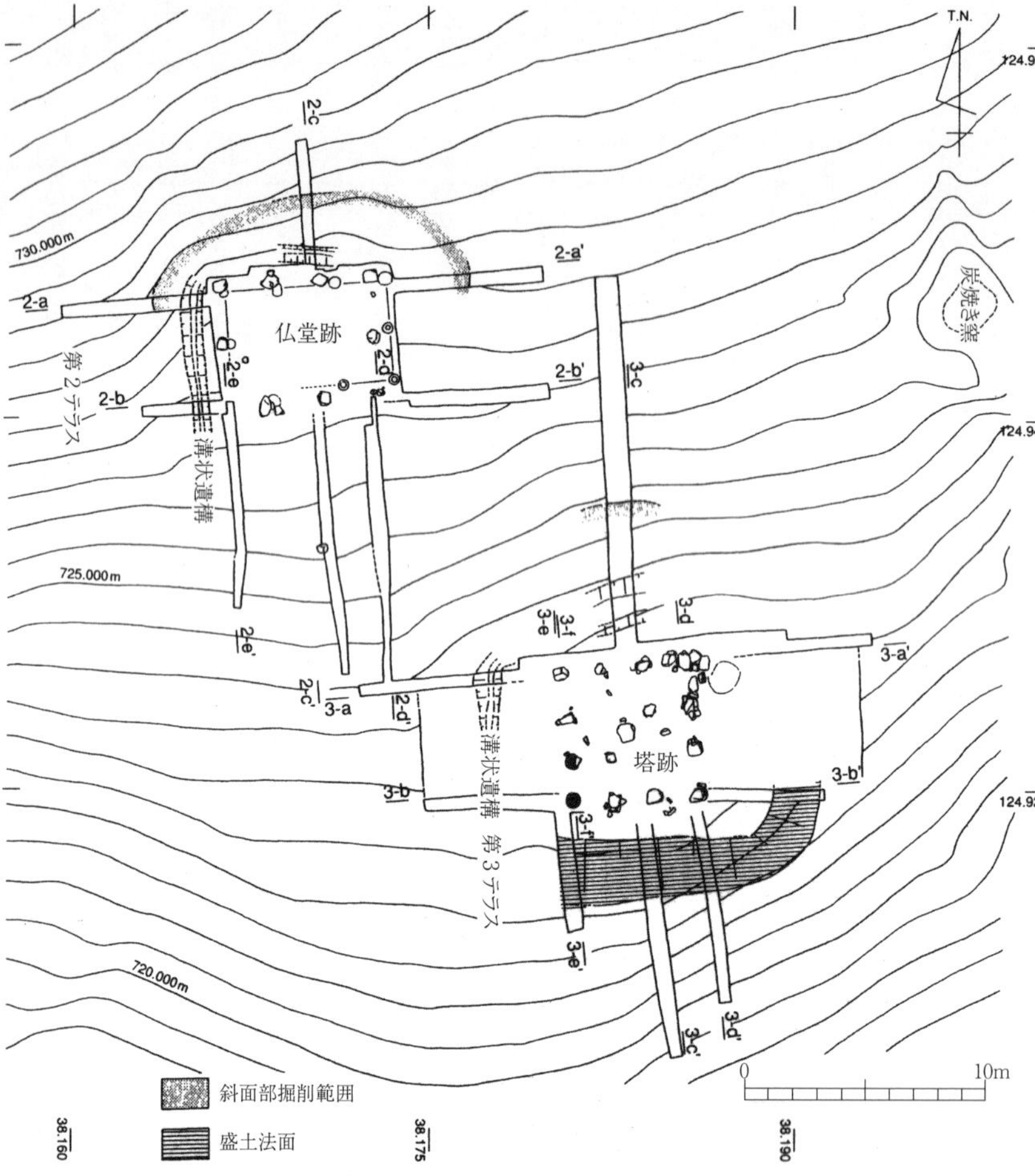

図4－3　中寺廃寺Ａ地区の遺構配置図［まんのう町教委2007b］

Ａ地区上段（第２テラス、標高七二七ｍ）にある仏堂跡は、桁行六・七ｍ、梁間四・〇ｍの東西棟で、同じ場所で掘立柱建物から礎石建物に建て替えている。比較的緩やかな傾斜地を切土し、堂の背後（北側）に溝をめぐらせ、盛土で建物の南に広場を造成する。建物内を中心に、土器・鉄製品など、一〇～一一世紀の遺物が出土した。仏堂は三間×二間と小規模であるが、塔よりも四ｍも高い場所に立地し、その正面に広場を造成しているこ

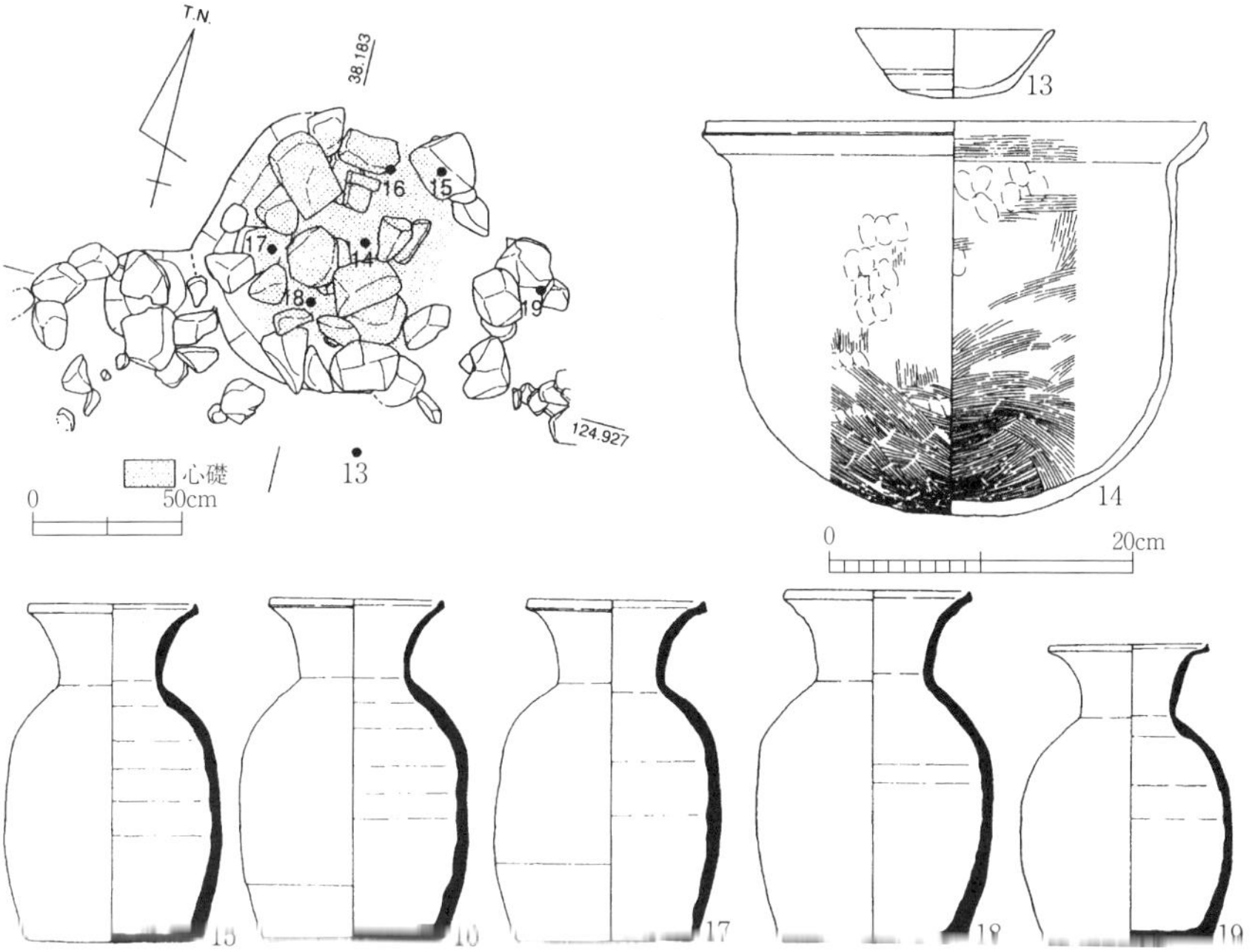

図4－4　中寺廃寺A地区塔心礎直下から出土した土器群［まんのう町教委2007b］

とから、本尊を安置した金堂と考えられる。三間×二間の金堂あるいは中心的仏堂として、現存建物なら奈良市海竜王寺西金堂（八世紀）や京都府加茂町海住山寺文殊堂（鎌倉時代）、遺構なら崇福寺跡中尾根の小金堂跡（七世紀後半）や高松市屋島北嶺千間堂跡（屋島寺前身寺院）の礎石建物（一〇世紀前半）などの諸例が指摘でき、金堂あるいは中心的仏堂として、必要最小限の規模といえる。三間×二間の建物では、堂内で法会・儀式を施行できないが、前面の広場を法会空間とすれば、讃岐国分僧寺と同様、古代平地寺院に通有の伝統的な法会をおこなっていたと推測できる。

A地区下段（第3テラス、標高七二三m）にある塔跡は一辺五・四m弱。傾斜地の谷側に盛土して平坦地を造成し、基壇を築いて礎石を据える。塔心礎直下の土坑内には、中央に土師器甕一を、その周囲に一〇世紀前半の赤焼き須恵器壺五個を立て並べていた（図4－4）。心礎には、仏舎利とその荘厳具を納めるのが古代寺院の通例で、中寺廃寺のように、「心礎」直下の土坑に複数の土師器・須恵器を埋納する例は聞いたことがない。

一般に、建物の周囲や中央の土坑内に土器・金属器を並べて埋納するのは、鎮壇・地鎮作法と理解することが多い。中寺廃寺塔心礎直下の土器群を、鎮壇・地鎮具と理解した場合、「心礎」は鎮壇・地鎮のための土坑蓋石で、塔の心柱を支える礎石ではない可能性もある。ただし、真言宗や天台宗の寺院に多い多宝塔には心礎はないので、中寺廃寺の「心礎」が鎮壇・地鎮のための土坑蓋石であったとしても、当該建物を塔とする説が否定されるわけではない。もちろん一方で、単層の方形堂の可能性も否定できないが、先述したように、A地区の堂塔が、讃岐国分僧寺と共通する大官大寺式伽藍配置となる以上は、やはり塔跡と理解すべきであろう。

なお、心礎下の須恵器壺は、讃岐国衙が管掌した讃岐陶邑窯（十瓶山窯）産と考えられる。ただし、同じ器形の須恵器は、讃岐陶邑窯では確認されておらず、赤く焼いた例も指摘できない。中寺廃寺塔下への埋納を目的として意図的に赤く焼きあげた特注品と思われる。つまり中寺廃寺は、讃岐国衙が管掌する窯場に製品を特注する立場にある山林寺院であったことになる。

中寺廃寺A地区の仏堂跡と塔跡は、谷の最奥にあって真南を向き、谷を囲む諸施設のなかで、最高所に立地する。他の古代山林寺院例と対照しても、中寺廃寺の中枢施設と考えられる。なお、A地区で最も高い位置にある第1テラス（標高七三三m）は、中寺廃寺跡のなかで最も広い平場であるが、礎石建物は存在せず、中心部に入れたトレンチにおいても、小規模な東西柱穴列を確認したにとどまった。柱穴列の方向は仏堂や塔の主軸と直交するので、同時代の施設と考えられる。

〔追記〕本稿執筆後、A地区塔金堂の南西にある第4テラスにおいて、築竈痕跡をもつ三間×二間の掘立柱建物一棟が検出されている［まんのう町教委二〇〇八］。一〇世紀を中心とする畿内産黒色土器・丹波篠窯産壺や土鍋を含む土器類が出土し、大炊屋・竈屋と考えられる。土器は僧の居住区となるB地区でも多数出土するが、A地区は仏地なので、食膳具は仏事に際しての供食具と考えてよいだろう。塔金堂は南北正方位をとるが、大炊屋は地形に合わせて若干振れる。

2　Ｂ地区の遺構と性格

中寺廃寺Ｂ地区は、Ａ地区背後から東に延びて枝分れした南の尾根筋と両尾根間谷部の標高六八〇～七〇〇ｍを占地する。その南尾根部の発掘調査［琴南町教委二〇〇六］では、東南東に向けて延びる尾根筋の上中下三段に設けた平場の中段で礎石建物一棟、その南斜面に設けた二ヶ所の平場で掘立柱建物数棟を確認した（図４－５）。

尾根筋中段（第１テラス、標高六八九ｍ）にある礎石建物は、東南東に延びる尾根先端を基壇状に造成し、礎石を据える。基壇中央部は岩盤まで平坦に削り、周囲を盛土で築成したため、建物内部と西側の礎石は原位置を保つが、周囲の礎石は盛土の崩壊にともない、若干外側に移動している。原位置を保つ礎石から、桁行五間（一〇・三ｍ）、梁間三間（六・〇ｍ）の南北棟で、その中央方一間分にも礎石を配した礎石建物が復元できる。礎石の柱筋はＮ－一二度－Ｗと若干西に振れ、真南を向くＡ地区の仏堂・塔とは、明確に方位を異にする。礎石建物基壇盛土中から一〇世紀前半～後半の土器片が出土しており、その造成年代は一〇世紀後半以降と認定できる。ただし、後述するＢ地区南斜面の僧房群は、八～九世紀代から機能しはじめており、占地の上で優位にあるＢ地区尾根筋が、一〇世紀後半まではまったく利用されなかったとは考えにくい。一〇世紀後半とは、あくまでも確認した礎石建物の造営年代を示し、これに先行する施設の存在を否定するものではない。

礎石建物の西は、同じ尾根筋を一段高く（標高六八九・五ｍ）、平坦に造成しているので精査したが、建物の痕跡はなかった。ただし、礎石建物近くで土師皿が多数出土した。また、礎石建物の東には、南北約九ｍ、東西約六ｍの広場（標高六八八・五ｍ）が敷設されている。広場は切土と盛土で造成しており、方位も礎石建物に一致し、礎石建物に対して設けた祭祀空間と認定できる。ここでは礎石建物西側のような遺物はほとんど出土していない。清浄を保つ空間なのである。礎石建物の中央間から広場を見通した真正面には、大川神社を祀る讃岐山脈の主峰、大川山がそ

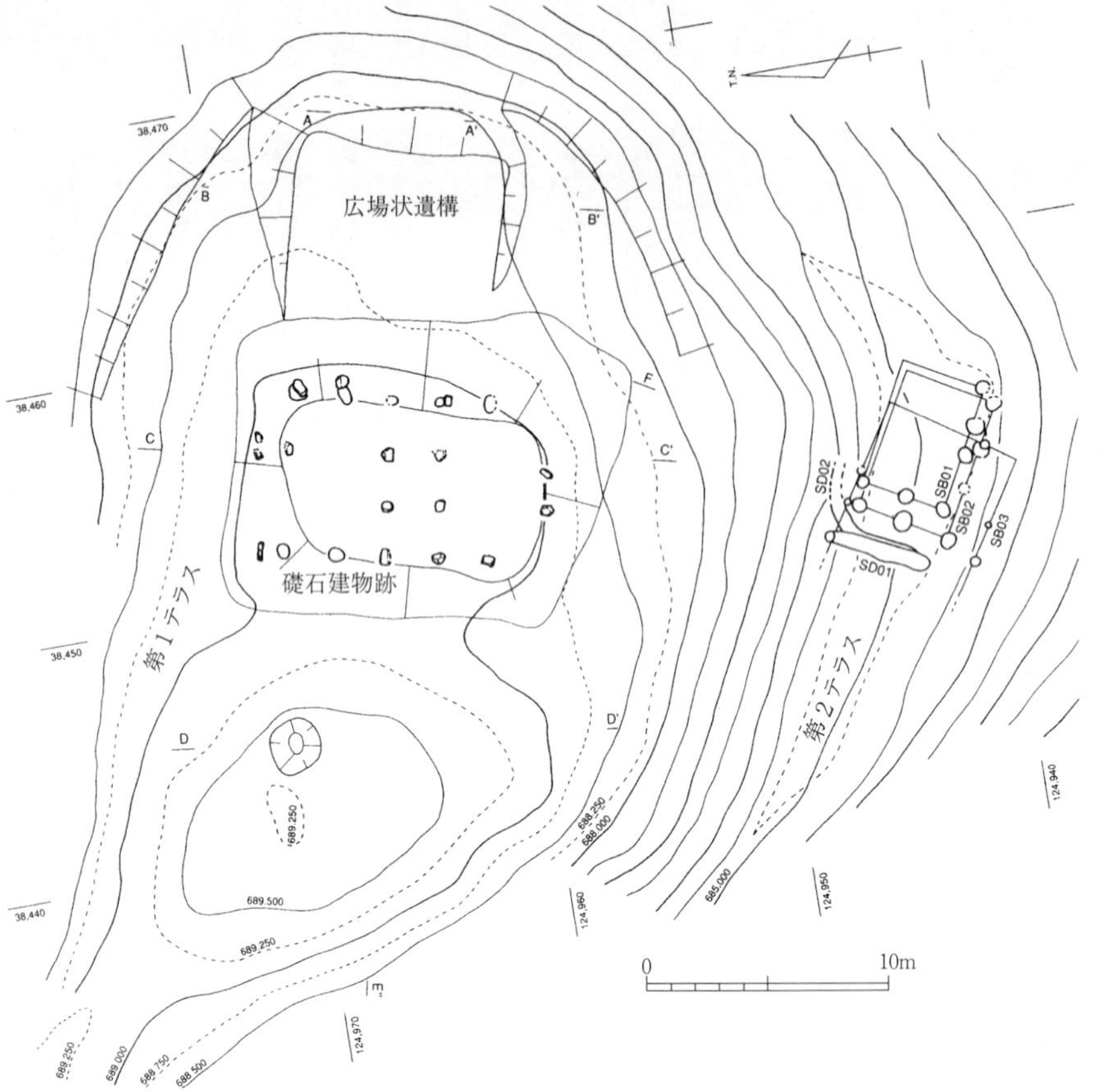

図4－5　中寺廃寺B地区第1・第2テラス遺構配置図［まんのう町教委2007b］

びえる。この事実が、B地区礎石建物の方位が、A地区中心伽藍とまったく異なる理由とすれば、B地区の施設は「山岳信仰」的要素の濃い施設ということになる。

山林寺院を考える際に、避けて通れないのが「山岳信仰」とのかかわりである。仏教伝来以前から、列島では山を神とあがめた。山林修行や山林斗藪の拠点となった山林寺院は、もちろんインド起源だが、一方で、列島に固有の山岳信仰が変形した姿とも理解されている。高野山金剛峰寺と狩場明神・丹生津姫神社の関係、比叡山延暦寺と日吉大社の関係をはじめとして、山林寺院に隣接して土地の神

（地主神）や山自体を御神体とする神社が祀られ、寺と神社が深い関係にある事例には事欠かない。讃岐平野からその勇姿が遠望でき、天平六（七三四）年の国司による雨乞伝説と県指定無形文化財となった念仏踊りで著名な大川神社を祀る大川山は、讃岐国の霊山・霊峰であり、中寺廃寺成立の前提となった可能性は高い。

　Ｂ地区の礎石建物に関しては、中央に方一間の須弥壇礎石を配した仏堂跡と報告した［琴南町教委二〇〇六、まんのう町教委二〇〇七ｂ、上原二〇〇七］。しかし、報告書を読んだ山岸常人さんから、五間×三間南北棟の中央間を通路（馬道）とする割拝殿ではないかという御意見を賜わった。一〇世紀にさかのぼる神社建築は現存せず、割拝殿も石上神宮（奈良県天理市）摂社の出雲建男神社例（鎌倉時代）が最古となる。しかし、Ｂ地区礎石建物を割拝殿とすると、西の一段高い平場の意義が明確となる。現在でも、神社の本殿は、石垣・盛土による高い基壇上に、簡素な木組を基礎として建てるのが一般的で、造成面に礎石や柱掘形の痕跡を残さない。すなわち、礎石建物（割拝殿）の東に設けた平場（広場状遺構）は、神社本殿もしくは大川山祭神の依代を安置する禁足地であり、西側の平場は割拝殿に対する参道と理解できる。

　Ｂ地区礎石建物の南斜面を段状に造成した第二テラス（標高六八五ｍ）と第三テラス（標高六八二ｍ）において、小規模な掘立柱建物を検出した。第二テラスでは、三間×一間およびそれ以上の規模の東西棟を二回建て替えている（ＳＢ02→ＳＢ01→ＳＢ03）。ＳＢ02は三間（六・〇ｍ）×二間（四・〇ｍ）、ＳＢ01は三間（六・〇ｍ）×二間（三・六ｍ）、ＳＢ03は桁行・梁間とも四間以上である。一方、第3テラスでは掘立柱列一条を確認したが、建物としてまとまっていない。これらの掘立柱列の方位は、基本的に等高線に沿っており、最上段の礎石建物と一致しない。第2テラス二番目の建物ＳＢ01の西北隅柱穴上から西播磨産の多口瓶（図4－6）、同建物の西北隅をめぐる雨落溝ＳＤ02の埋土から越州窯青磁碗の破片が出土した。したがって、ＳＢ01の廃絶は九世紀末以降とわかる。また、柱穴から出土した須恵器壺から、ＳＢ03は一〇世紀前半以降に廃絶したことがわかる。これ以外にも、第2・3テラスの埋土・流土から、調理具・供膳具を中心とした九世紀末～一〇世紀前半の須恵器・土師器・黒色土器が出土しており、

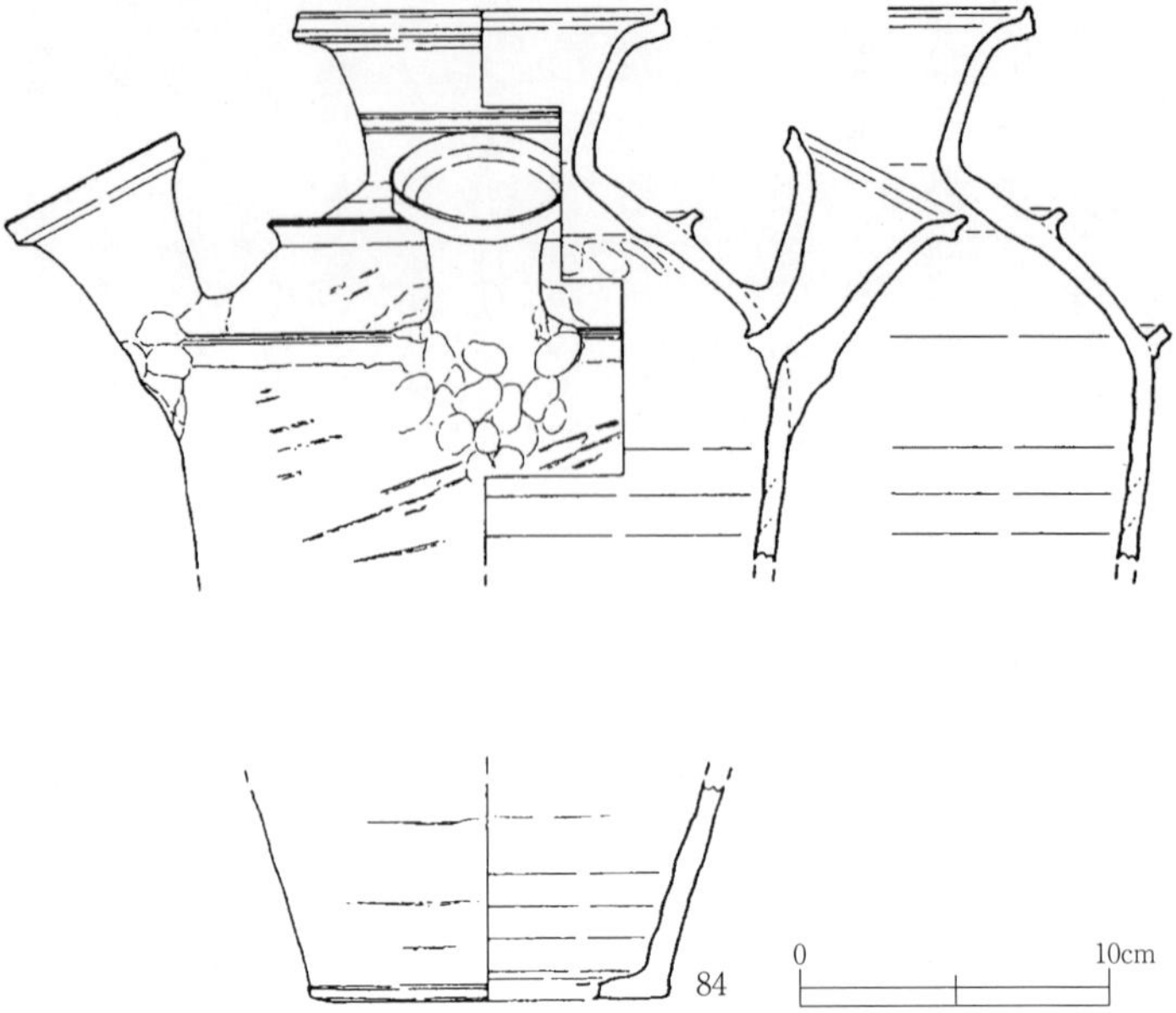

図4－6　中寺廃寺B地区　SB01出土西播磨産多口瓶［まんのう町教委2007b］

第2~3テラスは、僧の生活区間となる僧房跡と考えられる。また、流土中には八世紀後半~一二世紀の遺物も出土しており、B地区では、長期間にわたって尾根筋上の大川山信仰にかかわる施設と僧房がセットで機能した可能性が高い。

［追記］　本稿執筆後、第2・3テラスの発掘が進み、鉄鉢形須恵器や甕体部片を利用した転用硯を含む八世紀後半~一〇世紀前半の甕・杯などの煮炊具・食膳具が多数出土し、B地区が早くから山林修行の拠点となった僧地であることが確実となった。また、忿怒形とも呼ばれる古式の三鈷杵もしくは錫杖頭部と思われる銅製品破片も出土しており、古密教（雑密）僧具を持した山林修行僧の姿を彷彿とさせる。七世紀後半の軒丸瓦片が一点だけ出土したのは、修行僧の一人が属する本寺から持ち込んだものだろうか［まんのう町教委二〇一〇］。いずれにしても、大川山を眺望するのに最適なB地区が、中寺廃寺の出発点となったことは、出土遺物の年代から明らかである。これに対して、寺院としての体裁を整えたA地区が、正方位（真南北）を意図しつつも、大川山の眺望に配慮しないのは象徴的である。

3　C地区の遺構と性格

谷をはさんでB地区の南にある中寺廃寺C地区においては、東西四〇m強、南北三五mの範囲（標高六八六〜六九五m）で、方形石組遺構一六基を確認した（図4−7）［まんのう町教委二〇〇七a］。その後の踏査で、さらに南五〇〜一〇〇mの範囲で、同様の石組遺構二一基を確認している。石組は崩壊しているが、角張った山石（和泉砂岩亜角礫）を一辺一〜二・七m前後、高さ一〜四段に積み上げた平面方形のもので、その規模や配列に規則性は認めがたい。内部を調査した三基の方形石組遺構は、一〇世紀前半の遺物包含層の上に造成され、四辺に大型の石を石垣状に積み上げ、内部に小さな石を詰め込んでいた（図4−8）。山林寺院で、このような方形石組遺構や集石遺構が発見されると、火葬墓群や墓地と理解することが多い。しかし、中寺廃寺の方形石組内部や下部に埋葬痕跡はない。また、一般に寺院に付属する墓地が形成されるのは中世、古くても一一世紀以降であり、中寺廃寺のA・B・C地区が一連の遺構とすれば、C地区の方形石組遺構を火葬墓・墓地と解釈できない。

C地区の発掘調査概報［まんのう町教委二〇〇七a］においては、方形石組遺構について、近世・近代における「山の神」の祠《ほこら》の可能性と、熊本市池辺寺跡の百塚遺跡［熊本市教委一九九六］などにみる「塔」の可能性の両面から慎重に検討を加え、後者の可能性に軍配を挙げている。「山の神」の祠が群集することはありえないし、方形石組遺構の方位が、A地区の仏堂・塔の方に向いたグループと、B地区の仏堂・僧房群の方に向いたグループとに大別できるという指摘は、たしかに「塔」説に有利である。以下、「塔」説を容認したうえで、方形石組遺構が「塔」ならば、中寺廃寺の一画を占めるC地区に、どのような空間的意味があるのか、考えをめぐらせる。なお、塔はもともと釈迦の遺骨である仏舎利を祀る施設なので、一種の「墓」である。また、中世墓地の石組は、石塔や木塔婆の基礎なので、一種の「塔」である。本稿で、中寺廃寺C地区の方形石組遺構を「塔」とみなすのは、あくまでも遺体や遺骨を納め

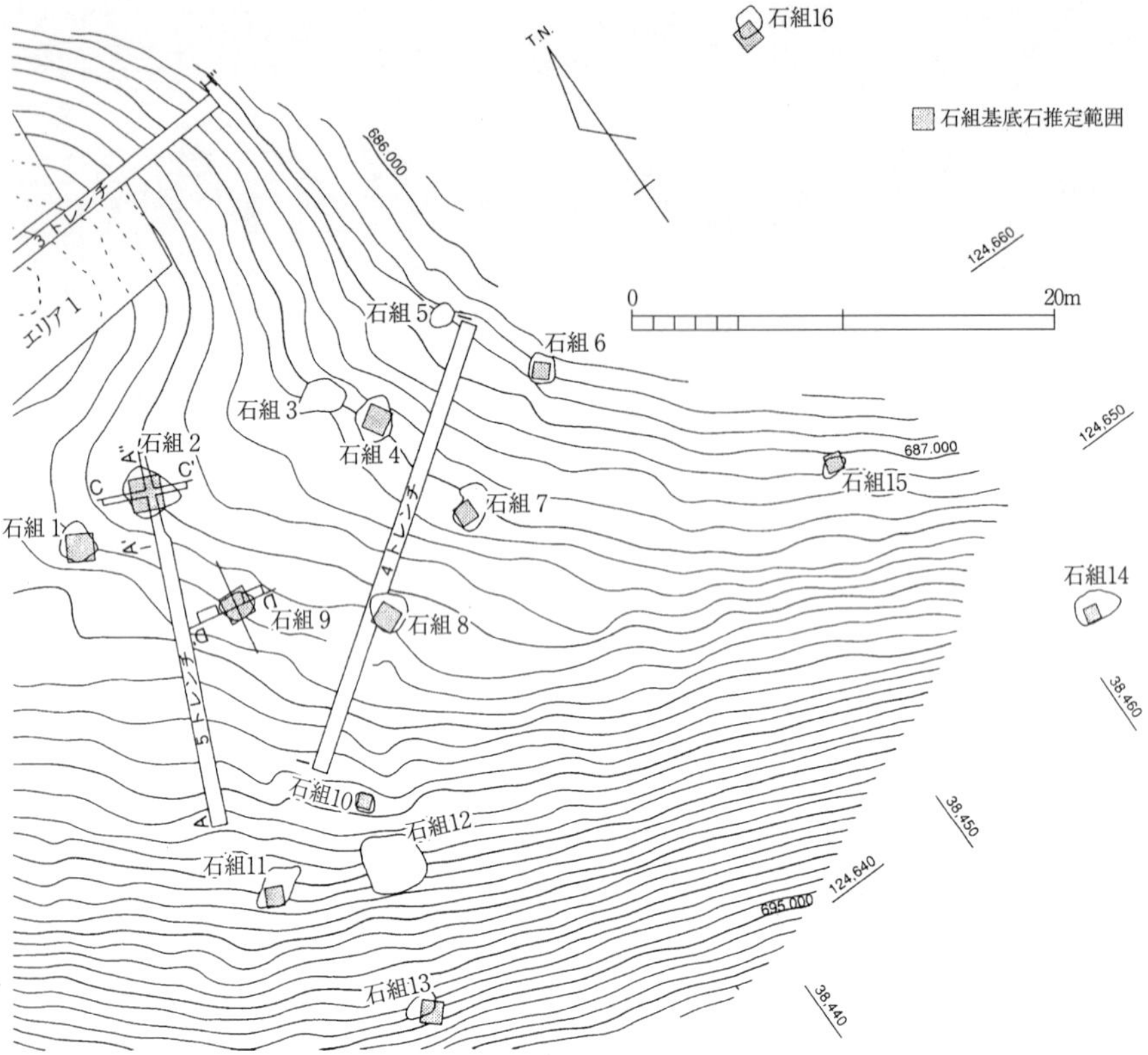

図4－7　中寺廃寺C地区の方形石組遺構分布図［まんのう町教委2007b］

た墓ではなく、仏舎利やその教えを納めるという仏教の象徴としての「塔」、あるいは象徴としての「塔」を建てる行為が、功徳であり作善行為なのだという教えをふまえての議論となる。

単に石を積んだだけの方形石組遺構を「塔」とみなす根拠の一つは、『法華経』巻二「方便品」にある。すなわち同書では、在家者が悟りを得る（小善成仏）ために、布施・持戒などの道徳的行為、舎利供養のための仏塔造営と荘厳、仏像仏画の作成、華・香・音楽などによる供養、礼拝念仏などを奨励する。その仏塔造営には、万億種の塔を起して金・銀・ガラス・宝石で荘厳するものから、曠野に土を積んで仏廟としたり、童子が戯れに砂礫を集めて仏塔とする行為まで、ランクを付けて具体例

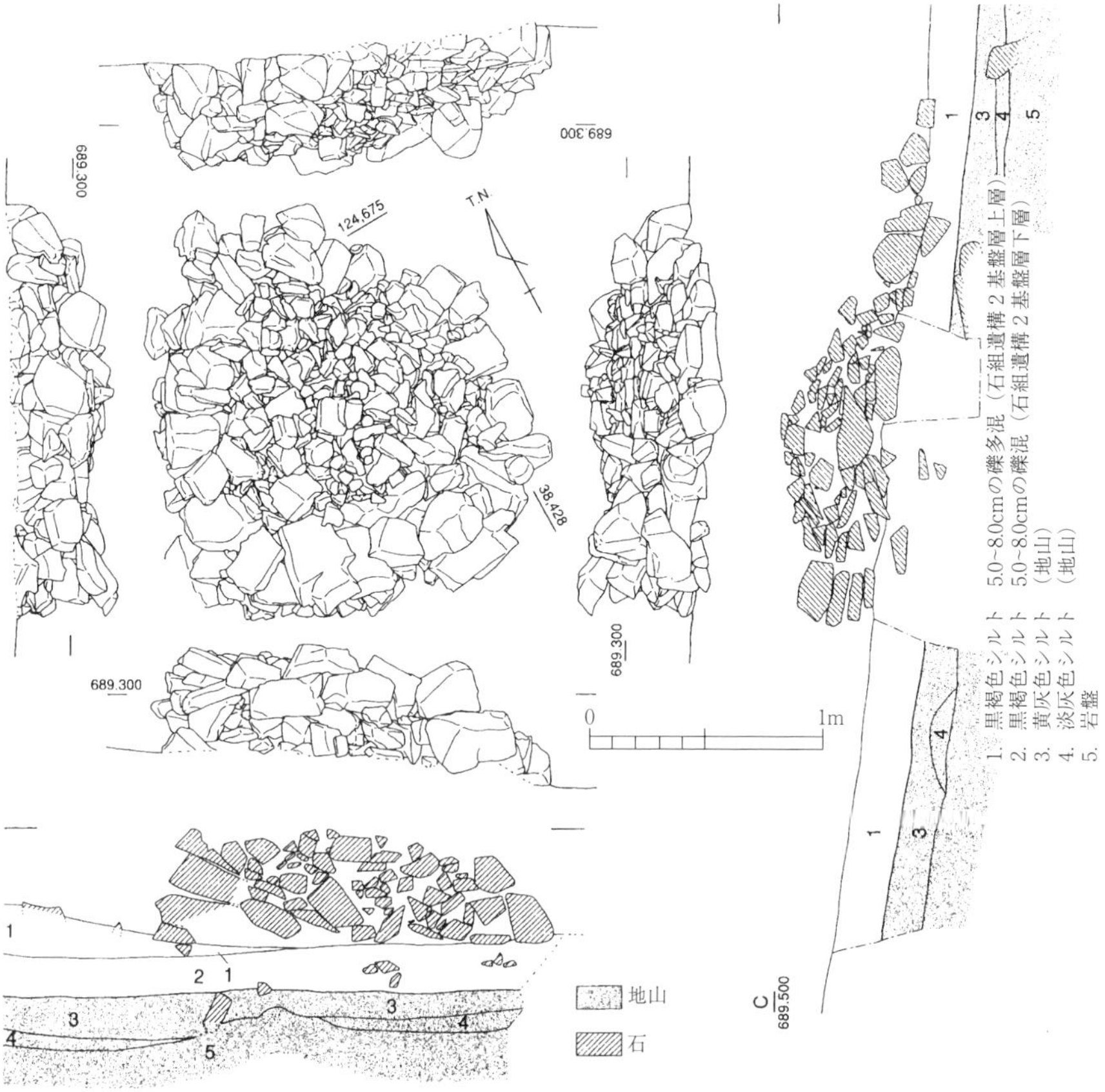

図4－8　中寺廃寺C地区〈方形石組遺構2〉実測図［まんのう町教委2007b］

を挙げる。つまり、小石を積み上げただけでも「塔」なのである。童子が戯れに小石を積んで仏塔とする説話は、『日本霊異記』下巻「村童、戯れに木の仏像を刻み、愚夫きり破りて、現に悪死の報を得る縁第二十九」にも見え、平安時代前期には民間布教に際して引用され、奨励された可能性がある。

さらに、平安時代中頃までに、石を積んで石塔とする行為が、年中行事化していたことが『三宝絵詞』からわかる。冷泉天皇の娘、尊子内親王（承香殿女御）は、天元五（九八二）年四月八日、突如、落飾する（『小右記』）。一七歳であった。その尊子内親王のために、文筆家として著名だった源為憲（〜一〇一一年）が、仏教説話や当時の仏教行事を、「仏宝」「法宝」「僧宝」の上・中・下三巻にまとめたのが『三宝絵』である。しかし、肝心の絵巻は現存せず、詞書だけが『三宝絵詞』として残る。

『三宝絵』下巻（僧宝）は、「正月よりはじめて十二月まで月ごとにしける、所々のわざをしるせる」巻である。その二月の行事として「僧宝の九」に記載されているのが「石塔」である。

石塔はよろづの人の春のつつしみなり。諸司・諸衛は官人・舎人とり行ふ。殿ばら・宮ばらは召次・雑色廻し催す。日をえらびて川原に出でて、石をかさねて塔のかたちになす。『心経』を書きあつめ、導師をよびすへて、年の中のまつりごとのかみをかざり、家の中の諸の人をいのる。道心はすすむるにおこりければ、おきな・わらはみななびく。功徳はつくるよりたのしかりければ、飯・酒多くあつまれり。その中に信ふかきものは息災とたのむ。心おろかなるものは逍遥とおもへり。年のあづかりを定めて、つくゐのうへをほめそしり、夕の酔ひにのぞみて、道のなかにたふれ丸ぶ。しかれどもなを功徳の庭に来りぬれば、おのづから善根をうへつ。（下略）〔出雲路修校注『三宝絵―平安時代仏教説話集―』東洋文庫五一三、平凡社一九九〇年〕

『三宝絵詞』が描く年中行事「石塔」には、注目すべき点がいくつかある。まず、重要なのは「石塔」を積む場が「川原」である点だ。川原は葬送の地、無縁・無主の地で〔網野一九七八〕、彼岸と此岸の境界でもある。そして寺院も、時には無縁の地となる。中寺廃寺C地区は、仏堂・塔・僧房などの施設があるA地区やB地区とは、谷を隔てた別空間を構成する。中寺廃寺のなかで、C地区は（葬地でなくても）「川原」なのである。一六基の方形石組遺構が、等高線がやや入り込んだ谷地形に集中する事実（図4-7）は、それを裏づける。少なくとも、その占地は高所を志向する中世墓とは異質である。それは後世の「賽の河原」に通じる空間といえよう。

次に注目すべき点は。「石塔」が「よろずの人の春のつつしみ」である事実だ。『三宝絵詞』では、「諸司・諸衛の官人・舎人」や「殿ばら・宮ばら」配下の「召次・雑色」を、「石を重ねて塔の形にする」主体者として挙げるが、これは源為憲が尊子内親王のために挙げた具体例であり、「よろずの人」は、もっと広範な平安京都市民や地方民衆を含む概念と考えてよいだろう。中寺廃寺に即していえば、讃岐国衙の下級官人や檀越となった有力豪族だけでなく、大川山を霊山と仰ぐ讃岐国の村人・里人も、「石塔」をおこなう主体となる可能性が高い。少なくとも、仏堂や塔など、寺院中枢施設を使った法会の実施主体が僧侶であるのに対して、「石塔」の実施主体は、中寺廃寺に参詣する俗人達であったことは否定できないであろう。

そのように理解すると、「春」という季節や、単に石を積むだけでなく「飯・酒多くあつまれり」という饗宴行為にも意味があると判断できる。民俗学や国文学のいう春の予祝行事、すなわち、その年の豊饒を願う「春山入り」「山遊び」「国見」「花見」〔土橋一九六五〕や「磯遊び」「川遊び」と同一次元に「石塔」があるのだ。中寺廃寺における「石塔」が旧暦二月の行事であったとは断言できないが、讃岐山脈の雪が消え、春の芽吹きの頃、あるいは山桜の咲く頃に、豊作祈願を兼ねて中寺廃寺に参詣し、C地区で石を積む姿を想像してもよいと考える。

『三宝絵詞』が描写する「石塔」行事の場である「川原」が、平安京に隣接する賀茂川などの川原なら、官人や雑色が積みあげた「石塔」が遺構として残る可能性は限りなくゼロに近い。平安時代後期まで存続せず、炭焼が訪れる以外は、人跡まれな山中に放置された中寺廃寺の方形石組遺構であるからこそ残ったのである。もし、中寺廃寺が中世まで存続したら、同地で墓地が展開した可能性は高く、埋葬をともなわない「石塔」空間を認識することは困難になったかもしれない。これまで、「石塔」行事の存在を、考古学的に指摘し報告した例はない。しかし、遺物をともなわない集石遺構は、しばしば「SX」記号で報告されている。また、埋葬の確証が得られないまま、中世墓として報告された集石遺構・石組遺構も少なくない。このなかには、「石塔」行事の結果も含まれているだろう。今後も、平地部の遺跡では検出困難でも、平安時代のまま凍結した山林寺院関係の遺跡では、中寺廃寺C地区のような遺構の発見も期待できると考える。

4　中寺廃寺の成立と展開

以上、中寺廃寺を構成するＡ・Ｂ・Ｃ地区の遺構と、その性格について検討を加えた。すなわち、Ａ地区は仏堂と塔からなる中寺廃寺の中枢施設で、堂塔は真南を向いて、讃岐国分僧寺と同じ伽藍配置で建てられている。鎮護国家を祈願する僧尼が、山林修行を通じて法力を獲得したとすれば、その修行の拠点となる山林寺院は、官寺的性格をもつ。中寺廃寺Ａ地区の施設は、そうした讃岐国山林寺院の官寺的性格を色濃く反映しているといえよう。

一方、中寺廃寺Ｂ地区の礎石建物は、Ａ地区の施設とは方位を異にし、讃岐国の霊峰大川山を向く。山岳信仰にもとづく施設で、山岸さんが説いたように割拝殿とすれば、最古例となる。山林寺院には、山岳信仰など自然崇拝にもとづく原始宗教との融合が予想されるが、具体的な施設を示して、それを特定した例は少ない。重要なのは、僧房と思われる掘立柱建物はＢ地区にあり、その初現もＡ地区における堂塔の建立に先行することである。すなわち、山林修行の場として中寺廃寺の地に僧尼が入り込んだ八〜九世紀には、堂塔はなく、大川山信仰にもとづく施設のみが存在した可能性が高い。

さらに、霊峰大川山に対する信仰は、中寺廃寺Ｃ地区を、春の山入りと結びついた「石塔」行事の場として発展させた。このような在地的民間仏教にもとづく儀式の痕跡は、静岡県湖西市の大知波峠廃寺でも指摘されている。すなわち、大知波峠廃寺では、一〇世紀前半に、湧水と池の前に仏堂ＢⅠがまず造営され、一〇世紀後半以降、Ａ・ＣⅠ・Ｅなどの仏堂や僧房が次々と建てられて、著しい発展を遂げる。この発展の背景を示すのが、池の周囲から四四五点も出土した大量の墨書土器である。地元二川窯産を主体とする灰釉陶器に、「万」「寺万」「二万」「十万」「廿万」「千万」「徳万」「祐万」「祐」「祐上」「吉」「大吉」などの吉祥句や「阿花」「施入」「六器五口」「御佛供」などの用途を記した墨書土器は、通常の古代寺院でおこなう国家的法会とは異なり、俗人をも巻き込んだ信仰形態を反映する。湖西市の後藤建一さんは、『三宝絵詞』下巻の修正月（僧宝の一）や修二月（僧宝の六）において、「私にはもろもろの寺々に、男女みあかしをかかげてあつまりおこなふ」「山・里の寺々の大なる行ひなり」という記述に注目して、修正会や修二会との関係でこれらの墨書土器を位置づける〔湖西市教委一九九七〕。大知波峠廃寺では、現在なお絶えることのない水源こそが、信仰の源であった。東大寺二月堂の「お水取り」のように、聖水をめぐる原初的信仰が、修二会のような仏教行事として定着し、膨大量の墨書土器を生み出した可能性は否定できない。中寺廃寺近傍では、阿讃分水嶺や大川神社は水源地として、信仰の対象となったはずである。事実、大川神社には讃岐国司による雨乞い伝承が残る。しかし、中寺廃寺の寺地自体は、聖水信仰を生む母胎にはならなかった。そこでは、大知波峠廃寺とは異なり、春の予祝行事である「山遊び」を母胎とした「石塔」行事を民間布教の根拠にしたのである。

大和国葛木上郡の高宮山寺にいた願覚は、朝に里に行き、夕に房に帰るのを業としていた（『日本霊異記』上巻第四話）。また、平群山寺に住む練行の沙弥尼は、河内国若江郡遊宜村で知識を率いて六道図を描いた（『日本霊異記』上巻第三五話）。『日本霊異記』が描く練業者は、一定の距離を置きつつ、村里との交流を忘れていない。当然、大川山を霊峰と仰ぐ讃岐国内の住民は、官人・豪族・村人の階層を問わず、中寺廃寺と深くかかわったはずである。中寺廃寺C地区の方形石組遺構群は、そうした地元と寺家との交流の証なのである。

以上、中寺廃寺のA地区・B地区・C地区は、それぞれ「讃岐国分寺や讃岐国衙と密接な関係をもつ国家仏教にかかわる堂塔空間」、「讃岐の霊峰である大川山信仰にかかわり、山林修行の拠点として、早くから僧尼が居住した空間」、「春山入り、石塔など在地的年中行事と結びつき、民間布教によって成立した儀礼空間」という性格づけが可能である。すなわち、国家仏教的空間、原始信仰的空間、民間布教的空間である。A地区とC地区は一〇世紀になってから整備された空間で、B地区はそれ以前から機能していたらしい。そのため、中寺廃寺における僧尼の居住空間は、B地区に付随する形で展開した。しかし、古代山林寺院における原始信仰的空間や施設は、常に国家仏教的空間に先行するわけではなく、新たに勧請する場合もありうる。その場合、僧尼の居住空間は、国家仏教的空間や施設に付随したり、独立して設けられることになる。また、中寺廃寺では広がりが確認されていないが、国家仏教的空間、原始信仰的空間、民間布教的空間、僧尼の居住空間の外側には、峰々や岩山、谷川や瀑布・湧水などから成る僧尼の修行空間が存在したはずである。

こうした古代仏教に必要不可欠な空間が、有機的に結びついて古代山林寺院は構成される。しかし、その構造を、個々の遺跡・遺構に即して、考古学的に解明するのは必ずしも容易ではない。中寺廃寺で確認できた古代山林寺院を構成するいくつかの空間・施設とその性格は、多かれ少なかれ、古代山林寺院に普遍的に認められると筆者は考えている。中世になると新たに坊院群が発達し、とくに肥大化した山林寺院は「宗教都市」的景観を持ち、民間布教的儀礼空間においては中世墓群が展開するようになる。坊院群を発達させることなく終った中寺廃寺は、大知波峠廃寺などと共に、古代山林寺院の典型例として重要な意義をもつといえよう。

［追記］　中寺廃寺跡は平成二〇〈二〇〇八〉年三月二八日に国史跡となり、平成二二年度から史跡の保存整備工事が進められ、二六年度の春に完了した。古代山寺の構造が理解できる数少ない事例であるだけでなく、香川県全域を見渡すことができる絶景の展望台をも確保したと聞く。山寺の諸施設は、必ずしも平野部を臨む場所にはないが、近くに絶景地があることが多い。山寺は人知れず修行に励む場であると同時に、常に平野に住む人々を意識する場なのだと思う。山寺跡の整備という困難な事業を達成したまんのう町教育員会をはじめとする関係者の努力に敬意を表する。

参考文献

網野善彦　一九七八年『無縁・公界・楽―日本中世の自由と平和―』平凡社選書五八、平凡社
上原真人　二〇〇七年「中寺廃寺跡の史的意義」『中寺廃寺』まんのう町内遺跡発掘調査報告書第三集
熊本市教育委員会　一九九六年『池辺寺跡Ⅰ（百塚遺跡C地点・堂床遺跡発掘調査報告書）』

湖西市教育委員会　一九九七年『大知波峠廃寺跡確認調査報告書』湖西市文化財調査報告第三七集
琴南町教育委員会　一九八八年『備中地遺跡発掘調査報告書―付・中寺廃寺確認調査概報―』
琴南町教育委員会　二〇〇五年『中寺廃寺跡　平成一六年度』琴南町内遺跡発掘調査報告書第一集
琴南町教育委員会　二〇〇六年『中寺廃寺跡　平成一七年度　琴南町内遺跡発掘調査報告書第二集
土橋　寛　一九六五年『古代歌謡と儀礼の研究』岩波書店
福永清治・藤岡英礼　二〇〇八年「比叡山三塔十六谷調査資料集」『忘れられた霊場をさぐる』３（近江における山寺の分布）
　平成一八年度栗東市出土文化財センター講座報告集
まんのう町教育委員会　二〇〇七年ａ『中寺廃寺跡　平成一八年度』まんのう町内遺跡発掘調査報告書第二集
まんのう町教育委員会　二〇〇七年ｂ『中寺廃寺跡』まんのう町内遺跡発掘調査報告書第三集
まんのう町教育委員会　二〇〇八年『中寺廃寺跡　平成一九年度』まんのう町内遺跡発掘調査報告書第四集
まんのう町教育委員会　二〇一〇年『中寺廃寺跡　平成二一年度』まんのう町内遺跡発掘調査報告書第七集

第五節　寺院資財帳から国分寺を考える

はじめに

昨年（二〇一二年）一月、尾張国分寺跡が国史跡に指定されました。遺跡として重要文化財クラスの価値があると公認されたわけです。愛知県は古代律令国家においては、西の尾張国、東の三河国の二国からなります。豊川市にある三河国分寺跡と国分尼寺跡が国史跡になったのは、大正一一（一九二二）年一〇月のことです。大正八（一九一九）年に「史蹟名勝天然記念物保存法」によって、法的に史跡を保護する制度が確立します。三河国分寺・国分尼寺跡は、愛知県の国指定史跡第一号ではありませんが、田原市百々《どうどう》陶器窯跡（大正一一年三月指定）に次ぎます。

尾張国分寺跡の史跡指定はそれから遅れること九〇年。文化遺産として劣るわけではありませんが、諸般の事情があり、指定に向けた関係者の御努力は大変なものであったと伺っています。何はともあれ、国家公認の稲沢市の宝物ができたことは、慶賀すべきことです。これから稲沢市の宝物として、否、日本国の宝物として、尾張国分寺を保存・整備・活用していく事業が動きはじめる、あるいはすでに動いているのだろうと思います。

私は日本各地で、古代寺院遺跡の発掘調査・保存・整備・活用の手伝いをしております。発掘調査・保存・整備には、ある程度のマニュアル的なものがあります。しかし、やっかいなのは活用です。縄文・弥生時代の集落遺跡等では、体験学習が、遺跡活用法として各地で実践されています。復原竪穴住居に泊まり、水田で赤米を栽培し、舞錐などで火をおこし、焼いた土器で煮炊きするなど、縄文・弥生人の生活を疑似体験することは、現在の日常生活を反省する上でも有意義です。しかも、地域ごとの環境に即した体験学習も可能です。しかし、古代寺院遺跡にはどのような活用法があるのか、参照できる実践例はほとんどありません。座禅を組んだり、写経をするという案もありますが、行政が宗教行為をおこなうのは厳禁です。そもそも古代寺院のなかで、何を使って何をしたのかわからないので、具体的活用法も浮かんでこないのです。

1　寺院資財帳とは何か

私は現在、古代寺院の宗教活動や事業経営の実体を知るため、資財帳（財産目録・資産台帳）を勉強しています。ただし、古代寺院資財帳は純粋な資産台帳だけでなく、寺院の由緒・由来（＝縁起）と合体して「○○寺（伽藍）縁起（并流記）資財帳」の形をとるのが普通です。

縁起や基本財産となる建物施設にかかわる記載は、その寺院を研究するうえでの基礎資料なので、寺院史や建築史の立場で頻繁に引用され検討されています。また、仏像・経典など宗教活動をするための基本財産は、美術史・仏教史から論じられています。さらに、寺領（固定資産）やそこからの収入（流動資産）は古代土地制度や荘園制度などを理解するために、日本史や歴史地理の立場からよく利用されます。しかし、仏を供養し法会を荘厳するための金属器や、僧が普段生活し、身を清め、法会に臨むのに必要な衣食住にかかわる品々など、資財帳に記載された備品を、古代寺院の構成要素として総合的に検討し、古代寺院のなかで具体的にどのような活動がおこなわれていたのかを検討した成果はほとんどありません。

資財帳に記載された備品の多くは、金属製品や楽具・調度品・衣類などの有機物です。これらが発掘で出土することは、ほとんど望めません。単に残りにくいだけでなく、場合によっては正倉院宝物に匹敵する高級品ですから、土器や瓦のように簡単に廃棄されないのです。移転時には搬出されるし、廃寺になれば盗賊の餌食になります。考古学

表5－1　古代寺院資財帳一覧

番号	名称	成立年代	収録	特徴
1	大安寺伽藍縁起并流記資財帳	天平一九（七四七）年二月一一日	『寧楽遺文』	品目ごとに仏法僧の帰属を明記
2	法隆寺伽藍縁起并流記資財帳	天平一九（七四七）年二月一一日	『寧楽遺文』	品目ごとに仏法僧の帰属を明記
3	法隆寺東院縁起資財帳	天平宝字五（七六一）年一〇月一日	『寧楽遺文』	物品の保管状態や付属品を明記
4	阿弥陀悔過料資財帳	神護景雲元（七六七）年八月三〇日	『大日本古文書』	東大寺上院阿弥陀堂悔過会資財目録
5	西大寺資財流記帳	宝亀一一（七八〇）年一二月二五日	『寧楽遺文』	元は四巻本で第一巻写本が残る
6	多度神宮寺伽藍縁起并資財帳	延暦七（七八八）年一一月三日	『多度町史』	資財を仏法僧・通物・太衆等に分類
7	宇治院資財帳	貞観三（八六一）年一一月一七日	『平安遺文』	一二棟の建物と湯船等の雑物を列記
8	安祥寺縁起資財帳	貞観九（八六七）年六月一一日	『京大史料叢書』	資財を仏法僧・建物・施入物に分類
9	広隆寺縁起資財帳	貞観一五（八七三）年	『平安遺文』	仏法僧・通物・水陸田・別院に分類
10	観心寺縁起資財帳	元慶七（八八三）年九月一五日	『平安遺文』	建物別の物品・寺領の由来と四至
11	広隆寺資財交替実録帳	寛平二（八九〇）年	『平安遺文』	貞観帳等を元に検収・新堂院追加
12	観世音寺資財帳	延喜五（九〇五）年一〇月一日	『平安遺文』	仏法僧以外の項目が多様化する
13	神護寺交替実録帳	承平元（九三一）年一一月二七日	『平安遺文』	堂塔等施設・仏像・文書の点検記録
14	信貴山寺資財宝物帳	承平七（九三七）年六月一七日	『平安遺文』	御堂・仏像・経典・資財・山地田畠
15	仁和寺御室御物実録	天暦四（九五〇）年一一月一〇日	『続々群書類従』	厨子・韓櫃ごとに内容の資財を列記
16	実録近長谷寺堂舎并資財田地等事	天暦七（九五三）年二月一一日	『平安遺文』	諸堂と荘厳・仏・僧具、調度品列記
17	某寺資財帳	天元三（九八〇）年二月二日	『平安遺文』	双堂・住房諸施設と仏法僧具等
18	観世音寺宝蔵実録日記	嘉保年間（一〇九四～九六年）	『平安遺文』	櫃ごとに内容物を過去帳と対比点検

は物的資料から過去を復原する学問なのですから、現物が残ってなくても、史料からわかるモノを含めて古代寺院を再現する努力が必要だと私は考えています。ありがたいことに、豊富とはいえませんが、八世紀中頃から一一世紀末に至るまで、各時代の古代寺院資財帳が残っています（表5－1）。

一覧すればわかるように、大安寺・西大寺など平城京内にある中央大寺院［1・5］から、斑鳩法隆寺や太秦広隆寺のような私寺・氏寺に由来する都城に近接する寺院［2・9・11］、宇治花厳院のような地方にある中央大寺院の別院［7］、山科安祥寺のような平安京東方山中にある皇族発願の山寺［8］、筑前観世音寺のような地方の筆頭官寺［12・18］、河内観心寺のような真言宗第三代阿闍梨が創建し定額寺となった山寺［10］、伊勢多度神宮寺のような地方神宮寺［6］、伊勢近長谷寺のような地元が協力して創建・維持管理した小規模な山寺［16］、大和信貴山寺のような山林修行場から発展・拡大した山寺［14］に至るまで、各種の寺院資財帳が残っています。

これらの資財帳の内容を比較すると、基本資産となる建物施設、仏像、経典、寺領、法会に用いる仏具、法具、僧具などの備品は、寺格差にほぼ比例しています。大安寺など天皇発願の中央寺院は豪華絢爛、正倉院宝物に匹敵する資財をそなえています。同じく空海の弟子が開祖となった定額寺でも、皇太后が発願した安祥寺は、資産において観心寺を凌駕します。これに対し、地元住民の協力で造営、維持管理された近長谷寺は、一一面観音をまつる仏堂と、賓頭盧尊者のいる鐘楼以外に、四棟の萱葺・板葺の小規模建物からなり、備品も微々たるものです。また、資財帳成立時に山林修行場としての機能を維持していた信貴山寺も、畿内に立地しながら、施設や備品はまだ充実していません。経典も金泥法華経一部や大般若経六〇〇巻以外に、修行僧自身が筆写したものまで登録しています。要するに、寺院資財帳に記録された資産は、寺格差を顕著に反映しますが、地域格差はさほど大きくないようにみえます。

資財帳の作成年代は、八世紀中頃から一一世紀末に及ぶので、寺格差だけでなく時期差も配慮した比較が可能です。また、資財帳が残る寺院は、南都六宗の系譜をひくものが主体ですが、安祥寺・観心寺・神護寺・仁和寺［8・10・13・15］のような真言宗寺院、信貴山寺のような天台宗寺院［14］もあります。これらの資財帳を比較すると、発掘ではわからない古代寺院を構成する建物施設の性格・呼称だけでなく、寺院の資産規模や由来・性格、宗派の違いによる差や、その宗教活動にも肉薄できると期待できるわけです。

このように各時代・各ランクの寺院資財帳が残っているのには、わけがあります。資財帳は、当初、中央政府の命令で作り始めた申告書類でした。しかし、財産を管理し次世代に伝える帳簿・台帳としての有用性が関係者にも理解され、寺院自身も資財帳製作に積極的になります。資財帳は官寺や定額寺、つまり経営に行政が関与した寺のみが製作したという解説もよく見ます。しかし、資財帳を正式文書にするためには行政手続きが必要ですが、資財帳提出が官営寺院のみに義務づけられていたわけではありません。現在の都道府県知事にあたる古代の地方国司は、管下の寺院を把握する義務がありました。私寺や氏寺も、地方国司の管理下にあったと考えられます。しかも、資財帳には申告書の意味だけでなく、寺家が財産管理を意図した場合もあった以上、かなりの寺院が資財帳を作成したと考えて差し支えありません。

残念ながら、地方官寺の代表である国分寺の資財帳は残っていません。資財帳を材料にして、尾張国分寺における宗教活動や事業経営を直接に知ることはできないわけです。それでも、寺格から筑前観世音寺よりも下、観心寺や神護寺などの定額寺よりも上と考えれば、国分寺クラスの寺院資産はおおよそ推測できます。以下、国分寺よりもランクは落ちますが、尾張の隣国、伊勢国の「多度神宮寺伽藍縁起并資財帳」を材料に、資財帳とはどういうものか簡単に解説し、それを参照しつつ、尾張国分寺でおこなった宗教活動や事業経営について推測をめぐらせます。

多度神宮寺は三重県桑名郡多度町にある多度神社の神宮寺です。多度神社は濃尾平野西限、伊勢・美濃国境をなす養老山地南端の主峰、多度山（標高四〇三ｍ）を御神体とする式内社で、大正四年に国幣大社となり、現在も参詣者が絶えません。しかし、神宮寺は廃絶し、遺構も定かではありません。多度大社の東に隣接する山裾にある神宮寺推定地付近で採集された瓦には、尾張国分寺と同文異笵の唐草文軒平瓦が含まれ、尾張大僧都賢璟が造営したと推定される瓦葺西塔所用瓦の可能性が指摘されています［石神二〇〇五］。しかし、推定地の出土・採集瓦は大部分が室町時代のものです［多度町教委二〇〇二］。

「多度神宮寺伽藍縁起并資財帳」は奥付に、延暦七（七八八）年一一月三日の年紀がありますが、一部に延暦二〇年頃の追筆・改竄の手が加わっていると考証されています。資財帳の記事や出土瓦からもわかるように、多度神宮寺の成立や維持管理に、尾張国が少なからず関与しています。時代も、尾張国分寺における宗教活動や経営事業が最盛期を迎えた頃に作成された資財帳です。一回の講演で説明するのに適当な分量であることに加えて、保有資産と宗教活動や寺院経営との関係を考えるために「多度神宮寺伽藍縁起并資財帳」を本日の検討材料に選んだ理由です。国分寺が保有する資産は多度神宮寺よりかなり上まわるという前提で、イメージをふくらませて下さい。といっても、私の専門は考古学で文献史学ではありませんので、読み方に誤りがあるかもしれません。ご容赦願います。以下、テキストの上に振った行数に従って読み進めます。

なお、「多度神宮寺伽藍縁起并資財帳」は『続群書類従』一七輯下や、『平安遺文』第一巻二〇号文書にも引用されています。しかし、活字化に際して、行替位置を多度神社が所蔵する原本と変えているので、行替位置を忠実に翻刻した『多度町史』〔多度町教委二〇〇二〕から引用しました。上に記した行数から、容易に引用箇所がわかります。

2　「多度神宮寺伽藍縁起并資財帳」概説

最初の二行「桑名郡……資財帳」が、この文書の表題になります。鎮三綱とは、桑名郡多度寺を司どる三人の役僧で、150〜152行に署名した法教と賢中が該当します。もう一人の知事修行入位僧は、病気のため署名できませんでした。その鎮三綱が、検察役となる僧（156〜169行）、すなわち伊勢国の慈浩、尾張国の恵聡、僧綱御使の従儀僧である慈広、および中央の僧綱に所属する賢璟・行賀・玄憐に提出した書類（牒＝同格の役所間で移動する文書）である多度神宮寺の由緒書と財産目録というのが、表題の意味するところです。

検察に僧綱が関与するのは、この資財帳に正式文書（公験）としての機能があったことを意味します〔川尻一九九八〕。末尾にある「資財帳四通」を神宮寺・僧綱所・伊勢国師・尾張国師が各一通を保管したとする奥書を、近世の補入とする説もありますが〔磯田一九七六〕、字面および継目裏に捺した二種の「僧綱之印」のうち、資財部字面と共通する印が「資財帳四通」の文字の上にも捺してあるという検討成果もあります〔湊一九八二〕。とすれば、公式の保

多度神宮寺伽藍縁起幷資財帳

桑名郡多度寺鎮三綱謹牒上
　神宮寺伽藍縁起幷資財帳
以、去天平宝字七年歳次癸卯、十二月庚戌朔、廿日丙辰、神社以東有二井於道場一、満願禅師居住、敬造二阿弥陀丈六一、于レ時在レ人、託神云、我多度神也、吾経二久劫一、作二重罪業一、受二神道報一、今冀永為レ離二神身一、欲レ帰三依三宝一、如レ是託訖、雖レ忍、数遍猶弥託云々、於レ茲満願禅師、神坐山南辺伐掃、造二立小堂及神御像一、号称二多度大菩薩一、次当郡主帳外従七位下水取月足、銅鍾鋳造、幷鍾臺儲奉レ施、次美濃国近士県主新麿、三重塔奉レ起、次宝亀十一年十一月三日、朝廷使令二四人得度一、次大僧都賢環大徳、三重塔起造既畢、次天応元年十二月、始私度沙弥法教、引二導伊勢・美濃・尾張・志摩幷四国道俗・知識等一、造二立法堂幷僧房・太衆湯屋一、迄二于今日一、遠近修行者等、作二備供養行事並寺内資財一、顕注如レ件、
仏物
板障子釈迦浄土　金泥弥勒菩薩像壱軀
薬師仏木像壱軀　金泥観世菩薩像壱軀（第一紙）」
　金泥得大勢菩薩壱軀

管場所になります。しかし、検察役にも肩書だけが記入され、署名のない僧が三人います。確認する役員が決まっているのに、捺印がない書類となるので有効性が疑問視されますが、この書類は問題の署名記入以前に保管すべき場に残されたものと理解しておきます。

3～17行が多度神宮寺の由来や歴史、すなわち縁起となります。天平宝字七（七六三）年に神社の東にある道場に止住した満願禅師が阿弥陀丈六仏をつくり、多度神の託宣を受け小堂に神像を祀ったのが契機となり、桑名郡主帳《さかん》の外従七位下、水取《もいとり》月足、美濃国近士県主新麿などの在地豪族や、大僧都賢璟、私度沙弥法教が率いた伊勢・美濃・尾張・志摩国の道俗知識等、あるいは遠近修行者等が、多度神宮寺の色々な施設建物を造営したと述べています。

満願禅師は実在の人物で、多度神宮寺創立に先立つ天平勝宝年中（七四九～五七年）には、常陸国鹿島神宮寺を創設。大般若経六〇〇巻を奉写し（『類聚三代格』嘉祥三年八月五日太政官符）、のちに箱根神社（箱根三所権現社）創建にも関与しました。東日本の初期神仏習合を推進した奈良時代後期の地方布教僧というわけです。また、多度神宮寺三重塔を建てた大僧都賢璟や、周辺諸国で布教活動して知識を募って法堂（講堂）幷僧房・太

金泥弥勒像壱軀　脇侍菩薩弐軀　並漆塗未押金
画像阿弥陀浄土　三副　画像観世菩薩参軀　三副
画像薬師浄土　三副
太子像壱軀
大般若経壱部　六百巻　法花経拾部　八十巻
大宝積経壱部　百廿巻　最勝王経参部　卌巻
花厳経弐部　百六十巻　金剛三昧経壱巻
灌頂経拾弐巻　金剛般若経伯〔百〕巻
瑜伽論壱部　百巻　智度論弐部　二百巻
金剛三昧論壱部　三巻　金剛三昧頌壱巻
塔弐基　並三重
東檜皮葺
西瓦葺
水精玉漆丸　大一丸　中一丸　小二丸　次小三丸
唐鏡壱面　径六寸三分　着紫帯在
鏡弐拾壱面　五寸以下　二寸以上
法物
板葺堂壱間板敷壁代板立　長二丈八尺　広一丈四尺
檜皮葺法堂壱宇板敷三間　長五丈　広三丈五尺　高一丈三尺四寸
板葺小堂壱間板敷　長一丈五寸　広八尺七寸　（第二紙）」
檜（皮脱）葺鍾臺壱宇　長一丈　広七尺　高七尺
高座弐具　高二尺一寸五分　広方三尺六寸
高座机弐前　椅弐前

衆湯屋を建てた私度沙弥法教は、巻末に名がある資財帳作成者や検察役と同一人物です。成立当時の多度神宮寺をめぐる世間は狭いのです。

18～140行が多度神宮寺が保有する財産目録で、仏物（18～31行）、楽具・塔弐基（32～37行）、法物（38～63行）、布薩調度（64～68行）、楽具（69～75行）、僧物（76～82行）、供神料器（83～84行）、通物（85～89行）、大衆（90～106行）、鋪設（107行～110行）、寺領である墾田・田代（111～130行）、用途が決まっている保管稲（131～136行）、倉附＝用途未定状態で倉にある稲（137～140行）に分類、列記しています。141～149行は後書《あとがき》ですが、願い事を記した願文《がんもん》の体裁をとっています。150行以下は、先ほど申し上げた資財帳作成および検察・受取に関与した役僧の役職と署名です。

冒頭の多度神宮寺の歴史＝縁起については、今日の主題とは無関係なので深く追究しません。古代寺院がどのような資産をもとに、どのような宗教活動や経営事業をおこなったかを示すのは、18～140行の財産目録です。その項目の立て方は、多度神宮寺資財帳独自のものです。表5－1のように、現存最古の寺院資財帳（法隆寺・大安寺資財帳）は天平一九（七四七）年に作られました。本文が現存しない元興寺や弘福寺（川原寺）の資財帳も、同じ年に作られたことがわかっています。少なくとも大和国（奈良

高座宝頂弐具　各小幡四旒 宝頂骨弐具
秘錦壱床　長六尺三寸 二副
小幡壱拾肆旒　各長一丈 之中白色一旒
灌頂幡伍具　二具各長三丈五尺　広二尺三寸 三具各長三丈　広一尺四寸
花蘰玖句
花机壱前
経机壱前
聖僧御座両面壱床　長三尺九寸 一副半
白紗花覆弐領　各長九尺 三副　（第三紙）」
押纈帯肆条　各長一丈一尺四寸
緋紗経覆壱領　長八尺 四副
悲田料苧白布帳壱条　長九尺二寸　四副
紺帳壱条　長二丈三尺 二副
金泥銅火炉壱合　口径八寸 足五
銅金泥香鉢肆合　各口径四寸
銅火炉壱口　口径七寸三分 足五
銅磬壱枚
金鼓壱面径六寸縁火炎　長一尺五寸五分 広一尺一寸
銅鍾壱口　高竜頭并 三尺
布薩調度
脇息壱前　如意壱柄
籌捌拾隻　浄水丸笥弐口
袋漆口　一口綴　一口錦　一口押纈 四口羅

県）にあった大寺院の資財帳は、中央政府の命令で、天平一九年に一斉に作られたようです。これを「天平十九年帳」と総称しています。

天平十九年帳の構成はよく似ています。まず、寺が所有する仏像・仏画・経典を列記し、僧数を記録します。仏教が最も重視する三宝（仏法僧）の存在を、冒頭に明記したのです。次に、銭貨・金属器・布製品・調度品・幡・楽具などの動産（消耗品・備品）に関して、品目ごとに総数を示し、内訳を仏物（仏分）・法物（法分）・僧物（僧分）・通物（通分）などにわけて記載します。つまり、寺の所有財産は、仏教を構成する仏法僧に帰属するもの、あるいは三宝の共通資産（通物・通分）であるという立場で資財目録を作っています。ただし、後半の不動産目録、すなわち土地・建物や墾田・畠・庄園などの寺領に関しては、仏法僧表示はありません。

天平十九年帳は資財帳の手本とされていますが、その後に成立した資財帳では、列記した備品に仏法僧の帰属を明記しないものもあります［3〜5・7・14〜16・18］。しかし、多度神宮寺資財帳は天平十九年帳の資産分類概念を踏襲しただけでなく、建物施設にも法物・僧物の分類概念を適用しています。建物施設にも仏法僧分類を適用した資財帳には、多度神宮寺資財帳以外に広隆

漆塗持樻〔櫃〕弐合　幡納料　（第四紙）」
楽具
大鼓壱面　小鼓参面 一破
高麗犬壱頭　高麗冒子弐頭 並白
衣捌領 之中一紺調服七紗　半臂弐領 並紅欄麻裏
箏琴弐隻　金泥大刀壱柄
金泥鎊女小刀参柄　珠冠壱口
骨笏壱枚　長一尺一寸二分厚四分 広一寸六分
僧物
板葺板敷僧房壱間土塗　長三丈一尺五寸高九尺 広一丈三尺
板葺小子房壱間泥塗椐敷在　長三丈一尺五寸広一丈三尺 高九尺
草葺僧房壱間土塗　長八丈三尺 広二丈一尺五寸高八尺 南方板葺庇在
草葺小子房壱間涅　長二丈二尺 広一丈六尺高六尺
鉄湯釜壱口　受二斛
湯船弐隻　一隻長三尺六寸 広二尺四寸 深二尺三寸一隻長二尺六寸 広二尺一寸 深二尺一寸
供神料器
漆塗轆轤椀弐合　漆塗盤肆口
通物
白銅錫杖弐枝 各袋在　珠数弐貫西塔料
一貫水精一百卅丸 之中玖碧十七丸
一貫迦梨勒五十四丸 无食子一丸水精七丸
木香炉壱枝 合子二合
太（ママ）衆

寺・観心寺・観世音寺の資財帳［9～12］があります。これら資財帳では、動産となる備品がどの建物施設に収納されていたのか、一部推測できるという利点があります。ただし、多度神宮寺資財帳の項目立てはやや変則的です。普通の資財帳では、仏像は仏そのもの、経典は法そのもので、仏物は仏の所有物、法物は経典を読み上げる法会で使う道具をさすのが普通です。しかし、多度神宮寺資財帳は仏像と経典を仏物と位置づけています。

多度神宮寺資財帳において資財部で列記した建物施設のいくつかは、冒頭の縁起とよく対応します。すなわち、檜皮葺三重塔（東塔）と瓦葺三重塔（西塔）は、それぞれ美濃国近士県主新麿と大僧都賢璟が造営しました（32～34、11、12～13行）。板葺堂（39行）および板葺小堂（41行）は、満願禅師が居住し阿弥陀丈六を造立した道場（4～5行）と神坐山南辺を伐掃して小堂と神御像を造立した記事（8～9行）に対応します［田中一九八三］。さらに檜皮葺鐘台（42行）および銅鐘（63行）は、桑名郡主帳下従七位下水取月足が奉施したものです（9～11行）。また、檜皮葺法堂（40行）と板葺板敷僧房・板葺小子房、草葺僧房・草葺小子房（77～80行）および草葺湯屋（101行）は、天応元（七八一）年一二月始に、私度沙弥法教が伊勢・美濃・尾張・志摩四国の道俗知識を率いて建てたものです（13～16行）。これ以外の「大衆」を構成

板葺屋壱間　長二丈三尺　広一丈四尺五寸　高八尺　（第五紙）」
板葺竈屋壱間泥塗　長二丈六尺　広一丈一尺　高六尺
草葺韓室弐間　並塗
一間　長一丈六尺五寸　広一丈一尺　高四尺
一間　長一丈四尺　広一丈一尺　高三尺
草葺厨壱間泥塗　長二丈八尺　広一丈三尺　高七尺五寸
草葺板倉参間
一間　長一丈三尺八寸　広一丈一尺五寸　高八尺
一間　長一丈一尺四寸　広一丈一尺二寸　高六尺五寸
一間　長一丈一尺六寸　広一丈　高九尺
草葺湯屋壱間泥塗　長一丈六尺五寸　広一丈一尺　高六尺四寸
鉄釜弐口　各受二斗之中　一口破　鉄堝壱口　受二升
大鎚壱隻　湯鉄参拾斤　太釜余也(ママ)、
鎰伍勾　之中怗鎰一　法堂料　寺木印壱隻
𨏍弐口　各受一斛　油缶壱口　受二斗六升
缶肆口　三口各受三斗　一口受一斗五升
鋪設
聖僧御座短茵壱枚　高座幷礼盤短茵肆枚
長茵肆拾玖張　廿六麻席　廿三枚縄席　長席肆枚
茅長席肆枚　縄席参拾伍枚
(異筆)「伊勢国桑名郡幡桙嶋東庄墾田幷田代
始自一条辰田里十二坪幷廿五町　始自同条二土入里一坪幷卅六町
始自三姫嶋里一坪至于廿坪幷廿一町」
合墾田幷田代「捌」(異筆)拾町肆段参伯(佰)肆拾歩「大納言正三位藤原雅(壊カ)黒施入」(異筆)　（第六紙）」

する板葺屋・板葺竈屋各一棟、草葺韓室二棟、草葺厨一棟、草葺板倉三棟（91～100行）の由来は不分明ですが、「迄于今日遠近修行者等、作備供養行事並寺内資財（今日まで遠近の修行者など、供養行事ならびに寺内資財を作り備ふ）」（16～17行）結果と判断してよいでしょう。つまり、多度神宮寺は小規模な板葺仏堂二、檜皮葺と瓦葺の三重塔各一、檜皮葺法堂一、板葺と草葺の僧房と小子房各一の九棟の建物が伽藍地を構成し、竈屋・韓室・湯屋・倉などの板葺・草葺建物九棟が大衆院を構成したわけです。

建物施設との関係は明記されていませんが、金泥弥勒菩薩像・薬師仏木像・金泥観世音菩薩像・金泥得大勢至菩薩像・金泥弥勒像とその脇侍、太子像（釈迦誕生仏？）の計八躯の彫像と、板障子釈迦浄土と各三副からなる阿弥陀浄土・観世音菩薩・薬師浄土の画像が多度神宮寺の信仰対象です（19～25行）。なお、列記した彫像に満願禅師が造った阿弥陀丈六（5行）と神御像（9行）がありません。しかし、板葺堂（39行）および板葺小堂（41行）が満願禅師にかかわる建物なら、本尊が不在なはずはありせん。ましてや、阿弥陀悔過料を計上する（134行）のに、その本尊となる阿弥陀丈六が存在しないことはありえません。縁起部で既述した彫像は、資財部で省略したと考えるべきでしょう。事実、阿弥陀如来の脇侍となる金泥観世音菩薩像・金泥得大勢至菩薩（20・21

伊勢国肆町陸段参伯歩
　桑名郡野代郷条外里十九室木田弐段参伯〔佰〕歩　常荒
　　次廿室木田玖段　常荒　次廿一室木田肆段　常荒
六条九烏垣里廿四漆原田壱段
田代野弐所
　条外里門屋原弐町　四至東南西北山
　七条二多治比辺里田代幷山一処在寺前　四至東小祭社 南小山
　　（異筆）「已上、延暦十七年人〻所進、」
三重郡六条五鍬柄里七海辺田玖段陸拾歩　荒
　　十二俣田参伯〔佰〕歩
尾張国墾田幷田代参拾伍町捌段肆拾歩
　海部郡十三条馬背里壱町参段
　田代葦原参拾肆町伍段肆拾歩
　　荒廃公田壱拾陸町伍段肆拾歩　常荒八町一段 今荒捌町肆拾歩
　　六年佃還公　　空地壱拾捌町
　　　延暦五年長官紀朝臣佐婆麿　　介井上直牛甘
　　　大目大伴直赤椅　少目春戸村主広江等任時所進、
合稲壱仟伍伯〔佰、下同ジ〕玖拾束
　通修理料伍伯玖拾弐束伍把
　西塔修理料弐伯弐拾伍束
　同法阿弥陀悔過料伍伯肆拾束
　講経料壱伯陸拾伍束
　悲田料陸拾漆束伍把
　　　　　　　　　　　（第七紙）」

行）の上段には、空白があります。阿弥陀丈六と神御像を加えると、多度神宮寺が保有する彫像は一〇躯となります。なお、列記した彫像に神御像がないことから、22行の弥勒像と脇侍を、縁起でいう神御像に比定する説もあります［田中一九八三］。しかし、阿弥陀丈六の記載法から類推すれば、縁起で既出なので省略したと考えるのが正解です。七八八年は神像彫刻の出現時期としては微妙ですが、積極的に評価すべきだと思います。一方、所有経典は大般若経六〇〇巻をはじめとする一般経典一一種類で（26～31行）、決して多くありません。

32～37行が二基の塔です。小さな寺なのに塔が二基もある理由は、縁起の11～13行目に明記されています。建てた人が異なるのです。現在でもミャンマーなどでは仏塔を建てるのが最大の功徳で、それが人生の目標になっています。西の瓦葺塔（おそらく大僧都賢璟が建てた塔）には、水晶玉七つ、唐鏡一面、鏡二一面がありました。これ以外に、袋に入った白銅（銅と錫の合金）製錫杖二本と数珠二貫とが通物でありながら、西塔料として位置づけられています（86行）。塔で玉や鏡をどのように活用したか確言できませんが、塔は釈迦の骨（舎利）を納める建物ですから、それを厳かに飾り立てる道具＝荘厳具だったのでしょう。鏡二一面の大きさの記録は大雑把です。塔の荘厳法として、外壁や相輪に

倉附
市无伍伯木部坂継外垣倉納弐伯壱拾伍束
出挙伍伯捌束捌把伍分
未納捌伯陸拾陸束壱把伍分
伏願、私度沙弥法教幷道俗・知識等、頃年
之間、構㆔造法堂・僧房・太衆湯屋㆒、種〻所㆑修㆓
功徳㆒、先用廻㆔施於多度大神㆒、一切神等、増㆔益威
光㆒、永隆㆓仏教㆒、風雨順㆑序、五穀豊稔、速截㆓業網㆒、
同致㆓菩提㆒、次願、聖朝文武、擎㆓水渧善㆒、動㆓乾坤誓㆒、
千代平朝、万葉常君、次願、遠近有縁知
識、四恩済挺、塵籠共航覚者、現在法侶等、
同蒙㆓利益㆒、遂会㆓界外輪際有頂㆒、早離㆓閻
浮㆒、倶奉㆓極楽㆒、
延暦「廿」年十一月三日　願主沙弥「法教」(自署、下同ジ)
鎮修行住位僧「賢中」
知事修行入位僧　病
「検察」(異筆)
伊勢国
大国師伝燈大法師
少国師伝燈住位僧「慈浩」　(第八紙)」
尾張国
大国師伝燈法師「恵聡」

鏡を取り付けた例があります。私が見たのは、中国東北地方（内蒙古）の白塔で、朝日・夕日に反射するのが印象的でした。錫杖や数珠は、僧が托鉢・布教に使うものなので、西塔に納めた物品でも通物と位置づけたのかもしれません。

38～63行に法物、すなわち法会に使う建物や道具を列記します。なかに鐘楼（42行）と吊した梵鐘（63行）もカウントされています。鐘は時を知らせる道具で、法会の進行に深くかかわります。

先述したように、39行の板葺堂と41行の板葺小堂には、満願禅師が作った丈六阿弥陀三尊像と多度神像を安置していました。板葺堂の大きさは長八・三m、奥行四・一五m、板葺小堂の大きさは長三・一m、奥行二・六mと小規模です。ここに丈六阿弥陀三尊や神像を安置し、幡（47～48行）で荘厳し、花机（50行）に花を盛り、火炉で香を焚き（58～60行）、漆器椀皿を並べて多度神に供物をそなえる（83～84行）ことは可能です。しかし、複数の僧侶が内部で法会を実施する空間は、板葺堂や板葺小堂内では確保できません。前庭で法会をおこなうことは可能でも（庭儀）、堂自体は仏の空間・神の空間だったのです。ということは、法物として登録した動産の多くは、長一四・八m、奥行一〇・四m、高四mの檜皮葺法堂＝講堂（40行）における法会で使用したことになります。

少国師伝燈法師
僧綱御使　　従儀僧「慈広」　」
（異筆）「僧綱判収
大僧都修行伝燈大禅師位「賢環」
少僧都伝燈大法師位「行賀」
少僧都伝燈大法師位「玄憐」
律師伝燈大法師位
（異筆）「資財帳四通　一神宮寺　一伊勢国師　一僧綱所　一尾張国師」　（第九紙）」

とすると、43～63行に列記した高座・幡・机・座・帳（カーテン）・金属製品などのいくつかは、講堂の備品と考えられます。とくに、法物備品の筆頭にあがる高座二具（43行）は、確実に法堂における法会で使用した調度品です。107～110行で、高座に敷く座布団（茵《しとね》）などを鋪設として別記した理由はよくわかりませんが、現在も唐招提寺や法隆寺の講堂内には、一対の登高座（講師台・読師台）が並んでいます。高座に腰掛けた学侶代表の読師が講師と向き合って問答し、両側にひかえた学侶が聴講する姿は、「春日権現験紀絵巻」の興福寺講堂維摩会にも描かれています。

多度神宮寺だけでなく、大安寺・法隆寺・法隆寺東院・安祥寺・広隆寺・観世音寺・信貴山寺・近長谷寺など、寺格や宗派・地域を問わず、多くの奈良・平安時代の寺院が高座はそなえていたことは資財帳に明記されています［1～3・8・9・11・12・14・16］。

問答形式の法会（無量寿経講読）や高座を使った法会（仁王般若波羅密経講読）は、七世紀中葉、難波宮でおこなわれました（『日本書紀』孝徳天皇三〈六四七〉年四月一五日条、同六年五月是月条）。また、大安寺資財帳［1］は、高座を大般若会調度と記録しています。多度神宮寺も大般若経六〇〇巻を保有しているので（26行）、高座は大般若会でも使ったと思います。また、法会で重要な役目を果たした聖僧の座が準備されています（52・108行）。聖僧については次項で説明します。

58～63行には、火炉や銅金泥香杯（金メッキした銅のお香入れ）、銅磬《けい》などの香道具や楽器などの金属器が並びます。これらを用いて、法会では、臭覚・聴覚など、五感すべてに訴えて仏をなぐさめたのです。64～68行の布薩調度、69～75行の楽具についても次項で述べます。

76～82行が僧物、すなわち僧の所有物とされた建物や備品です。布薩の説明でも述べますが、僧は法会に際して身も心も浄めるため入浴します。湯釜・湯船（81～82行）を僧物とした理由です。しかし、湯屋（101行）だけを太衆物とした理由は定かでありません。僧だけでなく、寺院関係者や部外者も湯屋を利用できた可能性があります。湯屋がない寺院でも、湯をわかして身を清める行為は不可欠なはずです。風呂の始まりは仏教寺院にあります。

83～84行の供神料器は、神宮寺ならではの道具です。多度神への供物を、轆轤で挽いた漆塗椀二合と漆塗盤（大皿）四口に盛ったのです。合でカウントした椀は蓋のある容器で、口でカウントした大皿には蓋はありません。盤は大型なので、轆轤で挽くのは困難です。多分、刳物でしょう。平安時代前期の資財帳［8～11］は漆器も登記しますが、奈良時代の資財帳に記載された仏や聖僧のための供物容器はすべて金属器です。多度神宮寺資財帳でも、法物で登録した火炉・香杯は金属器です（58～60行）。つまり、多度神宮寺の供神料器は、資財帳に最初に登場した木製容器（漆器）となります。それが、神への供物容器である事実は興味深い点です。

90～106行の太衆では、僧や寺院関係者の日常生活にかかわる建物や備品がならびます。厨（96行）や竈屋（92行）は台所。鉄釜・鉄鍋（102行）は竈屋にあった煮炊具です。二石も入る湯釜（81行）よりはるかに小さい点に注目して下さい。三〇斤（約一八kg）の湯鉄（103行）は、湯釜を鋳造した鉄のあまりです。広隆寺では湯釜が破損していたと記録されています［9・11］。そうした備品修理ためにも、原料を保管しておくことは重要です。多くの稲米や恒常的に使用しない備品は板倉（97～100行）に保管しましたが、日常消費する飲料水や食材・調味料などは、厨などに置いた計七個の甕に入れてありました（105～106行）。法隆寺資財帳［2］は二〇〇個以上の甕を、観世音寺資財帳［12］は四〇個の甕を登録しています。西大寺食堂院では八〇個の大甕を埋め込んで、厨内に整然と並べていました。各寺が擁する僧などの数に甕数が比例するならば、尾張国分寺には四〇個前後の埋甕施設があったと推定できます。なお、多度神宮寺では、油缶についてのみ内容物がわかります。

104行の鎰は法堂の鍵です。法堂に多くの法会備品があったという推測を裏付けます。104行の寺木印は、神宮寺の木製の印鑑です。寺の公式文書に押したはずです。法隆寺資財帳［2］も銅印七面を登録していますが、うち六面は各地の庄園で使用しました。なお、多度神宮寺資財帳全面に押した印鑑は僧綱印なので、この木印ではありません。

111～130行が多度神宮寺が保有する寺領です。寺領は紛争の種になりがちな資産で、多度神宮寺資財帳に新たな書込みがある（111～113行・121行）のも、その現れです。資財帳検察に伊勢・尾張国が関与している（156～163行）のに対応して、多度神宮寺領は伊勢国桑名・三重郡と尾張国海部郡の一国三郡に分布します。両国に分布する墾田並田代をを合計しても四〇町四段三〇歩で、113行目の八〇町四段三〇歩にはなりません。単なる計算違いか、「捌（八）」字を追加記入した点に意図があったかわかりません。

しかし、多度神宮寺領が伊勢・尾張両国に分布することは間違いありません。これは、多度神宮寺が伊勢国内でも尾張・美濃国境近くに立地し、縁起で述べたように、私度沙弥法教が伊勢・美濃・尾張・志摩の道俗知識、すなわち信仰を同じくする民間人を募って布教活動をおこなった（13～16行）ことに対応します。法教は私度僧、すなわち正式の公務員ではなくても、資財帳作成に名を連ね（150行）、多度神宮にとって欠かせない人材でした。

二国三郡に分布する多度神宮寺領のあり方は、古代寺院としてはやや異質です。伊勢国近長谷寺［16］は、在地の有力豪族である飯高宿禰諸氏が近隣有力者や近親を募って建てた氏寺で、寺領一一町四段二〇歩は彼らの拠点である伊勢国多気・飯野・度会三郡に限定されます。このように寺領が寺の周辺部に集中する現象は、氏寺由来の古代寺院には通有です。山城国広隆寺［9・11］は、古墳時代以来の在地豪族である秦氏の氏寺で、平安京に隣接し、平安貴族の信仰を集めたにもかかわらず、寺領である水田・陸田五〇町弱は、すべて広隆寺の周辺に分布します。また、大和国法隆寺［2］の寺領は、聖徳太子が講じた法華・勝鬘経の布施である播磨国の寺領、崇仏論争に破れた物部氏領に由来する河内・摂津・近江国の寺領を除外すると、大和国平群郡にある五〇町弱に限られます。つまり、氏寺が保有する寺領の分布は、原則として寺の周辺、すなわち造営氏族の支配領域に限定されるのです。これに対して、平城京の大寺院である大安寺［1］の寺領二〇〇〇町強は、寺の周囲や平城京の周囲にはほとんど分布せず、大和・近江・紀伊・若狭・伊勢・播磨・備前・伊賀・美濃と広範に散在します。

多度神宮寺の寺領四〇町強は、広隆寺や法隆寺の寺辺所領と規模は似ていますが、寺が立地する伊勢国桑名郡だけでなく、三重郡や隣国尾張の海部郡にも広がっています。とくに尾張国の寺領は、延暦五年に尾張国司が寄進したものである点（129〜130行）は、氏寺にはない特徴です。異筆よる追記なので疑問は残りますが、伊勢国の寺領も、大納言藤原雄黒による施入（113行）、延暦一七年に人々が寄進した（121行）といいます。つまり、多度神宮寺領は、多度神社信仰や法教等による布教活動の成果と深くかかわり、造営氏族の支配領域を反映する氏寺の寺領とは異なっています。ただし、墾田并田代は荒地が多く、どれほどの収入があったのかはよくわかりません。

国分寺の寺領は、天平勝宝元（七四九）年七月一三日に僧寺が一〇〇〇町、尼寺が四〇〇町を限度とすることが定められました（『続日本紀』）。限度額を確保できたかは別として、多度神宮寺や氏寺の寺領とは一桁違う経済基盤が国分寺には保証されていたわけです。尾張国分僧寺・尼寺の寺領保有形態はわかりませんが、寺辺に何百町もの寺領を確保することは不可能なので、尾張国内に広く分布したものと考えてよいでしょう。

多度神宮寺の寺領から得た稲の、流動資産としての当面の使い途が131〜136行です。建物施設一般の維持管理費（132行）、唯一の瓦葺建物である西塔修理費（133行）、本尊を対象とした法会費用（阿弥陀悔過料、134行）、経典を講ずる法会費用（135行）、布教活動費（136行）などです。阿弥陀悔過については次項で解説します。

137〜140行の倉附は、当面の使い途が決まっていない稲や固定資産として活用する稲です。なかには将来納入予定の稲（140行）もカウントしています。注目すべきは139行の出挙稲で、多度神宮寺が貸付事業（高利貸）をおこなっていたことがわかります。141行以下は後書＝願文です。

以上、多度神宮寺資財帳にざっと目を通しました。古代寺院がどのような資産を保有し、それをもとに、どのような宗教活動や経営事業をおこなっていたのか、おおよそのイメージはできたと思います。以下、尾張国分寺を念頭に置いて、古代寺院内でおこなった法会などの宗教活動について、資財帳を参照しつつ、もう少し詳しく検討します。

3　資財帳から復原する国分寺法会―大般若会・布薩・最勝王経転読・灌仏会―

冒頭で、古代寺院のなかで何を使い何をしていたのかがわからないと申し上げました。しかし、地方寺院のなかでも、国分寺がおこなった宗教活動は比較的よくわかります。礼拝すべき仏像・経典や、取りおこなうべき仏教儀式（以下「法会」と総称）に関する指令が、中央政府から飛んでおり、その内容が正史（『続日本紀』などの六国史）に記載されているからです。ただし、作るべき仏像の種類や、読むべき経典の名称、およびそれを駆使しておこなう法会について命じても、法会で使う道具立てについて具体的に指令していません。また、その法会の段取りや方式についても記録は残っていません。同時代史料である資財帳から引き出すべき情報は、国分寺に関しても少なくないわけです。今日は、そのなかで、①大般若会、②布薩、③最勝王経転読、④灌仏会の四つを取りあげます。

①　大般若会

これは、仏教経典のなかでも六〇〇巻と最大を誇る大般若経を読誦する法会です。天平九（七三七）年三月三日の勅で、「毎国、令造釈迦仏像一体、挟侍菩薩二躯、兼写大般若経一部（国ごとに釈迦仏像一体、挟侍菩薩二躯を造らしめ、兼ねて大般若経一部を写さしむ）」と命じており（『続日本紀』）、天平一三年の「国分寺造営の詔」（『類聚三代格』巻第三、仏事下所収）も同じことを命じています。なお、「国分寺造営の詔」は、五穀豊穣・国家安穏を祈り、国ごとに造塔・写経を命じた本文と、国分僧寺・尼寺の運営を規定する条例三ヶ条、国家・天皇家・藤原氏・橘氏の繁栄を祈る願文五ヶ条からなりますが。『続日本紀』は後半の条例を欠いています。

勅で命じたのは大般若経の写経ですが、写すだけでは意味がありません。当然、読んだはずです。しかし、大般若経六〇〇巻をすべてを読み上げるのは大変です、時間をかけて全部読む（真読する）こともありますが、普通は拾い読み、飛ばし読みをします。「大般若経転読」です。大般若経転読というと経を唱えながら、折本経を空中乱舞させるパフォーマンスを思い浮かべます。しかし、古代の経典は巻子本＝巻物ですから、空中乱舞させるわけにはいきません。折本経の出現は中世以降のことになります。

しかし、転読という言葉は、古代史料にも頻出します。巻物なら机上で転がせば、まさに転読です。経机（51行）は両側が反りかえり、巻物が転げ落ちにくい構造になっています。経を納めた韓櫃や厨子から一巻ずつ取り出し、抄読しながら経机＝転読台の上で転がし、また韓櫃や厨子に納め、次の一巻を取りだす。これが古代における大般若経転読の基本動作と考えています。

資財帳では、信貴山寺のような小規模な山寺でも大般若経を保有しています。奈良・平安時代を通じて、大般若会は一般的な法会でした。ただし、七世紀（飛鳥白鳳時代）にさかのぼるものではないようです。大般若会の始まりは、大宝三（七〇三）年三月一〇日、藤原京の四大寺、すなわち大官大寺・薬師寺・川原寺・元興寺において大般若経を読ませ、一〇〇人を得度させたことにあります（『続日本紀』）。また、神亀二（七二五）年正月一七日、防災のため僧六〇〇人に宮中で大般若経を読ませました（『続日本紀』）。

奈良時代寺院の大般若会として、大安寺が著名です。『続日本紀』によれば、律師道慈は大安寺伽藍の除災を願い、私的に浄行僧を招き毎年大般若経一部六〇〇巻を転読させていましたが、天平九（七三七）年四月八日、諸国が進上した調庸を布施（資金）にして、僧一五〇人による「護寺鎮国、平安聖朝」を目的に年中行事化することを申請し、公的な許可（勅許）を得ています。

天平一九年の大安寺資財帳［1］は、「大般若会調度」として、仏殿（金堂）と中門および東西小門と回廊の四ヶ所に掲げる布製額八条、本尊釈迦如来に懸ける緑綱四条と横木二枝、緋絁帳一条・紺布帳六張・細布帳一張、布縄一三条、経台二足、高座二具、机六足、礼盤座二具、火炉机二足、布巾三条、簾二枚を計上します。詳しい論証は省略しますが、大安寺大般若会の会場の有様を、私は次のように復原しています。

会場は本尊がおわす金堂だけでなく、中門・回廊が囲む金堂前広場も含む空間です。八ヶ所に下げた布製額で法会空間を結界し、各種帳（カーテンや幔幕）を布縄で張り巡らせて荘厳します。本尊前の横木に懸けた緑綱の端は、法会に列席した関係者と結ばれています。本尊の前には経台二足を置き、韓櫃二合に納めた大般若経を取り出して転読します。その手前には（堂外正面かもしれません）高座が対面し、その間に机や礼盤を置き、法会を主催する道師などの座席になります。

多度神宮寺資財帳も保有経典の筆頭が大般若経六〇〇巻で（26行）、法物すなわち法会にかかわる備品として高座二具・高座宝頂二具（43～45行）や経机一前（51行）が、大安寺大般若会調度と共通します。多度神宮寺でも、高座を使って大般若経転読をおこなっていたのでしょう。前項で述べたように、阿弥陀三尊を安置した板葺堂や多度神像を安置した板葺小堂は小規模なので、高座を用いた大般若会は多度神宮寺の法堂すなわち講堂でおこなったと考えられます。この点で、金堂院で大般若会を開催した大安寺と異なります。広隆寺資財帳［9・11］でも、「仏物章」において檜皮葺五間金堂や大般若経一部とともに、高座二基と前机二前・幡八旒・茵二枚などの高座調度雑物を登録しているので、大般若会は金堂でおこなったことがわかります。

それでは国分寺の大般若会はどこでおこなわれたのか。国分寺の伽藍配置は、一部に例外はありますが、中門と金堂の間に広場がある大安寺と共通します。また、国分寺金堂の本尊は、大安寺金堂と同様に釈迦三尊です。ということは、国分寺大般若会の多くは金堂でおこなっており、その法会で使用する道具や作法も大安寺大般若会とよく似ていたと考えてよいでしょう。

② 布薩（梵語 posadha）

布薩とは「仏教教団で、半月ごとに集まって戒律の条文を読み上げ、互いに自己の罪障を懺悔する儀式」（『広辞苑』）をさし、木叉《もくしゃ》・戒羯磨という言葉もほぼ同義で使われます。つまり、月二回の反省会で、法会を司る戒師が戒本を読み上げ、全員出席を義務づけられた出家者は、身に覚えがあれば告白して懺悔するのです。

　国分寺造営の詔（『類聚三代格』）の条例第二項において「毎至月半誦戒羯磨（月半ばに至るごとに、戒羯磨を誦えよ）」とあるので、各地の国分寺においても布薩を義務づけたことがわかります。永観二（九八四）年に源為憲が著した『三宝絵詞』によれば、「月ごとの一五日・三〇日に、寺々は布薩をおこなふ」とあり、一〇世紀後半には多くの寺が布薩をおこなっていたと考えられます。ただし、東大寺では、毎月一四日と二九日におこなう布薩は「大乗布薩」で、一五日と三〇日におこなう「小乗布薩」と区別していました（『東大寺要録』諸会章第五）。

　また、布薩の前日、「月ごとの一四日・二九日に、大に湯をわかしてあまねく僧にあむす」とあります（『三宝絵詞』）。発掘で判明した例はわずかですが、ほとんどの古代寺院資財帳に湯屋（温室）や湯釜・湯船が登録されているのは（多度神宮寺資財帳では81・82・101行）、布薩に参加する僧侶が、心を清める以前に身を浄め、心身ともに清浄な姿で仏に対面する必要があったからだとわかります。

　多度神宮寺資財帳は、布薩調度として、脇息一前、如意一柄、籌八〇隻、浄水丸筥二口、袋七口、漆塗持櫃二合を登録しています（64〜68行）。櫃は法会を荘厳する幡の容器、袋も道具入れですから、布薩に必要な道具は脇息・如意・籌・浄水丸筥ということになります。脇息は座ったときの肘掛け台、如意は「孫の手」のような形をした僧侶の威儀具、籌は出席確認のための数取り札、浄水丸筥は清らかな水を入れる容器です。

　大安寺資財帳［2］は、木叉分として、銭二四貫四八三文、水瓶四口、如意三枝、籌一具、船一一口を挙げ、広隆寺資財帳［9・11］の「法物章」は、金銅如意一枚、櫃に入った籌五〇枚、澡瓶一口の三種を「布薩料」として計上します。また、観世音寺資財帳［12］は「布薩物章」で如意一隻、白銅軍持一口、白銅香炉一柄、白銅水瓶一口を挙げます。澡瓶も軍持も水瓶も、浄水容器です。つまり、八世紀前半の中央大寺院（大安寺）や八世紀末の地方神宮寺（多度神宮寺）、九世紀後半の宮都周辺の氏寺（広隆寺）、一〇世紀初の地方官寺（観世音寺）において、如意・籌・

浄水容器という同じ道具を使って木叉・布薩をおこなっていたのです。国分寺における戒羯磨で使う道具も、まったく同じであったと断定してよいでしょう。

東大寺で月に四回おこなう布薩の会場は講堂でした（『東大寺要録』）。広隆寺資財帳も「法物章」において、檜皮葺五間講法堂とともに布薩料をカウントしているので、会場はやはり講堂です。多度神宮寺では僧侶が多数集会できる空間は檜皮葺法堂（40行）しかありません。講堂は僧侶の集会場ですから、本来の機能からしても布薩会場として妥当であると評価できます。当然、各地の国分寺の戒羯摩も講堂で開催したはずです。

なお、布薩に関しては、七五三年に来日した鑑真が伝えた作法を重視し、鑑真以前と以後とではまったく異なるものだったとする説が有力です［石田一九六八、奥一九九三］。その説にしたがえば、鑑真以前の国分寺における戒羯磨の実体はわからないことになります。しかし、それは八世紀前半の大安寺において、八世紀中頃以降の布薩とまったく同じ道具を使って木叉をおこなっていた事実に気づかなかったために生じた誤解です。鑑真の来日によって変わったのは呼称だけで、木叉作法（戒羯磨）と布薩作法の道具立ては一緒なのです。

なお、『三宝絵詞』によれば、布薩は「大衆みな堂にあつまりて、戒師ひとり経を誦ず」「その作法の間をば、僧にあらぬ人はみきかしめず」とのことで、僧侶限定の法会だったことがわかります。脇息と如意（65行）は一つしかないので戒師の用具です。とくに、如意は「説法・講讃・法会などにおいて講師が持って威儀を整える儀式用具。もとは僧尼の日常所持品であった」（『仏具辞典』東京堂出版、一九七八年）など、一般的僧具と解説することが多いのですが、多度神宮寺・広隆寺・観世音寺資財帳［6・9・11・12］では、布薩道具として登録されたものだけで、他の如意はありません。また、大安寺資財帳［1］では、保有する如意一六枝のうち三枝が木叉分で、残りの一三枝は仏物なので僧が持つ道具ではありません。つまり、少なくとも南都六宗系の寺院では、古代を通じて如意は布薩（木叉）という法会の道具として特化していたのです。

注目したいのは、奈良・平安時代の僧形彫刻に如意を持したものが少なくないことです。如意は後補品であっても、現存像は保持しなくても、手の形からもともと如意を持した姿だったと判断できます。東大寺の良弁像、法隆寺東院の行信像、岡寺の義淵像、観心寺の聖僧像等が該当します。これらは、古代寺院の開祖的存在を占める僧侶や聖僧が、布薩の戒師を務めたことを示しています。なかでも注目していただきたいのは、聖僧像です。

聖僧像は観心寺だけでなく、大安寺・広隆寺・観世音寺資財帳［1・9・11・12］も登録しており、現存する東寺食堂の聖僧像は著名です。岡寺義淵像も聖僧像とする説が有力です。聖僧像の実例や意義に関しては先行研究があり［伊東一九七八、奥一九九三］、一般には食堂や講堂に安置し、食事（斎食）の場で、居並ぶ僧侶の上座を占めるのが聖僧と考えています。聖僧像がないのは、天竺や唐の例にならい、姿なき聖僧の座だけを準備したためのようです。多度神宮寺資財帳でも、聖僧像は存在しないのに座る場所だけが確保されています（52・108行）。

大安寺・法隆寺・観世音寺資財帳［1・2・12］では、聖僧分とした資産は金属製の食器をはじめとして膨大量におよび、超高級品が少なくありません。一般僧侶は足元にも及びません。古代寺院では聖僧が重要な存在で、斎食の場だけでなく、布薩などの法会の上座を占めたのです。

最澄は自分たちの聖僧は文殊菩薩であると主張しますが、一般には仏弟子である羅漢の筆頭、賓頭盧《びんずる》尊者が聖僧だと言われています。東大寺や信濃善光寺に行くと、賓頭盧尊者は「なで仏」として堂外に置かれています。悪い所を撫でれば万病が治癒するという霊験あらたかな像で、なで回され顔つきも定かではありません。居並ぶ僧侶の上座にいた聖僧が、いつのまに堂の外に追い出され、なで回される存在になったのか。想像をたくましくすれば、八世紀後半以降、鑑真像・良弁像などの肖像彫刻が現れます。誰ともわからない聖僧よりも、開基・開祖・祖師の肖像のほうが寺院にとってはるかに重要です。近長谷寺では、鐘楼に毗頭盧一柱を安置していました［16］。鐘楼は講堂等に比べ開放的な建物です。日本古代仏教における聖僧＝賓頭盧尊者の没落は、意外と早かったと思われます。

なお、『三宝絵詞』は、毎月二回おこなう布薩のなかで「六月につごもりの程は、おとこ・女　寺に来りて籌をうく。功徳のためなり」と記しています。つまり、六月末の布薩は一般公開で、本来は参加僧の人数を調べるための籌を、参詣者にもお札のようにして配布したようです。『三宝絵詞』が書かれた一〇世紀後半の姿なのかもしれませんが、多度神宮寺の籌は八〇隻もあるので（66行）、一般配布分も含めて登録しているように思われます。

③最勝王経転読

最勝王経転読も「国分寺造営の詔」条例第二項において「其僧尼毎月八日必応転読最勝王経（僧尼はかならず毎月八日に最勝王経を転読しなさい）」と規定しています。国分寺造営以前の天平九（七三七）年和泉監正税帳では、正月一四日、二寺で金光明経八巻と最勝王経一〇巻を読誦する恒例の法会に関して、仏聖僧四躯・読僧一八口に対する総供養料を計上しています。金光明経・最勝王経の読誦においても、聖僧がいることに注目して下さい。この場合の聖僧は「躯」でカウントしているので彫像です。

金光明最勝王経は、いうまでもなく国分僧寺の正式名＝金光明四天王護国之寺の由来となった経典です。最勝王経は護国経典として重視され、神護景雲元（七六七）年頃からは、毎年正月八日～一四日、大極殿で最勝王経を講説し、夜に吉祥悔過を修して五穀豊穣・国家安寧を祈願する宮中御斎会として定着します。宮中行事である御斎会に関しては『延喜式』や各種儀式書に記載されており、先行研究もあります［吉田一九九三］。儀式の次第も復原され、資財帳からアプローチできる点は多くありません。先行研究をご参照願います。御斎会に合わせて、各国でも国分僧寺・尼寺で正月八日～一四日に最勝王経転読と吉祥悔過をおこなっています。ただし、吉祥悔過は承和六（八三九）年以降は国庁でおこなうようになったとのことです。

なお、宮中御斎会にも聖僧の座があります。先述したように、平安時代、聖僧の地位は著しく低下します。少なくとも、天平一九年の大安寺や法隆寺資財帳では寺一番の物持ち、財産家だった聖僧の帰属品は、平安時代の資財帳では一部の食器を除いて、見る影もありません。宮中の仏事では仏名会など、ほかにも聖僧座が準備されています。寺院よりも宮中仏事のほうがより伝統的な形を残したようです。釈迦誕生を祝う灌仏会もその例になります。

④灌仏会

灌仏会は、天平一三年の「国分寺造営の詔」では実施を義務づけていません。また、国分寺で灌仏会をおこなったという指摘もありません。しかし、国分寺で灌仏会を施行した可能性は高いと考えています。まず注目したいのは、七三七年に始まる大安寺大般若会が四月八日開催である点です。四月八日は花祭＝灌仏会＝お釈迦様の誕生日です。平安時代の法令細則書『延喜式』では大安寺大般若会は四月七日ですが、御釈迦様の誕生日にかこつけて、大般若会をおこなったことに代わりはありません。なお、現在の大安寺における大般若経転読はお正月行事です。要するに、大般若会の日取は固定したものではなく、ほかの年中行事と結びつくことで定例化するのです。

日本の古代寺院における灌仏会は、推古天皇一四（六〇六）年四月八日の飛鳥寺釈迦丈六仏（飛鳥大仏）完成時に「自是年初毎寺、四月八日七月十五日設斎」したのが初見です（『日本書紀』）。灌仏会と盂蘭盆会を、すべての寺院に共通する法会として公的に位置づけたことになります。大化三（六四七）年、推古朝の冠位十二階に一階を加えて「七色一十三階之冠」を制定したとき、各色の冠は「大会、饗客、四月七月斎時」すなわち即位元日の儀、外国使節の接待、灌仏会と盂蘭盆会における着用を義務づけています（『日本書紀』大化三年是歳条）。七世紀の日本において、灌仏会・盂蘭盆会が仏教行事として特に重視されたことは間違いありません。

八世紀に成立した大安寺・法隆寺・西大寺資財帳［1・2・5］、および縁起部分だけが残る元興寺縁起によれば、南都諸寺はかならず灌仏調度をそなえています。東大寺の金銅製誕生仏と灌仏盤から、現在の花祭と同様、灌仏盤中央に片手挙手型誕生仏を安置し、聖水や香水をかける、すなわち灌水する礼拝法が、八世紀にすでにあったことは確実です。なお、八世紀最大の仏教イベントである東大寺大仏開眼会は、天平勝宝四（七五二）年四月九日に開催されました（『続日本紀』）。四月九日は釈迦誕生日の翌日です。また、『日本書紀』では、日本列島に仏教が渡来したのは欽明天皇一三（五五二）年冬一〇月のことと記載します。つまり、天平勝宝四年は仏教渡来二〇〇年に当たります。ということは、大仏開眼会は仏教渡来二〇〇年と釈迦誕生日とが重なる記念日に開催されるはずでしたが、何らかの理由で日延べされたと考えられます［吉村一九七二］。

日本列島や朝鮮半島には、出土品も含め六世紀後半～八世紀の片手挙手型誕生仏が数十例知られています［松田一九九七］。この時期の仏像として最も数が多いはずです。誕生仏の信仰・礼拝は、半島や列島できわめて盛んだったのです。西日本では石見国分寺跡・石見国分尼寺跡・讃岐坂田廃寺跡・山城久世廃寺跡など、八世紀の国分寺や七世紀の地方寺院でも誕生仏が出土し、国分寺を含めた地方寺院でも、灌仏会を開催したことは確実です。

ところが、南都諸寺に普遍的な誕生仏や灌仏調度は、平安時代の資財帳から、ほぼ姿を消します。多度神宮寺資財帳が記載する太子像一躯（25行）は、誕生仏の可能性があります。しかし、灌仏盤の存在を明記しないので、神宮寺で灌仏会をおこなったか疑問です。ほかの平安時代の寺院資財帳では、七世紀に創建された山城広隆寺や筑前観世音寺も含め、灌仏調度や誕生仏の記載がありません。誕生仏自体の彫刻をみても、平安時代以降は顕著な遺例がありません。大般若会のような大規模法会が灌仏会を侵食したのだと思います。庇を貸して軒を盗られたようなものです。

一方、承和七（八四〇）年に、法相宗の僧、静安によって宮中灌仏会がはじまります（『続日本後紀』）。灌仏会の伝統は、宮中の仏教儀式に残り、寺院灌仏会は衰えたと私は考えています［上原二〇一一a］。しかし、古代灌仏会が近年の花祭とどう連続（あるいは断絶復興）するか明らかではありません。以上、国分寺でおこなったと推定できる大般若会、布薩、最勝王経転読、灌仏会についてざっと検討しました。ほかに、御斎会の関係で説明した吉祥悔過も、八世紀後半～九世紀前半の国分寺でおこなった法会です。

布薩と同様、自己の罪を発露懺悔して現世利益を祈願する法会が悔過です。布薩が僧侶限定の法会であるのに対して、悔過は一般公開を前提に挙行されています。様々な仏教学事典では、布薩に関しては豊富な経典・戒律・論蔵を引用して具体的作法に至るまで解説するのに対し、悔過に関する解説文も布薩の半分に満ちません。一方、宗教行事史・建築史・美術史等では悔過会に注目した研究が比較的多くあります。しかし、布薩はほとんど議論の俎上にのぼりません。それは正史の記事には悔過会が頻発するのに、布薩はほとんど取り上げられない事実。および東大寺二月堂のお水取りなど現在に残る正月行事（修正会・修二会）が悔過会に由来するからです。

悔過会は、古くは大般若経転読などをともなう読経悔過型が一般的で、九世紀後半以降、経典読誦を主とする法会と、修正会・修二会のような年中行事とが分離します〔山岸一九八〇・一九八四〕。多度神宮寺資財帳では、稲一五九〇束のうち五四〇束を阿弥陀悔過費用に計上しています（134行）。寺院悔過会は吉祥悔過、十一面悔過、薬師悔過など特定の本尊や仏像を対象に、限定された寺院で天皇・皇族の追善や病気平癒、疫病や物怪の退散、五穀豊穣などを目的に実施しています。それが正史に記録される理由でもあります。これに対し、布薩は不特定多数の寺院が開催する月ごとの行事なので、正史に載らないのです。もちろん悔過会も年中行事化すると正史から姿を消します。しかし、見せ場は悔過行事のほうがはるかに上です。布薩のように型が決まっていないので、派手なイベントとして盛り上げることが可能なのです。そうしたイベントを考えるうえで、楽具が重要な意味をもちます。多度神宮寺資財帳では69～75行にその記載があります。

4　法会にともなうイベント

一般公開する仏教法会においては、イベントがつきものです。古代寺院では、伎楽等の外来系舞楽を、仏をなぐさめ供養する手段として重視しました。『延喜式』巻二一の雅楽寮条によれば、四月六・七両日、雅楽寮の官人・史生各一人が、楽人を率いて大安寺大般若会に参加しました。その翌日の灌仏会、七月一五日の盂蘭盆会においては、伎楽人を東西二寺と大安・西大・法華・秋篠等の寺とに分けてあてるため、雅楽寮の官人は皆、寺に詣でたといいます。中央大寺院の法会には雅楽寮が関与し、伎楽・雅楽の大イベントを開催したのです。

宮廷雅楽に取り入れられなかった伎楽は衰退しますが、正倉院や法隆寺に各種の伎楽面が多数残り、無言劇のおおよそのストーリーも人口に膾炙しています。宮廷雅楽には、神祇祭祀や宮廷饗宴にともなう国風歌舞と、法会由来の外来舞楽とがあります。古代寺院資財帳には、宮廷雅楽の前史をなす伎楽や外来系舞楽の面・衣装・小道具がたくさん掲載されています。とくに、大安寺［1］や西大寺［5］など平城京内官大寺、安祥寺［8］や法隆寺［2］、広隆寺［9・11］などの宮都周辺の皇族発願寺院や氏寺、観世音寺［12］などの地方官寺の資財帳は、完璧に揃った伎楽や唐楽の面・衣裳・道具・楽器を掲載しています。おそらく国分寺も同様だと思います。

正倉院には「常陸」「相模」「讃岐」「周防」「長門」など、地方の国名を銘記する伎楽面があり、表現法などから各地方で作り貢納したもの判断できます［成瀬一九九七］。外来系舞楽は、国分寺造営などを契機に、地方でも独自に製作できるに至ったのです。ところが、それ以外のやや格が落ちる寺院の資財帳には、面・衣裳・楽器がまったく載っていないか［7・13・17］、載っていてもきわめて貧相です。多度神宮寺資財帳の楽具（69～75行）のうち、太鼓一・小鼓三（70行）・筝琴二（73行）が楽器で、高麗犬一頭・高麗冒子二頭は、獅子舞に類する曲目衣装です。伎楽では最初に獅子舞が登場します。多度神宮寺資財帳には、衣八領（73行）の衣装に対応する面は記載されていないので、面をかぶらず金泥大刀・珠冠・骨笏を持した一人と、金泥筋文小刀を持した三人の計四人が舞う姿が想定できます。観心寺や信貴山寺［10・14］でも楽器は打楽器が主体で、面も進宿徳面や貴徳王面などの忿怒の表情をした面が一～二面あるにすぎません。地方寺院では中央大寺院や地方官寺と異なり、雅楽寮などの役所が関与して、伎楽・雅楽を盛大に催すことはなかったようです。面が少数であることは、舞楽の場が独自に設定できず、修二会（節分）の鬼のように、法会のクライマックスを盛り上げる装置として、楽具が機能した可能性があります。おそらく外来系舞楽が地方寺院に伝播し、地方の民俗芸能の基礎が築かれたのだと思いますが、古代寺院資財帳の楽具のあり方はそれを彷彿とさせます。国分寺のなかで何を使い何をしたのかという問題を考えるために、資財帳を使い、ややまどろこしい話をいたしました。これは研究者の間でもほとんど議論されたことがない話です。

参考文献

石神教親　二〇〇五年「多度神宮寺の造営」『Mie History』第一六巻、三重歴史文化研究会

石田瑞麿　一九六八年「鑑真における布薩の意義—日本上代仏教史の一問題—」『南都佛教』第二一号、南都佛教研究会
磯田信義　一九七六年「〈多度神宮寺伽藍縁起並資財帳〉の史料的価値をめぐって」『文化史学』第三二号、文化史学会
伊東史朗　一九七八年「聖僧像に関する考察—観心寺像を中心に—」『国華』一〇一八号、朝日新聞社
井上　薫　一九六六年『奈良朝仏教史の研究』日本史学研究叢書、吉川弘文館
上原真人　二〇一二年ａ「神雄寺の伽藍と法会」『馬場南遺跡（神雄寺跡）の発見から』〈もう一つの万葉の里　木津川市から〉記念シンポジウム　第二六回国民文化祭木津川市実行委員会事務局
上原真人　二〇一二年ｂ「古代寺院の財産目録からわかること」『歴史シンポジウム　交野ヶ原の古代寺院』枚方市教育委員会・(財)枚方市文化財研究調査会
奥　健夫　一九九三年「東寺伝聖僧文殊像をめぐって」『美術史』一三四、美術史学会
川尻秋生　一九九八年「〈多度神宮寺資財帳〉について—僧綱の寺領検察機能の視点から—」『仏教史学研究』第四一巻第一号（「〈多度神宮寺資財帳〉の作成目的」と改題して『日本古代の格と資財帳』吉川弘文館、二〇〇三年）
多度町教育委員会　二〇〇二年『多度町史』資料編一（考古・古代・中世）
田中　恵　一九八三年「八世紀の神宮寺と仏像について」『岩手大学教育学部研究年報』第四二巻第二号
成瀬正和　一九九七年「正倉院伎楽面の分類的研究」『正倉院紀要』第一九号、宮内庁正倉院事務所
松田妙子　一九九七年「東アジアの誕生仏—片手挙手型誕生仏について—」『佛教藝術』二三三号、毎日新聞社
湊　敏郎　一九八二年「多度神社所蔵、神宮寺資財帳について—僧綱之印を中心に—」『佛教藝術』一四四号、毎日新聞社
矢野建一　一九七七年「〈多度神宮寺伽藍縁起並資財帳〉の史料的特質」『地方史研究』二七巻三号、地方史研究協議会
山岸常人　一九八〇年「東大寺二月堂の創建と紫微中台十一面悔過所」『南都佛教』第四五号、南都佛教研究会
山岸常人　一九八四年「悔過から修正修二会へ—平安時代前期悔過会の変容—」『南都佛教』第五二号、南都佛教研究会
吉田一彦　一九九三年「御斎会の研究」『延喜式研究』第八号（のちに『日本古代社会と仏教』吉川弘文館、一九九五年所収）
吉村　怜　一九七二年「東大寺大仏開眼会と仏教伝来二百年」『美術史研究』九号、早稲田大学美術史学会

調査研究略歴・成果発表・講演・著作物一覧（京都大学入学以後に限った）

一九六九（昭和四四）年

（四月　京都大学文学部入学）

長岡宮内裏正殿〈東宮（第二次内裏）内郭正殿〉発掘に参加（夏、京都府教育委員会実施。京都大学考古学研究会会員として参加）

比叡山横川中堂再建に先立つ発掘に参加（冬、同調査団実施。京都大学考古学研究会会員として参加）

一九七〇（昭和四五）年

円勝寺跡〈京都市美術館構内〉発掘に参加（夏、円勝寺発掘調査団実施。京都大学考古学研究会会員として参加）

一九七一（昭和四六）年

（四月　京都大学文学部史学科考古学専攻生となる）

七月　「高床建築論―古代信仰の一断面（とくに稲霊と祖霊をめぐって）―」『とれんち』二四号、二〇〜六一頁、京都大学考古学研究会

城陽市宮ノ平一〜三号墳発掘に参加（夏、京都府教育委員会実施）

西賀茂鎮守庵瓦窯跡発掘に参加（一一月〜翌年二月、京都市文化観光局文化財保護課実施）

一九七二（昭和四七）年

三月　「円勝寺跡の発掘調査（下）」（円勝寺跡発掘調査団編）『佛教芸術』八四号、七四〜九一頁（瓦報文担当）、毎日新聞社

山口市周防鋳銭司跡発掘に参加（三月、山口市教育委員会実施）

京都市延勝寺跡発掘に参加（六〜七月、六勝寺研究会実施）

一九七三（昭和四八）年

京都市御堂ヶ池群集墳第二〇号墳の発掘調査を主導（三月一日～四月一六日、六勝寺研究会実施）

（三月　京都大学文学部卒業〈史学科・考古学専攻〉）

（四月　京都大学文学部聴講生）

京都市長刀坂古墳調査（七月、砥石用チャート採石跡と判明、六勝寺研究会実施）

一九七四（昭和四九）年

（四月　京都大学大学院文学研究科修士課程入学〈考古学専攻〉）

山口市朝倉河内古墳群の発掘調査を主導（三月一日～四月二八日、山口市教育委員会実施）

六月　『御堂ヶ池群集墳第二〇号墳発掘調査報告』本文四七頁、図版九枚、六勝寺研究会

一九七五（昭和五〇）年

三月　「出土遺物」〈京都市動物園爬虫類館建設工事に伴う法勝寺跡発掘調査報告書〉（六勝寺研究会）『法勝寺跡』京都市埋蔵文化財年次報告一九七四―Ⅱ、四二～五一頁、京都市文化観光局文化財保護課

兵庫県宝塚市中筋山手古墳群（横穴式石室）の実測に参加（三月後半と五月の連休、宝塚市教育委員会実施）

一九七六（昭和五一）年

三月　『朝倉河内古墳群調査報告書』山口市埋蔵文化財調査報告書第四集、一～四頁、七～一三頁、五七～七六頁、（株）農協不動産・朝倉河内古墳群発掘調査委員会

（三月　京都大学大学院文学研究科修士課程卒業〈考古学専攻〉）

（四月　京都大学大学院文学研究科博士課程進学〈考古学専攻〉）

アフガニスタンにおけるスカンダル・テペ発掘およびバーミヤン石窟調査に参加（七～一〇月　京都大学イアパ調査隊実施）

山口県長門深川廃寺第二次調査に参加（一二月、山口県教育委員会実施）

一九七七（昭和五二）年

三月①　「農学部遺跡ＢＥ33の発掘調査」「病院内遺跡ＡＥ15の発掘調査」『京都大学構内遺跡調査研究年報　昭和五一年度』

三三一〜三三六頁（瓦報文担当）、五八〜六二頁（瓦報文担当）、京都大学構内遺跡調査会

三月② 「恭仁宮跡昭和五一年度発掘調査概要」『埋蔵文化財発掘調査概報一九七七』四九〜五八頁（文字瓦報文担当）、京都府教育委員会

七月 『平安京古瓦図録』図版一六八〜一九七・五三一〜六七九の解説、平安博物館編、雄山閣

四天王寺東大門跡、鼓楼跡の発掘調査に参加（七〜八月、四天王寺の再建計画にともなう発掘）

一九七八（昭和五三）年

三月 「恭仁宮跡昭和五二年度発掘調査概要」『埋蔵文化財発掘調査概報一九七八』三〇〜六九頁（瓦報文担当）京都府教育委員会

五月 「古代末期における瓦生産体制の変革」『古代研究』第一三・一四号、一〜一一〇頁、（財）元興寺文化財研究所

一一月 『京都大学埋蔵文化財調査報告 第一冊—京大農学部遺跡BG36区—』一一〜四三頁（瓦報文および考察担当）京都大学埋蔵文化財研究センター

一九七九（昭和五四）年

三月 「恭仁宮跡昭和五三年度発掘調査概要」『埋蔵文化財発掘調査概報一九七九』二六〜六三頁（軒瓦報文と考察担当）京都府教育委員会

（三月 京都大学大学院文学研究科博士課程単位取得退学〈考古学専攻〉）

（四月 奈良国立文化財研究所研究員〈文部技官〉平城宮跡発掘調査部に配属）

平城京左京三条四坊七坪（第一一六次調査）に参加（五〜七月、平城宮跡発掘調査部実施）

九月 「古代末期播磨系瓦屋略史」『魚住古窯ニュース』八、一〜六頁、魚住古窯址調査事務所

一九八〇（昭和五五）年

東院園池西南地区（第一二〇次調査）に参加（一〜五月 平城宮跡発掘調査部実施）

三月① 『昭和五四年度平城宮跡発掘調査部発掘調査概報』奈良国立文化財研究所（分担執筆）

三月② 「木製品・石製品」『平城京左京三条二坊六坪発掘調査概報』九頁、奈良市教育委員会

五月　「一一・一二世紀の瓦当文様の源流（上）」『古代文化』第三三巻第五号、一～二一頁、（財）古代学協会
六月　「一一・一二世紀の瓦当文様の源流（下）」『古代文化』第三三巻第六号、一～二〇頁、（財）古代学協会
　　平城宮馬寮（第一二七次調査）・平城京西市（第一二三―一二三次調査）を担当（一〇～一二月、平城宮跡発掘調査部実施）

一九八一（昭和五六）年

三月①『昭和五五年度平城宮跡発掘調査部発掘調査概報』奈良国立文化財研究所（分担執筆）
三月②『平城京九条大路―県道城廻り線予定地発掘調査概報Ⅰ―』奈良国立文化財研究所（編集担当）
七月　「平城宮の発掘調査」『奈良県観光』第二九六号、奈良県観光新聞社
一一月「木製人形」『月刊文化財』№二一八、五二頁（表紙解説）文化庁文化財保護部
　　平城宮第二次大極殿院後殿（第一三二次調査）に参加（六～九月、平城宮跡発掘調査部実施）
　　法隆寺防災工事に伴う発掘調査に参加（法隆寺主催、奈良国立文化財研究所・奈良県立橿原考古学研究所の合同調査）

一九八二（昭和五七）年

三月①『昭和五六年度平城宮跡発掘調査部発掘調査概報』奈良国立文化財研究所（編集担当）
三月②「木製品・金属製品」『平城京西市跡―右京八条二坊十二坪の発掘調査―』二六～二七頁、奈良国立文化財研究所
五月①「恭仁宮文字瓦の年代」（五月一日、帝塚山大学における公開講演会）
五月②「平安後期の軒瓦に関する基礎的研究」『考古学論考―小林行雄博士古稀記念論文集―』六四三～六七〇頁、平凡社
　　（四月、飛鳥藤原宮跡発掘調査部に配置替）
　　石神遺跡第二次調査、飛鳥寺寺域東北隅の調査を担当（七～一一月、飛鳥藤原宮跡発掘調査部実施）
八月　「石神遺跡第二次の調査」『季刊明日香風』第四号、一二二～一二三頁、（財）飛鳥保存財団

一九八三（昭和五八）年

三月①「恭仁宮文字瓦の年代」『文化財論叢―奈良国立文化財研究所創立三〇周年記念論文集―』五八七～六〇七頁、同朋舎
　　出版
三月②『飛鳥・藤原宮発掘調査概報一三』奈良国立文化財研究所（分担執筆）

（四月、埋蔵文化財センターに配置替）

一一月　「瓦の見方について」（富山市考古資料館の第三回古代日本海文化展〈北陸の古代寺院とその源流を探る〉に合わせて、一一月二〇日、富山市民俗民芸村管理センターで開催した北陸四県合同研究会での特別講演）

一九八四（昭和五九）年

三月①　「長岡遷都直前の平城京」（三月八日、長岡京中央公民館でおこなった講演）長岡京市教育委員会

三月②　「瓦の見方について」『富山市考古資料館紀要第三号』一～一八頁、富山市考古資料館

三月③　『恭仁宮跡発掘調査報告書　瓦編』本文一二一頁、図版四〇枚、京都府教育委員会

六月　「都に運ばれた讃岐の瓦」（六月二九日、高松市市民会館でおこなった講演）高松市教育委員会

一〇月　「天平一二、一三年の瓦工房」『研究論集Ⅶ』（奈良国立文化財研究所学報第四一集）一〇五～一五四頁

一九八五（昭和六〇）年

史跡讃岐国分寺講堂跡東地区（経蔵もしくは鐘楼跡）発掘を指導（一一～三月、国分寺町教育委員会実施）

三月①　『特別史跡　讃岐国分寺跡昭和五九年度発掘調査概報』香川県国分寺町教育委員会（作成を指導）

三月②　『木器集成図録　近畿古代篇』奈良国立文化財研究所史料第二七冊（町田章編）遺跡解説など一部を分担

三月③　「教昊寺出土瓦の再検討」『教昊寺―第一次発掘調査概報―』一一～一六頁、安来市教育委員会

七月　「官窯の条件―律令制下造瓦体制を検討するための作業仮説―」（七月一三・一四日、富山市で開催した北陸古瓦研究会の会合における発表）

史跡讃岐国分寺僧房跡発掘を指導（一〇月～一二月、国分寺町教育委員会実施）

一九八六（昭和六一）年

二月　「仏教」『岩波講座　日本考古学第四巻　集落と祭祀』三〇八～三六六頁、岩波書店

三月　『特別史跡　讃岐国分寺跡昭和六〇年度発掘調査概報』香川県国分寺町教育委員会（作成を指導）

八月　論文展望「天平一二、一三年の瓦工房」『季刊考古学』第一六号、一〇四頁、雄山閣出版

九月　「高句麗の古瓦」「百済の古瓦」「古新羅の古瓦」『韓国美術1　古代美術』三二五～三二七頁（金元龍編）講談社

史跡讃岐国分寺跡講堂西方建物跡発掘を指導（一〇月～一二月、国分寺町教育員会実施）

一九八七（昭和六二）年

二月　「官窯の条件―律令制下造瓦体制を検討するための作業仮説―」『北陸の古代寺院―その源流と古瓦―』一三～二七頁（北陸古瓦研究会編）桂書房

三月　『特別史跡　讃岐国分寺跡昭和六一年度発掘調査概報』香川県国分寺町教育委員会（作成を指導）

四月　「歴史時代（古代）研究の動向」『日本考古学年報三八（一九八五年度版）』三〇～三四頁、日本考古学協会

一〇月　「国分寺の造営」『開館五周年記念　第五回企画展　古代官道と甲斐の文化』五〇～五三頁、山梨県立考古博物館

一一月　「瀬戸内海を渡ってきた瓦」『大阪湾をめぐる文化の流れ―もの・ひと・みち―』一二六～一四九頁（一一月一四・一五日、大阪市にある国民会館で開催したシンポジウムの資料集）帝塚山考古学研究所

一九八八（昭和六三）年

一月　「平安貴族は瓦葺邸宅に住んでいなかった―平安京右京一条三坊九町出土瓦をめぐって―」『歴史学と考古学―高井悌三郎先生喜寿記念論集―』五一一～五三七頁、高井悌三郎先生喜寿記念事業会

二月　「都城の寺院」『季刊考古学』第二二号（特集・古代の都城）四八～五二頁、雄山閣出版

三月①　「宮殿から寺院へ―出土瓦より見た恭仁宮と山城国分寺―」『史跡山城国分寺跡保存管理計画策定報告書』二三～三一頁、加茂町教育委員会

三月②　「縄生廃寺出土舎利容器に関する若干の考察」『縄生廃寺跡発掘調査報告』（朝日町文化財調査報告第一冊）一七～三四頁、朝日町教育員会

一〇月　「古代の斧と鍬」（一〇月一日、京都府立山城郷土資料館で開催した第六回文化財講座にて講演）

一一月　「平安貴族は瓦葺邸宅に住んでいなかった」（一一月一二日、奈良国立文化財研究所第六三回公開講演会）

一二月　「瓦―恭仁宮式文字瓦の世界―」『歴史の読み方（3）考古学への招待』（週刊朝日百科　日本の歴史　別冊）三三一～三三八頁、朝日新聞社

一九八九（平成元）年

三月　「古代の斧と鍬（要旨）」『山城郷土資料館報』第七号、三八〜三九頁、京都府立山城郷土資料館

八月　「氏族の寺々―縄生廃寺出土の舎利容器をめぐって―」（八月三〇日、鈴鹿市文化会館における講演会）

一〇月　「古代の造瓦工房」『古代史復元9　古代の都と村』一二四〜一三九頁（金子裕之編）講談社

一二月　「東国国分寺の文字瓦再考」『古代文化』第四一巻第一二号、一一〜二七頁、（財）古代学協会

一九九〇（平成二）年

二月　「［三重］縄生廃寺の舎利容器」『佛教芸術』一八八号（特集　舎利容器の問題点）一一九〜一三一頁、毎日新聞社

三月①　「平安貴族は瓦葺邸宅に住んでいなかった」『奈良国立文化財研究所年報一九八九』七四頁、奈良国立文化財研究所

三月②　「平瓦製作法の変遷―近世造瓦技術成立の前提―」『播磨考古学論叢』六九五〜七二〇頁、今里幾次先生古稀記念論文集刊行会

三月③　「瓦についてのコメント」『天狗沢瓦窯跡発掘調査報告書』一〇三〜一〇五頁、山梨県敷島町教育委員会

五月　「奈良時代の官営造瓦工房」（五月一九日、京都府社会福祉会館にておこなった京都府埋蔵文化財調査研究センター主催の上人ヶ平遺跡調査報告にかかる研修会での講演）

八月　「飛鳥・白鳳・天平―古代の瓦作り―」（八月一一日、奈良学の会での講演）

六月　『新編　日本史辞典』（「祭祀遺跡」「鋳銭司跡」「石塔」「塼仏」「百万塔」「摩崖仏」「和鏡」「懸仏」「曲物」「五輪塔」「宝篋印塔」「経塚」「付録・石塔図」を執筆）東京創元社

一〇月　「新しい奈良学への路　飛鳥・白鳳・天平―古代の瓦作り―」『月刊奈良』第三〇巻第一〇号、九八〜一〇〇頁、（社）現代奈良協会

一九九一（平成三）年

一月　「平安貴族は瓦葺の家に住んだか」『争点日本の歴史3　古代編Ⅱ』二一二〜二一三頁（吉村武彦・吉岡真之編）新人物往来社

二月　「僕らもインドで考えた」（高瀬要一と共著）『奈文研所内報』第一八七号、六〜八頁、奈良国立文化財研究所

八月　「屋根の瓦」『平成三年度文化財講座資料集　大昔の住まい』二五〜三〇頁（八月一六日、エル・おおさか〈府立労働

センター〉で開催した平成三年度文化財講座資料集〈第一回〜第一〇回分〉〉（財）大阪文化財センター
十月　「畿内から見た豊前の寺院と古瓦」（一〇月二六・二七日、大分県中津市サンリブ中津講義室で開催した第八〇回九州古文化研究会〈中津大会・豊前地方の古代寺院と古瓦〉にて講演）
一一月①「奈良時代瓦工房の構造」（一一月二日、楽友会館で開催した史学研究会大会の講演）
一一月②「農具の変遷—鋤と鍬—」『季刊考古学』第三七号（特集・稲作農耕と弥生文化）四六〜五二頁、雄山閣出版
一二月　「都に運んだ播磨の瓦」（一二月一日、加古川市青少年婦人センターでおこなった講演）加古川市教育委員会

一九九二（平成四）年

二月　「上淀廃寺の示すもの」『朝日新聞（夕刊）』（二月一八日付）
三月　「木器集成図録の作成」『奈良国立文化財研究所年報一九九一』六一頁、奈良国立文化財研究所
五月　「〈平成三年度史学研究会大会講演要旨〉奈良時代瓦工房の構造」『史林』第七五巻第三号、史学研究会
七月　「古代の瓦づくり—赤塚山古窯跡をめぐって—」（七月二五日、豊川地域文化広場にて開催した特別展記念講演会）豊川市教育委員会
一〇月　「弥生から古代への木の食器」（一〇月三日、（財）飛鳥保存財団研修宿泊所〈祝戸荘〉における〈あすか塾〉で講演）
一一月①「政治と宗教（仏教）」（一一月二三日、奈良大学で開催した政治と宗教に関わるシンポジウムの基調講演）日本考古学協会
一一月②「畿内から見た東海の古代寺院について」（一一月二八・二九日、岐阜市メルサホールで開催した第九回東海埋蔵文化財研究会岐阜大会〈古代仏教東へ—寺と窯—〉の第一日目講演）
一一月③「白鳳瓦からみた畿内と地方」『天狗沢瓦窯と古代甲斐国』二七〜三二頁、第二回敷島歴史フォーラム、敷島町教育委員会（一一月二九日に開催したフォーラムの要旨集）

一九九三（平成五）年

三月①「瓦からみた平安時代の後期」（三月二七日、宇治市文化センターで開催した第八回宇治市発掘報告会〈平安王朝の時代と宇治〉における講演）宇治市歴史資料館・宇治市教育委員会

三月②　『木器集成図録　近畿原始篇』奈良国立文化財研究所史料第三六冊（図版二〇一枚、解説四一〇頁、挿図三一九枚）
一一月①「四方転びの箱―古代木工技術の変革（予察）―」『平安京歴史研究』四二一～四二七頁、杉山信三先生米寿記念論集刊行会
一一月②『中野山越遺跡発掘調査報告書』岐阜県吉城郡古川町埋蔵文化財調査報告第三集、一六八～一六九頁（鉄製品報文）
一二月「韓国の初期仏教と宇佐―豊前の新羅系文化を中心に―」（一二月一八日、宇佐文化会館における市民歴史講座）

一九九四（平成六）年

（四月　飛鳥藤原宮跡発掘調査部に配置替）
二月「卒論の頃」『小林行雄先生追悼録』二一二～二一三頁、京都大学文学部考古学研究室編、天山社
四月「瓦の語るもの」『岩波講座　日本通史第三巻　古代2』三三九～三四七頁、岩波書店
五月「入れもの」『季刊考古学』第四七号（特集・先史時代の木工文化）一八～二三頁、雄山閣出版
藤原京左京七条一・二坊（藤原宮七五次調査）を担当（四月～八月、飛鳥藤原宮跡発掘調査部実施）
六月①「前期の瓦」『平安京提要』六二五～六四〇頁（角田文衛監修）角川書店
六月②「古代の寺と役所」（六月二五日、京都府綾部市資料館にて開催した教養講座第五講）
一〇月①『奈良国立文化財研究所年報一九九四』奈良国立文化財研究所（編集担当）
一〇月②「平安京へ運ばれた丹波の瓦」『第一〇回特別展　丹波国と平安京―都を支えた篠窯跡群―』三四～三七頁、亀岡市文化資料館（本図録を利用して一一月六日に講演）
一一月①「瓦が語る平安京」『平成六年度特別展　瓦―平安の都へ―』二～三頁、吹田市立博物館
一一月②「平安京に運ばれた瓦」（一一月一三日、吹田市立博物館における講演）
一一月③「西日本の農具の変遷」『古代における農具の変遷―稲作技術史を農具から見る―』発表要旨集、一～一〇頁（一一月二六・二七日に開催した（財）静岡県埋蔵文化財調査研究所設立一〇周年記念シンポジウム・第四回東日本埋蔵文化財研究会・第二回東海考古学フォーラム）
一二月「平地寺院と山岳寺院」（一二月二四日〈平成六年度　大知波峠廃寺跡講座〉第二回講義）湖西市・湖西市教育委員会

一九九五（平成七）年

二月①「木製品が語る古代の農業技術」（平成七年冬期展〈古代の木の道具―ここまできた保存技術―〉にあわせて、二月一八日、大阪府立弥生文化博物館一階ホールにて開催した記念講演会）

二月②「古代の瓦作りについて」（二月二五日、京都府立山城郷土資料館で開催した第七二回埋蔵文化財セミナー〈都城と瓦生産〉における発表）京都府教委・京都府埋蔵文化財調査研究センター主催

三月「瓦類」『飛鳥・藤原宮発掘調査報告Ⅳ―飛鳥水落遺跡の調査―』八〇～八一頁、奈良国立文化財研究所学報第五五冊

藤原宮内裏東官衙地区（七八次調査）に参加（三月～七月、飛鳥藤原宮跡発掘調査部実施）

五月①『飛鳥・藤原宮発掘調査概報二五』奈良国立文化財研究所（分担執筆）

五月②「畿内から見た豊前の古瓦―顎面施文軒平瓦に関する予察―」『古文化談叢』第三四集、七八～九〇頁、九州古文化研究会

九月①「京都における鎌倉時代の造瓦体制」『文化財論叢Ⅱ―奈良国立文化財研究所創立四〇周年記念論文集―』五九五～六一六頁（同書刊行会編集）同朋舎出版

九月②「新刊紹介今里幾次『播磨古瓦の研究』」『考古学研究』第四二巻第二号（通巻一六六号）一一九頁、考古学研究会

一〇月「火葬のはじまり」（一〇月二八日、朝日新聞社奈良市局において開催した講演会）

一一月①「寺院は何を語るのか」『考古学を学ぶ』五四～五七頁（一一月四・五日、大阪府立看護大学で開催した〈第一〇回はびきの歴史シンポジウム〉配付資料）羽曳野市・羽曳野市教育委員会

一一月②「考古学から見た額田寺」『よみがえる古代の額田部―国宝「額田寺伽藍並条里図」の世界―』一一～一四頁（一一月一九日、大和郡山市立文化センター音楽ホールにおける第一回こおりやま歴史フォーラムの配付資料）大和郡山市

一一月③「寺院の変遷からみた仏教」『仏教の受容と古代国家―日本古代国家の成立を探るⅢ―』一六～二一頁（一一月二三日、市立文化ホールで開催した〈第八回歴史の華ひらく泉南シンポジウム〉配付資料）泉南市・泉南市教育委員会

一一月④「大知波峠廃寺跡の謎を探る」（一一月二五日に開催した湖西市・湖西市教育委員会主催のシンポジウム）

一二月①「浄土を求めて―瓦の証言―」（平成七年度特別展示〈仏教伝来―その後〉に合わせて、一二月三日、東大阪市立郷土

博物館ロビーにおいて開催した第二回記念講演会の講演）

一二月②「平安遷都にともなう官営造瓦工房の再編」『官営工房研究会会報２・３』一～九頁、奈良国立文化財研究所

一二月③「解体後の官営造瓦工房」『官営工房研究会会報２・３』一〇～一四頁、奈良国立文化財研究所

一九九六（平成八）年

二月　「ミャンマーの瓦」『奈文研所内報』第二四七号、六～九頁、奈良国立文化財研究所

三月①「木製容器の種類と画期」『古代の木製食器―弥生期から平安期にかけての木製食器―〈第Ｉ分冊　発表要旨〉』一～六頁（三月二・三日、金沢市石川県女性センターで開催した〈第三九回　埋蔵文化財研究集会〉配付資料）

三月②「額田寺出土瓦の検討」（三月一〇日開催の国立歴史民俗博物館共同研究「古代荘園絵図と在地社会についての史的研究」第八回研究会の発表）

三月③「発掘された宇治・平泉・鎌倉」（三月一七日、宇治市文化センターの大ホールで開催したフォーラム〈王朝の夢、東へ〉のコーディネーター）宇治市教育委員会

三月④「古代の寺と役所」『綾部市資料館報　平成六年度』一九～二二頁（平成六年度教養講座要旨）

三月⑤『大知波峠廃寺跡シンポジウム事業報告書（平成七年度）』シンポジウム実行委員会・湖西市・湖西市教育委員会

三月⑥「飛鳥地域の発掘調査」「（藤原京）左京七条一・二坊の調査」『奈良国立文化財研究所年報一九九五』五二～六一頁、六八・六九頁、奈良国立文化財研究所

（三月　奈良国立文化財研究所退職）

（四月　京都大学大学院文学研究科歴史文化学系教授〈考古学〉）

四月　『蓮華紋』日本の美術三五九号、本文・参考文献・図版目録八六頁、図版一八五枚、至文堂

五月　『飛鳥・藤原宮発掘調査概報二六』奈良国立文化財研究所（分担執筆）

六月　『国史大事典』第一五巻上、補遺（「海会寺跡」「樫原廃寺跡」「上淀廃寺跡」「土塔」「夏見廃寺跡」の各項目を執筆）吉川弘文館

八月　「山田寺出土の磚仏」『山田寺学報検討会記録Ⅳ』奈良国立文化財研究所（同年三月二七日、飛鳥藤原宮跡発掘調査部

会議室にておこなった第四回山田寺学報検討会の発表）

九月　「掘り出された山寺」（九月二八日開催の平成八年度磐梯山慧日寺資料館歴史講座における講演）

一〇月　「瓦から見た四都物語―十二世紀の神戸・博多・京都・平泉―」（一〇月二六日、神戸市埋蔵文化財センターによる平成八年度特別展〈福原京とその時代―対外交流の門戸博多・平安京・北の都奥州平泉―〉に合わせてプレンティホールで開催した講演会）

一一月①「宮の位置をめぐる論争」「造営用木材の調達」「火葬が始まった理由」「水田耕地と化した都」『古都発掘―藤原京と平城京―』一〇～一六、二八～三一、八一～八四、一一四～一一八頁（田中琢編）岩波書店

一一月②「山岳寺院研究の現状と課題」（一一月一四日、磐田市にて開催した平成八年度関東甲信越静地区埋蔵文化財担当職員共同研究会における講演）

一一月③「讃岐国分寺が建ったころ」（一一月二三日、国分寺町女性会館で開催したシンポジウム〈国分寺町の歴史と文化を考える〉における基調講演）。のちに『〈同〉事業実施記録』が国分寺町教育委員会から刊行されている

一九九七（平成九）年

二月①「奈良時代の離宮の瓦」（二月一日、木津町ふれあい文化講座でおこなったシンポジウム〈樋ノ口遺跡を考える―寺院跡か離宮跡かをめぐって―〉の報告）

二月②「瓦から見た法隆寺史―法隆寺の再建と非再建論―」『週刊朝日百科　日本の国宝　第三号』奈良／法隆寺3、一〇〇～一〇二頁、朝日新聞社

二月③「屋瓦の供給体制」『考古学による日本歴史』第九巻（交易と交通）一九一～一九九頁、雄山閣出版

三月①「奈良番匠が作った瓦―中世瓦出張製作の一例―」『堅田直先生古希記念論文集』六九七～七〇四頁、同書刊行会

三月②「瓦類」『史跡大覚寺御所跡発掘調査報告―大沢池北岸域復原整備事業に伴う調査―』六八～八〇頁、一二六～一三七頁、嵯峨御所大覚寺

四月　「農具の画期としての五世紀」『王者の武装―五世紀の金工技術―』八八～九五頁、京都大学総合博物館春季企画展図録

五月①『瓦を読む』歴史発掘一一、本文・参考文献・索引　七四頁、図版二六九枚、講談社
五月②「過去の京都の都市美—とくに瓦の美について—」（五月三〇日、京都国際会館で開催した第八回国際色彩学会大会の公開シンポジウム〈甦る日本の美術〉の基調講演）
六月①「院政期都市遺跡出土瓦研究の現状」（六月七日開催の日本史研究会例会の発表）
六月②「仏教伝来」『ＡＥＲＡ　ＭＯＯＫ　考古学がわかる』四六～四七頁、朝日新聞社
六月③「国分寺の瓦について」（六月二〇日、東大寺学園講堂で開催した〈国分僧尼寺の会　公開講演会〉）
九月①「古代寺院と生産遺跡」『摂河泉の古代寺院とその周辺』九〇～一〇五頁（九月二〇日、泉南市埋蔵文化財センターで開催した第一回摂河泉古代寺院フォーラムの配布資料）泉南市教育委員会・摂河泉文庫・摂河泉古代寺院研究会
九月②「古代の山岳寺院」『慧日寺を考える—ある山岳寺院の過去と未来—』一〇～一六頁（九月二七日、磐梯町立磐梯第一小学校講堂で開催した磐梯町生涯学習事業のシンポジウム配布資料）磐梯町・磐梯町教育委員会
一〇月「古代寺院は軍事施設ではない」（一〇月一一日開催の平成九年度藤井寺市市民文化財講座での講演）
一一月①「市道遺跡と三河の古代寺院」（一一月八日、豊橋市教育委員会主催〈第三回文化財保護講演会〉の講演）
一一月②「院政期播磨系瓦屋の成立年代とその背景」『第五回京都府埋蔵文化財研究会　発表資料集』六七～七三頁（一一月二三・二四日、京都会館で開催した第五回京都府埋蔵文化財研究会の発表資料集）京都府埋蔵文化財研究会

一九九八（平成一〇）年

三月①「瓦の紋様の系譜論についての問題点」『高麗寺—渡来文化の謎にせまる—』三一～三六頁（三月八日、山城町総合文化センター　グリーンホールで開催した第二回山城町歴史シンポジウム、山城町教育委員会
三月②「市道遺跡における寺院構造の変遷に関する一試考」『市道遺跡（Ⅲ）』豊橋市埋蔵文化財調査報告書第四五集、一四七～一六四頁、豊橋市教育委員会
三月③「西西郷廃寺出土の幾何学紋軒平瓦について」『平田市埋蔵文化財調査報告書第五集（山根垣古墳・西西郷廃寺）』一一七～一二八頁、島根県平田市教育委員会（平田市は出雲市となったため、一九八八年三月にさかのぼって刊行。実際の刊行は二〇〇七年春。ただし、原稿は私が奈文研に所属していた時に提出済み）

九月　「軍事要塞になった寺院」（九月二六日開催の平成一〇年度第四回磐梯山慧日寺資料館歴史講座における講演）
一〇月①「奈良時代の文字瓦」『行基の生涯を考古学する』二七～三六頁（一〇月四日、堺市博物館で開催した第二回摂河泉古代寺院フォーラムの配布資料）摂河泉古代寺院研究会
一〇月②「恭仁宮と東大寺法華堂―文字瓦が語る造営の背景―」（一〇月二四日、木津町中央交流会館いずみホールにて開催した木津町ふれあい文化講座の講演）
一一月①「文字瓦が解きあかす古代の管理社会と宗教」（一一月七日、京都アスニー四Fホールで開催した平成一〇年度文化財講演会）
一一月②「古瓦譜の系譜」（一一月八日、栂文化会館第一講座室で開催した第五回文化財講演会。本来は一九九七年七月二六日、『和泉古瓦譜（増補版）』出版記念祝賀会として計画されたが台風のため中止。規模を縮小して一年後に講演だけおこなった）小谷城郷土館主催、堺市教育委員会後援
一二月①『歴史学事典　第六巻　歴史学の方法』樺山浩一責任編集（「考古学」一六七～一六九頁）弘文堂
一二月②「明日香周辺には夢たっぷり（一九九八年の考古学総括）」『朝日新聞』（一二月二七日付）

一九九九（平成一一）年

二月　「東大寺創建と行基」（二月二〇日、朝日カルチャーセンター考古学講座〈総決算・考古学〉花開く都の時代）
三月　「西日本における赤野井湾遺跡の位置づけ―木製農耕具を中心に―」『木製農具から見た赤野井湾遺跡―アジアの中の近江―』二五～三二頁（財）滋賀県文化財保護教会・滋賀県立安土城考古博物館（安土城考古博物館第一八回企画展〈赤野井湾遺跡発掘調査成果展〉にあわせて三月七日に開催した第一〇回埋蔵文化財調査研究会シンポジウム配布資料）
五月　「浄土教の考古学」『夕日のかなたに見た浄土―河内往生院の考古学―』一～八頁（五月八日、東大阪市で開催した往生院六萬寺歴史館開館記念特別展　記念青空シンポジウムの配布資料）
七月　「瓦を読み解く」（七月一八日、鈴鹿市立博物館で開催した博物館講座〈古代の寺と役所を考える〉の講演）
九月　「世界史のなかの屋根瓦」『岸和田市文化賞　第一二回濱田青陵賞授賞式』記念講演要旨（五～一五頁）岸和田市・岸

和田市教育委員会・朝日新聞社

一〇月①『岩波日本史辞典』（無記名分担執筆「飛鳥寺」「えぶり」「奥山久米寺」「葛木寺」「瓦」「瓦塔」「基壇」「紀寺」「百済寺」「豪族居館」「講堂」「金堂」「高麗寺跡」「坂田寺」「食堂」「舎利容器」「鴟尾」「定林寺」「頭塔」「セン」「僧房」「大官大寺」「田下駄」「田舟」「千木」「鎮壇具」「丁鎌」「木偶」「鉄製農具」「塔」「銅鋺」「土馬」「豊浦寺」「版築」「比蘇寺」「檜隈寺」「ふいご」「掘立柱建物」「農具」「馬鍬」「裳階」「本薬師寺」「山城国分寺跡」「山田寺」「若草伽藍」「るつぼ」「歴史時代」など）岩波書店

一〇月②「恭仁宮と山城の寺院」（一〇月三〇日、寺田コミュニティセンターで開催した第三〇回城陽市文化財講演会）

一一月①「発掘された巨大建物」『高きを求めた昔の日本人』一～七、三五～四九頁（一一月二〇日、国立歴史民俗博物館講堂で開催した第三〇回歴博フォーラムでの配布資料）国立歴史民俗博物館

一一月②『日本仏教史辞典』（「海会寺跡」「樫原廃寺跡」「上淀廃寺跡」「土塔」「夏見廃寺跡」の各項目）吉川弘文館

二〇〇〇（平成一二）年

一月「山岳寺院の考古学」（一月一五日、北上市埋蔵文化財センター主催で開催した講座）

三月①「農具の変革」『古代史の論点Ⅰ　環境と食料生産』二一九～二四二頁、（佐原眞・都出比呂志編）小学館

三月②「飛鳥時代の型―軒瓦―」『型からひもとく歴史像―弥生・古墳・飛鳥―』三八～四八頁（三月一九日開催の第四回古代史博物館フォーラム歴史を語るの配付資料）泉南市・泉南市教育委員会

三月③「三宅廃寺が意味するもの」（三月二五日、豊岡市立図書館で開催した豊岡市出土文化財管理センター主催の歴史講演会での講演）

五月①「文字瓦と考古学―藤原貞幹の転向―」『文字瓦と考古学』一九七～二〇九頁、日本考古学協会第六六回総会研究発表資料、国士舘大学大会実行委員会（五月二〇・二一日、国士舘大学で開催）

五月②「瓦屋根の風景」（五月三一日に開催した京都大学市民講座〈春秋講義　春期講座〉）

八月「瓦葺きの風景―屋根の社会史―」（八月三日に、札幌市の北海道立埋蔵文化財センターにて開催した〈第二四回北海道高等学校日本史教育研究会大会〉における講演）

九月　「平安京からみた花立Ⅱ遺跡出土軒瓦の年代」『瓦からみた平泉文化』八九～九〇頁、平泉文化フォーラム二〇〇〇ふれあい歴史のさと事業推進委員会・平泉町・平泉町教育委員会（フォーラムの紙上参加）

一〇月　「対談・よみがえるか古代極楽寺」『ダ・ダ・スコ』第五三号、二～八頁、岩手県南部を中心としたタウン情報誌（一〇月一四日におこなった座談会から起稿したもの）

一一月①「考古学からみたコメ作り」（第六回　能登川町埋蔵文化財センター企画展〈コメ・ひと・文化―道具にみるコメづくりの歴史〉に合わせて、一一月一九日、能登川町にて開催した講演会）

一一月②「歴史学と考古学」（京都府埋蔵文化財調査研究センター設立二〇周年記念特別展に合わせて、一一月二五日、京都府立山城郷土資料館にて開催した平成一二年度文化財講演会での講演）

一二月①「寺院跡の発掘調査法」「地鎮・鎮壇・堂内荘厳」（一二月六日、奈良国立文化財研究所埋蔵文化財センターによる〈平成一二年度埋蔵文化財発掘技術者専門研修・寺院遺跡調査過程〉の講義）

一二月②「山岳寺院の考古学・総説」『山岳寺院の考古学』一～一六頁（一二月九日、大谷女子大学博物館で開催した大谷女子大学文化財学科開設記念の公開講座での記念講演）摂河泉古代寺院研究会共催

一二月③「平安京に運ばれた瓦」（一二月一四日、サンピア明石フロイデホールにて開催した〈サンピアかるちゃー歴史教室〉の講演）

二〇〇一（平成一三）年

二月①『日本歴史大事典』第一～三巻、永原慶二編（第一巻は二〇〇〇年六月、第二巻は同年九月刊行、「瓦器」「瓦経」「瓦塔」「瓦」「瓦窯跡」「経塚」「経筒」「蔵骨器」「仏教考古学」「木器・木製品」の各項目を執筆）小学館

二月②「序」『遠山昭登君追悼文集』京都大学大学院文学研究科学考古学研究室

二月③「発掘された巨大建物」『（歴博フォーラム）高きを求めた昔の日本人―巨大建造物をさぐる―』四～二二頁（国立歴史民俗博物館編）山川出版

三月①「額田寺出土瓦・採集瓦の概説」『国立歴史民俗博物館研究報告』第八八集（共同研究・古代荘園絵図と在地社会についての史的研究）三九～四六頁

三月②　「額田寺出土瓦の再検討」『国立歴史民俗博物館研究報告』第八八集（共同研究・古代荘園絵図と在地社会についての史的研究）一〇七～一四六頁
三月③　「秀衡の持仏堂―平泉柳之御所遺跡出土瓦の一解釈―」『京都大學文學部研究紀要』第四〇号、六九～一三五頁
五月　「世界史の中の屋根瓦」（五月二〇日、奈良市元興寺禅室で開催した建築関係者有志によるフォーラム〈瓦―古代から現代へ―〉の講演）
六月①　「仏舎利の荘厳」（平成一三年春期特別展〈荘厳―飛鳥・白鳳　仏のインテリア―〉に合わせて、六月一七日に開催した歴史セミナーの講演）
六月②　「恭仁宮と東大寺―大和金光明寺成立の謎―」（六月二二日、同志社大学田辺校舎にて開催した公開講義〈南山城の古代〉の講演）
七月　「一二世紀　丹波国分寺がよみがえる」（第一七回特別展〈発掘―まもる・つくる・たのしむ―〉に合わせて、七月一日、亀岡市文化資料館研修室で開催した文化財講座の講演）
一〇月　「東大寺法華堂の創建―大養徳国金光明寺説の再評価―」『考古学の学際的研究―濱田青陵賞受賞者記念論文集Ⅰ―』二七五～三三三頁（岸和田市・岸和田市教育委員会）昭和堂
一二月①「平安京周辺の平安時代後期瓦の様相―生産地認定法と在地消費をめぐって―」『中世寺院の幕明け―一一・一二世紀の寺院の考古学的研究―』二七～六一頁（一二月九日、大阪府立弥生文化博物館で開催した第四回摂河泉古代寺院フォーラムの配布資料）摂河泉古代寺院研究会
一二月②「初期瓦生産と屯倉制」（一二月二五日、奈良文化財研究所で開催した官営工房研究会にて発表）

二〇〇二（平成一四）年

三月①　「塼仏と泥塔」『山田寺発掘調査報告』（創立五〇周年記念奈良文化財研究所学報第六三冊）三五一～三五七頁、独立行政法人文化財研究所　奈良文化財研究所
三月②　「奈良番匠が作った瓦―中世瓦出張製作の一例―」（三月三〇・三一日、奈良大学で開催したシンポジウム〈中世諸職〉の発表）

五月　『日本考古学辞典』田中琢・佐原眞編集代表（「鬼瓦・鬼板」「櫂」「戒壇」「回廊」「唐草文」「伽藍配置」「瓦」「経蔵」「剣頭文」「講堂」「国分寺」「国分尼寺」「金堂」「桟瓦」「寺院」「食堂」「時代区分・時期区分」「鴟尾」「舎利」「須弥壇」「鐘楼」「心礎」「水煙」「隅木蓋瓦」「塼」「塼仏」「僧坊」「橇」「拓本」「棰先瓦」「塔」「巴紋」「布目瓦」「軒平瓦」「軒丸瓦」「熨斗瓦」「平瓦」「風鐸」「仏教」「分布・分布図」「方位」「宝相華文」「法隆寺再建非再建論争」「丸瓦」「銘文」「面戸瓦」「木材」「文字瓦」「門」「歴史考古学」「蓮華文」「露盤」の各項目を執筆）三省堂

六月　「奈良時代の文字瓦」『行基の考古学』五九～九〇頁（摂河泉古代寺院研究会編）塙書房

七月①「『棚倉瓦屋』の発見」『京都新聞』（七月一日付）

七月②「考古遺物より見た東大寺前身寺院について」『平成一四年度　第三一回夏期講座　東大寺の歴史と美術』八～九頁（七月一～三日の夏期講座で、二日の奈良女子大学講堂でおこなった講演）奈良国立博物館

七月③「文章が先か図版が先か」『埋文写真研究』Vol.一三、巻頭言（二～三頁）埋蔵文化財写真技術研究会

七月④「佐原真〈博士〉の夢」『佐原真さんとのお別れ』（七月二〇日、東京・千日谷会堂で開催された「佐原真さんとのお別れ会」で配布された『偲び草』）

七月⑤「弥生・古墳時代における木器の世界―長浜市大戌亥遺跡・鴨田遺跡を中心として―」（七月二七日開催の第一一回長浜市文化財講演会）長浜市教育委員会

七月⑥『仏教美術事典』（「瓦窯跡」「来住廃寺」「北野廃寺」の各項を執筆）東京書籍

九月　「瓦屋根の風景―出土瓦からの復原―」（九月一五日、福島市飯坂温泉にて瓦製造業者を対象に講演）

一〇月　「瓦からみた北陸の古代寺院の様相」（一〇月六日、水橋ふるさと会館で開催した第三回「奈良時代の富山を探る」フォーラム〈古代越中国の仏教と瓦生産〉での配布資料）四～一七頁、富山市教育委員会

一一月①「出土瓦による屋根景観の復原」『古代建築研究の新たな展開』一三～一八頁（一一月九日、奈良県新公会堂で開催した奈良文化財研究所五〇周年記念公開シンポジウム配布資料）独立行政法人文化財研究所奈良文化財研究所

一一月②「仏教と初期瓦生産（かがやく海廊三二）」『西日本新聞』（一一月一九日付）

一一月③「古代の平地寺院と山林寺院」『佛教藝術』二六五号（特集・山岳寺院の考古学的調査　西日本編）一三～二五頁、毎

日新聞社

一二月　「出土瓦から屋根景観を復元する」（一二月二一日、㈶埼玉県埋蔵文化財調査事業団の職場研修として講演）

山科安祥寺上寺跡の測量調査（二〇〇二年一二月〜二〇〇三年一月、二一世紀ＣＯＥ）

二〇〇三（平成一五）年

三月①　『京都大学所蔵古瓦図録Ⅰ（山野道三コレクション）』京都大学大学院文学研究科二一世紀ＣＯＥプログラム〈グローバル化時代の多元的人文学の拠点形成〉成果報告書　第一四研究会〈王権とモニュメント〉

三月②　「木幡乙女と〈盾形〉周濠」『知のたのしみ　学のよろこび』一七七〜一八四頁（京都大学文学部）岩波書店

三月③　「奈良番匠が作った瓦―中世瓦出張製作の一例―」　中世諸職』六八〜九四頁、シンポジウム「中世諸職」実行委員会編

三月④　「初期瓦生産と屯倉制」『京都大學文學部研究紀要』第四二号、一〜六三頁

三月⑤　「栃谷南遺跡で考えたこと」『富山市考古資料館紀要』第二二号、一六〜一九頁、富山市考古資料館

四月①　「長岡京・宝菩提院廃寺の湯屋遺構が語る」『京都民報』（四月一三日付）二〇七九号

四月②　「推薦のことば」『地方の豪族と古代の官人―考古学が解く古代社会の権力構造―』田中広明著、柏書房

五月　「瓦からみた院政期平安宮」（五月三一日、機関誌会館五階で開催した第一四回平安京・京都研究集会〈院政期王権の風景―大内裏・閑院・六条殿―〉にて発表）

七月①　「知恵の形象学（生活に基づく物のかたち）・瓦―雨水から住居を守る「仰」と「覆」との組み合わせ―」『ＵＰＤＡＴＥ』№四八、二〜五頁、㈱熊谷組

七月②　「古代寺院の湯屋」（七月一三日、向日市医療生協カルチャーセンターにて開催の宝菩提院廃寺湯屋跡保存集会での発表）乙訓の文化遺産を守る会

八月　「古代寺院の考古学―丹波国分寺シンポに向けて―」（八月二三日、亀岡市役所市民ホールにて開催した〈シンポジウム―国史跡指定七五周年・発掘二〇周年記念―丹波国分寺を考える〉の基調講演）

九月①　「古代寺院の湯屋遺構」『乙訓文化遺産』一〇号（特集・宝菩提院廃寺遺跡について）二〜一二頁、乙訓の文化遺産を

守る会

九月② 「石敷広場と〈恵日寺絵図〉の〈舞台〉」『恵日寺絵図　平成の大修復』三五〜三八頁（一〇月四・五日、ロッジ&セミナーアルツで開催したシンポジウム〈恵日寺絵図を読み解く〉のテキストを兼ねる）磐梯山慧日寺資料館

一一月 「ミヤケと荘園の瓦生産―大安寺棚倉瓦屋とのかかわりで―」（一一月二二日、木津町東部交流会館多目的ホールで開催した第三二回木津町ふれあい文化講座にて講演）

一二月 「宇治の古墳と古代の人々」（一二月二〇日、宇治市生涯学習センターで市民大学運営スタッフによって開催した〈宇治市民大学　宇治学コース〉の講演）

二〇〇四（平成一六）年

三月① 「はじめに」「安祥寺の歴史と環境」「安祥寺上寺跡の測量調査成果」『安祥寺の研究Ⅰ―京都市山科区所在の平安時代初期の山林寺院―』京都大学大学院文学研究科二一世紀COEプログラム〈グローバル化時代の多元的人文学の拠点形成〉成果報告書）第一四研究会〈王権とモニュメント〉三〜三〇頁

三月② 「（特別講演）瓦からみた北陸の古代寺院の様相」『奈良時代の富山を探る―〈奈良時代の富山を探る〉フォーラム全三回の記録―』一一三〜一二六頁、富山市教育委員会

三月③ 「周防から東寺へ運ばれた瓦―あの頃からの課題―」『山口県史の窓』（第一四回配本『山口県史（資料編）考古二』付録）山口県生活環境部県史編さん室

五月① 「仏舎利信仰の日本的展開―失われた仏舎利―」『かにかくに―八賀晋先生古稀記念論文集―』五二一〜五四一頁、同刊行会

五月② 「南山城の古代寺院」（五月二三日、京田辺市社会福祉会館にて京田辺市郷土史会主催の講演会）

七月① 「編集後記」『佛教藝術』二七五号、一二〇頁、毎日新聞社

七月② 「慧日寺〈戒壇〉とは何か」（七月三一日、磐梯山慧日寺資料館で開催した二〇〇四年度第二回歴史講座の講演）

八月 「飛鳥仏教の考古学―摂津四天王寺と百済尼寺を中心に―」『大阪の歴史を掘る二〇〇四』一〇〜一五頁（八月二九日に大阪歴史博物館四階講堂で開催した講演会資料）（財）大阪市文化財協会・大阪歴史博物館

九月　「（書評と紹介）横山浩一『古代技術史攷』岩波書店」『日本歴史』第六七六号、一〇四～一〇五頁、吉川弘文館

二〇〇四年度「考古学特論C—上を向いて歩こう—」『歴史学通信』第二九号、二四～二五頁、島根大学法文学部社会システム学科考古学・歴史学学生研究室

二〇〇五（平成一七）年

（三月一日　宇治市政功労者表彰、於：宇治市文化センター小ホール）

三月①「古代寺院の湯屋」『宝菩提院廃寺湯屋跡』向日市埋蔵文化財調査報告書第六四冊（第二分冊）一一九～一三四頁、向日市教育委員会

三月②「（序文）遼文化慶陵考察訪中団長として」「慶州城〈白塔〉覚書（一）」『遼文化・慶陵一帯調査報告書』七～九頁、八三～一一一頁、京都大学大学院文学研究科

三月③「編集後記」『佛教藝術』二七九号（特集・宇治の考古学、藤原別業の世界）毎日新聞社

三月④「古代寺院の考古学—丹波国分寺シンポに向けて—」『シンポジウム丹波国分寺を考える—記録集Ⅰ—』一～一二頁（二〇〇三年八月二三日開催のシンポジウムの記録）亀岡市文化資料館

五月①「木製品製作技術の発展」（五月三日、平成一七年度春期特別展〈王権と木製威信具—儀礼用木製品の展開—〉に合わせて安土城考古博物館セミナールームにて開催した講演）

五月②「解説」『佐原真の仕事（二）　道具の考古学』四八 ～四八七頁、岩波書店

六月「美濃国分寺造営—天平の巨大プロジェクト—」（六月二六日、大垣市歴史民俗資料館学習室にて開催した講演会）

七月「慧日寺〈戒壇〉とは何か」『徳一菩薩と慧日寺』一一五～一六八頁、磐梯町・磐梯町教育委員会

八月「（学会動向）安祥寺研究の新たな展開」『古代文化』第五七巻第八号、三九～四三頁、（財）古代學協會

九月「大山崎瓦窯跡について」（九月一一日、離宮八幡宮で開催した〈乙訓の文化遺産を守る会〉二〇〇五年度総会・講演会）

一〇月①「遺跡と景観のイメージ—屋根景観を復原する—」一〇月一九日、平成一七年度宇治市歴史資料館特別展記念講演として宇治市文化センター小ホールにて開催した講演）

一〇月②「暮らしぶり」『列島の古代史二　暮らしと生業』四三〜八二頁（上原真人・白石太一郎・吉川真司・吉村武彦編）岩波書店

一一月　「主旨説明」『皇太后の山寺―山科安祥寺創建の背景をさぐる―』（京都大学大学院文学研究科二一世紀COEプログラム〈グローバル化時代の多元的人文学の拠点形成〉シンポジウム資料）二〜三頁、第一四研究会・王権とモニュメント

一二月①「掘立柱建物の寿命」（一二月一〇日、岩波書店『列島の古代史』の発刊を記念し、明治大学講堂において開催したシンポジウムの基調講演）

一二月②「仏教伝来」『（ドイツ展記念概説）日本の考古学（下）』六〇三〜六一一頁（佐原眞／ヴェルナー・シュタインハウス監修）奈良文化財研究所編、学生社

二〇〇六（平成一八）年

一月①「（共同研究の現在）グローバル化時代の多元的人文学の拠点形成」『日本歴史』第六九二号（新年特集号：共同研究の成果とゆくえ）一七〜一九頁、吉川弘文館

一月②「掘立柱建物の寿命」『毎日新聞（夕刊）』（一月一二日付）

一月③「百済王氏の寺―河内百済寺整備四〇年後の再検討に向けて―」（一月一五日、メセナ枚方大会議室にて開催した特別史跡百済寺跡再整備事業着手記念講演会）

二月①「総説」『列島の古代史五　専門技能と技術』一〜九頁（上原真人・白石太一郎・吉川真司・吉村武彦編）岩波書店

二月②「寺院造営と生産」『シリーズ都市・建築・歴史一　記念的建造物の成立』八五〜一五〇頁（鈴木博之・石山修武・伊藤毅・山岸常人編）東京大学出版会

三月①「南山城の古代寺院」『京都府埋蔵文化財論集』五、二五七〜二七〇頁、（財）京都府埋蔵文化財調査研究センター

三月②「遼寧省博物館にて」『遼文化・遼寧省調査報告書』二一〜三〇頁、京都大学大学院文学研究科

四月　「恭仁宮造営に際して稼働した西山瓦屋の工人達」『古代の工房―豊かなる都・寺のきらめき―』大阪府立近つ飛鳥博物館平成一八年度春期特別展図録

五月　「古代瓦工房組織を復原する」（五月二八日、平成一八年度春期特別展〈古代の工房―豊かなる都・寺のきらめき―〉に関連して開催した大阪府立近つ飛鳥博物館の歴史セミナーにて講演）

六月　「院政期平安宮―瓦からみた―」『院政期の内裏・大内裏と院御所』一八～五四頁（高橋昌明編）、平安京・京都研究叢書一、文理閣

七月　「総説」『列島の古代史一　古代史の舞台』一～一〇頁（上原真人・白石太一郎・吉川真司・吉村武彦編）岩波書店

八月　「双塔伽藍の系譜」（八月一二日、ライフピアいちじま大ホールで開催した三ッ塚廃寺跡史跡指定三〇周年記念講演会）

一〇月　「平城京・平安京時代の文化」『列島の古代史八　古代史の流れ』二〇四～二六五頁（上原真人・白石太一郎・吉川真司・吉村武彦編）岩波書店

一一月　「讃岐国分寺の発掘」（一一月四日、讃岐国分寺跡史跡公園内にある特別史跡讃岐国分寺跡資料館にて開催した〈讃岐国分寺史跡まつり　歴史講演会〉で講演）

二〇〇七（平成一九）年

一月　「（コメント1）考古学から見た〈国境〉〈境界〉」『史林』第九〇巻第一号（特集号・国境）二一〇～二一七頁、史学研究会

三月①　「出土木器の見方」（三月四日、大阪府立近つ飛鳥博物館で開催した平成一八年度小テーマ展示〈出土木器が語る考古学―弥生時代・古墳時代の諸相―〉でのシンポジウム〈木器研究最前線―出土木器が語る考古学―〉の講演）

三月②　『日本歴史考古学辞典』（「瓦窯跡」「瓦」「栗栖野瓦窯跡」「集古十種」「棰先瓦」「同笵」「布目瓦」「軒平瓦」「軒丸瓦」「熨斗瓦」「平瓦」「丸瓦」「棟瓦」「面戸瓦」「雪野寺跡」「蓮華文」「連珠文」の各項を執筆）小野正敏・佐藤信・舘野和巳・田辺征夫編集、吉川弘文館

三月③　「平安時代前期における離宮造営」『小笠原好彦先生退職記念献呈論文集』五九七～六二四頁

三月④　「アジアのなかの日本列島」『グローバル化時代の人文学―対話と寛容の知を求めて―』京都大学文学部百周年論集（上巻）三〇～五二頁、京都大学学術出版社

三月⑤『京都大学所蔵古瓦図録Ⅱ（天沼俊一コレクション・日本編）』（京都大学大学院文学研究科二一紀ＣＯＥプログラム〈グローバル化時代の多元的人文学の拠点形成〉成果報告書）第一四研究会・王権とモニュメント

三月⑥「古代山林寺院研究と山科安祥寺」『皇太后の山寺—山科安祥寺の創建と古代山林寺院—』一～五〇頁、柳原書店

五月①「解説・佐原真〈幡枝窯の瓦〉」『史林』第九〇巻第三号、九三～一〇〇頁、史学研究会

五月②『紫金山古墳の研究—墳丘・副葬品の調査—』京都大学大学院文学研究科考古学研究室

七月①「中寺廃寺跡の史的意義」『中寺廃寺跡』まんのう町内遺跡発掘調査報告書第三集、一三一～一六六頁、まんのう町教育委員会

七月②「日本のかたちができた時（総論・飛鳥奈良時代）」『よみがえる日本の古代—旧石器～奈良時代の日本がわかる復元画古代史—』一二二～一二四頁（金関恕監修・早川和子画）小学館

一一月①「古代山陽道と駅家の研究」『明日をつなぐ道—高橋美久二先生追悼文集—』五～八頁、京都考古刊行会

一一月②「古代仏教と山の信仰」『三徳山成立の歴史背景—三徳山と古代仏教文化—』二～一〇頁（一一月二三日、倉吉未来中心セミナールーム3にて三徳山を守る会が開催した三徳山を考えるシンポジウム配布資料）

一一月③「国分寺研究の現状および諸問題」（一一月二八日、静岡県磐田市にて開催した〈平成一九年度関東甲信越静地区埋蔵文化財担当職員研修協議会〉における講演）

二〇〇八（平成二〇）年

二月①「〈お稲荷さん〉よりも昔の稲作」『朱』五一号、五一～六六頁、伏見稲荷大社社務所

二月②「国分寺と山林寺院」『シンポジウム国分寺の創建を読むⅠ—思想・制度編—』一～四二頁（一月九・一〇日に国士舘大学で開催されたシンポジウムの発表要旨）

二月③「京大考古研での出会いから」『蝶から古代史へ—鎌田元一追想集—』七四～七七頁、鎌田元一先生追悼事業会

三月「中寺廃寺の空間構造」『忘れられた霊場をさぐる3』三三～四三頁、平成一八年度栗東市出土文化財センター講座報告集

四月「日本考古学の未来」『朝日新聞（文化欄）』（四月一三日付）（三月二二日に岸和田市で開催した『濱田青陵賞創設二

〇周年記念シンポジウム』の記録）

五月①　「展示瓦から垣間見る歴史上の人々」（五月一一日、第九九回展観・黒川古文化研究所名品展に合わせた講演）

五月②　「中寺廃寺跡について」（五月一八日、まんのう町町民文化ホールでおこなった講演）

七月①　「善光寺平に瓦葺建物が建った―善光寺出土瓦をめぐって―」（七月二六日におこなった長野市金鶏会館公開講座〈古典を読む―歴史と文学―〉の講演、田島公のHPで要旨公開）

七月②　「編集後記」『佛教藝術』二九九号、一一三頁、毎日新聞社

八月　「近年の発掘調査成果から」（八月九日、向日市市民会館第一会議室で開催した京都府教育委員会・京都府埋蔵文化財調査研究センター主催〈第一一一回埋蔵文化財セミナー・遺跡とイラスト〉の講演及び早川和子さんを囲む座談会）

一一月　「歴史情報源としての瓦」（一一月二日、史学研究会大会での講演）

一二月　「北陸の古代寺院と山林寺院―松谷寺跡をめぐって―」（一二月七日、小松市第一地区コミュニティセンター多目的ホールでおこなった〈第二七回まいぶん講座〉の講演）小松市教育委員会埋蔵文化財調査室主催

二〇〇九（平成二一）年

一月　「〈二〇〇八年度史学研究会大会講演要旨〉歴史情報源としての瓦」『史林』第九二巻第一号、史学研究会

二月　「文化的景観とは何か」（二月二〇・二一日、奈良文化財研究所で開催した第一回文化的景観研究集会の司会）

三月①　『考古学―その方法と現状―』（泉拓良ほかと共編著）四七～七〇、一二九～一六八、一八五～二〇六頁、（財）放送大学教育振興会

三月②　『京都大学所蔵古瓦図録Ⅲ（天沼俊一コレクション　中国・朝鮮編）』京都大学考古学研究室

五月　「レプリカの威力―唐古遺跡出土の斧柄の複製品をめぐって―」『木・ひと・文化―出土木器研究会論集―』一一一～一一九頁

六月　「発掘された日本列島二〇〇九」『朝日新聞（東京版・文化欄）』（六月一六日付）

八月①　「神雄寺と古代仏教―三彩〈彩釉山水陶器〉の謎を解く」（八月一五日開催〈（第一一四回埋蔵文化財セミナー）木津川市馬場南遺跡が語るもの―神雄寺と万葉木簡―〉（財）京都府埋蔵文化財調査研究センター主催）

八月②　「阿波国府の手工業生産」（八月三〇日に開催した徳島県立埋蔵文化財総合センター主催〈アワコウコ学マイスター連続講座第一回〉の講演）

一〇月①「（特別寄稿）階級格差を示す木工技術―墨壺―」『木の文化Ⅱ―古墳時代の木器―』二一～二五頁、下関考古博物館平成二一年度企画展図録

一〇月②「大山寺僧坊とは何か」（一〇月二四日開催〈第二回大山町総合文化祭関連事業・第五回大山学講座〉見えてきた中世の大山寺）

一一月　「福原京があった頃の明石」（一一月二八日開催、明石市生涯学習センター主催の平成二一年度あかし楽講座の第八講）

一二月①「摂関・院政期の京都における讃岐系軒瓦の動向」『平安京とその時代』三一三～三四七頁（朧谷壽・山中章編）思文閣出版

一二月②「瓦からみた久米官衙遺跡群―西日本地域での位置づけ―」（一二月一九日開催〈松山市制施行一二〇周年・埋蔵文化財センター設立二〇周年記念事業　発掘・松山の歴史　シンポジウム2〈古代の仏教文化・松山編〉

二〇一〇（平成二二）年

一月①「摂関・院政期の京都における丹波系軒瓦の動向」『佛教藝術』三〇八号、七九～一一五頁、毎日新聞社

一月②「編集後記」『佛教藝術』三〇八号、一一七頁、毎日新聞社

二月　『文化的景観第一回研究集会報告書―文化的景観とは何か―』独立行政法人文化財研究所　奈良文化財研究所

三月①「刊行によせて」『飛鳥白鳳の甍―京都市の古代寺院―』京都市文化財ブックス第二四集、京都市文化市民局文化芸術都市推進室文化財保護課

三月②「古代寺院の歴史的役割」（三月七日開催〈天野川流域の古代寺院―壬申の乱から聖武行幸へ〈古代寺院の役割〉―〉米原市・米原市教育委員会主催

四月　「研究者に聞くX線の魅力〇三　考古学」『科学技術Xの謎―天文・医療・文化財　あらゆるものの姿をあらわすX線にせまる―』六〇～六三頁、京都大学総合博物館

五月　「神雄寺の仏教儀礼―木津川市馬場南遺跡の発掘調査成果から―」（五月一九日、京都大学桂キャンパス船井哲良記念講堂で開催した〈京都大学春秋講義〉平成二二年度春季講義）

六月　「序」『遠古登攀―遠山昭登君追悼考古学論集―』同書刊行会

九月　「古代の文字瓦」（九月二九日、ソフィア・堺で開催した堺市文化財課主催の史跡土塔講演会〈堺の宝　土塔の文字瓦〉での講演）

一一月　「明石にもいた清盛贔屓―出土瓦からのアプローチ―」『坪井清足先生卒寿記念献呈論文集』一一六四～一一七八頁

一二月①「平安京造営プロジェクトのなかの大山崎瓦窯」（一二月一一日、大山崎町ふるさとセンター三階ホールで開催した大山崎町教育委員会主催の講演）

一二月②「（シンポジウム）神雄寺と古代仏教―三彩〈彩釉山水陶器〉の謎を解く―」「（論考）神雄寺の彩釉山水陶器と灌仏会」『天平びとの華と祈り―謎の神雄寺―』一一三～一二五頁、二〇四～二一九頁（上田正昭監修、（財）京都府埋蔵文化財調査研究センター編）柳原出版

一二月③「神雄寺の彩釉山水陶器と灌仏会」『京都府埋蔵文化財論集』六、二五五～二六八頁、（財）京都府埋蔵文化財調査研究センター

二〇一一（平成二三）年

一月①「恭仁宮と古代の瓦」（一月二二日、奈良教育大学教育資料館で開催した奈良教育大〈地域と伝統文化〉教育プログラム・伝統文化発信法の講演）

一月②「近世における〈六勝寺跡〉の認識」（一月二五日、京都市美術館レクチャールームで開催した第三回京都岡崎の文化的景観調査検討委員会の席での口頭発表）

三月　『佛教藝術』三一五号（特集：山岳寺院の考古学的調査　東日本編）毎日新聞社〈企画作成とコメントを担当〉

五月①「古代寺院の施設と財産」（五月七・八日、放送大学・滋賀学習センターでおこなった平成二三年度面接授業）

五月②「歴史情報源としての瓦―文様の語り―」（五月二一日、天理参考館で開催した講演会）

七月　「屋根を飾る」（七月九日、福岡市埋文センターで開催した市民講座〈住まいと暮らしのうつりかわり〉第三講）

九月　「山寺考古学の現在」（九月二四日、福島県磐梯町慧日寺資料館で開催した歴史講座、磐梯町教育委員会主催）
一〇月　「掘り出された木の文化」（一〇月一五日に開催した第二二回市民講座いのちの科学フォーラム・日本人と木の文化における講演）
一一月①「神雄寺の伽藍と法会」『万葉歌をうたう　万葉歌をかく―馬場南遺跡（神雄寺跡）の発見から―』一～一二頁（一一月六日に開催した第二六回国民文化祭・京都二〇一一　恭仁京遷都祭〈もう一つの万葉の里　木津川市から〉記念シンポジウム資料）
一一月②「古代の文字瓦」『堺の宝　土塔の文字瓦』一八～四二頁、第二回史跡土塔講演会記録集、堺市・堺市教育委員会
一二月　「国分寺と山林寺院」『国分寺の創建（思想・制度編）』一一八～一四三頁（須田勉・佐藤信編）吉川弘文館

二〇一二（平成二四）年

二月　「古代寺院の財産目録からわかること」『交野ヶ原の古代寺院』六〇～七三頁（二月一八日、メセナひらかた会館多目的ホールで開催した〈歴史シンポジウム〉枚方市教育委員会・（財）枚方市文化財研究調査会主催の資料）
三月①「国境の山寺　石清水八幡宮寺」『日本文化と史跡・石清水八幡宮』一～一〇頁（三月一七日、八幡市文化センター小ホールで開催したシンポジウム配布資料）、八幡市・八幡市教育委員会
三月②「青谷上寺地遺跡出土の木製農工具の特色」『青谷上寺地遺跡出土品調査研究報告』八、木製農工具・漁具、一八六～二〇二頁、鳥取県埋蔵文化財センター
三月③「1　白銅三鈷杵（国指定重要文化財）」『史跡　慧日寺跡―中心伽藍第Ⅰ期復元整備事業報告書―』二一七～二三三頁、磐梯町教育委員会
七月①「掘り出された木の文化―古代エジプトと日本列島の木鍬における〈他人の空似〉―」『環境と健康』第二五巻第二号（特集・日本人と木の文化）二〇五～二一四頁、（公財）体質研究会
七月②「木製農具の研究方法―泥除をめぐる研究史をふりかえる―」（七月一四日、鳥取県埋蔵文化財センター秋里分室で開催した平成二四年度埋蔵文化財専門職員研修〈遺物調査検討課程〉「鳥取県の木製遺物」の発表）』
九月　「近畿地方における古代農具の変遷」（九月一七日、大阪府立弥生文化博物館で開催した平成二四年度夏期特別展〈穂

落とし神の足跡―農具でひもとく弥生社会―〉の第一回考古学セミナー）

一〇月　「瓦が語る清盛びいきの世界」（一〇月一四日、神戸市埋蔵文化財センターが開催した平成二四年度秋季企画展〈清盛の生きた時代〉の記念講演）

一一月①「山寺考古学の現在」『山岳寺院の諸相』一～一一頁、磐梯山慧日寺資料館企画展資料集

一一月②「寺院資財帳からみた古代山林寺院」（一一月八日、ホテルシティプラザ北上〈岩手県北上市〉で開催した全国公立埋蔵文化財センター連絡協議会第二五回研修会〈テーマ：山林寺院調査の現状と課題〉において講演）

一二月　「弥生・古墳時代の鍬と会津の鍬―子孫になるのか他人の空似か―」（一二月一五日、福島県ゆがわ村公民館二階で開催した〈米と文化の里〉講演会）

二〇一三（平成二五）年

一月①「〈撓柄斧《たわめえ》〉の提唱」『技術と交流の考古学』二七八～二八五頁（岡内三眞編）同成社

一月②「編集後記」『佛教藝術』三二六号、八九頁、毎日新聞社

二月　「〈木器集成図録〉の目から見た立野遺跡出土木器」（二月二三日、紀の国文化センターにて開催した（公財）和歌山県文化財センター主催公開シンポジウム〈農耕社会成立期の木工―立野遺跡を考える―〉の基調講演）

三月　「近世における〈六勝寺跡〉の認識―〈古瓦譜〉の世界―」『京都岡崎の文化的景観調査報告書』六二～七〇頁、京都市文化市民局文化芸術都市推進室文化財保護課

六月　『事典　墓の考古学』土生田純之編（「古代の墓」「墓誌の特色」「蔵骨器と舎利容器」「寺院と墓地」の各項目）一七六～一八二頁、二〇一～二〇五頁、二一四～二一五頁、吉川弘文館

九月　「古代史のなかの和泉の寺々」（九月二三日、泉大津市テクスピア大阪で開催した泉大津市文化フォーラムでの講演）

一〇月　「上淀廃寺再考―寺院資財帳からのアプローチ―」（一〇月一二日、米子市淀江文化センターで開催した〈とっとりの文化遺産魅力発掘プロジェクト実行委員会主催〈古代びと千年の記憶―よどえの魅力を探る・楽しむ・活かす―〉記念講演）

一一月　「寺院資財帳から国分寺を考える」（一一月四日、稲沢市勤労福祉会館で開催した稲沢市文化財講演会）

一二月「都城の瓦生産と展開」（一二月八日、向日市文化資料館で開催した（公）向日市埋蔵文化財センター設立二五周年記念展示〈桓武天皇の王宮〉にともなう第三回講演会）

二〇一四（平成二六）年

三月『平成二五年度とっとりの文化遺産魅力発掘プロジェクト事業報告書』八～一四頁、二九～三〇頁、五八～五九頁（二〇一三年一〇月」の記念講演などの配布資料とパネルディスカッションの発言）

一一月①「明石の古代2」『明石の古代Ⅱ』一～一〇頁、発掘された明石の歴史展実行委員会編、明石市

一一月②「古代の終焉と播磨の瓦生産」『明石の古代Ⅱ』五三～一〇八頁、発掘された明石の歴史展実行委員会編、明石市

一一月③「明石の平安時代」（一一月八日、明石市立文化博物館で開催したシンポジウム「明石の古代Ⅱ」基調講演）

一一月④『古代寺院の資産と経営―寺院資財帳の考古学―』本文・参考文献・史料・あとがき二九九頁、挿図五六枚、すいれん舎

二〇一五（平成二七）年

三月①「双塔伽藍の系譜―なぜ塔が二つあるのか―」（三月一日、よみうりホールで開催した第一四〇回奈良学文化講座『薬師寺の塔と仏像―藤原京から平城京へ―』での講演）

三月②「国境の山寺」（三月二五日、梅田エステートビル五階で開催したKlub Zukunft―古今東西の文化を探究する集団―主催の二〇一五年度月例会第一〇三回の講演）

三月③「正倉院正倉屋根に残された奈良時代の平瓦について」『正倉院正倉整備記録』本文編、一七七～一七八頁、（公財）文化財建造物保存技術協会編、宮内庁発行

六月『瓦・木器・寺院―ここまでの研究　これからの考古学―』（本書）すいれん舎

発掘調査等文化財にかかわる委員・理事・評議員など

（岩手県北上市）国見山廃寺跡発掘調査指導委員会　委員　一九九八（平成一〇）年～現在

（福島県国見町）阿津賀志山防塁調査委員会　委員　二〇一〇（平成二二）年四月～現在

（福島県国見町）阿津賀志山防塁整備委員会　委員　二〇一一（平成二四）年～現在
（福島県磐梯町）国史跡慧日寺跡調査・保存・整備指導委員会　委員　一九八三（昭和五八）年一一月～現在
（福島県磐梯町）国史跡慧日寺跡調査専門委員会　委員　上記委員就任中　随時
（福島県湯川村）堂後遺跡調査指導委員会　委員　二〇一四（平成二六）年九月～現在
（栃木県足利市）法界寺跡発掘調査指導委員会　委員　一九九一（平成三）年～二〇〇一年（解散）
（富山県富山市）栃谷南遺跡保存委員会　委員　一九九九（平成一一）年一一月～二〇〇一年三月（解散）
（静岡県磐田市）国史跡遠江国分寺跡整備委員会　委員　二〇〇五（平成一七）年八月～現在
（静岡県磐田市）国史跡遠江国分寺跡整備専門委員会　委員　二〇〇五（平成一七）年八月～現在
（静岡県湖西市）大知波峠廃寺跡発掘調査委員会　委員　一九九一（平成三）年～一九九六年（解散）
（愛知県豊橋市）普門寺調査指導委員会　委員（委員長）二〇〇七（平成一九）年一一月～現在
（京都府）京都府文化財保護審議会　委員　二〇〇八（平成二〇）年六月～現在
（京都府）中世城館跡調査委員会　委員　二〇〇九（平成二一）年四月～二〇一五年三月（解散）
（京都府）国史跡恭仁宮跡調査・整備懇談会　委員　二〇一三（平成二五）年四月～現在
（京都府京都市）京都市文化財保護審議会　委員　二〇一〇（平成二二）年四月～現在
（京都府）（財）京都府埋蔵文化財調査研究センター　理事　二〇〇三（平成一五）年四月～二〇一一年（公益法人に移行）
（京都府）（公）京都府埋蔵文化財調査研究センター　理事　二〇一一（平成二三）年四月～現在
（京都府京都市）京都岡崎の文化的景観調査検討委員会　委員　二〇一〇（平成二二）年六月～二〇一二年三月（解散）
（京都府京都市）元離宮二条城保存整備懇談会　委員　二〇〇五（平成一七）年～二〇一〇年（辞任）
（京都府宇治市）宇治市文化財保護委員会　委員　一九九四（平成六）年～現在
（京都府宇治市）宇治市文化的景観検討委員会　委員　二〇〇七（平成一九）年九月～現在
（京都府宇治市）浄妙寺跡調査専門委員会　委員　二〇〇四（平成一六）年八月～二〇〇五年七月（解散）
（京都府宇治市）白川金色院跡調査専門委員会　委員　一九九九（平成一一）年一一月～二〇〇〇年一一月（解散）

（京都府八幡市）石清水八幡宮境内遺跡調査専門委員会　委員　二〇〇九（平成二一）年八月～二〇一一年八月（解散）
（京都府八幡市）史跡石清水八幡宮境内保存管理計画検討委員会　委員　二〇一四（平成二六）年二月～同年三月
（京都府八幡市）史跡石清水八幡宮境内保存管理計画策定委員会　委員　二〇一四（平成二六）年一一月～二〇一六年三月
（京都府大山崎町）史跡大山崎瓦窯跡史跡整備委員会　委員　二〇一二（平成二四）年二月～現在
（京都府井手町）井手町内遺跡発掘調査委員会　委員　二〇〇二（平成一四）年八月～二〇〇三年三月（中断）
（京都府井手町）井手町内遺跡発掘調査委員会　委員　二〇〇五（平成一七）年四月～現在
（京都府山城町）史跡高麗寺跡保存管理基本計画策定委員会　委員　一九九八（平成一〇）年八月～二〇〇一年三月（解散）
（京都府木津川市）高麗寺跡史跡整備委員会　委員　二〇〇五（平成一七）年八月～現在
（京都府木津川市）馬場南遺跡（神雄寺跡）発掘調査委員会　委員　二〇〇九（平成二一）年一一月～現在
（京都府亀岡市）史跡丹波国分寺跡整備基本計画策定委員会　委員　一九九五（平成七）年一〇月～一九九六年三月（解散）
（大阪府）大阪府文化財保護審議委員会　委員　一九九七（平成九）年一〇月～二〇〇六年三月（任期満了）
（大阪府枚方市）国史跡百済寺跡再整備検討委員協議会　委員　二〇〇四（平成一六）年一一月～現在
（大阪府富田林市）国史跡新堂廃寺跡整備委員会　委員　二〇〇六（平成一八）年一月～現在
（大阪府東大阪市）河内寺跡調査指導委員会　委員　二〇〇五（平成一七）年一一月～二〇〇七年七月（解散）
（兵庫県西宮市）辰馬考古資料館　評議員　二〇〇六（平成一八）年六月～現在
（兵庫県西宮市）黒川古文化研究所　評議員　二〇〇四（平成一六）年七月～二〇〇六年六月
（兵庫県西宮市）黒川古文化研究所　理事　二〇〇六（平成一八）年七月～現在
（兵庫県篠山市）国史跡篠山城内濠調査学術調査委員会　委員　二〇〇二（平成一四）年七月～二〇〇三年三月
（兵庫県篠山市）国史跡篠山城跡復元整備検討委員会　委員　二〇〇三（平成一五）年七月～二〇〇九年三月
（兵庫県篠山市）国史跡篠山城跡復元整備検討委員会　委員　二〇一〇（平成二二）年四月～二〇一二年三月
（兵庫県篠山市）国史跡篠山城跡整備検討委員会　委員　二〇一二（平成二四）年四月～現在
（兵庫県姫路市）日本城郭センター運営委員会　委員　一九九九（平成一一）年～現在

（兵庫県姫路市）姫路城桜門橋架橋整備検討会　委員　二〇〇四（平成一六）年七月〜二〇〇六年三月（解散）
（兵庫県姫路市）姫路城跡整備基本構想検討会　委員　二〇〇四（平成一六）年九月〜二〇〇七年九月（解散）
（兵庫県姫路市）姫路城大天守保存修理検討会　委員　二〇〇八（平成二〇）年〜二〇一五年三月（解散）
（兵庫県姫路市）姫路城跡中曲輪施設整備方針検討専門家会議　委員　二〇一四（平成二六）年四月〜現在
（兵庫県姫路市）姫路市文化財保護委員会　委員　二〇一一　平成二三）年五月一日〜現在
（兵庫県姫路市）宗教法人　圓教寺性空上人調査委員会　委員　二〇一〇（平成二二）年一〇月〜現在
（兵庫県小野市）国史跡広渡廃寺跡整備委員会　委員　一九九三（平成五）年九月〜二〇一四年三月（解散）
（和歌山県岩出市）史跡根来寺境内保存管理計画策定委員会　委員　二〇一一（平成二三）年一二月〜二〇一四年三月（解散）
（香川県琴南町→まんのう町）中寺廃寺跡調査・整備委員会　委員　二〇〇四（平成一六）年七月〜二〇〇八年三月（解散）
（香川県まんのう町）国史跡中寺廃寺跡整備検討委員会　委員　二〇〇八（平成二〇）年四月〜二〇一一年三月（解散）
（愛媛県松山市）史跡来住廃寺跡調査検討委員会　委員　一九九五（平成七）年一〇月〜二〇一二年三月（解散）
（愛媛県松山市）史跡久米官衙遺跡群調査検討委員会　委員　二〇〇四（平成一六）年八月〜二〇一二年三月（解散）
（愛媛県松山市）史跡久米官衙遺跡群整備委員会　委員　二〇〇四（平成一六）年八月〜二〇一二年三月（解散）
（愛媛県松山市）葉佐池古墳調査委員会　委員　一九九三（平成五）年一〇月〜二〇〇〇年三月三一日（解散）
（愛媛県松山市）松山市文化財保護審議会専門部会　専門委員　二〇一二（平成二四）年八月〜現在
（鳥取県大山町）大山僧坊跡等調査委員会　委員　二〇〇五　平成一七）年二月〜二〇〇九年三月（解散）
（島根県大社町）出雲大社境内遺跡出土御柱保存処理検討委員会　委員　二〇〇一（平成一三）年一〇月〜二〇〇三年三月
（山口県防府市）史跡周防国分寺旧境内保存整備検討委員会　委員　二〇〇六（平成一八）年一一月〜二〇一〇年一一月（解散）
（宮内庁）正倉院正倉整備に関する懇談会　委員　二〇〇七　平成一九）年九月〜二〇一五年三月（解散）
（文化庁）文化審議会専門委員文化財分科会　委員　二〇〇三（平成一五）年四月〜二〇一三年三月（任期満了）
（文化庁）中世城館・近世城郭等検討委員会　委員　二〇〇五（平成一七）年四月〜現在

（文化庁）「発掘調査の手引き」作成検討委員会　委員　二〇一〇（平成二二）年～二〇一三年三月（解散）
（文化庁）平城宮跡及び藤原宮跡等の保存整備に関する検討委員会　委員　二〇一〇（平成二二）年～現在
（文化庁）独立行政法人評価委員会文化分科会国立文化財機構部会　委員　平成二三年四月～二〇一四年八月（改組）
（国土交通省）国営平城宮跡歴史公園　第一次大極殿院建造物復原整備検討委員会　委員　二〇一〇（平成二二）年～現在
（国土交通省）大和北道路地下水モニタリング検討委員会　委員　二〇〇六（平成一八）年九月～現在
（京都大学）埋蔵文化財研究センター　センター長　二〇〇五（平成一七）年四月～二〇〇八年三月（改組）
（京都大学）文化財総合研究センター　センター長　二〇〇八（平成二〇）年四月～二〇一四年三月
（〈社〉日本公園緑地協会）国営吉野ヶ里歴史公園建物等復元基本設計委員会生活小委員会　委員　一九九六（平成八）年一〇月～一九九七年三月
兵庫県立大学大学院地域資源マネジメント研究科（仮称）設置準備委員会　委員　二〇一二（平成二四）年八月～二〇一四年三月（平成二四年一〇月以降は「教員審査部会」委員を兼ねる）（解散）
京都国立博物館陳列品等に関する買取協議会　委員　二〇〇九（平成二一）年六月～現在
日本文化財科学会　会計幹事　一九九二年四月～一九九四年三月
日本文化財科学会　評議員　一九九四年四月～二〇〇六年三月
日本文化財科学会　第Ⅺ期評議員　二〇〇二年四月～二〇〇四年三月
日本文化財科学会　企画理事　二〇〇八年四月～二〇一二年三月
史学研究会理事　一九九七年六月～現在（この間、庶務理事・会計理事・編集理事を各二年ずつ務める）
史学研究会理事長　二〇一二年六月～二〇一四年六月
国立歴史民俗博物館共同研究「古代荘園絵図と在地社会についての史的研究」一九九四～九六年度
国立歴史民俗博物館運営会議　委員　二〇〇四年五月～二〇〇六年三月（任期満了）

あとがき

話が私事におよんで恐縮だが、私は三人兄弟の末っ子として一九四九年、神奈川県茅ヶ崎市で生まれた。長兄とは七つ、次兄とは四つ、歳が離れている。戸籍では、この三人兄弟は生まれた国が異なる。長兄は満州国奉天市、次兄は中華民国瀋陽市の生まれだ。奉天市と瀋陽市は同じ都市で、十五年戦争終結後に呼称が変更された。三人の出生国が違うのは、父が満州国立中央博物館奉天分館の代理館長を勤めていたからで［二〇〇六年三月］、私が茅ヶ崎で生まれたのは、帰国後、住む家が無く、父の兄の家に身を寄せていたためだ。茅ヶ崎の頃の記憶は、叔母に連れられて見た湘南電車（赤と緑の鮮やかな色彩だった）の疾走場面、砂浜で地曳き網を手伝い、もらった魚を握って父に背負われて帰る場面、砂丘を滑って遊ぶ場面など切れぎれだ。以後、東京の世田谷区と豊島区に居住し、大学に入って住民票が京都に移った。亡き母によれば、昭和四四年四月四日午前四時に、私は東京を出たという。

出生地の違いとは関係ないが、長兄と次兄は同じ小学・中学・高校に通い、分野は違っても同じ大学の理系に進んだ。これに対し、私は小学校の低学年の時を除き、すべて兄たちとは違う学校で学び、専門も文系を選んだ。私が世田谷区に住んでいた頃には、冬の凍結（水道管が破裂した）・霜柱（道がぬかるんだ）・降雪（すべって転んだ）は当たり前で、降った雪が溶ける前の雪合戦や雪達磨・雪兎を作ることは冬の風物詩だった。私は記憶していないが、長兄が言うには、おまえは変わっていた。雪が降り雪達磨を作る時、自分が雪玉を転がし始めると次兄は一緒に雪玉を転がしたが、おまえはその横で別の雪玉を転がし始めた。……他人のまねをしたがる年頃だったのか、長兄と歳が離れていたせいなのか。いずれにしても、兄たちの転がす雪玉には絶対にかなわないのに、どのような気持ちで自分の雪玉を転がしていたのか、今となっては知るすべはない。

大学で考古学を専攻し、平安時代後期の瓦や恭仁宮式文字瓦を研究していた時には、長兄から私の性癖は聞かされていなかった。しかし、それを聞いたときは、大学の先輩や同僚の多くが、古墳時代や縄文・弥生時代を研究テーマにしたのに、自分のテーマは、大学を卒業した後の木器や寺院も含めて、一人で転がす雪玉のようだったと思った。先行研究の少ない分野の研究は、毎日が新発見の連続で充実していても、一人で進軍ラッパを吹きながら荒野を突進するような、やや滑稽な姿と思っていたが、学問とは孤独な営みなのだと納得していた。

しかし、本書を刊行するために、瓦・木器・寺院研究の背景を回顧し、自分の言葉で解説してみると、実に多くの同僚、同学の士、先輩、先達の恩恵にあずかっている事実を、今さらながら痛感した。研究のきっかけ作りや必要な技術の習得、基礎となる資料の提供や存在の通知、研究の方向性の教示、研究に向けての後押し、作業が進展しなくても黙って見守る寛容さ、未熟な原稿を辛抱強く訂正・指導する根気、公表の場の提供、等々。それらの助けがなければ、今の私も研究成果もないことが、よくわかった。学問自体は孤独な営みでも、それを支えて推進するのは、人の輪であり縁なのだ。その事実を痛感し、それらの人々に感謝の意を表するだけでも、本書を作った意味はあると思う。感謝すべき人のなかには、すでに鬼籍に入った方も少なくない。この機会に改めて御冥福を祈りたい。

本書の骨子となる三篇の解説は、収録した論文・雑文のコピーを配布し、これまでの研究活動を回顧・総括した京都大学文学研究科における二〇一四年度考古学特殊講義で話した内容である。聴講してくれた学生さんのおかげで、ゴールインできた。回顧して言葉にするのは気恥ずかしい行為なので、草稿では、ややもすれば自嘲的な言葉で文章を締めくくることもあったが、『古代寺院の資産と経営』刊行以来、編集の面倒を見ていただいている末松篤子さんにたしなめられて訂正した。本書の刊行を推進した（株）すいれん舎の高橋雅人社長、素敵な装幀をデザインしてくれた篠塚明夫さんとともに、本書を少しでも良い本に仕上げるために尽力して下さったことを感謝したい。退職後も、しばらくは考古学とつき合うつもりだが、ほとんどを遺跡や博物館訪問に終始した家族旅行にも辛抱強くつき合ってくれた妻・真知子と娘・真依とには、さらに長くつき合うことになるはずだ。感謝の意と今後もよろしくの意を込めて、本書を捧げたい。

出典一覧（※は本書で初めて活字にした）

第一章　瓦論

解説　瓦がもつ歴史情報を求めて　書き下ろし※

第一節　［二〇〇八年一一月］※

第二節　［一九八四年三月②］

第三節　［一九九七年二月③］

第四節　［一九八七年二月］

第五節　［二〇〇六年四月］

第六節　［一九九四年一〇月②］

第七節　［一九九七年一一月②］を改題※

第八節　［二〇一〇年一一月］

第九節　［二〇〇三年三月③］

第一〇節　［一九九一年一月］

第一一節　［一九九六年二月］

第二章　木器論

解説　共通の研究基盤を構築するために　書き下ろし※

第一節　［二〇一二年七月②］※

第二節　［一九九一年一一月②］

第三節　［一九九六年三月①］

第四節　［一九九三年一一月①］

第五節　［二〇〇九年一〇月①］

第六節　［二〇一三年一月①］

第七節　［二〇一二年七月①］

第三章　寺院論

解説　遺跡の保存整備の前提として　書き下ろし※

第一節　［一九八八年二月］

第二節　［二〇〇六年一〇月］第三節を抄録

第三節　［一九九八年三月②］

第四節　［二〇〇八年三月］

第五節　［二〇一三年一一月］※

著者紹介

上原真人（うえはら・まひと）
1949年生まれ。1973年，京都大学文学部卒業，1979年，同大学院文学研究科博士課程単位取得退学。1979～96年，奈良国立文化財研究所勤務。1996～2015年，京都大学大学院文学研究科教授（考古学）。現在，京都大学名誉教授，辰馬考古資料館館長。
主要著書『蓮華紋』（至文堂，1996年），『瓦を読む』（講談社，1997年）『古代寺院の資産と経営―寺院資財帳の考古学―』（すいれん舎，2014年）
主要編著『木器集成図録　近畿原始篇』（奈良国立文化財研究所史料第36冊，1993年），『皇太后の山寺―山科安祥寺の創建と古代山林寺院―』（柳原出版，2007年）ほか

瓦・木器・寺院

―ここまでの研究　これからの考古学―

2015年６月25日第１刷発行

著　者　上原真人
発行者　高橋雅人
発行所　株式会社　すいれん舎
〒101-0052
東京都千代田区神田小川町3-14-3-601
電話 03-5259-6060　FAX 03-5259-6070
e-mail : masato@suirensha.jp
印刷・製本　亜細亜印刷株式会社
装　幀　篠塚明夫

ISBN978-4-86369-394-4　Printed in Japan